国家图书馆重大科研项目

NLC -KY -2007/ZD02

社会公共服务体系中图书馆的发展趋势、定位与服务研究

柯　平　等著

国家图書館出版社

图书在版编目（CIP）数据

社会公共服务体系中图书馆的发展趋势、定位与服务研究/柯平等著. —北京：国家图书馆出版社，2011.5

ISBN 978 - 7 - 5013 - 4460 - 4

Ⅰ. ①社… Ⅱ. ①柯… Ⅲ. ①公共图书馆—图书馆工作—研究—中国 Ⅳ. ①G259.252

中国版本图书馆 CIP 数据核字（2010）第 228917 号

责任编辑 金丽萍 高爽 杨璇

书名 社会公共服务体系中图书馆的发展趋势、定位与服务研究

著者 柯平 等著

出版 国家图书馆出版社（原北京图书馆出版社）

（100034 北京市西城区文津街 7 号）

发行 010-66139745 66151313 66175620 66126153

66174391（传真） 66126156（门市部）

E-mail btsfxb@ nlc. gov. cn（邮购）

Website www. nlcpress. com→投稿中心

经销 新华书店

印刷 北京华艺斋印务有限公司

开本 787 × 1092（毫米） 1/16

印张 25

版次 2011 年 5 月第 1 版 2011 年 5 月第 1 次印刷

字数 500 千字

书号 ISBN 978-7-5013-4460-4

定价 70.00 元

目 录

前　言

国内外图书馆发展史充分证明，图书馆的地位界定、功能设计和发展指导等，都离不开业界有识之士、政府、社会学者等的共同努力，图书馆的理论研究是伴随着实践的丰富和修正而逐渐成长的。因此，清楚明确地认知这些因素对图书馆成长的影响，回顾评述图书馆的已有研究成果和发展现状，区分差距和优劣，是图书馆迎接新机遇的发展基础。

我国现代图书馆事业及图书馆学研究建立于20世纪初，图书馆逐步开放，“藏”、“用”并重，不断走向社会化及平民化，积累了丰富的实践经验；图书馆学的研究在借鉴国外成就及结合中国实践探索的基础上，取得了一系列的丰硕成果。据全国报刊索引数据库以“图书馆”为题名检索，1904—2006一百多年间公开发表的相关论文已达到83 335篇［2007-04-06查］。据中国学术期刊网（CNKI）以“图书馆”为题名的检索，2007—2009三年的相关论文就有43 658篇［2010-07-19查］。研究的核心围绕着图书馆的发展、定位及服务等问题展开。调研发现，这些相关研究大致可分为三个层次：

其一，从图书馆事业的微观层面及各具体组成要素，总结各级图书馆的具体运作模式，大多涉及资金、管理、服务、人员、数字化等方面的探讨及具体经验介绍。该层次的研究在我国较为多见，主要是一些评论性建议性的观点，学术性及研究性不强。

其二，从国家宏观信息服务体系或文化服务体系的角度出发，探索图书馆事业的职业使命及发展方向。图书馆是社会公益性组织，是提供社会公共信息的重要机构，应该在继承人类文化遗产、提高全民文化素养、缩小“信息鸿沟”等方面做出努力。基于这样的理念，图书馆应该加强联盟合作、加快数字化进程、更新服务手段、改革管理机制、保障读者权利等方面的综合建设。这一层次比较重要的是如下作者的成果：柯平①、程焕文②、王宗义③、张晓林④、夏义堃⑤、谢俊贵⑥、程鹏⑦、王冰⑧、赵春杰⑨、孙丽文⑩等。这类研究的特点是把

① 柯平. 21世纪前半叶我国图书馆事业发展中的重大问题. 图书馆工作与研究，2006（3）：2—7

② 程焕文. 图书馆联盟——21世纪图书馆发展的大趋势. 图书情报工作，2004（7）：5

③ 王宗义. 数字化环境下图书馆地位与职能的思考——从历史与社会的视角探索图书馆带来的未来. 图书情报工作，2002（1）：29—32

④ 张晓林. 重新定位研究图书馆的形态、功能和职责——访问美国研究图书馆纪行. 图书情报工作，2006（12）：5—10

⑤ 夏义堃. 公共信息服务的社会选择——政府与第三部门公共信息服务的相互关系分析. 中国图书馆学报，2004（3）：18—23

⑥ 谢俊贵. 公共信息学. 长沙：湖南师范大学出版社，2004

⑦ 程鹏. 2004—2005年我国关于图书馆服务研究综述. 图书馆论坛，2006（12）：202—206

⑧ 王冰. 公共图书馆管理体制改革与嬗变. 中国图书馆学报，2002（4）：48—50

⑨ 赵春杰. 公共图书馆服务模式的演进趋势. 国家图书馆学刊，2002（3）：66—68

⑩ 孙丽文，辛艳玲，刘丽. 公共空间论：图书馆社会职能的新定位. 图书馆工作与研究，2007（2）：21—22

图书馆置于社会背景中，考察作为公益性信息服务机构的图书馆的发展定位及与市场化经济背景下的利益多元化竞争情况，视野较为开阔。但相应地，研究显得较为松散，有些问题如资金不足、队伍参差不齐、制度僵化、服务滞后、区域发展不平衡等，依然无法得到突破性的解决。

其三，从寻求图书馆创新及可持续发展的战略角度，借鉴国外先进成果及引进其他学科的理论视角，结合图书馆具体社会背景及实践情况，剖析图书馆的阻碍因素及未来绩效诱因，以谋求图书馆的职业发展及维护图书馆的话语权利。这一层次的研究大多依托国家战略发展策略（如创新型国家战略）的提出及重大课题（国家社科或省级课题）的资助力度，在研究深度上有了较大的飞跃。主要的专著成果有胡昌平等的《国家可持续发展的图书情报事业战略》、于良芝等的《拓展社会的公共信息空间——21 世纪中国公共图书馆可持续发展模式》、梁丽等的《联合型社区图书馆功能及发展模式研究》等，视角独到且论证有力，提供了图书馆发展的宝贵借鉴经验。此外，期刊论文中可见的有国家创新体系中图书馆的重新定位研究①、和谐社会中的图书馆作用研究②③和服务研究④、公共服务中的图书馆研究⑤等。

截至目前，这些成果还相对比较独立，而且面对公共服务体系的新系统环境，已有研究在以下几个方面较难做出满意性解答：①公共服务体系包括哪些，图书馆在公共服务体系中的地位如何？②图书馆如何与其他信息服务机构保持功能互补、合作？③图书馆如何在完善公共服务体系建设中保持自己的竞争优势，促进事业的和谐发展？在后继的工作中，我们将围绕这些问题进行广泛研讨。

国外的图书馆理论与实践研究，起步较早，发展也比较成熟。据 EBSCO 数据库粗略统计[2007-04-18 查]，1975 年至今以“library”为题名的相关论文已达到 122 916 篇。研究团体几乎涵盖了世界各国，研究领域涉及图书馆的各个方面，对图书馆的定位（角色、功能、发展）基本上沿着事业—技术—社会三位一体的模式。20 世纪 80 年代以后，随着技术的高速发展与社会的急剧变革，有关图书馆的技术设施配备、信息处理能力、数字化网络化发展等，一度掀起了全球技术研究热潮。适应技术发展需要，图书馆的管理模式（从单一馆走向馆际联盟、跨国合作）、服务范围（从实体服务走向虚拟服务、从固定开放时间走向全天候和移动服务）、职业理念（自由平等地开放存取与网络环境下的信息伦理、数字版权保护等存在着冲突）等都逐渐成为社会及研究者关注的热点。美国 1996 年发表的“本顿报告”（Benton Report）⑥ 集中反映了技术浪潮对于图书馆未来、定位及功能的重构：图书馆的未来应该是实

---

① 黄颖，陈兰．国家创新系统中的图书馆．图书情报工作，2001（6）：13—15

② 吴慰慈．公共图书馆在构建和谐社会中的作用．图书馆，2006（1）：1—2，10

③ 王利萍．构建和谐社会进程中的公共图书馆：作用、问题与对策．法制与社会，2006（11）：174—175

④ 褚树青．藤蔓再长，瓜落故乡——对公共图书馆服务定位的思考和实践．图书馆建设，2006（5）：1—3

⑤ 陈力．公共服务中的图书馆服务．中国图书馆学报，2006（1）：5—12

⑥ Benton Foundation. Buildings, books, and bytes: Libraries and communities in the digital age. Washington, DC: Benton Foundation, 1996

体和数字化资源的“复合体”，图书馆应该扮演着维持信息获取自由平等的社会功能，而且，由于图书馆的用户面临流失、资金支持有所下降，图书馆的定位应该是“社区学习合作者”、“公共服务媒介”，即图书馆应该与提供公共服务的其他信息机构（如电视、广播、社区网络、当地的非营利性机构）形成合作关系。同时，20世纪80年代起出现的新公共管理运动，对公共服务的质量和效率提出了更高的要求。新西兰、英国、美国、瑞典等国家都开始实施以“强化服务及顾客导向”、“以市场为基础的公共行政”的政府改革，重塑国家的作用及其与国民间的关系。随着新公共管理运动的深入和普及，政府执政理念改变对图书馆的发展起着重要的影响，对图书馆功能及发展方向等的重新思考再次成为新焦点。如英国工党上台后，就对全国的教育进行了大力调整，上台伊始就颁布《教育白皮书》，要求教育信息化、民众化，相应的图书馆配套建设应运而生。2003年，英国的“未来框架：未来十年的图书馆、学习及信息”（Framework for the future：libraries, learning and information in the next decade）①，对图书馆的发展定位等进行了重新审视：图书馆不仅要体现自由、平等、民主的服务理念，还要扮演着提高社会阅读水平及提供终身学习技能的角色，图书馆应该在既有功能上再发展完善，体现公共价值并提供独特性服务，与社会其他部门形成合作互补关系。

基于政治、经济、技术、图书馆职业发展等多种因素的作用，国外图书馆的发展呈现出了较为集中的态势，主要有以下几点：①公众化。图书馆体现公众利益，担负着社会文化培养及民众教育职能，并且注重对社区、弱势群体的扶助服务。②网络化。图书馆的馆藏及服务方式基本上实现了基于网络的可移动式操作，并且在区域联盟及全球化合作方面积累了较丰富的成功经验。③人性化。图书馆的设施、服务（时间、内容、手段等）、技术支持、管理等，较为全面地考虑了用户的现实需要与潜在需求。图书馆的服务方式除传统信息服务之外，还出现了一些新的内容：①增值服务的增多。如英国汉普郡图书馆计划筹建“发现中心”（Discovery Centers），把图书馆与博物馆、健康机构、娱乐活动和电子政务服务等联系起来；利物浦图书馆和信息服务处提供“图书馆附加服务”（Libraries Plus），提供运动、健康、教育或商业等方面的信息。② ②匹配性服务的强调。在宏观上要求图书馆的服务应与社会、技术进步协调发展，在微观上要求图书馆的服务应根据用户类型、区域特点等作相应调整。进入新世纪，各国纷纷以构建新型公共服务体系为着眼点，构筑以知识为竞争力要素的新型国家竞争体系，如美国的政府创新运动、英国的公共服务宪章运动、韩国的亲切服务运动等，这种环境为世界图书馆的未来发展提供了契机，也提出了严峻的考验。

以上研究现状明确地告诉我们：已有研究对于公共服务体系视野下的图书馆发展定位的揭示和启示有限，而重新界定图书馆的角色、功能等则是技术、政治等综合因素的共同要求，也符合世界性运动的潮流。近年来，我国的“知识工程”、“共享工程”、“创新型国家战略”、

---

① Department for Culture, Media and Sport. Framework for the future: libraries, learning and information in the next decade, 2003: 1—59

② Department for Culture, Media and Sport. Framework for the future: libraries, learning and information in the next decade, 2003: 1—59

"构建和谐社会"等新举措的大力实施，都把图书馆作为重要组成部分加以高度重视。

因此，本研究的目的就是在界定及区分公共服务主体构成的基础上，通过分析各构成主体间的利害关系、功能关系，考察图书馆在这两组关系中所面临的机遇与挑战，重新定义或调整图书馆的角色、功能及未来发展方向，最终为完善公共服务体系建设等提供决策和经验参考。

本研究的意义主要有：①引入理论新视角对图书馆的现状及相关影响因素作深入系统的分析，从提供公共服务的角度重新梳理图书馆的职能、定位，进而构建起图书馆可持续发展的整体发展模式，这将极大地丰富或补充已有的研究成果。②采用个案研究法和访谈法等，对图书馆及其相关的公共服务机构进行数据调研，通过分析及对比研究，总结图书馆在公共服务体系中的个体作用及与其他服务机构的衔接、协调关系，为国家、同行业或其他行业的可持续发展提供实践经验借鉴。本项目的研究价值在于：①解释和预期价值。本研究所界定的公共服务主体模型及最终理论成果模型，有助于对图书馆的定位、服务模式及运行机理提供解释；同时，研究所得的理论成果及经验总结，有助于同行业或是国家相关部门预知相似行为的可能效果，从而实施或是修正已有方案。②决策与指导价值。本研究对图书馆角色定位、服务内容及方式的特征总结等，可以为国家、其他部门的有关公共信息/文化服务决策提供参考，为学科研究人员及其他有兴趣于信息文化事业的科研人员提供理论指导和方法借鉴。

本研究的主要内容可概括为：①图书馆及其相关行业的公共服务现状分析，总结已有经验成果，并揭示造成图书馆种种困境的深层因素；②通过国内个案调研、用户访谈及国外相关案例对比研究，考察图书馆在公共服务体系中的具体定位及与其他服务机构之间的衔接互补关系，为图书馆发展中的现有弊端提出解决方案或调整方案；③基于理论新视角和丰富的数据分析结果，重新定位图书馆的角色、服务模式及发展方向。

本研究的重点就是通过理论分析与个案调研，了解图书馆如何在公共服务体系新环境中克服图书馆现状的一些弊端，突破体制、资金、技术、服务、外界竞争等多种不利因素局限，结合社会发展及用户需求，构建图书馆可持续发展的新角色及服务新模式。在此过程中，本研究需要克服以下几个难点：①理论新视角的运用。尽管信息政治经济学的理论运用有了一定的成果借鉴，但生态学理论与社会网络分析理论的首次正式引入，在实际运用和分析中具有较大的难度。②研究案例的确定及资料的收集。本研究所涉及的公共服务体系主体众多，选取合适的案例并取得案例单位及有关部门的支持、跨地区调研等，都具有一定的难度。③运用系统视角分解和综合图书馆与其他公共服务机构的竞争、合作关系，从中寻找图书馆发展的最佳模式。这些接口分析需要理论与实践成果的双重支撑，而相关资料的缺乏或较难获取都增加了本研究的工作难度。

本项目自 2007 年 5 月 25 日下达立项通知书后，项目负责人按申请书预订的计划和课题设计组织开展研究，包括进一步研究申报书，明确《社会公共服务体系中图书馆的发展趋势、定位与服务研究》的研究意义与价值；确认该研究的主要内容和重点难点以及可能的创新点；细化研究的基本思路和研究方法。同时明确研究队伍的具体组织与保障；考虑该项目实施的具体措施与时间、资料等诸方面的研究保障。

2008 年 2 月 27 日，在国家图书馆举行的重大项目中期汇报会上，有关专家提出了很多中肯的意见和建议，为本项目进一步深入研究找到了更为准确的环境定位和目标要求。根据我国公共文化服务体系发展的新形势，结合专家们的意见，课题组及时将社会公共服务体系的一个大视域调整到“公共文化服务体系”的专门视角，使本项目的研究更贴近社会需要和实践的要求。

中期汇报会后，课题组加快实施调查研究工作。问卷自 2008 年 3 月完成，在南开大学、天津图书馆及周边地区进行了预测试，在预测试的基础上对问卷设计的内容等方面进行了调整，至 4 月初，问卷的设计内容基本定型。问卷设计面向三个对象：图书馆自身、读者、图书馆相关部门，从而形成了三种问卷：

问卷Ⅰ：图书馆问卷；

问卷Ⅱ：读者问卷；

问卷Ⅲ：社会机构问卷。

2008 年 4—10 月进行了集中的调查问卷，历时 7 个月完成。问卷发放及回收情况如下：①问卷Ⅰ共在 27 个省份发放 770 份，收回 303 份。排除重复问卷，有效问卷 276 份。②问卷Ⅱ共在全国 25 个省份发放 1320 份，收回 1092 份，舍弃 6 份重复无效问卷，实得 1086 份。③问卷Ⅲ共在全国 22 个省份发放 320 份，有效回收 170 份。

课题组在研究中，注意把握三个结合：

（1）理论研究与应用研究相结合

本项目建立在图书馆学理论及其他相关理论的基础上。在研究方法上，既运用了规范研究，也运用了实证研究。课题组进行了较为充分的文献调研，搜集了大量的相关研究资料，并进行了系统化的整理分析。课题组还进行了多方面的问卷调查、访谈与实地考察，着力获得第一手的数据与资料。为保证调查研究的质量，课题组专门成立了问卷调查特别工作组，由洪秋兰负责，成员有弓克、高爽、孙情情、张伟、张幸、胡念，主要负责问卷回收统计与分析处理工作。

课题组对于公共文化服务体系中有关图书馆的研究进行了疏理，在发现研究不足的基础上，开始新的探索。课题组参考了前人的成果与观点，以创新的思维，寻求图书馆学应用研究的重大突破。特别重要的是，课题组着眼未来，面向现实，全面系统掌握图书馆的实践与发展，提出对策建议。

（2）整体研究与个别研究相结合

由于本项目涉及面宽广，存在着研究背景的复杂性（要考虑公共服务与公共文化服务，以及经济、文化、社会、技术各种环境因素）、研究对象的复杂性（要考虑国内与国外的图书馆，还要考虑各类型、各地区的图书馆）、研究问题的复杂性（发展趋势问题、定位问题和服务问题都是图书馆界难以解决的问题，不确定因素和影响因素很多），要达到科学研究的广度与深度都有较大的难度。本项目着眼点在两个方面：从宏观上将图书馆看作一个系统，图书馆之外的环境是一个更大的系统，用系统论的思维，研究图书馆的整体发展。从微观上，深入考察不同类型不同地区乃至某一个体的图书馆，选择有代表性的图书馆进行专门研究，以发现图书馆在新环境下的变化、差异与前途。为了更多维地进行个别研究，本项目设有四个子项目：

子项目之一《省级公共图书馆网站评价报告》由南开大学柯平教授和河北经贸大学武晓丽副教授负责，目的在于通过评测各省级公共图书馆网站，为公共图书馆网站建设提供对策。从网络层面探索公共图书馆的发展、定位与服务问题。

子项目之二《"211 工程"高校图书馆网站评价报告》由南开大学柯平教授和青海师范大学图书馆刘霞馆长负责，目的在于通过评测部分高校图书馆网站，为高校图书馆网站建设提供对策。从网络层面探索高校图书馆的发展、定位与服务问题。

子项目之三《图书馆服务创新案例》由天津图书馆陆行素馆长和南开大学图书馆李培副馆长负责，目的在于对于公共图书馆、高校图书馆和科学图书馆分别进行案例研究，为各系统图书馆服务创新研究提供素材和新的思路。

子项目之四《区域公共图书馆的发展与服务研究》由河南省图书馆王爱功馆长负责，目的在于从一个地区的深入考察，创新发展模式，寻找图书馆的地域特色发展之路。

（3）大学教学科研团体与图书馆团队相结合

本项目的一个重要特征，就是发挥大学图书馆学教学科研队伍与图书馆业务管理队伍的综合实力，克服以往单纯由大学完成的学院派研究成果和单纯由图书馆完成的实务派研究成果之弊端，走出一条开放研究与合作研究之路。项目主持单位是南开大学商学院信息资源管理系，由教授、博士生、硕士生组成了研究队伍。其中，一批硕士生以该项目为依托完成了硕士学位论文，并成为图书馆骨干，如：韩秀华的《我国城市社区图书馆面向弱势群体服务的策略研究》、郭晓红的《我国大学图书馆学科馆员的发展对策研究》、王日花的《图书馆服务补救管理体系的构建研究》、尹静的《省级公共图书馆在公共文化服务体系中的功能定位研究》、李益婷的《公共图书馆阅读文化领导权研究》、孔青青的《城市公共图书馆延伸服务方法研究》、谭丹丹的《Web2.0 环境下公共图书馆网站服务功能创新研究》。可见，该项目既产生了成果，也培养了人才。

项目的重要参与单位有天津图书馆和河南省图书馆。天津图书馆陆行素馆长参与项目申报论证，带领该馆骨干承担研究任务，并给予项目研究的人力与资源支持。河南省图书馆王爱功作为子项目负责人，带领该馆骨干进行了区域图书馆专门研究，完成了子项目报告。项目参加人还有来自东西部不同地区高校图书馆的馆长和业务骨干，有：南开大学图书馆、青海师范大学图书馆、河北工业大学图书馆等。课题组成员既有从事管理工作的馆长，也有从事业务工作的业务骨干。

本项目研究成果之一即最终报告《社会公共服务体系中图书馆的发展趋势、定位与服务研究》，共分为 14 章。从逻辑上，可归纳为五个部分：第一部分为总论与研究设计部分（前言，1—3 章），包括研究概况、研究综述和研究设计；第二部分为调查结果分析（4—6 章），分别对图书馆机构的调查结果、图书馆读者的调查结果、文化部门的调查结果进行分析；第三部分为图书馆的整体研究（7—8 章），分析图书馆的现状、存在的问题与发展趋势；第四部分为主要类型图书馆的定位与服务研究（9—11 章），包括国家图书馆、公共图书馆、其他类型图书馆的定位与服务研究；第五部分是对策建议（12—13 章），根据以上研究提出具体建议，供图书馆主管部门参考，最后是结论与展望。研究成果之二是 4 个子项目报告，研究成果之三是阶段性成果汇编即研究论文。这两个成果与最终报告相配合，组成本项目成果集。

本书是项目研究报告的简本，由项目负责人柯平主持撰写。全书分 12 章：

前言（由柯平撰写）

第 1 章：公共服务与公共文化服务体系（由柯平、何颖芳主持撰写）

第 2 章：图书馆建设与发展的理论基础（由柯平、贾东琴主持撰写）

第 3 章：我国图书馆事业的现状与发展趋势（由赵益民主持撰写）

第 4 章："图书馆—读者—社会机构"的三方调查（课题组集体完成，由柯平、洪秋兰主持撰写）

第 5 章：图书馆定位的调查与分析（课题组集体完成，由洪秋兰、弓克、孙情情主持撰写）

第 6 章：图书馆服务的调查与分析（课题组集体完成，由孙情情、高爽、张伟主持撰写）

第 7 章：图书馆社会关系的调查与分析（课题组集体完成，由洪秋兰、孙情情、陈昊琳主持撰写）

第 8 章：公共服务与公共文化服务体系建设中的相关角色调查与分析（课题组集体完成，由柯平、潘芳莲、王日花主持撰写）

第 9 章：国家图书馆的定位与服务（由赵益民主持撰写，其中第二节由詹越撰写）

第 10 章：公共图书馆的定位与服务（课题组集体完成，由陈昊琳主持撰写，其中第五节由王爱功、申少春撰写，第六节由武晓丽、谭丹丹、弓克、刘亚、孙情情撰写）

第 11 章：高校图书馆的定位与服务（课题组集体完成，由李健、刘霞主持撰写，其中第四节由刘霞、魏闻潇、高爽、王东阳、陆秀萍撰写）

第 12 章：其他类型图书馆的定位与服务（课题组集体完成，由陆晓红、李廷翰、曾伟忠、孔青青主持撰写）

第 13 章：中国图书馆事业发展建议（课题组集体完成，由柯平主持撰写）

第 14 章：结论与展望（由柯平、赵益民主持撰写）

附录（课题组集体完成）

1 公共服务与公共文化服务体系

当今是社会主义文化大发展大繁荣的时代，公共文化服务体系的提出为公益性文化事业的发展提供了良好的契机，同时为建设和谐文化、满足人们日益增长的精神需求探索出有效途径。近几年来，从国家到地方各级部门为构建公共文化服务体系做了很多尝试和努力。如何结合中国具体实际，在国家公共文化服务体系中研究图书馆的发展及公益性服务等问题是当前和今后一个时期内推动公共文化服务体系建设面临的一个重大课题。界定公共文化服务体系的相关概念、基本理论和内容体系架构，把握公共文化服务建设现状，并从宏观上剖析图书馆在公共文化服务体系中的地位与作用，是本研究的内容之一。

1.1 公共服务体系

公共服务思想的萌芽可以追溯到古代人类社会，战国时期《礼记·礼运篇》提出了“天下为公”的大同社会蓝图：“大道之行也，天下为公，选贤与能，讲信修睦。故人不独亲其亲，不独子其子；使老有所终，壮有所用，幼有所长，鳏寡孤独废疾者皆有所养。”这里提出的对社会所有成员一视同仁，老幼鳏寡孤独废疾者得到社会的供养和照顾等思想，就是朴素的公共服务思想。从思想体系和政治制度来看，现代公共服务思想来自于社会主义，大发展开始于二战以后，在新科技革命和经济全球化的推动下，发达国家汲取社会主义的思想和制度因素，加强政府对社会公共服务的提供，以缓和社会矛盾。①

公共服务是指由公共权力运用公共财政所提供的、旨在为人民生活和社会运行提供便利、创造公共条件的服务。公共服务范围比较广，基本上包括公共教育、公共卫生、公共文化等社会事业，也包括公共交通、公共通信等公共产品和公用设施建设，还包括解决人的生存、发展和维护社会稳定所需要的社会就业、社会分配、社会保障、社会福利、社会秩序等公共制度建设。② 公共服务有新旧之分，传统公共服务提供者主要是政府，新公共服务提供者不仅包括政府还包括非政府组织和非营利组织等。与传统公共服务较单一的提供模式相比，新公共服务的提供方式更加多元化。传统公共服务追求的价值中效益占主要地位，而新公共服务把民主等价值置于比以往相对更高的位置。中共中央十六届六中全会确定了2020年构建和谐社会的目标和主要任务，其中包括“基本公共服务体系更加完备”，这里的公共服务体系主要指建设新公共服务。近年来，我国倡导建设“知识工程”、“共享工程”、“创新型国家战

---

① 康绍邦，赵黎青，杨青．中国社会公共服务体制研究．北京：中共中央党校出版社，2008：Ⅱ—Ⅴ

② 浙江经济编辑部．公共服务：社会和谐的重要保障．浙江经济，2006（22）：1

略”、“构建和谐社会”等，为公共服务的全面实施提供了和谐的制度和政策环境。

1.1.1 公共服务的基本内涵

(1) 公共服务的界定和理解

学术界对于“公共服务”（Public Service）的界定和理解，一般有三种视角：

第一，从物品的角度即根据物品的特性来界定公共服务。

这种视角是公共经济学的一贯逻辑。从19世纪末叶开始，西方经济学一直用物品特性解释公共服务，从“公共物品”到“准公共物品”，再到“有益物品”、“混合物品”、“中间物品”等概念，物品分类理论不断丰富，目的无非是为了用物品的规定性解释公共服务。对公共服务的界定也不断变化，从认定“公共服务就是提供公共物品”到认定“公共服务不仅仅提供公共物品”，始终没有摆脱用物品的规定性解释公共服务的逻辑。典型的定义有：

“公共服务是政府在纯粹公共物品、混合性公共物品以及带有生产的弱竞争性和消费的弱选择性私人物品的生产与供给中的职责。”①

“公共服务，就是提供公共产品和服务，包括加强城乡公共设施建设，发展社会就业、社会保障服务和教育、科技、文化、卫生、体育等公共事业，发布公共信息等，为社会公众生活和参与社会经济、政治、文化活动提供保障和创造条件。”②

“一般来说，公共服务属于公共物品，具有消费的非竞争性和非排他性。……政府提供的公共物品主要有：纯公共物品和准公共物品。具体可以分为三类。第一类：具有非竞争性和非排他性的服务，如国防服务、公共安全服务等。第二类：非竞争性和非排他性弱的服务，包括邮政、电信、民航、铁路服务，水电气服务等。第三类：非竞争性和非排他性强的服务，包括公共环境服务（如垃圾处理、公园、道路管理、公共卫生、气象服务），公共科教（基础教育、基础研究等），文体事业（如公共体育馆、图书馆、博物馆服务），公共医疗，公共交通以及社会保障等。”③

“从范围看，公共服务不仅包含通常所说的公共产品（具有非竞争性和非排他性的物品），而且也包括那些市场供应不足的产品和服务。”④

从这一视角看，公共服务与提供公共物品几乎是等同的概念。

第二，从服务的角度即根据服务的特性来界定公共服务。

这种观点认为，公共服务是一个有着特定含义的概念。它是指为社会公众提供的、基本的、非盈利性的服务，即：①公共服务是大众化的服务。公共服务不是只为特定少数人提供的服务。②公共服务是基本服务。人们日常生活中离不开水、电、气、安全、教育、文化等方面的服务，否则，人们就不能正常地生活。公共服务是满足人们日常生活中基本需求的服

① 马庆钰．关于“公共服务”的解读．中国行政管理，2005（2）：78—82

② 吴双．建设公共服务型政府问题综述．信息与研究，2005（3）

③ 王锋，陶学荣．政府公共服务职能的界定、问题分析及对策．甘肃社会科学，2005（4）：231—234

④ 陈昌盛，蔡跃洲．中国公共服务综合评估报告（摘要）．中国经济时报，2007-01-22

务。③公共服务是内容广泛的服务，公共服务既要提供物质产品（水、电、气、路、通讯、交通工具）等，又要提供非物质产品（安全、医疗、教育、娱乐）等。并且，公共服务是一种低价位的服务，以保证人们能够持续性地消费。①

由于用物品的规定性界定公共服务的解释力和概括力受到限制，人们从社会更大的范围去寻找公共服务的界定，有一定的意义。

第三，从政府的角度即根据政府的特性来界定公共服务。

这种观点认为，政府是重要的公共部门之一，政府服务无疑是判定公共服务的重要标尺。典型的定义有：

"根据经济学中给定的定义，公共产品是指政府向居民户提供的各种服务的总称。公共产品包括的范围很广泛，诸如国防、治安、司法、行政管理、经济调节等，都是政府向居民户提供的服务。此外，由政府提供经费而实现的教育服务、卫生保健服务、社会保障服务等，也是公共产品。"②

"所谓公共服务，广义上可以理解为不宜由市场提供的所有公共产品，如国防、教育、法律等，狭义上一般指由政府直接出资兴建或直接提供的基础设施和公用事业，如城市公用基础设施、道路、电讯、邮政等。"③

从这一视角看，公共服务与政府的基本职能密切相关，以政府服务为基准界定公共服务成为一种重要方式。

我们认为应当从上述三种视角综合理解公共服务。公共服务是公共部门与准公共部门满足社会公共需要、提供公共产品的服务行为的总称，其目标是平等地解决社会成员的基本生存和生活问题，改善公民的生活状况，提高公民的生活质量，促进人的全面进步和社会协调发展。

（2）公共服务的相关概念

理解公共服务的内涵，要注意公共服务与公共物品、私人服务、公共管理、公共行政等相关概念的区分。

一是公共服务与公共物品。公共物品（Public Goods）也称为公共产品，具有非排他性和非竞争性，公共物品的非排他性指当某人消费这类产品时无法排斥他人也同时消费这类产品，公共物品的非排他性使公共物品具有公共性，这类产品具有极大的外部收益，是一种人人都有权使用、人人都受益的产品。"公共服务"概念比公共物品广泛，公共服务具有公共物品的特征，但是公共服务是基于公平性的考虑，是在社会福利最大化意义上的公共物品，隐含着价值观的判断，即什么东西应该由政府来提供。④

---

① 李朝祥. 政府公共服务职能的市场化. 广西社会科学，2003（4）：16—17

② 厉以宁. 教育产品的性质和对教育的经营. 见：郝克明. 面向21世纪我的教育观. 广州：广东教育出版社，1999

③ 刘旭涛. 行政改革新理论：公共服务市场化. 中国改革，1999（3）：7—9

④ 李军鹏. 公共服务学——政府公共服务的理论与实践. 北京：国家行政学院出版社，2007：2—3

二是公共服务与私人服务、社会服务。“公共服务体现的是公民权利与国家责任之间的公共关系；私人服务体现的是以货币可支付能力为前提的私人牟利追求与消费者关系的市场关系；社会公益服务则体现的是部分社会成员的善意与志愿精神同特定群体之间的社会关系。”①

三是公共服务与公共行政。公共服务不同于公共行政，它是国家行为介入的一种服务活动，可以通过提供相应的服务，使公民的某种直接需求得到满足，具有一定程度上的可选择性；公共行政（Public Administration）则是规范开展社会活动的行为，有强制性。

1.1.2 公共服务的特征

综合对公共服务的研究，公共服务主要有以下特征：

（1）权力性

公共服务是一种基本服务，关系到人们的日常生活和基本需要。公共服务是公民的一项基本权利，许多国家都以法律的形式做出规定，明确公民享有公共服务的权利。

（2）普遍性

公共服务是覆盖全社会的体系，每一个公民都享有公共服务的权利。作为政府来讲，它提供的公共服务首先是一种大众化的服务。从服务对象上，公共服务不同于为根据特定人需要个别安排的私人服务，而是以社会大众为服务对象，具有非特定性。同时，要满足大众的基本需求，服务内容具有基本性、广泛性和多样性。

（3）公平性

公共服务是由政府和公共部门提供的非营利性的服务，公共服务必须以公共利益为目标和导向。全体公民平等地享有各项公共服务，在基本公共服务待遇面前人人平等。

1.1.3 公共服务的分类

公共服务分类是一个理论问题。对公共服务进行分类，就是根据公共服务的共同点和差异点，采用一定的标准和方法，依据一定的原则对公共服务进行全面、系统的划分与归类。目前，关于公共服务分类众说纷纭，主要观点见表1-1。

表 1-1 现有公共服务分类的典型框架

标准	类型	主要内容	出处
公共支出领域	维持性公共服务	国防、外交、公共行政服务等	李军鹏《论中国政府公共服务产品职能》，《国家行政学院学报》2003 年第 4 期，第 29—31 页
	经济性公共服务	投资经营国有企业与公共事业、投资公共基础设施建设、对企业经营活动进行补贴等	
	社会性公共服务	教育、社会保障、公共医疗卫生、科技补贴、环境保护等	

① 康绍邦，赵黎青，杨青. 中国社会公共服务体制研究. 北京：中共中央党校出版社，2008：2

续表

<table>
<tr><th>标准</th><th>类型</th><th>主要内容</th><th>出处</th></tr>
<tr><td rowspan="3">政府职能体系</td><td>主权服务</td><td>国家管理、司法、警察、国防、国家财政等</td><td rowspan="3">王小林《结构转型中的农村公共服务与公共财政政策》，中国发展出版社 2008 年版，第 16—18 页</td></tr>
<tr><td>社会和文化服务</td><td>教育、卫生、社会保障、社会救济和文化活动等</td></tr>
<tr><td>经济服务</td><td>供电、供气、铁路运输、邮政和电信等</td></tr>
<tr><td rowspan="3">公共服务性质</td><td>基本公共服务</td><td>法律法规体系，公民权利保护，保证分配公正和经济稳定增长的财政税收和金融政策，社会保险和社会福利政策，国防，外交，国家安全，环境保护，航天科技，公费中小学教育，公费医疗系统等</td><td rowspan="3">卢映川、万鹏飞《创新公共服务的组织与管理》，人民出版社 2007 年版，第 31、99、100 页</td></tr>
<tr><td>混合公共服务</td><td>下水道系统，电话电讯系统，电视广播系统，邮政服务系统等</td></tr>
<tr><td>政府管理私人部门所产生的管制性公共服务</td><td>政府要求企业生产的产品符合统一的质量标准、卫生标准、技术标准、安全标准等</td></tr>
<tr><td rowspan="3">公共需要内容</td><td>政权性公共服务</td><td>立法、司法、行政、外交、国防等</td><td rowspan="3">孙晓莉《中外公共服务体制比较》，国家行政学院出版社 2007 年版，第 9—11 页；另参阅孙晓莉：《公共服务论析》，《新视野》2007 年第 1 期，第 51—53 页</td></tr>
<tr><td>社会性公共服务</td><td>社会就业、社会保障、教育、卫生医疗、文化体育等</td></tr>
<tr><td>经营性公共服务</td><td>邮电、通讯、电力、煤气、自来水和交通等</td></tr>
<tr><td rowspan="3">专业知识领域</td><td>公共工程建设</td><td>垃圾收集和处理，墓地的维护和管理，检察，供水、排污系统的设置与管理，淤泥的处理，危险材料的处理等</td><td rowspan="3">John ChristopherMckee (1997) . The Political Economy of Municipal Service Delivery. NM I, Modelign pp. 66—67. 转引自卢映川、万鹏飞：《创新公共服务的组织与管理》，人民出版社 2007 年版，第 31—32 页</td></tr>
<tr><td>公共交通服务</td><td>道路维修，道路/停车场清洁，清除积雪，交通信号设置与维修，停车计数器维修和费用收集，行道树种植，公共交通系统的停车点和维修站的经营，公共交通系统的运营与维持，辅助客运系统的经营与维持，机场的经营等</td></tr>
<tr><td>公共安全服务</td><td>警察（包括预防犯罪、巡逻），消防，医疗急救服务，强制交通管制，拖车和存车服务等</td></tr>
</table>

续表

标准	类型	主要内容	出处
专业知识领域	人类健康和社会服务	公共卫生检查，动物控制，动物避难所的经营，托儿所的经营，儿童福利计划，老年人计划，医院的经营和管理，公共健康计划，药品和酒精治疗计划，精神病院和救助站的运营等	John ChristopherMckee（1997）. The Political Economy of Municipal Service Delivery. NM I, Modelign pp. 66—67. 转引自卢映川、万鹏飞：《创新公共服务的组织与管理》，人民出版社 2007 年版，第31—32 页
	文化和休闲服务	休闲设施的运营，公园的建设和维护，会议中心和大礼堂的运营，文化和艺术计划的操作，图书馆的运营，博物馆的运营等	
	支持服务	法律服务，建筑和地面维护，建筑安全，交通工具的维护，薪水登记造册，征税，秘书服务，人员服务，公共关系，公共信息等	
	公共设施	电力，煤气设施的经营与管理、维护、建设等	
资本和劳动力投入比例	劳动密集型公共服务	劳动量占据总成本 80% 或者以上的公共服务：教育、警察、消防等	根据相关内容整理
	资本密集型公共服务	资本量占据总成本 80% 或者以上的公共服务	
消费空间范围	全国性公共服务	国防、外交、中央政府劳务、邮政设施、交通输送设施、环境保护等	卢洪友《政府职能与财政体制研究》，中国财政经济出版社 1999 年版，第 101—103 页
	地方性公共服务	地方政府劳务、地方环境保护、城市基础设施建设、公园等	

资料来源：王海龙．公共服务的分类框架：反思与重构．东南学术，2008（6）：48—58

依据公共服务的功能，可以将公共服务分为维护性公共服务、经济性公共服务和社会性公共服务三类。维护性公共服务指确保统治秩序、市场秩序、国家安全的公共服务。经济性公共服务指政府为促进经济发展而提供的公共服务，如公用事业的公共生产、生产者的广告和补贴、公共基础设施建设、环境保护等。其受益者是企业而不是普通公众。社会性公共服务指政府为促进社会公正与和谐而为全社会提供的平等的公共服务，包括：教育、公共医疗、社会保障、就业等。这类公共服务的最大特点是具有某种“公民权利”性质。本课题研究的公共文化服务体系就属于社会性公共服务。

从我国的实际情况看，主要的公共服务有以下方面：

（1）公共事业服务

公共事业服务关系到人们的日常生活，包括城市供水、公共交通系统、供电、道路、取暖等。

（2）教育公共服务

教育对一个国家社会成员的影响非常大，教育公共服务是公共服务最重要的一个领域。教育公共服务主要是指一个国家的基础教育，特别是义务教育。根据国家的政策规定，九年义务教育就是教育方面的公共服务。但整体上说，教育应该属于非营利领域。

（3）卫生公共服务

医疗卫生关系全体社会成员的切身利益，与教育公共服务同样重要。教育、卫生是政府提供公共服务最主要的两个领域。卫生公共服务属于非营利的，其中包括疾病的预防、公共卫生等。

（4）科技公共服务

科技对一个国家具有十分重要的地位。科技公共服务对整个科技进步有很基础性的作用，由国家投入，由专家进行基础科技研究，属于公共服务的范畴。

（5）文化公共服务

社会成员有享受人类共同的物质文明和精神文明成果的权利，文化关系到一个民族的精神发扬以及社会的进步与发展。提供基本的文化设施，开展健康的文化活动，满足社会成员的基本精神需求，是政府的重要责任和任务，并体现国家和社会的发展水平。

（6）社会保障公共服务

社会保障体系包括社会保险、养老保险等。国家的经济越发达、社会发展水平越高，给社会成员提供社会保障的覆盖面就越宽。

1.1.4　新公共服务理论

20 世纪 80 年代开始，英国、美国、澳大利亚、新西兰等西方发达国家掀起了一场被称之为“新公共管理”的政府改革运动。这场改革运动在 20 世纪 90 年代迅速扩展到几乎所有发达工业国家和一些发展中国家。近年来，正当新公共管理理论在世界范围内方兴未艾之际，在对该理论缺陷的反思与批判的基础上构建出现了一种全新的公共行政理论——新公共服务理论。它提出一系列有别于新公共管理理论的观点，尤其指出政府的职能是服务而不是掌舵，这为服务型政府的建设提供了直接的理论依据和全新的视角。

根据新公共服务理论，从政府在公共服务中的角色来说，政府应该把政策制定（掌舵）同服务提供（划桨）分开。也就是说，政府在公共服务中的角色是政策制定，而不是主要提供直接服务。“没有任何逻辑理由证明公共服务必须由政府机构来提供”。针对政府的公共服务的低效，摆脱困境的最好出路是打破政府垄断地位，建立公私机构之间的竞争。因此，美国的公共服务改革高举民营化大旗，利用民间部门高效率、低成本地提供必需的公共服务。对于那些属于政府“天职”的公共服务，政府应该是一个安排者，决定什么应该通过集体去做，为谁而做，做到什么程度或水平，怎样付费等问题，至于服务的生产和提供，完全可以通过合同承包、补助、凭单、特许经营等形式由私营部门或社会机构来完成。美国政府积极构建与社区、公民的互动关系，政府官员和管理者对于公民的请求不是说“是”或“不，我们不能”，而是应该说“让我们一起来解决，我们应当做什么，并且使它成为可能”。同时建构一种积极的市民关系，政府官员不能只是承担公共服务提供者的角色，他们还需要扮演协调者、调解者甚至仲裁者的角色。许多国家和地区在新一轮行政改革中所制定的法案都是从规范政府服务行为出发，而不是简单地一般地只从公民主权出发，除了规定公民的权利和政府的权力外，还强调了必须如何为公民服务。如澳大利亚的《公共服务法案》，美国的《国家绩效评估报告》，这些法案对政府在提供公共服务的过程中应有的方式都作了详细的规定，为服务型政府的建设进一步奠定了制度基础。加拿大 1989 年“公共部门”的改革，目的是赋予公务员权力，改进公共服务。1995 年 6 月日本内阁批准了“质量服务动议”，该动议旨在提高顾客的满意度。芬兰于 1998 年宣布“服务质量以及以公民和顾客为导向的服务将通过给予顾客一种新的服务宪章而得到发展”。法国 1994 年的共同宣言中提出了顾客服务质量；1995 年的总理报告中提出要改进顾客服务。德国在 20 世纪 70、80 年代实行了以公民为导向的行政简化改革；在 20 世纪 90 年代又推行了管理现代化，“新控制模式，改革目的是使管理成为向公民提供以业绩为导向的服务”①。

新公共服务理论提出“追求公共利益”才是公共行政的根本目标。公共行政的终极目标不应该是效率、利润，政府更节约、更经济不是政府存在的理由，谋求公共利益才是政府存在的合法性基础。新公共服务理论认为公共利益是通过社区沟通过程实现的，其价值内涵是正义、公正、公平等民主规范。②

公共服务理念在我国已经得到重视。胡锦涛总书记在政治局第四次集体学习时的讲话，对基本公共服务体系的建设构想包含三个层次：（1）公共服务体系建设建立在经济发展的基础上，应依据经济发展程度和水平，逐步建设。公共服务体系建设的指导思想是惠及全民和公平公正，但建设步骤要把握水平适度、可持续发展的原则。（2）基本公共服务均等化，是公共服务体系建设的长远目标，也是服务型政府建设的重要价值追求，但也需要逐步实现。应围绕逐步实现基本公共服务均等化的目标，协调处理好公共服务的覆盖面、保障和供给水平、政府财政能力三者间关系。（3）公共服务体系建设的关键是创新公共服务体制，改进公共服务方式，形成公共服务供给的社会和市场参与机制。通过公共财政、社会组织、企业与家庭的合作，发挥和体现财政资金的公益性价值，提高公共服务质量和效益。胡锦涛总书记的讲话，指出了服务型政府建设的新阶段，以及建设服务型政府要立足于理论和实践的互动和协同推进上。否则，服务型政府仍然难以达到与社会主义市场经济体制相配套的要求。

1.1.5 公共服务体系和公共文化服务体系

公共服务体系包括公共教育体系、公共卫生体系、公共文化服务体系、社会福利体系等涉及民生的众多社会服务内容。公共服务体系和公共文化服务体系是相互依存，共同发展的

---

① 辛静．新公共服务理论评析——兼论对中国服务型政府建设的启示．长春：吉林大学，2008：21—23

② 金南顺．城市公共服务研究．大连：东北财经大学，2006：30

社会建设活动。

公共服务体系确立是建设公共文化服务体系的基础。公共服务体系的建立反映政府的施政目标和行政方向，公共文化服务体系涵盖公共文化政策法规、公共文化设施设备、公共文化组织机构和人才、公共文化服务的技术手段和方法、公共资源配置以及公共绩效管理等要素，这些要素的实现需要服务型政府的战略规划、实施管理以及反馈调整，需要公共服务体系框架内的政策、财政支持。①

公共文化服务是在改革开放不断深入的过程中，伴随着政府职能的转变，努力建设服务型政府而提出的，作为政府公共服务的一部分，它主要是强调作为一个人民的政府的社会责任、义务和历史使命之所在。公共文化服务体系是政府文化管理和服务职能实现的工具。公共文化服务关注公民的文化权利，提供公共性、公平性、便利性和多样性文化产品，其功能实现与否关系到公共服务体系建设的成败，关系到公民对政府公共服务的感受程度和满意度。

1.2 公共文化服务的基本理论

1.2.1 公共文化与中国特色社会主义文化建设

“公共文化”是文化在特殊领域中的一种表现类型，与文化的概念类似，也有广义和狭义之分，在不同的语境下其被赋予的内涵和指代均有所差异。基于本书的研究背景，我们主要讨论中国特色社会主义文化建设中公共文化的具体内容和范畴指向。

（1）公共文化的概念界定

从公共文化的词义本体和外延来看，其概念可以从公共领域和文化定义两个方面进行阐释。狭义的公共文化概念必须置于具体背景（如社会性质、文化体制、政府政策等）的限定下进行讨论和把握，此处我们先讨论广义的公共文化。

公共领域是一个在社会生活中的空间，人们可以聚集在这个空间里自由讨论和确定社会问题，并通过这些讨论来影响政治行动。② 哈贝马斯认为，公共领域是一个介于国家和社会之间的公共空间，它“和私人领域是相对立的”，③“首先可以理解为一个由私人集合而成的公众的领域；但私人随即就要求这一受上层控制的公共领域反对公共权力机关自身，以便就基本上已经属于私人，但仍然具有公共性质的商品交换和社会劳动领域中的一般交换规则等问题同公共权力机关展开讨论”。④ 哈贝马斯对公共领域的论述是建立在资产阶级公共领域的发展和资本主义社会的两次结构转型上，而我们从中国特色社会主义发展的视角重新考量“公

---

① 姜晓萍，邓寒竹．中国公共服务 30 年的制度变迁与发展趋势．四川大学学报（哲学社会科学版），2009（1）：29—35

② Public sphere. [2010-06-04]. http://en. wikipedia. org/wiki/Public_ sphere

③ 哈贝马斯．公共领域的结构转型．曹卫东等译．上海：学林出版社，1999：2

④ 哈贝马斯．公共领域的结构转型．曹卫东等译．上海：学林出版社，1999：32

共领域”——社会良性运行的一个重要基础是“公”与“私”的权力和责任明晰；努力协调国家政府部门权力和公众利益二者之间的交叉集合；其“公共性”主要包含国家政府对公众权力的保障以及对公共需求的满足。

在文化理论界，关于文化的各种定义非常之多。一般来说，人们对文化的理解有三个层次：第一个层次主张文化是涵盖人类所有文明成果的大众化观；第二个层次主张文化主要指人类精神文化方面的创造性成果；第三个层次是将文化理解为以文学、艺术、音乐、戏剧等为主的艺术文化。[①] 在本研究中，我们使用的“文化”概念归属于上述的第三个层次，即狭义的小文化观。

综合以上分析，我们认为，广义的公共文化是指由国家公共部门提供的、以保障公众基本权力为前提的、以满足公共文化需求为主要目的的、以传播人类文化成果为基本职责的、能促进社会进步和实现个人精神文化追求的一切有益的社会信息总和。我们强调公共文化在现阶段的我国国情下，其主要的控制系统是国家和政府机构，不同于“私人”提供的任何文化产品和服务，它直接与公众沟通，处于一个致力于为公众提供文化信息的社会环境中。另外，公共文化产品也区别于社会成员个体或小团体范围内独享的文化产品，担负着全体公民对社会文明成果共享理念的使命。

（2）中国特色社会主义文化建设语境下的公共文化

改革开放以来，中国特色社会主义取得了举世瞩目的发展，不仅体现在经济建设上，还体现在文化建设上。2006 年，《中华人民共和国国民经济和社会发展第十一个五年规划纲要(2006—2010 年)》颁布，在第十二篇“加强社会主义文化建设”中，提到要“加大政府对文化事业的投入，逐步形成覆盖全社会的比较完备的公共文化服务体系”。[②]《文化建设“十一五”规划》提出“十一五”时期文化发展的目标之一是“公共文化产品和服务的供给能力明显提高，质量显著改善”，并将“健全公共文化服务体系，加强农村文化建设”作为下一步建设的重要组成部分，确立了六个重点发展方向。[③] 2007 年，党的十七大报告中明确写道“加强文化建设，明显提高全民族文明素质”，“坚持把发展公益性文化事业作为保障人民基本文化权益的主要途径”，“在中国特色社会主义的伟大实践中进行文化创造，让人民共享文化发展成果”。温家宝在 2010 年 2 月 4 日省部级主要领导干部专题研讨班上的讲话中指出“加强文化建设直接关系社会文明进步，关系民族素质提高，关系广大人民群众精神需求”，强调要“大力发展公益性文化事业，以基层公共文化体育设施为重点，建设覆盖城乡的公共文化体育服务体系，推进公共博物馆、纪念馆、美术馆、图书馆、文化馆、体育场馆免费开放，努力满足人民群众基本文化体育需求”。

这些表明，在当前中国特色社会主义文化建设中，公共文化建设已经成为一个重中之重，

① 金元浦，谭好哲，陆学明. 中国文化概论. 北京：首都师范大学出版社，1999：5—7

② 中华人民共和国文化部政策法规司. 文化建设“十一五”规划汇编. 北京：文化艺术出版社，2008：3

③ 中华人民共和国文化部政策法规司. 文化建设“十一五”规划汇编. 北京：文化艺术出版社，2008：26—29

是中国特色社会主义文化事业发展的必然需求，对于提高公民精神生活质量、促进人的全面发展、构建社会主义和谐社会具有重要意义。将公共文化置于中国特色社会主义文化建设的语境下进行概念和内涵分析，其关键属性包括：一是权威性，即公共文化的建设主体是国家政府部门，是能行使国家权力的权威机构；二是广泛性，即公共文化的目标客体是全体公民，不分民族、职业、信仰等；三是公益性，即公共文化的传播渠道是主要由政府财政支持和补贴，面向公众的服务基本是免费的；四是正向性，即公共文化产品是以引导公众的正面、积极、向上的精神生活为主，不涉及消极导向的文化信息。

1.2.2 公共文化服务与公共服务型政府

对公共文化服务的理解，首先要明确其属性，与公共服务概念相关。有学者定义公共服务为："指筹集和调动社会资源，通过提供公共产品这一基本方式来满足社会公共需要的过程，主要分为政权性公共服务、社会性公共服务和经营性公共服务"①，这一定义把公共服务的目的性摆在第一位，弱化了公共服务的提供者。新公共服务理论则提出新的理念，认为"新公共服务指的是关于公共行政在以公民为中心的治理系统中扮演的角色的一套理念"②，它是以"公民对话协商和公共利益为基础，并与后两者充分结合"③。我们处在社会主义制度下的有深厚文化底蕴的中国，在当前公共文化服务体系全面构建的背景下，从马克思主义价值观去认识"公共服务"，不但要指出提供公共服务的是谁，而且要明晰其价值取向，因此，我们认为，公共服务是由公共部门（包括政府、社会机构等）提供的针对公众需求的产品与服务，它不全由政府免费提供，还可以通过市场机制来获取和运作，它的内在价值是对人的完全尊重，外在价值是对本位主义的摒弃。这个意义上，公共文化产品是公共产品的一部分，公共文化服务也是公共服务的重要组成部分，属于社会性公共服务范畴。

公共文化服务体系简而言之就是国家为公众提供公共文化服务，保障公众的文化权利，其中政府是主要的实施主体。李洪峰对"公共文化服务"做出了一个基本界定，即"公共文化服务是政府提供的以保障公民的基本文化权益、满足公民基本文化需求为目的的文化服务"（出自《积极探索中国特色的公共文化服务体系建设之路》一文）。有学者对公共文化服务给出了一个更为详细的解释，认为"公共文化服务即指：由公共部门或准公共部门共同生产或提供的，以满足社会成员的基本文化需要为目的，着眼于提高全体公众的文化素质和文化生活水平，既给公众提供基本的精神文化享受，也维持社会生存与发展所必需的文化环境与条件的公共产品和服务行为的总称"④。公共文化服务是与政府行为息息相关的，从它的概

① 孙晓莉．中国公共服务体制比较．北京：国家行政学院出版社，2007：1

② 珍妮特．V．登哈特，罗伯特．B．登哈特．新公共服务：服务而不是掌舵．北京：中国人民大学出版社，2004：6

③ 珍妮特．V．登哈特，罗伯特．B．登哈特．新公共服务：服务而不是掌舵．北京：中国人民大学出版社，2004：10

④ 陈威．公共文化服务体系研究．深圳：深圳报业集团出版社，2006：16

念阐述中可以看出，公共文化服务是政府职能目标和公众文化需求高度协调统一后的结果，政府和公众任意一方的意识缺位都不能保证公共文化服务的顺利普及和实施。

2006年9月，中共中央办公厅、国务院办公厅颁布《国家“十一五”时期文化发展规划纲要》，首次明确提出“公共文化服务”的概念，倡导“积极推进政府职能转变，实行政企分开、政事分开、政资分开和管办分离，切实把政府的职能由主要办文化转到社会管理和公共服务上来”。2009年9月，新华社专访了文化部长蔡武，他在被问到有关文化事业时，答道：“文化事业指的是公共文化服务体系，为的是满足人民群众基本的文化需要，保障人民群众的基本文化权益。这是公益性的，必须由政府主导，由财政投入来保障”①。2010年4月，文化部副部长杨志今在广西广东调研公共文化建设时也指出，“提供基本的公共文化服务，保障广大群众的基本文化权益，是政府的重要职责，作为政府投资兴建的公共文化设施，图书馆、文化馆等公共文化设施都应实行免费开放，这体现了政府的公共文化职能”②。同年，温家宝在《关于发展社会事业和改善民生的几个问题》一文中进一步强调“把维护社会事业的公益性、保障人民群众基本公共服务需求作为政府的主要职责”，“要进一步转变政府职能，加强公共服务职能，加快健全覆盖全民的基本公共服务体系，推进基本公共服务均等化”。这些无一不说明了政府在公共文化服务中必须扮演绝对主导性的角色，政府职能所发挥的作用将直接影响公共文化服务的提供方式、途径、范围等。

从公共政策的分析视角来看，政府推行政策时要考虑到均衡性，“当政策远远偏离了对公民的平等对待时，它对民主的公民权和政治参与就会产生破坏性的影响”③。任何公民在参与社会经济活动的同时，都应享有政府的精神文化惠及政策，对于处于社会主义初级阶段的我国而言，公共文化的服务理念无疑是营造和谐文化氛围的内在要求，而公共文化服务体系是政府与公民在意识形态上交流沟通的有效平台。信息社会中，个体公民需要获取信息以满足自身需求、实现自我价值或参与政治，因此，信息的传播要有良好的输出渠道，闭塞或不畅通的传播途径将会导致信息的缺失、错位和扭曲，从而导致社会文明的非正常塑造以及文化的理解差异。政府在引导信息，特别是文化信息的广泛而有效传播上应承担义不容辞的责任且大有可为，所以政府要对此做出正确决策，“在决策过程中，管理者不仅仅为获得公民信息而行动，还要采取其他的方法和技术来实现成功决策的目的”④。我国在社会主义经济和社会改革的背景下尤其注重文化发展的重要性，政府面向社会公众提供公共文化服务是与经济领域中的公共服务实现并驾齐驱的，这一重大的决策举措为和谐社会的建设绘制了美好的

① 中华人民共和国中央人民政府网站．[2009-09-16]．http：//www.gov.cn/jrzg/2009-09/16/content_1419195.htm

② 中国文化报．杨志今在广西广东调研公共文化建设时强调：推动免费开放 提高服务质量，2010-04-13

③ 海伦·英格兰姆，斯蒂文．R．史密斯．新公共政策——民主制度下的公共政策．钟振明，朱涛译．上海：上海交通大学出版社，2005：79

④ 约翰·克莱顿·托马斯．公共决策中的公民参与：公共管理者的新技能与新策略．孙柏瑛等译．北京：中国人民大学出版社，2005：97

前景。

按照新公共管理理论，“国家是各种公共和私人合同的最终保障者，政府作为裁判对合同的性质拥有最终的解释权”①，那么政府的角色更多是类似于仲裁者，重视正义和公共利益，另一个层面的表述也就是要为公民提供无差异的服务。重新合理地架构政府职能，使其实现从“管制型”向“公共服务型”的转变，是解决公共文化服务若干问题的根本。公共服务型政府要在谋求人民幸福生活的各个方面履行基本的社会职责，服务是其核心理念。就我国现阶段具体国情来说，政府在文化层面上责任担当的一个重要方面是构建覆盖全国范围的公共文化服务体系，“在国家层面上建构并能对整个社会进行城乡覆盖的总体性制度塑型”②，由此凸显政府的公共文化服务职能。公共服务型政府是公共文化服务的依托主体，公共文化服务是公共服务型政府的重点服务目标，二者是包含与被包含的关系，它们分别是我国政府转型的方向和政府应长期提供的主要服务内容。

1.2.3 公共文化服务体系的基本内容建构

构建公共文化服务体系是国家制定的一项文化政策，它作为我国党和政府所追求的文化目标之一，“顾及到文化在满足政治需要的同时，还必须满足全体人民的需要，要充分考虑到文化分配的公平、人民文化生活水平的提高、文化的社会稳定和文化的国际传播”③。该体系立足于我国社会主义精神文明建设的高度，包括两个层面的需求。一是国家层面上，是提高国家软实力的重大举措。一个国家的综合实力不仅表现在军事、经济、科技等硬实力上，还外显于文化、社会制度、价值标准等软实力中，其中文化对于国家软实力的提升尤为重要。我国正处于一个复杂的国际环境中，以雄厚的文化实力在国力竞争中居于先进之列是重要的发展战略之一，在这样的背景下，公共文化服务体系的提出恰逢其时。另一方面是个人层面上，是关注人的全面发展的必然结果。科学发展观的核心是以人为本，坚持全面、协调、可持续的发展，深层次的要义直指人的全面发展，既要理解作为个体的人的物质权力和需要，更要创造人的思想和精神生活发展的充分条件和空间。基于落实科学发展观的要求，公共文化服务体系的建设是实现人的全面发展的科学手段。

理清公共文化服务体系的基本内容是构建该体系的必要前提，从系统论角度出发，公共文化服务体系是一个具有等级分配的系统，依据公共文化服务的所属关系，公共文化服务体系是公共服务体系这个开放超系统中的一部分，同时它又包含一些相互作用的子系统。综合各项相关要素，柯平认为，公共文化服务体系可分为三大体系，等级结构如图 1-1所示。

---

① 简·莱恩．新公共管理．赵成根等译．北京：中国青年出版社，2004：184

② 王列生，郭全中，肖庆．国家公共文化服务体系论．北京：文化艺术出版社，2009：18

③ 胡慧林．文化政策学．上海：上海交通大学出版社，1999：8

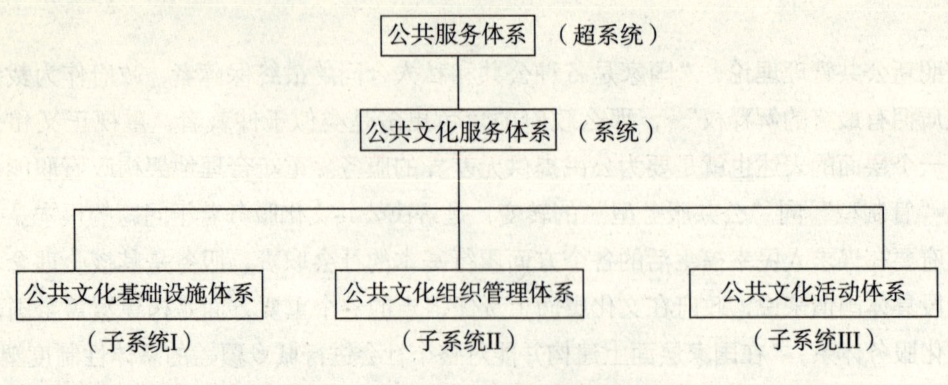

图 1-1 公共文化服务体系系统等级

（1）公共文化基础设施建设体系

这一体系既包括图书馆、博物馆、美术馆、文化馆站、群众艺术馆、影剧院等公共文化机构，也包括网络、设施设备、现代服务手段。公共文化基础设施作为公共文化机构的表象时，是公共文化的承载主体，是公共文化产品的储存库和展览室，也是公共文化服务的实质性传播空间，它的数量决定了公民对公共文化服务体系的可行性利用程度的高低；当它作为环境布局、实体配置以及服务手段的符号载荷时，它的建设质量关系到公共文化服务体系的未来构建状况，同时也确立了国家的公共文化服务基准。为了保证这个体系平衡且有序的发展，可以设立三个基本的量化指标，即公共设施输入社会的份额指标、公共文化机构设施的使用效益指标和公共文化服务投入的公众满意度指标。这三个指标分别表征了公共设施在整个社会主义的实体建设中所占的比例、各个公共文化机构中物理设施及软件配备的使用投入与产出关系、公众对公共文化服务本身、产品和性质等方面的明示或隐含的满足程度的反馈。

（2）公共文化组织管理体系

这一体系包括政策法规、管理领导、人才与队伍建设、经费保障等方面。该体系作为公共文化服务体系的子系统，它的本质功能特点是服务性、被依存性、控制性和调节性。首先，公共文化服务的人才与队伍是公共文化服务体系的中坚力量，为整个体系服务的最终目标是服务公众和社会，也就是我们所说的服务性功能。其次，从公共文化服务体系的政策属性来说，它的良性运行依赖于国家出台的各项与公共文化服务有关的政策法规以及公共文化组织的管理机制等，这就是功能特点所指的被依存性。再者，公共文化组织管理体系的控制性体现在子系统中的管理领导是公共文化服务体系生存发展环境建设的决策者，在某些程度上居于支配地位，拥有对总系统的控制权。另外，公共文化组织管理体系监督着公共文化服务体系，并在发现任何其有偏离既有发展轨道的动向时采取行动，如投入公共文化服务经费以保障合理划分各级政府事权，从而起到调节作用来达到目标。

（3）公共文化活动体系

这一体系由公共文化需求、活动内容、形式、服务项目等组成。无论是传统的文化艺术，还是大众的文化娱乐，在公众口味不断变化的今天，多样化的文化诉求已提上了受众议程，公共文化空间的构筑给公众享受不同的文化艺术冲击提供了选择。公共文化活动的开展能调动公众的参与热情，扩大文化消费的尺度，培育各城市的文化市场，同时公众对这些活动的接受度和反响大小也能刺激公共文化活动体系在活动类型、服务方式和文化内容等部分作出相应的调整以适应公众不断变化的需求。需要注意的一点是，公共文化活动是以事件形式来推广公共文化，因此要做好公共文化活动中突发事件的应急预案，以便在危机事件发生的时候能迅速采取有效措施，保护好公民的人身安全，将危害和影响降至最低。

1.3 我国公共文化服务建设的现状

1.3.1 公共文化服务建设的进展和成果

公共文化服务作为公共服务的一部分，整个体系的建设越来越受到从中央到地方各级党政领导及文化主管部门的重视，在国家发展规划及其他文化发展规划中，均占有相当重要的位置。社会上一些非政府组织、信息机构、公益性大众媒介等也投入到公共文化服务的建设浪潮中。公民作为公共文化服务的主要对象，他们的参与度、使用满意度、反馈信息、建议方案等都对健全公共文化服务体系提供源源不断的动力。从党的十六届五中全会明确提出要“逐步形成覆盖全社会的比较完备的公共文化服务体系”① 至今，公共文化服务建设取得了很多阶段性的进展和成果，归纳为以下四个突出方面：

（1）公共文化硬件基础设施逐步完善

全国各地都在大力建设公共文化硬件基础设施，取得了一定的成效。据统计，“十五”期间，全国文化事业共完成基本建设项目 1088 个，竣工面积 338. 9 万平方米；全国文物事业完成基本建设项目 227 个，竣工面积 82. 6 万平方米；全国投资在亿元以上的 44 个文化设施竣工项目中大部分是图书馆、博物馆等公共文化服务机构。② 2004 年，全国新开工的文化设施基建项目中，有 253 个公共图书馆，386 个群众艺术馆、文化馆或文化中心；③ 2005 年，我国公共图书馆达到 2762 个，共有文化馆（站）41 588 个，博物馆数增加至 1548 家；④ 而到了 2008 年，全国共有文化馆 3171 个，公共图书馆 2825 个，博物馆 1798 个；⑤ 截至 2009 年末，全国已达到文化馆 3214 个，公共图书馆 2833 个，博物馆 1996 个。⑥ 地方公共文化设施建设成果方面，以北京的图书馆设施建设为例，到 2007 年，北京有市级图书馆 1 个，区县级

---

① 中国共产党第十六届中央委员会第五次全体会议. 中共中央关于制定国民经济和社会发展第十一个五年规划的建议. [2007-09-25]. http://news.xinhuanet.com/politics/2005—10/18/content_3640318.htm

② 李建军. “十五”期间文化设施建设成绩显著. 见：李景源、陈威，中国公共文化服务发展报告（2007），北京：社会科学文献出版社，2007：173—174

③ 2005 年中国文化文物统计年鉴. 北京：北京图书馆出版社，2005：2

④ 2006 年中国文化文物统计年鉴. 北京：北京图书馆出版社，2006：100—135

⑤ 中华人民共和国国家统计局. 中华人民共和国 2008 年国民经济和社会发展统计公报. [2009-02-26]. http://politics.people.com.cn/GB/101380/8880003.html

⑥ 中华人民共和国国家统计局. 中华人民共和国 2009 年国民经济和社会发展统计公报. [2010-02-25]. http://politics.people.com.cn/GB/1027/11031407.html

图书馆23个，街道图书馆113个，乡镇图书馆163个，社区图书馆717个，农村图书室1746个，街道、乡镇图书馆覆盖率为87%，社区、村级图书馆（室）覆盖率为37%。[①] 以上的数据说明，公共文化服务基础设施建设在数量上平稳增长，正逐步夯实公共文化服务的硬件基础。

（2）公共文化服务的财政投入日益加大

我国对公共文化服务的重视体现在财政投入上就是中央及各地方政府持续加大对文化事业的经费拨款。1999年，国家财政对文化部系统的文化事业费拨款55.61亿元，而到2005年这个数字已达到133.82亿元，加上地方财政的文化事业投入，2005年全国文化事业经费达到495.22亿元，至此全国人均文化事业费已升至40元的水平；[②] 2006年，中央本级财政为文化部系统的文化事业经费拨款达到156.59亿元，比2005年增长17%；2007年，中央财政文化事业经费拨款为198.71亿元，与去年相比，增幅达25.7%；[③] 2009年的统计数据显示，中央财政对地方各项文化工程投入总量达30.59亿元，比2008年增加8.92亿元，增长41.16%；“十一五”截止到2009年底，中央财政累计投入63.69亿元，已比“十五”增长55.58亿元，达6.85倍。[④] 地方财政为公共文化建设也有相关规定，如四川省规定，从2007年开始，今后五年全省各级财政对文化事业的经常性投入增长幅度不低于经常性财政支出增长幅度，到2012年，全省文化事业投入占财政支出的比例高于全国平均水平。[⑤] 从中央到各级的财政支持必然会加速公共文化服务体系的构建，是公共文化服务发展的有力保障。

（3）基层公共文化网络不断有序地合理布局

国家非常注重基层公共文化网络的合理布局和完善，尤其是社区和农村的公共文化建设，推进力度集中在三个方面，一是基层公共文化设施建设，二是基层公共文化服务建设，三是面向基层的重大文化工程建设规划与实施。2005年，全国所有文化馆站中，县级2851个，乡镇文化站34 593个；2008年，社区和村文化室是137 665个；2009年，中央财政投入10亿元补助全国6000多个乡镇综合文化站建设项目，此外还投入专项资金4.83亿元，为已建成的3586个乡镇综合文化站配备了文化共享工程设备和开展文化活动必需的设备器材，并新增加0.41亿元资金，为西部地区484个街道文化站和3112个乡镇综合文化站赠送电脑21 200台。截止到2009年底，全国已建成各级中心和基层服务点75.7万个，拥有专兼职工作人员68万人，资源总量

---

① 张泉．改革开放30年与北京文化的转型与腾跃．见：张泉．北京文化发展报告（2008—2009），北京：社会科学文献出版社，2009：9

② 章建刚，陈新亮，张晓明．中国公共文化服务发展的历史性转折．见：李景源，陈威．中国公共文化服务发展报告（2007）．北京：社会科学文献出版社．2007：13

③ 章建刚，毛少莹，张晓明．改革务实，在科学发展观指导下推进我国公共文化服务体系建设．见：李景源，陈威．中国公共文化服务发展报告（2009）．北京：社会科学文献出版社，2009：3

④ 2009年中央财政投入30.59亿元——公共文化服务体系建设步伐加快．人民网．［2010-01-08］．http：//culture. people. com. cn/GB/10734230. html

⑤ 蒋晓丽，石磊．四川公共文化发展报告．见：侯水平，四川文化产业发展报告（2008）．北京：社会科学文献出版社，2009：81—82

达90TB，其中县级分中心达到2814个，覆盖率96%；乡镇基层服务点1.52万个，覆盖率44%；村基层服务点45.75万个，覆盖率75%。[①] 同时，我国进一步实施“全国文化信息资源共享”、“送书下乡”、“农家书屋”等工程，丰富乡村公共文化服务的内容。由此可见，乡镇的公共文化网络在国家政策和财政的扶持下，正循序渐进地扩大公共文化服务体系的覆盖，城乡差距有所缩小，这使得全社会的基层公共文化网络布局更加合理化。

（4）公共文化活动及产品趋于精品化和品牌化

近年来，各地的公共文化活动不断推陈出新，力求打造精品活动，并把其作为一个城市品牌进行推广。例如，创办于1999年的中国上海国际艺术节，注重国际性、民族性、经典性，已成为上海乃至中国文化建设的著名品牌；[②] 陕西省高度重视精品力作生产，共有300多个剧（节）目在省级以上各项艺术活动中获奖，眉户现代戏《迟开的玫瑰》荣登国家舞台艺术精品工程十大剧目榜首；[③] 河南影视精品生产成效明显，精品演艺项目《大河秀典》成为河南文化新名片。[④] 如今的公共文化活动发展更关注公众的实际需求，品牌意识强，把公众视为永久的服务客体，重点培育真正贴近百姓生活的公共文化产品。

1.3.2 公共文化服务建设的不足和问题

尽管我国的公共文化服务体系建设已初见成效，但是我们也应看到在建设过程中存在的诸多不足和干扰因素，进一步加强公共文化服务体系的构建迫在眉睫。与世界上一些发达国家的公共文化服务相比，我国还有很大的差距，学习和借鉴他国成功经验能够帮助我们发现问题，关键的是要总结并正确认识发展中出现的这些问题，然后才能结合自身实际有针对性去解决。

（1）公共文化服务的有效投入不足

虽然国家对公共文化服务的财政投入呈逐年增长的趋势，但是“我国目前公共财政文化投入约占全部公共开支的0.3%—0.4%”[⑤]，也就是说相比于其他公共开支来说，对公共文化服务这部分的投入总量仍然很低，这与我国当前人民群众的文化需求是不相适应的。社会各界，包括各级政府和私人部门，对公共文化服务在绝对数量上的资金投入毋庸置疑会促进其发展，但是如何测算公共文化服务的有效财力需求以及如何保障这些投入的最大化利用，都

---

① 2009年中央财政投入30.59亿元——公共文化服务体系建设步伐加快. 人民网. [2010-01-08]. http://culture.people.com.cn/GB/10734230.html

② 蒯大申. 总报告. 见：叶辛，蒯大申. 2006—2007年：上海文化发展报告——构建公共文化服务体系. 北京：社会科学文献出版社，2007：26—27

③ 陕西省政府研究室课题组. 陕西公共文化服务体系建设研究. 见：杨尚勤，石英，王长寿. 陕西文化发展报告（2009）. 北京：社会科学文献出版社，2009：51

④ 河南省广播电影电视局. 河南广播电影电视业发展报告. 见：张锐，李庚香. 河南文化发展报告（2009）. 北京：社会科学文献出版社，2009：173

⑤ 章建刚，毛少莹，张晓明. 改革务实，在科学发展观指导下推进我国公共文化服务体系建设. 见：李景源，陈威. 中国公共文化服务发展报告（2009）. 北京：社会科学文献出版社，2009：11

是下阶段公共文化服务发展所面临的核心问题。

从我国公共文化服务体系过去的财政投入方向来看，大部分集中在公共文化基础设施的建设上，急于解决体系建设的根基性问题，对城市和农村实际状况的考虑欠全面，甚至也没完全弄清各个城市的公共文化服务发展程度，这容易造成投入的盲目性和不协调性。对于一个经济发展程度较高、公共文化基础设施比较全面的城市来说，应该更多地考虑公共文化资源的培育性投入，而非继续强调对基础设施的大规模投入；而对于一个发展程度一般的城市来说，公共文化基础设施建设和公共文化活动固然是财政投入的一个方面，但要同等投入于文化艺术创作和继承上；对于农村而言，大力建设基础设施是重头戏，兼顾其他方面的投入。政府应对公共文化服务分层次有针对性地进行投入，尽快解决好有限经费投入和效益最大化投入之间的问题。

（2）公共文化服务的人才队伍结构欠完备

公共文化服务人才是建立公共文化服务体系的必然需要，也是制约因素。公共文化服务人才队伍结构要随着公共文化服务体系的各阶段发展而动态调整，从而满足体系构建的需求。现阶段我国的公共文化服务人才结构配置出现失衡，主要表现在两个方面：一是城市公共文化服务体系的人才储备明显高于农村公共文化服务体系，农村由于环境差、待遇低、条件艰苦而导致人才严重流失，于是城乡公共文化服务差异逐渐增大；二是政府的人才扶持政策还不足以吸引不同层次的人才加入公共文化服务的队伍中来，加上公共文化服务人才队伍建设在职业资格、文化志愿服务、人才市场配置等制度上还不够完善，因此，覆盖全社会的公共文化服务体系建设出现了一些发展瓶颈。政府要尽快将“官本位”的旧观念转变为“以人为本”，为人才的整体发展构造良好的社会环境，同时在人才队伍结构整合上要加强宏观调控，提高人才队伍素质。

（3）公共文化服务的评价考核体系有待深化

考核评估是检验任何事物发展现状的有效手段，其结果是决定事物未来走向的重要标准，对考察公共文化服务尤为如此。目前我国公共文化服务评价考核体系严重滞后于公共文化服务的发展，对一些重大文化项目并没有科学的考核指标来对其绩效、工作实施情况、未来发展前景等进行评估。另一方面，还缺乏公信度高的受众评价机制，公众对当今开展的公共文化服务的切身感受、意见建议等无法通过便捷的渠道反馈给政府有关部门和公共文化机构。公共文化服务的提供者们只能根据自己的理解去完善服务，对服务本身的认识不足，与公众沟通交互不够，从而阻碍了公共文化服务的深层次发展。如何深化公共文化服务评价考核系统的改革，使其兼顾政府、市场和公众来灵活建构是亟待解决的制度设计问题。

1.4 图书馆在公共文化服务体系中的地位

公共文化服务体系的核心是服务，根本任务是为广大人民群众提供基本的公共文化服务，实现公民基本公共文化服务的均等化。图书馆在完善公共文化服务体系中责无旁贷，这也是时代机遇赋予图书馆的公益性价值本体回归。

公共文化服务的各个主体在公共文化服务体系中所扮演的角色各不相同，因而重要性也不一样，本研究主要考察的对象是图书馆。按照1.2.3中公共文化服务体系的内容，图书馆在公共文化服务中的地位分别彰显于三大体系内。

1.4.1 图书馆作为必备的文化基础设施占有首要的主体地位

图书馆是社会组成要素中不可或缺的一部分，它与社会环境相互作用，公共文化服务体系对于保证一个开放的政治环境、繁荣的经济环境以及自由的交流环境是非常有益的，图书馆作用于融合了公共文化服务体系的社会环境，在支持公益性文化的发展中居于首要位置，它的建设规模大小、发展水平优劣左右着公共文化服务基础设施的提供，它在公共文化基础设施建设体系中的主体地位不可动摇，该首要主体地位表现在两个方面。

首先，图书馆的首要性直观地体现在国家标准制定上。《国家“十一五”时期文化发展规划纲要》中指出要“编制图书馆、博物馆、文化馆（站）等公共文化设施建设的国家标准”，随后，《公共图书馆建设用地指标》作为我国首个公共文化设施国家标准率先出台，接着《公共图书馆建设标准》也在2008年11月1日起开始施行，使公共图书馆设施建设走入科学化、规范化的正轨，而《文化馆建设标准》《博物馆建设标准》和《博物馆建设用地指标》等则在继公共图书馆设施建设标准之后进行编制和实施。这说明了在庞杂的公共文化机构设施建设标准编制中，图书馆的建设是国家和各级政府优先考虑的服务机构。

其次，公共文化服务体系的内涵决定了图书馆的主体地位。公共文化服务体系的基本内涵是以政府部门为主导，公共文化服务机构为载体，提供保障公民基本文化权利、满足公民基本文化需求的公共文化产品生产与服务。图书馆是传播文献信息并促进社会知识互通的社会机构，当它发挥公共文化服务机构职能的时候，图书馆丰富的资源优势决定了它对公共文化产品的掌握要明显优于其他机构，那么，它使用这些产品来服务公众也是得心应手的。这也就恰好表明了，在公共文化服务体系的构建中，除了图书馆之外，其他传统的公共文化服务机构都很难担当公共文化服务的载体主角。

1.4.2 图书馆作为文化组织管理的智囊库体现重要的支撑地位

公共文化组织管理体系为了更好地执行管理职能，需要有充分的可利用的各种信息，这些信息大部分是来源于图书馆。图书馆不是为单独个体服务，而是为社会群体服务的，这些群体用户的需求是图书馆赖以生存和发展的主要根据。图书馆在公共文化服务体系中承担智囊职能，为用户提供信息资源，其支撑地位主要由三大群体用户的需求所决定。

一是政府决策者。我们在公共文化服务体系构建的语境下所说的政府，是指公共服务型政府。一方面，政府制定与公共文化服务相关的规章文件，规范公共服务各方面内容，包括设施建设、文化产品生产、文化遗产保护等。另一方面，政府在进行决策的时候，是围绕着决策目标来开展的，每一个目标对应着一个特定的信息需求，而且决策的结果既要有历史的借鉴，又要有时代精神的结合。因此，图书馆作为社会多元资料库之一，不管关乎政府决策的资源信息由何处直接提供，其初始信源可追溯至图书馆，它能直接或间接地为决策者提供信息咨询服务，帮助决策者确定公共文化服务政策法规的边界，还以自身对公共文化服务体系的理解来整合对政府的信息供给，从而影响决策行为。

二是其他公共文化服务机构的管理者。档案馆、博物馆、信息中心、公共媒介等公共文化服务机构本身也是公共文化服务体系中的服务主体之一，但是它们与公共文化服务的关系密切度远不及图书馆。这些管理者们进行战略研究或重大工程决策时常常不能从自己的机构中得到完全的信息需求满足，而要借助其他途径来获取更多的信息，比如通过图书馆。公共服务机构的管理者们是公共图书馆主要的服务对象之一，他们从图书馆得到智力支持，与自身的资源协调利用，以便更好地规划管理机构，使其作为图书馆的合作机构而在公共文化服务体系中发挥效用。

三是信息中介机构的运营商。以营利为目的的信息运营商尽管不是公共文化服务机构，他们提供的文化产品与服务大都是有偿的，但是也有少部分是面向公民的公益性文化服务，即本书所讨论的公共文化服务的其中一部分。信息中介机构经营的是文化产业，这与提供公共文化服务的文化事业在本质上是不同的，产业机构在市场中不断地追逐利益，为了达到最大收益，这些信息机构要得到尽可能多的信息，他们的信息需求实际上是非常大的，图书馆恰好成为了他们满足需求的一个不可或缺的平台。从公共文化服务体系的各服务主体关系来看，图书馆和信息中介机构存在着利益竞争的关系，但图书馆的理念是为所有人提供平等服务，满足信息中介机构等文化企业的需求必定会在一定程度上促进社会发展，其中也包括公共文化事业的发展。

综上所述，图书馆为公共文化服务的政策法规制定和组织管理者的各项决策活动提供信息服务。另外，图书馆还为管理人才队伍建设和经费合理配置提供理论支持。如果把公共文化服务体系比作一栋摩天大楼，那么图书馆就是支撑这整座大厦的部分钢筋水泥，只有把承担智囊职能的图书馆的基础打扎实了，公共文化服务体系的建构才有保障，反之则会出现“体系大楼”的大面积坍塌，而“建楼”的美好初衷（即公共文化服务体系的建设目标）也不过是一个泡影了。

1.4.3 图书馆作为文化活动的引领者凸显核心地位

2007 年，胡锦涛在十七大报告中提出“推动社会主义文化大发展大繁荣”，其中一个直接的外在表现就是大力开展文化活动，尤其是公共文化活动。由图书馆主导的公共文化活动有三个突出特点，即公益服务理念先行、准入门槛较低和易于被人民群众接受，使得它在公众生活中的普及速度和参与范围居于所有公共文化活动的首位。当今是一个特立独行的时代，社会受众的群体属性日益细分化，人们也更重视个性化服务，独立意识的苏醒意味着共性产品的衰落，对各种产品与服务的进一步分化配置成为主流。图书馆一直努力在公共服务和个性服务之间寻找一个平衡点，在这个点所泛化的空间内，图书馆既满足了全体公民的需求，还让每一个人获得了与众不同的针对性服务，公共文化活动空间可以解决图书馆的这一困境。图书馆将公共文化活动目标受众的受教育程度及艺术素养进行分级，而图书馆丰富的资源和社会号召力也使其完全有能力让各个层级的群体参与到不同的公共文化活动中来。

再者，对于各种文化艺术活动来说，公共文化活动急需一个引导者来应对不同群体的需求，图书馆以其鲜明的文化载体特质当仁不让地担当这个角色。在公共文化活动体系中，图书馆要发挥自身优势，突显引领作用，体现它在繁荣公共文化活动中的核心地位。

1.5 图书馆在公共文化服务体系中的作用

中国图书馆学会于2008年10月发布的《图书馆服务宣言》认为“图书馆是通向知识之门，它通过系统收集、保存与组织文献信息，实现传播知识、传承文明的社会功能”。图书馆是公共文化服务体系的重要组成部分，其核心价值观与公共文化服务的结合是社会蓬勃发展的动力之一，图书馆在公共文化服务中的作用概括有以下这些方面。

1.5.1 保存人类文化遗产

图书馆的根本职能是保存各种文献信息，承担文献储存库的功能，这是图书馆区别于其他公共文化服务机构或信息服务部门的标志。这些文献信息不仅包括纸质形式的知识实体，还包括光盘、数据库、网络等电子数字型文献，以及以感光材料为载体的缩微文献和磁性介质记录的声像型文献，记录了人类在政治、经济、文化、科技及军事等方面的活动信息，是人类各阶段的发展印记。

公共文化服务体系为图书馆更好地实现这个职能创造了机会，另一方面，图书馆在公共文化服务体系中的重中之重就是重新正确认识自身对人类创造的一切文化遗产和文明成果的保存所肩负的使命和责任，图书馆为人类智慧和文明的传承开辟了永久的通道，使历史文化宝贵财富的代代相传成为可能。

1.5.2 履行社会教育职能

教育秉持对国家、民族和社会负责的宗旨，担负塑造人才的使命，体现社会意志，从而为社会服务。社会教育是教育实施形式的一种，是常规中小学和大学教育的重要补充，国内主要的社会教育提供机构有图书馆、博物馆、文化馆（站）、影剧院以及报纸、广播、电视、互联网等各种媒介组织机构等。图书馆具备对全体公民进行文化层面上社会教育的基础，能提供平等的受教育机会，它为公众提供的社会教育大体包括科普知识教育、学术研究支持、自主学习中心、终身教育、技能培训等。在构建公共文化服务体系中，图书馆社会教育职能有了广阔的展现舞台，图书馆通过随时随地满足不同教育层次的学习需要来聚集分散化的受众，开发智力资源，拓展公众原有的知识视野，同时能紧跟国家经济发展的步伐以适应人民生活水平的提高带来的对精神生活质量的更高追求，促进社会的安定团结。

1.5.3 保障公民文化权利

联合国大会通过的《经济、社会及文化权利国际公约》第十五条“缔约各国承认人人有权参加文化生活；享受科学进步及其应用所产生的利益；对其本人的任何科学、文学或艺术作品所产生的精神上和物质上的利益，享受被保护之利”，即规定了公民的文化权利。

随着我国现代化改革的不断推进，社会公共领域的结构发生变化，由此导致公民参与意识不断加强，公民渴望在社会变革中有自己的话语权，于是他们对自身知识结构的巩固和延展变得愈加迫切，与此相对应的是公民文化权利的实现和保障问题日益受到重视，以图书馆为代表的公共文化机构有责任为之做出努力。图书馆在公民享受文化成果权利中的突出体现是保障人民的阅读权益，具体到公共文化服务体系中而言，公民文化权利与公共文化产品的制造、分享和保护相关，图书馆的作用是提供公共文化服务的同时避免该权利受到侵犯。

1.5.4 传播社会信息

图书馆必须充当传播社会信息的媒介，与其他大众媒介一样，信息的及时、准确传播是其担负的社会责任。图书馆在作为传播媒介本身的同时，还是一个善于整合其他媒介的结合体，比如图书馆收录所有有重要影响力的报刊，包括报刊原件和其中的文献信息，就算在网络迅猛发展至几乎要吞没传统媒介的今天，数字图书馆的出现让图书馆在网络时代依然履行着其传播信息资源的义务。

在信息呈几何级数激增的今天，如何从海量信息中筛选出有用资源是学界一直在讨论的问题，而图书馆有天然的专业优势，它不仅是记录历史的知识库，而且掌握着各学科的新动态和社会发展的新趋势，因此，与其他更专注于传播数量而忽视信息质量的媒介来说，图书馆对于信息的选择有敏锐的洞察力，在信息的有效传播中最能占得先机。公共文化服务体系的根本是“公共性”，既包括社会信息的全民共享，又包括信息的适时公开，对应于图书馆的传播功能来说，这里同时涉及传播的广度和深度。图书馆要对社会信息进行合理整合，处理好信息公开传播和信息安全之间的关系，为公众设置信息接受议程。

1.5.5 缩小信息鸿沟

1970 年，美国传播学家蒂奇诺（P. J. Tichenor）等人提出“知沟”（Knowledge Gap）理论，该理论认为由于社会经济地位高者通常能比社会经济地位低者更快地获得信息，因此，当媒介传送的信息越多时，这两者之间的知识鸿沟也就越有扩大的趋势。[①] 进入信息时代后，“知识沟”演变为“数字鸿沟”（“Digital Divide”，“Digital Gap”或“Digital Division”），即“信息富有者和信息贫困者之间的鸿沟”（该概念最先由美国国家远程通信和信息管理局于

① 郭庆光. 传播学教程. 北京：中国人民大学出版社，1999：230

1999 年在名为《在网络中落伍：定义数字鸿沟》的报告中提出）。但是，图书馆抓住了公共文化服务体系构建的时机，致力于搭建信息共享平台，以期带来的信息利益对所有的社会成员都是均等的，它还会针对公民使用知识和技能的不同程度开展用户培训。所以，在信息鸿沟成为社会新矛盾的情况下，图书馆是缩小信息鸿沟的先行者和突破口。

1.5.6 消除信息歧视

与以往的任何社会机构不同，信息社会中的阶层关系呈现了新的特点，除了政治、经济、文化等因素导致的阶级分化外，还出现了由于信息资源分配不公而产生的利益失衡。一些群体由于能获得更多的信息而在社会中得到各种既得利益的满足感，甚至包括别人的崇拜和尊重；相反地，信息匮乏的群体由于从未接触而分不清信息的真假，则易成为被利用者。

信息的不对称接触使各个社会群体的相对知识增长速度不一，图书馆这一公益服务机构要做的不仅是为社会的精英群体服务，更深层次的根源是要建设信息传播的平等秩序，为包括弱势群体在内的广大人民群众服务。图书馆在改善目前信息歧视所带来的负面影响以及社会知识结构的断层化上发挥了越来越重要的作用，这也是公共文化服务达到消解信息障碍所要倚重的一股关键性社会力量。

1.5.7 支持社会各领域的文化创新

文化的创新以文化的继承为基础，以文化的交流融合为动力，为国家和民族的崛起提供不竭的源泉。文化创新是发展先进文化的重要途径，包括理念创新和内容创新两个核心部分。就我国国情来说，理念创新是指更新文化发展观念，形成新的文化意识；内容创新指的是在传统的文化内容以及我国特色社会主义文化建设已取得的文化成果的基础上，进行突破并生产出更优秀的文化产品。文化创新需要足够的信息资源和培育空间，人们自觉地吸收文化知识，自由地迸发创新的思想火花。

图书馆为文化理念创新提供培育氛围，为文化内容创新提供资源支持，不断给予文化创新以新的活力。另外，图书馆在实践公共文化服务的过程中势必要保证多元化文化的公平输入，这就为社会各领域文化的互相学习和吸收制造了机会，也将碰撞出创新的富有时代精神的文化成果。

1.5.8 提供公共文化娱乐活动

图书馆是一个公共文化空间，是公共文化活动体系中极其活跃的场所。它为公众营造高品质的休闲环境，让人们在闲暇之余可以得到身心放松，人们享受知识带来的愉悦的同时还能自由地与人交流。图书馆为社会公众开展多样化的公共文化娱乐活动，如举办学术研讨会议、知识讲座、艺术展览、文化交流论坛等，培育一批文化品牌以丰富人们的闲暇生活，提升公众的文化艺术素养，也彰显了公共文化服务的公共性优势。

2 图书馆建设与发展的理论基础

在建设公共文化服务体系的新时代机遇和挑战下，急需理清图书馆与公共文化服务体系中其他构成要素的关系，重新梳理公共文化服务体系中图书馆的职能和定位，进而构建起图书馆可持续发展的整体发展模式。本章主要讨论构建公共文化服务体系中图书馆建设与发展研究的理论框架，应用图书馆学基本理论为图书馆的发展提供理论导向，引入生态学理论、信息政治经济学理论、社会网络分析理论等新理论分析图书馆发展中的问题，并对图书馆类型进行了重新划分。

2.1 图书馆建设与发展研究的理论框架

公共文化服务体系的提出为图书馆事业的发展提供了良好的契机。如何结合中国具体实际，在国家公共文化服务体系中研究图书馆新的角色定位与图书馆可持续发展路径等问题是当前和今后一个时期内推动公共文化服务体系建设面临的一个重大课题。本章界定公共文化服务体系的主体构成，明确图书馆与公共文化服务体系中其他机构间的共生互补合作关系，并从新理论引入和实证研究两个角度构建图书馆建设与发展研究的理论框架。

2.1.1 公共服务与公共文化服务体系视野中的图书馆发展路径

（1）公共服务与公共文化服务体系的主体构成界定

公共服务与公共文化服务体系主体众多，成分复杂。如何界定与图书馆相关的公共服务与公共文化服务体系主体构成，是分析现有图书馆发展影响因素的突破点和寻找图书馆未来创新的立足点。已有研究大多面向图书馆组织自身，而较少地联系与图书馆服务功能相似或相左的其他组织（如政府、非营利性组织和部分营利性组织），忽视了这些利益群体在信息服务中的作用及对图书馆所产生的影响。因此，克服图书馆现有发展瓶颈并重新界定未来角色、功能、服务模式和预测未来发展动向等，首要前提就是要明确这些相关主体以及它们之间的利害关系和共生互补合作关系（见图 2-1）。

从图 2-1中可知，在公共服务/公共文化服务组织中，政府与图书馆具有职权监督及财政支持等关系；档案馆等机构（可视为图书馆的同行业）与图书馆具有业务借鉴、功能协调等关系；教育、民政及大众传媒等与图书馆有职责并行、业务合作等关系。在非公共服务/公共文化服务组织中，信息中介机构等与图书馆则存在着利益竞争、功能互补等关系。而且，在图书馆的具体类型中，本研究重点考察的是与公共服务/公共文化服务最密切相关的国家图书馆、公共图书馆、大学图书馆、科研机构图书馆。

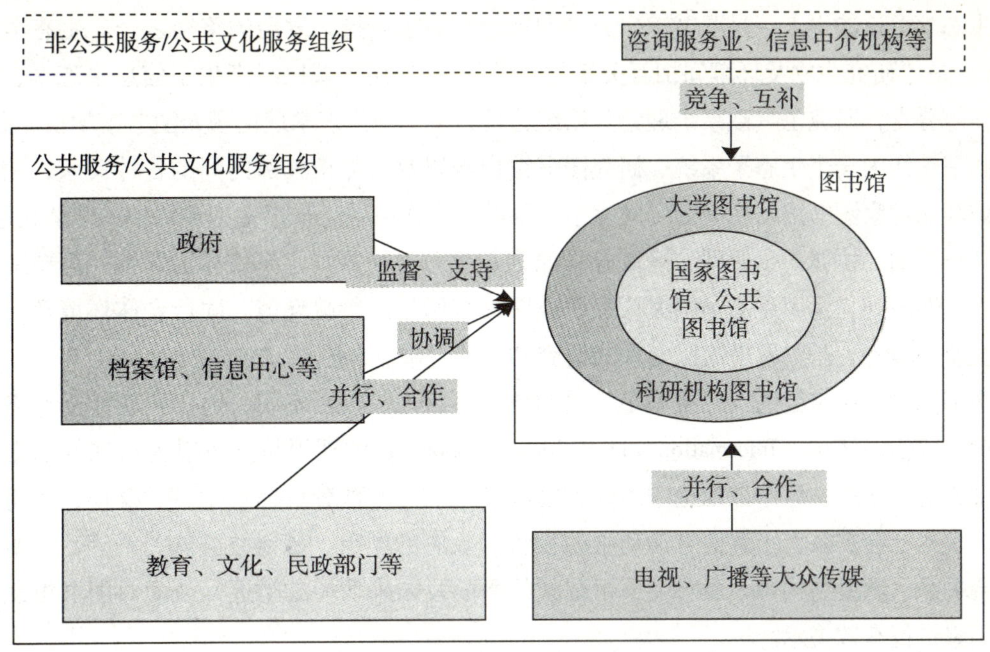

图 2-1　公共服务/公共文化服务主体构成及其关系

(2) 图书馆角色新定位及可持续发展路径

目前，国内外已有研究成果对于公共文化服务体系视野下的图书馆发展定位的揭示和启示有限，而重新界定图书馆的角色、功能等则是技术、政治等综合因素的共同要求，既符合世界图书馆行业的潮流，也迎合了我国全面构建公共文化服务体系的时代要求。1975年国际图联召开的科学讨论会上，图书馆的社会职能被定为“保存人类文化遗产，开展社会教育，传递科学情报，开发智力资源”。如今，图书馆的这些基本功能依然未变，但在具体的操作模式和功能扩充上应该做出更切合实际的定位。对公共文化服务体系中相关主体的界定和关系的分析，有助于我们把图书馆服务与公共文化服务体系联系起来，考察图书馆与其他公共文化服务机构的衔接、合作关系，从而避免了孤立地看待图书馆发展问题，并从中寻找图书馆发展的最佳模式。简言之，图书馆的角色新定位及可持续发展路径，必须采用新视角、引入新理论和新方法进行深入考察和综合分析，在理论和实践的双重基础上进行重新探寻和选择。

2.1.2　图书馆发展研究新视角的综合分析

(1) 引入理论分析的新视角

在日益复杂的环境系统中，图书馆发展建设需要在分析原有基本理论的基础上，结合当前图书馆发展的新环境，借鉴并引入其他相关学科的理论作为指导，如生态学理论、信息政治经济学理论和社会网络分析理论等，这些来自生物学、信息学、社会学等学科的新视角能够为图书馆发展的系统模式、经济模式和关系模式等提供独到的、有针对性的理论指导作用。

生态学理论的引入，是图书馆研究走向社会和追求可持续发展的路径之一。生态学（E-cology）是“研究生物及环境间相互关系的科学”，在应用领域已经产生了信息生态学、经济生态学等分支，研究工具以系统理论与系统分析为主。把生态学理论融入图书馆学相关研究，是把图书馆作为一个生态子系统，研究图书馆自身以及与之相关部门间的各种关系，应用生态系统观点考察图书馆与相关部门的竞争、互补、合作关系，采用生态规划中的整体化原则、趋适开拓原则、协调共生原则、区域分异原则、生态平衡原则、高效和谐原则、可持续发展原则等重要原则，运用生态学相关原理研究图书馆所处的行政环境、同行合作环境及相关行业的竞争环境等，是对图书馆服务模式研究的可能突破。

图书馆发展中常会遇到经费不足、机制结构不合理、权责不明、地位和功能受忽略等问题，信息政治经济学（Information and Political Economy）的理论特点可以为这些问题提供较为本质的解决之道。运用该理论中的政治经济学观点和方法分析信息生产、交换、使用过程中所体现的社会关系，了解信息活动中的权势、政府的作用、各利益群体关系等，有助于考察社会关系、制度结构等因素对图书馆现状的影响及未来功能的塑造，从而对图书馆发展中本质因素进行有效揭示。

社会网络分析（Social Network Analysis）理论则是产生于社会学领域并对多个学科具有指导意义的新理论。社会网络分析理论是把社会看成是由行动者及其间的关系构成的网络。该网络是信息、知识等资源流动的渠道，也可能是阻碍信息共享传递的信息栈；行动者个体行为受到关系类型和网络规模等的影响和制约。运用该理论能够较为深入地分析信息需求的特点、层次，以及信息资源的流动状况、丰富与否等，对于把握各级各层次图书馆用户的信息行为以及构建图书馆服务模式，将提供最为有效的实际经验和具体决策参考。

这三个理论视角如图 2-2所示，它们以点（人际关系视角）—线（结构分析视角）—面（系统分析视角）构成逐层递进关系，能够帮助我们在切实考虑用户实际需求的基础上，结合图书馆定位及服务过程中的社会、制度、文化等影响因素，从社会各行业和谐发展的角度设计图书馆的未来发展方向，使图书馆能够在社会公共文化服务体系中自组织、自发展，完成自身生命周期的良性循环。

（2）采用实证研究方法

理论来源于实践，又指导实践。图书馆研究既要在前人成果基础上有所创新，更要根据新情况重新定位未来的发展方向。因此，全面掌握国内外现有研究成果，进行理论总结回顾，寻找问题的解决方案和确定研究的出发点和创新点，是图书馆发展定位的第一步。更为重要的是，图书馆要通过多种方法综合收集和分析相关数据及现象，在实践的基础上重新再指导实践。如对图书馆服务模式的探讨不仅要分析图书馆自身的特殊角色和机构特点，研究图书馆的经费、人员、设备、功能等多方面因素，还要考虑图书馆所处的环境因素、各种利益群体的相互作用、有关单位和用户的实际体会及需求，案例调研、用户访谈、问卷调查等都是必需的数据收集手段。而对图书馆现状分析、功能设计、发展趋势等的讨论，则可以开办研讨会的形式组织有关部门、专家学者、用户进行集中讨论，拟定发展方案和形成图书馆工作细则。其中，对各层次图书馆的发展定位和各地区图书馆发展协调方面，可以采用抽样调查和典型案例分析相结合的方法，选取全国发展程度不同、隶属部门不同、行政级别不一的多个图书馆，同时了解这些图书馆与相关部门之间的信息服务衔接和合作情况，在公共文化服务的生态系统中分析各主体要素、环境因素、行政要素等对图书馆功能模式的影响。

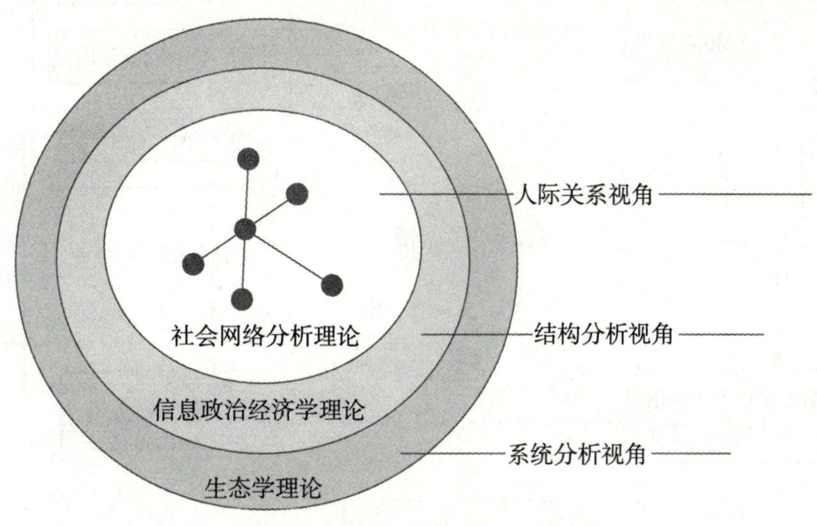

图 2-2　本研究理论视角的递进关系

实证研究方法以各级具体馆的实际情况为依托，以用户个体的实际体验为依据，并有意识地衡量同性质各行业的业务合作情况和不同性质相似行业的利益协调关系，能深刻了解图书馆发展中的种种瓶颈问题，有的放矢地调整现有的服务方式和资源分配。借助这种自下而上式的用户需求调研和内外兼顾的业务协调系统调研，图书馆才能真正处理好图书馆与用户、图书馆与其他部门、图书馆内部组织等多方面的矛盾，实现业务发展、功能创新、用户满意、行业繁荣等较为全面的协调发展。

（3）图书馆发展研究新视角的总体实施框架

具体而言，图书馆发展研究的总体全新视角，应该从以下几点着手：①图书馆及其相关行业的公共文化服务现状分析，总结已有经验成果，并揭示造成图书馆种种困境的深层因素；②通过国内个案调研、用户访谈及国外相关案例对比研究，考察图书馆在公共文化服务体系中的具体定位及与其他服务机构之间的衔接互补关系，为图书馆发展中的现有弊端提出解决方案或调整方案；③基于理论新视角和丰富的数据分析结果，重新定位图书馆的角色、服务模式及发展方向。其总体研究实施框架如图 2-3所示。

总之，图书馆的定位、功能、发展问题是图书馆研究中的核心问题。公共服务体系的提出赋予图书馆机遇和挑战，图书馆应该在充分了解国内外研究现状的基础上，引入生态学理论分析图书馆发展的系统环境，引入信息政治经济学理论分析图书馆发展中的复杂社会关系，引入社会网络分析理论分析相关用户的信息行为特征，在理论和实践的双重基础上探讨新时期图书馆发展的新路径。

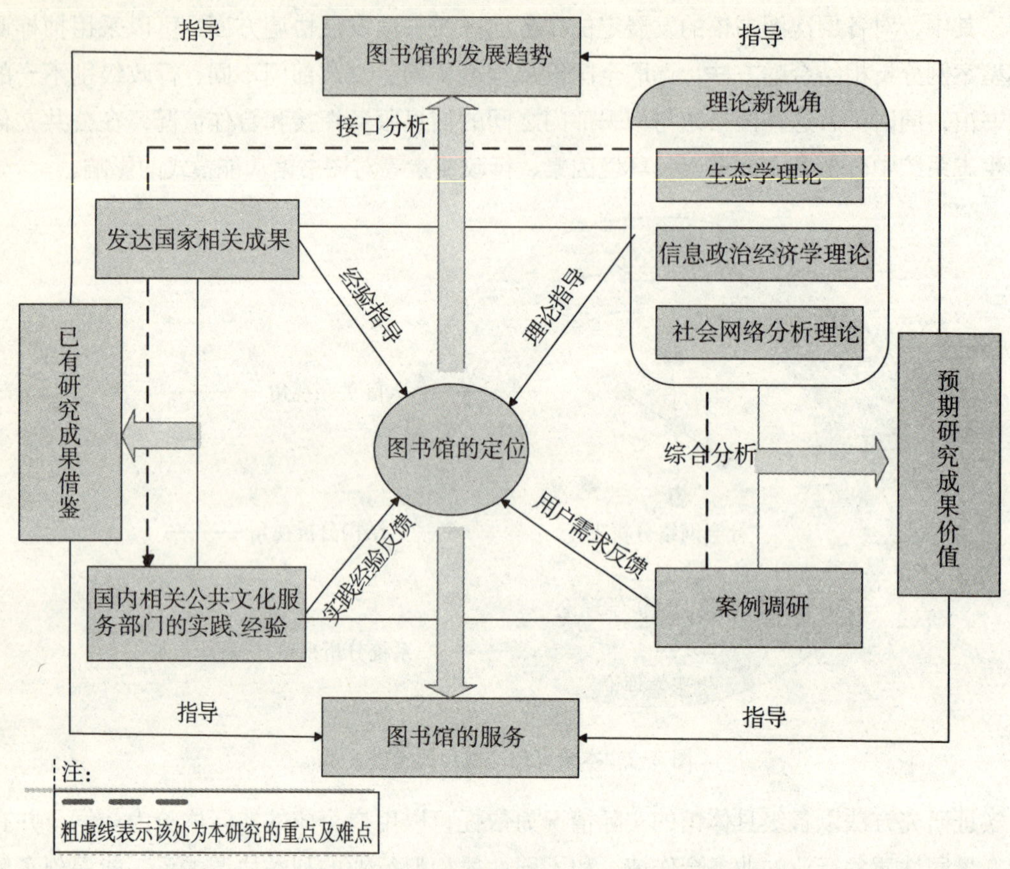

图 2-3 图书馆发展研究新视角的总体实施框架

2.2 图书馆建设与发展问题的基本理论

图书馆建设与发展研究的新理论框架为图书馆事业的发展指出了新的发展路径。在图书馆建设与发展历程中，自身形成了一些基本理论，如图书馆学五定律、图书馆系统理论、图书馆社会理论以及图书馆科学发展理论等，这些理论对图书馆的发展发挥了不可估量的重要作用。在当今社会主义文化大发展大繁荣的时代，公共文化服务体系的提出为图书馆事业的发展提供了良好的契机，但图书馆建设与发展的基本理论仍发挥不可替代的作用。因此在公共文化服务体系中，应用和分析图书馆建设与发展的基本理论，对于实现图书馆事业的健康持续发展具有重要理论意义。

2.2.1 图书馆学五定律

（1）图书馆学五定律概述

被称为“印度图书馆学之父”的阮冈纳赞（S. R. Ranganathan）于 1931 年出版了著名的《图书馆学五定律》（The Five Laws of Library Science）一书。在这部专著中，他提出了被誉为

“我们职业最简明的表述”的图书馆学的五个定律。

1）第一定律——书是为了用的

图书馆学的第一定律“书是为了用的”（Books are for use），主要揭示了图书馆的本质属性——收藏与利用，并指出图书馆的主要职能不是收藏、保存图书，而是使图书得到充分的利用。

阮冈纳赞在书中指出，在图书馆的历史上有许多忽视或违背这一定律的可悲的例证。他着重从图书的保存方法、馆址的选择、图书馆开放时间、图书馆设备、图书馆员培训等方面对图书馆现实进行了深刻的分析与抨击，总结了“书是为了用的”这一最为重要的、不证自明的图书馆定律。该定律阐明了图书馆的性质和任务，指明了图书馆工作的出发点和目的。在分析和抨击“书是为了保存”而不是“书是为了用的”的种种落后现象的基础上，阮冈纳赞详细论述了图书馆为贯彻第一定律而应采取的对策和措施。主要包括：打破传统保存图书习惯的限制，使图书藏以致用；以便于读者利用藏书的角度来选择馆址；规范和延长开馆时间；图书馆设备的配置与安装应便于读者对藏书的有效利用；提高图书馆员的专业水平，改善其工资待遇；积极针对读者的需要开展个别服务。

2）第二定律——每个读者有其书

图书馆学的第二定律“每个读者有其书”（Every reader has his books）是由第一定律推导而来的。如果说第一定律将图书馆从重藏轻用的传统观念下解放出来，取代了传统的“书是为了保存的”的概念，第二定律则将重点转移到读者上来，拓宽了“书为选定的少数人”的概念。

第二定律要求图书馆的大门向一切人敞开，它不仅向富人和穷人、男人和女人、城里人和乡下人、成年人和少年儿童开放，而且向正常人与非正常人（如病人、盲人、聋哑人、犯人等非正常人）以及长年生活在特殊环境中的海员和灯塔看守人等。强调了使用图书馆不再是少数贵族的特权，而要让每个人都享有利用图书馆的平等权利，真正做到书为每个人。阮冈纳赞认为，要实现第二定律，国家、图书馆主管者、图书馆员和读者四方面都应承担起各自的责任。国家应该从经费、图书馆立法、构建全国图书馆协调网络三个方面来保障图书馆的普及服务。图书馆主管者应该自愿同国内或国际图书馆进行合作。图书馆员要从读者信息需求入手，全面、深入了解读者、了解图书，积极帮助每个读者查找和利用所需要的图书。读者的责任是严格地、自觉地遵守图书馆的规章制度。

3）第三定律——每本书有其读者

图书馆学的第三定律，“每本书有其读者”（Every book has its reader）。它是从书的角度来阐述问题的，这一点与第一定律有些相似。它要求为每本书找到其合适的读者，这一点是对第二定律所关心的为每一位读者找到其合适的图书的补充。

图书馆为满足第三定律所采用的主要手段是开架制。同时，参考咨询服务也是实现“每本书有其读者”的一项必要措施。最后，为让社会公众了解图书馆及其所开展的各项服务，吸引和促使潜在的读者成为现实的读者，必须加强图书馆宣传工作，这也是图书馆为增加

"每本书有其读者"的机会所经常采用的手段。

4）第四定律——节省读者的时间

图书馆学的第四定律"节省读者的时间"（Save the time of reader），该定律是阮冈纳赞考虑到读者的时间和成本效益而提出来的。该定律重申读者的利益高于一切，再次强调了为读者服务的重要性。要求图书馆在各个工作环节都要考虑方便读者，这一定律正在被当今社会"省力原则"的普及和深入所验证，同时也已经促成图书馆管理方面的许多改革，并引起未来更多改革的巨大潜力。阮冈纳赞研究这个定律最方便有效的方法就是跟踪读者，考察图书馆工作的各个环节在时间上对他们的影响。节省读者时间主要从借阅方式、排架方法、目录工作、出纳工作、馆址选择等环节进行改革，从而提高效率。

5）第五定律——图书馆是一个生长着的有机体

图书馆学的第五定律"图书馆是一个生长着的有机体"（A library is a growing organism），该原理从生物学的角度揭示了图书馆的发展规律。生长着的有机体能独自生存，停止生长的有机体将会僵化，甚至死亡。阮冈纳赞在这里把图书馆称为"是一个生长着的有机体"，就是强调了图书馆机构具有生长着的有机体的一切属性，吐故纳新，形成新的形状和结构，它必将随着社会的发展和需求，不断地调整自我、发展壮大，与时俱进。

在图书馆中，生长着的有机体的主要部分是藏书、读者和图书馆员，现代图书馆正是这三个要素的结合体。我们必须清楚地认识到，没有读者的一批藏书和没有藏书的一群读者一样，都不能被称作图书馆。我们也必须认识到，仅有读者和排列好的藏书，但没有懂得在一定的时候以一定的方式、为一定的读者提供一定的图书的馆员的服务，也不能算是图书馆。只有三者有效地结合才能构成真正的图书馆。

（2）图书馆学五定律对图书馆建设与发展的启示

1）图书馆建设与发展中要始终坚持以读者为中心

图书馆学五定律始终贯彻以读者为中心的思想，读者是各定律的出发点和归宿，而采用各种不同的方法为各种不同类型的读者服务也始终是其各定律的重要内容。读者是图书馆的重要组成要素，图书馆应该始终围绕用户展开。在我国图书馆不断深化改革、不断改善服务质量、逐步提高办馆效益的今天，我国的图书馆建设与发展中，更需要传承好阮冈纳赞以读者为中心的职业理念，始终坚持读者第一，维护好读者的权益，为读者提供充分、高效、优质的各类图书馆信息服务。

2）图书馆建设与发展中要坚持普遍均等的服务理念

普遍均等服务是世界各国公共图书馆事业的共同原则和目标。普遍均等的公共图书馆服务是指一个国家或地区的公共图书馆服务体系可以保障居住其中的所有人，无论其经济社会地位、年龄、性别、身体状况和种族宗教等区别，都能就近获取其需要的知识、信息、文化资源及其他图书馆服务。"每个读者有其书"这一定律，要求图书馆要向所有人开放，使不同社会地位、不同种族、不同性别的人都享受利用图书馆的平等权利。该定律和图书馆普遍均等的服务理念是一脉相承的。目前，随着政治、经济、科学、文化等事业的全面发展，我国的公共图书馆事业进入一个新的时代——普遍均等服务时代。在当今，图书馆要实现每个读者有其书，落实图书馆普遍均等服务。首先，图书馆要正确争取国家对图书馆事业的投入，构建覆盖全社会的公共图书馆服务体系，构建图书馆共建共享网络，保证每个人就近获得文献信息服务。其次，要在图书馆建设与服务中充分体现图书馆的社会包容性，即，使得图书馆服务体系内的所有人不因社会经济地位、年龄、性别、宗教等因素而被排斥，消除各种障碍，坚持人人平等的原则。

3）节省读者时间，提高图书馆工作效率

阮冈纳赞强调要从改进图书馆的借阅方式、排架方法、目录工作、出纳工作、馆址选择等入手方便读者对图书馆的利用，最大限度地节省读者时间。在时间等于金钱的今天，节省读者的时间更显重要和必要。对于目前我国的图书馆而言，应该广泛运用现代信息技术，不断扩展和深化文献信息服务手段，加强图书馆及其信息资源收藏的宣传和报导；重视对读者信息素质的教育和培养，使读者熟练掌握各种检索和获取所需信息资源的方法和途径；进一步提高图书馆馆员的素质，进而提高工作效率从而节省读者的时间；图书馆选址时，要根据《公共图书馆建设标准》构建覆盖全社会的图书馆服务体系，使读者方便、快捷地获取文献信息。

4）教育职能依然是图书馆的一项基本而重要的职能

阮冈纳赞认为，图书馆是为一个特定目的而建立的藏书机构，其特定目的即是第一定律所回答的“使用”，而图书的“使用”即是图书给人们以信息、给人们以教育。图书是教育的工具，“每个读者有其书”这一定律的前提也就是“教育为人人”①。阮冈纳赞还提出了图书馆是全球性教育工具的思想，并认为这是图书馆的基本原则或精神。客观事实也一再证明，教育教化功能是公共图书馆从产生之日起就具备的，或者说为公民终身教育服务就是公共图书馆的基本宗旨，社会教育和终身教育一直是图书馆的一项重要职能。在当今的知识经济时代，学习成为人们的第一需要，教育成为社会生活的中心。图书馆作为开放的知识与信息中心为公民终身学习创造机会和条件，是促进学习型社会和和谐社会的保障。图书馆的社会教育功能、终身教育功能是图书馆谋求可持续发展的不竭动力。在我国，图书馆更应强化和发挥其教育职能，使之发展成为社会的一个教育文化中心，成为学校教育的重要组成部分和必要补充，成为社会成员终身教育的理想场所。

5）正确认识“图书馆是一个生长着的有机体”，促进图书馆的健康持续发展

阮冈纳赞深刻认识到图书馆内部各要素随着时间而发展以及图书馆与外部环境不断地互相适应而发展的机理，提出了“图书馆是一个生长着的有机体”的科学发展观。从古代的藏书楼到近代的图书馆再到现代形式更完美而先进的数字图书馆，无不演绎着图书馆这个有机体随着社会、技术环境的变化而不断生长、发展的历程。图书馆内部的组成要素伴随时代的发展都得到了空前的发展，图书馆的信息资源数量、种类越来越丰富，读者的范围由特定少

---

① 徐恩元，徐建华．图书馆学五定律及其给我们的启示．四川图书馆学报，2005（5）：12

数人群发展到广泛的普通大众，图书馆的服务内涵更加丰富，图书馆对外部环境的适应能力和反作用能力也进一步增强，这一切无不佐证着“图书馆是一个生长着的有机体”的科学论断。要实现图书馆这个有机体的不断发展壮大，我国图书馆更应顺势而为，正确认识“图书馆是一个生长着的有机体”的科学发展观，认清图书馆的内外部发展环境，不断调整图书馆的组织结构，逐步完善自身的各项工作，理顺和处理好自身发展与社会环境的关系，充分满足社会公众的信息需求，准确把握图书馆在社会大系统中的定位，促进我国图书馆事业的健康和可持续发展。

2.2.2 图书馆系统理论

(1) 系统论与图书馆

系统论是美籍奥地利生物学家贝塔朗菲20世纪40年代创立的一门逻辑和数学领域的科学。而系统方法是随着系统科学的崛起而形成的一种科学方法。所谓系统方法，就是把所要认识和研究的对象放在系统的形式中加以考察的一种方法。具体地说，就是从系统的观点出发，始终着重从整体与部分之间、整体与外部环境的相互联系、相互作用、相互制约的关系中综合地、精确地考察对象，以达到最佳处理问题的一种方法。[①] 系统方法具有传统科学方法所不具备的新特点、新功能。它立足整体、统筹全局，把整体和部分辩证地统一起来，把确定目标和实现目标两种认识功能有机地结合起来，把定性分析和定量描述科学地联系起来。[②] 它广泛应用于自然科学、社会科学和思维科学的各个领域，在科学研究和社会实践中发挥重要的作用。

既然系统方法在社会各领域发挥如此重要的作用，那么它对图书馆事业的发展有何理论指导作用呢？按照现代系统论的观点，世界上一切事物都可以看做是系统。系统是由相互联系、相互依存的若干部分相结合形成的具有特定功能的有机整体，系统内可包含若干个子系统，同时该系统它又是更大系统的组成部分，它是动态发展的，必须与外界的环境相适应。图书馆就是这样一个系统，它具有普通系统所具有的基本特征：

首先，图书馆系统是由若干要素和子系统按一定方式组合而成的有机整体。从狭义上讲，图书馆系统是一个由图书、人员（馆员和读者）、工作方法、建筑和设备等要素按一定方式遵循特定规律构成的具有特定功能的系统。从广义上讲，图书馆系统是一个规模庞大、结构复杂、功能综合的大系统，这个大系统是由各行各业的若干个相互联系又相互独立的图书馆组成的整体。同时，图书馆系统连同档案机构、博物馆、文化馆等机构构成国家公共文化服务体系，图书馆系统是公共文化服务体系大系统的一个组成部分，也是整个社会大系统的有机组成部分。

其次，整体的图书馆系统具有一定的特性和功能，这些特性和功能并非各个要素、各子

---

① 张卓民，康永平．系统方法．沈阳：辽宁人民出版社，1985：28

② 肖希明．信息资源建设．湖北：武汉大学出版社，2008：36

系统特性和功能的简单叠加，合理建立的图书馆系统，其整体功能应该大于各子系统功能之和。

最后，图书馆系统存在于社会环境之中，它与社会环境不断进行着物质、能量和信息的交换，进而维持图书馆这个生长着的有机体的动态平衡的发展。同时图书馆不断向社会提供丰富的文献信息资源，以其特有的作用不断促进社会的发展与进步。

（2）运用系统理论和方法，研究图书馆建设与发展

1）系统的整体性原则要求图书馆建设与发展关注整体效益

整体性是系统方法论的基本出发点，它为人们从整体上研究客观事物提供了有效方法。系统的整体性有一个显著的特点，即系统在整体水平上的性质和功能不等于其组成部分孤立状态时性质和功能的叠加。整体效应是一切系统普遍具有的，同样图书馆系统也不例外。

从微观图书馆系统来讲，单个图书馆的各个构成要素正是图书馆系统的子系统，这些子系统之间不断进行着物质、能量、信息的流通，彼此之间相互联系、相互作用而组成一个有机体。因此，把图书馆作为一个整体来揭示图书馆系统的特征和运动规律，即从图书馆系统的整体出发来研究其构成要素，围绕着系统的整体功能即服务职能、教育职能、社会职能运转，以满足人们对它的需求。同时，图书馆必须基于图书馆系统整体的总规律、总效益，然后考虑到各个系统的协调配合，而各系统的相互联系与配合其目的都是为了实现图书馆最优化的目标。

从宏观图书馆系统来讲，整个图书馆也是体系，是由不同类型、不同级别的图书馆共同组成的，在这个体系中各种图书馆联盟是图书馆大体系，联盟中的各个独立的图书馆机构是子系统。事物之间的联系，本质上讲，就是物质、能量和信息的交流。大系统中的各子系统在物质、能量、信息的合理流通中，向着有利的方向发展，便促使系统的属性和功能的增加。因此要发挥图书馆联盟大系统的整体功能，关键在于物质、能量、信息的合理流动，也就是各图书馆子系统之间，在明确系统的整体目标的前提下，统筹兼顾、密切联系、分工协调、资源共享，使图书馆系统整体及各子系统，都能充分地发挥它们的功能，达到最佳的整体效应。

2）系统的联系性原则要求注重图书馆功能的发挥

系统的联系性原则是指系统要素之间、系统和环境之间存在着相互联系、相互作用的关系，这就要求我们在研究系统时，不仅要研究组成系统的元素这种实体，而且还要研究系统内元素之间、层次之间的关系，研究系统与环境之间的关系。

系统整体中各个组成部分的组成状况及其相互联系，就是系统的结构。系统的结构是系统保持整体性并具有一定功能的内在依据。无论微观还是宏观的图书馆系统，都具有一定的结构。同时，系统的结构与功能原理明确表明，系统的结构与功能有密切的联系，系统的结构决定系统的功能。所谓图书馆系统结构，就是图书馆系统各组成要素的构成状况及其相互关系，图书馆系统的功能就是图书馆系统与外部环境相互联系和作用的能力。图书馆系统最本质的要素是它的“组织联系”。系统的整体性是通过“联系”而达到具体化的，这种现象

是强调图书馆系统内部之间的联系与外部环境之间的联系，即通过收集、加工、整理、提供服务等环节的密切联系和相互作用来实现其功能，并且各部门之间是相互制约的，任何一个环节的变化和故障都将影响其他的环节。

3）系统的有序性原则指导图书馆的信息资源建设

系统的有序性原则是指组成系统的各要素之间相互联系和制约的关系是有规律、有秩序的。系统的有序性，是系统有机联系的反应。图书馆系统和其他系统一样是有层的，是由各分系统按严密的等级和层次有序构成的整体。构成图书馆系统的各要素，并不是杂乱无章的排放在一起，而是按照一定的内在规律运动和变化的。

图书馆系统中最能体现系统有序性的子系统就是信息资源建设。信息资源建设的实质就是对处于无序状态的信息进行选择、组织、开发，使之形成有序的信息资源系统。系统的有序性要求图书馆对采集的文献信息资源要依据一定的技术方法和规范，进行加工、整序。经过程序化的处理过程，使之成为馆藏信息资源体系中的组织化、序列化的组成部分。同时有序性还要求图书馆建立完善的信息检索系统，如书目、索引、文摘等传统的文献信息检索工具和联机书目数据库、网络数据库等现代信息检索系统。要使图书馆的信息资源系统所拥有和可获取的所有信息资源的内容都能够通过这些检索系统全面系统地加以体现，使用户从多角度、多途径了解信息资源的内容，进而有效利用这些资源。

4）系统的动态性原则要求图书馆系统必须适应社会环境的变化

系统是一个“活”的有机体，在要素之间、要素与系统之间、系统与环境之间都存在着物质、能量、信息的流动。系统的平衡与稳定是一种动态的平衡和稳定。系统的变化，根源于系统内部的矛盾运动，即根源于系统组成要素及其相互关系的变化。同时，系统的变化来自周围环境对系统及结构的影响也会使系统产生适应性变异。

图书馆系统的动态性不仅体现在外部环境的平衡，而且要取得图书馆系统内部构成要素的平衡。图书馆是一个由人（包括馆员和读者）参与的动态系统，它是人类社会大系统中的一个子系统，并在人类社会环境中不断成长与发展。图书馆需要从社会大系统中不断获取信息资源、馆员、设施、经费及其他必要的资源，这个资源的输入过程就是社会对图书馆产生作用的过程。同时，图书馆将输入的资源经过内部各子系统的有效整合，通过对信息资源的选择、整序、保存、开发和提供的功能，向社会输出信息产品和服务，输出活动是图书馆对社会的反作用。① 图书馆正是在与社会环境进行不间断的物质、能量和信息的交换过程中维持动态平衡和持续发展的。图书馆系统与外部环境的平衡，即要求图书馆为了将其整体效益发挥到最佳状态，尽量全面、系统地满足社会多层次的信息需求，必须使自己的各项活动与一定的政治、经济、科学、教育及交流环境的发展相适应。图书馆要全面了解和把握自身与社会的作用和反作用，及时采取适当的措施和手段保持与社会环境的同步发展。图书馆内部要素的动态平衡，即要求图书馆各子系统的目标必须服从图书馆系统的总目标，从而保证图

① 徐引篪，霍国庆. 现代图书馆学理论. 北京：北京图书馆出版社，1999：189

书馆与外部环境均衡的实现。同时要求图书馆系统内部各要素，也要根据社会环境的变化不断调整和完善内部结构，进而促进图书馆整体功能的发挥。

综上所述，系统论理论和方法引入图书馆，形成图书馆系统观点，有利于我们正确认识和解决图书馆建设和发展的问题，同时有利于我们从系统的角度考察图书馆及图书馆事业，从整体上把握图书馆事业的发展规律和发展方向。

2.2.3 图书馆社会理论

图书馆是人类社会活动的产物，它作为知识传播的实体结构从一开始就是为了满足社会的需求而产生的，并与社会建立了联系。在漫长的历史发展过程中，图书馆与社会的联系更加紧密，与社会同步前进，是一个不断发展的有机体。同时图书馆的发展对人类社会的发展变化有重要作用和影响，它对政治、经济具有反作用，对社会的科学文化教育事业的发展具有推动作用。图书馆与社会的这种相辅相成的关系成为图书馆社会学得以成立的客观依据。

（1）图书馆社会学理论研究

随着图书馆社会化现象和实践的不断深入和成熟，图书馆社会学的研究工作也开始出现。关于图书馆社会化问题的研究最早出现于20世纪初，1924年社会学家林顿（W. S. Learned）在其著作《美国公共图书馆与知识传播》中运用社会学的观点和方法论述和研究了公共图书馆的社会基础、社会关系和社会信息传播等若干问题，林顿的这一研究在关于图书馆社会学研究上具有一定的开创性。1936年，美国社会学家巴拿德（L. V. Ballaed）在其专著《社会制度》一书的第七章中专门阐述了图书馆社会问题及社会信息传播等问题，该书强调图书馆在向社会传授知识中的重要地位和其积极功能。①

此后，关于图书馆在社会中的作用和地位问题引起了图书馆学术界的充分关注，将图书馆视为整体系统来研究并考察其在社会大系统中的功能。将图书馆学与社会学联系起来的代表学者主要有印度图书馆学家阮冈纳赞、美国图书馆学家巴特勒、谢拉以及德国图书馆学家卡尔施泰。

印度“图书馆学之父”阮冈纳赞曾在他的《图书馆学五定律》一书中阐述了图书馆的社会价值以及图书馆与社会具有密切关系的思想。第五定律“图书馆是一个生长着的有机体”，要求将图书馆视为人类社会大系统中的一个有机组成部分，它的许多问题要放到社会系统中进行整体考察，随着社会的发展而发展。

美国著名图书馆学家巴特勒，对图书馆社会学最大的贡献是，他对图书馆定义的经典描述：“图书是保存人类记忆的社会机制，而图书馆则是将人类记忆移植于现在人们的意识中的社会装置。”② 他把阅读现象与图书馆的本质属性联系起来加以研究，发现社会知识是以图书为媒介，通过人们的阅读行为进行传递交流的现象。

---

① 罗式胜．图书馆社会学新探．四川图书馆学报，2000（2）：8—10

② 吴慰慈，董焱．图书馆学概论（修订二版）．北京：国家图书馆出版社，2008：6

谢拉是对图书馆社会学做出重要贡献的杰出的美国图书馆学家。谢拉是从他的“社会认识论”的思想，从图书馆与知识之间的联系角度来认识图书馆的。他认为图书馆是这样一个社会机关，它以书面记录的形式积累知识，并通过馆员将知识传递给团体和个人，进行书面交流。图书馆是社会中文化交流体系的一个重要机关。[①] 谢拉更关注图书馆的交流作用，指出图书馆的功能在于知识交流，图书馆是实现知识交流的社会机关。

与谢拉同时期出现的德国图书馆学家卡尔施泰在1954出版的专著《图书馆社会学研究》中，第一次使用了“图书馆社会学”（Bibliothekssoziologie）一词。书中认为图书是客观精神的载体，图书馆则是客观精神得以传递的场所，是维持和继承社会精神的不可缺少的社会机构，担负着把社会精神移入作为社会形象载体的社会成员的职能。[②] 在书中他从社会角度探讨了图书馆的发生和发展，并研究了图书馆与社会的相互作用和图书馆的社会功能，重点论述了社会环境与图书馆活动中所体现出来的客观精神以及知识的相互关系。

综上所述，国外学者关于图书馆社会学的研究主要从图书馆在社会中承担的社会角色分析图书馆与社会的关系，着重突出了图书馆作为社会知识与信息的社会装置，通过发挥其中介作用，使得社会信息才得以传播和交流，人类社会的文化得以传承和发扬。同时也阐释了社会组织结构中图书馆与其社会环境之间的相互关系，图书馆的发展程度取决于社会环境的影响，同时图书馆也会对社会变迁产生影响。

国内关于图书馆社会学的研究，较早的学者是杜定友先生，他从图书馆概念着手分析了图书馆的功用，就是社会上一切人的记忆，实际上图书馆就是社会上一切人的公共脑子。他的图书馆学思想也体现了从图书馆整体出发，分析定位图书馆在社会大系统的位置。

此外国内关于图书馆社会学的研究主要侧重于图书馆社会学的概念、研究对象及内容等方面。

首先，图书馆社会学的概念。图书馆社会学是图书馆学与社会学交叉的一个边缘分支学科。图书馆社会学简单而言就是运用社会学的理论、方法来研究图书馆活动中所表现出的社会现象的一门学科。具体而言，图书馆社会学，就是从整个变动着的社会入手，运用社会学的理论与方法，研究图书馆活动中的社会关系和社会行为，以及图书馆与社会之间相互联系和相互影响的一门学科。[③] 我们知道，社会学的观点是从整体上，而不是从个别上把握研究对象的。图书馆社会学研究则是围绕着图书馆的社会活动、社会关系和社会行为等现象进行的。图书馆社会学要研究图书馆的社会现象与其他社会现象之间的联系、相互影响和制约规律，从而全面认识图书馆社会形态的结构和规律，并从整体规划的角度去认识和组织图书馆社会活动。

其次，图书馆社会学的研究对象及内容。图书馆社会学的观点要求从整体上把握整个图

---

① 吴慰慈，董焱．图书馆学概论（修订二版）．北京：国家图书馆出版社，2008：52—53

② 吴慰慈，董焱．图书馆学概论（修订二版）．北京：国家图书馆出版社，2008：7

③ 李广建．关于图书馆社会学．图书馆，1988（2）：26

书馆事业的发展，将图书馆置于社会大系统中，围绕着图书馆的社会活动、社会关系和社会行为等现象来进行研究。图书馆社会学研究内容范围较广，主要包括图书馆的社会形态结构及其规律研究、图书馆与社会的交流规律研究、图书馆的社会需求和图书馆社会用户规律研究、图书馆社会意识研究、图书馆工作的社会规范研究、图书馆的社会基础研究、图书馆社会公共关系研究、图书馆与社会信息资源的开发与利用。① 而图书馆社会学研究最基本的研究问题是图书馆社会关系和图书馆社会行为。

（2）图书馆社会学原理对图书馆建设与发展的理论指导

1）图书馆的建设与发展中注重图书馆与社会环境的分析

社会学观点认为，社会是由其各个所属的组成部分所结合成的一个有机系统，在分析社会或社会的某一部分时，不仅要研究认识对象本身，而且还要研究该对象在整个社会及其社会变化中所处的地位与作用，研究该对象与其他社会构成要素之间的联系、影响、制约等一系列关系，从而达到全面地认识研究对象的目的。② 图书馆社会学中关注的首要问题是图书馆社会关系的研究。

就图书馆而言，它是人类社会的产物，是人类社会的重要组成部分，在图书馆的建设与发展过程中，要将图书馆置于社会大背景中，关注社会环境对图书馆的影响研究，深入分析图书馆与其他社会构成要素之间相互联系、相互影响、相互竞争、相互制约的关系，进而全面、系统地掌握图书馆发展的社会环境，及时掌握社会发展机遇，推动图书馆事业的发展。在公共文化服务体系深入发展的今天，图书馆作为公共文化服务体系的重要组成部分，要想取得全面持续发展，首先，应该理清图书馆与公共文化服务体系中如档案馆、博物馆等其他文献信息机构之间的合作与竞争关系，建立覆盖全社会的公共文化服务体系和网络，促使图书馆实现良性健康发展。其次，从国家层面应该加强图书馆事业环境的优化与完善，突出强调图书馆立法作用，加速我国图书馆立法的步伐，为图书馆事业的发展奠定法律基础。同时加强对图书馆事业的资金投入，保障图书馆事业持续发展。加强对图书馆制度的研究，进一步对图书馆事业进行相应的制度安排。从图书馆经济环境、法律环境、制度环境、技术环境等方面着手，全面完善图书馆发展环境。

2）图书馆建设与发展中注重图书馆社会功能的发挥

图书馆作为人类社会知识存储与传播的社会机构，它的社会功能的发挥，又在一定程度上影响着社会文化环境。从国外图书馆社会学理论可以看出，图书馆被认定为一种具有特定社会功能的社会机构或社会装置，其中的特定功能就是图书馆在与外部环境相互联系和相互作用的能力。具体地说图书馆的社会功能就是对社会中分散、凌乱的信息进行选择、搜集、整理、保存与传递，为满足社会的信息需求提供保障条件。

图书馆社会功能的发挥与发展受社会环境的影响，从古代藏书楼的收藏、保存文化遗产

---

① 罗式胜．关于图书馆社会学概念．图书馆理论与实践，2000（6）：6

② 李广建．关于图书馆社会学．图书馆，1988（2）：26

功能到现代图书馆的教育、娱乐等多元功能并存，无不佐证着图书馆社会功能的发展有赖于图书馆社会环境的变化。当前，我国图书馆事业面临的社会环境发生重大变化，在信息技术飞速发展的技术环境和知识经济对传统经济冲击的经济环境双重影响下，我国图书馆事业面临着前所未有的机遇与挑战，图书馆也面临着变革。近几年来，随着经济与社会的快速发展，我国提出了创新型国家、和谐社会、公共文化服务体系等一系列新的战略，将图书馆纳入公共文化服务体系已成为共识。在此社会大环境中图书馆与外部环境的关系发生重大变化，相应的图书馆社会功能也需要进一步多元化。我们应该加强图书馆社会功能的研究，在图书馆保持“保存人类文化遗产，开展社会教育、信息服务，消除信息鸿沟，促进社会和谐”等核心功能的基础上，结合社会发展环境开发图书馆的潜在的社区中心功能，并进一步把握与研究图书馆有待进一步发展的社会功能，对图书馆进行多元化功能定位。

3）图书馆建设与发展中关注图书馆社会行为研究

图书馆活动中的社会行为问题主要表现为以下三个方面：第一，图书馆员的个体行为和相互性行为；第二，读者个体行为和相互性行为；第三，读者与图书馆员之间的相互性行为①。在图书馆的建设与发展中首先要关注馆员的社会行为，在图书馆管理中要结合馆员性格特征，实施有效的管理与激励政策，对馆员行为进行规范。在对馆员社会行为研究的过程中要关注对馆员道德行为进行规范、不断完善馆员知识结构、逐步提高馆员素质、逐步改善馆员与图书馆组织体系的关系。其次图书馆要关注对读者信息需求行为的研究，对读者信息需求动机、类型、行为模式进行全面把握，以期改善图书馆读者服务。读者与馆员之间的相互行为是一个动态变化的过程，这是图书馆服务传输的最直接方式，也是图书馆社会知识交流的重要途径。为了保证馆员与读者之间的良性互动，图书馆不仅要关注对馆员素质的提升，还要关注对读者的培训。总之关注图书馆社会行为的研究，有助于对图书馆服务的提供者与接收者的行为进行把握控制，使图书馆服务在良性互动关系中有效开展。

2.2.4 图书馆科学发展理论

（1）科学发展观与图书馆

中国共产党十六届三中全会明确提出“坚持以人为本，树立全面、协调、可持续的发展观，促进经济社会和人的全面发展”。这是中国共产党对改革开放三十年我国社会发展经验和教训的科学总结。党的十七大报告中又指出：“科学发展观，第一要义是发展，核心是以人为本，基本要求是全面协调可持续，根本方法是统筹兼顾。”科学发展观进一步被确立为“我国经济社会发展的重要指导方针”。科学发展观，不仅是我国新时期各项建设事业的行动指南，也为图书馆事业的发展提供了科学的理论指导。从2006年起，有关科学发展观与图书馆事业建设关系的研究课题和研究成果迅速增加，中国学术期刊网涉及“图书馆科学发展”主题的学术论文已过两百篇，可见科学发展观已经广泛引起图书馆界学者的重视。将科学发

---

① 孙忠进．图书馆社会学浅论．黑龙江图书馆，1989（7）：6

展观的精神实质和基本内涵全面渗透和融入到图书馆建设与发展的各层面，引导和完善图书馆管理与服务体系，以改革和创新为动力，进而推动图书馆事业的全面、协调和健康发展具有重要现实意义。

（2）图书馆科学发展观的具体分析

1）图书馆科学发展观的第一要义是发展

图书馆是时代的产物，它从传统、单一、封闭型的藏书楼发展到现代化、多功能、开放型图书馆，并向着虚拟图书馆、数字图书馆的方向发展，可以说图书馆的发展无时不渗透着时代发展的气息。发展意味着生存和竞争，科学发展则意味着生命和活力，图书馆作为一个不断生长着的有机体，它只有不断向前发展才有出路。

首先，单个图书馆的发展。图书馆是由“资源”、“设施”、“人员”、“服务”等要素构成的复杂有机体。就图书馆个体而言，我们所强调的发展是运用科学的系统观、发展观来指导其诸要素的发展，以顺应时代的发展要求。主要表现在：资源越来越丰富、图书馆的建筑与服务设施越来越完备和人性化、图书馆的工作人员整体素质越来越高、图书馆管理越来越科学、服务能力和水平越来越高、图书馆社会地位逐步提升。

其次，整个图书馆事业的发展。图书馆事业本身是一个不断发展的、开放的、复杂的动态系统。就图书馆事业而言，发展主要表现在两个方面：一是图书馆形态的发展，二是图书馆功能的发展。从古代的藏书楼到近代的图书馆，再到现在的复合图书馆、数字图书馆等，这是图书馆伴随社会经济、文化和科学技术发展，其形态也不断发展变化的表现。从传统图书馆单一的收藏功能发展到“社会文献信息流整序传递（信息职能）、开发智力资源与进行社会教育（教育职能）、搜集和保存文献遗产（保存职能）以及满足社会成员文化欣赏娱乐消遣（消遣娱乐）”四功能①，都是图书馆伴随计算机、网络、信息技术的快速发展，为满足多元化的社会需求和多样化的用户需求，不断完善其社会功能体系的表现。图书馆作为开放的知识与信息中心为公民终身学习创造机会和条件，是促进学习型社会和和谐社会的保障。因此，图书馆的社会教育功能、终身教育功能是图书馆谋求可持续发展的不竭动力。此外，图书馆还要在保障其基本的文化服务功能的基础上，不断更新服务理念，努力挖掘图书馆服务内涵，积极拓展图书馆延伸服务。

2）图书馆科学发展观的核心是以人为本

以人为本是科学发展观的核心和灵魂，也是图书馆事业建设与发展的价值取向和根本要求。图书馆管理与服务中的“以人为本”是指以读者为中心，以馆员为主体，为实现图书馆特定管理目标，运用诸种管理手段，协调管理资源的关系，营造人文管理的环境，有效地满足社会和读者对知识信息的需求②。图书馆建设与发展中坚持以人为本，就要在管理实践中既要调动图书馆员工的工作积极性、发挥他们的创造潜能，又要更贴近读者、满足读者的需

① 吴慰慈，董焱．图书馆学概论（修订二版）．北京．北京图书馆出版社，2002：81—89

② 郁丽玲．论以人为本开展图书馆服务创新．科技情报开发与经济，2009（8）：86—87

求，看重读者的能动作用。

首先，图书馆管理中以馆员为本。在图书馆管理中，要树立馆员为本的理念，实行人性化管理，尊重知识，尊重人才，使馆员全心全意地做好服务工作。以馆员为本就要做到：让馆员参与管理、建立公平激励机制、馆领导与馆员之间相互尊重与重视情感的交流、为馆员创造良好的工作环境、提高馆员的素质、提升馆员的形象和社会认知。

其次，图书馆服务中以读者为中心。读者是现代图书馆建设的强大的推动力，没有读者对图书馆的高度关注和积极使用，图书馆的一切工作就将失去其现实价值和意义，这必将影响到图书馆的生存和发展。图书馆事业不管是传统图书馆还是数字图书馆，还是通过其他的模式向读者提供服务，用户流程、服务模式必须以用户为中心。图书馆以用户为中心，必须做到：图书馆应树立读者第一的服务理念；图书馆应向全体公民提供无歧视、有特色的服务；图书馆要为读者阅读创造良好的人文环境。总之图书馆以用户为中心就要从服务理念、图书馆服务技术和方法、图书馆服务细节与规章等方面，把用户的利益放在首位，维护读者利用图书馆的权利。

3）图书馆科学发展观的根本要求是全面、协调、可持续发展

首先，图书馆的全面发展。全面发展，具体说就是要使我们的经济、社会、政治、文化、生态等各个方面全面发展，使我们的社会各方面发展相互衔接、相互促进、良性互动。具体到图书馆管理与服务的全面发展，可以从全局性、全体性和全方位性三方面来认识。一是图书馆发展的全局性。从宏观的角度，图书馆管理应面向整个社会大系统，应深刻理解图书馆在社会系统中的地位及其在社会发展尤其是在精神文明和文化建设中的作用，进而确立图书馆在整个社会中应有的发展态势；从微观的角度，单个图书馆的发展不仅指图书馆基础建设的发展，还指图书馆内部构成要素如资源、人才、管理方法、服务等全面、综合的发展。二是图书馆发展的全体性。一方面指图书馆服务对象的广泛性，以公益性服务为基本原则的图书馆必须面向全体民众开放，使社会不同阶层的人们都能拥有平等获取和利用图书馆文献信息资源的权利；另一方面指图书馆资金来源的多样性。三是图书馆发展的全方位性。一方面图书馆的职能要不断丰富和完善，现代的图书馆不再是单纯的文献信息收藏地，还要承担开展社会教育、培养民众阅读习惯、文化娱乐等功能；另一方面图书馆还要关注“纵”“横”交错，“虚”“实”结合的全方位的图书馆服务体系的构建。

其次，图书馆的协调发展。协调发展的观念，正在成为图书馆事业的重要共识。图书馆在实际的管理与服务运作过程中，需要贯彻“统筹规划、因地制宜、发挥优势分工协作、协调发展”的科学发展原则，正确处理好各项工作的协调发展，只有与社会保持协调、均衡的发展才能促进图书馆这个“有机体”不断地生长。具体包括以下三个方面：一是要确保文献资源的协调。从宏观而言，要注重国家整体文献信息资源在不同信息机构、各级各类图书馆之间的科学合理配置，保持相对的协调和均衡，以实现社会信息资源共建共享的目标。从微观来说，文献信息资源的协调配置主要指具体的图书馆要做好不同类型文献资源的协调配置，建立多元化的文献收藏模式。二是要保证图书馆人力资源的协调。主要包括岗位设置的协调、

工作任务的协调、薪酬分配的协调、权利与责任的协调。三是要实现图书馆工作与服务的协调。图书馆应该紧随时代的发展，促使图书馆传统服务与网络服务互补共进、推进各级各类图书馆的共建共享、完善总分馆制图书馆服务体系，最终实现馆际间与总分馆协调发展，使图书馆的工作与服务模式上趋向多样化、灵活化和综合化。

最后，图书馆的可持续发展。图书馆可持续发展可理解为：图书馆在可持续发展思想的指导下，把未来的发展作为当代发展的前提，遵循图书馆发展的客观规律，注重整体发展的长远目标，探求符合自身发展规律的模式，在自身的发展过程中，通过不断注入活力，以适应社会和时代的变化，满足人们不断增长和变化的信息需求，推动图书馆事业健康、有序、持续的发展，使之能够与未来社会目标相适应并在两者之间形成良性的互动机制。① 就图书馆事业自身的持续发展而言，如何处理好信息资源的保存与利用的关系是可持续发展的核心，如何肯定图书馆人的主体地位和发挥他们的能动作用是可持续的关键，如何预知和满足用户的信息需求并进而促进社会的协调发展是可持续发展的目标。② 就单个图书馆机构而言，图书馆的可持续发展就需要在考察图书馆社会环境的基础上，做好图书馆长期或短期的战略发展规划、加强图书馆文化环境建设，形成全馆重视和尊重知识的文化氛围、理清图书馆技术与理论关系——实现理论引导技术、技术推动理论的发展，加强图书馆专业人才的培养，积极培育馆员创新精神，为图书馆的发展提供后备力量。

4）图书馆科学发展观的根本方法是统筹兼顾

统筹兼顾是实现科学发展观的根本方法。它是指既要总揽全局，统筹考虑，又要抓住牵动全局的主要工作，着力推进，重点突破。统筹兼顾的方法具体应用到图书馆管理与服务中，就要求图书馆要统筹协调好以下几对关系：

首先，图书馆管理与服务要做到纵览全局，统筹规划。图书馆纵览全局使各地区各类型的图书馆携手合作、取长补短，发挥整体优势。坚持统筹规划，使全国各地图书馆建立一种既统一又分工合作，既有全面布局又有各自特色的、协调的图书馆网络，实现图书馆体系的优化。③ 此外，还应统筹规划图书馆发展与学校学科建设，图书馆在文献信息资源建设方面，要综合考虑本校专业建设，按学科发展确定资源建设发展规划。

其次，图书馆管理与服务要做到兼顾各方，综合平衡。就图书馆建设而言，一方面在图书馆整体建设方面我们要统筹图书馆质量建设与图书馆形象建设。图书馆的质量建设是保证图书馆可持续发展的物质基础，图书馆的形象建设是图书馆发展的不竭动力，因此我们在保证图书馆“质”的发展的同时，也要通过完善图书馆服务和重塑图书馆职业精神等来提升其作为传播知识、传承文明、保障公民文化权利、实现信息公平的公益形象。另一方面，图书馆微观的信息资源建设方面，图书馆要统筹一般资源建设与特色资源的建设。从图书馆服务

---

① 张春华，罗曼．图书馆可持续发展与知识产权保护．图书馆可持续发展与创新研究文集．成都：西南交通大学出版社，2003：75—79

② 徐引篪，霍国庆．现代图书馆学理论．北京：北京图书馆出版社，1992（2）：194—195

③ 周久凤．科学发展观与图书馆．图书馆理论与实践，2005（3）：14—15

角度看，一方面图书馆需要统筹传统的文献收藏借阅服务与现代的开放交流、社会教育、文化娱乐等图书馆延伸服务，实现两者的全面发展。另一方面，图书馆还要统筹服务教学与服务社会。

2.3 图书馆建设与发展问题的新理论

在图书馆学的已有研究中，所借鉴的理论较多来自管理学、计算机科学、经济学等学科。如人力资源管理理论、全面质量管理理论、混沌理论、信息不对称理论、自组织理论、绩效理论等，这些理论对于解决图书馆内部管理方面的问题都起到了不可估量的指导作用。但随着图书馆内外环境渐趋复杂，图书馆的综合研究已显得日益重要，仅关注图书馆组织自身的生存与发展显然具有局限性。

在日益复杂的环境系统中，图书馆发展所需的新理论包括生态学理论、信息政治经济学理论和社会网络分析理论等，这些来自生物学、信息学、社会学等的新视角能够为图书馆发展的系统模式、经济模式和关系模式等提供独到的、有针对性的理论指导作用。

2.3.1 生态学理论

生态学主要关注生态系统的相关研究。美国生态学家奥德姆认为：生态系统是指生物群落与生存环境之间，以及生物群落内的生物之间密切联系、相互作用，通过物质变换、能量转化和信息传递，成为占据一定空间、具有一定结构、执行一定功能的动态平衡整体。简单说，在一定空间内生物群落与非生物环境相互联系、相互作用所构成的统一体。[①] 印度图书馆学家阮冈纳赞在其名著《图书馆学五定律》中指出："图书馆是个正在发展的有机体。"[②] 众所周知，生态学是"研究有机体与环境相互关系的科学"，所以在图书馆学的研究中引入生态学理论是图书馆学发展必然的选择，也是生态学研究进一步深化的表现。[③]

（1）生态学理论在图书馆建设发展研究中的应用

生态学理论在图书馆建设发展中的应用，主要有以下几点：

1）循环和交换规律在图书馆建设发展中的作用。任何一个生态系统均存在物质流、能量流和信息流，存在有机体与外部环境的物质、能量、信息的交换以及物质、能量和信息的循环。它使生命系统的保持和进化成为可能。图书馆生态系统与社会这一文化环境同样存在着物质、能量、信息的交换和循环，这也成为图书馆不断发展的动力源泉。这个规律可能会对图书馆工作产生积极或消极的影响。例如，认识并主动利用循环和交换规律，努力控制和调整图书馆的工作流程，控制信息流动，将有效实现文献、信息、知识向读者的正向的转移、

① 邹冬生，高志强．生态学概论．湖南：湖南科学技术出版社，2007：12—15

② 阮冈纳赞．图书馆学五定律．北京：书目文献出版社，1988：4

③ 黄建年．图书馆生态学初探．图书馆理论与实践，2006（1）：22—24

转化和吸收。

2）基于群落生态原理的互利共生规律在图书馆建设中的作用。在生态系统中原始合作也称为原始协同，是指两个种群生活在一起，各有所得，但两者并不存在依赖关系。即离开这种协作关系，两者均能独立生存。在公共文化生态系统中，图书馆与其他公共文化产品与服务的供应者如档案馆、博物馆、资料馆主要就是这种关系。但有时，也有资源利用型竞争关系，资源缺乏时，间接相互抑制。

从横向的业务相关机构来看，以生态思维分析，作为公共文化产品与服务的供应者，档案、图书、资料、文物有着同一的渊源、共同的特征、相同的属性、同属文献信息范畴，无论从形式特征还是从内容特征看，都有共同之处。都是储藏信息资源的中心机构，是国家的文化服务事业单位，作为信息源，都强调管理的统一性，强调为文化消费者服务，有共同的服务属性和为消费者服务的社会职能。它们在保存和传播社会文化的职能上具有重合性，这也使它们之间形成了原始合作的关系。在此关系中，图书馆的优势有：保存和传播的文化资源的数量和类型更为丰富和多样；在功能上，图书馆还具有更多的加工和咨询的功能，作为公共文化供应者功能更强。鉴于这样的生态整合效应原理，应通过整合加强图书馆与档案馆、博物馆、资料馆之间的联系，如可整合成一体化联盟性质的新机构，档案、图书、资料、文物一体化汇集，可达到多学科优势互补，有利于彼此发展和共同提高。

从纵向的知识信息链来看，图书馆与出版、影视等产业之间的关系是密不可分的，对出版产业而言，图书馆既是出版产业重要的销售渠道之一，又是培养读者阅读习惯，支持出版产业发展的重要力量。对图书馆而言，出版产业生产了图书馆所需要的文献资料，出版产业的出版动向和发展变化不仅直接影响到图书馆收集文献资料的工作，还会对读者提供的服务产生很大的影响。[①] 基于生态学的视角，彼此存在相互依赖、相互依存、互惠互利的关系。在此关系中，公共图书馆的优势在于：对文化产品特别是文化遗产的保存、整理和利用职能上的专业性和权威性，在拥有文化遗产资源的数量和质量上具有无可替代的地位。在文化产品传播中的途径和影响力上具有的优势。广电、影视、网络文化媒体部门生产的文化产品作为文化信息资源，需要通过图书馆进行存储、加工、传播，使优秀的产品作为文化遗产保存下来。在拍摄电视剧或影片时常常需要书刊和多媒体等信息资源作为素材或参考，图书馆可向文化媒体提供经过加工整理过的信息资料，包括文化综合信息和专业技术信息；还可共同策划，与媒体合作开设具有地域特色、时代特点的专栏或节目。公共图书馆凭借地方文献的收藏、整理和利用方面的优势，专人或部门参与、协助媒体，共同编辑有地方特色的节目。或是通过和媒体的协商，公共图书馆可以直接制作、负责某个节目，赢得一块由自己经营的阵地，进行文化产品的生产与传播，同时也树立了自身的形象。

3）生态均衡与失衡规律在图书馆建设中的作用。在生态学上，均衡表明生态系统的结构与功能，物质、能量和信息的输入和输出都处于相对稳定的状态。这里生态系统的物质、

---

① 李常庆．日本图书馆界与出版界的交流和合作．图书情报知识，2004（1）：94—96

能量和信息等要素更多的是用数量关系来表示，而它的结构和功能等属性指的则是均衡状态。当生态系统受到外界干扰，而超过自身调节范围时，就会引起生态系统结构和功能紊乱，物质、能量和信息的输出和输入量上不等，使整个生态系统的均衡被打破，出现所谓的失衡现象。这里所谓的均衡与失衡应用在图书馆的建设和发展中可以包括图书馆生态子系统内和图书馆子系统所处的生态系统的均衡与失衡。图书馆内生态均衡与失衡主要指图书馆生态子系统内各种组成要素之间的关系以及所处的环境之间的关系都应该是均衡而协调的，如图书馆内文献资源的借入与借出之间，馆员之间，馆员与用户之间等各种组成图书馆生态子系统的要素之间都应该是协调的，只有这样图书馆这个生态子系统才可以说是均衡的，否则就是失衡。另外，就整个社会而言，图书馆的发展应与整个社会的经济、政治科技和文化等环境条件的发展状态以及相关的各种要素之间的关系也基本上是协调的。如图书馆的建设与发展应与当地的经济发展水平相适应，否则就会失衡，不仅会影响社会经济和文化领域的发展，也会阻碍图书馆事业自身的发展。在图书馆管理工作中应注重生态均衡与失衡规律的应用与指导，使图书馆事业持续、稳定、协调地发展。①

4）合作与竞争规律，这个规律也可以被称为生态系统各种因素相互作用协调发展的规律。它不仅表现在各种物种之间，而且表现在生物与环境的各种因素之间的作用与反作用，即合作与竞争。在图书馆作为子系统的生态系统中，图书馆与其他子系统之间，如图书馆与档案馆、博物馆、资料馆主要就是这种关系。竞争是指利用有限资源的个体间的相互作用，从生态学的角度来看，图书馆的竞争主要涉及资源的优化配置及发展地位优先的问题。比如：电子信息开发和数字馆藏及数字图书馆的建设，就出现你争我抢、重复建设，造成经费紧张、资源浪费的局面。② 此外，合作和竞争的共同作用，促进了图书馆乃至其整个生态系统的进化与发展，如资源共建共享的提倡和发展，是我国各级图书馆达成的合作共识，也是图书馆群落与其外部环境及相关因素竞争的结果，正是这种合作与竞争的共同作用促进了整个图书馆及其生态系统的良性发展。

（2）图书馆建设与发展中引入生态学理论的意义

在图书馆学研究中引入生态学理论是十分必要的，这也是图书馆学自身发展的要求。同时引入生态学理论对现实也具有十分重要的指导意义。

1）引入生态学理论是研究图书馆可持续发展的需要，未来图书馆的建设和发展，必须坚持可持续发展观。研究可持续发展的生态学理论帮助图书馆探索图书馆与环境及读者之间的关系重建，图书馆生态系统的科学经营，图书流通与管理、藏书建设与信息提供、设施建设与人才培养等之间的辩证关系，图书馆事业的发展进程等。简言之，就是为了确保图书馆能够长期、稳定、可持续地发展。图书馆内部及同行业之间以及其他行业之间必须分工合作、共建共享，实现协作、协调发展。在图书馆的发展建设中引入生态学理论，有助于对图书馆

① 孙晓英．图书馆生态学理论的构建及现实意义，2006（4）：90—93

② 孙晓英．图书馆生态学理论的构建及现实意义，2006（4）：90—93

可持续发展问题进行更加深入的研究。

2）引入生态学理论可以帮助对图书馆进行定位。在生态系统中，群落内各生物种的相对地位和重要性通常以优势度来衡量。优势度大的物种称为群落的优势种。一般说来，优势种在群落中占有较广泛的生境范围，利用较多的资源，具有较高的生产力。根据群落生态优势种概念，首先结合图书馆所在的生态系统的特征，如整个公共文化服务体系的社会特征，其次根据该生态系统中的优势种群，可选择种群功能强弱、地位关键与否、资源占有量作为优势度的判断标准。依此为标准，再根据相关的生态学规律，分析图书馆与各要素之间的关系，最后得出图书馆在整个生态系统中的定位，判断其是否有条件成为的优势种之一。通过这样的定位可以更好地使图书馆在发展过程中确立自己的优势和劣势，从而更好地确立图书馆事业发展的目标。

2.3.2 信息政治经济学理论

信息政治经济学起源于20世纪40年代的北美，其时文化和传媒产业已成为一个重要的经济领域，信息技术和服务也已开始影响企业特别是跨国公司的发展，并导致他们更积极地参与信息领域的政策制定。所有这一切都激发了学术界对信息与经济利益、政治权势、社会结构之间关系的关注，从而推动了信息政治经济学的形成。信息政治经济学的学术传统主要来源于马克思主义政治经济学和制度经济学。[①] 信息政治经济学理论运用政治经济学的观点、方法分析信息生产、交换、使用过程中所体现的社会关系。[②] 该理论强调社会历史的连续性，认为信息在经济增长中的决定作用并未改变社会的基本关系；关注信息活动中权势、政府的作用，关注它们在影响决策制定中的强烈倾向；同时，该理论还重视信息平等、社会公正、市场与政府的关系等。信息政治经济学理论是一个很好的分析工具，利用该理论能够较好地分析和揭示我国图书馆发展的环境与现状。

从信息政治经济学理论的视角来分析我国图书馆的发展，其应用主要有以下几个方面：

（1）从信息政治经济学的视角来识别图书馆发展过程中的经济和政治环境。目前我国正处于经济体制改革逐步完善阶段，市场经济机制仍在不断改革和完善之中，此外我国的文化体制开始了逐步改革。由于环境的不断改变，随之而来的变化因素也影响着图书馆的发展和建设，如劳动力市场的改革、商业化经营理念的不断扩大、图书馆立法等，这些都在深刻地影响着图书馆的发展。尽管这样的环境为图书馆带来了一些政策、资金、技术等有利条件，但不排除贫困地区或信息不发达地区的图书馆在这样的环境中因资金、信息、技术等劣势而处在市场竞争中的不利地位。从上面可以看出我国图书馆发展的政治经济环境是比较复杂、多变的，因此这就有必要引入信息政治经济学理论来分析图书馆所处的外部环境，为图书馆的发展建设提供决策的参考。

---

① 孙晓英．图书馆生态学理论的构建及现实意义．常州工学院学报，2006（2）：90—93

② 孙晓英．图书馆生态学理论的构建及现实意义．常州工学院学报，2006（2）：90—93

（2）认清图书馆发展中的政治和经济力量指导图书馆的可持续综合发展。首先，由于政治和经济力量总是体现出一定的阶级和利益取向的，并且是处在不断变化之中的，图书馆学界需要利用信息政治经济学的理论来分析图书馆的功能和结构是否和外部的政治和经济力量相适应，并通过理论和实践的指导来完善图书馆的各个方面，使之可以适应并适当利用政治和经济两大力量。其次，应用信息政治经济学理论中的政治经济学观点和方法分析信息生产、交换、使用过程中所体现的社会关系。这要求图书馆界要全面了解图书馆信息活动中的权势、政府的作用、各利益群体关系等，进而借助行政的力量在体制内实行图书馆的全覆盖，加大政府对图书馆事业的投入和重视程度，同时图书馆要借助于社会民众的舆论力量，争取多方资助，为图书馆争取社会支持，实现图书馆的可持续的综合发展，不断为整个社会提供适应时代发展的服务。

（3）需要通过引入信息政治经济学的理论，正确认识图书馆建设与发展中的经济效益。与国外图书馆服务相比，我国的图书馆在建设要求上大都是先求大求全，即建设了多大的馆舍、配置了多少的计算机、购进了多少的书刊等，而较少考虑社区的具体情况及服务的具体效果。造成这种情况的根本原因还在于思想意识上的“经济效益”观。在市场经济时代，经济效益早已成为衡量个人能力、行政绩效的重要手段，而速度和规模则是衡量经济效益的根本指标，这在很大程度上刺激了官商腐败、道德腐化、伦理歪曲等不良社会结果。而这种求快求大的“经济效益”观正是社会经济环境对于图书馆的最大冲击。从现有的文化服务评估指标体系中，我们很难看到文明建设中的潜在效益评估及长远效益评估，也就是说，文化建设的软指标很少。这种指标体系的设定，很多都是直接建立在商业化、市场化的经济基础之上，硬性量化指标突出，如设备数、场地面积、服务场次、服务人数、服务半径等。少量的评估体系中加入了用户满意度的考量，这项评估指标项，同样首先源于商业领域，它伴随着20世纪50年代市场调研的成熟而得到推广，用户满意度的高低被看做是市场占有率高低的参照。由于用户满意度具有指导消费、预警经济的作用，在我国政治和经济领域广受重视。文化建设的根本目的在于提升国民整体素养，形成良好社会规范，它是一个不断沉淀和积累的过程，社会效益往往较难在短期内得到体现。因此有必要加入对比评估指标（包括文化设备建设前后、文化环境改造前后、文化服务体验前后、一定时期后文化收益前后的对比等）。信息政治经济学的分析有助于我们在设定指标体系中保持中立、科学和有针对性，提高指标评估的有效性。

2.3.3 社会网络分析理论

社会网络分析的理论基础主要源于六度分割理论。根据六度分割理论，一个人和任何一个陌生人之间所间隔的人不会超过六个，通俗地说就是“地球上每个人最多通过六个私人关系就能够联系在一起”，人们可以（但可能并不知道）通过普通的同事、亲戚、朋友就相互联系起来。六度分割理论说明了社会中普遍存在的“弱纽带”，但是却发挥着非常强大的作用，通过弱纽带人与人之间的距离变得非常“相近”。

社会网络分析理论在图书馆建设发展研究中的应用主要有以下几个方面：

（1）社会网络分析理论在图书馆组织管理中的应用

社会网络分析方法，常常利用一些量化指标，对社会网络的特征进行描述和定量分析，如中心性、中介性、凝聚性等。在图书馆组织管理中引入社会网络分析能够形式化地量化图书馆内的组织关系和图书馆外的社会关系的状况，找出存在的问题，并为图书馆组织管理实施的各个阶段提供全面的定性分析和数量考核方法。如在进行图书馆内知识管理时，可以利用图书馆员工人际间关系所构建的社会网络，该网络可以成为知识、信息传播的一个渠道，通过社会网络分析的相关理论和方法分析和发现该社会网络的特征，并根据该网络的特征，分析其信息和知识流动的路径，寻找出网络中相应的中心结点、中介点等加以分析，并以此为依据，图书馆可以采取各种管理措施，如增加激励制度、优化组织机构等来促进该网络中知识流动的效率，从而促进图书馆员工在工作中的创新，提高图书馆的知识管理和组织管理的效率，更好地为读者服务。

（2）社会网络分析理论在信息服务模式创新研究中的应用

随着一系列社会网络软件，如 Wiki、RSS、Blog 等 Web2. 0 技术在图书馆中逐步得到应用，图书馆虚拟社区逐步建立起来，越来越多的用户可以通过该虚拟社区得到信息服务，如通过 RSS 来获得新书发布的信息、催还信息等，通过 Wiki 和 Blog 参与图书馆资源的评价等，使得用户间的联系越来越多，逐渐形成了关系网络。图书馆信息通过网络等途径获得用户的信息行为，并利用社会网络分析的相关理论和分析方法，如小团体分析、中心度分析等对用户行为网络的特征进行发现和分析，从中得出用户行为的特征，如行为习惯、兴趣等，从而定位用户对信息服务的相关需求，如发现用户的共同需求与个性化需求，并以此为参考改善图书馆实体和虚拟的馆藏配置，优化图书馆的信息服务，提供更多的个性化服务。

此外，社会网络分析理论还可以应用于各个图书馆之间，以及图书馆与其他相关信息服务机构之间的关系网络的分析和构建中，从而在信息资源共建共享等方面得到一定的理论和方法论的支持，使得整个社会的公共文化服务体系能够发挥更大的作用。

运用社会网络分析理论能够较为深入地分析信息需求的特点、层次，以及信息资源的流动状况、丰富与否等，对于把握各级各层次图书馆用户的信息行为、优化图书馆组织管理和信息服务，乃至提高整个公共文化服务体系的服务效率，可以提供最为有效的实际经验和具体决策参考。

2. 4 图书馆类型的重新划分

2. 4. 1 现行国内外图书馆类型概述

图书馆类型的划分实质上是对自然形成的图书馆类型的整序，它将性质相同或相近的图书馆归并在一起，将性质不同的图书馆区别出来。图书馆类型的划分有利于明确不同图书馆的目标，有利于把握图书馆的发展规律和不同特点，更有利于根据不同的服务对象明确图书馆的职能，使其充分发挥作用。图书馆类型的划分由于所采用的标准不同而有较大差异，目前常用的图书馆类型划分标准主要有：（1）按图书馆主管部门和领导系统划分，主要包括文化系统的公共图书馆、教育系统的学校图书馆、科学院系统的科学图书馆、工会系统的工会图书馆、军队系统图书馆、政府系统图书馆、企业图书馆等。（2）依信息资源体系的覆盖范围划分，可分为综合性图书馆、多科性科学图书馆、专科图书馆。（3）按读者对象划分，有儿童图书馆、青年图书馆、老年图书馆、盲人图书馆、少数民族图书馆等。（4）按主要任务划分可分为大众图书馆和科学图书馆。[①]（5）按照科技发展不同阶段可分为传统图书馆、复合图书馆以及数字图书馆。在现实中，各个国家对图书馆的划分很少简单地采用一种统一标准，不同国家根据本国国情和图书馆的发展历史，通常会综合采用几种标准以形成本国图书馆划分的特有标准，因此这就相应导致了世界各具特色的图书馆类型划分。

（1）国际上图书馆类型的划分

图书馆事业发展过程中由于学科研究的需要、管理的需要、图书馆发展的需要，按具体任务和服务对象的不同，图书馆演化出各种不同的类型。图书馆类型划分由于所采用的标准不同而有较大差异。国际上影响较大的是1974年国际标准化组织颁布的“ISO2789—1974（E）国际图书馆统计标准”，在该标准中，专门有“图书馆的分类”一章，其将图书馆划分为：国家图书馆、高等院校图书馆、其他主要的非专门图书馆、学校图书馆、专门图书馆和公共图书馆六大类型。[②]

国家图书馆是指按照法律或其他安排，负责搜集和保管国内出版的所有重要出版物的副本，并且起贮藏图书馆的作用，不管其名称如何，都是国家图书馆。

高等院校图书馆，主要服务于大学和其他第三级教学单位的学生和教师的图书馆。它们也可能向公众开放。

其他主要的非专门图书馆：有学术特征的非专门图书馆，它们既不是高等院校图书馆，又不是国家图书馆，但它们对特定的地理区域履行一个国家图书馆的作用。

学校图书馆，那些属于第三级院校以下的所有类型的学校的图书馆，虽然它们也向公众开放，但主要服务于这些学校的教师和学生。

专门图书馆：那些由协会、政府部门、议会、研究机构（大学研究所除外）、学术性学会、专业性协会、博物馆、商业公司、工业企业商会等或其他有组织的集团所支持的图书馆，它们收藏的大部分是有关某一特殊领域或课题。

公共图书馆：那些免费或只收取少量费用的为一个团体或区域的公众服务的图书馆；它们可以为一般群众服务，或为专门类别的用户，例如儿童、军人、医院患者、囚犯、工人和雇员等服务。[③]

---

① 徐引篪，霍国庆．现代图书馆学理论．北京：北京图书馆出版社，1999（2）：199—200

② 黄宗忠．图书馆学导论．武汉：武汉大学出版社，1988：245—289

③ 吴慰慈，董焱．图书馆学概论．北京：北京图书馆出版社，2002：103—104

《国际图书馆统计标准》颁布后，得到了国际上部分国家的认可，但由于该标准所选择的划分标志杂乱且不具有代表性，它似乎想迁就所有国家（主要是西方国家）图书馆类型的现实存在，但结果又不符合大多数国家的实情，因此，并未被国际社会普遍认可。①

（2）国外主要国家的图书馆类型划分

正由于图书馆类型的划分所依据的标准不同，目前世界范围内不同的国家有不同的划分方法。有的国家着眼于某类型图书馆所解决的问题的特殊性，有的着重图书馆的藏书内容和读者工作的内容，有的把图书馆的用途用来划分图书馆。在此主要简要介绍美国、英国、苏联等国家的图书馆类型的划分。美、英、苏联由于受图书馆的发展历史、各国国情及国家战略等影响，他们的图书馆类型的划分也各具特色。

美国图书馆类型的划分以"中小学媒体中心"的建立为典型。美国图书馆界将图书馆划分为公共图书馆（包括地方、县 、郡）、中小学媒体中心（包括小学、中学）、高校图书馆（包括学院、大学、两年制学院）和专门图书馆（工业商业、组织协会、公共机构、联邦）四大类②。在美国公共图书馆的主要服务对象为一个社区或区的所有居民，它的职能主要有娱乐、传递信息、自我学习、保存文化等。中小学媒体中心主要服务于学校的教师和学生，它主要承担教育、辅助研究、传递信息、保存的职责。高校图书馆主要服务于大学、学院的学生、教职员工、校友等，同时也会向一般公众提供借阅服务，它的职能和中小学媒体中心一样，具有教育、研究、传递信息、保存的功能。专门图书馆包括的种类较多，主要面向专业学会、机构的员工和顾客、特殊人群等，它的职能相应也较为复杂多变，几乎涵盖了娱乐、研究、传递信息等所有图书馆职能。在美国将中小学媒体中心专门划为一大类，突出表现了美国十分重视中小学图书馆的作用。同时美国将国家图书馆（联邦图书馆）划分到专业图书馆系统，这与国际标准有很大不同。

英国图书馆界在强调图书馆为工商业服务的基础上，将图书馆大概分为国家图书馆、公共图书馆、学校图书馆、工商业图书馆、信息和咨询中心五大类。国家图书馆和其他国家图书馆具有同样的职能，即国家藏书机构、国家书目中心等。公共图书馆具有教育、传递信息、文化、娱乐与休闲等职能。学校图书馆包括大学、学院、中小学图书馆，具有满足学术需求、提供参考资料、提供学习场所等职能。工业和商业图书馆是英国图书馆的典型类型，它的职能主要强调图书馆为工商业服务，如生产和分配与公司产品有关的信息简报、根据关键职员的兴趣提供原始资料、建立馆藏、提供文献检索等。信息与咨询中心也是英国图书馆类型划分的一个特色，将信息情报机构也纳入了图书馆系统，它主要为负担不起一般法律的人提供咨询和法律支持，提供消费、家庭、财政和社会服务等方面的咨询等。③ 英国图书馆类型的划分最突出的特点是将情报机构划入图书馆系统，突出强调了英国图书情报一体化发展现状。

---

① 徐引篪，霍国庆．现代图书馆学理论．北京：北京图书馆出版社，1992：201

② 徐引篪，霍国庆．现代图书馆学理论．北京：北京图书馆出版社，1999：202

③ 徐引篪，霍国庆．现代图书馆学理论．北京：北京图书馆出版社，1999：203

同时，高校图书馆和中小学图书馆都服务于本校师生，具有参与辅助教学、提供教学场所、提供信息服务等相似职能，英国根据两者服务对象和职能的相似，将其合为一体这是一种创举。

苏联则强调图书馆为公众的服务。苏联最早的一个图书馆分类方案，是1934年由国家统计机关提出的，当时进行了全苏的图书馆统计调查材料的分类工作，将图书馆分为四大类：大众图书馆、独立的儿童图书馆、技术院校的图书馆（不包括高等院校）、科学与专门图书馆。真正关于图书馆类型划分的研究的学者是O. C. 丘巴梁，从他的《普通图书馆学》得知苏联的图书馆可分为农村图书馆、城市图书馆、儿童和青少年图书馆、科学与专门图书馆和国家图书馆五大类。苏联这五大类图书馆中，别具一格地将农村图书馆、儿童和青少年图书馆各自单独分为一类，着重图书馆对普通大众的服务，在这个图书馆类型中省去公共图书馆一类，前三类合称为大众图书馆，后两类合称为科学图书馆。[①] 后来O. C. 丘巴梁以图书馆的专门用途为标准，将图书馆划分为面向居民的大众图书馆和面向专家的科学与专门图书馆两大类，这种划分体例简洁明确，综合考虑了用户的特征，将图书馆明确分为大众普及级和提高级，可谓是独具风格的划分，值得借鉴与思考。

（3）我国图书馆类型的划分

在国内，关于图书馆类型的研究可以说是图书馆基础理论研究著作中必不可少的研究主题。在现实的研究与实践中，我国图书馆界通常按照图书馆的隶属管理体制，结合图书馆的性质、用户群、目标、功能对图书馆进行分类。

在较早的图书馆学著作中，如北京大学图书馆学系和武汉大学图书馆学系合著的《图书馆学基础》一书中将图书馆分为公共图书馆、学校图书馆、科学图书馆、专业图书馆、工会图书馆、军事图书馆和儿童图书馆等几个主要类型，[②] 并将国家图书馆纳入公共图书馆系统，这可能是早期学者还没有全面认识到国家图书馆的独特作用，而是关注以图书馆经费来源来划分图书馆的类型，因此将国家图书馆归入公共图书馆系统。后来随着图书馆界对国家图书馆的地位、作用的逐步深入认识，在该书的1995年修订版本中便将国家图书馆单独列为一大类，形成了国家图书馆、公共图书馆、高等学校图书馆、科学专业图书馆、工会图书馆、军事图书馆、贮存图书馆、特种类型图书馆等几大类。[③] 在此图书馆类型体系中，增加了贮存图书馆、特种类型图书馆两类，特种类型图书馆的划分体现了图书馆越来越注重对弱势群体的服务，坚持平等服务。也有的图书馆著作中对高校图书馆的称呼有所不同，如郭依群编著的《应用图书馆教程》中指出现代图书馆类型主要有国家图书馆、公共图书馆、大学图书馆和专业图书馆等。[④] 他将大学图书馆单独列为一类显然不能涵盖学院图书馆和高等院校图书馆，该分类体例的全面、科学性体现的不够充分。在石呈祥的《图书馆学概论》一书中作者

① O. C. 丘巴梁. 普通图书馆学. 徐克敏等译. 北京：书目文献出版社，1983：92—111

② 北京大学图书馆学系，武汉大学图书馆学系. 图书馆学基础. 北京：商务印书馆，1981：56

③ 北京大学图书馆学系，武汉大学图书馆学系. 图书馆学基础（修订版）. 北京：商务印书馆，1995

④ 郭依群. 应用图书馆教程（第2版）. 北京：清华大学出版社，2002：7—11

综合考虑我国国情及图书馆划分标准，将图书馆分为国家图书馆、公共图书馆、高校图书馆、科学与专业图书馆、工会图书馆、版本图书馆、贮存图书馆、特种类型图书馆等。作者首次提出版本图书馆类型，但版本图书馆与贮存图书馆及国家图书馆的职能有所交叉，该类型图书馆的划分不免有点不够严谨。更具特色的关于图书馆类型的划分，当属徐引篪与霍国庆合著的《现代图书馆学理论》，他们认为图书馆类型的划分是由图书馆的本质属性决定的，而用户的信息需求正是图书馆的本质属性，因此，只有用户的信息需求才是决定图书馆类型的最本质的属性。由此，他们兼顾用户信息需求的差异性、图书馆的战略分工、图书馆的社会归属和经费来源等标准，将图书馆划分为公共图书馆、社区图书馆、行业图书馆三大类。其中公共图书馆是全部由国家投资的战略型图书馆（包括国家图书馆、省级、地市级、县级公共图书馆），社区图书馆是由国家、集体乃至个人联合兴办的普及型图书馆（包括都市社区图书馆、小城镇社区图书馆、乡村社区图书馆），行业图书馆是由社会各行业构建的专门型图书馆（包括学校图书馆和专门图书馆）。① 至今被图书馆理论与实践界较为认同的图书馆类型的划分主要是吴慰慈与邵巍编著的《图书馆学概论》一书中提出的图书馆类型体系，在吴慰慈以后的《图书馆学概论》版本中都采用了此种划分方法，他们从现有的图书馆实际情况出发，依据人们的通用做法，结合图书馆的领导系统、图书馆的性质、读者对象和藏书内容等标准将图书馆划分为国家图书馆、公共图书馆、学校图书馆、科学图书馆、专业图书馆、技术图书馆、工会图书馆、军事图书馆、儿童图书馆、盲人图书馆等。②

综合上述关于图书馆类型的划分的理论著作，普遍以公共图书馆、科学和专业图书馆和高等院校图书馆三大系统图书馆为我国整个图书馆事业的支柱，将剩余的图书馆归并在一起形成“其他图书馆”，这是我国图书馆类型划分的特色。

2.4.2 现行图书馆分类的弊端

比较和分析现实存在的各种图书馆类型的划分，不同国家常常兼顾本国国情，同时综合采用多种划分标准以形成本国图书馆类型划分的特有标准。但从多个角度去考察这些图书馆划分类型时会发现他们都存在重叠、交叉、漏分等这样或那样的问题，并不科学。

在我国图书馆界，公共图书馆、科学图书馆和高等院校图书馆三大系统图书馆的划分通行多年，为我国图书馆学专门研究奠定了基础，也形成了自己独特的社会定位、服务活动，但是三大系统的划分同时存在较多的弊端。

首先，由于隶属关系相同，国家图书馆属于公共图书馆的一部分，致使国家图书馆的定位和服务不明确。公共图书馆的经费主要来源于地方财政，用户群体具有极大的包容性和广泛性，满足公众的教育、研究、情报及娱乐需求，是直接面向大众服务的文化机构。从经费来源来看，国家图书馆应该承担公共服务的责任，但是国家图书馆的重要职能还包

---

① 徐引篪，霍国庆．现代图书馆学理论．北京：北京图书馆出版社，1999：230—231

② 吴慰慈，邵巍．图书馆学概论．北京：书目文献出版社，1985：78—108

括搜集和保存本国文献、采购重要的外文文献、提供必要的中心馆服务、提供信息咨询服务等。定位为公共图书馆为全体人民服务，必然需要大量的人员和设施，分散其他职能的完成效果。同时国家图书馆进行公共服务与城市图书馆以及社区图书馆形成竞争关系，造成资源的浪费。

其次，图书馆行政化问题突出。三大系统的划分带来了公共图书馆行政化问题严重。图书馆的布局不是按照用户分布情况，而是按照行政级别来规划，致使我国很多省会城市省级图书馆和城市图书馆的竞争激烈。省会城市的读者群体相对稳定而有限，省级图书馆和城市图书馆提供相似服务争夺有限的用户群体，使得双方的地位都很尴尬，造成资源浪费，服务效果并不好。大部分省级图书馆因为级别较高，获得的财政支持较多，馆藏丰富，同时各类政策出台，优先考虑的也是省级图书馆，因而城市图书馆的发展一直备受影响。

第三，少年儿童图书馆和公共图书馆的儿童服务的竞争。“广义少年儿童图书馆包括独立建制的儿童图书馆和一些公共图书馆设立的少年儿童分馆或少年儿童阅览室及服务部。”[①]而我们这里提到的少年儿童图书馆是指狭义上独立建制的少年儿童图书馆。独立建制的少年儿童图书馆拥有独立的馆舍、馆藏和管理人员，为儿童提供专门服务，是公共图书馆系统的专门图书馆；当前大部分的公共图书馆也均开展了儿童服务，以少年儿童为主要服务对象，两者的目标用户相同，服务内容类似，无形中形成公共服务内部的竞争关系，也为用户在资源选择利用上制造了障碍。

第四，三大系统的划分，弱化了学校图书馆的地位。学校图书馆指中小学图书馆，有些国家也称之为“学校图书馆电教中心”，以“为教师教学、学生学习、提高教育质量和培养人才服务”为宗旨，是学校素质教育基地。虽然1991年国家教委颁发《中小学图书馆（室）规程》，对图书馆工作、管理机构和工作人员、条件保障等作了明确的规定，但至今学校图书馆的作用并没有得到充分发挥，一直是图书馆研究和实践的空白地带，中小学图书馆的发展不均衡，除少数条件较好的学校建立了正规的图书馆，开展正常服务外，大多农村的中小学校均未建立图书馆（室），城市中的许多中小学图书馆因为经费、人员等原因，也没有开展正常的工作。图书馆的三大系统划分，将政府及社会对图书馆的有限关注吸引过去，如学校图书馆等意义重大的图书馆建设意义被忽视，间接导致了各图书馆类型之间发展的不均衡。

综上所述，当前我国图书馆界划分的图书馆类型，由于行政隶属关系而形成的条块分割的局面，使得各类图书馆的发展定位模糊，不利于图书馆在公共文化服务体系充分有效地发挥其重要职能，阻碍了图书馆的持续发展。因此，以图书馆本质属性为依托，按照科学的分类规则，对我国现行的图书馆系统进行重新划分，重新定位各类图书馆角色，以求在公共文化服务体系中寻找图书馆发展的最佳模式及可持续发展路径，具有重要的现实意义。

---

① 吴慰慈，董焱．图书馆学概论（修订本）．北京：北京图书馆出版社，2002：125

2.4.3 图书馆类型的优化组合

现行图书馆三大系统的分类弊端促使未来图书馆发展走向整合和优化。除原有的三大系统外，公共文化服务体系下学校图书馆的作用得到重视，政府图书馆出现，形成六类系统图书馆的新格局。图书馆类型的重新划分主要考虑到以下几个方面：

首先，调整国家图书馆职能，联合省级图书馆建设政府图书馆系统。政府图书馆直接为各级政府决策服务，国家图书馆为国家级政府机关决策服务，同时保留现有的保存职能、中心管理职能，弱化直接公共服务职能。省级政府图书馆以现有省级图书馆为基础，成为地方的文献管理、保存和分配中心，为地方政府部门的决策提供支持服务。政府图书馆与公共图书馆分离，独立成新的部门，可以参照档案局的管理方式，并入公务员系统进行管理。

其次，公共图书馆权制明确，更注重公众的基本信息服务。随着发展，公共图书馆的定位进一步明确，包含城市图书馆、社区图书馆、农村图书馆在内的公共图书馆系统，专注于公众的信息服务，联合办馆、总分馆制以及集群化管理成为公共图书馆发展的方向。同时公共图书馆内部分工进一步明确，通过市场竞争手段和政府行政手段的共同作用，整合图书馆的重复服务与区域内的不合理竞争，完善目标明确的公共图书馆体系。

第三，学校图书馆成为图书馆发展的新领域。学校是素质教育的基地，学校图书馆是实现学校素质教育功能的重要工具，学校图书馆系统受到广泛重视是社会发展的需要。学校图书馆的建设目标应该与学校道德总目标保持一致，传统上我国的中小学被定位为系统传授知识的场所，这种定位使学校图书馆功能简单——保管和提供有限的课本和辅导资料，而这一简单的作用使图书馆成为一种可有可无的存在。在越来越强调素质教育的未来社会，教育的目标转向培养学生的知识、技能、品质等的全面素质，培养学生的自我学习能力，这种素质和能力的培养仅仅依靠课堂是无法完成的，需要教师和学生在课前和课后进行大量充足的准备，需要接受一定信息服务，学校图书馆的发展成为教学的必备。学校图书馆需要加大资源建设和人员建设，提高服务的专业化和创新服务内容。

第四，主要服务于各系统、机构或特定群体的其他图书馆系统。工会、企业、部队、宗教、私人等各类型馆在不同程度上参与公共文化服务的活动。各类图书馆通过联合办馆、延伸服务、交流合作、资源共享以及虚拟平台构建等形式完善着自身的建设，也承担起图书馆界对于公共文化服务这一社会职能的履行重任。

同时，图书馆类型的划分本身是一个分类问题，科学的分类必须遵守基本的分类规则：(1) 在每一次划分时，只使用一个划分标准，不同时使用两个或两个以上的划分标准，否则会出现划分后所得各子类互相交叉、重叠的混乱现象；(2) 划分后所得各子类的外延之和应等于其母类的外延，避免“不完全划分”的错误和“多出子类”的错误；(3) 要选择事物本质的、符合分类目的的属性作为划分标准，否则分类便失去科学性和使用价值。①

① 张琪玉．情报检索语言．武汉：武汉大学出版社，1983：24

从图书馆自身特点和分类规则两方面综合考虑，在图书馆类型优化组合时，应以图书馆本质属性为前提，按照科学的分类规则，紧密围绕公共文化服务的基本宗旨，重点突出各类型图书馆在公共文化服务体系中承担的职能和角色定位，以全局性的视角打造更为合理的图书馆体系。我们可以重新构建面向公共文化服务体系的图书馆体系，以期重新定位图书馆服务功能，促进各类型图书馆的持续健康发展。经改制后的图书馆体系主要包括以上论及的政府图书馆、公共图书馆和高校图书馆、学校图书馆、科研图书馆和其他图书馆几大板块，相互之间立足特色资源，探求优化机制，以满足社会文化需求为目标，形成基于实体组合和虚拟平台的行业战略发展联盟。优化重组后的图书馆类型结构见图 2-4。

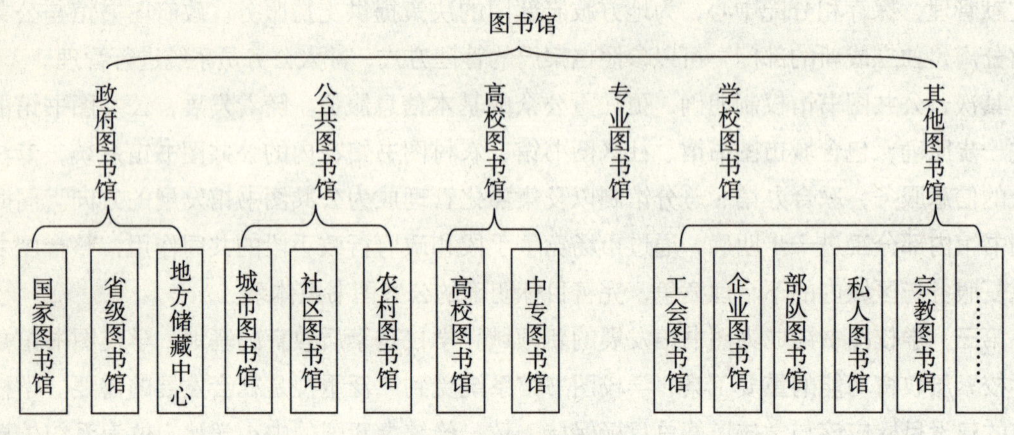

图 2-4　图书馆类型的划分

2.4.4　图书馆类型重新划分的具体内容

图书馆类型重新划分的可行性主要体现在新的图书馆类型体系将具有哪些优势。本研究在原有公共图书馆、高等院校图书馆、科研图书馆三大系统的基础上，结合我国图书馆发展的现实及公共文化服务体系对图书馆提出的新要求，引入了政府图书馆、突出学校图书馆地位，形成六类系统图书馆的新类型结构。

首先，政府图书馆系统。它是在调整国家图书馆职能的基础上，联合省级图书馆建设而成的。同时，鉴于现行的国家图书馆建制在资源贮藏、服务职能等方面显得过于集中，应该在华东、华南、西南、西北等大的行政区划中设立若干区域级“文献信息贮藏中心”，各有侧重地收藏地方文献，并承担区域内的资源协调职能，形成辐射全国的分布式的文献保障体系。这样现有的国家图书馆、省级图书馆和新设的地方储藏中心共同构成政府图书馆系统。政府图书馆以为政府提供服务为主要职责。与此相适应的国家图书馆和省级图书馆需要进行职能调节，以服务于政府决策。国家图书馆为国家级政府机关决策服务，同时保留现有的保存职能、中心管理职能，弱化直接公共服务职能。省级馆主要面向本地区的党政机关和公共服务部门提供决策参考信息服务，其原先承担的地方文献保障功能可转移至区域性的国家图书馆贮藏中心或当地的市级馆，原来面向市民大众的服务职能剥离到同城的市级馆中，经费、人员和设施随各自功能的重新划分而做出相应的改变。政府图书馆系统的建立将有利于剥离国家图书馆和省级图书馆的职能，这将有助于大幅缩减现行省级馆的建设规模，达到政府财政减负的目的。同时，明确的功能定位将促进省级馆决策支持能力的提升，以免过多兼顾大众文化建设而造成精力分散。最后，独立建制的政府图书馆的设置，有利于促进政府机构对政府图书馆的关注与利用，有利于资源的配给、职能的发挥和效益的转化。

其次，公共图书馆系统。新建的公共图书馆系统，进一步明确服务对象和服务范围，更加关注公众的基本信息服务。公共图书馆系统主要包括城市图书馆、社区图书馆、农村图书馆三部分。其中城市图书馆可接受由省级图书馆剥离出来原先承担的地方文献保障功能和面向市民大众的服务功能。同时，在城市公共图书馆系统内，应承担起为辖区内少年儿童提供服务的重任，改革原来独立建制的儿童图书馆。这样的城市图书馆体系的改革创新有利于精简教育和文化、省级和市级不同系统的功能重叠机构，既节约资源的投入，又便于行政主管部门加强督查、测评绩效。同时，将省级和儿童图书馆功能划分到城市图书馆，丰富了公共图书馆的社会职能，提高城市图书馆在图书馆系统中的地位，有利于获取更加充足的经费支持，将拥有更大的构建分馆或辐射社区馆的能力。总之，在公共图书馆系统内以城市图书馆为中心，以社区图书馆和农村图书馆为布点，坚持联合办馆、总分馆制以及集群化管理，形成遍布各地的公共图书馆服务网络。同时进一步明确公共图书馆内部分工，通过市场竞争手段和政府行政手段的共同作用，整合图书馆的重复服务与区域内的不合理竞争，形成目标明确的公共图书馆体系。

第三，高校图书馆系统。高校图书馆作为高校教学和科研的主要辅助支撑，在高校中发挥重要作用。在公共文化服务体系中，高校图书馆应该顺应时代发展的要求，在坚持原有职能的基础上，转变观念，变封闭式服务于开放式服务；利用资源优势，建设特色数据库；健全学科馆员制度，提供更高层次的服务；联合办馆，发挥资源优势，建立共享空间；适应社会发展的需要，开展个性化服务。

第四，学校图书馆系统。素质教育在整个学生教育中占有重要地位，而学校图书馆作为传承人类文化和传播知识信息的服务中心、教学和科研的服务基地、学生的第二课堂，在学生素质教育中扮演着重要的角色。学校图书馆是学生思想道德教育的重要阵地，是学生创新素质教育的殿堂，是学生心理素质教育的重要工具，是实现教育公平的重要手段等，这都体现了学校图书馆的重要性。本研究将中小学图书馆单独化为一类，这突出强调了学校图书馆在公共文化服务体系中发挥不可替代的作用，并成为图书馆发展的新领域。

第五，专业图书馆系统。科学图书馆主要是为科学研究提供信息服务和知识服务的图书馆，这里的科学研究既包括社会科学研究，也包括自然科学研究，但主要是自然科学研究。我国的科学图书馆包括中国科学院、中国社会科学院、中国科技信息所、中国军事科学院、中国农业科学院、中国医学科学院、中国林业科学院和中国地质科学院等单位的图书馆。

最后，其他类型图书馆系统。其他类型图书馆是图书馆事业的重要组分，是对目前公认的图书馆类型所不能涵盖的图书馆研究基础。根据图书馆的用户对象、服务范围等标准，本课题研究将图书馆划分成六类。其他类型图书馆的类目设定，是对于前五类划分的补充，也是为了适应未来不可预知环境中图书馆类型的变化而设置的包容性较强的类目。在本研究中其他类型图书馆是指具有基本图书馆服务功能的，为一定用户提供信息服务的而不能被国家图书馆、公共图书馆、高校图书馆、科学/专业图书馆、学校图书馆所涵盖的其他所有图书馆类型，比较有代表性的是工会图书馆、企业图书馆、部队图书馆、私人图书馆、宗教图书馆等。

3 我国图书馆事业的现状与发展趋势

长期以来，图书馆发展问题一直是各图书馆面临的重要实践问题，也是图书馆学研究领域需要破解的难题。公共文化服务体系的提出，为图书馆发展带来了难得的机遇，如何把握机会，创新发展是本研究的三个重要研究命题之一。本章将对我国图书馆事业的发展现状进行系统的梳理总结，探索图书馆事业的发展规律，以此为基础判别图书馆整体事业的发展重点与发展趋势。

3.1 改革开放三十年我国图书馆事业的发展历程

3.1.1 全国图书馆事业的发展

（1）总体发展概况

30年的改革开放是我国各项事业由衰退荒废到振兴图强的重要历史时期，全国范围内的图书馆事业在此期间取得了长足的进步和全面的发展。公共图书馆的数量从1978年的1218所递增至2008年的2820所，高校图书馆也从598所递增至2263所，呈现出前所未有的发展态势。然而，单纯的馆舍数量增加并不能得出事业演进顺利的结论，更不意味着服务效果的令人满意。正确地认识现状和剖析问题应该建立在对事业发展全面审视的基础之上，比较研究为此提供了一种客观的思维范式，能够更加量化地审视研究对象与其他社会系统的相互关系，以及自身在时间维度上的演进规律。本研究从历年的《中国统计年鉴》《中国图书馆年鉴》《中国图书馆事业发展报告》等文献中尽可能地选取统计数据，在定量描述和分析的基础上进行一番回顾与梳理。

鉴于诸多图书馆事业发展指标在度量单位和基数规模等方面的差异，仅使用总量指标的绝对数值进行比较显然不够科学，很难反映不同类型的事业发展指标之间的真实差距。因此，本研究采用发展速度这一相对指标以此反映报告期发展水平与基期发展水平之比，用来说明报告期水平已发展到基期水平的若干倍或百分比，即以此揭示图书馆事业的发展变化的快慢程度。发展速度分为环比发展速度、定基发展速度和平均发展速度等类型，通常用1（以基期水平为1）或百分数（以基期水平为100）表示。

根据《中国统计年鉴》所载的统计期的各项基本数据，针对图书馆事业的发展历程，从能够收集齐全数据的1985年开始，至2008年的20余年间的发展状况按照系统输入、输出原理，将馆藏数量、经费支出、建筑面积、阅览坐席、办证数量、流通人次、册次等评价指标分为硬件投入和服务产出两组进行归类比较。表3-1和表3-2反映出全国公共图书馆在两类指标上的水平环比发展速度（部分指标因统计年鉴的收录范围变动，2008 年的数据空缺）。

表 3-1　全国公共图书馆硬件投入环比发展速度

年份	馆藏数量	经费支出	建筑面积	阅览坐席
1985	1.0000	1.0000	1.0000	1.0000
1986	1.2874	1.0219	1.1406	1.1304
1987	1.1037	1.0364	1.1507	1.3077
1988	1.2097	1.0293	1.0540	0.8732
1989	1.1614	1.0176	1.0782	1.0465
1990	1.1322	1.0186	1.0371	1.0332
1991	1.1361	1.0595	1.0525	1.0561
1992	1.1960	1.0183	1.0106	1.0147
1993	1.1721	1.0075	1.0304	0.9971
1994	1.3129	1.0294	1.0470	1.0146
1995	1.1704	1.0160	1.0387	1.0057
1996	1.2009	1.0254	1.0237	1.0171
1997	1.2806	1.1147	1.0339	1.0506
1998	1.1150	1.0257	1.0544	1.0668
1999	1.0692	1.0266	1.0402	1.0526
2000	1.1572	1.0358	1.0146	1.0000
2001	1.1483	1.0208	1.0504	1.0476
2002	1.1576	1.0197	1.0411	1.0000
2003	1.1287	1.0269	1.0263	1.0455
2004	1.1663	1.0543	1.0128	1.0217
2005	1.1365	1.0412	1.0759	1.0213
2006	1.1008	1.0410	1.0353	1.0417
2007	1.2579	1.0406	1.0341	1.0542
2008		1.0578		1.0501

表 3-1显示，全国公共图书馆的阅览坐席数量在 20 世纪 80 年代中、后期的几次大幅波动之后便与建筑面积和馆藏数量一起趋于相对均衡的略呈正向的发展速度。相比之下，历年的经费支出起伏较大，从 1994 年的高峰（1.3129）到 1999 年的低谷（1.0692），跌幅达 2.4 个百分点，而且每 2 至 3 年便出现一个涨跌拐点，显得极不稳定，但总体仍呈正向的发展态势，表明事业经费的投入在不同程度上逐年递增。

表 3-2 全国公共图书馆服务产出环比发展速度

年份	流通人次	流通册次	发放借书证
1985	1.0000	1.0000	
1986	1.0093	0.8556	1.0000
1987	0.9887	1.0679	1.2482
1988	0.9984	1.0547	0.9876
1989	1.0284	0.9898	0.9385
1990	1.0450	1.1204	1.1320
1991	1.2458	0.6583	0.5875
1992	1.1396	0.9475	1.4393
1993	0.9613	0.9255	0.9769
1994	0.8516	1.0143	1.0959
1995	1.2662	0.9968	0.9827
1996	0.8119	1.2573	1.2613
1997	1.0846	1.0560	0.8399
1998	1.0586	0.9832	0.9311
1999	1.0576	1.0563	1.0743
2000	1.0451	1.0382	0.9829
2001	1.1072	1.0382	1.0000
2002	1.0514	1.1402	1.0983
2003	0.9768	0.9378	0.8224
2004	1.0308	0.9868	1.0523
2005	1.0557	1.0940	1.1086
2006	1.0808	1.0380	0.9489
2007	1.0351	0.5444	0.5245
2008	1.0781	2.0193	

从表 3-2可以看出，借书证的发放数量增长较为平稳，但历年增幅不大。流通人次从 90 年代初开始出现极大的起伏，在连续的涨跌拐点之后，于 1997 年进入平稳增长阶段。落差最大的流通册次也是在几乎相同的时期开始波动，但到近期仍不稳定，2007 年更是跌至历史谷底（0.5444），2008 年却创出历史新高（2.0193），如此异常值不能排除统计数据的可靠性问题。

综合以上数据，将代表着硬件投入和服务产出的七项指标综合审视，我们可以得到反映全国公共图书馆总体发展水平的平均速度。平均发展速度是反映社会较长时期内各期（年）平均变动程度的相对数，是统计动态分析中常用的指标之一，通常以倍数或百分数表示。它是计算期内各个环比发展速度的平均数。根据总速度是各个环比发展速度的联乘积这一关系，平均发展速度应采用几何平均数的方法计算。包括各项发展指标平均速度的投入与产出的横向对比如图 3-1所示。

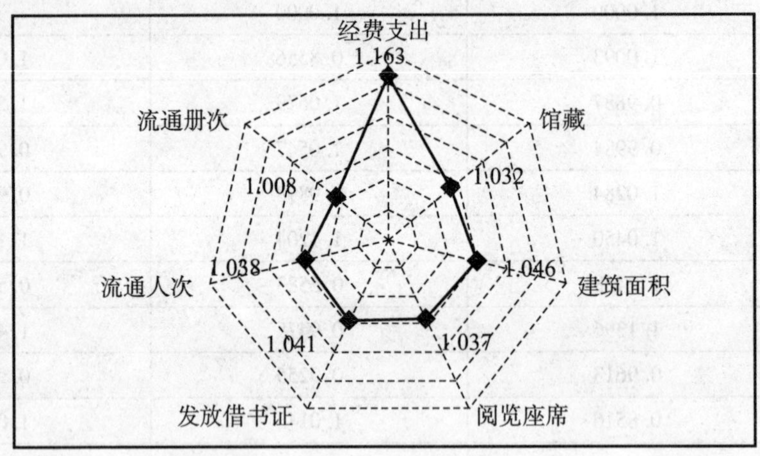

图 3-1　全国公共图书馆各项指标平均发展速度

从图 3-1中可以看出，各项指标并不均衡，平均增速存在着超过 16 个百分点的落差。首先，图书馆的经费支持与其他设施投入相比，始终保持较高的增长速度，其间的差距除了明显的物价上涨因素以外，解释变量还应涉及：物品质量提高、管理费用增加、包括网络在内的现代化设备投入力度加大等。其次，财政投入的持续加大并未带来硬件设施相应的高速增长，尤其是服务产出的增幅均未超过 5 个百分点，全国性的图书馆社会效益的提升问题值得深入探讨。另一方面，发展历程起伏最大的流通册次这一指标最终呈现出基本持平的平均增速，增幅不足 1 个百分点，其中原因值得深思。尤其是在办证数量和流通人次均有所增长的情况下，借阅册次反而降低，这涉及借书证使用频率的问题、入馆读者的实际需求问题、业务工作的统计标准问题，当然，可能还有全国统计数据的准确性问题。

从 1980 年代以后的 20 余年间，全国公共图书馆的书库建筑面积由 64 万平方米增至 176 万平方米，公用房屋建筑面积由 172 万平方米增至 719 万平方米，前者增幅 175. 0%，后者增幅 318. 02%。可见书库面积占馆舍面积的比例总体上呈下降趋势，这应该源于越来越多的公共图书馆成为当地的标志性建筑，建筑风格随时代的变化促使公用空间受到广泛的重视，传统图书馆的存储职能相对淡化，读者服务拓展和业务流程模式的创新都导致单纯的书库面积的比例不断降低。

高校图书馆是图书馆事业的重要支柱。2008 年高校图书馆的数量与经费等重要发展指标均有不同程度的增长。2008 年全国普通高等学校和成人高等学校共计 2663 所，与 2007 年的 2321 所相比，增长了 14. 7%，其中，普通高等学校 2263 所，比上年增加 355 所。这些学校均设立不同规模的高校图书馆。根据“教育部高校图书馆事实数据库”中各馆自报的数据，2008 年度，511 所高校图书馆的文献资源购置费总计约为 15. 5 亿元，馆均约 304 万元。馆舍面积方面，627 所高校图书馆的现有建筑面积总计约为 1118. 8 万平方米，馆均约 1. 78 万平方米，比2007年的1.68万平方米上涨6.0%。在建图书馆的建筑面积总和约315.7万平方米，馆均约2万平方米，与2007年的平均数持平。公共图书馆的建筑面积已达763万平方米，新增面积38万平方米，与2007年相比增幅2.7%。图书馆电子阅览室的终端数量52 767个，比2007年增长18.3%，其中县级图书馆电子阅览室的终端数量22.9%的增长速度。

（2）层级发展比较

作为一个复杂的社会系统，公共图书馆事业由若干可独立考察的子系统构成，不同级别的图书馆同样能够横向对比，从而揭示层级之间的发展差异、现实问题及其根源所在。本研究以能够收齐数据的1985年至2008年为起止时段，从经费支出、馆藏数量、建筑面积和流通人次等方面，针对省级、市级和县级图书馆的平均发展速度进行分析比较。表3-3显示省、市、县三级图书馆的经费支出、馆藏数量、建筑面积和流通人次的历年平均发展速度，以便更直观地对各级公共图书馆的演进历程进行判别和认识。

表3-3　全国公共图书馆服务产出环比发展速度

	省级图书馆	县级图书馆	市级图书馆	总体平均
经费支出	1.165	1.156	1.155	1.159
馆藏数量	1.034	1.034	1.027	1.032
建筑面积	1.023	1.052	1.044	1.040
流通人次	1.059	1.030	1.045	1.045

省级馆平均发展速度最高的指标是经费支出，超过基期16个百分点，而最低的建筑面积和馆藏数量仅保持2至3个百分点的增长速度，高低值之间的差距较大。县级馆同样以经费支出的发展速度为最快，其余三项指标均以3至5个百分点的速度递增。值得注意的是县级图书馆在经费支出和流通人次均低于省级馆的情况下，建筑面积得到大幅的提升，表现出政府对其馆舍硬件的投入力度明显大于省级馆；从另一角度来看，与省级馆相比，县级馆在经费支出和馆藏数量方面的增长速度并不缓慢，甚至稍快，尤其在馆舍规模的发展速度上远超省级馆，但其读者服务数量却明显落后（近3个百分点），反映出县级图书馆在硬件投入与服务产出之间的失衡发展态势。市级馆在经费支出和馆藏数量方面位于三类公共图书馆的最低发展水平，反映出政府对其相对较低的重视程度；另一方面，市级馆的馆舍建设速度不如县级馆，流通人次递增速度不如省级馆，同样折射出在硬件投入和服务产出两端均缺乏优势的尴尬境地。①

我国县级馆已成为事实上的最低一级图书馆建制，乡镇和农村图书馆（室）不仅历来缺乏统计资料，现实中的境况也极其不容乐观。在城乡比较研究中，人们更多的是将目光集中在省市级馆与县级馆的差距之上。表3-4选择《中国统计年鉴（2008）》的统计数据，对三类馆进行各项指标的比重比较，试图从基于行政级别的视角考察公共图书馆的发展态势。

---

① 赵益民，柯平．新中国公共图书馆事业发展与展望．图书馆工作与研究，2010（4）：4—9

表 3-4 省、市、县级图书馆各项发展指标的比重比较（%）

发展指标	省级馆	市级馆	县级馆
馆藏总量	28.84	30.43	40.73
发放借书证数	15.71	32.21	52.08
流通人次	11.08	32.20	56.72
外借册次	9.19	31.95	58.85
举办活动参加人数	23.51	31.40	45.08
经费支出	26.85	35.31	37.84
新增藏量购置费	34.61	40.92	24.47
新购藏量	20.51	35.31	44.19
书库面积	19.23	32.42	48.35
阅览室坐席	7.66	25.93	66.40

以县级馆为代表的农村公共图书馆依次在阅览坐席、外借册次、流通人次和发放借书证等项指标上超过50%的比重，并在举办活动、书库面积、新购藏量、馆藏总量和经费支出等方面同样占据最大的比重，清晰地表明其在为最广大的基层民众提供文化服务方面的不可替代的作用和地位。相比之下，省级馆尽管拥有近30%的总藏书量，但真正体现服务功能发挥状况的流通人次、外借册次和阅览坐席等方面的平均值却不足10%，显示出目前省级图书馆资源与定位之间存在着的误区和偏差。市级馆的馆藏比重虽然仅略高于省级馆，但办证数量、流通人次、册次、阅览坐席等指标却领先后者 2 至 4 倍之多，在购书经费方面也明显优于县级馆。随着城市化进程的深入，市级馆将面对越来越大的公共文化需求，现有的优势无疑能够提供职能充分发挥的基础，各项指标的上升空间同样也表现出提供更加广泛的信息服务的巨大潜力。

从县级图书馆的现状来看，在本世纪初，全国不仅仍有620个县（含县级市）没有图书馆，① 而且在2000多个县区图书馆中未达到国家最低标准的也高达55%以上。② 就乡镇一级而言，根据文化部的调研统计，我国现有的27 000个左右的乡镇没有或者事实上没有综合文化设施，③ 自然也就没有直接面向农民的图书馆（室），即使少数拥有综合文化设施的乡镇也不一定都设立图书馆（室）。由此可见，农村图书馆在县级馆的带动和辐射下，未来将呈现出广大的发展空间，当然，政府的大力扶持与事业的创新发展都是必不可少的基础保障。④

高校图书馆没有严格的行政级别划分，但是本研究按照传统习惯，将高校图书馆分为教

① 朱剑红．我国“十五”将重点建设县级文化馆图书馆．［2004-09-24］．http：//life.eastday.com/epublish/gb/paper148/20011116/class014800003/hwz538405.htm

② 徐捷．对县区图书馆改革与发展的思考．图书馆学刊，2002（1）：58—59

③ 周和平通报今年社会文化建设重点工作．［2007-10-05］．http：//www.ccnt.gov.cn/xwzx/whbzhxw/t20070207—34263.htm

④ 柯平，赵益民．基于实证的新中国图书馆事业发展研究．图书馆论坛，2009（6）：47—53

育部直属高校图书馆、地方高校图书馆、高职高专图书馆三类。教育部直属高校图书馆由于受到“985 工程”、“211 工程”等工程的经费支持，经费相对充足，馆舍面积大、纸质资源丰富，电子资源种类与数量不断增加，发展势头较好。地方高等院校图书馆受地方财政影响较大，与直属高校相比，经费较少，以高校各自学科侧重为中心，有选择地配置纸质与数字资源，数字资源种类较少。高职高专图书馆，更侧重于教辅资源的配备，规模、馆藏、服务等方面都最为薄弱。

（3）分类发展比较

在公共文化服务体系中，公共图书馆承担着为社会公众提供平等、自由的知识信息服务的重要职责。另一方面，高校图书馆尽管主要面向高等教育系统，服务对象相对有限，但文献信息资源却极为丰富，是推动整个图书馆事业发展的中坚力量，也是公共图书馆职能发挥、业务拓展及资源共建共享的战略联盟对象。图 3-2显示了 2007—2008 年公共图书馆与高校图书馆在若干可比指标上的比重结构，后者的数据来自于教育部高校学校图书馆事实数据库（数据提取时间：2008 年 12 月 5 日）。可以看出，高校图书馆无论在运行经费的支持，还是馆舍建筑的规模、在岗职工的数量等方面都占据绝对的比重优势，具有公共图书馆很难比拟的事业发展保障条件。

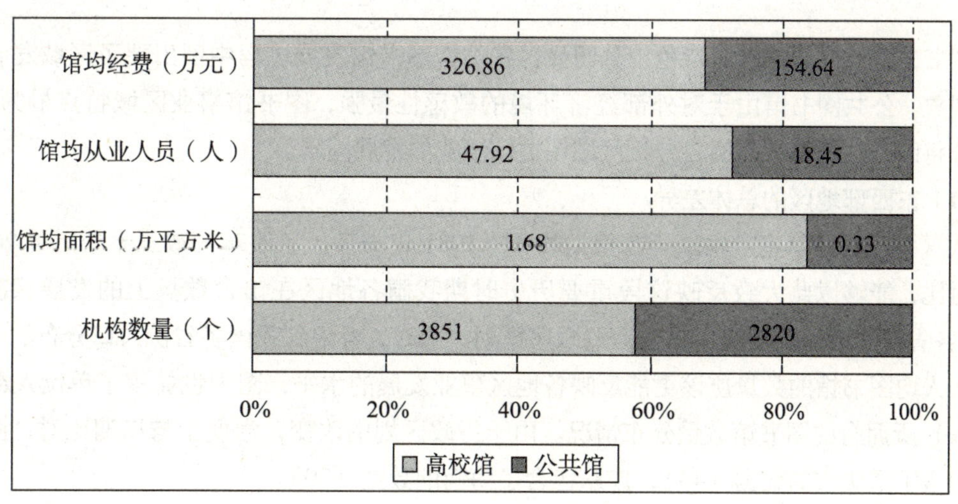

图 3-2　高校图书馆与公共图书馆的馆均发展指标比较

图 3-2中高校图书馆的数量以 2008 年的普通高等学校、独立学院、成人高等学校和民办高等教育机构的数量之和计算。就绝对数量而言，公共图书馆与高校图书馆的差距不大，但馆均指标却表现出明显的落差。公共图书馆系统中由于数量巨大的县级馆的基础薄弱和发展缓慢，导致整体水平偏低，在很多层面均落后于高校图书馆。

从经费保障来看，根据国家教育部 2004 年 8 月颁布的《普通高等学校本科教学水平评估方案（试行）》的有关规定，综合、师范、民族、语文、财经、政法等类院校生均图书必须达到 100 册的指标。2007 年的在校生已达 20 210 249 人，平均每校近 9000 人，即每所普通高校的图书馆按要求应该具备平均90万册的馆藏，这与同时期的公共图书馆平均18.6万册的藏书量相比，购书经费保障力度的优势极为明显。如果高校图书馆在各类评估中都能重视文献资源的建设，并确保馆藏数量的达标，那么在2008年的高等教育规模已达到普通高校2263所、成人高校400所、职业技术学院1036所、独立学院322所，以及民办高校866所的大背景下，高校图书馆不仅在机构数量上远超公共图书馆，其总藏书量也必然数倍于公共图书馆。

从藏书质量来看，公共图书馆的藏书都是数十年累积的结果，陈旧过时的图书占相当大的比例，而且市级以下图书馆的藏书侧重于普及性，学术、科研价值并不太高。高校图书馆则不同，经过近年来高等院校的新增、兼并、扩建，高校图书馆新书增量较大，入藏的重点偏重于学术性和研究性，无论在藏书数量还是在藏书质量上，高校图书馆均优于公共图书馆。

从人力资源来看，一方面，高校图书馆面对的读者学历层次较高，学科馆员制度必须率先实施，另一方面，较好的硬件设备也对工作人员提出更高的素质要求。据全国高校图工委的统计，截至2007年底，拥有具备博士学位正式职工的高校图书馆达到102所，最多的清华大学图书馆达9人；拥有具备硕士学位正式职工的更多达393所，平均每个馆超过6名硕士，最多的武汉大学图书馆达58人。

3.1.2 区域图书馆事业的发展

图书馆事业发展的区域特色十分明显，各类型图书馆发展过程中都出现了区域发展不均衡等现象。公共图书馆由于对外部经济环境的敏感性最强，图书馆事业区域特点最为明显。本部分将以公共图书馆为例，分析区域图书馆事业的发展问题。

（1）东西部地区的总体差异

从《中国统计年鉴》中最早有相关数据的1981年与经历了改革开放三十年后的2008年进行对比，能够以此大致反映这段重要历史时期我国各地区在馆舍数量上的发展状况。图3-3将各省份的增长幅度按由东至西的顺序排列。同时，考虑到我国各省份人口分布的不均衡状态，人均图书馆的数量应该更能反映各地区事业发展的水平，图中也显示了单位人群（每百万人）所拥有的图书馆数量分布情况。由于行政区划的改变，为便于与初期比对，图中的四川包含了重庆市的数据（43），广东包含了海南的数据（20）。

就总体而言，所有省份的平均数量由近62增至超过97，平均涨幅超过75%，29个统计省份中有11个高于平均增长水平，除了3个低于10%和2个高于300%的异常值外，其余的呈均衡分布。从空间走向来看，西部省份的图书馆数量增长普遍较快，这应该与这些地区的初始基数较小有直接关系，如西藏（由1增至4）和新疆（由23增至93）。当然，东部地区也有较大发展的特例，如福建（由31增至85）。与此同时，个别省份在原有的良好基础上却未能得到更大的发展，馆舍数量递增较为缓慢，如湖北（由101增至104）、安徽（由82增至85）。另外，如果将各省份按南北走向排列，可以看出各地区之间不存在明显的差异，发展速度比较均衡。

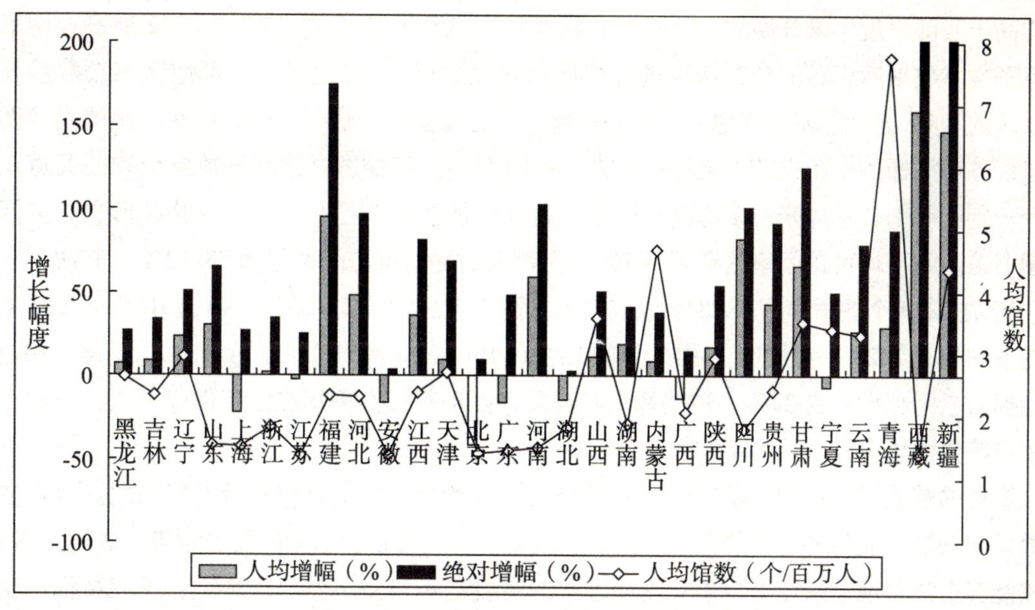

图 3-3 东西部地区图书馆数量发展状况

通常界定的西部地区包括四川、重庆、贵州、云南、西藏、陕西、甘肃、宁夏、青海、新疆、广西、内蒙古等 12 个省（区、市）。从图 3-3 中不难发现这些省份的人均图书馆数量绝大多数都不低于东部地区的平均水平，如果以每百万人拥有公共图书馆数量为标准，对各省、市、自治区进行排序列表，能够更清晰地显示全国各省份在百万人均图书馆拥有量指标上的分布状况。统计结果表明高于平均值 2.58 的仅有 11 个省份，其中西部地区 7 个，华北地区 2 个，东北地区 2 个。在三分之二低于全国平均水平的省份中，东、中部地区占据了极大的份额，百万人均占有率最低的包括江苏（1.38）、广东（1.38）等省份。尽管东西部地区的公共图书馆还在经费保障、人力资源、文化平台等方面存在着不同程度的差距，但在图书馆事业东部发展优于西部的业界普遍认识的背景下，人均图书馆拥有量的统计数据却揭示出一种“常识性”偏差。东部省份在文献资源丰富、服务设施先进的基础上如果不注意服务网点的丰富和均衡，将会出现另一种结构性的事业发展障碍。东部越来越多的读者需要目标更加细化的服务配置，西部相对充足的馆舍与相对匮乏的资源之间需要寻求更加合理的发展路径。

机构数量的人均占有现状应该与随着市场开放出现的人口往东部沿海迁移有关，同时也在很大程度上受益于西部省份加强图书馆的硬件基础建设。然而另一方面，仅依据机构数量尚不能说明西部地区的图书馆事业发展优于东部。从藏书量看，上个世纪末的东、中、西部公共图书馆与高校图书馆的馆藏量之比就形成极大的差距：22 510:12 978:8245（万册）。① 由经济决定着的文化教育的差距使得东部地区无论是经济产值、人口素质，还是文献资源方

① 张亚军．差距下的西部图书馆．图书馆理论与实践，1998（3）：30—31

面均高于西部。近年来开展的一项研究对我国东西部地区17个省、市、区322所高校图书馆的电子文献数据库资源的分布状况进行统计和对比分析，[①] 结果显示东部地区高校数量是西部地区的1.89倍，说明东部地区在高等教育资源分布上远远优于西部，由此产生的高校图书馆建设各项指标的差距也随之突显：首先，东西部地区高校图书馆在开放意识和公关意识方面有一定的差别，总体来说东部高校比西部高校更加注重自己在社会上的公共形象。东部高校图书馆网站平均可访问率达到68.49%，而西部的平均可访问率仅为58.12%。其次，东部7省市高校219个图书馆拥有2845个数据库，占统计总量的69.85%；西部10省区116所高校图书馆拥有1228个数据库，占统计总量的30.15%；前者的总量是后者的2.32倍，每馆的平均拥有量则超出后者23%，这些都说明我国东西部高校图书馆在经费保障、人力资源、文化平台等方面均存在明显的不均衡性。

事物的普遍联系决定了研究变量的多样性，人类社会的认识和分析尤其如此。单纯的馆舍数量增长如果能与各省份的人口、经济、教育、文化等社会因素的发展走势关联起来考查，应该能够更清楚地反映图书馆事业发展进程的速度与态势。不同地理环境、民族特征、交通条件、政策导向下的发展将呈现不同的地域差异，在我国宽广的疆域中研究图书馆，不能不考虑这些影响因素。

（2）投入产出的结构分析

作为公共文化服务机构，政府对图书馆事业的财政投入同样要讲求效益的回报，尽管这种社会效益很难量化测评，但至少能够根据图书馆开展的基础业务进行考察。本研究以20世纪末（1999年）为统计截面，选取馆藏数量、经费支出、建筑面积、从业人员、办证数量、流通册次等评价指标，按照系统的输入、输出原理，在图3-4至图3-6中对各省份图书馆的硬件投入和服务产出进行横向比较，数据取自《中国图书馆年鉴（2001）》。为避免东西部发展不均衡和各地事业规模差异导致的绝对数值的影响，以上指标均按各省份的机构和人口数量转换为平均数值，以确保地区间的可比性。

西部地区的图书馆数量虽然发展较快，而且人均馆数占优，但在人口数量大大少于东部地区的情况下，人均藏书却明显不足（0.32册），与东部的0.49册存在53%的差距。上海市高达6159元的馆均经费有力地保证其人均藏书3.3册，是全国范围内唯一一例既超过《公共图书馆服务发展指南》“馆藏应以平均每人1.5—2.5册”的标准，也达到国际图联20世纪70年代颁布的“公共图书馆标准”中“人均拥有藏书量最少3册”的要求。东部地区平均馆均经费（871元）比西部地区（278元）高出214%，表明同样的馆舍不一定拥有同样的藏书，更不一定能确保足够的财政支持，这进一步验证了前文提出的事业发展不能仅根据机构数量的观点，也揭示出东西部地区图书馆的差异根源所在。

---

① 白崇远．我国东西部高校图书馆电子文献资源分布对比分析．图书馆理论与实践，2005（6）：98—101

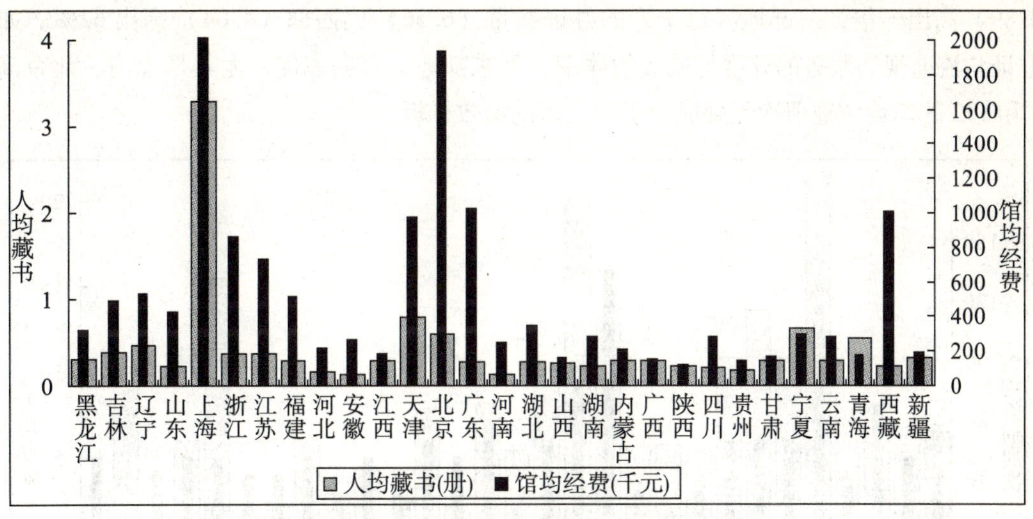

图 3-4　东西部地区图书馆经费与藏书状况

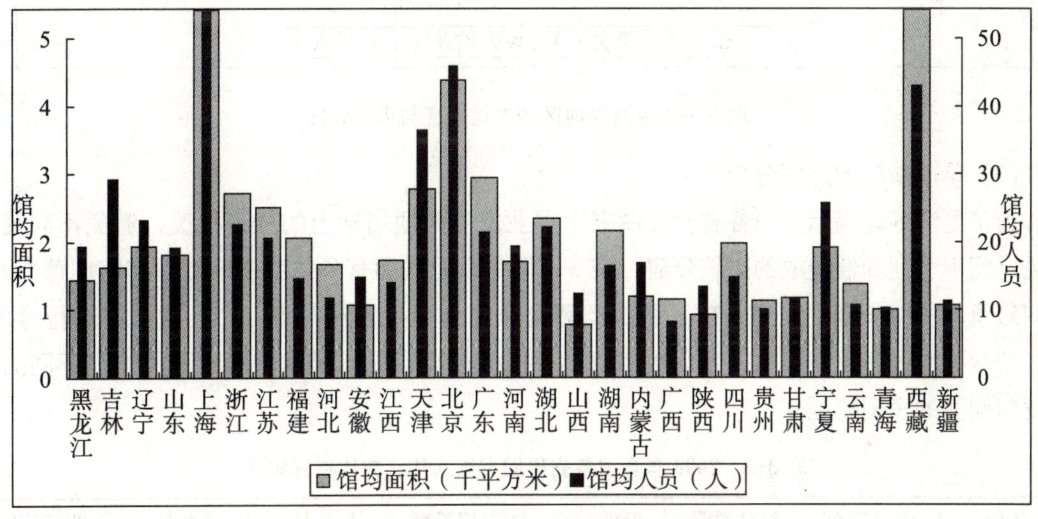

图 3-5　东西部地区图书馆人员与面积状况

由于西藏自治区异常值（16）的拉动，西部地区的图书馆平均面积（2.63）领先东部（2.37）10%强，但此外的大多数西部省份的水平都低于东部地区的平均水平。在每个馆的平均从业人员方面，东部（24.29）超过西部（16.03）52%，同样表现出两个地区极不均衡的硬件设施与人力资源的投入状况。从以上两个图能够看出，如果按经济发展程度标准，东部省份之间明显的差异可进一步划分事业投入力度的不同层次，沿海发达地区的优势较为突出，如上海、北京、广东、天津、浙江等地。

西部地区中各省份之间的服务产出的统计差异明显，一方面很多省份的办证数量比例高于书刊流通的频率，呈现出明显较低的借阅水平；另一方面，办证与流通水平之间过大的差异似乎难以用统计误差以外的原因加以解释。东部地区的馆均流通册次（88.27）比西部

(42.89) 高出一倍，东部地区每千人的办证数量 (6.56) 比西部 (4.04) 高出62%。如果将办证与流通视为服务的开展与成效的体现，则东部地区普遍占优，尤其是上海、北京高达300和173的馆均流通册次无疑成为引领全国的绩效样板。

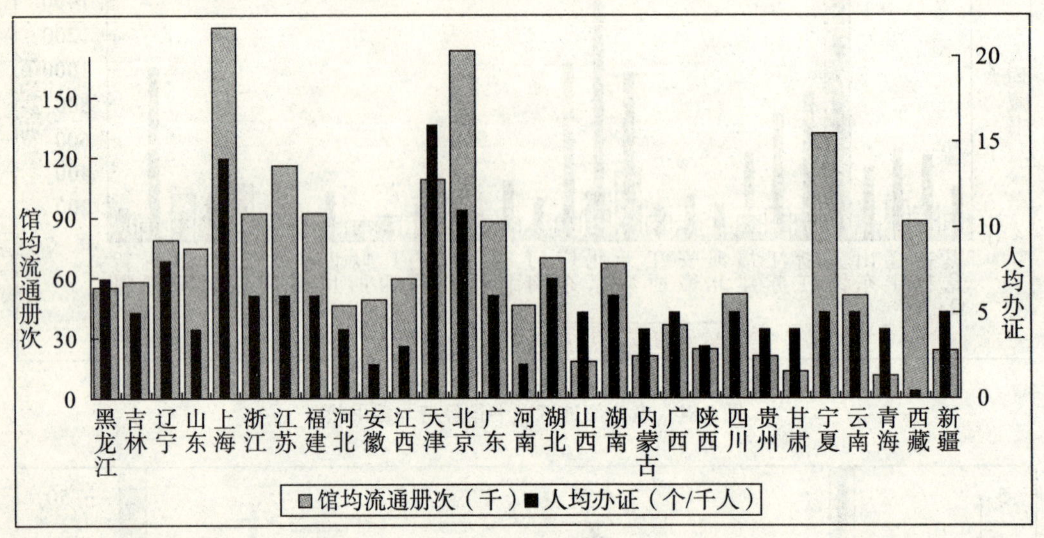

图 3-6　东西部地区图书馆办证与借阅状况

(3) 单项指标的排序分析

为了更清晰地揭示全国各省份在图书馆事业发展各项指标上的分布状况，避免不同统计变量之间不可通约性造成的比较障碍，表 3-5以每百万人拥有公共图书馆数量和馆均藏书量、新购藏量、书架长度、流通人次、册次及阅览座席为标准，对各省、市、自治区进行排序。表中的数据均为各项指标的排名，数字越小，指标越高，以此揭示各地区图书馆在不同的事业发展侧面的表现特征。

表 3-5　2008 年全国各省份图书馆人均、馆均指标排行

省份	图书馆数	馆藏总量	新购藏量	书架长度	流通人次	流通册次	阅览座席
青海	1	29	31	24	30	27	31
内蒙古	2	31	29	17	28	28	21
新疆	3	25	25	27	26	24	29
山西	4	27	23	28	29	29	30
甘肃	5	23	30	23	23	23	28
宁夏	6	7	15	21	15	11	16
云南	7	24	28	15	21	21	23
辽宁	8	12	10	8	11	9	10
陕西	9	26	26	26	24	26	25
天津	10	4	4	12	6	6	5
黑龙江	11	16	19	19	18	17	20
贵州	12	30	27	30	27	30	26

续表

省份	图书馆数	馆藏总量	新购藏量	书架长度	流通人次	流通册次	阅览座席
江西	13	18	22	29	20	20	17
福建	14	13	8	9	12	8	9
海南	15	19	13	31	22	22	13
吉林	16	10	12	13	8	13	11
河北	17	28	24	22	25	25	24
广西	18	14	17	6	7	15	14
四川	19	15	9	18	17	16	18
湖南	20	17	20	14	14	14	8
浙江	21	5	3	4	4	3	4
湖北	22	11	16	3	10	10	7
山东	23	9	11	10	13	12	12
上海	24	1	1	2	1	2	1
重庆	25	8	6	11	9	7	15
河南	26	22	21	20	19	19	19
北京	27	2	2	5	2	1	2
西藏	28	21	18	16	31	31	27
安徽	29	20	14	25	16	18	22
广东	30	6	5	7	3	5	3
江苏	31	3	7	1	5	4	6

全国各省份按百万人均拥有图书馆的数量进行排序，但可以看出，其他的各项发展指标的排序全然没有固定的模式。从机构分布、资源建设和信息服务等视角，能够大致将各省份划分为以下几种主要的发展类型：

一是结构领先型。以青海、内蒙古、新疆等为主的西部省份，一方面图书馆的人均占有率较高，拥有机构布局的优势，但无论信息资源还是读者服务都不理想。此类地区的事业发展综合指标较不均衡，应加大财政投入力度，促进资源建设，提升服务质量，同时需要解决好地广人稀和设施陈旧等问题。

二是服务领先型。以江苏、广东等为代表的沿海发达地区，虽然人口众多导致图书馆的人均占有率较低，但资源的建设投入和服务的效果规模都位居前列。此类地区的事业发展综合指标较为先进，应充分利用本地经济、文化、教育、理念等方面的优势，科学规划服务网点结构，拓展优化服务途径和手段，将丰富的信息资源惠及更多的社会群体。

三是均衡发展型。以福建、吉林、广西等为主的省份，各项发展指标均位于全国的中游水平，结构均衡，稳步演进，拓展空间较大，瓶颈阻碍较小。此类地区决定着我国图书馆事业的整体发展水平，需要以国内外发达地区的先进案例为标杆，系统、合理地全面提升自身的各项指标，在注重地方文化的同时打造符合中国国情的发展模式。

四是基础薄弱型。以西藏、河南等为代表的地区，各项发展指标均落后于全国的平均水平，属于图书馆事业总体演进的薄弱环节，需要加大资源配置和政策支持的力度。此类地区的发展指标有待全面地强化和提升，是政策扶持与倾斜的重点对象。这些省份的发展需要寻找基于自身资源和当地需求的突破口，以此确立与其他社会组织开展竞合活动的核心优势，带动各项功能的充分发挥。

3.1.3 图书馆事业的发展环境

(1) 相关机构比较

在发展历程中，图书馆事业不同程度地受到内外部环境的影响。政治、经济、文化、教育等社会因素无一不对各级各类图书馆发挥着积极或消极的作用，但最为直接的影响还是来自于公共文化服务体系这一社会系统。博物馆、档案馆、文化馆、艺术馆、出版社以及广播、影视等机构的职能发挥都从不同侧面影响着图书馆事业发展的进程。图 3-7比较了图书馆及其相关组织在改革开放中的机构数量的变化情况，数据主要来源于《中国统计年鉴》和《国民经济和社会发展统计公报》。其中，高校图书馆的数量以 1978 年和 2008 年的全国普通高校数量计算；文化馆包括群众艺术馆和省级、地市级、县市级文化馆，乡镇（街道）文化站，其数据自 2007 年起，包含非文化部门企业，而此前的都是文化部系统内数据；档案馆数量包括国家综合档案馆、国家专门档案馆和部门档案馆等类型，不含企业和文化、科技事业单位中的部分。由于《中国统计年鉴》对档案馆的统计仅始于 1991 年，故此处取《国民经济和社会发展统计公报（1983)》的数据，另一较为权威的数据为 1988 年底，全国有各级各类档案馆 3350 个，其中中央级 3 个，省级 29 个，地级 370 个，县级 2488 个，大型企业档案馆 184 个。①

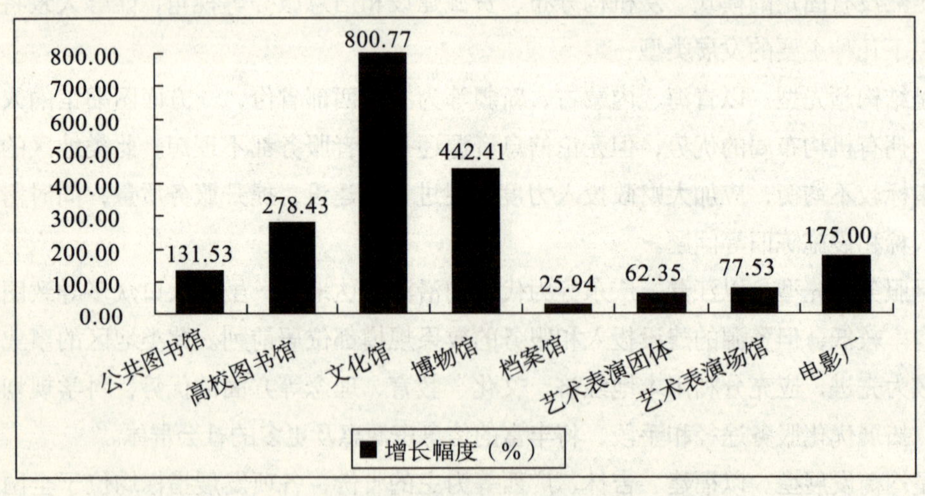

图 3-7 相关机构数量增长幅度比较

① 国家档案局，刘国能，黄子林. 中国档案事业概述. 北京：档案出版社，1993：172—180

从机构数量看，公共图书馆远远落后于高校图书馆的增长幅度，二者相差一倍以上。即使在公共图书馆系统内部，也存在着不同地区、不同时期之间的巨大差异和发展速度的波动起伏。各级公共图书馆的文献资源基础和财政支持力度也存在较大差距，县级公共图书馆的基础服务亟待加强，市级馆的网点布局需要拓展和强化，省级馆的功能需要调整和优化。法律制度与行业标准的确立，职业认证与系统培训的开展，重点扶持与均衡发展的协调，图书馆事业的内部发展环境均未达到理想状态，很多亟待解决的问题成为事业演进的阻碍。

图书馆事业在公共文化服务体系中处于中等发展水平，虽高于档案馆、艺术场馆等，但与文化馆、博物馆等机构的增长幅度存在着较大的差距。当然，机构数量的涨幅受到事业基础、政策导向和社会需求等因素的影响和制约，单纯的图书馆数量并不能体现事业发展的真实水平，但如果与相关机构开展的社会活动或服务产出相比，如出版的书刊、拍摄的影视剧、排演的歌舞等，图书馆的社会效益水平便更显低下。

就图书馆所处的社会系统而言，公共文化服务体系需要各类组织的协同共建。无论哪一类组织都在承担着不可或缺的社会职责，图书馆是公共文化服务体系的构建主体，其他部门也必不可少。在全球一体化的进程中，社会系统的运作对各组成要素的功能协同发挥提出了越来越高的要求，图书馆已不能忽视自身与其他相关机构的竞合关系。目前公共文化服务体系中的各类组织无论从产品数量还是服务质量上的发展都极不均衡，显然不利于社会效益的协同发挥。

（2）影响程度检测

作为一个复杂的社会系统，图书馆与其他组织和行业之间存在着密切的联系，很多社会因素在对图书馆进行物质、能量交换的过程中不同程度地影响着从宏观到微观的事业发展。本研究从《中国统计年鉴》中选取建国以来的 GDP、总人口、高校在校生和出版图书（种数）等统计指标作为经济、人口、教育、文化等层面的影响因素代表，力图检测、剖析它们与代表图书馆事业投入产出的经费支出和流通人次之间的相关程度，进行面向关系强弱的判别。各变量的相关系数如表 3-6所示（国家统计局对 GDP 不断进行调整，此处以2009 版的年鉴数据为准）。

表 3-6 图书馆事业发展的影响因素相关系数

	GDP	人口	高校学生	出版图书	公共馆数	总藏量	建筑面积	经费支出	办借书证	流通人次	流通册次
GDP	1	.872	.969	.981	.854	.974	.950	.996	.919	.943	.352
		.000	.000	.000	.000	.000	.000	.000	.000	.000	.091
人口	.872	1	.797	.929	.978	.948	.981	.875	.736	.920	.185
	.000		.000	.000	.000	.000	.000	.000	.000	.000	.386
高校学生	.969	.797	1	.960	.758	.933	.880	.976	.983	.915	.425
	.000	.000		.000	.000	.000	.000	.000	.000	.000	.038

续表

	GDP	人口	高校学生	出版图书	公共馆数	总藏量	建筑面积	经费支出	办借书证	流通人次	流通册次
出版图书	.981 .000	.929 .000	.960 .000	1	.904 .000	.992 .000	.981 .000	.982 .000	.919 .000	.965 .000	.349 .095
公共馆数	.854 .000	.978 .000	.758 .000	.904 .000	1	.926 .000	.957 .000	.834 .000	.680 .001	.885 .000	.154 .473
总藏量	.974 .000	.948 .000	.933 .000	.992 .000	.926 .000	1	.985 .000	.973 .000	.876 .000	.963 .000	.339 .105
建筑面积	.950 .000	.981 .000	.880 .000	.981 .000	.957 .000	.985 .000	1	.941 .000	.854 .000	.953 .000	.137 .534
经费支出	.996 .000	.875 .000	.976 .000	.982 .000	.834 .000	.973 .000	.941 .000	1	.944 .000	.932 .000	.204 .351
办借书证	.919 .000	.736 .000	.983 .000	.919 .000	.680 .001	.876 .000	.854 .000	.944 .000	1	.859 .000	.361 .099
流通人次	.943 .000	.920 .000	.915 .000	.965 .000	.885 .000	.963 .000	.953 .000	.932 .000	.859 .000	1	.239 .260
流通册次	.352 .091	.185 .386	.425 .038	.349 .095	.154 .473	.339 .105	.137 .534	.204 .351	.361 .099	.239 .260	1

在相关分析中，与图书馆经费支出关系最为密切的依次是GDP、出版图书、高校在校生和总人口，流通人次则与出版图书、GDP、总人口和高校在校生具有高度相关，二者的双尾（2-tail）显著性检测均达到0.000的高水平。然而，由于社会现象的复杂性，自变量与因变量的相关程度往往受到各自变量之间共线性的影响，这从偏相关分析的结果中可以看出。控制住其他变量（视为常数），每一个社会因素单独对图书馆事业的影响不再显得那么突出。如表3-7所示，具有统计意义的仅剩经费支出与GDP和流通人次与总人口之间的关联，其他自变量的相关系数不仅较低，排序也与原先不同，连经费支出与流通人次之间的关联程度也从0.239降低至0.159，说明图书馆事业的发展取决于诸多因素的影响，各种社会因素之间又存在着相互促进与制约的现象，研究一个行业的演进规律，应该同样考虑多方面的作用和关系。

表3-7　图书馆事业发展的影响因素偏相关系数

	经费支出	流通人次	GDP	总人口	高校在校生	出版图书
经费支出	1.000 .	.159 .516	.890 .000	−.350 .130	.011 .963	.371 .108
流通人次	.159 .516	1.000 .	−.136 .567	.430 .058	.374 .104	−.217 .358

（3）关联规律探究

在各系统相互关联、影响的认识基础上，能够通过回归模型的建立来探究图书馆事业的发展，尤其是在社会因素的交互作用中演进的规律。本研究选择 F 值作为回归方程的显著性检验标准，以此说明各自变量造成的因变量的变动在多大程度上大于随机因素对因变量造成的影响，同时选择调整判定系数 R^2（回归平方和在总平方和中所占的比率）反映回归模型所能解释的因变量变异性的百分比，即自变量对回归模型的贡献率。

首先对图书馆的投入（经费支出）与产出（流通人次）进行面向协变形式的判别，如果将前者设为因变量 Y，后者设为自变量 X，可以通过历年的统计数据创建复合曲线模型：$Y = 1807.033 * 1.0002^X$，（Ad. $R^2 = 0.869$，Sig. = 0.000，F = 146.799），在极其显著的水平上保证了较高的拟合度，如图 3-8所示。

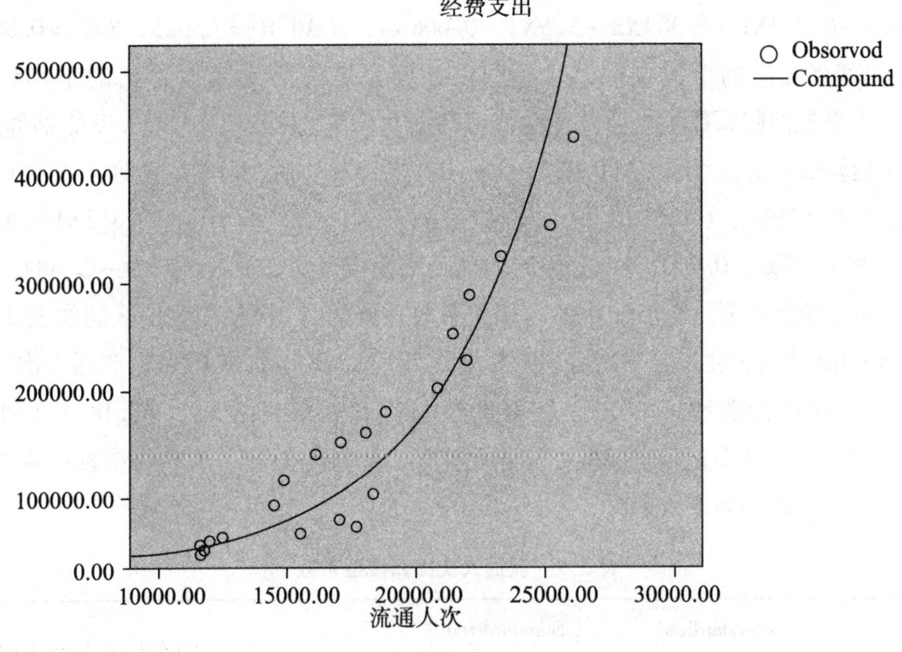

图 3-8　图书馆的经费支出与流通人次的复合曲线拟合

其次，针对经费支出（Y），如果设立自变量 GDP（X1），总人口（X2），高校在校生（X3），出版图书（X4），可创建多元线性模型：$Y = 229278.2 + 1.24X1 - 2.52X2 + 9.18X3 + 0.78X4$，（Ad. $R^2 = 0.997$，Sig. = 0.000，F = 1592.894）。尽管利用该模型进行历史模拟得到的平均误差仅为 0.0070，但只有 GDP（X1）的回归系数 t 检验显著性为 0.000，其余均大于 0.10。去除 t 检验显著性最高值（0.766）的高校在校生后，得到经费支出（Y），GDP（X1），总人口（X2），出版图书（X3）的多元线性模型：$Y = 277948.314 + 1.256X1 - 3.019X2 + 0.907X3$，（Ad. $R^2 = 0.997$，Sig. = 0.000，F = 2230.486），历史模拟得到的平均误差为 0.0086，所有参数的回归系数 t 检验显著性均小于 0.01。这与经费支出和高校在校生之间相关系数检验的相对最低值的表现一致。相关系数、显著性 t 检验和置信区间如图 3-8所示。

表 3-8　经费支出回归模型系数

	Unstandardized Coefficients		Standardized Coefficients	T	Sig.	95% Confidence Interval for B	
	B	Std. Error	Beta			Lower Bound	Upper Bound
(Constant)	277948.314	56673.354		4.904	.000	159329.621	396567.006
GDP	1.256	.121	.734	10.339	.000	1.001	1.510
人口	-3.019	.567	-.205	-5.329	.000	-4.205	-1.833
出版图书	.907	.183	.454	4.950	.000	.523	1.290

设流通人次为因变量 Y，考察其在 GDP（X1），总人口（X2），高校在校生（X3）和出版图书（X4）作用下的发展规律。通过历年的统计数据可创建多元线性模型：$Y = -22063.631 - 0.009X1 + 0.309X2 + 3.5X3 - 0.006X4$，（Ad. $R^2 = 0.925$，Sig. $= 0.000$，$F = 71.508$）。与经费支出的情况类似，尽管利用该模型进行历史模拟得到的平均误差仅为 -0.0101，但最低回归系数 t 检验显著性值都高达 0.215（总人口），无一项能够通过检验。先后去除 t 检验最高值出版图书（0.932）和 GDP（0.670）后，可得到流通人次（Y），总人口（X1），高校在校生（X2）的多元线性模型：$Y = -22765.101 + 0.312X1 + 4.037X2$，（Ad. $R^2 = 0.931$，Sig. $= 0.000$，$F = 156.245$）。历史模拟得到的平均误差为 -0.0086，所有参数的回归系数 t 检验显著性均小于 0.01，相关系数、显著性 t 检验和置信区间如表 3-9所示。流通人次与 GDP 的相关性检验中判定系数相对最低（Ad. $R^2 = 0.871$），但流通人次与出版图书之间的拟合优度检验和回归方程显著性检验都有较好的表现（Ad. $R^2 = 0.910$，$F = 222.741$），为何必须从多元回归模型中移除此变量？出版与教育、人口等指标是否存在共线性的关系？这些问题尚需深入探讨。

表 3-9　流通人次回归模型系数

	Unstandardized Coefficients		Standardized Coefficients	T	Sig.	95% Confidence Interval for B	
	B	Std. Error	Beta			Lower Bound	Upper Bound
(Constant)	-22765.101	6209.862		-3.666	.001	-35679.215	-9850.987
GDP	.312	.054	.524	5.769	.000	.200	0.425
高校在校生	4.037	.737	.497	5.481	.000	2.505	5.568

类似的情况是以发放借书证为因变量 Y，考察其在 GDP（X1）、总人口（X2）、高校在校生（X3）和出版图书（X4）作用下的发展规律。由历年数据获得的多元线性模型并未表现出理想的拟合效果，回归系数的 t 检验中，仅有高校在校生（0.018）较为显著，其余均大于 0.05。在逐步排除总人口（Sig. $= 0.515$）和出版图书（Sig. $= 0.449$）两个变量之后，能得到通过相关性检验的新模型：$Y = 477.976 - 0.001X1 + 0.566X2$，（Ad. $R^2 = 0.973$，Sig. =

0.000，F=379.750)，相关系数、显著性t检验和置信区间如表3-10所示。

表3-10 发放借书证回归模型系数

	Unstandardized Coefficients		Standardized Coefficients	T	Sig.	95% Confidence Interval for B	
	B	Std. Error	Beta			Lower Bound	Upper Bound
(Constant)	477.976	13.289		35.968	.000	450.162	505.790
GDP	-.001	.000	-.368	-2.784	.012	-.002	.000
高校在校生	.566	.056	1.337	10.118	.000	.449	.683

3.2 近几年来我国图书馆事业的突出进展与存在问题

3.2.1 图书馆事业的突出进展

(1) 体系构建：强化延伸服务

图书馆的延伸服务是当代公共图书馆服务实践的新发展，不仅服务了读者，满足了社会的知识信息需求，引导了社会成员共同参与公共文化服务体系的建设，同时也展示了公共图书馆的自身价值，促进了图书馆可持续发展。按照《国家"十一五"时期文化发展规划纲要》提出的县（市）图书馆逐步实行总分馆制的总体要求，各地因地制宜地积极探索构建公共图书馆服务体系的实现方式，涌现出了以"苏州模式"、"嘉兴模式"、"佛山禅城区模式"等为代表的总分馆体制，以及深圳"图书馆之城"、杭州"一证通"、广东"流动图书馆"、东莞"图书馆集群"、天津"图书馆延伸服务"、北京"社区乡镇图书馆建设"等形式多样的中心图书馆延伸服务的创新举措，表现出多层次、多模式、全方位的特点。

延伸服务就理念而言，依靠舆论、传媒，通过优势服务，做大做强富有特色的地方文化品牌是值得图书馆认真思考的问题。就内容而言，主要包括开展公益讲座、展览培训、信息服务等；就空间而言，主要涉及社区、部队、学校、市看守所、劳教所、福利院等单位建立的服务点，使有限的文献资源得到了最大限度的发挥，扩大了公共文化服务的受众面。就手段而言，依托共享工程网开展网络服务将成为今后公共图书馆延伸服务的重要途径。

(2) 发展环境：健全法规标准

图书馆法以保障公民的阅读权利为宗旨，具备监督政府切实承担起保障公民阅读自由和信息自由的职能，主要调节政府与公民通过图书馆进行阅读、享受公民文化权利和信息公平的关系。国际社会中，许多国家对图书馆立法都比较重视，拥有很长的立法历史。从1850年英国颁布世界上第一部图书馆法至今，已有60多个国家先后颁布了250多部图书馆法。从各国家和地区的立法实践与国际组织的建设来看，作为现代法制社会和文明程度的重要标志，图书馆事业受到强有力的立法保护，已成为当今国际社会的主要潮流。

我国文化部于2001年初启动《中华人民共和国图书馆法》，图书馆立法正式成为文化部上报全国人大的立法项目。2001 年 4 月前，根据过去制定《图书馆工作条例》的经验，形成法律草案。2002 年上半年，经政策法规司对第二稿审阅、修改后形成第三稿。2003 年，文化部将中国《图书馆法》草稿下发到图书馆界，广泛征求意见。2005 年 11 月，一度停滞的立法进程重新启动。2006 年秋《国家“十一五”文化发展纲要》提出“加快文化立法步伐”，《图书馆法》名列需要“加紧研究制定”的六部文化法律法规的第二位。图书馆立法历经近十年的准备后，2008 年 11 月正式启动《公共图书馆法》立法工作，组织专家学者进行法律条文的制定。同时各地方为规范本地区图书馆的行为，也相继出台了一些地方法规。如：乌鲁木齐出台了西北地区第一部公共图书馆地方政府规章《乌鲁木齐市公共图书馆管理办法》，北京、深圳、湖北、内蒙古等地也制定了公共图书馆条例。法律法规的制定为规范公共图书馆的行为和发挥其功能作用，解决公共图书馆事业发展中的各种突出问题和矛盾，促进和保障公共图书馆事业的发展。

除了法治建设，图书馆各项业务的标准化工作也在逐步深入。《中国标准书号条码》（GB/T 12906—2008）于 2008 年 8 月 1 日起正式实施，《信息与文献术语》（GB/T4894—2009）于 2010 年 2 月 1 日实施。《公共图书馆建设标准》《公共图书馆建设用地指标》等国家标准相继出台、施行，地方性的行业标准也纷纷涌现，如《江西省公共图书馆服务标准》等。2008 年 12 月 9 日，全国图书馆标准化技术委员会成立。这标志着我国图书馆行业的标准化工作进入到一个新的发展阶段，为图书馆行业的标准化发展，乃至整个公共文化服务行业的标准化体系构建迈出了坚实的一步。

（3）系统运作：推广联盟共享

图书馆的行业联盟已逐渐打破地区的限制，组织形式也呈现出多元化的特征。随着网络信息技术的发展和联盟活动的深化，不同的图书馆联盟之间相互融合，或者吸收其他类型的成员馆，这个现象在区域性图书馆联盟中更为明显，如“上海市文献资源共建共享协作网”是国内第一个包括高校、科研和公共图书馆的联盟。同时，一些图书馆分属若干规模大小不同的联盟组织，并通过参与这些联盟分享不同的收益。如华南理工大学图书馆既是广州石牌地区六校协作组的中心馆，又是广东省高校电子图书馆的成员。图书馆根据自己的资源和服务特点有选择地参与多个联盟组织的集团采购以获得优惠，这使得国内图书馆联盟的数量在近年有了快速的增长。

区域性图书馆网络进一步发展，新形式的图书馆联盟在一些地区开始试点。在公共图书馆资源共享“一码通”的基础上，天津市科技信息研究所文献馆与公共图书馆参考咨询服务中心合作，通过“联合参考咨询网”平台，为广大读者提供公益性网上参考咨询和文献传递服务。吉林省长春地区的 13 家公共、高校、军队和科研图书馆共同发起成立了吉林省图书馆联盟，探索合作开放、资源共享的新模式。湖南省图书馆与湖南大学图书馆正式签署联盟建设合作协议，采取战略性资源分配方案，从资源建设、资源利用、流程管理、科学研究、人才培养等多个维度进行合作。同时，广东、江苏等省在探索数字图书馆联盟的道路上迈出了坚实的一步。

行业联盟构建的最直接的效益来自于基于数字平台的资源共享。信息资源的共建共享迈入数字化时代后，最突出的代表当数中国高等教育文献保障系统（CALIS）和中国高校人文社会科学文献中心（CASHL），二者是中国高校图书馆的资源共享的集中体现。国家科技图书文献中心网络和作为国家重大文化工程的“全国文化信息资源共享工程”在科研和公共系统的高度重视下继续强力推进。为了进一步强化和规范图书馆的联盟机制，来自理论界的发展策略正在得以推广，包括建立联盟领导核心及组织结构、严格执行联盟协议、改革与完善联盟的管理模式和运行机制等。①

（4）实践热点：数字图书馆

数字图书馆在我国从无到有，从理论到实践，实现了跨越式发展，深刻地改变了人们利用图书馆的观念和图书馆服务的手段。国家数字图书馆工程（NDL）、国家科学数字图书馆（CSDL）、国家科技图书文献中心（NSTL）、中国高等教育数字图书馆（CALIS和CADLIS）、中共中央党校数字图书馆工程、全军院校信息及数字图书馆工程，以及“中美百万册数字图书计划”（CADAL）等一批重大数字图书馆项目的实施与陆续完成，形成我国数字图书馆的骨干力量，为国内行业和地方数字图书馆建设提供了有益的经验与服务模式。国际合作也成为数字图书馆发展的新趋势，2008年11月16日，中国国家图书馆馆长詹福瑞与美国国会图书馆馆长詹姆斯·比灵顿共同签署了《中国国家图书馆与美国国会图书馆世界数字图书馆合作协议》，开辟了我国数字图书馆建设的新领域。

除了图书馆的自身建设，数字信息提供商也纷纷致力于数字图书馆的资源构建。数字期刊领域有清华同方（中国知网）的《中国学术期刊全文数据》收录期刊7000余种，维普资讯收录中文期刊8000余种、外文期刊5000余种，万方数据公司收录期刊5000多种，并具备整合专利、标准、商务信息等的特色。2009年，全国的电子图书总量已达80余万种，并继续保持强劲的上升势头。国家正逐步推进多项数字出版工程：数字化多媒体研发工程、国家数字复合出版系统工程、中华字库建设工程、国家知识资源数据库出版工程、国家动漫振兴工程、中国古籍数字化工程、国家版权保护技术开发工程、数字化文化传播工程等。

（5）新发展点：古籍保护工作

根据国务院办公厅2007年颁发的《关于进一步加强古籍保护工作的意见》的文件精神，古籍保护工作在2008年取得重大突破。3月，首批《国家珍贵古籍名录》及“全国古籍重点保护单位”由国务院批准公布。进入首批《国家珍贵古籍名录》的共有2392种古籍。首都图书馆、重庆图书馆、无锡市图书馆等公共图书馆都有不同数量的馆藏古籍入选。列入首批全国古籍重点保护单位的51家中，包括国家图书馆、26家省市公共图书馆、12家高校图书馆、5家专业图书馆，图书馆的文献资源保存功能已经得到了国家的重视。同时，《中国古籍总目》完成初稿，它是我国首次对古籍总量进行清理取得的成果，集品种、重要版本、主要馆藏于一体，相当于现存古籍的身份证，其作用是为古籍整理出版工作建立一个资料完备、

① 李家清．我国图书馆联盟进展及发展策略．情报资料工作，2007（2）：76—79

检索便捷的数据库。

以此为契机，以广东、江苏、山东等为代表的各地古籍保护中心纷纷在图书馆挂牌成立。国家图书馆古籍馆与地方图书馆合作，举办全国古籍修复技术培训活动，指导古籍中心工作。各古籍保护中心从本地区实际情况出发，开展古籍摸底调查，修复保护等活动。如浙江省图书馆不仅对古籍进行修复保护，还通过拍摄微缩胶片、制作电子版和影印出版等方式，让这些历史文献与普通读者见面；广东在广东省立中山图书馆文德分馆成立广东古籍保护中心，在保护现有馆藏古籍的同时，鼓励民间古籍捐赠集中管理；吉林省为古籍“办户口”，摸底民间古籍收藏情况，编写数据标识号，建立书目信息档案，输入国家古籍综合信息数据库。

在保护的同时，图书馆还积极开展馆藏古籍的加工和数字化工作。2008 年 9 月 9 日，中华再造善本工程二期在国家图书馆二期新馆正式启动，以明清两朝学术代表人物的代表性著作的珍稀版本为主，并针对一期选目所遗漏的珍贵古籍查缺补漏。首都图书馆大力发展书目数据库和古籍插图库的建设工作。为了满足读者的阅读需求和实现历史文献的再生性保护，上海图书馆在近代文献阅览室开通了馆藏民国图书全文数据库，在古籍阅览室开通了馆藏古籍稿抄本全文数据库，可查阅珍稀古籍达 3200 余种。江西古籍保护网也正式开通，读者可直接上网查阅珍本善本的赏析。高校图书馆也十分重视古籍的保护与利用工作，CALIS 古籍联合编目数据库已发展到 16 个成员馆提交古籍数据。CALIS 古籍联合编目系统功能设计较为完备，具有一定的通用性和扩展性，经过几年的实际运行，效果良好，它的出现为实现全国乃至海内外的“古籍联合编目”提供了一个良好的组织模式及技术系统。

3.2.2 图书馆事业存在的主要问题

（1）基础建设：资源配置失衡

从经费来看，2008 年我国公共图书馆的总投入达到 53.1926 亿，与上世纪 90 年代初相比，增长了 15.45 倍。另一方面，同期的购书经费则由 8774 万元到 8.3831 亿元，增长了 8.89 倍，与总投入的增幅差距明显。与同期的 GDP15.11 倍的增幅相比，购书经费这块最能为公众服务的经费支出，也只与国民经济增长幅度的一半左右。[①] 2008 年，大陆地区人均购书经费是 0.645 元，具体到各省份，差距便十分显著。上海市的人均购书经费 7.612 元，馆均购书经费 495.69 万元，而河南省则仅有 0.158 元和 10.49 万元。根据教育部的统计数据，2007 年度的 521 所高校图书馆文献资源购置费总计约为 17 亿元，馆均约为 327 万元，最高的是复旦大学图书馆，约为 3165 万元；其次是北京大学图书馆，约为 3134 万元。国家四级财政体制尚未能实现实质性突破，不同类型图书馆之间的经费投入也存在着很大的差距。全国性的经费支持力度显得极不稳定，虽然总体仍呈正向的发展态势，财政投入在不同程度上逐年递增，但起伏较大，稳定、持续的资金保障体系尚未确立。

从馆藏来看，2008 年全国公共图书馆人均藏书量是 0.4146 册，各地区的发展显得极不

---

① 陈力. 关于我国公共图书馆事业发展中若干问题的思考. 公共图书馆，2009（4）：43—45

均衡。上海的人均藏书是3.39册，其余省份均不足1册，最少的安徽、河南、西藏，都只有0.17册，差距极其显著。而根据联合国教科文组织和国际图联2007年共同发布的公共图书馆服务指南，这里面提到，通常正常的馆藏应该以每人1.5册到2.5册为标准，从全国来看，离这个标准的差距还是相当大的。

其他方面，人力资源、宣传培训等社会投入的力度也存在着薄弱与失衡的环节。据对全球一些代表性城市图书馆资金投入比例分析，一般人力资源经费在全部经费中所占比例均达到70%至80%，而中国内地公共图书馆的资金投入中人力资源的比例一般仅占20%左右。[①]图书馆发放借书证的数量虽然逐年递增，但流通的人次与册次却没有得到相应的增长，对社会弱势群体的信息服务也没有取得根本性的提升。无论读者还是馆员的信息素养均需要全面地强化，前者的重点在于阅读文化的推广，后者的重点在于职业精神的弘扬。

（2）科学发展：规划理念欠缺

随着全球一体化的进程和信息技术的普及，图书馆的生存与发展已面临着日益激烈的竞争和复杂的环境。根据政治、经济、文化等社会因素的变化要求，通过对国内外业界和相关行业的状况、趋势以及图书馆自身状况的把握，确定在一定时期内的战略规划和目标，成为图书馆科学定位的逻辑起点，对图书馆的发展方向、办馆理念、管理水平、建设方略、社会声誉和地位都起着重要作用。[②] 以美国为代表的国外图书馆重视科学管理和战略管理，从个体图书馆到行业协会均制订了战略发展规划，在战略规划的指导下开展各项业务工作；而目前我国的图书馆战略管理尚处于较低的水平，制定科学的战略规划的图书馆较少，且缺乏科学系统的理论指导。

图书馆战略管理的推进，各级图书馆需要培养战略意识，在行业龙头图书馆的实践带领下逐步展开。发展条件较好的图书馆可以考虑结合“十二五”规划，制定本馆的战略规划；尚不具备实施独立战略管理条件的图书馆，可以在行业或地区联盟中实行战略管理。战略管理重在实施，应严格按照规划开展业务工作，根据环境变化适时修订战略目标，使图书馆事业更加趋于理性发展。

理念决定实践，实践产生理论，科学的发展既起源于战略思维，同样也离不开规划理论的指导。与国外丰富的研究成果相比，我国图书馆发展战略不仅在实践方面有待加强，其理论研究也存在着诸多不足：理论与实践的契合度不高；对于各级各类型图书馆的整体协调研究深入不足；对于公共文化服务体系新环境中的图书馆战略新举措尚未有较深入研究，尤其是缺乏实证基础上的战略模型研究。[③]

（3）技术应用：数字化障碍

随着信息技术的不断发展，以用户信息活动为基础的第三代数字图书馆将成为未来图书

---

① 王世伟．现时中国公共图书馆事业发展的喜与忧．新世纪图书馆，2010（1）：3—5

② 李浩．省级公共图书馆的科学定位与和谐发展．新世纪图书馆，2009（2）：59—61

③ 柯平．图书馆战略规划研究的时代背景与理论视角．图书馆工作与研究，2010（2）：4—10

馆的新型构建模式。第三代数字图书馆将围绕用户信息活动和用户信息系统来组织、集成、嵌入数字信息资源和信息服务，从而更直接、更深入有效地支持用户检索、处理和利用信息来解决问题的全过程。对隐性知识的挖掘和开发，精炼概括知识本体和学科属性，以及基于创造性传输、开发、增生、转化的信息产业等社会需要与变革，[①] 都对新时期的数字图书馆提出了更高的要求。

具体而言，数字图书馆的发展面临着来自法律、技术、经济、行业和人员素养等方面的障碍。[②] 信息处理、存储、压缩、传输、检索等技术，以及人性化交互界面已经有了一定基础，但类似机构知识库的价值挖掘[③]、元数据工具[④]、可视化索引[⑤]等前沿技术的实验、应用与推广仍有很长的路要走。网络本身的安全隐患（系统开放、资源共享的负面效应，网络协议本身存在的安全漏洞）、网络病毒的危害、人为破坏数字信息等原因造成的安全隐患已日趋突显，云计算环境带来运行效率大幅提升的同时也对安全策略提出更高的要求。[⑥] 数字图书馆的信息版权保护方面，公众（即用户）利益和版权人利益的矛盾尚未得到较好的解决。数字资源建设方面，传统馆藏的数字化范围和信息采集过程中面临的难题都有待深入研究。另外，经费持续投入不足，标准不够统一，高素质人才缺乏，主干线路带宽较窄，用户素质及消费能力较低，以及片面追求数量和速度，信息资源再生性和利用率差等问题也阻碍着数字图书馆健康有序的发展。

（4）机构建制：职能划分不够科学

从改革开放 30 年来的发展历程可以看出，市级馆在经费支出和馆藏数量方面位于省、市、县三级公共图书馆的最低发展水平，反映出政府对其相对较低的重视程度；另一方面，市级馆的馆舍建设速度不如县级馆，流通人次递增速度不如省级馆，同样折射出在硬件投入和服务产出两端均缺乏优势的尴尬境地。与此同时，省级馆尽管拥有近 30% 的总藏书量，但真正体现服务功能发挥状况的流通人次、外借册次和阅览座席等方面的平均值却不足 10%，显示出目前省级图书馆资源与定位之间存在着的误区和偏差。市级馆的馆藏比重虽然仅略高于省级馆，但办证数量、流通人次、册次、阅览座席等指标却领先后者 2 至 4 倍之多。

鉴于此，应构建以现有的国家图书馆和省级公共图书馆为主体，服务于政府决策，并以文献储藏为主要职能的政府图书馆系统，主要面向本地区的党政机关和公共服务部门提供决

---

① 王红梅．数字图书馆的刍议与展望．数字图书馆论坛，2007（8）：12—13

② 王姝．数字图书馆发展的主要障碍．现代情报，2005（11）：50—52

③ Rumsey S. The purpose of institutional repositories in UK higher education：A repository manager's view. International Journal of Information Management，2006，26（3）：181—186

④ Cantara. Long-term preservation of digital humanities scholarship. OCLC Systems and Services，2006，22（1）：38—42

⑤ Pearson J，Buchanan G. Creating Visualisations for Digital Document Indexing. In：Proceedings of the13th European Conference on Digital Libraries. Berlin：Springer-Verlag，2009：87—93

⑥ 王长全，艾雰，姚建文．云计算环境下数字图书馆信息资源安全策略研究．情报杂志，2010（3）：184—186，161

策参考信息服务，所藏文献和工作人员作适当的缩减和优化，为公共文化服务的职能转移至市级馆。原有的市级馆在与省级馆取得协调运作之后，应构建一种以城市中心馆为核心，以城区馆为节点，以社区馆为终端的星形网状服务模式，并在业务指导、资源共建、优势互补等方面向城郊拥有类似结构特征的县级馆和农村馆（室）进行辐射。同时，广大的农村地区应以县级馆为主要节点，串联遍布乡镇、村寨的图书馆（室）、农村书屋，利用文化共享工程的契机，与城市馆一起共同组建以公共图书馆为主要力量，旨在平等、自由地传播知识信息的公共文化服务体系的实施主体。①

（5）人才培养：学术研究、图书馆学专业教育尚不完全适应图书馆事业发展需要

学术研究为事业的发展起着领航导向的作用，专业教育为事业发展保障人才输送，二者对图书馆事业的健康发展起着重要的作用。2008 年我国图书馆学的学术研究与专业教育还不完全适应事业发展的需要。

学术研究的主要目标是为事业发展提供理论依据并指导图书馆的各项实践活动。图书馆学研究还存在理论与实践脱节的现象，学术研究方法体系还不完善，具有创新性和突破性的研究成果不多，学术研究的持续性还待加强，这些都对事业发展造成一定影响。另外，也还存在一定的学术失范现象，阻碍了图书馆学研究与创新。今后，图书馆学的学术研究应更加紧密地结合实践，提升学术成果的质量，加快应用转化，提高其应用价值。

随着经济全球化，知识经济社会的发展，社会对毕业生的就业能力和职业竞争力提出了更高的要求，图书馆教育面临严峻的考验，突出地表现在招生和就业两难、学生掌握的理论和技能落后于职业需求等方面。究其原因，一是因为我国迄今为止还没有规范的图书馆职业认证制度，对图书馆从业人员所应具备的素质和知识技能缺乏指导，导致学科教育不易把握方向。二是专业教育与职业领域之间缺乏沟通，人才培养难以及时适应职业需求的变革。学科教育在确立专业的培养目标、培养模式、教学计划、课程体系等方面，必须考虑社会和行业对人才的需求，并加紧制定学科教育质量规范。

此外，人才培养层次仍不完善，职前、职后教育的体系还不平衡，重职前教育轻职后教育，从业人员的职业生涯规范与发展不被重视，这与多元化、快节奏的社会生活方式不协调，与职场形势的演变、用户需求的变化不适应。因此，对图书馆从业人员的继续教育还需加快步伐，尽快提升其素质和能力，不断更新其知识与技能，最终将这种能力转化为高水准的服务，提高用户、社会对图书馆工作的满意和认同，促进图书馆学教育与职业的良性互动，实现我国图书馆事业的良好发展。

（6）全球视野：国际地位有待加强

对外交流与合作活动的增多无疑促进了我国图书馆的国际化发展，提升了国内图书馆界的理论水平与实践绩效。但正如源远流长的历史并不意味着前景光明的未来，频繁的对外交

---

① 赵益民，柯平. 面向公共文化服务的国家图书馆与省级图书馆体制改革初探. 图书情报工作，2009（17）：13—17

往同样不一定带来事业发展的世界水准。我国业界学者、专家已越来越多地参加国际会议，组织国际交流，甚至在国际图联等组织中担任重要职务，比改革开放之前有了长足的进步。然而，受到外事经费和各种因素的影响往往不能按规定参加年度国际图联大会，或不能前往某些发达地区学习访问。参加会议的同仁也会因未能提交论文而丧失宣传、展示和交流的平台。尽管中文已经成为国际图联的工作语言，但国际交流活动中的语言障碍始终不利于广泛深入的探讨与合作，甚至导致国内同行无条件或无能力担任国际图联各专业委员会的主席或秘书长。中国在世界图书馆界的决策咨询程度还很低，话语权也不高。①

通过多年的努力，不利的状况也正在改善，为提升我国的专业话语权，《信息与文献术语》（GB/T4894—2009）国家标准工作组希望通过规范中国图书馆界专业术语的使用，“对相应的国际标准修订工作提出来自中国的建议”。② 随着访问学者和归国学子的增多，在国外一流刊物上发表文章的情况日益增加，国际合作项目纷纷开展，全球性的世界数字图书馆也展示出中国的珍贵馆藏。当然，尽管我国学者的论文在国际产出量方面呈逐年上升趋势，但在与国际接轨、提高国际影响力方面的步伐仍显迟缓。③ 提升国际地位与塑造服务品牌一样，需要长期的积淀，更需要从理念到实践的更新与强化，甚至需要行业内外突破传统的变革。

3.3 我国图书馆事业的未来发展

中国的现代图书馆事业从1904年湖南图书馆成立开始，经历了开放、改革、创新、发展、繁荣的百年，数代人的心血铸就了辉煌的业绩，未来的信息化建设尚需业界空前的努力。对于整个事业的顺利发展，法制建设是制度保障，科学规划是演进前提，以人为本是理念基点，全面创新是实践动力，资源保障是运作根基，共建共享是高效途径。无论理论研究还是工作实践，前进的步伐都是由局部到整体，思想的提升都是由具体到抽象，对于事业的未来发展，本研究拟从宏观的视角，就外部环境、内部结构、功能创新、资源保障和发展重心等层面进行分析和探讨。

3.3.1 外部环境层面：优化合作竞争机制

从历年的统计数据能够看出，公共图书馆馆藏利用率出现了发展速度的负增长。多年的流通册次下滑现象与档案馆等相关机构形成鲜明的对比，代表着图书馆基础服务的书刊借阅正受到来自文献数字化、网络在线阅读和相关文化产业分流读者的严重冲击，深层次地开发馆藏资源，为读者提供更具附加值的知识信息服务应该成为今后图书馆的一项工作重点。

从横向的业务相关机构来看，以生态思维分析，作为公共文化产品与服务的供应者，档

① 王世伟. 现时中国公共图书馆事业发展的喜与忧. 新世纪图书馆，2010（1）：3—5

② 顾犇.《信息与文献术语》国家标准正式出版. 中国图书馆学报，2010（3）：11

③ 李品，周金元. 中国图情研究论文国际化的成长历程与发展策略. 情报资料工作，2010（3）：20—23

案、图书、资料、文物有着同一的渊源、共同的特征、相同的属性，同属文献信息范畴，无论载体形式还是内容特征，都有共同之处。这些文化组织都是储藏信息资源的中心机构，是国家的文化服务事业单位，作为信息源，都强调管理的统一性，强调为文化消费者服务，有共同的服务属性和为消费者服务的社会职能。它们在保存和传播社会文化的职能上具有重合性，这体现了机构之间的原始合作关系和现实中协同发展的基础。

从纵向的知识信息链来看，公共图书馆与出版、影视等产业之间的关系是密不可分的，对出版产业而言，公共图书馆既是出版产业重要的销售渠道之一，又是培养读者阅读习惯，支持出版产业发展的重要力量。对公共图书馆而言，出版产业生产了开展服务所需要的文献资料，产业的出版动向和发展变化不仅直接影响到图书馆收集文献资料的工作，还会对读者提供的服务产生很大的影响。① 基于生态学的视角，相关机构之间彼此存在着相互依存、互惠互利的关系。

公共图书馆定位的实现，要依靠技术、政策和资金投入三个方面，并对公共文化服务体系群落中的各种群加以整合来实现。从生态的整合效应原理可知，在构建公共文化服务体系中，应通过合理的资源配置，系统内组分的有序排列，建立健全结构和功能的反馈关系，并防止和抑制组分间功能相互抵消的现象发生，从而达到公关文化服务体系的生态平衡，为其向与社会环境相匹配的、更高层次的系统演化创造条件，促进公共文化产品和服务的功能的实现。从竞合理念的发展定位视角来理解公共图书馆的核心职能，可将其概括为基于信息资源保存与管理的公益性知识（增值）服务。这一核心职能是公共图书馆最基本的服务定位，其他的社会职能或者以此为基础，或者作为它的补充。②

3.3.2 内部结构层面：科学建构均衡体系

从相关统计数据的分析比较中能够看出，作为一个社会系统，公共图书馆事业发展至今，其组织结构仍未合理完善，从规模到数量，从经费投入到职能发挥，仍然存在着若干结构性的问题。

机构数量方面，公共图书馆的机构设置缺乏较为合理、均衡的增长态势。不同省份之间、不同时期之间表现出极大的差异和发展速度的起伏。在少数异常值的影响下，全国图书馆事业的平均状况和指标读数在个别地区的适用性有待加强，历史进程对未来走势的推导效果也有待提升。

建设规模方面，缺乏持续稳定的经费保障导致城市图书馆（尤其是省级馆）馆舍规模的发展速度经常处于正负交替的状态。过大的基建投入与落后的硬件设施一样不利于图书馆事业的健康发展，按照行政级别确定建馆规模的做法同样不利于社会文化需求的满足，科学合理的建设规模需要制定相应的指导标准并切实有效地贯彻实施，2008 年 6 月和 11 月分别开

① 李常庆. 日本图书馆界与出版界的交流和合作. 图书情报知识，2004（1）：94—96

② 赵益民，詹越，柯平. 基于生态竞争的公共图书馆定位研究. 国家图书馆学刊，2008（4）：35—39

始实施的《公共图书馆建设用地指标》和《公共图书馆建设标准》为此迈出了坚实的一步。

经费投入方面，藏书建设与其他硬件设施投入之间存在着发展不均衡的问题。经费总支出与馆藏数量的增长速度之间差距过大，如何保持各项开支之间的合理比例并动态地适应环境变化、寻求更高的投入产出性价比和更低的系统运行成本，这些问题都需要更加深入地研究探讨。

职能发挥方面，基层图书馆的建设亟待加强，需要承担更多的社会职责。根据最新的人口抽样调查结果，截至2007年底，全国乡村人口占总人口的55.06%，达72 750万人，而2391个县级馆即使全部都能履行服务职能，也意味着平均下来，每个馆要以自己8万册的图书面对30万以上的读者。另一方面，全国300个左右的城市图书馆要为59 379万城镇人口提供服务，即每个城市馆的读者将近200万人。明显匮乏的社会资源必将导致知识鸿沟和弱势群体的出现，加大建设力度的同时也应注意服务网点的布局问题，社区图书馆和农村图书馆将成为今后事业发展的工作要点。

3.3.3 系统功能层面：创新规划职能结构

公共图书馆这一社会系统的功能发挥既涉及功能组件的结构优化，又取决于系统要素之间的功能协同。社会转型为事业发展带来机遇与挑战，也对原有的系统功能模式提出了创新规划的要求。

首先，就地域规划而言，西部图书馆的基础薄弱已在业界达成共识，但东部地区的经济发展带来的人口增长，进而造成的人均图书馆数量的日益不足也应得到足够的重视，打造新型的服务布局网点，构建合理的服务职能分区将成为整个事业可持续发展的必要前提。

其次，当前各级公共图书馆的社会职能存在着诸多含混与交叉的地方，尤其是省级馆与同城的市级馆之间在资源调配和读者定位等方面存在很多重复或冲突的现象。为了实现组织机构的合理分工和社会资源的有效配置，应使省级馆保留决策参考职能，与国家馆一起组建政府图书馆体系，而公共文化服务的职能则剥离到市级馆中，经费、人员和设施随各自职能的重新划分而做出相应的改变。市级馆利用更加充足的资源，辐射社区馆，同时联合辐射农村馆的县级馆，共同构建遍布基层的公共文化服务体系。

再次，县级图书馆的基础服务亟待加强。极低的流通人次表明，在经费支持的增长相对加速情况下，接待读者的数量和服务内容、形式的创新成为目前县级馆的发展瓶颈，也是未来图书馆事业面向基层更广大公众服务的发展重心。

另外，少儿图书馆的建制不尽合理。根据《中国图书馆事业发展报告：2007》的统计数据，截至2006年年底，全国县级以上的公共图书馆有2777个，其中拥有独立建制的少儿馆仅86个，占3%。而同时期的全国人口抽样调查结果显示，19岁以下的少年儿童占总人口的27.28%，两个比重之间的差距达9倍之多。暂且不提以上少儿馆的集中分布给实际阅读行为带来的不便，仅单纯的数据落差就能表明现行的少儿馆体制已远远不能满足适龄读者的需求。在这方面，加强社区馆和中小学图书馆的少儿阅读服务职能应是解决问题的便捷而有效的途径。

3.3.4　资源保障层面：开辟多元运作模式

物质与能量的传递流动是系统运行的基本保障和特征，各类资源的创造与再生同样是公共图书馆事业发展的必要前提。我国2006年的人均购书经费仅为0.5028元，人均图书拥有量为0.3367册[①]，这与《公共图书馆服务发展指南》“通常正规的馆藏应以平均每人1.5—2.5册为标准”的指标相差至少4倍，与参考国际图联20世纪70年代颁布的“公共图书馆标准”，每5万人（另一说法为2万人）应有一所公共图书馆，人均拥有藏书量最少3册的要求有着更大的差距。另一方面，公共图书馆的财政拨款存在较大的地域差异，仅北京、上海和广东三省市就占全国总额的近四分之一，而西藏的事业拨款则仅为上海的近百分之一。

尽管财政支持力度不断加大，但传统的经费来源已不足以推动馆藏数量的快速增长，而且运行经费的持续保证情况并不令人乐观。来自各方面的原因导致馆藏数量递增趋缓，更多的事业保障渠道的开辟迫在眉睫，从管理体制到机构建制的重大变革势在必行。

图书馆界应借鉴西方国家较为规范和成熟的社会援助机制，使社会援助事业发展在透明有效的监督下合理运作及使用。具体操作上可安排专人负责，有详细的项目执行状况与使用计划，并随时接受社会的审计监督。《中华人民共和国公益事业捐赠法》《基金会管理条例》和《中国慈善事业发展指导纲要》等政策法规，标志着我国公益慈善事业发展的政策法规体系已初步形成，同时也为图书馆和各级政府相关部门寻求社会援助，动员社会力量兴办图书馆事业提供了制度与政策基础，创造了良好环境。[②]

多年来图书馆事业不断受惠于社会援助，并取得了一定成绩，但还远未形成社会共识，仍有巨大潜力可挖，进一步完善图书馆事业社会援助环境，真正实现图书馆事业投入多元化，进一步拓宽社会援助途径，对稳步推动图书馆事业科学发展具有重要影响。

除了经费的投入，读者用户同样是公共图书馆长足发展的重要资源，社会需求才能催生发展的动力。在各类营利和非营利性文化服务机构的竞争中，图书馆的用户正被分流，创造知识信息需求成为图书馆行业走向高端的必然选择。从统计数据的比较中可以看出，就读者借阅人次而言，城市图书馆波动极大。面对经常下滑的流通人次，如何发挥自身优势，创新服务内容和形式，如何稳固读者、推进阅读，是业内学者，也是实践工作者需要认真思考的问题。

3.3.5　发展重心层面：强化基层组织建设

基层组织是事业发展的原动力，我国图书馆的定位与服务必须高度重视来自社会基层的最广泛的知识信息需求，仅强调“高端业务”的行为无法证明图书馆的存在意义。城市中最

---

① 中国图书馆学会，国家图书馆．中国图书馆事业发展报告2007．北京：北京图书馆出版社，2008：16

② 吴力武．从广东图书馆的发展论图书馆事业的社会援助．广州大学学报（社会科学版），2009（10）：81—84

需要知识救助的是弱势群体，乡村中的信息服务更是目前图书馆网点虚弱的末梢，社区和农村图书馆（室）应以突破传统的创新模式，发挥各界力量，开辟远大的发展空间。

首先，建设发展社区和农村图书馆事业，首先应以城市大中型馆为主体带动基层组织的创建。各级政府要确保乡镇文化站（图书室）经费到位，并在设备购置、技术支持等方面给予保证。农村图书馆服务网络体系应构建以县图书馆为中心（龙头），以乡镇为依托，以行政村为重点的三级农村公共服务体系。① 同时，应加强中小学校图书馆的建设，建立农村中小学图书馆和乡镇公共图书馆共建共享的机制和模式。

其次，多元化的建设模式应该涵盖集体兴办图书馆、个体私人办图书馆、多方协作、联合兴办图书馆（与企业、学校联办）、依托大型公共图书馆办馆，还可争取当地名人或祖籍在当地但旅居在外的名人的捐助，兴办家乡图书馆。② 对于整个图书馆事业而言，在城乡差距加大、落后地区无法完全实现财政倾斜扶持的情况下，社会力量办馆助馆已成为不可或缺的补充形式。民间社会个体自创的乡村图书馆能有效地规避政府工程供给不足、分配不公、实施不利等问题，其表现出来的坚韧性、灵活性、实效性，都不是“自上而下”事业发展外生方式所能具备的。③

再次，构建农村公共文化服务体系是加强农村文化建设的基础工程，既是各级政府的主要职责，也应该得到广大的农民群众的充分认同和积极支持。一方面，应该将包括图书馆在内的农村文化设施建设纳入经济和社会发展规划，纳入干部晋升考核指标，使图书馆成为文化设施建设不可缺少的重要项目、精神文明建设的重点工程。另一方面，作为事业发展的基本保证，宣传知识效益、推广信息服务、调动基层民众的信息需求将是搭建包括图书馆在内的公共文化服务平台的有力措施。社区图书馆（室）可以结合居民日常生活，打造以阅读为核心的“市民第二起居室”；农村图书馆（室）可以充分利用各种文献信息资源，开发适销对路的信息产品，提供农村跟踪服务，以需求的满足求生存，以效益的实现促发展。

---

① 彭飞．农村图书馆事业发展模式研究．图书馆杂志，2010（2）：39—41

② 吴楠．让图书馆事业向农村发展．福建图书馆理论与实践，2009（3）：25—26，16

③ 王子舟．伟大的力量来自于哪里——解读社会力量办馆助馆．中国图书馆学报，2010（3）：26—33

4 “图书馆—读者—社会机构”的三方调查

图书馆发展趋势、定位与服务是本研究的三大主题。前文已讨论了图书馆的整体发展问题，对我国图书馆事业来说，一方面，在全球图书馆事业和我国公共文化服务的背景下，在新技术与经济、文化等的影响下，图书馆面临着机遇与挑战；另一方面，图书馆的现代化、数字化、复合化等发展潮流，影响着图书馆的各项工作流程和图书馆人员的职业需求。定位被认为是“当代全球图书馆事业面临的三大难题”之一，王世伟说：当代的公共图书馆如何定位，其性质和功能是什么？美国西雅图市中心图书馆总馆在其阅览大厅中用醒目的大字在隔断墙板上标示出“Living Room（市民客厅）”，表示了当代图书馆已成为市民的广场和第二起居室。上海图书馆在近年来发展其服务品牌讲座服务的过程中，提出了“城市教室”的发展理念，表示了当代图书馆已成为读者继续学习和终身教育的公共大课堂。图书馆也被国际图书馆界公认为信息枢纽和文化中心。近年来，世界图书馆界出现了“信息共享空间”的发展理念，表示了当代图书馆成为读者之间互动、交流、共享的信息枢纽和公共空间。这些发展的定位，虽然表面上看是多少年来图书馆原有功能的一些新表述，其实不然。一些图书馆由于对以上的发展定位不够明晰，于是带来了管理与服务中的一系列困惑。[①] 实际上，定位影响着图书馆的生存与发展，定位的重要性不仅局限于公共图书馆，其他各类型图书馆都需要根据新环境重新定位。与定位紧密相关，服务是图书馆事业永恒的主题，柯平在近几年各地所作的图书馆报告中强调指出：“服务是图书馆的生命。”

对于公共服务体系特别是公共文化服务体系中的这三大主题，前文的理论研究已阐明了其重要性和基本原理，但除此以外更重要的是如何有针对性地提出发展对策。因此，本研究围绕这些问题开始了在全国范围内的广泛调查研究，这一调查的特色，不仅仅是调查图书馆对自身定位与服务的认识，而且调查读者对图书馆定位与服务的认识，还调查社会机构对图书馆定位与服务的认识。

4.1 实证研究

4.1.1 研究方法

（1）实证研究成为社会科学研究的重要取向

“实证研究”（Empirical Research；Empirical Study）是一种通过对研究对象进行大量的观察、实验和调查，获取客观材料，从个别到一般，归纳出事物的本质属性和发展规律的研究

① 王世伟．当代全球图书馆事业面临的难题与挑战．中国图书馆学报，2008（1）：13—15，32

方法。

实证研究作为一种方法，已成为许多学科特别是社会科学研究的重要导向。在经济学研究中，与实证研究相对的是规范研究，现代经济学的两个重要分支，实证经济学和规范经济学，就是学术界对因研究方法的不同而对经济学的一种划分。我国在20世纪八九十年代比较流行的是规范经济学，此后，实证经济学逐步占主流地位。在管理学研究中，论证方法分为实证研究和理论研究。实证研究分为实验研究和非实验研究。非实验研究分为统计调查研究、实地研究和无干扰研究。统计调查研究分为问卷法和访谈法。无干扰研究分为文本分析、现有统计数据分析和历程比较分析/事件研究法。[①] 在心理学中，人们根据心理学研究是以数据和事实材料为中心还是以理论为中心，划分为思辨研究和实证研究，并进一步根据实证研究的数量化程度将其分成定性研究和定量研究。思辨研究主要源于心理学的哲学母体，这种方法包括直观经验、周密的猜测和逻辑推理三个方面。而实证研究是以科学的方法获得客观事实或经验，以这些客观事实或经验为基础建立心理学的理论，其方法论基础是实证主义和现象学。实证研究通常包括两类：质的研究和量的研究，根据传统观点，实验法属于量的研究的典型代表，而观察法和访谈法等则属于比较典型的质的研究。[②]

（2）实证研究是图书馆学的重要方法

图书馆学应用的研究方法一般有理论研究与实证研究两大类。理论研究包括哲学论证、归纳法、演绎法、内容分析法、比较法、数学模型法等；实证研究又可分为实验研究和非实验研究两种，非实验研究包括统计调查研究、实地研究和无干扰研究。

国外图书馆学研究中，实证研究不仅仅起步早，而且具有较高的研究水平且走向方法论的成熟。据统计，美国1950—1980年图书馆学研究采用的调查与实验方法高居首位，占总数的38.7%。[③]

近几年来，我国开始用实证的方法探讨图书馆学领域的重大现实问题。2004年暑期，王子舟在武汉大学针对基层图书馆组织了2003级研究生进行了湘、鄂、豫、陕、桂5省10县的图书馆调查[④]，为县级图书馆的生存发展对策提供了重要依据。之后，2005年7月25日至8月2日，由北京大学李国新和湖南图书馆、衡阳市图书馆组成的调查组对衡阳地区14家市、县（区）、乡镇图书馆，从“当地社会基本情况”、“国家对公共图书馆投入情况”、“公共图书馆基本情况”3个调查主题、50个调查项目，采用实地考察、访谈与问卷式方法进行了全面、系统地调查，收集了大量反映基层图书馆现状的资料和数据[⑤]。此后，关于图书馆的调查研究在规模、方法上都有很大的发展。

---

① 李怀祖．管理研究方法论（第二版）．西安：西安交通大学出版社，2004：125

② 龙立荣，李晔．论心理学中思辨研究与实证研究的关系．华中师范大学学报．人文社会科学版．2000（5）：128

③ 华薇娜．中美两国图书馆学、情报学研究方法、主题、对象、分析技术的比较研究．情报学报，1997（2）

④ 部向荣等．基层图书馆生存状态忧思录——5省10县图书馆调查纪实谈．图书馆，2005（1）：18—24

⑤ 丁民．李国新教授赴湘调查基层公共图书馆情况．图书馆，2005（5）：29，98

据CNKI以“图书馆调查”为篇名关键词，2003至2007年的相关文献26篇（其中，2003年3篇；2004年6篇；2005年7篇；2006年5篇；2007年5篇），并没有出现大幅度的增长，涉及的调查对象有城市社区图书馆（如深圳市、温州市）、县和乡镇图书馆（如甘肃、鸡西）、农村图书馆（如湘西、嘉定、绍兴）、高校图书馆（如研究型大学、大学园区图书馆）等，未见涉及各类型全国性的大规模调查研究。

与此同时，理论界呼唤实证研究，邱五芳指出：中国图书馆学发展呼唤实证研究，图书馆学实证研究应始终坚持现实主义取向，切忌自上而下的单一研究视角，还要客观认识图书馆的地位和社会责任，避免陷入伪实证的泥淖。①

由此可见，实证研究成为我国图书馆学的重要方法，被广泛应用到对图书馆事业、图书馆人员与图书馆业务流程的具体分析之中，已成为一种趋势。图书馆界要大兴调查研究之风，解决图书馆理论与实践中的重大现实问题，实证研究方法是本研究实现的必经之路和重要途径。

（3）常见的实证方法

实证研究方法常见的有观察法、谈话法、测验法、个案法、实验法。

①观察法：研究者直接观察他人的行为，并把观察结果按时间顺序系统地记录下来，这种研究方法就叫观察法。（自然观察与实验室观察；参与观察与非参与观察）

②谈话法：是研究者通过与对象面对面的交谈，在口头信息沟通的过程中了解对象心理状态的方法。（分为有组织与无组织谈话两种。须注意：一是目标明确。二是讲究方式。三是注意利用“居家优势”。四是尽量做到言简意赅。）

③测验法：是指通过各种标准化的心理测量量表对被试者进行测验，以评定和了解被试者心理特点的方法。（问卷测试，操作测验和投射测验）

④个案法：对某一个体、群体或组织在较长时间里连续进行调查、了解、收集全面的资料，从而研究其心理发展变化的全过程，这种方法称为个案法（个案研究）。

⑤实验法：研究者在严密控制的环境条件下有目的地给被试者一定的刺激以引发其某种心理反应，并加以研究的方法称为实验法。（实验室实验和现场实验两种）

目前，图书馆学研究中，较多采用的实证方法主要是调查问卷和访谈法。

问卷法是指调查者将调查问卷发送或者邮寄或发邮件或网络发布给被调查者，由被调查者自己阅读和填答，然后再由调查者采取相关手段进行收回的方法。根据发放方式可分为：个别发送法（包括邮件发送法）、集中填答法、邮寄填答法、网络填答法。

访谈法是访谈者通过对访谈对象进行访谈而对社会现象进行调查的方法，即调查者为了通过访谈对象了解信息、验证假设而有计划实施的，与访谈对象的角色地位不均等的谈话方法。其分类标准较多，如按访谈自由度或结构化程度可分为结构型和无结构型，或封闭型、开放型和半开放型；按访谈程度可分为正式访谈和非正式访谈；按访谈方式可分为直接访谈

---

① 邱五芳．中国图书馆学应进一步弘扬实证研究．中国图书馆学报，2008（1）：16—21

和间接访谈；按受访者的人数可分为个别访谈和集体访谈；按访问对象特征可分为：一般访问和特殊访问。其中，无结构式访谈包括：重点访谈、深度访谈、客观陈述访谈。集体访谈包括：头脑风暴法、反向头脑风暴法、德尔菲法、派生德尔菲法。

4.1.2 问卷设计与检验

问卷是社会调查中收集材料的一种工具，是调查者根据自身调查的需要预先设计好的各种问题的有序排列。调查问卷大致可分两类：自填式问卷和访问式问卷。自填式问卷是指由调查者发给（或邮寄给）被调查者，由被调查者自己填写的问卷。而访问式问卷则是由调查者按照事先设计好的问卷或问卷提纲向被调查者提问，然后根据被调查者的回答进行填写的问卷。一般而言，访问式问卷要求简便，最好采用两项选择题进行设计；而自填式问卷由于可以借助于视觉功能，在问题的制作上相对可以更加详尽，全面。根据本项目的特点，采取了自填式问卷方法。

本研究共设计三种问卷，分别调研全国图书馆定位及服务情况、社会用户利用图书馆的情况、图书馆与其他相关部门的合作情况。发放的原则如下：①以图书馆为调查对象，根据图书馆的类型、经济发达程度、不同地区选取国内各级图书馆进行广泛调研；②以读者为调查对象，选取公共图书馆及高校图书馆的用户为主，并广泛调研社会普通用户对图书馆的利用行为，为图书馆的未来服务和发展提供参考；③以社会机构为调查对象，考察图书馆与其他公共服务机构的信息服务衔接及互补关系，因此，对其他公共服务机构的典型调研有助于进行图书馆的接口分析。本研究选取了图书馆相关部门进行专门调研，如博物馆、档案馆、出版社、企业信息服务机构等。

问卷调查组围绕调查对象进行了调查目的和内容的研究。问卷 2008 年 3 月初步设计完成，在南开大学、天津图书馆及周边地区进行了预测试，在预测试的基础上对问卷设计的内容等方面进行了调整，至 4 月初，问卷的设计内容基本定型。这三种问卷的具体内容及调研目的详见本书附录一。

本研究进行了问卷的信度分析。本研究运用 SPSS 软件对国家图书馆重大项目《社会公共服务体系中图书馆的发展趋势、定位与服务研究》中的图书馆、读者和社会机构三个调查问卷设计指标确定 Cronbach α 系数，结果表明，三个调查问卷的 Alpha 值各个方面的信度都超过了 0.7，即表示具有较高的信度。

本研究还进行了问卷的效度分析。采用结构效度的探索性因子分析法（Exploratory Factor Analysis，简称 EFA），以辨认、收集观测变量，获得协方差矩阵（或 Bravais-Pearson 的相似系数矩阵），验证将用于 EFA 的协方差矩阵（显著性水平、反协方差矩阵、Bartlett 球型测验、反图像协方差矩阵、KMO 测度）。在进行探索性因子分析时，我们运用了主成分分析法，以特征值 1 为标准来进行数据截取，并采用方差最大化正交旋转（Varimax），而且 KMO = 0.845，Bartlett 球型检验显著（$p<0.000$），表明数据适合因子分析，调查问卷效度详细分析结果显示，各问项的共同度均大于 0.516，累计解释方差为 68.36%。根据提取的因子与预设

指标之间的对应关系及其内涵分析，本调查问卷具有较高的效度。

4.2 调查问卷的基本情况

4.2.1 图书馆问卷的基本情况

本次调研选取国内各级图书馆（国家图书馆、省级图书馆、市级图书馆乃至社区图书馆等），根据经济发达程度（发达地区、欠发达地区、其他有代表性的地区）选取多个样本城市进行了广泛的调研。在问卷的抽样选择上以省级地区为初级抽样单位，再针对各省的具体情况确定抽样的大概数据范围，同时侧重经济发达地区的数据收集，因为这类数据在反映图书馆服务发展趋势以及前景上有更为清晰的表现。问卷Ⅰ（各类图书馆调研）共发放770份，回收303份，回收率为39.35%；排除重复填写的问卷27份，有效问卷共276份，有效回收率为35.84%。经过统计分析发现，我们对于被调查者基本情况的调查数据，无论在覆盖的图书馆类型、分布地区、发展程度上都做到了很好的梯度性分布，为下一步的分析研究提供了很大便利。

（1）图书馆问卷的地区分布

有效回收问卷覆盖了全国27个省份的图书馆，占全国省份（共34个省份）总数的79.41%，见表4-1。

表4-1 各省图书馆问卷回收情况分布

省份	频率	百分比	有效百分比
安徽	5	1.81	1.81
北京	21	7.61	7.61
福建	22	7.97	7.97
甘肃	7	2.54	2.54
广东	35	12.68	12.68
广西	4	1.45	1.45
河北	23	8.33	8.33
河南	14	5.07	5.07
黑龙江	6	2.17	2.17
湖北	5	1.81	1.81
湖南	7	2.54	2.54
吉林	6	2.17	2.17
江苏	3	1.09	1.09
江西	4	1.45	1.45
辽宁	20	7.25	7.25
内蒙古	1	0.36	0.36
宁夏	4	1.45	1.45
山东	13	4.71	4.71

续表

省份	频率	百分比	有效百分比
陕西	8	2.90	2.90
上海	2	0.72	0.72
四川	6	2.17	2.17
天津	18	6.52	6.52
云南	3	1.09	1.09
浙江	9	3.26	3.26
重庆	7	2.54	2.54
贵州	12	4.35	4.35
青海	11	3.99	3.99
合计	276	100	100

图 4-1直观表现出问卷发放与回收的地域分布情况。回收问卷呈阶梯式分布，既保证了重点地区的问卷数量也兼顾到样本的全面性。广东省回收的图书馆问卷数最多，为了解发达地区图书馆的情况提供了很大帮助，其次如河北省、福建省、北京市、辽宁省、天津市的图书馆的比例都比较多，其他回收问卷在地区分布上较为均衡，基本上兼顾到了各个省的情况，满足了本次调研的要求。

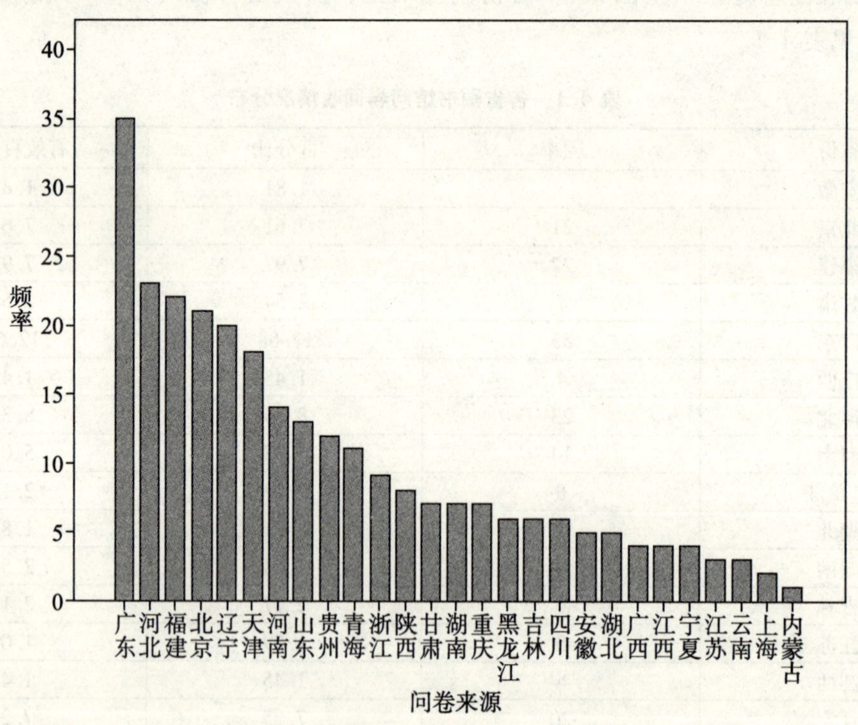

图 4-1　各省图书馆问卷回收情况图

(2) 图书馆问卷的类型分布

在回收问卷类型上，调研涉及公共图书馆、高校图书馆及科研院所、军队图书馆等其他类型图书馆，在276份有效问卷中，公共图书馆126份，高校图书馆139份，其他类型图书馆11份。由图4-2可知，公共图书馆与高校图书馆的样本之和占有效问卷总数的90%，高校图书馆与公共图书馆回收问卷数量比例相近，其他类型图书馆问卷回收数量较少。这一问卷分布符合研究设计的基本要求，基本体现了问卷调查的预定目标与抽样分布。

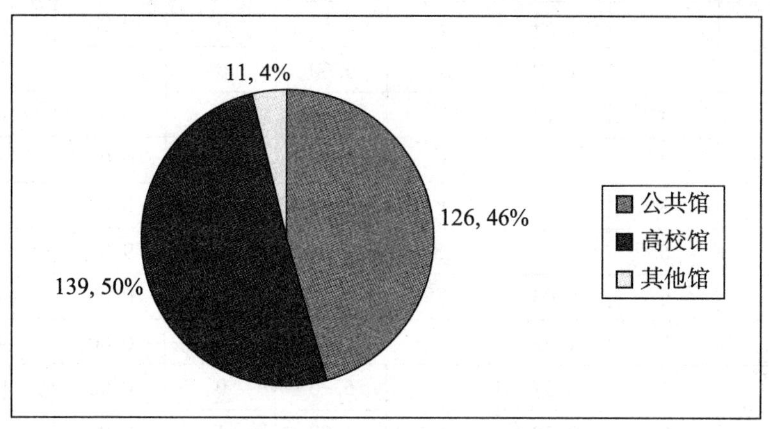

图4-2 问卷I各类型图书馆回收情况分布

具体问卷发放机构的选择充分考虑了全面、均衡、典型性的要求。公共图书馆的样本抽样与选择注意梯度性，在126份有效问卷中，省级图书馆有18份，占14.28%；其他业内知名的如深圳图书馆、东莞图书馆、苏州图书馆等都身列其中，县级以及基层社区图书馆也占据一定比例（38.13%）。高校图书馆的样本选择也集中体现上述要求，已回收问卷中既有北京大学、武汉大学这样的名校馆，也有相当比重的大专类院校馆。来源数据分布的梯度性很大程度上决定了数据分析的可靠性与可借鉴意义，以下关于图书馆所有情况的统计数字，均出自这次调查。

具体各省、直辖市的各类型图书馆分布数据见表4-2。

表4-2 各类型图书馆的问卷来源省份

问卷来源省份	图书馆类型						合计	
	公共馆		高校馆		其他馆			
	频数	%	频数	%	频数	%	频数	%
安徽	4	3.17	1	0.72	0	0.00	5	1.81
北京	5	3.97	11	7.91	5	45.45	21	7.61
福建	18	14.29	4	2.88	0	0.00	22	7.97
甘肃	5	3.97	2	1.44	0	0.00	7	2.54
广东	10	7.94	25	17.99	0	0.00	35	12.68
广西	2	1.59	2	1.44	0	0.00	4	1.45
河北	15	11.90	7	5.04	1	9.09	23	8.33

续表

问卷来源省份	图书馆类型						合计	
	公共馆		高校馆		其他馆			
	频数	%	频数	%	频数	%	频数	%
河南	6	4.76	8	5.76	0	0.00	14	5.07
黑龙江	6	4.76	0	0.00	0	0.00	6	2.17
湖北	2	1.59	3	2.16	0	0.00	5	1.81
湖南	2	1.59	5	3.60	0	0.00	7	2.54
吉林	4	3.17	2	1.44	0	0.00	6	2.17
江苏	2	1.59	1	0.72	0	0.00	3	1.09
江西	3	2.38	1	0.72	0	0.00	4	1.45
辽宁	6	4.76	13	9.35	1	9.09	20	7.25
内蒙古	0	0.00	1	0.72	0	0.00	1	0.36
宁夏	2	1.59	2	1.44	0	0.00	4	1.45
山东	5	3.97	8	5.76	0	0.00	13	4.71
陕西	3	2.38	4	2.88	1	9.09	8	2.90
上海	1	0.79	1	0.72	0	0.00	2	0.72
四川	2	1.59	4	2.88	0	0.00	6	2.17
天津	6	4.76	11	7.91	1	9.09	18	6.74
云南	2	1.59	1	0.72	0	0.00	3	1.09
浙江	5	3.97	3	2.16	1	9.09	9	3.26
重庆	2	1.59	4	2.88	1	9.09	7	2.53
贵州	4	3.17	8	5.76	0	0.00	12	4.35
青海	4	3.17	7	5.04	0	0.00	11	3.99
合计	126	100	139	100	11	100	276	100

4.2.2 读者问卷的基本情况

针对本课题的研究目标，从读者角度进行调查研究，具有特别重要的价值。而且，对读者关于图书馆的认识和图书馆的利用情况作全面的了解与分析，也有利于图书馆工作的改善，有利于信息资源的充分利用，为各图书馆的服务与图书馆建设提供借鉴。调查对象越广泛，便越能全面了解读者需求的多样性，促进开展图书馆读者服务工作，提高读者的满意度。为此，本研究调查了公共图书馆、高校图书馆、中学图书馆、相关文化服务机构、营利性机构等的读者。问卷Ⅱ共发放1320份，收回1092份，舍弃6份重复无效问卷，实得1086份，有效回收率为82.27%。涵盖25个省份，占全国的73.52%。发放方式以网络发放为主，电子版695份，占63.99%；手填版391份，占36.00%。

现将本次调查样本中读者分布情况进行分项描述。

（1）读者来源地区分布

从地域分布看，此次调查样本基于方便性抽样，由于调查组所在市为天津，故天津的问卷量最多（占30%），其次由于调查组成员家乡所在地等原因，故河北、辽宁、福建等地数量居于前列。但样本选择仍保持不同地域、不同发展程度兼顾的原则。本次数据调查主要覆盖了25个省（直辖市），其中，发达地区（北京、天津、上海、广东、浙江、山东、江苏）问卷频数共424，占有效总频数的45.40%；中等发达地区（福建、湖北、湖南、河北、四川、安徽、江西、云南、吉林、辽宁、黑龙江、重庆）问卷频数共379，占40.60%；欠发达地区（宁夏、青海、贵州、甘肃、河南、陕西、广西）问卷频数共130，占13.90%。各省市的问卷数量如表4-3所示。

表4-3 读者地区分布

省（市）	频率	百分比	有效百分比
北京	34	3.13	3.64
福建	64	5.89	6.86
甘肃	9	0.83	0.96
广东	15	1.38	1.61
广西	2	0.18	0.21
河北	94	8.66	10.08
河南	62	5.71	6.65
黑龙江	12	1.10	1.29
湖北	19	1.75	2.04
湖南	28	2.58	3.00
吉林	54	4.97	5.79
江苏	11	1.01	1.18
江西	1	0.09	0.11
辽宁	92	8.47	9.86
宁夏	32	2.95	3.43
山东	51	4.70	5.47
陕西	5	0.46	0.54
上海	8	0.74	0.86
四川	3	0.28	0.32
天津	280	25.78	30.01
云南	8	0.74	0.86
浙江	25	2.30	2.68
重庆	4	0.37	0.43

续表

省（市）	频率	百分比	有效百分比
贵州	8	0.74	0.86
青海	12	1.10	1.29
合计	933	85.91	100
缺失	153	14.09	——
合计	1086	100	——

（2）读者性别分布

此次读者调查，从读者性别分布看，男性读者 475 人，女性读者 604 人，比例适当，见表 4-4。

表 4-4　读者性别分布

性别	频率	百分比	有效百分比
男	475	43.74	44.02
女	604	55.62	55.98
合计	1079	99.36	100
缺失	7	0.64	——
合计	1086	100	——

（3）读者年龄分布

从读者问卷的年龄分布看，19—25 岁这一年龄段读者最多，比例高达 57.49%；其次为 26—45 岁的读者数，比例为 28.84%。这反映出被调查对象主要集中在青年。相比之下，18 岁以下和 61 岁以上的读者数较少，两者相加的比例不足 10%，见表 4-5。总体上看，读者问卷的年龄比例基本合理。

表 4-5　读者年龄分布

年龄	频率	百分比	有效百分比
18 岁以下	72	6.63	6.70
19—25 岁	618	56.91	57.49
26—45 岁	310	28.55	28.84
46—60 岁	43	3.96	4.00
61 岁以上	32	2.95	2.98
合计	1075	98.99	100
缺失	11	1.01	——
合计	1086	100	——

（4）读者身份分布

从读者身份分布看，本次图书馆读者问卷主要涵盖公共图书馆、高校图书馆等，因此学生和社会用户是主要的调研对象。调研结果显示，学生所占比例最高为61.23%，其他的社会人员包括专业技术人员9.53%、教师8.11%、企事业单位管理人员6.51%，还有离退休人员、自由职业或待业者、公务员、商业服务人员、军人及其他行业工作者，都在10%以下（见表4-6）。被调查读者样本职业的多样性与典型性突出，确保本研究开展的科学性与规范性。

表4-6 读者身份分布

职业	频率	百分比	有效百分比
公务员	30	2.76	2.83
企事业单位管理人员	69	6.35	6.51
专业技术人员	101	9.30	9.53
商业服务人员	25	2.30	2.36
军人	5	0.46	0.47
教师	86	7.92	8.11
学生	649	59.76	61.23
自由职业、待业	34	3.13	3.21
离退休人员	34	3.13	3.21
其他	27	2.49	2.55
合计	1060	97.61	100
缺失	26	2.39	——
合计	1086	100	——

（5）读者学历分布

表4-7是读者学历分布，被调查问卷的比例依次为：本科（47.32%）、硕士（22.28%）、专科（11.85%）、高中（10.42%）、博士（5.26%）、初中及以下（2.87%）。这在目前的读者群中有相当的代表性，有利于了解本科学历和研究生学历读者的需求。

表4-7 读者学历分布

学历	频率	百分比	有效百分比
初中及以下	30	2.76	2.87
高中	109	10.04	10.42
专科	124	11.42	11.85
本科	495	45.58	47.32
硕士	233	21.45	22.28
博士	55	5.06	5.26
合计	1046	96.32	100
缺失	40	3.68	——
合计	1086	100	——

4.2.3 社会机构问卷的基本情况

对社会机构进行调查，是本研究的一个重点，尽管向社会机构调查有较大难度，但课题组采取多种方法，取得了如期的效果。问卷Ⅲ共发放320份，有效回收170份，有效回收率为53.12%。

(1) 社会机构问卷的来源地区分布

本次有效问卷的来源地区涵盖全国22个省份，占全国的64.71%（见表4-8），并具有一定的区域倾斜。总体上，我国北部地区、南部地区和中部地区样本量较多，而西部地区相对较少。根据行政区划及区域经济发展情况分为三类，有效问卷地区分布数量是：发达地区（包括江苏、浙江、山东、广东、北京、上海、天津7省市）共有频数77，占全部样本量的45.29%；中等发达地区（河北、辽宁、河南、吉林、安徽、福建、湖北、重庆、四川、云南10省份）频数80，占47.06%。欠发达地区（山西、陕西、青海、贵州、广西5省份）频数13，占7.65%。其中发达地区和中等发达地区所占比例较高。

表4-8 各省公共服务机构问卷回收情况分布

省份	频率	百分比	有效百分比
安徽	1	0.59	0.59
北京	40	23.53	23.53
福建	24	14.12	14.12
广东	17	10.00	10.00
广西	3	1.76	1.76
河北	12	7.06	7.06
河南	17	10.00	10.00
湖北	3	1.76	1.76
吉林	5	2.94	2.94
江苏	1	0.59	0.59
辽宁	3	1.76	1.76
山东	1	0.59	0.59
陕西	1	0.59	0.59
上海	3	1.76	1.76
四川	4	2.35	2.35
天津	10	5.88	5.88

续表

省份	频率	百分比	有效百分比
云南	8	4.71	4.71
浙江	5	2.94	2.94
重庆	3	1.76	1.76
山西	4	2.35	2.35
贵州	2	1.18	1.18
青海	3	1.76	1.76
合计	170	100	100

（2）社会机构问卷的来源单位分布

问卷来源（表 4-9）中，文教卫体事业和政府机构分别占 42.35% 和 20.0%。商业性服务机构以及科研院所分别占 13.53% 和 7.65%，社区服务以及驻地部队分别占 1.18% 和 0.59%，从一个侧面反映出图书馆与各类机构的合作情况目前尚不理想。

表 4-9　社会机构问卷来源单位性质比例

单位性质	频次	百分比
文教卫体事业	72	42.35
政府机构	34	20.00
商业、服务企业	23	13.53
学校	22	12.94
科研院所	13	7.65
其他	3	1.76
社区服务	2	1.18
驻地部队	1	0.59

（3）社会机构问卷的来源级别分布

从问卷来源单位所处的行政级别看（表 4-10），基本集中于县级以上单位（地市级频数 61，占 35.88 %；省级 46，占 27.06%；国家级 30，占 17.65%）。县级及乡镇（街道办、社区）单位的问卷回收相对较少（县级 21，占 12.35%；乡镇 7，占 4.12%；其他 2，占 1.18%；缺失 3，占 1.76%）。

表 4-10 社会机构问卷来源单位所处行政级别比例

单位所处行政区划级别	频次	百分比
地市级	61	35.88
省级	46	27.06
国家	30	17.65
县级	21	12.35
乡镇（街道办、社区）	7	4.12
其他	2	1.18

5　图书馆定位的调查与分析

定位是图书馆明确发展方向、培育核心竞争力的基础，明晰图书馆定位有利于图书馆可持续发展问题的顺利解决。当前，文化发展环境已发生重大变化，国家对于教育、文化的投入不断增加，公共文化服务体系建设已深入展开。图书馆定位问题必须联系公共文化服务建设这一发展背景。本章以实证调研为基础，阐释图书馆与读者双重视角下图书馆定位的各类问题。

5.1　图书馆视角的图书馆定位

在长期发展过程中，各图书馆根据自身的特点与面临的外部环境，制订了很多相应的发展措施，侧面反映出其机构定位问题。本节抽取本项目研究中有关图书馆机构部分的数据，对图书馆机构的当前定位情况进行描述分析。

5.1.1　图书馆自身定位的总体情况

随着信息时代的到来，我国公众信息获取的途径日益广泛，对于信息源获取的要求也随着提高，图书馆也敏锐地捕捉到了这一点，在问卷结果中（见图 5-1），将自身定位为信息中心的占到了有效问卷总数的 84.1%，其次是阅读中心，占 73.6%，再次是教育中心，占 45.7%，而定位为活动中心的数量最少，仅占 17.4%。

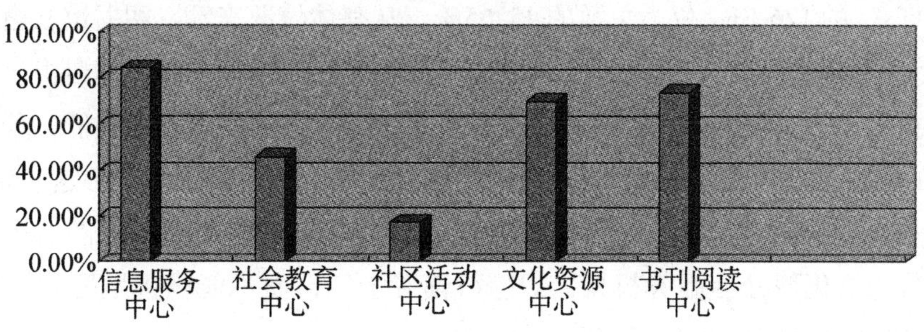

图 5-1　图书馆服务角色定位分布图

图书馆自诞生之日起，就承担着社会文化典藏、传承以及教化的职责，调研结果也充分证明图书馆职业对自身作用以及社会价值的肯定。但现实图书馆在深入服务终端用户层面，进而成为社会公民“第二起居室”的作用有待提高。延伸服务、社区文化圈服务等，都将是下一步实现全民文化普遍共享的重点，图书馆有必要加强社区活动中心建设。

5.1.2 不同类型图书馆服务角色定位的差异比较

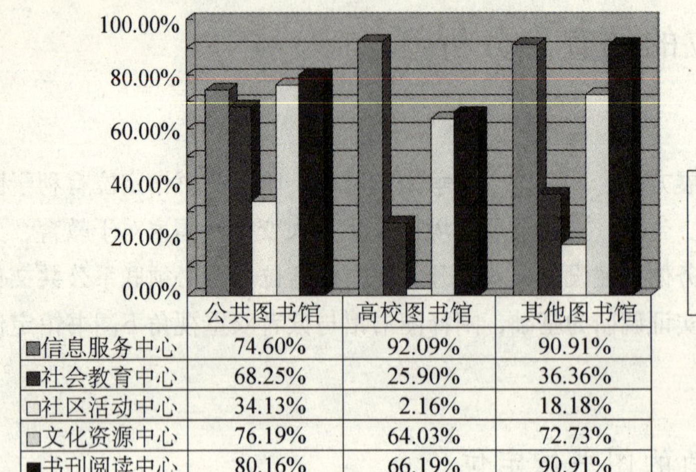

	公共图书馆	高校图书馆	其他图书馆
信息服务中心	74.60%	92.09%	90.91%
社会教育中心	68.25%	25.90%	36.36%
社区活动中心	34.13%	2.16%	18.18%
文化资源中心	76.19%	64.03%	72.73%
书刊阅读中心	80.16%	66.19%	90.91%

图 5-2 不同类型图书馆服务角色定位比例图

在具体各类型图书馆的定位分析上，也存在一定的差别。如图 5-2，在调查中，74.60%的公共图书馆将自身定位为信息服务中心，而这一定位在高校图书馆的比例是 92.09%，这是由于经费、人员素质等方面的因素，高校图书馆较之公共图书馆具有更为深厚的发展基础，相应的在新技术采用与新技术导向上有更为重要的作用。

在社会教育中心定位一项，公共图书馆选择其的比例达到了 68.25%，而高校图书馆的选择比例不过 25.90%。高校图书馆还是囿于传统观念的束缚，不能很好地适应时代发展带来的变革，不能为更多的人提供有效的服务措施。而公共图书馆因长期以来与社会的密切联系而对于社会教育比较重视，但是应该看到，在 276 份有效问卷中，选择将自身定位作为“社会教育中心”的 126 份，仅为总数的 45.65%。从整体情况来看，图书馆社会教育中心的定位还远未达到应有的高度，一方面，现在日渐彰显个性文化，提倡个体自由，图书馆能否作为教育的中心已经有了部分的质疑，而另一方面，图书馆的使用效率偏低，现在图书馆更为看重读者的自由选择以及为读者选择提供的无隙服务。在社区活动中心这一定位选择上，更能明显地表现出这一趋势，公共图书馆的选择比例为 34.13%，而高校图书馆的比例则仅为 2.16%，作为文化型社会服务机构，却静待读者上门，而不能积极地融入社区的生活之中，恰是当今图书馆尴尬境地的原因所在。

关于文化资源中心的定位，由于是比较传统的社会认知，相应的选择比例也比较高，公共图书馆的选择比例为 76.19%，而高校图书馆的选择比例为 64.03%，基本上符合预期的推断，但是比例也不是很高，原因可能在于随着网络技术的发展以及各类数据库商的蚕食，图书馆已经不能保证文化保存、传播的绝对优势，对于自身在社会文化资源建设和保存上的定位，也产生了一定疑惑，影响到了现实中工作的展开。

随着文化的发展，知识重要性的逐步凸现，人们开始关注自身知识的补充，各类书店、出版商迅速把握这一契机，在取得巨大的商业利益的同时也获得了足够的社会关注。网上阅读也在上网人群中迅速流行，虽然这种浅层阅读并不能替代图书馆这类具有深厚文化给养的文化机构，但现实中不可否认的是，在书刊阅读中心的定位上，图书馆有所不及，公共图书馆选择比例虽然仍占到 80.16%，但高校图书馆的选择比例则只有 66.19%，这值得我们深思：在文化阅读上，图书馆还是否具有“领袖群伦”的实力，以及如何发展这种影响力。

5.1.3 其他定位

在其他的角色定位上，部分问卷填写者扩充了已有选项。如表 5-1所示，除了再次强调图书馆的文献保管、服务、教育作用之外，还突出了图书馆的决策、交流、娱乐等作用。这些观点集中反映了社会发展对于图书馆新角色的认识，图书馆从传统的“知识宝殿”日益发展成为“交流平台”、“公共信息空间”和“活动中心”。唯有以系统观念作为指导，以丰富资源作为支撑，以人本服务为准则，以高效发展为导向，图书馆才能适应时代变迁，实现可持续发展。

表 5-1 图书馆其他服务定位

图书馆其他服务定位	频率	百分比
未作答	261	94.57
北京市文献收藏与保障中心功能；信息加工、生产、增值中心功能；北京市属公共、高校、科研等各类图书馆的枢纽与中心功能；都市图书馆研究与事业发展中心功能；北京市对外文化交流的重要窗口功能。	1	0.36
读者活动中心；业务培训中心	1	0.36
教学辅导部门	1	0.36
科学教育基地，提供公共信息资源交流服务平台	1	0.36
其他	3	1.09
数字化文献汇集中心，学生课外学习中心	1	0.36
文化交流平台	1	0.36
信息资源中心，人文教育中心	1	0.36
休闲娱乐	1	0.36
学术研究中心	1	0.36
学习资源中心	1	0.36
用户中心	1	0.36
政府信息服务中心	1	0.36
合计	276	100

5.2 读者视角的图书馆定位

服务于读者的需求是图书馆的基本使命。在强调“以人为本”、“换位思考”的实践中，图书馆职业日益重视读者的现实体验和未来期待。基于此，问卷Ⅱ集中调研了读者角度的图书馆定位认知问题，本部分将以对比的方式，对公共图书馆与高校图书馆的图书馆定位展开讨论。

5.2.1 读者对图书馆定位的认知

公共图书馆作为公共文化服务体系中重要的组成部分，在我国各类图书馆分布中占据重要比例。公共图书馆以其公益性、平等性、自由性吸引了大量的社会读者，是提供社会信息阅读和促进社会发展最有力的资源保障机构。而高校图书馆作为高校的三大支柱之一，支持本校教学科研活动，其用户目标集中明确，功能定位、资源定位及服务定位与公共图书馆存在着较大的差异。

从表 5-2数据可以得出，读者对公共图书馆的定位较为平均，没有出现绝对数较大情况，调查数据的比例系数相差不大，居于前三位的分别是“文化信息阅读中心”（59.63%）、“信息文化传播中心”（57.76%）、“社会教育基地”（42.55%）。上述调研结果说明，一方面，公共图书馆的定位多元化，环境的变化使得图书馆已经逐步改变过去单一定位的方式，提供培训、讲座、辅导等更加多元化的服务，建立用户信息与文化共享空间，读者对这些服务的自我感知形成了这一定位结果；另一方面，用户对公共图书馆的期望也向多元化发展，期望在公共图书馆获取更多的文化服务，满足广泛而深层次的文化需求。

表 5-2 读者对图书馆定位的认知

图书馆类型	样本情况	文化信息阅读中心	信息文化传播中心	信息资料保管中心	社会教育基地	休闲娱乐中心	社会活动中心	其他
高校图书馆	有效	405	388	368	296	96	57	9
	缺失	204	221	241	313	513	552	600
	%	66.50	63.71	60.43	48.60	15.76	9.36	1.48
公共图书馆	有效	192	186	123	137	73	51	5
	缺失	130	136	199	185	249	271	317
	%	59.63	57.76	38.20	42.55	22.67	15.84	1.55

高校图书馆方面，半数以上的读者认为高校图书馆是文化信息阅读中心、传播中心、保管中心，对于休闲娱乐，社会活动功能读者较少看重。有部分读者还指出高校图书馆应是科普教育基地，能为读者直接或间接提供所需资料面向实际应用，网络资源的补充，学习提高

认知能力的基地。

公共图书馆与高校图书馆相比（如图 5-3），第一，各种定位较为平均，比例系数差距相对较小。高校图书馆的服务受众较为集中，提供的服务与高校的科研教学紧密结合，同时，高校用户的信息需求与图书馆的期望也较为集中，因此，高校图书馆的定位比公共图书馆的定位更加集中；第二，“社会教育基地”与“信息资源保管中心”的定位，高校图书馆与公共图书馆的态度存在较大的分歧，排序不同。高校图书馆读者强调图书馆的资料保存保管功能，对资源的要求较高，公共图书馆读者侧重图书馆的社会教育功能；第三，“社会活动中心”与“娱乐休闲中心”的排序一致，但是绝对比例上，公共图书馆更大，公共图书馆读者与高校图书馆相比，娱乐休闲的利用更多。

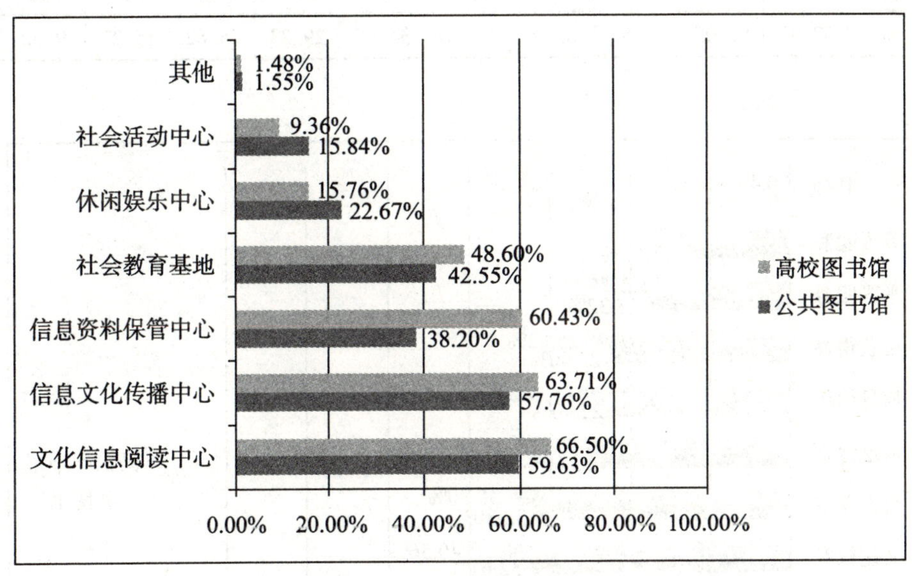

图 5-3 读者视野图书馆定位比较

5.2.2 读者对图书馆核心价值的认知

读者对公共图书馆的核心价值认知（见表 5-3），主要是促进阅读学习，占 53.73%；关于信息服务、保存、自由获取、最大限度实现信息价值占据次要地位；也有少量读者认为是平等、隐私保护、实现公民文化权利。反映了我国读者目前较多认为对于权利的保护与实现意识已开始增强。

高校图书馆是为科研教学服务的重要支撑单位，对于核心价值的探讨有助于强化其核心竞争力，调研结果显示（表 5-3）各种核心价值认知比例较为均衡，信息服务、阅读中心、实现信息价值成为认同率最高的图书馆核心价值，尊重隐私得到的认同率最低。57.47% 的读者认为其核心价值为信息服务，阅读学习和最大限度实现信息价值也是多数读者认为较为重要的核心价值，对于图书馆界一直倡导的公平、平等、隐私保护等价值，国内读者较少关注。可见，国内读者在维权意识较为淡薄。部分读者也提出了高校图书馆的核心价值应包括增进社会文化，创造良好的阅读氛围。

表 5-3 读者对图书馆核心价值的认知

图书馆类型	样本情况	阅读学习	信息价值	信息服务	文化权利	自由获取	信息保存	信息组织	可获得性	平等服务	尊重隐私	其他
公共图书馆	有效	173	125	123	105	104	76	72	71	59	44	2
	缺失	149	197	199	217	218	246	250	251	263	278	320
	%	53.73	38.82	38.20	32.61	32.30	23.60	22.40	22.40	18.32	13.67	0.62
高校图书馆	有效	350	317	314	247	218	211	178	156	93	58	3
	缺失	259	292	295	362	391	398	431	453	516	551	606
	%	57.47	52.05	51.56	40.56	35.80	34.65	29.23	25.62	15.27	9.52	0.49

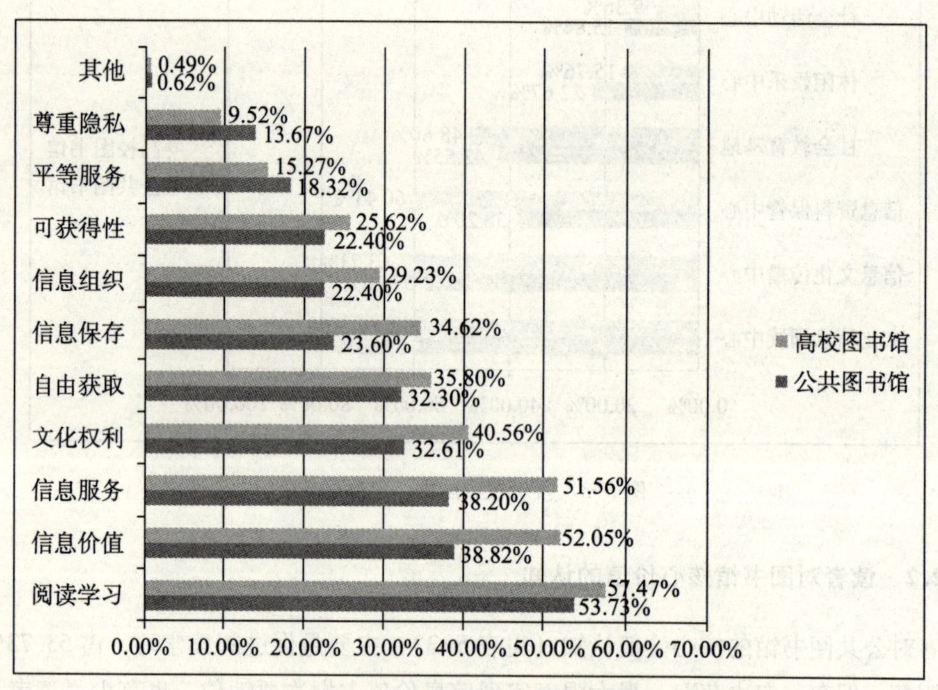

图 5-4 读者视野图书馆核心价值比较

比较公共图书馆与高校图书馆的调研结果，第一，用户对高校图书馆的核心价值认识更为清楚，更为多元。图 5-4直观显示，读者对高校图书馆核心价值的认知更为清晰，选择比例明显高于公共图书馆，同时各核心价值假设的比例都很高，侧面反映出高校图书馆在用户视野中的重要性较高。第二，高校图书馆与公共图书馆的核心价值排序一致，“阅读学习”、“信息价值”、“信息服务”的图书馆核心价值得到了各类型图书馆用户的认可，图书馆作为学习机构与信息机构的机构性质已经深入人心。第三，高校图书馆用户由于其文化素质整体水平较高，因此对于高校图书馆的核心价值要求更为多元。而公共图书馆用户更侧重与图书馆的实际使用，能否获取自己需要的书籍资料，没有对图书馆核心价值进行更多理性思考。

5.2.3　读者对图书馆实现核心价值途径的认知

对于如何实现公共图书馆核心价值（见表5-4），64.4%的读者认为应不断丰富馆藏资源，可见读者认为目前公共图书馆资源并不丰富，有必要及时更新，提高时效性，满足读者多样化信息需求。有一半的读者认同采用免费服务的手段来实现公共图书馆核心价值。部分读者也意识到了规范馆员队伍，提高其服务理念与态度是实现公共图书馆核心价值的保障措施。

关于图书馆采用何种途径实现高校图书馆的核心价值（见表5-4），读者提供了如下建议，71.92%的读者认为首要途径是不断丰富馆藏资源，这样才能满足读者多样化需求，实现其提供信息服务的核心价值；其次是通过开展免费、平等服务保障其信息服务，最大限度地实现信息价值；仅有34.65%的读者提出从职业理念和馆员敬业态度的端正途径实现其核心价值，而对于职业准入制度似乎读者不太关心。此外部分读者提出了以下几方面的途径，如差异化的馆藏，馆际合作；群众监督，吸取群众意见；馆员素质的提升；力求环境设备美观整洁方便；提供网络查询图书引进人才，发展图书馆社工；平等服务和差异服务可并存等。

比较公共图书馆与高校图书馆（见图5-5），实现核心价值的途径两者之间的排序一致，"丰富馆藏"、"免费服务"、"平等服务"方式已经得到读者的共识。但读者对高校图书馆改进服务，树立核心价值的期望更大，提出实现图书馆核心价值应采取的途径更为丰富。

表5-4　实现图书馆核心价值应采取的途径

图书馆类型	样本情况	丰富馆藏	免费服务	平等服务	理念和态度	延伸服务	主动服务	差异服务	法律保障	职业准入	其他
公共图书馆	有效	206	180	127	84	79	73	44	37	24	4
	缺失	116	142	195	238	243	249	278	285	298	318
	%	63.98	55.90	39.44	26.09	24.53	22.67	13.66	11.49	7.45	1.24
高校图书馆	有效	438	368	254	211	207	182	154	99	92	9
	缺失	171	241	355	398	402	427	455	510	517	600
	%	71.92	60.43	41.71	34.65	33.99	29.89	25.29	16.26	15.11	1.48

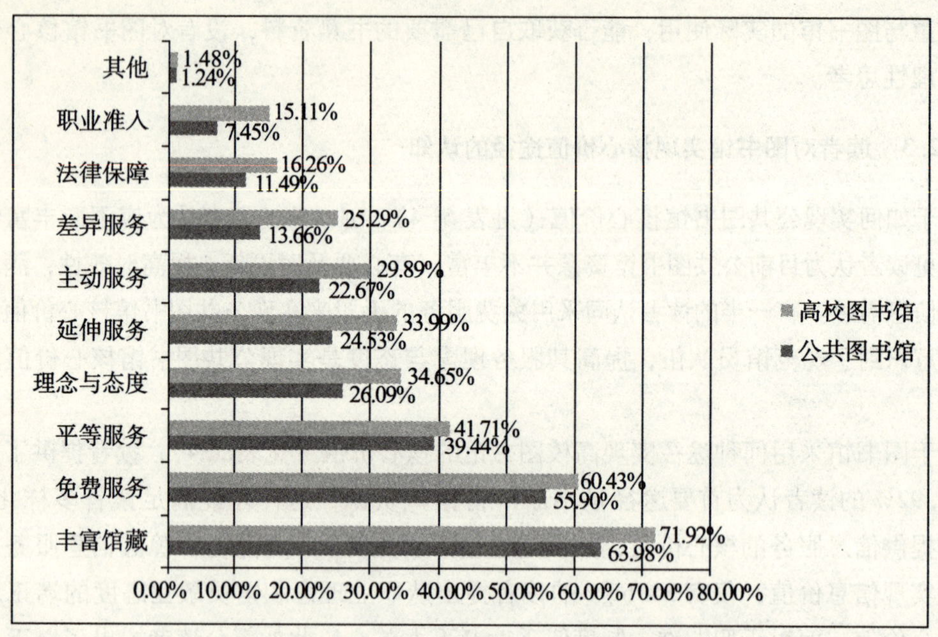

图 5-5　读者视野图书馆实现核心价值途径比较

5.2.4　读者对图书馆核心业务的认知

表 5-5显示了读者对图书馆各项工作重要性的认识，其中包括馆藏、环境、服务态度、咨询等各个方面。

表 5-5　读者认为高校图书馆最重要工作

图书馆类型	样本情况	馆藏丰富更新及时	电子数据库	免费自由	查检速度	环境设备	服务态度	自习空间	咨询服务	开放时间	借阅	个性服务	通告及时	代查代检	娱乐设施	交通方便
公共图书馆	有效	203	64	80	77	110	75	59	62	34	49	29	58	11	33	31
	缺失	119	258	242	245	212	247	263	260	288	273	293	264	311	289	291
	%	63. 04	19. 88	24. 84	23. 91	34. 16	23. 29	18. 32	19. 25	10. 56	15. 22	9. 01	18. 01	3. 32	10. 25	9. 63
高校图书馆	有效	397	333	189	150	138	131	102	98	68	64	58	54	34	16	12
	缺失	212	276	420	459	471	478	507	511	541	545	551	555	575	593	597
	%	65. 19	54. 68	31. 03	24. 63	22. 66	21. 51	16. 75	16. 09	11. 17	10. 51	9. 52	8. 87	5. 58	2. 63	1. 97

公共图书馆方面，馆藏被读者认为是图书馆最重要的核心业务。查找自己所需要的文献资料，阅读报刊是多数读者到公共图书馆的目的所在，馆藏是实现这些的基础，也是读者最为关心的。环境设备、免费服务也得到了读者的青睐，公共图书馆是社会文化服务机构，文化环境是其吸引读者的重要方式，也是读者看中的图书馆硬件，美化图书馆环境被读者认为

是优化图书馆服务的职责之一，也是图书馆的核心业务。

高校图书馆方面，第一为馆藏资源丰富并且更新及时。有65.19%的读者认为此项工作是高校图书馆最重要的工作之一。入馆查找资料，是读者经常利用图书馆的主要原因，所以馆藏资源是否丰富，更新、上架是否及时都关系着读者信息需求是否满足。所以近2/3的读者认为这项工作最为重要。第二是电子数据库资料丰富、满足需求。54.68%的读者选择了此项馆内重要工作。数字资源的迅速发展、电子期刊的广泛普及，改变了高校图书馆的馆藏结构，许多高校图书馆购买了大量的电子期刊数据库，此时如何利用电子期刊以及提高图书馆的信息服务能力，也为图书馆工作带来了一定的挑战。尤其高校图书馆主要使命是为教学、科研服务，其学术资源的质量，以及满足本校所有专业师生的需求是要有所保障的。同时师生较多利用网络获取图书馆这些数字资源，如何保证重点学科需求同时有要满足所有师生的专业需求，是高校图书馆的重要工作。第三是免费自由。有31.03%的读者提出了高校图书馆的重要工作之一是保证读者免费自由的获取信息资源。电子文献适应网络时代图书馆文献信息数字化存取、传递和服务的要求，满足用户自由、快速获取文献信息的需要，提高高校图书馆为教学、科研服务的能力和水平。由于教学、科研需要，大部分师生要利用外文资源，但获取原文费用昂贵，图书馆应指引读者利用完全免费的电子期刊，并采取获取外文补贴政策，补贴额由少到多，逐步实现原文传递全额补贴政策，满足读者免费自由获取信息资源的需求。除此三项外，资料检索速度与获取速度快也是比较重要的工作，同时数据显示读者认为环境与服务态度并重。对于一些个性化服务、娱乐设施、通告服务等工作读者并非比较重视，由于高校图书馆位于高校内，故交通便利并不能成为高校图书馆工作的要解决的问题，但还是有1.97%的读者认为高校图书馆的位置不方便达到。

对比读者视角下公共图书馆和高校图书馆的核心业务（如图5-6），第一，馆藏是两者共同关注的焦点。高校图书馆与公共图书馆读者都把图书馆的馆藏建设作为图书馆的核心业务，把馆藏发展视为图书馆发展的基础与开展其他服务的前提。第二，高校图书馆读者更重视电子资源建设，高校图书馆的电子数据库资源是读者利用图书馆的重要途径，得到了读者的重视。相对而言，公共图书馆对于电子数据库资源的需求与利用并不高，一方面，公共图书馆的电子数据库较为单一，利用障碍较多；另一方面，公共图书馆的用户对于电子数据库的使用需求没有高校图书馆那么迫切。第三，公共图书馆用户对于图书馆环境设备发展期望较高。第四，交通方便成为部分公共图书馆用户希望图书馆着重改善的方面，对于此项，高校图书馆的期望并不明显。

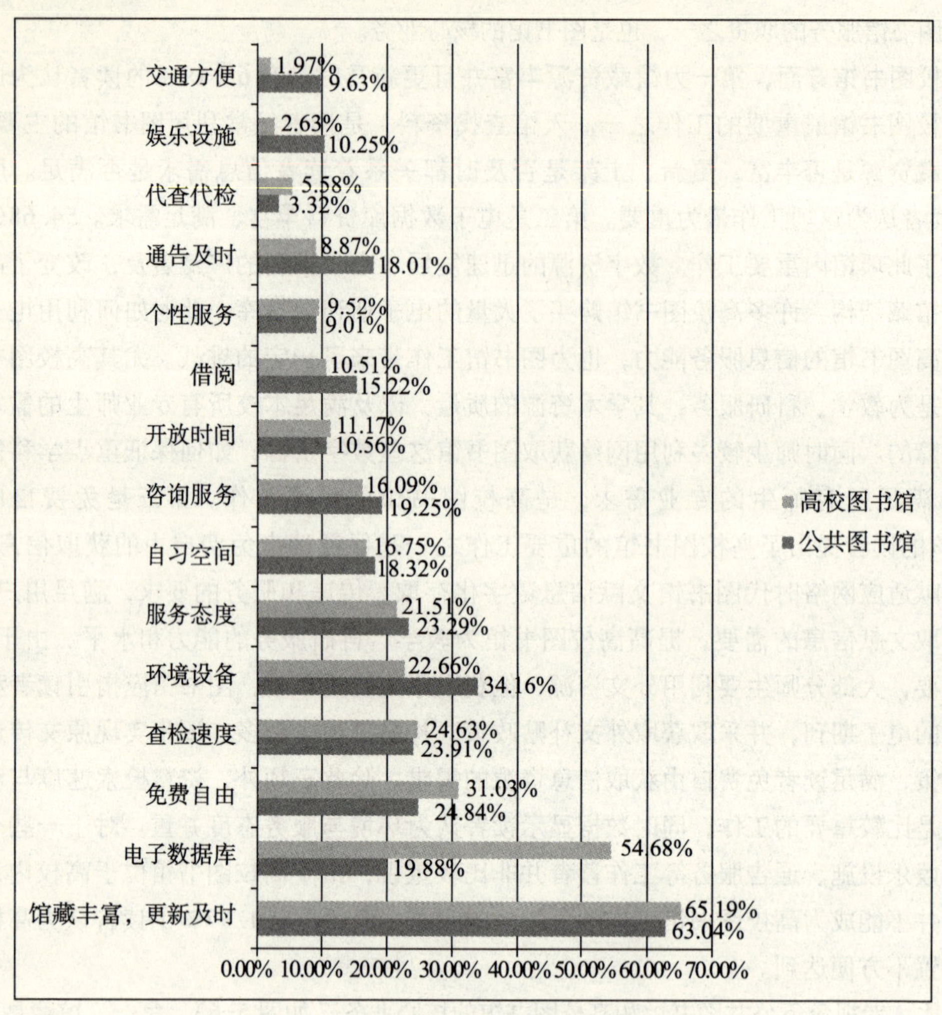

图 5-6　读者视野图书馆实现核心业务比较

5.3　不同视角图书馆定位的比较与差异成因分析

前两节对图书馆的自身服务定位与核心价值判断情况数据进行了描述性分析，对读者眼中的图书馆服务也作了详细的阐述。作为服务的提供方和受益方，他们的立场不同，对于具体的功能定位和认识有所差异。如何认清差距所在，进一步弥补不足，实现图书馆发展与读者需求的良性发展，是本研究和图书馆事业的共同目标。本节将对不同视角下的图书馆定位问题进行探讨，探索形成这一现象的原因，据此提出图书馆的定位建议。

5.3.1　对公共图书馆的不同定位与成因分析

根据调研数据显示，公共图书馆对自身的定位以“书刊阅读中心”所占比例最高，其次是“文化资源中心”，再次是“信息服务中心”。很明显，在大多数图书馆人的眼中，公共图书馆最为重要的一个角色就是为社会民众提供一定的信息资源和空间，并且这些信息资源以传统的文献获取方式为主。这种视角下的公共图书馆有充分的优越感，它们凭借丰富的资源优势，似乎仅以开放阅览的形式“坐等”用户前来即可。而开展社会教育活动，需要图书馆更积极主动地提供面向读者的各类服务，更加清楚读者的各种信息需求，与前几种角色相比，图书馆自身所要付出的前期调查、策划、后续跟踪等，较为耗时耗力。同样的，“社区活动中心”角色的实现也需要图书馆自身具有相当的凝聚力和策划能力，对图书馆工作人员的要求提高，对图书馆工作的内容也是一个挑战。

在这样的主导定位基础上，图书馆机构在过去很长时间内以被动服务或简单服务为主就不足为奇，其在社会公众眼中的社会形象也仅仅是一种“资源”、“机构”的概念。而随着社会发展，图书馆应该重新审定其价值取向，在保持资源优势的基础上考虑如何更好地实现资源的社会服务效益。

读者角度的公共图书馆定位，调研结果显示，读者最普遍关注的两大功能为“信息文化传播中心”和“信息阅读中心”。较之上面公共图书馆的自身定位而言，读者更期待图书馆是一个文化传播平台，能够为自己提供信息交流、信息服务和反馈的各种渠道。读者更愿意把图书馆想象为一个信息源，具有对外辐射的功能。换句话说，读者希望图书馆发挥主动服务和上门服务或延伸服务，以推送信息的方式为自己提供相关信息。

总之，以上不同视角下的公共图书馆定位差异，可以简要地归纳为服务上的静态性和动态性的差别以及被动性和主动性的差别。首先，公共图书馆自身的“书刊阅读中心”强调资源的收集与保管、整理，是一种职业职责所在的静态化操作理念；而读者关于公共图书馆的“信息文化传播功能”等的定位，看重的则是信息的效用功能，能够从馆内流向馆外，面向社会，是信息输出的动态化服务理念。其次，公共图书馆更倾向于信息保管空间、阅读空间的提供，而未能更好地体会到传播和交流对于信息本身以及广大社会读者的意义，而读者视角下的图书馆，是应该将资源和信息提供出来供大家分享的，是具有主动服务读者意识的。这是读者对公共图书馆的定位，也可以说是一种期待。

5.3.2 对高校图书馆的不同定位与成因分析

将图书馆自身对高校图书馆的定位和读者对其的定位进行对比（见表 5-6），可以发现，图书馆视角下的定位主要以信息服务中心和书刊阅读中心为主，同时也是文化资源中心，尤其以信息服务中心为主要的定位。在读者的眼中，高校图书馆首先是文化信息阅读中心，其次是信息文化传播中心，而且还是信息资料保管中心。

表 5-6 高校图书馆自身定位与读者对图书馆的定位比较

功能	高校馆自身定位	读者对高校馆定位
信息	信息服务中心 92.09%	信息文化传播中心 63.7%
社会教育	社会教育中心 25.90%	社会教育基地 48.6%
社区社会活动	社区活动中心 2.16%	社会活动中心 9.4%
资源	文化资源中心 64.03%	信息资料保管中心 60.3%
阅读	书刊阅读中心 66.19%	文化信息阅读中心 66.5%
休闲娱乐		休闲娱乐中心 15.8%
其他		其他 1.5%

图书馆自身对高校图书馆的定位，是以信息服务中心为主的，读者则认为是文化信息阅读中心。从这一点可以看出，高校图书馆更注重信息的提取，以为读者提供更进一步的信息为主。而读者或许出于现实中利用图书馆的经验，将高校图书馆定位为文化信息阅读中心。这反映了高校图书馆的用户利用图书馆相对简单。不过，读者对于高校图书馆的主要定位比例接近，因此，也可以说高校图书馆还是很好地做到了全面地为读者服务，使读者有机会接触多种服务，从而得出较为平均的评价与定位。

虽然图书馆自身的定位和读者对其的定位在措辞上有所差异，但其实质是基本相同的，也就是说图书馆自身和读者在对高校图书馆的定位上所存在的差异很小。图书馆对高校图书馆的定位中，“信息服务中心”对应读者定位中的“信息文化传播中心”，以信息的流动与传播为主要内容，体现其动态的服务功能；“书刊阅读中心”对应读者定位中的“文化信息阅读中心”，同样以阅读为主，是对图书馆传统服务的体现；“文化资源中心”读者定位中的“信息资料保管中心”，强调静态的资源整合，突出图书馆一贯的资源优势。另外的一个相同点，即图书馆自身和读者都对高校图书馆作为社区活动中心持否定态度，支持率一样的低迷。

综上所述，图书馆自身和读者视角下的高校图书馆定位总体一致，相对公共图书馆而言，高校图书馆与读者的互动与联系更为紧密。

6 图书馆服务的调查与分析

图书馆服务是图书馆面向读者的日常服务活动，一方面它作为图书馆实现其社会价值的重要方式，反映了图书馆这一机构的运行现状与发展趋势；另一方面它又是读者感受图书馆的直接途径，读者对图书馆服务的利用与满意情况具有极大的研究价值。本章分别从图书馆视角和读者视角对图书馆服务进行分析与说明。

6.1 图书馆视角的图书馆服务

各级各类图书馆作为社会中的文化服务机构，向公众提供着种类丰富的图书馆服务。而各个图书馆所提供的图书馆服务，从服务项目、推广方式、读者交互以及服务改善等方面，都体现着图书馆机构对图书馆服务的态度与认知。

本节主要对项目问卷Ⅰ所反映的图书馆服务内容等相关数据进行分析，问卷Ⅰ图书馆机构调查有效样本量为276份，其中公共图书馆为126份，高校图书馆为139份，其他类型图书馆11份。本部分中的主要内容包括图书馆服务项目内容、服务的宣传方式、吸引读者手段以及关于服务改善的调研分析。

6.1.1 图书馆服务对象

关于不同类型图书馆其服务对象是否存在差别，调研抽取了各类型图书馆对于自身服务对象的界定数据，见表6-1。

表6-1 各类型图书馆服务对象

服务对象	图书馆类型						合计	
	公共馆		高校馆		其他馆			
	频数	%	频数	%	频数	%	频数	%
本地户籍人员	13	10.32	0	0.00	2	18.18	15	5.43
本地常驻人员	13	10.32	2	1.44	1	9.09	16	5.80
在本地区的所有人员	98	77.78	5	3.60	4	36.36	107	38.77
本校师生	2	1.59	132	94.96	4	36.36	138	50.00
合计	126	100	139	100	11	100	276	100

在各类型图书馆的服务对象上，如表6-1所示，77.78%的公共图书馆将其服务对象定位为在本地区的所有人员，这也是在建设社会主义文化体系的总体社会大背景下图书馆逐步形成的服务认知，即将服务领域逐渐深入，触角伸至在本地区的所有人员，突破了户籍的限制；

相比之下，高校图书馆大多将自己的服务对象定位为本校的师生（94.96%），而将校外公众作为服务对象的仅占总数的5.04%，这也是高校图书馆与公共图书馆的分工不同而产生的差别，至于其他类型图书馆由于收集样本比例太少，且涉及多类型图书馆，这里不就其服务对象问题作深层次阐述。

但是这里还要关注到的一个问题是，现实中许多图书馆并不具备服务本地区所有人员的能力，那么这样的认识只能代表一种服务理念上的进步，但在现实推行来看，还需要很长的路要走。

6.1.2 图书馆服务条件分析

在借阅条件上，大部分的图书馆机构（92.03%）仍需要办理借书证或阅览证，从现实角度分析，办理借书证或者阅览证并不是阻碍读者使用图书馆的必要条件，而在于办理过程中对于读者实行的人为的划分和阻碍。在是否收取费用上，现在比较通用的办法是收取借阅费用（40.58%）或一定的押金（13.04%），而采取不需要任何费用的单位只占到有效问卷总数的16.30%，真正宣称不需要任何手续的比例仅为有效问卷总数的5.43%，见表6-2。

表6-2 图书馆服务条件统计

借阅条件	需要办理借书证或阅览证		需要收取一定的借阅费用		需要收取押金		不需要任何手续		不需要任何费用	
	频数	%	频数	%	频数	%	频数	%	频数	%
有效	254	92.03	36	13.04	112	40.58	15	5.43	45	16.30
缺失	22	7.97	240	86.96	164	59.42	261	94.57	-2231	83.70

在各类图书馆的使用比例上，如表6-3所示：

表6-3 各类型图书馆服务条件

服务对象	图书馆类型						合计	
	公共馆		高校馆		其他馆			
	频数	%	频数	%	频数	%	频数	%
需要办理借书证或阅览证	110	87.30	133	95.68	11	100	254	92.03
需要收取一定的借阅费用	21	16.67	14	10.07	1	9.09	36	13.04
需要收取押金	82	65.08	27	19.42	3	27.27	112	40.58
不需要任何手续	8	6.35	6	4.32	1	9.09	15	5.43
不需要任何费用	14	11.11	29	20.86	2	18.18	45	16.30
合计	235	50.87	209	45.24	18	3.90	462	100

在办理借书证或者阅览证上，三类图书馆体现出一致的变化规律，即大部分都主张办理

借书证或者阅览证。在是否收取费用上，三类图书馆的大方向都是采取不收取借阅费用的办法，这也是相对人性化的表现。

以上三者之间一般保持着一致的变化态势，但在是否收取押金上，公共馆与高校馆出现了不一致的地方。公共馆大多需要收取押金（65.08%），而高校馆需要收取押金的比率只占到19.42%，这可能是因为公共馆的资金来源较为紧张，需要收取一定押金减缓资金压力，但更可能是因为公共馆面向的社会读者千差万别，成分上较为复杂，交纳押金可以起到保护图书的作用。相对而言，高校馆在这两方面上都相对单纯，经费来源较为单纯，易得到支持和补助，服务对象也比较好管理。因此两者在收取押金上体现出一些不同。

相应的在“无费用”项也体现了这一特点，高校馆的比例是20.86%，而公共馆只占到了11.11%，公共图书馆的财政压力较大，尤其在一些县级图书馆或社区图书馆中，资金问题更为紧张，这也提示我们，在社会公共文化服务体系建设上，各类型图书馆绝对不是齐头并进的，而是要有梯度的进行，在一些经济和扶持力度相对较差的地区我们要更好地采取现实、理性的对策。

6.1.3 图书馆服务项目

各级各类图书馆为行使自身的职能，在日常活动中向公众所提供的图书馆服务项目十分丰富，包括：书刊借阅服务、联机书目查询、馆际互借服务、网络浏览服务、多媒体服务、信息导航服务、新书通报服务、信息咨询服务、专题服务、经典导读服务、特色文化推荐、展览服务、讲座或报告服务、阅读普及服务、读者互动服务、读者培训服务、翻译服务、社区延伸服务、广告宣传服务以及其他服务项目。

对于图书馆服务内容的选择范围具体分布情况如表6-4所示。

表6-4 图书馆服务项目案例分布

图书馆服务项目	案例			
	有效	总计	百分比	排序
联机书目查询	204	276	73.91	5
书刊借阅服务	266	276	96.38	1
馆际互借服务	166	276	60.14	9
网络浏览服务	222	276	80.43	4
多媒体服务	190	276	68.84	6
信息导航服务	160	276	57.97	10
新书通报服务	223	276	80.80	3
信息咨询服务	226	276	81.88	2
专题服务	150	276	54.35	11
经典导读服务	82	276	29.71	17
特色文化推荐	101	276	36.59	15

续表

图书馆服务项目	案例			
	有效	总计	百分比	排序
展览服务	143	276	51.81	12
讲座或报告服务	186	276	67.39	8
阅读普及服务	120	276	43.48	14
读者互动服务	123	276	44.57	13
读者培训服务	190	276	68.84	6
翻译服务	17	276	6.16	19
社区延伸服务	89	276	32.25	16
广告宣传服务	41	276	14.86	18
其他	276	276	100	—

各级各类图书馆所提供的诸多服务项目当中，开展的最为普遍的主要分布在以下两个领域：一是如书刊借阅这样的图书馆传统的和最基本的服务活动；二是信息化社会环境当中不断衍生的新服务，如联机书目检索服务、网络浏览服务和信息咨询服务。而一些与阅读推广和读者互动类的服务项目开展的比例偏低。与传统的书刊借阅、参考咨询等服务活动相比较，这些活动在技术上的可行难度并不大，同时也不会对图书馆的财政造成很高的负担，但对于图书馆服务人员而言可能需要付出更多的劳动，同时短期内很难看到明显的社会效果。其他如广告宣传、翻译服务项目都需要图书馆工作人员跳出原有工作的条条框框，同时，开展这些新的服务项目也将对图书馆工作人员的知识水平与学习能力提出更严格的要求。

在各类图书馆上，服务项目又有具体的区分，见表 6–5。

表 6–5 不同类别图书馆服务项目

图书馆服务项目	图书馆类型						合计	百分比
	公共馆		高校馆		其他馆			
	频数	%	频数	%	频数	%		
联机书目查询	81	64.29	116	83.45	7	63.64	204	73.91
书刊借阅服务	123	97.62	133	95.68	10	90.91	266	96.38
馆际互借服务	75	59.52	86	61.87	5	45.45	166	60.14
网络浏览服务	101	80.16	113	81.29	8	72.73	222	80.43
多媒体服务	81	64.29	99	71.22	10	90.91	190	68.84
信息导航服务	69	54.76	86	61.87	5	45.45	160	57.97
新书通报服务	98	77.78	115	82.73	10	90.91	223	80.80
信息咨询服务	104	82.54	118	84.89	4	36.36	226	81.88
专题服务	70	55.56	76	54.68	4	36.36	150	54.35
经典导读服务	41	32.54	40	28.78	1	9.09	82	29.71

续表

图书馆服务项目	图书馆类型						合计	百分比
	公共馆		高校馆		其他馆			
	频数	%	频数	%	频数	%		
特色文化推荐	68	53.97	31	22.30	2	18.18	101	36.59
展览服务	85	67.46	52	37.41	6	54.55	143	51.81
讲座或报告服务	93	73.81	88	63.31	5	45.45	186	67.39
阅读普及服务	79	62.70	37	26.62	4	36.36	120	43.48
读者互动服务	69	54.76	48	34.53	6	54.55	123	44.57
读者培训服务	76	60.32	106	76.26	8	72.73	190	68.84
翻译服务	10	7.94	6	4.32	1	9.09	17	6.16
社区延伸服务	77	61.11	10	7.19	2	18.18	89	32.25
广告宣传服务	27	21.43	12	8.63	2	18.18	41	14.86
合计	1427	49.22	1372	47.33	100	3.45	2899	100

表6-5数据表明，在一些认同度比较高或者比较传统的服务项目，各类图书馆的开展比例都比较高，诸如书刊借阅服务、网络浏览服务、新书通报服务、信息咨询服务；在某些技术含量较高的服务领域，如联机书目检索、多媒体服务，公共图书馆尚有不足，而高校图书馆在提供此类服务项目中的表现明显优于公共图书馆；对于读者培训服务，公共图书馆选择比例占到了60.31%，高校图书馆占76.26%，这是因为高校图书馆读者来源成分相对单一，也容易组织起来进行培训教育，在一些高校当中，新生入学后往往会被安排参加一次集体的图书馆教育活动，在活动过程中新生会学习到如何使用图书馆的一般性知识。另外，也有高校图书馆常年开展如何利用图书馆的讲座培训。与高校图书馆相比，公共图书馆的服务对象是形形色色的社会大众，服务对象的复杂性决定着在公共图书馆开展模式化的统一培训的效果难以保证。

而在一些与社区生活结合较为紧密的服务项目上，公共图书馆较之高校图书馆具有明显的优势，这是由两类图书馆的性质和任务所决定的。高校图书馆主要服务于校内人群，读者文化程度相对较高，展览没有达到一定的发展程度，同时，也是自身宣传意识不强的表现。而公共图书馆服务于社会，通过展览服务等措施可以更方便地加强读者对于图书馆的了解。其他与之类似的还有读者互动服务、特色推荐服务、阅读普及服务，而这一类中最明显的例子是社区延伸服务，公共图书馆高出高校图书馆50余个百分点，究其缘由，高校图书馆的服务主体仍是本校师生，服务目的主要集中在辅助学校的教学与科研活动，对于社区用户日常的大众阅读、娱乐方面的需求的满足能力相对较弱，但是我们还要看到，这才是符合发展前景的，同时，公共图书馆的选择比例也不是很高，还有一些馆在这上面并没有清晰的认识，也需要引起我们的注意。

另外，还存在一些各类图书馆开展比例都不高的服务项目，如馆际互借，其现实推行具有一定难度，这也是传统的单维度管理造成的困难。翻译服务，公共图书馆仅有7.94%，高校图书馆仅有4.32%，这是在两类图书馆所开展的服务类别中提供率都非常低的一项服务活动。而这类看似与图书馆核心服务活动关系不大的项目的开展不仅意味着图书馆与社会转型和知识优化更好地匹配，更是对图书馆自身服务能力提出的更高要求，要达到这一服务目的，就必须实现馆员知识结构的转变。在选择比例都较低的服务领域，各类图书馆的认识和发展程度也不一致，如广告服务，公共图书馆占21.43%，高校图书馆占8.63%，其他图书馆占18.18%，都不是很高，但是公共图书馆和其他图书馆中的某些比较单位意识到了对外宣传的重要性，并能够通过有效的方式宣传自己，高校图书馆则相对较为被动。

6.1.4 图书馆服务宣传方式

图书馆是一项社会事业，面对的是社会公众，那种关门过日子，不注意图书馆公关，不重视外部宣传的时代已经过去了。图书馆越来越重视对外宣传，扩大图书馆的影响，提高知名度，吸引更多的人利用图书馆。宣传的内容包括图书馆的性质和任务，服务的内容和宗旨，藏书特色和读者对象，报道图书馆活动，介绍利用图书馆的方法，揭示为读者提供服务的途径和方法，使更多的人了解和认识图书馆。本研究对图书馆服务宣传方式现状进行调查，探讨各类型图书馆在宣传方式上的差异。

在图书馆服务的宣传方式选择上，详见表6-6。

表6-6 图书馆服务宣传方式

图书馆服务宣传方式	案例		
	有效	总数	百分比
图书馆网站	232	276	84.06
宣传栏/宣传牌	239	276	86.59
电子邮件	70	276	25.36
宣传手册	134	276	48.55
电话	48	276	17.39
广播、电视、报纸	73	276	26.45
举办推介活动	119	276	43.12
手机短信群发	24	276	8.70
其他	276	276	100

通过表6-6可以看出，采用宣传栏作为宣传新服务方式的比例最高，接受调查的图书馆中86.59%都设有宣传栏/宣传牌，其次是利用图书馆网站进行宣传，占总比例的84.06%，但除宣传栏与网站之外的其他宣传方式图书馆采用的相对较少，说明图书馆宣传服务的措施还相对单一，图书馆在面向公众的宣传、沟通与互动方面主动意识并不强烈。

具体到各类图书馆的服务宣传选择方式，详见表6-7。

表 6-7 不同类别图书馆服务宣传方式

图书馆服务宣传方式	图书馆类型						合计	百分比
	公共馆		高校馆		其他馆			
	频数	%	频数	%	频数	%		
图书馆网站	91	72.22	132	94.96	9	81.82	232	84.06
宣传栏/宣传牌	113	86.68	119	85.61	7	63.64	239	86.59
电子邮件	23	18.25	45	32.37	2	18.18	70	25.36
宣传手册	61	48.41	66	47.48	7	63.64	134	48.55
电话	21	16.67	26	18.71	1	9.09	48	17.39
广播、电视、报纸	58	46.03	12	8.63	3	27.27	73	26.45
举办推介活动	61	48.41	52	37.41	6	54.55	119	43.12
手机短信群发	16	12.70	8	5.76	0	0.00	24	8.70
合计	444	47.28	460	48.99	35	3.73	939	100

与开展服务项目方面的情况相类似，高校图书馆在一些技术含量较高的宣传手段上使用比例较高，如网站宣传、电子邮件等；公共图书馆更善于使用一些与公众联系较为密切的传播媒介，如广播、推介活动等，这也与其服务对象的特点有关。其他图书馆的选择趋势大致在两者之间，并没有表现出更多的独特性特征。值得注意的是手机短信群发服务，公共图书馆占12.70%，高校图书馆占5.76%，说明公共图书馆并非不能很好地应用信息技术，相反，尤其是一些走在前列的公共图书馆，更能很好地运用了先进技术为自己的读者服务，在这方面，高校图书馆反而比较迟钝。

6.1.5 吸引读者的服务改善方式

图书馆必须通过多种措施来改善并宣传自身的服务，让更多的读者接纳并很好地使用图书馆，但在具体的服务改善方式选择上，各个图书馆是存在差别的。

根据表 6-8，没有哪类服务占据较高的选择比例，当然这从另一个侧面也说明了图书馆开始审视自身以及服务群体的具体情况而做出多维分布的选择。提高藏书数量/质量的选择比例最高，也不过占有效问卷总数的85.14%，而大部分的选项维持在60%的水平，而如广告宣传、主动服务仅占到百分之三四十的比例，适当降低费用以及其他商业手段的方式并不为多数图书馆所采纳。

表 6-8 图书馆服务改善方式

图书馆服务改善方式	案例		
	有效	合计	百分比
适当降低收费标准	45	276	16.30
举办用户/读者培训	177	276	64.13
举办讲座/报告	170	276	61.59

续表

图书馆服务改善方式	案例		
	有效	合计	百分比
调整开放时间	176	276	63.77
改善馆藏基础设施	178	276	64.49
提高藏书数量/质量	235	276	85.14
加强广告宣传	84	276	30.43
举办个性化服务	124	276	44.93
提供主动服务	166	276	60.14
通过其他商业手段	9	276	3.26
其他	276	276	100

图书馆服务项目基本可以划分为基础阅览服务、增值服务与延伸服务等三部分。实现图书馆的可持续发展需要这三类服务的均衡开展，也需要降低图书馆的门槛，以公益为准则，以资源最大利用为目标发扬与改良现有服务工作的不足。各馆针对自己的实际，选择了不同的服务改善方式，具体数据见表 6-9。

表 6-9　不同类别图书馆服务改善方式

图书馆服务改善方式	图书馆类型						合计	百分比
	公共馆		高校馆		其他馆			
	频数	%	频数	%	频数	%		
适当降低收费标准举办用户/读者培训	28	22.23	15	10.79	2	18.18	45	16.30
举办用户/读者培训	69	54.76	102	73.38	6	54.55	177	64.13
举办讲座/报告	85	67.46	79	56.83	6	54.55	170	61.59
调整开放时间	72	57.14	96	69.06	8	72.73	176	63.77
改善馆藏基础设施通过其他商业手段	82	65.08	89	64.03	7	63.64	178	64.49
提高藏书数量/质量	106	84.13	119	85.61	10	90.91	235	85.14
加强广告宣传	48	38.10	33	23.74	3	27.27	84	30.43
举办个性化服务	61	48.41	58	41.72	5	45.45	124	44.93
提供主动服务通过其他商业手段	81	64.26	79	56.83	6	54.55	166	60.14
通过其他商业手段	5	3.97	4	2.88	0	0.00	9	3.26
合计	637	46.70	674	49.41	53	3.89	1364	100

在提高馆藏质量和数量上各类图书馆的选择比例都比较高，这也是传统意义上最为认可的服务改革方式，与之类似的还有改善馆内设施等措施。

在一些服务方式上，各类图书馆充分考虑到了自身的情况，如培训服务，高校图书馆的选择比例明显高于公共图书馆，这是因为高校图书馆的读者群相对单一，也便于组织，而公共图书馆由于人员以及经费有限，考虑调整开放时间的比例相对较少，但在举办讲座、主动服务上公共图书馆有比较明显的优势。

在一些涉及商业化运作的服务行为上，图书馆大都采取了比较谨慎的态度，如广告宣传的选择比例都比较低，而在降低收费标准以及其他商业手段上，图书馆可能面临更大的财政难题与抉择困难。

6.1.6 图书馆事业服务发展趋势

图书馆事业的发展自图书馆诞生起就不断被讨论，未来服务宗旨、核心价值、职业使命、图书馆形态、服务技术等都是探讨的热点。本研究对当前业内讨论的热点发展趋势进行汇总、分析和整理，提出发展趋势假设，调研各图书馆对这些未来发展趋势的认同程度（详见表6-10）。这些热点不仅反映了图书馆从业人员的职业理念，也是决定当前以及未来所开展的图书馆服务内容的关键。

表 6-10 图书馆职业对一些观点的态度

		图书馆类别			合计	百分比
		公共馆	高校馆	其他馆		
图书馆将走向无馆舍化	赞同	15	18	2	35	12.68
	中立	18	27	1	46	16.67
	不赞同	88	94	8	190	68.84
	合计	121	139	11	271	98.19
图书馆应该重点对本地居民服务	赞同	87	86	7	180	65.22
	中立	12	31	2	45	16.30
	不赞同	25	19	2	47	17.03
	合计	125	136	11	272	98.55
应该体现公益性和大众性	赞同	121	126	11	258	93.48
	中立	2	11	0	13	4.71
	不赞同	0	1	0	1	0.36
	合计	123	138	11	272	98.55
用户永远是正确的	赞同	41	39	5	85	30.80
	中立	43	53	1	97	35.14
	不赞同	38	46	5	89	32.25
	合计	122	138	11	271	98.19
图书馆要提供休闲娱乐场所	赞同	76	62	7	145	52.54
	中立	23	44	3	70	25.36
	不赞同	23	34	1	57	20.65
	合计	122	139	11	272	98.55

续表

		图书馆类别			合计	百分比
		公共馆	高校馆	其他馆		
图书馆要开展一些延伸服务	赞同	120	122	10	252	91. 30
	中立	4	13	1	18	6. 52
	不赞同	2	3	0	5	1. 81
	合计	126	138	11	275	99. 64
地级馆应并入其他文化部门	赞同	16	14	1	31	11. 23
	中立	40	46	5	91	32. 97
	不赞同	64	76	5	145	52. 54
	合计	120	136	11	267	96. 74
公共图书馆应该向全国开放	赞同	105	104	11	220	79. 71
	中立	16	28	0	44	15. 94
	不赞同	1	6	0	7	2. 54
	合计	122	138	11	271	98. 19
图书馆的重要性将越来越低	赞同	8	17	2	27	9. 78
	中立	17	24	1	42	15. 22
	不赞同	96	97	8	201	72. 83
	合计	121	138	11	270	97. 83
图书馆应该提供24小时服务	赞同	42	52	2	96	34. 78
	中立	33	37	5	75	27. 17
	不赞同	48	49	4	101	36. 59
	合计	123	138	11	272	98. 55
图书馆要提供更多的人性化服务	赞同	123	137	10	270	97. 83
	中立	2	2	0	4	1. 45
	不赞同	0	0	1	1	0. 36
	合计	125	139	11	275	99. 64
图书馆要善于收集采纳用户意见	赞同	124	135	11	270	97. 83
	中立	1	2	0	3	1. 09
	不赞同	0	0	0	0	0. 00
	合计	125	137	11	273	98. 91

注：样本数为276

总体看来，图书馆业界对于自身发展前景的认识基本上仍遵从于学术界的主流观点，如对于无馆舍化大部分的图书馆是持反对意见的。在这方面各类图书馆表现出一致的态度，这也是符合当前学术导向的主流思想。在是否服务本地居民上，大部分的图书馆是采取赞同态度的，也说明公益服务的理念已经深入职业者的内心。

但在“用户永远是正确的”这一学术界仍在争论的命题下，各类图书馆的态度区别并不明显，持中立态度的占到了35. 14%，而持赞同与反对态度的各占大约一半比例，这一问题的明确有待于进一步的研究与实践的佐证。

休闲娱乐已经被很多图书馆的认可为自身的服务职责之一，但是持反对态度的仍占到20. 65%，另外持中立态度的也有25. 36%，这部分中立者中高校图书馆有44个，占其有效问卷数的31.65%，较之持中立态度的公共图书馆的比例高出13个百分点，这是值得我们注意的，高校图书馆由于一直担负着为教学科研服务的任务，其对于休闲娱乐的职能认识一直是限制在特定领域内的，这也是高校图书馆与公共图书馆的区别所在，那么我们在实际推行文化休闲方面的服务时也应当侧重于公共图书馆建设，而把学术性、科技性的服务留给高校图书馆。

对于“地方图书馆应并入其他文化部门”的观点，大部分的图书馆是持反对意见的，但也有32.97%的受访者持中立态度，其原因在于大部分受访者对这一意见并没有很深的理解，也没有直接的反对理由。而对于“图书馆应当提供24小时服务”选择的分布是比较平均的，并没有一个一致性的意见，在这方面，各类型图书馆的选择曲线是类似的，并不存在某类图书馆对于此有特别的观点。

对于“图书馆的重要性将越来越低”，绝大部分的图书馆是持反对态度的，可见图书馆工作者对于自身以及事业发展的前景还是充满信心的。“图书馆应该提供更多的人性化服务”这一观点，占绝对比例的受访者表示赞同，这也是符合测试的预期的。这一点在“图书馆要善于收集采纳用户意见”上表现得更为突出，甚至没有反对的意见存在，也说明图书馆对于读者是相当重视的，但在具体的意见采纳程度以及交流体制、交流后改善程度上仍需要进一步的努力。

调查发现，不同类型图书馆关于图书馆事业发展趋势的观点的判断并没有明显的区别，态度倾向的比例相当。高校图书馆在“图书馆重要性越来越降低”、“图书馆应该提供24小时服务”两项持赞同态度的略高于其他类型图书馆。当前，高校图书馆的数据库等电子资源服务已成为其主要的服务方式，复合式图书馆、数字图书馆在高校图书馆界已经形成一定规模，实现电子资源的24小时远程服务，“图书馆应该提供24小时服务”实现难度相对较小。另一方面，电子资源提供与利用的普及，使得图书馆实体的利用率有所降低，“图书馆重要性越来越低”的感受也较为明显。

6.2 读者视角的图书馆服务

读者调查作为读者工作的首要环节，是读者服务工作的前提，也是满足读者的客观依据。因此了解读者、把握读者利用图书馆的特点以及对图书馆服务的需求，有针对性地改进图书馆工作，提高图书馆服务水平就显得极为重要。为读者服务是图书馆的天职，一切工作都要针对读者的需求。随着时代与社会的不断发展，人民群众对公共文化服务的要求越来越高，国家对基础性公共文化服务也给予了高度重视。做好读者研究与服务工作，对于图书馆促进公共文化服务体系建设有着重大意义。

6.2.1 读者最经常利用的图书馆类型

表6-11的数据指出，读者最常利用的图书馆类型是高校图书馆（占61.04%），其次是

公共图书馆（占30.80%），利用率最低的是企业图书馆（仅占0.46%）。公共图书馆的服务群体是大众，但是反而在利用率上却仅为高校图书馆的一半左右，这一方面由于当前图书馆的本身属性决定了利用图书馆的群体属性，即高校读者经常需要利用图书馆来获取所需的信息资料，从便利性角度来说高校图书馆成了他们的首选；另一方面也是由于社会公众对图书馆的使用意识远弱于高校读者，而高校读者又更愿意使用本校图书馆，因此高校图书馆的利用率在总体分布上呈高态势。另外，科研单位、企业、社区等的图书馆以及儿童图书馆面向的读者群体较窄，被利用率低也是符合实际现状的。

表 6-11　读者最常利用图书馆的类型总体分布

读者利用的图书馆类型	频率	百分比	有效百分比
公共图书馆	332	30.57	30.80
高校图书馆	658	60.59	61.04
科研单位图书馆	41	3.78	3.80
企业图书馆	5	0.46	0.46
儿童图书馆	7	0.64	0.65
社区图书馆	17	1.57	1.58
其他	18	1.66	1.67
合计	1078	99.26	100
缺失	8	0.74	
合计	1086	100	

考察不同性别读者对各类型图书馆的使用情况（见表 6-12)，我们可以发现，整体的态势分布与表 6-11 中所呈现的基本一致，这表明性别的不同对图书馆的类型选择不会形成明显的倾向。

表 6-12　不同性别读者最常利用的图书馆类型

最经常利用的图书馆类型	男	女	合计
公共图书馆	175	154	329
高校图书馆	270	387	657
科研单位图书馆	12	29	41
企业图书馆	1	4	5
儿童图书馆	3	4	7
社区图书馆	4	13	17
其他	7	10	17
合计	472	601	1073

我们将读者群分为五个不同的年龄段分别进行统计（见表 6-13)。19—25 岁是使用图书

馆的高峰时期，突出表现在对高校图书馆的利用上，这是因为处于该年龄段的读者大都是在高校中进行学习和研究，除此之外，公共图书馆是他们的第二选择。而在 18 岁以下和 26—45 岁这两个年龄段的读者中，对公共图书馆和高校图书馆的利用程度却相差不大，前者对公共馆的利用率较高，后者则是高校馆较高。剩余两个年龄段的读者最常利用的是公共图书馆，61 岁以上一般只利用公共图书馆，18 岁以下和 46—60 岁的读者一般不利用企业图书馆，这说明公共图书馆对于 45 岁以上的读者吸引力最大，当然，这也是与高校馆、科研单位图书馆、企业图书馆等不会面向全体公众服务有关的，所以，公共图书馆在对读者推行平等的理念上有着天然优势。

表 6-13 不同年龄读者最常利用的图书馆类型交叉指标

年龄	公共图书馆	高校图书馆	科研单位图书馆	企业图书馆	儿童图书馆	社区图书馆	其他	合计
18 岁以下	36	24	3	0	4	1	4	72
19—25 岁	108	477	25	1	0	2	3	616
26—45 岁	131	146	10	3	2	6	9	307
46—60 岁	24	7	2	0	1	7	1	42
61 岁以上	29	0	0	1	0	1	0	31
合计	328	654	40	5	7	17	17	1068

从表 6-14 的各项数据来看，军人、自由职业者、离退休人员、商业服务人员以及教师所选的图书馆类型较少，学生和专业技术人员选择的类型比较丰富。学生、专业技术人员和教师这三类读者群体最常利用图书馆，这是与他们自身的身份和所从事的工作直接相关。比较不同身份、职业的群体对各类图书馆的使用情况，我们不难看出，身处高校的绝大多数学生和教师都易选择高校图书馆，而其他身份的人群如公务员、商业服务人员、军人、自由职业、离退休人员偏向去公共图书馆，这表明正是不同类型图书馆主要服务对象的定位导致了这些群体在对图书馆选择上的认知，由此也出现了对各类图书馆利用总数值上的分化。

表 6-14 不同身份读者最经常利用的图书馆类型

身份	公共图书馆	高校图书馆	科研单位图书馆	企业图书馆	儿童图书馆	社区图书馆	其他	合计
公务员	21	2	0	1	0	1	2	27
企事业单位管理人员	43	21	1	0	1	3	0	69
专业技术人员	54	31	7	2	0	2	4	100
商业服务人员	19	3	0	0	0	1	1	24
军人	5	0	0	0	0	0	0	5
教师	15	66	0	0	0	1	4	86

续表

身份	公共图书馆	高校图书馆	科研单位图书馆	企业图书馆	儿童图书馆	社区图书馆	其他	合计
学生	98	511	29	0	4	1	5	648
自由职业、待业	23	7	0	0	0	4	0	34
离退休人员	30	0	0	1	1	2	0	34
其他	15	5	3	1	0	2	1	27
合计	323	646	40	5	6	17	17	1054

由表 6-15 可知，初中及以下学历的读者没有选择科研图书馆、企业图书馆和社区图书馆；本科和硕士读者所选图书馆类型比较丰富。数据显示，专科及以下学历的读者最经常利用公共图书馆，本科及以上学历的读者则最常利用高校图书馆，说明学历层次越低越倾向于公共图书馆，学历越高越倾向于高校图书馆，而拥有博士学历的读者除了使用高校图书馆外，很少利用其他类型的图书馆，这是因为高校图书馆提供的信息和服务对学历较高的读者群更有针对性且更为直接，而公共图书馆更关注的是社会教育层次。

表 6-15 不同学历读者最经常利用的图书馆类型

学历	公共图书馆	高校图书馆	科研单位图书馆	企业图书馆	儿童图书馆	社区图书馆	其他	合计
初中及以下	22	1	0	0	4	0	1	28
高中	62	33	3	1	0	3	5	107
专科	63	52	3	0	0	3	3	124
本科	143	331	6	2	1	6	5	494
硕士	22	177	25	1	1	3	4	233
博士	3	49	3	0	0	0	0	55
合计	315	643	40	4	6	15	18	1041

6.2.2 读者去图书馆的频率

（1）不同年龄和学历读者去图书馆的频率

从不同年龄读者去图书馆的频率看（见表 6-16），18 岁以下和 61 岁以上的读者经常去图书馆的比例较高，分别占77.14%和77.42%；极少去和从来不去的比例较低，这应当引起图书馆服务中对这一年龄读者的重视。在 19 至 60 岁之间，随着年龄的增长，极少去图书馆的比较增大，有三分之一的读者偶尔去图书馆。这是由于在现今科技文化大发展的时期，该年龄段的人群掌握了很多图书馆之外的其他便捷、海量、省时省力又有吸引力的信息及服务获取方式，图书馆在他们脑中的实体和意象理念逐渐被其他新生事物所代替。

表 6-16　不同年龄读者去图书馆的频率

年龄	经常		偶尔		极少		从来不去		合计	
	频数	%	频数	%	频数	%	频数	%	频数	%
18 岁以下	54	77.14	16	22.86	0	0	0	0	70	100
19—25 岁	381	62.05	212	34.53	19	3.09	2	0.33	614	100
26—45 岁	179	58.12	114	37.01	13	4.22	2	0.65	308	100
46—60 岁	26	60.47	14	32.56	3	6.98	0	0	43	100
61 岁以上	24	77.42	7	22.58	0	0	0	0	31	100
合计	664	62.29	363	34.05	35	3.28	4	0.38	1066	100

就学历而言（见表 6-17），初中以下读者经常去图书馆的比例最高达到 85.71%，偶尔去图书馆的比例较小，而最高学历的博士读者去图书馆的比例只有 53.70%，偶尔去图书馆的比例远高于低学历读者。这说明并不是学历越高，去图书馆的频率较高，而且低学历读者更可能频繁利用图书馆。图书馆一方面要想办法吸引高学历读者经常利用图书馆，另一方面对于低学历读者更加重视，保持其利用图书馆的积极性。

表 6-17　不同学历读者去图书馆的频率

学历	经常		偶尔		极少		从来不去		合计	
	频数	%	频数	%	频数	%	频数	%	频数	%
初中及以下	24	85.71	4	14.29	0	0	0	0	28	100
高中	73	68.87	31	29.25	2	1.89	0	0	106	100
专科	66	53.66	47	38.21	8	6.50	2	1.63	123	100
本科	305	61.87	172	34.89	16	3.25	0	0	493	100
硕士	154	66.38	71	30.60	6	2.59	1	0.43	232	100
博士	29	53.70	22	40.74	3	5.56	0	0	54	100
合计	651	62.84	347	33.49	35	3.38	3	0.29	1036	100

（2）读者去公共图书馆的频率

从读者去公共图书馆的频率看（见表 6-18），总体上，大部分读者能经常去公共图书馆，除硕士外，其他学历的读者经常去公共图书馆的比例都在 50% 以上。本科学历去公共图书馆的频数较多，是公共图书馆的主要读者对象。

表 6-18　不同学历读者去公共图书馆的频率

学历	经常		偶尔		极少		从来不去		合计	
	频数	%	频数	%	频数	%	频数	%	频数	%
初中及以下	18	85.71	3	14.29	0	0	0	0	21	100
高中	41	68.33	18	30.00	1	1.67	0	0	60	100
专科	37	59.68	23	37.09	2	3.23	0	0	62	100
本科	97	67.83	43	30.07	3	2.09	0	0	143	100
硕士	10	45.45	12	54.55	0	0	0	0	22	100
博士	3	100	0	0	0	0	0	0	3	100
合计	206	66.24	99	31.83	6	1.93	0	0	311	100

（3）读者去高校图书馆的频率

本调查共涵盖631份高校图书馆读者问卷，其中主体是学生占77.9%，教师则与其相差甚大，所占比例仅为9.8%。可见服务主体中教师对高校图书馆的利用比例要低于学生。调查还发现，除了高校师生，也有专业技术人员4.5%、企事业单位管理人员3.2%、自由职业者1.1%，以及商业服务人员和公务员等其他社会读者利用高校图书馆，由此看出高校图书馆已经有向社会公众开放的迹象。

表6-19详细揭示了不同学历读者利用高校图书馆的频率分布状况。调查结果的数据显示，作为高校图书馆服务主体的学生读者（327份问卷）中，本科学历读者所占比重最大，其次是硕士学历读者。计算频率数值所得结果指出，尽管在高校图书馆的总数上硕士研究生与本科生读者的数量相差近半，但是二者的各项频次都较为接近，可见拥有较强科研能力的硕士研究生在考虑如何获取所需信息资源上，高校图书馆是其经常选择的途径之一。另外，学历最高的博士研究生读者中有42.22%的人是偶尔去图书馆，近1/3的博士学历读者认为由于高校图书馆没有他们所需的信息资料而导致他们不经常去图书馆，还有1/3的博士研究生则表示是没有时间去图书馆。本次调查数据还显示，具有专科以下学历的读者利用图书馆的频率是较高的，他们对高校图书馆资源的主要使用对象是馆内的书刊报纸，其中在高中学历读者的33份问卷中就有28份在回答“最常利用的图书馆资源”中选择了书刊报纸。

表 6-19　不同学历读者去高校图书馆的频率分布

学历	经常		偶尔		极少		从来不去		合计	
	频数	%	频数	%	频数	%	频数	%	频数	%
本科	202	61.77	116	35.47	9	2.75	0	0	327	100
硕士	115	65.71	55	31.43	5	2.86	0	0	175	100
博士	23	51.11	19	42.22	3	6.67	0	0	45	100
专科	22	44.00	22	44.00	5	10.00	1	2.00	50	100
高中	24	72.73	9	27.27	0	0	0	0	33	100
初中及以下	1	100	0	0	0	0	0	0	1	100
合计	387	61.33	221	35.02	22	3.49	1	0.16	631	100

6.2.3 读者利用图书馆的原因

（1）吸引读者去图书馆的原因

1）读者去图书馆的主要原因总体分布

表 6-20 读者去图书馆的主要原因

读者去图书馆的原因	有效	缺失	百分比
环境好	561	525	51.66
阅读书刊报纸	759	327	69.89
上机或上网	168	918	15.47
查资料	706	380	65.01
报告讲座	126	960	11.60
参加培训	60	1026	5.52
交通便利	66	1020	6.08
各种费用合理	70	1016	6.45
其他	14	0	1.29
合计	2530	6172	——

根据表 6-20，现将吸引读者去图书馆的主要原因分析如下：

①阅览书刊报纸。在读者问卷中，选择“可以阅读书、刊、报纸”达到 69.89% 的比例，成为读者去图书馆的第一原因，说明当今图书馆的社会形象仍然是读书的好去处，从而进一步体现在图书馆在阅读中的首要和引领地位。

②查资料。读者选择“可以查找资料”的比例占第二位（65.01%），说明图书馆不仅仅是读书的中心，而且还体现检索和获取信息资料的功能，这是传统图书馆文献功能的进一步发展。

③环境好。选择“环境好，有文化气氛”的比例在读者问卷中达 51.66%，成为第三原因。这一点引起了课题组的注意，说明环境对于服务和图书馆形象的重要性。

④除以上三大原因外，选择其他原因均在 10% 左右，包括“可以上机或上网”（15.47%）、“听学术报告或讲座”（11.60%）、“各种费用合理”（6.45%）、“交通便利”（6.08%）、“参加检索知识方面的培训”（5.52%），反映出在读者心中，图书馆的信息服务并没有很好地吸引读者，这并不像许多文献所宣传的图书馆已成为社会的信息中心；也反映出图书馆在服务上的费用、交通等因素的改进未能引起读者的充分注意，未成为吸引读者去图书馆的主要原因。

在 1086 份问卷中，有 14 份问卷填写了其他去图书馆的原因，这些原因有：充电休息，打发闲暇时间，环境利于自修，借书，借阅各种书籍，可上自习，没事闲的，上班，省去自己买资料的钱，无聊，自身学习需要，自习。从这里可以看到，读者去图书馆的原因除了主要原因外，还存在多样性。

2）读者去公共图书馆的原因

关于不同身份读者群利用公共图书馆的原因分析，详见柯平等著的《公共图书馆的文化功能》（上海交通大学出版社 2010 年 7 月版）5. 2. 1。

3）读者去高校图书馆的原因

①查找资料

查找资料是高校师生入馆的主要原因。表 6-21 的数据显示，利用图书馆查找资料的教师中 42. 86% 为硕士学历，本科或博士学历的各约 1/4。可见在较高学历的教师可能有自己获取资源的方式，较少入馆。入馆查找资料的学生中，54. 38% 的为本科生。较高学历的学生较少依赖图书馆获取信息资源。

表 6-21　入馆查找资料的高校师生学历分布

样本情况			学历					
			高中	专科	本科	硕士	博士	合计
身份	教师	计数	1	1	14	21	12	49
		身份的%	2. 04	2. 04	28. 57	42. 86	24. 49	100
	学生	计数	16	26	211	113	22	388
		身份的%	4. 12	6. 70	54. 38	29. 12	5. 67	100

②阅读书刊报纸

阅读书刊报纸是师生入馆的第二大原因。表 6-22 数据显示出于此原因利用高校图书馆的学生中博士仅占 3. 57%，反映出较高学历的读者较少在馆内阅读书刊、报纸。

表 6-22　入馆阅读书刊报纸的高校师生学历分布

样本情况			学历						
			初中及以下	高中	专科	本科	硕士	博士	合计
身份	教师	计数	0	1	1	8	20	8	38
		身份的%	0	2. 63	2. 63	21. 05	52. 63	21. 05	100
	学生	计数	1	24	30	216	80	13	364
		身份的%	0. 27	6. 59	8. 24	59. 34	21. 98	3. 57	100

③环境好

无论公共图书馆还是高校图书馆，环境、氛围是入馆读者对图书馆评价的主要因素，也是吸引他们入馆的主要原因。有 34. 4% 的教师与 55. 4% 的学生认为环境好、有文化氛围是吸引他们入馆的原因。对氛围好坏的评价在于读者的感受，高校图书馆具有支撑自主学习过程的功能，为读者提供合适的自学场所是其功能实现的措施之一，故自学场所氛围的营造较为重要。有一半的学生与 1/3 的教师比较看重环境氛围的好坏，可以看出大部分读者对环境有一定要求，学生中主要是本科生（58. 36%）和硕士生（24. 56%），详见表 6-23，他们经常入馆查找资料、阅读书刊，故其对阅览环境的好坏、文化氛围的营造都有较高要求。

表 6-23 因环境好入馆的高校师生学历分布

样本情况			学历					
			高中	专科	本科	硕士	博士	合计
身份	教师	计数	1	1	8	9	3	22
		身份的%	4.55	4.55	36.36	40.91	13.64	100
	学生	计数	20	18	164	69	10	281
		身份的%	7.12	6.41	58.36	24.56	3.56	100

④利用电子阅览室

由于高校图书馆具有较多的数字资源，许多国内外的电子资源数据库，都需要计算机设备的支持才能阅览、获取。故馆内均设有电子资源阅览室，供读者使用，获取电子资源或者网络资源。表 6-24 显示利用主体仍是学生，大部分是本科生（占 61.54%），由于部分本科生没有电脑，不能使自己在寝室就可以通过图书馆网站获取图书馆资源或者上网获取网络资源，所以大部分本科生来图书馆的原因是利用电子阅览室上机或上网，图书馆是他们获取网络资源或电子数据库资源的主要来源。

表 6-24 利用电子阅览室的高校师生学历分布

样本情况			学历					
			高中	专科	本科	硕士	博士	合计
身份	教师	计数	0	0	3	4	1	8
		身份的%	0	0	37.50	50.00	12.5	100
	学生	计数	6	15	64	16	3	104
		身份的%	5.77	14.42	61.54	15.38	2.88	100

⑤听学术报告或讲座

图书馆开展的学术报告或讲座也是吸引读者入馆的一个原因。表 6-25 的数据显示入馆听学术报告或讲座的学生中本科生占比例较大（45.00%），值得探讨的是该表中显示有 15.00% 的高中生也经常入馆听学术报告或讲座，可见高校图书馆举办的学术报告或讲座，不仅对校内师生有较大的吸引力，对有便利条件可利用高校图书馆的高中生的吸引力也很大，由此可以推测，馆内可以通过举办学术报告或讲座，来吸引更多渴求知识的读者，不局限于校内师生，也可以允许校外读者入馆参加，实现其为社会服务的目标。

表 6-25 入馆听学术报告或讲座的高校师生学历分布

样本情况			学历					
			高中	专科	本科	硕士	博士	合计
身份	教师	计数	1	0	5	2	3	11
		身份的%	9.09	0	45.45	18.18	27.27	100
	学生	计数	9	4	27	13	7	60
		身份的%	15.00	6.67	45.00	21.67	10.71	100

⑥参加培训

高校图书馆经常会定期举办一些检索类的培训，提高高校师生的检索技能以及扩展对馆内数字资源的了解范围。但是表6-26的数据显示，虽然馆内提供这些培训，但是校内师生的吸引力较小，仅有4名教师、37名学生是因为参加培训利用高校图书馆，选此原因的师生，也是因为培训内容与其研究需要相关。参加培训的学生主体是本科生，本科以上高层次学历的学生，因其已具备一定的信息检索技能，对自己研究领域内的数字资源较为熟悉，故这些培训对他们的吸引力也较少。

表6-26　入馆参加培训的高校师生学历分布

样本情况			学历					
			高中	专科	本科	硕士	博士	合计
身份	教师	计数	1	1	1	1	0	4
		身份的%	25	25	25	25	0	100
	学生	计数	3	2	21	8	3	37
		身份的%	8.11	5.41	56.76	21.62	8.11	100

⑦交通便利

不同于公共图书馆的地理位置，高校图书馆均设于校区内部，故师生利用较为方便，故交通问题不是阻碍读者入馆的较大因素，本科以上学历的教师不是因为交通便利而利用图书馆，他们有明确的目的——查找资料。而对于在校学生，图书馆方便到达，离宿舍较近，也是他们经常利用的原因，如表6-27显示其中主体是硕士占37.50%。

表6-27　因交通便利入馆的高校师生学历分布

样本情况			学历					
			高中	专科	本科	硕士	博士	合计
身份	教师	计数	1	1	2	0	0	4
		身份的%	25	25	50	0	0	100
	学生	计数	0	7	7	9	1	24
		身份的%	0	29.17	29.17	37.50	4.17	100

⑧各种费用合理

关于高校图书馆内的收费情况，大部分师生较少关注，目前大多数高校图书馆学生的图书馆借阅证都是入学时统一办理，读者很少有意识关注办证的工本费是否合理。费用是否合理也不是他们经常利用图书馆的主要原因。表6-28中数据显示，只有两名教师在入馆原因中选择了“各种费用合理”，有28名学生也选择此项，其中一半以上的学生是本科。该表中的学历一项中并未出现“博士”，这也说明博士学历的师生不在乎费用问题，他们是否利用高校图书馆的原因中从未考虑过这个问题。

表 6-28 因费用合理入馆的高校师生学历分布

样本情况			学历				
			高中	专科	本科	硕士	合计
身份	教师	计数	0	1	1	0	2
		身份的%	0	50	50	0	100
	学生	计数	1	5	15	7	28
		身份的%	3. 57	17. 9	53. 6	25	100

综上所述我们可以了解到，高校图书馆的主要服务——文献提供是吸引读者入馆的主要原因，大部分师生入馆是查找资料、阅读书刊或报纸，高校图书馆支撑校内师生教学与科研服务，大部分师生因教学或科研的需要入馆主要是查找资料，满足其信息、知识需求，馆内阅览也是读者入馆的主要原因之一。馆内电子资源与网络资源的提供，也是校内学生较为经常入馆的原因。可以看出目前电子资源的出现并没有减少读者对馆藏纸质资源的利用程度。馆内举办各种学术报告或讲座也可以帮助高校图书馆实现其社会功能。

（2）读者不经常去图书馆的原因

表 6-29 读者不经常去图书馆的主要原因

读者不去图书馆的原因	有效	缺失	百分比
没时间	399	687	36. 74
环境设施不好	122	964	11. 23
所需资料缺乏	268	818	24. 68
交通不便	110	976	10. 13
太远或不便	239	847	22. 01
网络资源可满足，不需到馆	321	765	29. 56
没想过	101	985	9. 30
其他	16	——	1. 47
合计	1576	6042	——

根据表 6-29，现将读者不经常去图书馆的主要原因分析如下：

第一，从读者问卷中可见，读者不经常去图书馆有四个主要原因：一是“没时间”（达到 36. 74%），二是“网络资源基本能满足需求，不需要到馆”（29. 56%），三是“没有所需要的资料”（24. 68%），四是“去图书馆太远或不方便”（22. 01%）。这说明，时间、网络、资源和距离已经成为影响读者到馆的重要因素，特别是网络的影响值得注意，一方面说明现在网络资源比较丰富，很多读者所需要的资料网上能够解决，直接影响读者对图书馆的利用，另一方面，也提醒我们重视图书馆的资源上网，读者到馆既需要时间又存在交通问题，图书馆大力开展网上服务有利于方便读者。

第二，调查反映出，以上四大原因并不代表读者的整体，因为这些原因的选择比例都没有超过 40%，其他的一些原因包括“环境、设施不好”（11.23%）、“交通不便”（10.13%）、“没想过”（9.30%）都在10%左右，这些都是值得图书馆重视的。调查也说明了读者不经常去图书馆的原因是复杂多样的。

第三，在读者问卷中，有16份问卷填写了其他去图书馆的原因，这些原因有：把书借回寝室看；费用高；服务太差；服务态度不好；馆员服务态度差；管理不人性化；没有空间；某些人员服务态度不好；设施不够合理，不好；身体；时间不合理；所借资料已被借走；太吵，不利于读书；新资料太少；资料过于陈旧；座位少。这些意见虽然都是个别读者提出的，但有一定的代表性，反映了图书馆存在的服务资源、服务设施、服务态度、服务管理等多方面的问题，应当引起重视。

（3）读者使用图书馆遇到的困难

表 6-30　读者使用图书馆中遇到的主要困难

读者使用图书馆中的困难	有效	缺失	百分比
馆藏资源不能满足需求	622	464	57.27
图书馆开馆时间不够长	393	693	36.19
办证等手续麻烦	78	1008	7.18
各项费用太高	57	1029	5.25
网络设备无法满足需求	197	889	18.14
馆内的各项标识不明确	119	967	10.96
排架比较乱或上架不及时	332	754	30.57
各项限制条件太多	303	783	27.90
咨询时较难得到满意的回答	114	972	10.49
图书馆内缺少便利的自习或阅览条件	213	873	19.61
不熟悉检索技巧	209	877	19.24
其他	32	——	2.95
合计	2669	9309	——

根据表 6-30，读者在使用图书馆的过程中曾遇到的主要困难或麻烦主要有四个：

一是“馆藏资源不能满足需求”，比例达到 57.27%，反映出图书馆服务中的最突出问题是资源问题，很多读者利用图书馆主要是为了馆藏资源，一旦得不到满足，就给留下不好的印象，直接影响读者对图书馆的利用。

二是“图书馆开馆时间不够长”（36.19%），反映出读者对开放时间的重视。尽管许多图书馆已延长了开放时间，但目前图书馆的开放时间并不能满足读者的需求。

三是“排架比较乱或上架不及时”（30.57%），反映出书刊排架的重要性，因为排架乱，直接导致读者找不到所需的书刊资料；而因为新书上架晚，也给读者一个架上书刊陈旧的印象。

四是“各项限制条件太多（如寄存包、开馆时间等）”（27.90%），反映出图书馆管理中存在着差强人意的地方，由于图书馆制度上对读者的限制较多，给读者带来不便，直接影响着读者利用图书馆。

除以上困难外，读者反映的其他困难有：“图书馆内缺少便利的自习或阅览条件”（19.61%）、“不熟悉检索技巧”（19.24%）、“网络设备无法满足需求”（18.14%）、“馆内的各项标识不明确”（10.96%）、“咨询时较难得到满意的回答”（10.49%）、“办证等手续麻烦”（7.18%）、“各项费用太高”（5.25%）。这些困难说明，图书馆过去甚至现在仍然存在着设施条件不足、咨询服务水平不高、办证不简化、收费不合理等许多问题。

另外，在读者问卷中，还有32位读者提出了利用图书馆的具体困难，这些困难可归纳为5类：

1）图书馆网点方面。如村镇图书馆少；图书馆小；因不去所以不麻烦。

2）资源方面。突出的反映是新书少、更新慢。如：部分图书资源过旧；更新太慢，不能满足需求；过时；化工生产技术方面的新书太少；经常找不到所需要的书籍等；没找到想要的书；书的种类不够多；书更新慢；书刊太少；新书不能及时找到；新书较少；新书少，科技书少。

3）检索方面。如查准率低；电脑上检索到的书在馆内找不到；信息过多缺乏有效过滤；找书较麻烦，不能及时找到。

4）服务方面。主要是素质和态度问题，如服务态度一般冷淡；馆员素质差；期刊复印部人员态度不好；态度不好；提供的服务宣传说明不够；图书馆员不够专业；图书馆员的服务态度是个麻烦。

5）制度方面。如不了解馆内各层的管理制度；借阅时间太短；借阅书少时间短续借不便；晚上时间没有开馆；我上课时它开馆，我下课它休息；占座位现象严重。说明图书馆的制度和管理还有许多不方便不合理之处。

6.2.4 读者利用图书馆的目的

图书馆是文献信息资源存储与利用的重要场所，是自我学习的基地。读者基于各种主动或被动的原因走入图书馆，享受各类图书馆服务；这些多样化的入馆动机反过来成为图书馆改善服务、创新服务的依据。本部分将以公共图书馆、高校图书馆为例，探讨读者利用图书馆的动机问题。

（1）读者利用图书馆的主要目的排序

从表6-31的统计数据看，读者利用图书馆的10个主要目的中，前五位是：增长学识、个人兴趣、提高素质、学术研究和休闲娱乐。从总体上说明，读者的学习目的明显，图书馆应当重视知识传播的功能，数据中提高素质和学术研究并列第三，也可看出知识与知识素养在图书馆的重要性。至于休闲娱乐，其选择比例已达到29.01%，说明近三分之一的读者重视图书馆的文化休闲功能。

表6-31　读者利用图书馆的主要目的排序

读者利用图书馆的目的	有效	缺失	百分比	排序
增长学识	670	416	61.69	1
个人兴趣	563	523	51.84	2
提高素质	392	694	36.10	3
学术研究	392	694	36.10	3
休闲娱乐	315	771	29.01	5
工作需要	309	777	28.45	6
享受文化氛围	297	789	27.35	7
应对考试	295	791	27.16	8
迫于竞争压力	87	999	8.01	9
他人要求	21	1065	1.93	10
其他	9	——	0.09	11
合计	2958	7519	28.23	

在统计表中，读者利用图书馆的主要目的的后五位是：工作需要、享受文化氛围、应对考试、迫于竞争压力和他人要求。其中，工作需要、享受文化氛围、应对考试三项的选择均接近于三分之一，说明图书馆与读者的职业相关度越来越高，图书馆需要考虑为读者的职业发展和工作需要服务，满足社会的行业与职业需求。相比之下，迫于竞争压力和他人要求所占的比重较小，但两者之和有10%的比例，是不可忽视的。

在读者填写的“其他”一项，有9个补充目的：“安静利于学习”，“查找东西”，“读书也是一种享受”，“经过高校时偶尔看看”，“了解有用的信息”，“完成作业”，“休息比如午休”，“养生保健”，“自习”。这几项个性化的补充，反映了读者利用图书馆的学习、生活、工作目的理解的分散性和具体化。

（2）不同年龄读者利用图书馆的目的

表6-32反映了不同年龄读者利用图书馆的目的分布，由于高龄读者利用图书馆的频率较低，其目的比较明确，主要是个人兴趣和休闲娱乐，他们没有竞争压力和考试等需求。而对于中青年来说，不仅要增长学识、考试和提高素质，而且还有工作与学术的需要，个人兴趣也占有一定的比重。由此看来，年龄是影响读者利用图书馆的一个客观因素，它给各群体在

心理、知识、态度等方面带来的差异会引起他们在选择图书馆上的目的性不同，这也给图书馆完善自身服务来符合各种年龄段读者的需求提供了参考。

表 6-32 不同年龄读者利用图书馆的目的分布

主要目的	18 岁以下		19—25 岁		26—45 岁		46—60 岁		61 岁以上		合计	
	频数	百分比	频数	百分比	频数	百分比	频数	百分比	频数	百分比	频数	百分比
工作需要	11	1.01	135	12.43	145	13.35	14	1.29	1	0.09	306	28.18
学术研究	5	0.46	232	21.36	137	12.62	12	1.10	1	0.09	387	35.64
应对考试	13	1.20	238	21.92	42	3.87	0	0.00	0	0.00	293	26.98
增长学识	50	4.60	433	39.87	155	14.27	18	1.66	11	1.01	667	61.42
个人兴趣	39	3.59	350	32.23	137	12.62	19	1.75	17	1.57	562	51.75
休闲娱乐	28	2.58	180	16.57	79	7.27	11	1.01	15	1.38	313	28.82
他人要求	2	0.18	10	0.92	7	0.64	1	0.09	1	0.09	21	1.93
提高素质	17	1.57	262	24.13	92	8.47	9	0.83	8	0.74	388	35.73
享受文化氛围	26	2.39	179	16.48	71	6.54	11	1.01	9	0.83	296	27.26
迫于竞争压力	3	0.28	67	6.17	15	1.38	1	0.09	0	0.00	86	7.92
合计	194	5.85	2086	62.85	880	26.51	96	2.89	63	1.90	3319	100

（3）不同身份读者利用图书馆的目的

表 6-33 反映了不同身份读者利用图书馆的目的分布，由于读者身份中学生数量较多，每项所选频数也较多。从无人填写的项目看，公务员无人填“他人要求”这一目的；军人无人填“应对考试”、“休闲娱乐”、“他人要求”、“提高素质”、“迫于竞争压力”五项；自由职业和待业人员无人填“他人要求”目的；离退休人员无人填“学术研究”和“应对考试”两项。这些基本反映了各职业群体利用图书馆的状况。

表 6-33 不同身份读者利用图书馆的目的分布

主要目的	公务员	企事业单位管理人员	专业技术人员	商业服务人员	军人	教师	学生	自由职业、待业	离退休人员	其他	合计
工作需要	14	42	45	10	3	47	117	13	2	11	304
学术研究	8	14	33	1	1	51	264	4	0	5	381
应对考试	5	8	11	2	0	11	237	10	0	6	291
增长学识	14	40	56	13	1	31	460	20	11	13	659

续表

主要目的	公务员	企事业单位管理人员	专业技术人员	商业服务人员	军人	教师	学生	自由职业、待业	离退休人员	其他	合计
个人兴趣	12	42	46	15	2	33	353	18	17	13	551
休闲娱乐	12	22	25	9	0	11	195	8	17	7	306
他人要求	0	3	3	1	0	2	10	0	1	0	20
提高素质	9	26	28	9	0	20	271	10	6	8	387
享受文化氛围	11	14	21	7	1	16	197	10	8	6	291
迫于竞争压力	4	4	7	1	0	2	60	5	1	1	85
合计	89	215	275	68	8	224	2164	98	63	70	3275

（4）不同学历读者利用图书馆的目的

表 6-34　不同学历读者利用图书馆的目的分布

主要目的	初中及以下	高中	专科	本科	硕士	博士	合计
工作需要	3	18	34	149	66	24	294
学术研究	1	8	17	139	166	54	385
应对考试	2	18	27	165	80	1	293
增长学识	19	65	87	329	134	20	654
个人兴趣	16	65	70	290	86	17	544
休闲娱乐	13	43	50	138	53	7	304
他人要求	0	4	2	10	3	1	20
提高素质	7	34	53	209	68	14	385
享受文化氛围	9	35	37	152	48	9	290
迫于竞争压力	0	5	16	37	28	1	87
合计	70	295	393	1618	732	148	3256

表 6-34 反映了不同学历读者利用图书馆的目的分布。仅从排名的前两项看，高中、专科和本科学历读者是图书馆服务的主要群体，其利用图书馆的目的主要是增长学识和个人兴趣；硕士学历读者则主要考虑学术研究和增长学识；博士学历读者的主要目的是学术研究和工作需要。可见，随着学历的提高，对知识、科学研究和工作的需求增加。

（5）读者利用公共图书馆的目的

在读者利用公共图书馆的10个目的中，自学及休闲娱乐需要占据最重要地位；为学业、研究、工作等业务需求占据次要地位；有少量是出于为他人服务代人查检资料等目的而去图书馆，见图6-1。

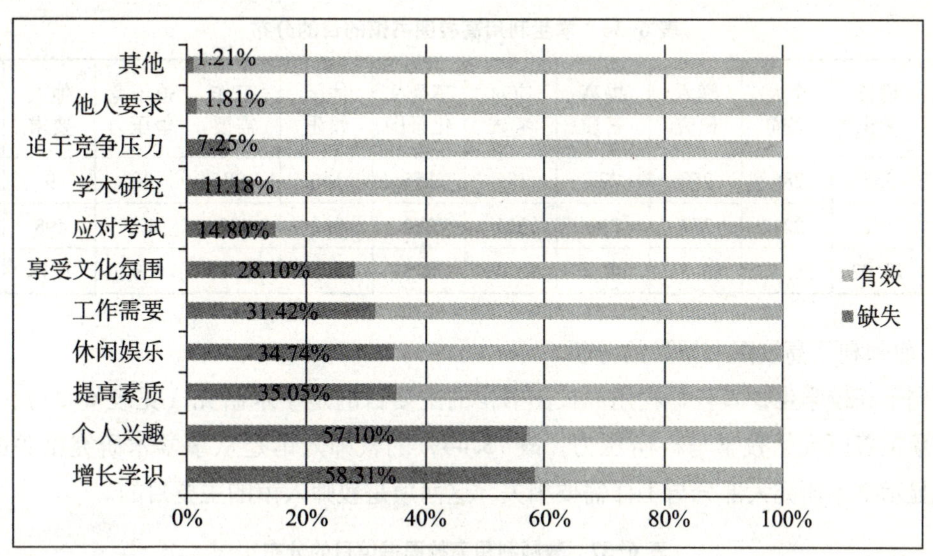

图6-1 读者利用公共图书馆目的分布

至于读者利用公共图书馆的每一目的的具体分析，详见柯平等著的《公共图书馆的文化功能》（上海交通大学出版社2010年7月版）5.2.1。

（6）读者利用高校图书馆的目的

表6-35显示了高校图书馆读者入馆的主要目的。高校图书馆读者入馆目的与公共图书馆读者目的类似，都是为了增长学识。但由于高校图书馆读者的主要群体是师生，为满足教学、科研需要，学术研究成为他们一个较主要的入馆目的；与公共图书馆相反，高校图书馆读者较少倾向于休闲娱乐。此外，无论高校图书馆、公共图书馆，其文化氛围的营造对读者的吸引较为重要，基于此目的到馆读者均接近1/3。调查中显示出于其他目的到馆的1.4%的读者，提出他们利用高校图书馆的目的是查找资料、完成作业或休息（安静的环境利于休息），还有读者仅是经过高校偶尔过来看看。

表6-35 读者利用高校图书馆的目的

样本情况	增长学识	个人兴趣	学术研究	提高素质	应对考试	享受文化氛围	工作需要	休闲娱乐	迫于竞争压力	他人要求	其他
有效	417	349	333	251	213	184	180	174	39	15	9
缺失	234	302	318	400	438	467	471	477	612	636	642
%	64.06	53.61	51.15	38.56	32.72	28.26	27.65	26.73	5.99	2.30	1.38

1）学生利用高校图书馆目的分析

学生是高校图书馆读者的主体，其入馆主要目的分布，详见表 6-36。表 6-35 与表 6-36 对比，可以看出，学生利用高校图书馆的目的是整体高校图书馆读者入馆目的的主导。区别仅在于休闲娱乐与工作需要两个目的的顺序不同，学生入馆目的更偏向于娱乐休闲。

表 6-36　学生利用高校图书馆的目的分布

样本情况	增长学识	个人兴趣	学术研究	提高素质	应对考试	享受文化氛围	休闲娱乐	工作需要	迫于竞争压力	他人要求	其他
有效	355	286	250	227	186	155	146	98	30	9	5
缺失	152	221	257	280	321	352	361	409	477	498	502
%	70.02	56.41	49.31	44.77	36.69	30.57	28.80	19.33	5.92	1.78	0.99

2）教师利用高校图书馆目的分析

不同于高校学生，其教师利用高校图书馆的主要目的是学术研究（见表 6-37），目前高校教师承担着巨大的教学与科研压力，故 73.44% 的教师入馆是从事学术研究相关的活动，数据也显示学术研究大部分与工作需要相关，这两项是教师入馆的主要目的。

表 6-37　教师利用高校图书馆目的分布

样本情况	学术研究	工作需要	增长学识	个人兴趣	提高素质	享受文化氛围	应对考试	休闲娱乐	他人要求	迫于竞争压力	其他
有效	47	40	23	23	13	9	9	7	2	2	0
缺失	17	24	41	41	51	55	55	57	62	62	64
%	73.44	62.50	35.94	35.94	20.31	14.06	14.06	10.94	3.13	3.13	0.00

以上分析数据显示，高校图书馆读者主要入馆目的为增长学识、学术研究，读者较为注重个人学识与素质的提高。读者入馆目的也较为明确，仅有一小部分是应他人之邀。而在公共图书馆与高校图书馆调研中都发现入馆读者很少是承受着巨大的竞争压力，可以看出，承受竞争压力的读者一般较少选择图书馆来解决问题。

6.2.5　读者利用图书馆的资源分析

（1）读者利用图书馆的资源排序

表 6-38　读者经常利用图书馆的主要资源

读者利用图书馆的资源	有效	缺失	百分比
书刊报纸	775	311	71.36
自习室	403	683	37.11

续表

读者利用图书馆的资源	有效	缺失	百分比
电子阅览室	325	761	29.93
电子数据库	385	701	35.45
网络免费资源	194	892	17.86
科技查新服务	92	994	8.47
参考咨询服务	73	1013	6.72
延伸服务	14	1072	1.29
个性化的增值服务	23	1063	2.12
合计	2294	7490	——

根据表 6-38，现将读者经常利用图书馆的主要资源分析如下：

1）书刊报纸。在读者平时经常利用的图书馆资源中，读者利用最多的是“书刊报纸”，比例高达 71.36%，而且，这一比例远高于其他资源的选择比例。说明传统的纸质资源仍然是读者利用图书馆的首选。

2）电子资源。从读者问卷的单项看，书刊报纸的比例是最高的。但若从相关选项看，读者利用图书馆的电子资源占有很高的比例。“电子数据库”、“电子阅览室”和“网络免费资源”三项的比例分别占到了 35.45%、29.93%和 17.86%，三者之和高达 83.24%，超过了纸质资源，这说明电子资源越来越受到读者的青睐，成为图书馆资源的重点。

3）自习室。读者选择“自习室”（37.11%）的单项比例较高，说明读者利用图书馆除了借阅书刊外，就是到图书馆自习。读者把图书馆作为一个学习的场所，一方面是因为图书馆的学习环境吸引读者，另一方面是因为学习与读者的需求已紧密联系在一起。因此，图书馆设立自习室是很有必要的，让读者既可以利用图书馆的书刊，也可以带书到图书馆学习，还可以到图书馆做作业等。

4）新型信息服务。在读者利用的图书馆资源中，新型信息服务开始受到一定的重视，如科技查新服务和参考咨询服务属于高层次的信息服务，已占有一定的比重；而延伸服务和个性化增值服务是近几年来图书馆推出的新形式，已引起一些读者的兴趣。

由此可见，读者利用图书馆主要是书刊报纸、电子资源、自习和信息服务四大资源。此外，读者在问卷填写的其他资源还有：查询员工信息、馆间互借、借阅图书、专业书籍、专业资料查询、自然社科阅览室、书库，甚至还有人提到水电资源，反映出读者认知的图书馆资源范畴正在扩大。

（2）不同年龄读者利用图书馆的资源分布

由表 6-39 可见，18 岁以下低龄读者主要利用图书馆的书刊报纸和自习室，占问卷总数的 5.89%和 2.58%，未利用图书馆的参考咨询、延伸服务和个性化增值服务；61 岁以上的高龄读者一般只利用图书馆的书刊报纸，占问卷总数的 2.58%，不利用图书馆的电子阅览室、电子数据库和延伸服务、个性化增值服务等，这与实际情况比较接近。在 19 至 45 岁这个年龄段，读者主要利用图书馆的书刊报纸、电子数据库和自习室等。

表 6-39 不同年龄读者经常利用图书馆的主要资源

最经常利用的图书馆资源	18 岁以下		19—25 岁		26—45 岁		46—60 岁		61 岁以上		合计	
	频数	%	频数	%	频数	%	频数	%	频数	%	频数	%
书刊报纸	64	5.89	432	39.78	211	19.43	33	3.04	28	2.58	768	70.72
自习室	28	2.58	291	26.80	73	6.72	2	0.18	4	0.37	398	36.65
电子阅览室	9	0.83	234	21.55	69	6.35	10	0.92	0	0.00	322	29.65
电子数据库	1	0.09	247	22.74	129	11.88	5	0.46	0	0.00	382	35.18
网络免费资源	5	0.46	119	10.96	64	5.89	4	0.37	1	0.09	193	17.77
科技查新服务	6	0.55	45	4.14	33	3.04	6	0.55	1	0.09	91	8.38
参考咨询服务	0	0.00	34	3.13	30	2.76	7	0.64	1	0.09	72	6.63
延伸服务	0	0.00	3	0.28	10	0.92	1	0.09	0	0.00	14	1.29
个性化的增值服务	0	0.00	9	0.83	11	1.01	3	0.28	0	0.00	23	2.12
合计	113	10.41	1414	——	630	58.01	71	6.54	35	3.22	2263	——

（3）不同身份读者利用图书馆的资源分布

表 6-40 反映了不同身份读者对图书馆资源的使用情况。调查发现，对电子阅览室、电子数据库、网络免费资源这些新的资源得到较好利用的是学生、教师和专业技术人员；而其他人员的利用较少，离退休人员几乎不选择利用。

表 6-40 不同身份读者利用图书馆的资源分布

主要资源	公务员	企事业单位管理人员	专业技术人员	商业服务人员	军人	教师	学生	自由职业、待业	离退休人员	其他	合计
书刊报纸	18	49	71	21	4	58	462	27	30	15	755
自习室	9	17	17	7	2	17	299	12	2	15	397

续表

主要资源	公务员	企事业单位管理人员	专业技术人员	商业服务人员	军人	教师	学生	自由职业、待业	离退休人员	其他	合计
电子阅览室	6	19	22	6	3	26	227	5	0	8	322
电子数据库	8	20	40	2	1	46	255	2	0	3	377
网络免费资源	6	12	20	4	1	16	127	1	0	5	192
科技查新服务	2	12	10	1	0	8	51	3	1	1	89
参考咨询服务	3	7	6	2	1	9	37	3	1	2	71
延伸服务	2	3	3	0	0	0	4	0	0	2	14
个性化的增值服务	1	3	2	0	0	3	11	0	1	2	23
合计	55	142	181	43	12	183	1473	53	35	53	2240

（4）不同学历读者利用图书馆的资源分布

表 6-41 反映了不同学历读者对图书馆的资源使用情况。调查发现，低学历读者主要利用图书馆的书刊报纸、自习室和电子阅览室资源；而本科以上学历读者，除利用书刊报纸外，还较多地利用电子资源，对科技查新和参考咨询也有一定的需求。

表 6-41　不同学历读者利用图书馆的资源分布

主要资源	初中及以下	高中	专科	本科	硕士	博士	合计
书刊报纸	27	89	86	372	149	24	747
自习室	5	39	44	224	74	11	397
电子阅览室	5	18	39	163	78	14	317
电子数据库	1	6	14	154	157	41	373
网络免费资源	1	11	18	93	52	15	190
科技查新服务	0	9	9	35	21	14	88
参考咨询服务	2	2	9	37	16	5	71
延伸服务	0	0	1	6	3	3	13
个性化的增值服务	1	1	3	7	8	1	21
合计	42	175	223	1091	558	128	2217

（5）各类读者经常利用公共图书馆资源分布

明确各种身份读者入馆原因以及阻碍因素，表 6-42 揭示了各类型读者经常利用的公共馆资源分布情况。由于大部分读者入馆的主要原因是阅读书刊、报纸，故馆藏中的书刊、报纸是各类读者利用的主要资源。其他各类型资源的利用较为分散，如学生和教师、公务员比较多地利用自习室和电子阅览室，其中公务员主要利用电子阅览室中的电子数据库资源，而学生和教师利用电子数据库的比例并不大。离退休人员对于网络资源与电子阅览室基本不予使用，他们主要利用馆内书刊报纸、自习室资源，有部分读者也会利用参考咨询与增值服务。对于公共图书馆提供的延伸服务和增值服务，总体来看，各类型读者利用的并不多。

表 6-42　各类读者经常利用公共图书馆资源分布频数表　　　　（单位:%）

样本情况	书刊报纸	自习室	电子阅览室	电子数据库	网络免费资源	科技查新	参考咨询	延伸服务	增值服务	其他
学生	246	173	76	17	20	7	17	3	3	3
专业技术人员	239	48	42	72	42	30	12	6	6	0
企事业单位	255	60	75	37	60	42	37	22	8	0
离退休人员	289	22	0	0	0	0	11	0	11	0
自由职业者	288	68	0	0	0	0	51	0	0	0
公务员	168	98	56	70	56	28	42	14	0	0
商业服务人员	305	68	85	0	34	0	34	0	0	0
教师	258	86	86	43	21	0	0	0	0	0
军人	258	129	19	64	64	0	64	0	0	0
其他	119	107	60	12	24	12	12	0	24	0

（6）各类读者经常利用高校图书馆的资源分布

1）学生

学生作为高校图书馆读者主体，他们主要利用馆藏中的书刊、报纸，同时馆内的自习室学习氛围浓厚也是近一半学生经常利用的资源。不同于公共图书馆读者，高校学生由于学习、科研经常利用馆内的电子数据库与电子阅览室，获取相应数字资源以及网络免费资源，高校图书馆的科技查新服务，学生利用较少，利用查新服务的学生中大部分是硕士和博士，本科及以下读者利用较少。多种类型的参考咨询服务是图书馆未来发展中非常重要的一项服务，学生有服务需求的时候，较多直接请教身边的老师、同学，或有部分同学直接问询图书馆相关部门，对参考咨询服务却较少利用。很多学者也阐述了高校图书馆开展增值服务的必要性与可行性，说明信息增值服务是图书馆发展必然趋势，但是本次调查数据显示，学生利用增值服务仅占1.78%（见表 6-43），看来发展成为一种趋势还有很长一段距离。

表 6-43　学生经常利用的图书馆资源分布

样本情况	书刊报纸	自习室	电子数据库	电子阅览室	网络免费资源	科技查新	参考咨询	增值服务	其他	延伸服务
有效	370	238	225	177	115	48	31	9	7	3
缺失	137	269	282	330	392	459	476	498	500	504
%	72.98	46.94	44.38	34.91	22.68	9.47	6.11	1.78	1.38	0.59

2）教师

与学生不同，教师利用高校图书馆的首要资源是电子数据库（67.19%），高校图书馆主要为校内师生教学科研服务，而教师由于教学、科研任务，主要利用高校图书馆内的电子数据库，获取国内外学术研究资料，但是仅有28.13%的教师利用馆内的电子阅览室，可以看出大部分教师主要利用高校图书馆的电子数据库，但是由于在校内网进入图书馆网站都可以使用电子数据库，故教师很少亲自到图书馆内通过电子数据库获取相关学术资源。部分教师也是经常利用馆内自习室，对于科技查新和参考咨询服务均有12.50%的教师经常利用，增值服务教师利用也较少（表6-44）。

表6-44 教师经常利用的图书馆资源分布

样本情况	电子数据库	书刊报纸	电子阅览室	网络免费资源	自习室	科技查新	参考咨询	增值服务	其他	延伸服务
有效	43	42	18	13	12	8	8	3	0	0
缺失	21	22	46	51	52	56	56	61	64	64
%	67.19	65.63	28.13	20.31	18.75	12.50	12.50	4.69	0.00	0.00

6.3 图书馆服务评价与发展策略

图书馆和读者在不同的话语体系下，对图书馆服务提出了各自的认识，其中有共识也有差异，有需要继续发扬之处也有需要改善的部分，在互相调整与适应中，读者与图书馆共同发展。本部分将前两部分的数据论述进行综合，从读者对图书馆服务评价与图书馆未来发展策略两个方面，总结图书馆服务相关问题，提出未来发展的思路。

6.3.1 读者对图书馆服务的评价

（1）读者对图书馆服务的总体评价

从表6-45看，读者对图书馆“很满意”和“满意”的频数之和是6923，占总频数的47.65%，说明读者对图书馆整体满意率并不高。而“很满意”和“很不满意”占总频数比例分别是10.64%和2.82%，说明读者对图书馆极高评价和极低评价都较少。而大量是对图书馆的中间评价，“一般”的比例较高，达到了38.36%，而“一般”和“不太满意”的比例之和达到了49.54%。

表6-45 读者对图书馆服务的评价排序

项目	很满意		满意		一般		不太满意		很不满意		有效	缺失
	频数	百分比	频数	百分比	频数	百分比	频数	百分比	频数	百分比		
环境	268	24.68	450	41.44	289	26.61	48	4.42	12	1.10	1067	19

续表

项目	很满意		满意		一般		不太满意		很不满意		有效	缺失
	频数	百分比	频数	百分比	频数	百分比	频数	百分比	频数	百分比		
开放时间	112	10.31	447	41.16	347	31.95	113	10.41	39	3.59	1058	28
馆藏资源	96	8.84	366	33.70	426	39.23	141	12.98	23	2.12	1052	34
馆藏更新	76	7.00	272	25.05	519	47.79	147	13.54	35	3.22	1049	37
馆藏功能布局	85	7.83	424	39.04	423	38.95	94	8.66	8	0.74	1034	52
电子资源获取	103	9.48	381	35.08	384	35.36	130	11.97	25	2.30	1023	63
馆内各项标识	94	8.66	474	43.65	368	33.89	78	7.18	11	1.01	1025	61
书刊借阅管理	141	12.98	510	46.96	339	31.22	41	3.78	12	1.10	1043	43
服务满足程度	89	8.20	438	40.33	394	36.28	103	9.48	21	1.93	1045	41
读者互动	63	5.80	173	15.93	488	44.94	243	22.38	56	5.16	1023	63
参考咨询	65	5.99	321	29.56	452	41.62	150	13.81	28	2.58	1016	70
宣传培训	79	7.27	255	23.48	468	43.09	167	15.38	49	4.51	1018	68
服务态度	131	12.06	448	41.25	309	28.45	107	9.85	52	4.79	1047	39
自由平等	144	13.26	418	38.49	367	33.79	62	5.71	38	3.50	1029	57
合计	1546	——	5377	——	5573	——	1624	——	409	——	14529	675

（2）读者对公共图书馆服务的评价

公共图书馆是公共服务的重要场所，必须得到社会的承认，特别是得到读者的认可。由于公共图书馆的任务面向社会，服务对象面广泛，公共图书馆的读者数量多，读者服务相对复杂，读者对图书馆的评价也具有复杂性的特点。公共图书馆服务于该地区所有用户，其服务质量高低，读者作为其服务的受众其评价相当重要。

这一部分问卷主要调查了读者对图书馆工作的评价，调查了环境、开放时间、资源、馆藏标识、管理、读者互动等 14 项图书馆工作。此部分读者对图书馆每项服务打分，由很满意到很不满意分值依次为 1—5，5 个分值，1 分为很满意，5 分为很不满意。读者对公共馆的具体每一项工作的评价统计见下表。虽然表中数据的均值显示，每一项的评分都在 2—3 之间，读者对公共图书馆服务的整体感受是一般以上，偏于满意（见表 6-46）。

表 6-46 读者对公共图书馆服务评价统计

	环境	开放时间	馆藏资源	馆藏更新	馆藏功能布局	电子资源获取	馆内各项标识	书刊借阅管理	读者互动	参考咨询	宣传培训	服务态度	自由平等	服务满足程度
很满意%	22. 35	10. 27	8. 76	6. 64	8. 46	4. 53	8. 16	12. 39	5. 44	6. 04	5. 44	14. 50	12. 08	9. 06
满意%	45. 62	44. 11	33. 83	26. 88	35. 05	32. 63	35. 35	50. 45	22. 05	27. 49	25. 38	43. 50	43. 50	39. 27
一般%	24. 47	31. 12	39. 88	48. 34	38. 97	33. 53	36. 56	25. 08	43. 81	39. 27	39. 58	27. 19	28. 10	38. 07
不满意%	3. 93	7. 55	11. 48	9. 37	6. 95	12. 99	5. 74	2. 11	16. 31	9. 67	11. 18	4. 83	3. 02	7. 55
很不满意%	1. 51	2. 11	1. 51	2. 71	0. 60	2. 72	1. 51	1. 21	2. 42	1. 81	3. 32	3. 02	1. 81	1. 21
有效	322	315	316	311	298	286	289	302	306	289	279	281	308	293
缺失	9	16	15	20	33	45	42	29	25	42	52	50	23	38
均值	2. 16	2. 44	2. 61	2. 73	2. 51	2. 73	2. 51	2. 23	2. 49	2. 9	2. 69	2. 78	2. 34	2. 31

调查显示，表 6-46 所列项目，无一项全体读者感觉很满意，排在首位的“馆内环境较好”这一项，仅有 22. 4% 的读者很满意，故公共图书馆的各项工作都有待进一步加强，根据读者所需，提高服务质量。数据显示，对公共馆服务较为满意的读者也不超过半数。整体来看，目前读者对公共馆内环境与书刊借阅管理较为满意或很满意，其他各项服务工作有待不同程度的提高与改善。

首先要改善的是读者互动，有 43. 8% 的读者认为一般，近 20% 的读者对此项工作不满意或者很不满意。目前部分公共馆经常展开征文、展览、读书节等多种读者互动项目，如北京、深圳、上海、杭州、苏州等地区的省市馆，但是仍有大部分的县、区馆等基层图书馆由于经费、人员等各种原因没有开展读者互动工作，或者已开展的一些工作并没有完全调动读者的积极性，读者参与不够，让读者觉得活动不理想，与其满足度还有一定差距。

其次是馆藏资源问题，其中主要是馆藏更新度、馆藏丰富度以及布局。有 60. 4% 的读者认为馆藏更新一般或不满，52. 9% 认为馆藏丰富度一般甚至不满意，46. 5% 读者认为馆藏功能布局一般甚至不满意，也有近一半的读者对馆内电子资源的可获取性不高。随着信息技术、网络技术迅速发展，知识的传播速度倍增，公共馆肩负着知识保存与传递的使命，及时地更新馆藏、丰富馆藏满足读者多样化信息需求，合理布局馆藏是完善这一使命的保障。馆藏也是图书馆为读者提供的主要资源，目前读者对馆藏的一些工作较不满意，所以公共馆应针对这些方面，提供符合本馆读者需求的馆藏。

第三要改善宣传培训与参考咨询工作，54. 1% 读者认为馆内开展宣传培训工作一般或者不满意、50. 8% 读者认为参考咨询工作一般或不满意。在激烈的市场竞争中，为进一步强化图书馆各项功能，更好地实现其使命，加大图书馆公共关系宣传力度，应为一项有效的措施。而目前读者对此项功能的满意度较低，公共图书馆还需依据本馆特点，加大宣传力度。参考咨询工作被视为当代图书馆服务工作的核心内容，但是读者对它的评价却不高，为了能更有效、快捷、准确地为读者提供令其满意的咨询解答，公共馆要采取有效措施要提供多途径、及时的参考咨询服务。

（3）读者对高校图书馆服务的评价

表 6-47　读者对高校图书馆服务评价统计

	环境安静美观	开放时间	馆藏资源丰富	馆藏更新	馆藏功能布局	电子资源获取便利	馆藏各项标识的明确	书刊借阅管理	读者互动情况	参考咨询	宣传培训	服务态度	自由平等	服务项目满足度
很满意%	25.04	10.45	7.37	7.83	7.83	12.14	9.37	14.13	3.84	6.14	5.84	11.37	14.75	7.99
满意%	39.94	39.63	39.78	25.65	40.86	37.94	47.62	47.62	13.52	28.96	21.97	38.86	37.94	39.86
一般%	28.73	33.18	39.78	46.24	40.40	35.18	34.41	32.57	47.00	45.78	47.77	30.11	35.64	38.86
不满意%	4.76	12.29	14.29	16.59	9.83	12.29	7.83	4.76	28.57	17.05	19.05	13.67	7.22	10.91
很不满意%	0.46	4.45	2.76	3.53	0.77	2.30	0.77	1.23	6.91	3.07	5.53	6.14	4.45	2.46
有效	642	642	638	638	638	640	637	642	638	639	640	641	637	640
缺失	9	9	13	13	13	11	14	9	13	12	11	10	14	11
均值	2.15	2.6	2.69	2.82	2.55	2.55	2.43	2.33	3.21	2.83	2.96	2.64	2.49	2.6

调查数据结果（见表 6-47）显示，高校图书馆读者满意的图书馆服务主要集中在环境安静、美观，馆藏资源丰富度，馆内标识与布局、书刊借阅管理，高校图书馆作为高校教学、科研的支撑，其资源建设覆盖本校各个专业，其丰富度让读者较为满意，但其在资源更新方面读者较不满意，还需要对新资源进行采购，缩短采购到上架的时间，满足读者对信息新颖性的需求。

基于数据结果，改进高校图书馆服务可以从以下几个方面入手。首先应该改善的是高校图书馆的读者互动栏目，因为35.4%的读者认为服务不满意或很不满意，47%的读者认为其服务一般。高校图书馆作为高校三大支柱之一，其借助各种现代化信息技术积极与读者沟通、交流，尽力满足读者的各种需求，如通过网上、E-mail、实时在线、留言板等方式使读者积极参与其中，表达自己的需求，反馈服务质量，从而促进图书馆自身服务水平的提高。这个过程馆员作为与读者沟通的重要角色，其言行、服务态度都发挥着重要作用，应大力提高馆员与读者的互动意识，只有馆员与读者之间都有这样一种互动意识，才能构建融洽、和谐的服务环境，共同促进服务水平的提高。同时也要提高馆员工作效率，改善其服务态度，开辟更多的互动服务空间，让图书馆与读者之间有更多的交流渠道。

其次是宣传培训与参考咨询，其得分均值分别为2.96、2.83。图书馆宣传工作作为实现馆藏资源价值的措施，在图书馆工作中发挥重要作用。

第三是馆藏资源的改善。馆藏资源的更新及时性是读者感觉一般，并有1/5读者较为不满意的一项，其均值为2.82。同时馆藏资源有待进一步丰富，满足不同学科背景同学需求。丰富图书馆电子馆藏资源，改善图书馆的藏书结构与布局，提高馆藏质量。丰富、合理的馆藏资源是实现高校图书馆为本校师生教学、科研服务使命的基础。

此外，高校图书馆的开放时间也需要适当调整，虽然大部分高校图书馆的开放时间符合图书馆评估标准，但是对于拥有无限知识需求的师生来说，在他们下课的时间，经常也是图书馆的闭馆时间，他们也希望在周六日能入馆借阅或利用馆内其他资源。馆员的服务态度读者评价平均分为2.64，偏于一般（3分），这也是提高图书馆服务水平，提高读者满意度的重要工作。高校图书馆的环境与书刊的借阅管理制度以及自由平等理念的贯彻，读者还是较为满意，各项的平均分接近于2分（满意），但是读者对服务的整体满足度还不是很高，2.6分趋于一般（3分）。这些数据说明，目前高校图书馆各项工作均有待不同程度的完善与提高，以满足读者多元化的需求。

（4）公共图书馆与高校图书馆读者服务评价比较

读者对公共图书馆与高校图书馆服务期望不同，利用程度不同，评价也不同。比较两种类型图书馆的读者服务评价，有利于结合图书馆特点深刻分析图书馆读者服务的现状，用户期望以及服务能力提升问题。

图6-2显示，用户对公共图书馆与高校图书馆的评价总体一致，一方面说明读者对于各类型图书馆的服务认识较为一致，两种类型图书馆服务同质性很强；另一方面，一定程度上说明各类型图书馆提供的服务趋同，存在着一定的通病。值得注意的是“电子资源获取便利”，读者对高校图书馆电子资源的快速获取表示肯定，而公共图书馆方面，电子资源利用限制较多，资源种类较少，读者服务满意度不高。

图6-3显示，在读者不满意评价中，读者对两类图书馆的评价存在着一定的差异，首先，读者对公共图书馆服务评价更为鲜明，而对公共图书馆不满意评价较为平均，基本维持在20%以下。其次，两类图书馆最不满意的读者服务项目不同，读者对高校图书馆最不满意的是“读者互动”，而公共图书馆则是“参考咨询”，公共图书馆的读者活动得到了用户的认可，而高校图书馆注重服务的同时忽视读者活动的现状在数据中得到了体现。

总之，公共图书馆与高校图书馆读者服务满意度较高，调研结果显示，读者两类图书馆的服务给予充分的肯定。读者对公共图书馆的态度较为平和，“满意”与“不满意”的评价曲线较为平滑，而对高校图书馆的评价较为明确鲜明。读者对两类图书馆的“读者互动”与“参考咨询”评价较低，是以后图书馆工作中需要重点解决的问题。

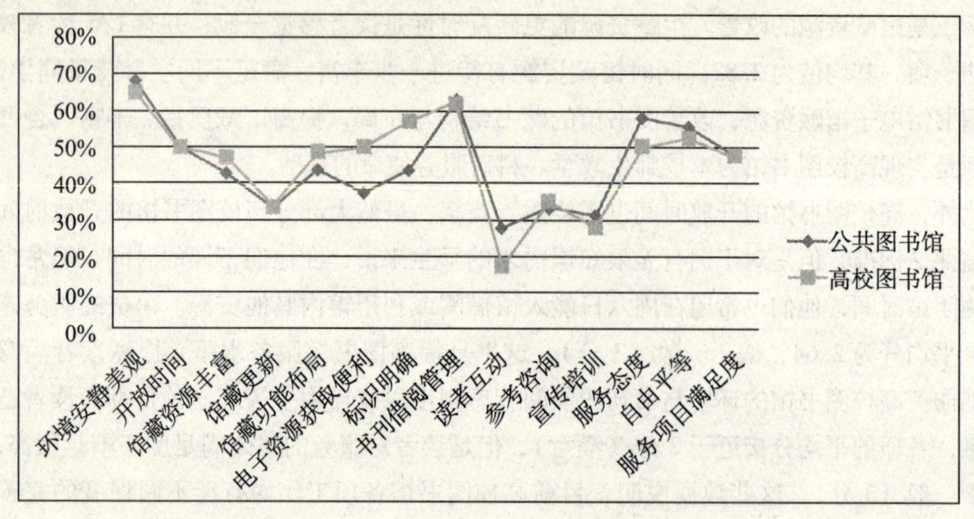

图 6-2　图书馆读者服务“满意”评价分布

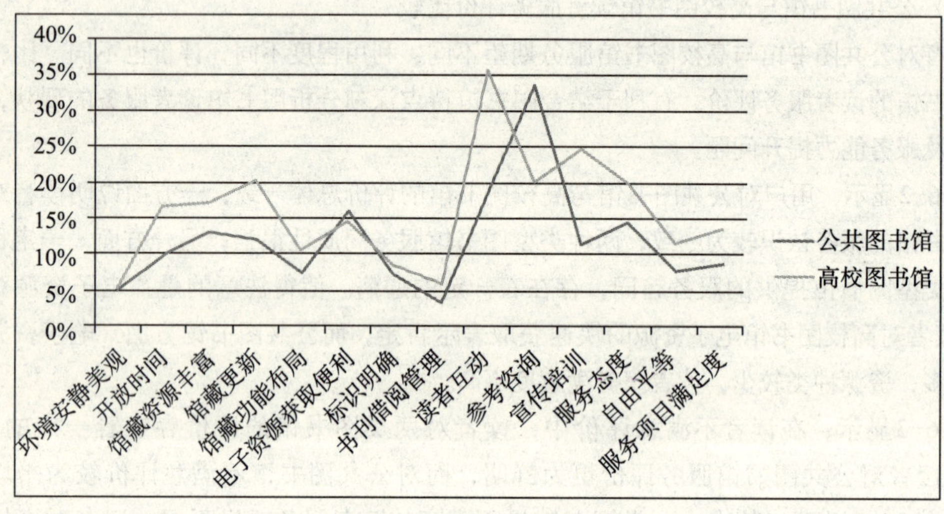

图 6-3　图书馆读者服务“不满意”评价分布

6.3.2　图书馆服务未来发展策略

读者主要怀着增长学识、兴趣所好、休闲娱乐这样的目的利用图书馆，而图书馆吸引大部分读者主要入馆的原因是去阅读书刊报纸。由此我们可以看出，读者入馆主要目的与图书馆吸引读者入馆的主要原因是相符合的，因为读者可以通过图书馆的书刊、报纸来增长学识，但较少因为图书馆的报告、讲座以及培训或网络等资源去增长学识。此外，读者主要入馆原因还是因为馆内环境较为安静、舒适，较为适合学习，营造出和谐的文化氛围，但是这并不符合读者的主要入馆目的，仅有 28.1% 的读者是因享受文化氛围而入馆。读者主要不愿意经常利用图书馆的原因，主要有两方面：一是时间与空间的不便；二是所需资源的匮乏。读者对图书馆服务评价总体一般，主要对信息可获取性的问题，如馆藏资源是否丰富、更新是否及时、免费自由获取信息资源等方面较为不满。鉴于此，图书馆服务未来发展应注意如下几个方面：

（1）突出各类型图书馆的差异化发展

隶属部门与行业体制的不同，决定了各类图书馆的不同发展方向与前途。管理者应根据本馆的实际情况，结合研究分析，采取针对性的措施，以提升本馆的服务水平。各类馆在服务对象、服务范围以及科技利用深度广度上都有显著的差异，不应该强把它们置于一个平面内来寻求模式化的发展，而要通过有效的规划分工来实现彼此职能有效组合与最大化。

1）在积极融入社区以及与读者关系上，公共图书馆较之高校图书馆和其他类图书馆具有更大的优势，在此方面也应该是公共图书馆发挥其主导作用，充分利用公共文化服务体系发展的契机，争取相应的价值实现，而高校馆、其他馆则应以其优势作为辅助力量。

2）在高新技术、信息咨询这一领域，高校图书馆、科技图书馆比公共馆有更强的科技与科研实力，也在自身定位与提供服务上很好地凸现了这一点，这也是公共馆所难以达到的，公共图书馆在这类具体举措上需要有深入的前景预测和具体措施规划。

3）各类图书馆在公共文化服务体系上需要通过有效的合作，以实现更为有效的最大化价值实现与社会影响度。但公共馆由于一直以来与社会的联系更容易实现广泛的联系与服务，所以在公共文化服务体系上，公共馆应该作为主导性的力量，而高校馆、其他馆应发挥有效的技术和资源支持。

（2）加快体制创新

根据现有数据的分析，在自身定位上，绝大多数地方图书馆尚不具备在公共文化服务体系中占据主导地位的实力，那么在地方公共文化服务体系建设上，应当如何科学而客观的定位自身，以及如何有效地与其他文化机构开展合作，将成为后续的研究课题。在具体的社会性介入服务上，虽然公共馆的数据显示优于其他类图书馆，但是总体来看，图书馆在社区文化信息功能性介入上还存在一定欠缺，这有多方面的原因：体制制约、观念束缚、上级支持、业界态度还有自身情况等，其解决也必然是要依赖于多方面因素的共同推进。

（3）巩固服务基础

信息资源、馆舍、硬件设备、工作人员是图书馆服务的基础。从文献资源建设到信息资源建设，这项工作一直是图书馆工作的核心内容，目前读者入馆主要原因是查找资料和阅读书刊、报纸，但是却发现所需资料的匮乏。信息技术高速发展，促进了知识的迅速传播与产生，同时改变了人们的阅读习惯和获取信息的方式，图书馆文献资源建设要跟上科学与技术发展的步伐，更新观念，坚持“以人为本”，主动了解用户需求，让读者参与到文献资源建设中来，提高资源利用效率，进而增加读者需求的满意率。

（4）加大宣传力度

读者利用馆内资源主要局限在书刊、报纸，电子数据库，馆内自习室，对于馆内提供的参考咨询、培训、报告或讲座、个性化服务等较少利用，应加大宣传力度，实现图书馆工作价值。宣传是联结图书馆与读者的桥梁，图书馆作为知识宝库，它的许多资源，读者还不知道如何更好地利用，馆内开展各项服务活动，是为提高读者对信息资源的利用程度，同时也是为读者提供多样化、个性化的信息需求服务，而目前大部分读者对这些服务了解较少，因此，加强图书馆的宣传工作，对促进图书馆发展以及读者个人信息需求满足发挥了重要作用，进而提高读者信息意识与文化素质。因此，图书馆发展离不开宣传工作，同时也可通过宣传树立图书馆人的职业形象，提高图书馆员的工作热情，使图书馆未来发展充满动力。

（5）重视重点目标群体的服务

本调研数据显示，90%退休人员利用图书馆的资源是书刊报纸，阅览报刊也是他们入馆的主要原因，但目前他们较多因为时间与地理位置的不方便而较少利用图书馆。退休人员作为公共图书馆的一部分主要读者，为了丰富其精神生活，公共馆可以开展与退休人员的座谈，了解其阅读需求，认真听取他们的建议，并提供上门服务，解决其到馆时间与空间障碍的问题。

7 图书馆社会关系的调查与分析

在生态系统中，任何一个有机体的发展都受其生态链环境的影响。处于公共文化服务生态体系中，图书馆的发展同样需要考察所处的社会环境。在本课题中，研究重点之一便是通过考察图书馆与其他公共服务机构的信息服务衔接及互补关系，明确图书馆发展的现有合作状况和未来战略协作发展方向。本次对于图书馆外部合作的调研主要从两个方面进行：第一，立足图书馆自身，考察图书馆与其他社会部门的合作情况和认识；第二，立足图书馆外部环境，考察其他社会部门与图书馆的合作情况和认识。以下将对这两种视角的考察结果进行分析。

7.1 图书馆视角的社会关系

图书馆在公共文化服务体系中的定位与图书馆外部合作有密切联系。图书馆的运转发展需要不断与这种利益相关机构取得联系，信息流、物流不断往复循环。公共文化服务体系中图书馆如果想要发挥更大的作用，准确定位发展，必须密切保持与各部门之间的合作关系。

图书馆在公共文化环境中的角色和作用发挥情况直接或间接地影响着其他公共组织。问卷Ⅰ调研数据显示，大部分受访机构（65.94%）认可公共文化服务体系的提出和发展为图书馆提供了良好的机遇，大部分受访机构（67.39%）认为可以在政府指导下与其他公共文化服务机构协调发展。

7.1.1 图书馆与公共服务组织的合作情况

外部合作是图书馆发现机遇、全面提升自身服务功能的重要方式。公共服务组织是与图书馆亲缘关系最紧密的部门，也是图书馆外部合作的主要对象。本部分按照合作者性质进行区分，调研主要考察图书馆对合作者的认识、合作的范围，以及合作的效果分析等问题。

（1）图书馆与公共服务组织的合作范围

通过图书馆与外部合作范围的调研（见表 7-1）得知，当前图书馆的公共服务部门合作对象涉及政府、教育部门、民政部门、民间组织、学校、博物馆、美术馆、影剧院、体育馆、档案馆、纪念馆、群艺馆、文化馆（站）、大众传媒机构、音乐厅等。其中，尤以政府、教育部门以及学校为主要合作对象，合作比例都在32%以上。而像影剧院、音乐厅等休闲类文化场所，当前图书馆合作机会非常少，比例均低于10%。

表 7-1 各类型图书馆与公共服务组织的合作

与图书馆合作的公共服务组织	图书馆类型						合计	
	公共馆		高校馆		其他馆			
	频数	百分比	频数	百分比	频数	百分比	频数	百分比
政府	62	49.21	27	19.42	2	18.18	91	32.97
教育部门	49	38.89	46	33.09	3	27.27	98	35.51
民政部门	23	18.25	10	7.19	3	27.27	36	13.04
民间组织	29	23.02	9	6.47	0	0.00	38	13.77
学校	52	41.27	42	30.22	3	27.27	97	35.14
博物馆	33	26.19	17	12.23	1	9.09	51	18.48
美术馆	16	12.70	12	8.63	2	18.18	30	10.87
影剧院	14	11.11	6	4.32	1	9.09	21	7.61
体育馆	23	18.25	8	5.76	1	9.09	32	11.59
档案馆	21	16.67	16	11.51	0	0.00	37	13.41
纪念馆	21	16.67	12	8.63	1	9.09	34	12.32
群艺馆	25	19.84	10	7.19	1	9.09	36	13.04
大众传媒机构	31	24.60	10	7.19	0	0.00	41	14.86
文化馆（站）	46	36.51	15	10.79	2	18.18	63	22.83
音乐厅	7	5.56	3	2.16	0	0.00	10	3.62
合计	452	——	243	——	20	——	715	——

不同类型的图书馆选择公共服务组织开展合作中，体现出较大的差异性。公共图书馆与公共组织的合作有着更明确的主动性，合作方式与活动较为多样。政府、教育部门、学校、博物馆、大众传媒机构、文化站等均是其主要的合作机构。高校图书馆受高校教学科研活动影响较为明显，更注重与学校、教育部门的合作，与博物馆、影剧院等合作很少。由于样本容量原因及其他类型图书馆自身的特点，其他类型图书馆的社会合作机构范围较平均，所占比例都不高。

（2）图书馆与公共服务组织的关系

表 7-2数据显示，与前面的分析相对应，公共图书馆与公共服务组织经常协作的比例占56.68%，而由于限制很少合作的仅占36.36%，正好相反，高校图书馆经常协作的比例仅为30.3%，而受限于条件不能经常合作的占56.06%，其他图书馆也呈现出与高校图书馆相同的变化曲线。出现这种情况的原因，一方面是公共图书馆作为相对独立的文化服务机构比高校图书馆享有更多的行政自主权，其职能多渠道实现公众的文化权利；而高校图书馆作为高等院校附设的教学辅助机构，为本校服务的是当前的核心职能，对于社会合作的需要相对较弱。另一方面，各馆的主动性上也存在一定的差异。但值得欣喜的是，选项中明确表明属于竞争关系不合作的比例相对都较低，这也说明了图

书馆对于自身发展并不缺乏清醒的认识，关键是如何推行。

表 7-2　各类型图书馆与公共服务组织的合作关系

与公共服务组织的合作关系	图书馆类型						合计	
	公共馆		高校馆		其他馆			
	频数	%	频数	%	频数	%	频数	%
经常协调合作	71	58.68	40	30.30	3	27.27	114	43.18
因为某些因素限制，很少合作	44	36.36	74	56.06	6	54.55	124	46.97
竞争关系，不合作	1	0.83	2	1.52	1	9.09	4	1.52
不清楚	5	4.13	16	12.12	1	9.09	22	8.33
合计	121	100	132	100	11	100	264	100

注：本表所计算数据是扣除本题答案为缺省值的12份问卷后实际填写问卷数量，总数为2646份。

（3）图书馆与公共服务组织的交流方式

本课题对各种可能的合作形式进行了广泛调研，内容包括电话联系、信函往来、学习研讨、共同举办/参加活动、报告会/交流会、很少交流等。调研结果显示（见表7-3和表7-4），一方面，图书馆与公共文化服务机构的合作交流主要是电话联系（51.81%）和共同举办/参加活动（51.45%），其他几种合作形式的比例相当，均在25%上下。不难看出，目前即使是同属于公共文化服务部门，各个单位之间的合作依然有限，图书馆与其他部门的交流属于比较浅层的交流，合作尚不深入，简单的电话和活动交流大多数是基于行政需要或是政府部门的协调，而较少由公共文化服务部门因为自身需要而主动地寻找合作对象，并能长期地保持合作关系。

表 7-3　各类型图书馆与公共服务组织的交流方式

与公共服务组织的交流方式	图书馆类型						合计	
	公共馆		高校馆		其他馆			
	频数	%	频数	%	频数	%	频数	%
电话联系	79	62.70	62	44.60	2	18.18	143	51.81
信函来往	39	30.95	34	24.46	4	36.36	77	27.90
共同举办/参加活动	92	73.02	47	33.81	3	27.27	142	51.45
学习研讨	27	21.43	35	25.18	2	18.18	64	23.19
报告会/交流会	37	29.37	32	23.02	2	18.18	71	25.72
很少交流	17	13.49	48	34.53	5	45.45	70	25.36
合计	291	——	258	——	18	——	567	——

需要引起注意的是一些学习研讨和报告座谈的比例仅占20%多的，同时很少交流

的比例占到了25.36%，也是一个不小的数字，对应前面选项中“缺乏与其他相关部门的沟通”可以看出图书馆对于自身在公共文化服务体系中的定位还存在一定不清晰之处。

两类图书馆在一般选项没有明显的差别（见表7-3），但是我们注意到，共同举办活动公共图书馆的选择比例是73.02%，而高校图书馆仅为33.81%，较之很少交流中高校图书馆的比例达到了34.53%，而公共图书馆仅占到13.49%，这需要引起相关部门的重视，在公共文化服务定位上，高校图书馆应该采取何种定位，其与公共图书馆的关系如何把握，值得我们深思。

表7-4　各类型图书馆与公共组织其他交流方式

其他交流方式	图书馆类型						合计	
	公共馆		高校馆		其他馆			
	频数	%	频数	%	频数	%	频数	%
未作答	124	98.41	139	100	11	100	274	99.28
不清楚	1	0.79	0	0.00	0	0.00	1	0.36
其他	1	0.79	0	0.00	0	0.00	1	0.36
合计	126	100	139	100	11	100	276	100

7.1.2　图书馆与营利性服务组织的合作情况

（1）图书馆与营利性服务组织的关系

调查显示（表7-5），相对于公共服务组织，图书馆与营利性组织的联系更为稀少，其中频次最高的信息公司在总有效问卷中也仅占15.22%，其他如信息中介所比例只有7.61%，说明图书馆在市场化的适应中是存在很大问题的。在这一部分，两类图书馆的区别并不大，比例都比较低，这是整个图书馆行业需要共同面对的问题。

表7-5　各类型图书馆与营利性服务组织的关系

营利性服务组织	图书馆类型						合计	
	公共馆		高校馆		其他馆			
	频数	百分比	频数	百分比	频数	百分比	频数	百分比
咨询中心	14	11.11	14	10.07	0	0.00	28	10.14
信息中介所	13	10.32	7	5.04	1	9.09	21	7.61
私营企业	16	12.70	8	5.76	1	9.09	25	9.06
信息公司	20	15.87	21	15.11	1	9.09	42	15.22
合计	63	——	50	——	3	——	116	——

除上述给定命题假设外，图书馆还强调与部队等机构的合作（表7-6），部分公共图书馆与部队开展共建活动，创建部队图书室，但是将其划分补充在非营利性合作部门，显然是对部队性质的判断错误，也从侧面反映出图书馆与营利性服务机构的沟通交流、合作等方面的欠缺。

表7-6　各类型图书馆与其他营利性合作部门

合作部门	图书馆类型						合计	
	公共馆		高校馆		其他馆			
	频数	%	频数	%	频数	%	频数	%
未作答	119	94.44	136	97.84	11	100	266	96.38
部队	1	0.79	0	0.00	0	0.00	1	0.36
其他	6	4.76	3	2.16	0	0.00	9	3.26
合计	126	100	139	100	11	100	276	100

（2）图书馆与营利性服务组织的交流方式

在合作交流方式上（数据见表7-7，7-8），很少交流占据了绝对的比例，达到了36.23%，运用比较多的交流方式仅有基本的电话联系，对于实际工作产生的效果有限。而即使比例较低的情况下，高校图书馆电话联系的比例仍远低于平均值，仅有14.39%，而公共馆的比例达到了25.40%。在补充交流方式上，购置数据库或试用数据库、外包业务被提及，表明当前只有直接的业务接触，才能促成较为多样化而深入的交流。基本描述与前面类似，在电话联系和举办活动上高校馆的比例低于公共馆很多。

表7-7　各类型图书馆与营利性服务组织交流方式

图书馆与营利性服务组织的交流方式	图书馆类型						合计	
	公共馆		高校馆		其他馆			
	频数	百分比	频数	百分比	频数	百分比	频数	百分比
电话联系	32	25.40	20	14.39	1	9.09	53	19.20
信函来往	15	11.90	11	7.91	1	9.09	27	9.78
共同举办/参加活动	17	13.49	7	5.04	0	0.00	24	8.70
学习研讨	7	5.56	3	2.16	0	0.00	10	3.62
报告会/交流会	9	7.14	5	3.60	0	0.00	14	5.07
很少交流	43	34.13	50	35.97	7	63.64	100	36.23
合计	123	——	96	——	9	——	228	——

表 7-8　各类型图书馆与营利性服务组织其他交流方式

营利性服务组织其他交流方式	图书馆类型						合计	
	公共馆		高校馆		其他馆			
	频数	%	频数	%	频数	%	频数	%
未作答	124	98.41	135	97.12	11	100	270	97.83
不清楚	1	0.79	0	0.00	0	0.00	1	0.36
购置数据库或试用数据库	0	0.00	1	0.72	0	0.00	1	0.36
没有联系	0	0.00	1	0.72	0	0.00	1	0.36
外包业务	1	0.79	0	0.00	0	0.00	1	0.36
无	0	0.00	1	0.72	0	0.00	1	0.36
无交流	0	0.00	1	0.72	0	0.00	1	0.36
合计	126	100	139	100	11	100	276	100

综合来看，虽然图书馆与同质机构的合作比例要高于异质机构间，但依然难以摆脱单线性运作的现实。

7.1.3　图书馆对于合作效果的认识

对于合作效果的调研显示（见表 7-9），认为合作效果“非常好”、“一般”、“不太好”三者所占的比例分别为 40.22%、35.87%、6.88%。可见，绝大多数的受访机构都认可合作的意义和正面效果。但是，即便如此，图书馆的合作现状却不容乐观，大多数受访机构反映由于管理体制、机构特点、经费紧张、缺乏合作意识等原因，合作难度很大，导致的结果要么是合作项目较少，要么是合作难以深入或者直接不进行合作。针对具体原因的进一步调研显示，认为“缺乏经费保障”的占最高比例（68.48%），其次为“沟通协调少”（51.81%）。

表 7-9　各类型图书馆对合作效果的认识

对于合作效果的认识	图书馆类型						合计	
	公共馆		高校馆		其他馆			
	频数	%	频数	%	频数	%	频数	%
未作答	7	5.55	9	6.47	1	9.09	17	6.16
效果非常好，今后要大力支持	65	51.59	42	30.22	4	36.36	111	40.22
效果一般，看情况而定	41	32.54	56	40.29	2	18.18	99	35.87

续表

对于合作效果的认识	图书馆类型						合计	
	公共馆		高校馆		其他馆			
	频数	%	频数	%	频数	%	频数	%
效果不太好	9	7.14	10	7.19	0	0.00	19	6.88
产生不良效果	0	0.00	2	1.44	1	9.09	3	1.09
其他	4	3.17	16	11.51	1	9.09	21	7.61
不好说	0	0.00	1	0.72	0	0.00	1	0.36
不清楚	0	0.00	1	0.72	0	0.00	1	0.36
服务	0	0.00	1	0.72	0	0.00	1	0.36
合作会有效果	0	0.00	0	0.00	1	9.09	1	0.36
基本上没有什么交流	0	0.00	1	0.72	0	0.00	1	0.36
没有合作过	0	0.00	0	0.00	1	9.09	1	0.36
合计	126	100	139	100	11	100	276	100

超过一半（51.59%）的公共图书馆认为效果很好，但高校图书馆这一比例仅占30.22%，相比之下，40.29%的高校图书馆认为合作效果一般，待情况而定。受访者指出，在开展工作时，公共图书馆属无实权部门，事业经费非常紧张，这一现状严重束缚了图书馆与其他组织机构的往来，一些具有开拓性的服务方式，都因受到客观因素制约而无法深入展开。受访者也指出，由于缺乏对公共服务内涵和性质的了解，加上各级/各类部门分工不明确，相关部门之间的彼此合作机会很少，而且各个不同机构的发展速度以及社会影响力程度也不同。

7.1.4 图书馆与社会机构联系情况的开放式问题

本研究还就图书馆的外部合作问题设置了开放问题的访谈调查。几乎所有的受访者都承认合作的重要性，或者认可其为今后发展的必然趋势，但在合作的层次以及合作效果上则存在着差异。

许多高校图书馆受访者提出，由于管理系统与管理体制等诸多因素，与其他公共文化服务部门联系与合作项目较少，合作活动也很难展开，还有一些单位确实由于专业性较强而难以与其他文化单位有效地合作。合作一般限制在书店、出版商等机构，但在这种合作中，高校图书馆也会注意选择具有一定规模、资质、正规、服务优质的机构合作，达到双方满意。同时受访者乐观地认为，随着图书馆服务公益性力度的加大，服务范围的逐步扩大，与其他文化服务部门的联系会越来越频繁和紧密。

相比之下，公共图书馆的合作更为频繁，合作层次也更为深入，如某公共图书馆为“洪江古商城”的旅游开发所作的文化宣传，得到了上级主管部门和群众的好评。此外还有如与博物馆、曲艺团和群艺馆的合作。相比而言，同属一个文化系统的单位沟通合作较为顺利，（但也不排除某些只是行政上的联系）而其他不同系统的单位合作则较为困难。

有部分受访者认为必须依赖于政府的协调指挥作用，或者明确建立一个统一协调的上级部门，这样更有利于部门之间的沟通和协作。建立长效机制。其次，合作方式上，应该加强各文化服务部门之间的沟通与了解，利用各自的优势条件，通过最佳的合作切入点，以及注意彼此的互补性，避免提供同质服务，完善和加强公共文化服务体系的建设和发展。为此，领导之间的交流是十分重要的，同时合作的项目也必须实现互惠互利才能保证其长效的执行，此外，除了业务工作的交流之外，管理经验的交流也很必要。

7.2 社会视角的图书馆社会关系

从图书馆外部机构——公共服务机构考察他们与图书馆的合作意向，能够更好地把握当前合作现状以及寻找合作困境的原因，更能为未来的合作提供较全面的参考。

7.2.1 社会机构与图书馆合作情况

（1）合作对象

调研数据显示（见图 7-1），与图书馆合作较为密切的单位主要有学校、科研院所、政府、文教卫体事业单位等。可以看出相似的服务性质和资源优势有助于彼此服务功能的认同，并能在一定程度上达到资源共享及合作服务的效果。比较突出的是商业、服务企业与图书馆的合作比例很低（17.39%）。

（2）合作形式

调研结果显示（见表 7-10），各类公共服务机构与图书馆的合作领域重点在于“资源共建共享”，这说明资源丰富仍是图书馆的核心优势，开展更广泛的资源共建共享有助于促使图书馆深入到社会生活的方方面面。同时，图书馆在专业人员配备、信息资源利用、用户服务等方面拥有较大优势，可以为相关机构提供培训和相关服务。“人员培训”、“业务指导”也拥有相当的比例，显示了图书馆在这些方面的优势。同时，各类机构也与图书馆开展“项目合作”业务，通过协调共进、合作互补，能较好地促进合作双方的共同发展。值得注意的是“读者服务”尚未在合作中占有优势。

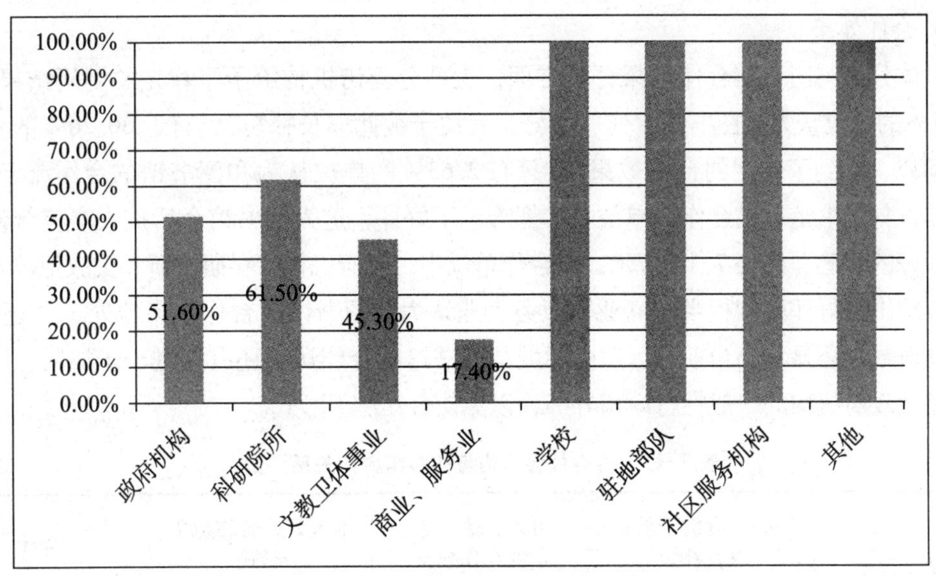

图 7-1 各类社会机构与图书馆业务合作情况

表 7-10 各类社会机构与图书馆采取过的合作途径

合作途径		资源共建共享		人员培训		业务指导		读者服务		项目合作		合计	
		频数	%	频数	%	频数	%	频数	%	频数	%	频数	%
公共服务机构	政府机构	9	52. 94	3	17. 65	3	17. 64	1	5. 88	1	5. 88	17	100
	文教卫体事业	13	31. 71	9	21. 95	7	17. 07	5	12. 20	7	17. 07	41	100
	学校	10	35. 71	4	14. 29	5	17. 86	6	21. 43	3	10. 71	28	100
	科研院所	6	40	1	6. 67	2	13. 33	1	6. 67	5	33. 33	15	100
	驻地部队	1	50	0	0	0	0	1	50	0	0	2	100
	社区服务	0	0	0	0	0	0	1	100	0	0	1	100
其他机构	商业、服务企业	1	16. 67	1	16. 67	1	16. 67	3	50	0	0	6	100
	其他	0	0	0	0	0	0	0	0	1	100	1	100
合计		40	——	18	——	18	——	18	——	17	——	111	——

（3）合作效果

在具体分析与图书馆合作效果评价方面，大部分受访机构给予了肯定。调研结果显示，有67.11%的单位认为与图书馆合作“很好，有助于彼此取长补短”，有近30.26%的单位认为“还可以，达到了一定的合作效果”，只有2.63%的单位认为和图书馆的合作流于形式。总体而言，与图书馆有过合作的单位基本都给予了好评，这为图书馆今后扩大交流合作范围奠定了很好的基础。如表7-11所示，在合作单位中，政府机构、科研院所、文教卫体事业单位、学校给出的好评比例相当，商业、服务企业认为与图书馆的合作较多地处于“还可以”阶段。调研数据还显示出当前社区服务领域与图书馆的合作认识还有待进一步加强，同时需要注意避免政府机构的一般性行政指导等，以免使合作流于形式。

表7-11　各类社会机构与图书馆合作关系评价

合作关系评价		很好，有助于彼此取长补短		还可以，达到了一定的合作效果		不太好，合作流于形式		合计	
		频数	%	频数	%	频数	%	频数	%
公共服务机构	政府机构	12	70.59	4	23.53	1	5.88	17	100
	文教卫体事业	22	78.57	6	21.43	0	0.00	28	100
	学校	9	69.23	3	23.08	1	7.69	13	100
	科研院所	5	62.50	3	37.50	0	0.00	8	100
	驻地部队	1	100	0	0.00	0	0.00	1	100
	社区服务	1	50.00	1	50.00	0	0.00	2	100
其他机构	商业、服务企业	1	16.67	5	83.33	0	0.00	6	100
	其他	0	0.00	1	100	0	0.00	1	100
合计		51	——	23	——	2	——	76	——

7.2.2　社会机构与图书馆竞争情况

达尔文的《进化论》对竞争给出了精辟的解答：同种或异种生物为了争夺有限的资源而互相施以不利影响的现象，对于人类社会当中的竞争也可从这个角度理解，组织与个人互相争夺各类有限的资源。竞争是自然界和人类社会发展的普遍规律，但是竞争并不排斥合作，竞争与合作辩证存在。从调查结果可知（见表7-12），大多数社会机构认为与图书馆不构成竞争关系，频数为132，占回收有效问卷170的77.65%，占被调查总频数155的85.16%。只有6.47%（总频数的7.10%）的社会机构认为与图书馆之间存在着竞争关系，还有7.06%（总频数的7.74%）的社会机构回答不清楚。与图书馆的竞争点多集中于服务项目和设施上，基本上是基于图书馆现有的信息存储、传播功能和服务大众的宗旨而产生的，服务质量和读者数量及环境等所占比例较小，图书馆在这方面并不特别具有竞争力。图书馆提升自我竞争力应更多地将传统的信息优势加以强化，同时提高服务质量和环境的舒适度，增加对读者的吸引力。

表 7-12 社会机构对于与图书馆竞争的认识

与图书馆是否存在竞争关系		认为存在		认为不存在		不清楚		合计	
		频数	%	频数	%	频数	%	频数	%
公共服务机构	政府机构	3	9.38	27	84.38	2	6.25	32	100
	文教卫体事业	3	4.84	53	85.48	6	9.68	62	100
	学校	1	4.76	17	80.95	3	14.29	21	100
	科研院所	1	8.33	10	83.33	1	8.33	12	100
	驻地部队	0	0	1	100	0	0	1	100
	社区服务	1	50	1	50	0	0	2	100
其他机构	商业、服务企业	2	8.70	21	91.30	0	0	23	100
	其他	0	0	2	100	0	0	2	100
合计		11	——	132	——	12	——	155	——

就社会机构与图书馆的竞争而言，调查表明，社会机构认为与图书馆的最大竞争点依次为：服务项目（占被调查总数的20%）、设施（11.76%）、服务质量（8.82%）、读者/用户数量（7.65%）、环境（4.12%）、收费情况（1.76%）。值得注意的是关于收费方面的竞争，只有极少的社会机构认为图书馆在收费上和他们存在竞争，一方面，图书馆的服务基本上是免费的，图书馆已在社会上建立起不靠收费生存的形象；另一方面，即使图书馆有收费项目，并不与社会机构产生冲突，这从一个侧面显示出图书馆服务与社会机构的服务存在很强的互补性。具体到各社会机构，对与图书馆的竞争认识并不完全一致，表 7-13 反映了文教卫体事业、政府机构、学校和科研院所对于图书馆的竞争比较重视，而其他机构对于图书馆的竞争反映淡薄。

表 7-13 社会机构与图书馆的最大竞争点

与图书馆的最大竞争点		服务项目		设施		服务质量		读者/用户数量		环境		收费情况		合计	
		频数	%	频数	%	频数	%	频数	%	频数	%	频数	%	频数	%
公共服务机构	政府机构	5	29.41	5	29.41	3	17.65	2	11.76	2	11.76	0	0	17	100
	文教卫体事业	19	46.34	10	24.39	5	12.20	3	7.32	3	7.32	1	2.44	41	100
	学校	2	13.33	4	26.67	3	20	5	33.33	1	6.67	0	0	15	100
	科研院所	4	36.36	0	0	1	9.09	3	27.27	1	9.09	2	18.18	11	100
	驻地部队	0	0	0	0	1	100	0	0	0	0	0	0	1	100
	社区服务	0	0	1	100	0	0	0	0	0	0	0	0	1	100
其他机构	商业、服务企业	4	66.67	0	0	2	33.33	0	0	0	0	0	0	6	100
	其他	0	0	0	0	0	0	0	0	0	0	0	0	0	0.00
合计		34	20.00	20	11.76	15	8.82	13	7.65	7	4.12	3	1.76	92	——

7.3 不同视角下外部合作的比较与差异成因分析

通过对两套问卷结果的深入分析得知，图书馆视角的合作认知以及社会机构视角的合作认知，在很多方面体现出相同点和不同点。

7.3.1 不同视角下外部合作的相同点分析

综合本章前两节的分析结果可以看出，两种不同视角在关于图书馆与社会机构合作的诸多认识方面存在以下共性：

（1）对于图书馆与社会机构合作的可能性和效果方面，都给予了较积极的回应。

（2）面对公共文化服务的新环境，都有较清晰的认识，可以为自身定位和未来合作发展提供较好的政策平台。

（3）对于合作的态度，既有期待又有顾虑，都遭遇到合作上的种种困难。

（4）都倾向于同质机构间的合作与交流，但主要还限于行政指导以及电话联系等层面，深入的互惠联盟和资源共享合作活动较少展开。

（5）同一个文化系统间的纵向联系（比如省级馆对市级馆的指导和联系）较为明显，合作的机会也比较多，但同一个文化系统间的横向联系（比如图书馆与博物馆）以及跨文化系统的联系（如公益组织与营利性组织之间的联系）都相对缺乏。

（6）两种不同视角都能较客观对待图书馆的竞争与合作关系，基本上都认可在新环境下基于一定的前提构建新型合作关系。

7.3.2 不同视角下外部合作的差异分析

相对于以上的共性，不同视角下的图书馆合作调研，反映出更多的差异。具体表现为以下几个方面：

（1）合作意识差异

两种不同视角基于不同的立足点，在考虑是否需要合作和具体的合作实践时，其出发点和着眼点有所不同。比如在图书馆工作者看来，资源优势和公益性是其生存和发展的重要基础，图书馆寻找合作对象更多地着眼于资源输出这个功能，延伸并拓展自己的服务需要。而其他外部机构的出发点大多是“取长补短”，希望借助图书馆资源优势来满足自身的需要，相对而言是一种资源存取的理念。实践表明，基于一定需求而形成的互惠性的合作能达到较好的合作效果。但由于这种合作在某种程度上形成供需关系，供求失衡时就容易暴露出其意识上的差异，导致合作难以持久。

（2）合作形式差异

合作形式的差异其根本上是由不同的合作意识决定的。图书馆在发挥资源优势并提供资源服务时，遇到的最大难题是“经费不足”（73.91%），因此希望通过寻找合作对象一则扩大服务范围二则缓解资金压力，其首要依靠对象是政府和文化部门。由于这两类合作对象在我国现有体制下对图书馆构成行政指导和监督关系，从而使得“电话联系”、“共同举办/参加活动”以及“信函往来”构成图书馆的主要合作形式并不足为怪。而相关外部机构与图书馆面临类似的境况，不仅有资源上的需求还有资金方面的需求，如果在这两者上与图书馆的需求构成冲突，则两者进行顺利合作的可能性较小；如果像营利性组织那样可能在资金方面能够提供互补，但一则由于它们与图书馆长期存在一定的竞争关系，二则更是因为图书馆的社会地位和角色尚未得到社会的广泛认可，两者之间的合作成功率也较低。综合这些因素，当前图书馆与外部合作的现状甚忧，调研结果显示，在咨询社会机构为什么没能与图书馆进行合作的原因调查中，明确指明没有必要合作的观点占据最高比例（14.71%），认为有必要及合作中遇到困难的比例分别仅为8.24%和1.76%。

（3）合作现状认知差异

关于图书馆的调研结果显示，大多数的图书馆认识到自身的优势所在，并提出以加强自身建设，提高资源利用率和服务水平为未来的改进目标。如85.1%的受访机构表示要“提高馆藏数量和质量”，多数受访机构普遍把改善的重点集中为“改善馆藏基础设施（64.5%）”、“举办用户/读者培训（64.86%）”、“调整开放时间（63.77%）”、“举办讲座/报告

(61.59%)”和“提供主动服务(60.14%)”。同时，在面对发展困难时，应该坚持公益性的基本原则。作为以资源收藏和加工整理见长的信息机构，图书馆在馆藏服务上具备相当的实力和社会认可，加大资源开发力度，完善设施环境，增强用户利用信息的方便性（降低技术门槛，淡化时间限制)，势必有助于图书馆在竞争环境中保持良好的优势。有些图书馆提出举办免证阅览日、开展明星读者服务等，以个性化服务拉近公众与图书馆的距离。

关于外部机构的调研结果显示，不同机构对于合作现状态度不一，可以归纳为两大类：首先，拥有自己图书室或信息中心的外部机构，他们对与图书馆的合作态度明显较为赞成，也表现出更大的合作诚意和兴趣。从一定程度上说明，一个机构拥有自己的图书馆或信息中心有助于增强员工的信息意识，也从一个侧面反映了即使存在相当数量的各类文化服务机构，图书馆的存在仍是极有必要的。其次，外部机构中的营利性组织，他们与图书馆的合作非常有限，比例仅为17.39%，虽然在调研前已预想过图书馆与商业、服务企业的合作不会很密切，但是调查结果仍低于预期水平。大部分的图书馆合作对象仍局限于主管部门如政府，或者是同类型的事业单位，与外界的商业机构接触并不够广泛。这些调研信息为构建有效的公共文化服务体系提供了两种思路：一种是借助同质性的行业合作关系，强化当前的公共文化信息资源共建共享能力；一种是突破行业合作，注意开拓异质性网络，加强与商业化信息服务机构的资源互补，借鉴商业性机构的灵活的信息服务方式，提高公共文化服务体系的整体能力。

(4）未来合作期待差异

关于图书馆的调研结果显示，图书馆在合作中的“孤身奋战”境况较为无奈。即图书馆自身有合作的意向和自觉性，但缺乏社会机构的配合和支持。如调研中“各级/各类公共文化服务部门协调沟通少”(51.81%)、“对公共文化服务内涵和性质了解得不够”(50.72%)和“各地区公共文化服务部门发展差距大”(50.72%)比例都过半，另有42.03%的图书馆认为合作中“缺乏有效的监督考评机制”，25.72%的图书馆认为“各级/各类部门分工不明确”等。针对这种情况，有部分受访者认为必须依赖于政府的协调指挥性作用，或者明确建立一个统一协调的上级部门，这样更有利于部门之间的沟通和协作，建立一个长效机制。在合作方式上，应该加强各文化服务部门之间的沟通与了解，利用各自的优势条件，通过最佳的合作切入点，以及注意彼此的互补性，避免提供同质服务，完善和加强公共文化服务体系的建设和发展。为此，要加强领导之间的交流、合作项目的长效互惠互利以及管理经验的交流。

关于外部机构的调研结果显示，外部机构寻求合作的最大意向是基于资源的需求。因此，他们的关注点焦中于“信息共建共享活动”(60.00%)、业务支持和指导(43.53%)、信息公开(31.18%)等。而对于公共文化服务体系中各相关部门的重要性的认识，社会机构普遍认为最重要的是政府(78.24%)，其次是文化部(57.06%)和图书馆(57.06%)。其他诸如档案馆、博物馆、文化馆、社区馆等与图书馆类似的部门，他们的重要性排序比例都在30%左右。

7.3.3 图书馆外部合作的改进对策

来自图书馆的外部合作情况调研结果为我们展示了这样的一幅画面：图书馆的合作依赖于行政制度安排，即接受政府部门、教育部门、文化部门的领导，必然与这些机构保持较为密切的关系；尽管与其他文化部门具有相似的业务对象和目标，其合作频率和效果并不太理想；与营利性文化服务机构的合作虽有一定成效，但合作的方式和渠道有待于进一步思考。图书馆的未来设想都明确表示需要抓住文化大发展大繁荣的机遇，相关实践工作却需要具体结合部门实际情况进行。图书馆在谈及向外联盟发展的时候，绝大多数都强调需要先加强自身实力建设，比如丰富馆藏、加大资金投入、提高服务设备和水平、加强读者互动等。针对公共文化服务体系建设新的发展环境，图书馆传达着多种不同的声音，主要表现在如何在内外机制方面进行改革创新。

首先，从外部机制上，调研结果反映出图书馆等文化服务机构有待通过有效的运营联合来实现共同的目标，以及通过集体化组织的形象来获取更多的社会认可与争取更多的社会支持。主要的解决途径有二：一是加大政府投入力度，二是主张图书馆通过自身努力，以业绩争取政府的支持。相比来说后者的选择占据了主流，也比较符合现实的状况。此外许多图书馆尤其是公共图书馆提出了对于图书馆法制定的殷切期盼。

其次，从内部机制上，图书馆应采用民主管理模式，改变现有工作人员竞争意识不强、定位不准、缺乏主动积极的服务精神的通病，培养馆员服务的综合素质。在管理体制上，有意见希望建立起自国家图书馆到乡镇图书馆（基层图书馆、室）的独立服务体系，打破传统的行政局限对于图书馆事业发展的束缚，加强自上而下的协调和资源调配。

来自外部机构的合作情况调研结果则为我们明确了图书馆未来合作发展的一些思路。主要有以下几点：

首先，加强资源合作，提高对内有效服务。与图书馆的公众服务目的相区别的是，每一个社会文化服务机构的工作重点首先都是满足内部人员的相关信息需求，大多拥有自己的图书馆（室）或信息服务中心，尤其是科研机构和文教卫体事业单位。但这些机构都认识到图书馆的资源优势，与图书馆资源、培训、服务等方面存在一定合作关系，并对合作效果和未来期待都给予了一定的肯定。但调研中也发现不少机构在如何开展有效合作方面顾虑重重，图书馆应该尽快走出体制障碍，采取更为主动的姿态，以多种灵活方式促进缔结合作盟约，实现资源在全社会范围内更有效利用。调研显示，对内的有效服务能够促进用户在很大程度上利用外界图书馆。反过来，图书馆如果想要吸引更多的社会用户，则可以借助延伸手段帮助各公共服务机构加强信息服务工作，让用户保持对信息服务的期待和信赖感。

其次，开展多层次联盟合作，提高服务质量，发挥信息效用。图书馆借助已有的资源、人才和信息服务经验优势，在与公共服务部门合作时，除了联合举办活动、提供信息服务等短期项目之外，还可以尝试建立一些长效机制，如签订长期联盟合作关系、促进资源流通和管理的规范化；加强对其他机构的信息援助，辅导建立各部门的资料中心或图书馆流动服务点。让资源走近用户，帮助用户有效使用资源，享受资源享有的乐趣。合作关系中，同质联盟由于利益相近、目标相同，便于在资金、人才、资源等方面相互流通，具有较大的可操作性，在调研中也反映出了同质行业之间合作的相对频繁和有用性。但由于体制机制的问题，跨越层级或行业之间的壁垒还是具有一定的障碍，顺畅沟通的难度较大，需要加以协调；针对调研中各公共服务部门普遍把竞争点放在服务项目和设施等方面，则要求图书馆等信息服务部门要积极向商业性服务机构学习，只有学习竞争对手的优势和灵活的服务手段，建立异质行业联盟，尽可能地建立起一种互补的、长远的有效机制，扩大合作双方的互赢范围。调研中发现商业性机构对于公共文化服务体系建设表现出了较大的热情，也存在一定的忽视，图书馆应善于把握时机，争取商业性机构的共同支持。

最后，加大投入，服务为本。作为公益性服务机构，财政投入是公共服务有效开展的重要支柱。政府应充分重视财政支出的合理性，并适当地随社会发展调整涨幅。此外，社会公共服务机构也应积极增加资金引进渠道，通过基金补助、社会捐赠、社会福利、企业赞助等无偿方式进行，而不能单纯依靠商业性的有偿服务进行运作，公共服务应坚持无偿原则。

8 公共服务与公共文化服务体系建设中的相关角色调查与分析

覆盖全社会的公共文化服务体系是十七大报告中提出的实现全面建设小康社会的重要目标之一。在这个以构建“文化民生”为特色和重点的体系中，图书馆如何把握机会，合理建立自身的服务供需机制，确保服务方式的不断更新，提高工作人员的素质与服务质量，建立有效的保障机制是需要迫切解决的问题，而这些问题与图书馆合理定位息息相关。

本部分内容根据问卷 I 的调查，主要涉及图书馆工作者对于公共文化服务体系的认识，当前公共文化服务体系的不协调因素，以及图书馆在文化服务体系中的角色和作用分析，并就图书馆与公共服务组织和营利性服务组织的关系分别加以分析。

8.1 公共服务与公共文化服务体系建设的影响

8.1.1 公共服务体系建设对图书馆的影响

对于公共文化服务体系作为图书馆发展的一个良好机遇，大部分受访者还是持赞同态度（见表 8-1）。从整体来看，69.54%的图书馆认为公共文化服务体系建设对于图书馆是一个很好的发展机会，还有 26.09%认为关键还在于图书馆如何把握机遇，这是一个比较现实的问题，从现实来看，这种观点更能反映出图书馆事业的发展环境，而认为其对于图书馆没有影响或者不清楚的反馈意见相对较少。

各类型图书馆态度并没有较大的差别，体现出一致的倾向。由于各类型图书馆对社会外部环境敏感程度不同，相对而言，高校图书馆对于公共文化服务体系的影响感受较为间接，有 4.32%认为公共文化服务体系对图书馆“没有影响，图书馆的发展不会发生什么变化”，还有 2.16%认为公共文化服务体系对图书馆“不太好，图书馆与其他部门的竞争局面将更严峻”。

表 8-1 公共服务体系建设对不同类型图书馆的影响程度

公共服务体系建设对图书馆的影响	图书馆类型						合计	
	公共馆		高校馆		其他馆			
	频数	%	频数	%	频数	%	频数	%
是一个很好的机遇，有利于图书馆的发展	86	68.25	89	64.03	7	63.64	182	65.94
还可以，关键看图书馆是否能抓住机遇	32	25.40	37	26.62	3	27.27	72	26.09
没有影响，图书馆的发展不会发生什么变化	2	1.59	6	4.32	0	0	8	2.90

续表

公共服务体系建设对图书馆的影响	图书馆类型						合计	
	公共馆		高校馆		其他馆			
	频数	%	频数	%	频数	%	频数	%
不太好，图书馆与其他部门的竞争局面将更严峻	2	1.59	3	2.16	1	9.09	6	2.17
不清楚	1	0.79	0	0	0	0	1	0.36
有效合计	123	97.62	135	97.12	11	100	269	97.46
缺失	3	2.38	4	2.88	0	0	7	2.54
合计	126	100	139	100	11	100	276	100

8.1.2 公共文化服务体系建设对社会机构的影响

调查发现，社会机构对于公共文化服务体系环境的认知，较为普遍地持积极的态度。参照表 8-2数据，对于目前国家提出的建设公共文化服务体系问题，被调查的社会机构大部分(68.35%）认为这“是个很好的机遇，可以给本单位工作带来新思路”，对公共文化服务体系的建设充满期待。在公共服务机构中，有 61.39% 的机构受到公共文化服务体系的积极影响，主要有政府机构、科研院所、文教卫体事业、学校等机构，他们都明显地受到国家政策的鼓舞，认为有助于自身的发展。

调查显示，有25.95%的社会机构在认可机遇的同时却感到“对本单位影响不大”。商业、服务企业认为公共文化服务体系建设“可以给本单位的工作带来新思路”和“对本单位影响不大”的比例相当，均为43.48%，总体而言，这个数据显示出商业机构要比预想中更关注公共文化建设的发展。值得注意的是，在公共服务机构中，认为“对本单位影响不大”的还占一定比例，如科院所（30.77%)、文教卫体事业（25%)、学校(22.73%)，甚至政府机构还有16.13%，说明公共服务机构对公共文化服务体系建设普遍认知还需要加强。

此外，从表 8-2可以看到，还有少数社会机构（5.69%）持观望态度，回答“不清楚”的只有少数商业服务企业、文教卫体事业、学校和社会服务机构，目前还不能断定公共文化服务体系建设对本单位的影响。几乎没有一个机构认为这会加剧单位的外部竞争，产生消极的影响，这进一步说明公共文化服务体系建设对社会是广泛受益的。

表 8-2 公共文化服务体系建设对社会机构的影响程度

公共文化服务体系建设对社会机构的影响		是个很好的机遇，可以给本单位的工作带来新思路		机会很好，但对本单位影响不大		可能加剧本单位的外部竞争，产生消极影响		不清楚		合计	
		频数	%	频数	%	频数	%	频数	%	频数	%
公共服务机构	政府机构	26	83.87	5	16.13	0	0.00	0	0.00	31	100
	文教卫体事业	45	70.31	16	25.00	0	0.00	3	4.69	64	100
	学校	15	68.18	5	22.73	0	0.00	2	9.09	22	100
	科研院所	9	69.23	4	30.77	0	0.00	0	0.00	13	100
	驻地部队	1	100	0	0.00	0	0.00	0	0.00	1	100
	社区服务	1	50.00	0	0.00	0	0.00	1	50.00	2	100
其他机构	商业、服务企业	10	43.48	10	43.48	0	0.00	3	13.04	23	100
	其他	1	50.00	1	50.00	0	0.00	0	0.00	2	100
合计		108		41		0		9		158	

8.1.3 图书馆对于公共服务体系不协调因素的认识

图书馆对于公共服务体系的重要性都有所认识，将其视为发展的重大机遇，但是并不是所有图书馆对于公共服务体系建设都有深刻的认识，在实际操作中图书馆遇到很多现实问题，找不到成功案例借鉴，也找不到具体的指导策略，只能“摸着石头过河”，各种不协调因素不断困扰图书馆的工作。在对于公共服务体系发展的不协调因素的调研上（如表 8-3），经费保障缺乏是公认的首要因素，而认为“对公共服务内涵和性质了解得不够”、“各级/各类公共服务部门协调沟通少”和“各地区公共服务部门发展差距大”也都占到了一半左右的比例，认为属于部门分工不明确以及市场经济利益因素诱导的比例较低，说明还是比较认可各部门的工作成绩，但是对于协作沟通普遍感觉到了一定的难度，以及由于发展差距的问题而导致的实际服务效能不一。不同类型图书馆在对不协调因素的认知趋于一致，各因素的排序相同，具体比例稍有差别。与前文高校图书馆参与公共体系服务的活动较少、合作较少的结果一致，高校图书馆“对与公共服务内涵和性质了解不够”比例比公共图书馆高。

表 8-3 各类型图书馆对公共服务体系不协调因素的认识

公共文化服务体系	图书馆类型						合计	
	公共馆		高校馆		其他馆			
	频数	%	频数	%	频数	%	频数	%
对公共服务内涵和性质了解得不够	60	47.62	74	53.24	6	54.55	140	50.72
各级/各类部门分工不明确	28	22.22	40	28.78	3	27.27	71	25.72
各级/各类公共服务部门协调沟通少	65	51.59	70	50.36	8	72.73	143	51.81

续表

公共文化服务体系	图书馆类型						合计	
	公共馆		高校馆		其他馆			
	频数	%	频数	%	频数	%	频数	%
各地区公共服务部门发展差距大	70	55.56	64	46.04	6	54.55	140	50.72
缺乏足够的经费保障	95	75.40	87	62.59	7	63.64	189	68.48
缺乏有效的监督考评机制	52	41.27	58	41.73	6	54.55	116	42.03
市场经济下利益因素的诱导	29	23.02	35	25.18	5	45.45	69	25.00

各类图书馆对于不协调因素的选择比例大体类似，在经费问题上，各类图书馆都感受到很大的压力，公共图书馆尤甚，这也是现实不可回避的问题，与此相对应的是，大部分受访者不认为利益因素能够诱导公共文化服务体系的发展，说明虽然大部分图书馆对于目前的经济处境较为谨慎，但对于未来发展前景还是很看好的。

其他的选择比例较高的不协调因素如发展差距大、缺乏沟通、不了解内涵等，基本上都还属于服务发展体系中的协调性发展问题，这已经在之前的数据分析中得到验证，这里不再赘述，值得引起注意的是发展差距大的选择比例是诸选项中除经费问题外最高的，这从另一个侧面说明，在公共文化服务体系发展中，由于不同机构的发展速度以及社会影响程度不同，其发展中的沟通也可能是不充分的，应该通过有效的机制设计与发展规划，来整体性地纳入公共文化服务体系。

除上述原因外，一些被访图书馆给出了自己的答案（见表8-4），“事业管理体制制约，整体绩效差；机构内部管理运作机制相对落后，发展内驱力不足；缺乏法治环境”，对这一问题认识深刻，从体制原因到法制环境，简要而深刻的讨论这一问题。

表8-4　各类型图书馆对公共服务体系其他不协调因素的认识

公共文化服务体系的其他不协调因素	图书馆类型			合计
	公共馆	高校馆	其他馆	
未作答	121	137	10	268
不知道	1	0	0	1
基层党政领导没有真正重视	1	0	0	1
其他	2	1	1	4
人财物力不足与管理不力	0	1	0	1
事业管理体制制约，整体绩效差；机构内部管理运作机制相对落后，发展内驱力不足；缺乏法治环境	1	0	0	1
合计	126	139	11	276

8.2 在公共服务与公共文化服务体系中扮演的角色

8.2.1 图书馆在公共服务体系中扮演的角色

表 8-5数据表明，公共服务体系对图书馆意义重大，图书馆对自身在公共服务体系中的角色需要有明确的认识，虽然29.35%的受访者认为图书馆是可以作为公共服务的主导力量的，但绝大部分受访者还是采取了比较谨慎而清醒的态度，认为图书馆应该是在政府指导下与其他公共服务部门一起协调且稳健地发展。

表 8-5　各类型图书馆应该在公共服务体系中扮演的角色认知

图书馆应该在公共服务体系中扮演什么角色	图书馆类型						合计	百分比%
	公共馆		高校馆		其他馆			
	频数	%	频数	%	频数	%		
是公共服务的主导力量	46	36.51	35	25.18	0	0.00	81	29.35
在政府指导下与其他公共服务部门一起协调且稳健地发展	77	61.11	98	70.50	11	100	186	67.39
与其他非公共服务部门展开竞争，维护公众的利益	1	0.79	2	1.44	0	0.00	3	1.09
其他方式	1	0.79	2	1.44	0	0.00	3	1.09
有效合计	125	99.21	137	98.56	11	100	273	98.91
缺失	1	0.79	2	1.44	0	0.00	3	1.09
合计	126	100	139	100	11	100	276	100

关于认为图书馆可以作为公共服务的主导力量，公共图书馆占到了其有效问卷总数的36.51%，而这一比例在高校图书馆是25.18%；相应的认为图书馆与其他机构协调发展的高校图书馆是70.50%，而公共图书馆是61.11%；而认为图书馆与其他非公共部门开展竞争，大部分受访者持不赞同态度。可见，对于公共文化服务体系中的定位，显然公共图书馆更为乐观而高校图书馆更为谨慎，其他图书馆则全部选择了合作发展的方式。

8.2.2 在公共文化服务体系中各角色的重要性

问卷Ⅲ是对于图书馆之外的各社会机构的调查。根据问卷Ⅲ的数据，表 8-6显示，社会机构在公共文化服务体系建设中最重要的是政府，其次是文化部，图书馆的重要性仅次之。政府和文化部作为政府机构，起着引导、推动公共文化服务体系建设的作用，其重要性不言而喻。而图书馆的重要性在本次调查中得到了一定程度的认可，绝大多数的被调查单位肯定了图书馆在建设公共文化服务体系中的重大作用。在问卷中提到的机构中，认为很重要和重要的，这些机构都有体现。但档案馆、博物馆、文化馆、社区馆等与图书馆类似的部门，他们的重要性则不太被认同。认为档案馆、博物馆、文化馆的重要的比例都在30%左右徘徊。

尤其值得一提的是，群艺馆的认可度最差，其各项重要性指标中占据最高比例的是“重要”（35.14%）和“一般”（33.11%）。整体而言，公共文化服务体系的建设需要理清各文化事业单位之间的关系，确保资源建设不浪费、各机构职责明确不冲突，更好地支撑公共文化服务体系的发展。调查数据显示，被调查机构对于各级文化部门的职责、功能的认识存在很大的分歧，在被调查机构中也并没有形成明晰的社会公共文化服务体系的概念和体系，而国家在建设社会公共文化服务体系时应尽量理清各相关化部门的职责，形成架构清晰、结构分明、严谨有序的组织形式。

表 8-6　公共文化服务体系建设中不同角色重要性

角色	重要程度										合计	
	很重要		重要		一般		不重要		很不重要			
	频数	%	频数	%	频数	%	频数	%	频数	%	频数	%
政府	133	86.93	16	10.46	2	1.31	2	1.31	0	0.00	153	100
文化部	97	63.82	39	25.66	13	8.55	3	1.97	0	0.00	152	100
图书馆	97	62.99	44	28.57	11	7.14	2	1.30	0	0.00	154	100
档案馆	52	34.90	50	33.56	37	24.83	9	6.04	1	0.67	149	100
博物馆	53	35.33	49	32.67	42	28.00	5	3.33	1	0.67	150	100
文化馆	55	37.16	53	35.81	36	24.32	4	2.70	0	0.00	148	100
群艺馆	40	27.03	52	35.14	49	33.11	7	4.73	0	0.00	148	100
社区馆	51	34.69	49	33.33	42	28.57	4	2.72	1	0.68	147	100
合计	578	48.13	352	29.31	232	19.32	36	3.00	3	0.25	1201	100

表 8-7、表 8-8的数据显示，政府和文化部在各类公共服务机构心目中都占据绝对性的优势，普遍认可其“很重要”地位。这说明在现在体制下，政府依然是公共文化服务体系的组织者和建设者，是具有统筹、监督、领导能力的权威机构，公共文化服务体系的发展必须依靠政府。同时，文化部作为公共文化的最高执行部门，具有带头统领、战略规则、按步实施的重要职责，在公共文化服务体系中具有不可替代的作用。

表 8-7　社会机构对公共文化服务体系中政府的重要性认识

社会机构的认识		很重要		重要		一般		不重要		很不重要		合计	
		频数	%	频数	%	频数	%	频数	%	频数	%	频数	%
公共服务机构	政府机构	27	81.82	5	15.15	0	0	1	3.03	0	0	33	100
	文教卫体事业	62	96.88	2	3.13	0	0	0	0	0	0	64	100
	学校	16	80.00	4	20.00	0	0	0	0	0	0	20	100
	科研院所	11	91.67	0	0	1	8.33	0	0	0	0	12	100
	驻地部队	0	0	1	100	0	0	0	0	0	0	1	100
	社区服务	2	100	0	0	0	0	0	0	0	0	2	100

续表

社会机构的认识		很重要		重要		一般		不重要		很不重要		合计	
		频数	%	频数	%	频数	%	频数	%	频数	%	频数	%
其他机构	商业、服务企业	14	70.00	4	20.00	1	5.00	1	5.00	0	0	20	100
	其他	1	100	0	0	0	0	0	0	0	0	1	100
合计		133		16		2		2		0		153	

表 8-8　社会机构对公共文化服务体系中文化部的重要性认识

社会机构的认识		很重要		重要		一般		不重要		很不重要		合计	
		频数	%	频数	%	频数	%	频数	%	频数	%	频数	%
公共服务机构	政府机构	19	57.58	12	36.36	1	3.03	1	3.03	0	0	33	100
	文教卫体事业	48	75.00	12	18.75	4	6.25	0	0	0	0	64	100
	学校	11	55.00	6	30.00	2	10.00	1	5.00	0	0	20	100
	科研院所	8	66.67	4	33.33	0	0	0	0	0	0	12	100
	驻地部队	0	0	0	0	1	100	0	0	0	0	1	100
	社区服务	2	100	0	0	0	0	0	0	0	0	2	100
其他机构	商业、服务企业	8	42.11	5	26.32	5	26.32	1	5.26	0	0	19	
	其他	1	100	0	0	0	0	0	0	0	0	1	100
合计		97		39		13		3		0		152	

表 8-9、表 8-10 和表 8-11 的数据都显示，图书馆、档案馆、博物馆这三大传统信息收藏单位，其角色作用得到了广泛的肯定。这就说明，这三大机构要想获取更大的发展，可以借助已有的社会基础，积极加强与各部门的联系，同时专注于自身社会形象和职责作用的充分发挥，提高信誉度和认可度，借助公共文化服务体系建设的大好环境，一定会有更加光明的未来。与此同时，如果这三大机构能够组成信息资源联盟，提供整合高效的信息服务，则公众能更快捷地受益于公共文化服务体系的成果。

表 8-9　社会机构对公共文化服务体系中图书馆的重要性认识

社会机构的认识		很重要		重要		一般		不重要		很不重要		合计	
		频数	%	频数	%	频数	%	频数	%	频数	%	频数	%
公共服务机构	政府机构	20	60.61	13	39.39	0	0	0	0	0	0	33	100
	文教卫体事业	41	64.06	19	29.69	3	4.69	1	1.56	0	0	64	100
	学校	17	80.95	3	14.29	1	4.76	0	0	0	0	21	100
	科研院所	8	66.67	4	33.33	0	0	0	0	0	0	12	100
	驻地部队	1	100	0	0	0	0	0	0	0	0	1	100
	社区服务	1	50.00	0	0	1	50.00	0	0	0	0	2	100

续表

社会机构的认识		很重要		重要		一般		不重要		很不重要		合计	
		频数	%	频数	%	频数	%	频数	%	频数	%	频数	%
其他机构	商业、服务企业	8	40.00	5	25.00	6	30.00	1	5.00	0	0	20	100
	其他	1	100	0	0	0	0	0	0	0	0	1	100
合计		97		44		11		2		0		154	

表 8-10　社会机构对公共文化服务体系中档案馆的重要性认识

社会机构的认识		很重要		重要		一般		不重要		很不重要		合计	
		频数	%	频数	%	频数	%	频数	%	频数	%	频数	%
公共服务机构	政府机构	14	42.42	14	42.42	5	15.15	0	0	0	0	33	100
	文教卫体事业	21	34.43	25	40.98	11	18.03	3	4.92	1	1.64	61	100
	学校	6	31.58	4	21.05	7	36.84	2	10.53	0	0	19	100
	科研院所	3	25.00	3	25.00	5	41.67	1	8.33	0	0	12	100
	驻地部队	0	0	1	100	0	0	0	0	0	0	1	100
	社区服务	1	50.00	0	0	0	0	1	50.00	0	0	2	100
其他机构	商业、服务企业	5	26.32	3	15.79	9	47.37	2	10.53	0	0	19	100
	其他	2	100	0	0	0	0	0	0	0	0	2	100
合计		52		50		37		9		1		149	

表 8-11　社会机构对公共文化服务体系中博物馆的重要性认识

社会机构的认识		很重要		重要		一般		不重要		很不重要		合计	
		频数	%	频数	%	频数	%	频数	%	频数	%	频数	%
公共服务机构	政府机构	12	37.50	14	43.75	6	18.75	0	0	0	0	32	100
	文教卫体事业	25	39.68	21	33.33	13	20.63	3	4.76	1	1.59	63	100
	学校	5	23.81	6	28.57	9	42.86	1	4.76	0	0	21	100
	科研院所	4	33.33	3	25.00	5	41.67	0	0	0	0	12	100
	驻地部队	0	0	0	0	1	100	0	0	0	0	1	100
	社区服务	1	50.00	0	0	1	50.00	0	0	0	0	2	100
其他机构	商业、服务企业	5	27.78	5	27.78	7	38.89	1	5.56	0	0	18	100
	其他	1	100	0	0	0	0	0	0	0	0	1	100
合计		53		49		42		5		1		150	

结合表 8-12、表 8-13 和表 8-14 的数据可知，文化馆、群艺馆和社区馆三者的重要性界定中，社会认可“一般”的比例明显高于其他公共文化组织的同类比例。这说明，作为文化

系统末梢环节的公共文化组织，在权威性、决策力、参与度和影响力方面，均不及行政部门和传统的信息收藏机构（如图书馆）。社会对于公共文化服务体系的期待还是源于权力和资源两大保障，但较少从覆盖面上进行考虑。面对这个社会现象，政府及社会相关部门应该给予反思，一方面加强自身服务的正面效应，以实际行动尽早地完成这种“期待”，另一方面则要加大公共文化信息的服务和宣传力度，把信息普及和教育、娱乐与休闲等功能结合起来，置于市民最易于接触的社区馆、群艺馆、活动中心等地进行。作为市民的首选信息交流空间，这些基层性机构需要赋予更大的自主权和参与权，承担起信息保障和普及推广的职能，为致力于公共文化服务体系的“普遍”、“均等”、“高效”运行而努力。

表 8-12　社会机构对公共文化服务体系中文化馆的重要性认识

社会机构的认识		很重要		重要		一般		不重要		很不重要		合计	
		频数	%	频数	%	频数	%	频数	%	频数	%	频数	%
公共服务机构	政府机构	12	37.50	13	40.63	7	21.88	0	0	0	0	32	100
	文教卫体事业	25	39.68	20	31.75	17	26.98	1	1.59	0	0	63	100
	学校	5	26.32	11	57.89	1	5.26	2	10.53	0	0	19	100
	科研院所	7	58.33	1	8.33	3	25.00	1	8.33	0	0	12	100
	驻地部队	0	0	0	0	1	100	0	0	0	0	1	100
	社区服务	1	50.00	0	0	1	50.00	0	0	0	0	2	100
其他机构	商业、服务企业	4	22.22	8	44.44	6	33.33	0	0	0	0	18	100
	其他	1	100	0	0	0	0	0	0	0	0	1	100
合计		55		53		36		4		0		148	

表 8-13　社会机构对公共文化服务体系中群艺馆的重要性认识

社会机构的认识		很重要		重要		一般		不重要		很不重要		合计	
		频数	%	频数	%	频数	%	频数	%	频数	%	频数	%
公共服务机构	政府机构	9	28.13	17	53.13	6	18.75	0	0	0	0	32	100
	文教卫体事业	22	34.92	18	28.57	20	31.75	3	4.76	0	0	63	100
	学校	2	10.53	10	52.63	5	26.32	2	10.53	0	0	19	100
	科研院所	3	25.00	2	16.67	6	50.00	1	8.33	0	0	12	100
	驻地部队	0	0	0	0	1	100	0	0	0	0	1	100
	社区服务	1	50.00	0	0	1	50.00	0	0	0	0	2	100
其他机构	商业、服务企业	2	11.11	5	27.78	10	55.56	1	5.56	0	0	18	100
	其他	1	100	0	0	0	0	0	0	0	0	1	100
合计		40		52		49		7		0		148	

表 8-14 社会机构对公共文化服务体系中社区馆的重要性认识

社会机构的认识		很重要		重要		一般		不重要		很不重要		合计	
		频数	%	频数	%	频数	%	频数	%	频数	%	频数	%
公共服务机构	政府机构	13	40.63	12	37.50	7	21.88	0	0	0	0	32	100
	文教卫体事业	23	37.10	20	32.26	18	29.03	0	0	1	1.61	62	100
	学校	6	31.58	7	36.84	4	21.05	2	10.53	0	0	19	100
	科研院所	3	25.00	4	33.33	4	33.33	1	8.33	0	0	12	100
	驻地部队	0	0	0	0	1	100	0	0	0	0	1	100
	社区服务	1	50.00	1	50.00	0	0	0	0	0	0	2	100
其他机构	商业、服务企业	4	22.22	5	27.78	8	44.44	1	5.56	0	0	18	100
	其他	1	100	0	0	0	0	0	0	0	0	1	100
合计		51		49		42		4		1		147	

8.3 公共文化服务体系建设中社会机构的举措与期望

8.3.1 社会机构针对公共文化服务体系的服务改进

在建设公共文化服务体系的背景下，社会机构在服务方面的未来有什么打算呢？调查显示，社会机构正在努力改进服务以提高服务效益。他们较普遍地把未来工作重点主要集中于以下三个方面：加强服务理念、水平、态度等的管理；提高服务水平；扩大信息服务范围。但关于费用方面的调整却并没有得到相当的关注。尤其重要的是，这些受访机构对于业务拓展都表达了共同的心声，如“扩大信息服务范围”、“加强与其他文化机构的合作”、“增加服务项目”等的选择比例很高。

在对社会机构的具体数据进行统计时，可以看到，政府机构最看重的是管理的提升，其次是对服务的重视，这符合我国政府向“服务型”转变的趋势。不仅政府机构强调提升管理水平，科研院所、文教卫体事业、商业服务业、学校等这些机构都对管理水平的加强提出了更高的要求和期望。

综合表 8-15 的数据可以看出，各机构对于服务理念、水平、态度等方面的综合管理都比较重视，希望在今后的工作中得到提高；都希望能够在业务方面有所开拓，对扩大信息服务范围、增加信息服务项目的重视就是一个集中的体现；同时，所有参与调查的机构都表示出了进一步与其他文化机构加强合作的愿望。图书馆应乘此良机，进一步扩展合作交流的渠道与途径。

表 8-15　社会机构针对公共文化服务体系的改进措施

社会机构预期改进措施		扩大信息服务范围		加强服务理念、水平、态度等的管理		加强与其他文化机构的合作		增加服务项目		提高服务水平		降低收费标准		免费服务		合计	
		频数	%	频数	%	频数	%	频数	%	频数	%	频数	%	频数	%	频数	%
公共服务机构	政府机构	17	16. 50	27	26. 21	14	13. 59	12	11. 65	21	20. 39	5	4. 85	7	6. 80	103	100
	文教卫体事业	41	19. 81	40	19. 32	40	19. 32	32	15. 46	38	18. 36	6	2. 90	10	4. 83	207	100
	学校	10	19. 23	12	23. 08	7	13. 46	8	15. 38	10	19. 23	3	5. 77	2	3. 85	52	100
	科研院所	7	17. 50	8	20. 00	6	15. 00	7	17. 50	8	20. 00	2	5. 00	2	5. 00	40	100
	驻地部队	1	33. 33	1	33. 33	0	0	1	33. 33	0	0	0	0	0	0	3	100
	社区服务	0	0	2	28. 57	2	28. 57	1	14. 29	2	28. 57	0	0	0	0	7	100
其他机构	商业、服务企业	10	21. 74	10	21. 74	8	17. 39	6	13. 04	10	21. 74	1	2. 17	1	2. 17	46	100
	其他	3	25. 00	2	16. 67	3	25. 00	1	8. 33	3	25. 00	0	0	0	0	12	100
合计		89		102		80		68		92		17		22		470	

8. 3. 2　社会机构对于其他部门的期待

在建设公共文化服务体系过程中，社会机构对于其他部门有哪些期待呢？调研结果显示，在170个受访机构中，大多数机构首要的观点是认为应该让“政府加大财政投入”（62. 35%）和“与其他部门开展信息共建共享活动”（60. 00%）。其他的观点依次为：业务支持和指导（43. 53%）、信息公开（31. 18%）、无所谓（2. 35%）、其他（0. 58%），见表 8-16。

表 8-16　在公共文化服务中社会机构对其他部门的期待

社会机构对其他部门的期待		政府加大财政投入		政府信息更加公开		与其他部门开展信息共建共享活动		得到相关部门的业务支持和指导		无所谓		合计	
		频数	%	频数	%	频数	%	频数	%	频数	%	频数	%
公共服务机构	政府机构	28	37. 84	11	14. 86	19	25. 68	16	21. 62	0	0	74	100
	文教卫体事业	50	34. 25	20	13. 70	46	31. 51	29	19. 86	1	0. 68	146	100
	学校	14	28. 00	8	16. 00	13	26. 00	12	24. 00	3	6. 00	50	100
	科研院所	10	38. 46	4	15. 38	6	23. 08	6	23. 08	0	0	26	100
	驻地部队	0	0	0	0	1	100	0	0	0	0	1	100
	社区服务	1	20. 00	1	20. 00	2	40. 00	1	20. 00	0	0	5	100

续表

社会机构对其他部门的期待		政府加大财政投入		政府信息更加公开		与其他部门开展信息共建共享活动		得到相关部门的业务支持和指导		无所谓		合计	
		频数	%	频数	%	频数	%	频数	%	频数	%	频数	%
其他机构	商业、服务企业	1	3.23	8	25.81	13	41.94	9	29.03	0	0	31	100
	其他	2	33.33	1	16.67	2	33.33	1	16.67	0	0	6	100
合计		106		53		102		74		4		339	

8.3.3 社会机构对于用户的期待

表8-17数据显示，各单位对于用户的总体期待中，“遵守本单位的相关规定”占最高比例，为20.51%；其次为“礼貌待人、尊重他人”（18.89%）以及“具备一定的信息素养”（18.66%）。社会机构对用户的期待以遵守本单位相关规定为首要考虑原则，首先体现了一种与“用户第一”相反的理念，将本单位易于管理作为优先考虑原则，明显缺乏人文关怀。信息素养和信息意识的比重相对比较高，证明社会机构更愿意接待具备一定信息能力的用户。“及时反馈用户意见”的比例相对不高，结合遵守本单位相关规定的高比例，要求用户尽量少提意见、只遵守规定的意识很明显地显露出来。这些单位应从根本上转变观念，树立用户至上的理念，将用户意见看作改进服务的推动力，减少对用户的硬性限制，向人性化服务的方面发展。

表8-17 在公共文化服务中社会机构对用户的期待

社会机构对用户的期待		礼貌待人、尊重他人		具备一定信息素养		有信息需求意识		具备一定信息检索知识		遵守本单位的相关规定		及时反馈用户意见		合计	
		频数	%	频数	%	频数	%	频数	%	频数	%	频数	%	频数	%
公共服务机构	政府机构	17	17.89	18	18.95	16	16.84	8	8.42	21	22.11	15	15.79	95	100
	文教卫体事业	30	16.39	35	19.13	35	19.13	20	10.93	38	20.77	25	13.66	183	100
	学校	12	20.00	11	18.33	11	18.33	11	18.33	10	16.67	5	8.33	60	100
	科研院所	8	22.86	8	22.86	4	11.43	5	14.29	10	28.57	0	0	35	100
	驻地部队	0	0	0	0	1	50.00	0	0	0	0	1	50.00	2	100
	社区服务	1	20.00	1	20.00	1	20.00	0	0	1	20.00	1	20.00	5	100
其他机构	商业、服务企业	14	32.56	6	13.95	7	16.28	2	4.65	9	20.93	5	11.63	43	100
	其他	0	0	2	33.33	2	33.33	1	16.67	0	0	1	16.67	6	100
合计		82		81		77		47		89		58		434	

9 国家图书馆的定位与服务

国家图书馆是图书馆的重要类型，在图书馆事业体系中处于龙头地位。在我国公共服务体系特别是公共文化服务体系建设中，国家图书馆应当发挥着十分关键的作用，因此，它的定位与服务问题在新环境下值得深入讨论。

9.1 国家图书馆的基本理论问题

9.1.1 概念界定

1974年国际标准化组织颁布的《ISO 2789—1974（E）国际图书馆统计标准》，将图书馆划分为国家图书馆、高等院校图书馆、其他主要的非专门图书馆、学校图书馆、专门图书馆和公共图书馆六大类型，并对每个类型的图书馆都作了概念性的规定。关于国家图书馆概念的定义是："凡是按照法律或其他安排，负责搜集和保管国内出版的所有重要出版物的副本，并且起储藏图书馆的作用，不管其名称如何，都是国家图书馆。"在该标准的后续版本（ISO 2789—2003）第三章"术语和定义"中，也对国家图书馆做了类似的定义："负责搜集和保管与图书馆所在国相关的所有文献资料副本的图书馆，它可以发挥法定保存机构的功能。"周文骏将目前世界上的国家图书馆划分为四种主要类型：（1）公共性的中央图书馆；（2）政府性的国会图书馆；（3）大学图书馆兼作国家图书馆；（4）科学图书馆兼作国家图书馆。① 对国家图书馆的界定可以从四个方面进行：首先，国家图书馆是依赖公共财政建立起来的国立图书馆；其次，国家图书馆是法定的本国文献的典藏图书馆；第三，国家图书馆位于全国图书馆系统的最高层，是一个国家的中心图书馆；第四，一般说来，国家图书馆是该国收藏规模最大的图书馆。②

整个图书馆事业和组织体系中，国家图书馆担负着重大的社会责任，蕴含着深远的历史意义，与其他类型的图书馆相比，具备各种功能设置和服务定位的特殊性。在《公共图书馆宣言》的"拨款、立法和网络"一节中，国家图书馆和普通公共图书馆被明确地区分开来："公共图书馆网必须把与国家图书馆、地方图书馆、供研究与特殊需要使用的图书馆，以及中小学和大专院校的图书馆都联系起来。"在这里，国家图书馆和诸如研究馆、专业馆、学校馆等图书馆一样，不属于《宣言》所指的公共图书馆。中国国家标准《情报与文献工作词汇基本术语》（GB 4894—1955）中，将图书馆划分为综合图书馆、专业图书馆、研究图书

---

① 周文骏．图书馆学情报学词典．北京：书目文献出版社，1991：12

② 杨岭雪．对国家图书馆公共性的思考．国家图书馆学刊，2005（4）：2—7

馆、参考图书馆、国家图书馆、贮存图书馆、版本图书馆、公共图书馆、大学图书馆、录音资料馆、图片资料馆等。常见的图书馆类型是国家图书馆、公共图书馆、高等学校图书馆和科学与专业图书馆等。

9.1.2 服务对象

作为公共文化服务体系的重要组成部分，国家图书馆实质上是一个事业型的服务机构，在探讨社会功能和存在意义之前应该明确其服务对象。与其他类型的文化信息组织相比，国家图书馆开展工作、提供服务的指向有其特殊性，这也决定和预示着国家图书馆的历史价值与未来发展。

根据国家图书馆的基本性质和设置宗旨，其主要服务对象首先是立法机构和政府机关。无论是立法代表还是政府机关，都是受全体人民的委托，代表人民管理国家，是全体人民共同利益的代表。国家图书馆承担着为党和国家领导人提供专题研究资料，完成中央国家机关交办的专项任务，为国家立法决策提供有效服务等重要任务，重点为高层政府部门提供资政决策参考是国家图书馆区别于公共图书馆、院校馆及科研馆的基本特征。其次，研究人员也是国家图书馆的一大服务对象。一个有社会责任的研究人员所做的一切研究都是社会分工的一个领域，其研究成果是整个社会精神生产的一部分。各学科领域研究者的知识可以来源于国家藏书系统，最后的精神产品物化形式也将丰富国家图书馆的库藏，为后续研究和文明演进提供新一轮的力量源泉。再次，包括中国在内的大多数国家尚未建立起完善的社会信息服务体系，基层文化组织的创设仍有很长的路要走，在这样的现实中，普通公众也应成为国家图书馆的服务对象。应该遵循公共图书馆的服务准则，利用各种技术，开辟各类途径，让社会公众都平等地得到国家图书馆的服务。另外，全国范围内的图书馆理论与实践界需要一个总揽性的机构进行业务指导和资源协调，对此，国家图书馆义不容辞。具体而言，应建立和健全全国图书馆信息网，使国家图书馆不只成为书目的中心，还能促进“条块”之间乃至不同文化部门之间的信息共享。资源配置方面，建立和管理全国性的图书馆协作网络，加强人力资源建设，提高各级图书馆的服务水平，这些都是国家图书馆的工作内容。

我国国家图书馆通过1998年的改革，正式将为中央国家机关立法决策服务列为着力加强的一项重要工作内容，并于1999年在原参考研究部的基础上正式成立了立法决策服务部。多年来的工作实践表现出国家图书馆的服务对象从广义的中央国家机关逐步向全国人大常务委员会、中共中央政治局、书记处等立法与决策的核心部门转移。服务对象的信息需求从图书外借、文献提供、事实查证等简单服务，向专题文献汇编、撰写文献综述和专题报告等涉及信息整合和深加工的深层服务转变。国家图书馆的服务策略从被动承担中央国家机关下达工作任务向主动提供信息服务，积极参与中央国家机关信息服务体系运作转变。服务方式从简单的纸质文献提供，向利用网络技术、多媒体技术和数据库技术的自动化信息服务转变。服务形式从单纯的信息咨询服务向着以信息咨询服务为主，同时辅以高层讲座、建立网站、建设部委分馆等多种形式相辅相成的服务体系转变。国家图书馆与服务对象的合作关系则从零散的、被动的、短期的服务向有计划的、主动的、长期的系统服务进行转变。①

依服务对象不同的信息需求和身份特征，将国家图书馆读者分为中央党政军领导机关、科研群体、社会公众、图书馆界等几个层次，这既是出于国家图书馆设立宗旨的考虑，也是为了更加合理、充分地满足和契合不同服务对象的阅读目的与信息利用深度。在资源有限的情况下，有差别服务更能提高不同类型读者的满意度，更符合稀缺资源配置对效率的追求。无差别的绝对均等服务是无法实现的，国家图书馆在确定服务对象时应以用户满意度为尺度衡量，要在一定程度上保证普通用户需求的前提下，增量资源向深度需求倾斜，努力提高深层利用的满意度，从而争取更大化的社会价值的实现。

9.1.3 社会职能

根据权威工具书的总结，当代世界上大多数国家的国家图书馆都必须承担如下的职能：（1）完整、系统地搜集本国出版物，使国家图书馆真正成为国家总书库；（2）重点地采选外国出版物，使国家图书馆拥有一个丰富的外文馆藏；（3）积极开展科学情报工作，为科学研究服务；（4）编印国家书目，发行统一编目卡片，编印回溯性书目和联合目录，使国家图书馆成为国家书目中心；（5）负责组织图书馆现代技术装备的研究、试验、应用和推广工作，开展全国图书馆网络化的设计、组织和协调工作，使国家图书馆在推动图书馆实现现代化中起中心和枢纽的作用；（6）为图书馆学研究搜集、编译和提供国内外情报资料，组织学术讨论，推动全国图书馆学研究的发展；（7）代表本国图书馆界和广大读者的利益，参加国际图书馆组织及各项外事交流活动，增进与各国人民和图书馆工作者之间的友谊；（8）代表国家执行对外文化协定中有关开展国际书刊交流和互借工作的规定，加强与国际图书馆界的合作与交流。②

从基础业务来看，国家图书馆历来是古籍善本、古今中外珍贵文献和多文种、多学科书刊资料的主要收藏馆，它的收藏职能区别于一般的公共图书馆。文化遗产的长期保存现已成为各国国家图书馆的主要工作之一，缴送、赠送、交换和购买是图书馆获取文献资源的四大重要渠道，在图书、期刊、报纸、电子出版物及音像制品相继成为缴送对象后，现在网络出版物及网站的缴送已被各国的立法机构和国家图书馆列入议事日程。另外，代表国家执行有关对外文化协定，开展与国内外图书馆界的交流与合作，包括各国文献典籍的工作既是节省经费、丰富馆藏的有效途径，更是让世界了解中国，让中国了解世界的窗口，具有重大的文化意义。

从功能拓展来看，国家图书馆依托丰富的文献信息资源为终身学习搭建平台，通过提高公众信息素养实现人的可持续的全面发展，发挥着影响深远的社会教育职能。另一方面，国家图书馆也利用文化传播的手段促进科学与人文的协调发展，使教育成果的产生、利用和转

---

① 张雅芳，卢海燕，王磊．履行国家图书馆职能，为国家立法与决策服务——国家图书馆为中央国家机关立法与决策服务八年回顾．国家图书馆学刊，2005（3）：2—6

② 周文骏．图书馆学情报学词典．北京：书目文献出版社，1991

化在人与物之间形成跨越国界与种族的良性循环。进入网络时代，就我国实际情况而言，国家数字图书馆将在现有自动化建设的基础上，承担着文献数字化加工中心、数字资源加工（整合）中心、数字资源存储管理中心、网络管理中心、数字资源服务中心、系统开发维护中心、数字图书馆发展研究中心和展示与培训中心等中心职能，构建起能够满足数字图书馆海量资源的存储、管理、服务和安全需求的稳定可靠且具有可扩展性的网络运行系统，并通过应用系统实现数字资源的采集、加工、处理、存储、归档、组织、发布和利用。①

从建立宗旨来看，国家图书馆最主要的职责是为国家的长远利益和全局利益服务，这就要求国家图书馆首先履行其国家职能，为国家和政府所代表的人民利益服务是国家图书馆一切活动的起点和终点。国家图书馆馆长詹福瑞认为：为党和国家服务，是中国国家图书馆的首要职责。② 为此，国家图书馆在1999年专门成立了一个立法与决策服务部，旨在为重要的政治会议、立法会议及国家重要的决策，提供更为有效和专业的服务。与此相关，国家图书馆还建立了另外两个专门机构：中国学文献研究中心和法律文献研究中心。前者负责收集、分析国外研究中国的文献资料，后者负责收集全世界的重要法律文献。

9.2 外国国家图书馆的经验

全球100多个国家都有一个或几个由国家资源维持的国家（国立）图书馆，它们一般设在首都，是本国的顶级图书馆。从有关资料看，外国国家图书馆共有的基本职能就是：保存本国的全部出版物；提供全国总书目；指导出版物的国际交换；为公众提供图书馆服务。有条件的还有一些延伸的职能，如指导和推动全国图书馆事业与图书馆学研究的发展③。这里，我们选取一些典型的国家图书馆进行介绍和分析。

9.2.1 美国和日本的国家图书馆

1. 发展历史

美国的国家图书馆即为美国国会图书馆。从该馆发展历程看，立法和服务职能兼具成为该馆定位的特色。该馆最初作为单纯的立法图书馆存在，首创于约翰·亚当斯总统时期。1864年第六任馆长斯波福特为把国会图书馆从一个立法图书馆发展成为一个国家文化设施，从实践和法律上实现国会图书馆立法与国家两种职能的结合做出了决定性的贡献。后随着版权登记和接受呈缴本的业务、为学术界服务的职能及馆藏的不断增长，国会图书馆已向公众开放。在1896—1897年间，美国图书馆协会都强烈要求国会图书馆扩展其服务范围和工作内容成为指导全国各种类型图书馆工作的中心，为此应增加编制、增设机构、增加拨款。在

① 富平. 国家数字图书馆建设思路和发展前景. 图书情报工作，2005（11）：5—8，19

② 冯建华. 中国图书馆离世界一流有多远？——国家图书馆馆长詹福瑞专访. 国际人才交流，2008（11）：55—57

③ 孟广均. 世界国家图书馆发端探略. 国家图书馆学刊，2008（1）：16—20

1940 年，第九任馆长小麦克利什首次提出国会图书馆的任务为：（1）国会履行其立法职责；（2）司法与行政部门执行公务；（3）教育界、学术界及其他图书馆服务。依上述排列，美国国会图书馆的定位为：优先为国会服务，其次是司法与行政部，在不妨碍为国会及司法、行政部服务的条件下为学术界及其他图书馆服务。

随着国会图书馆在实践中越来越多地加入了全国图书馆工作，扩大了它为全国图书馆服务的职能，它在全国图书馆界中的中心地位已经确立。国会虽然承认国会图书馆在事实上已成为美国的国家图书馆，但反对把国会图书馆的立法与国家职能分开的主张，对国会图书馆应正式易名为国家图书馆并划归行政部门的主张始终持否定态度，时至今日，美国国会图书馆担负着为国会和公众服务的双重功能。在国会图书馆网站上，对这一服务目标的表达非常明确：美国国会图书馆的一切服务都是为了纳税人、国会和政府。国会图书馆的任务是保证图书馆资源可以被国会和美国人民使用，并广泛地保存知识与文明成果，为后代使用。国会馆的藏书方针及选书准则包括：（1）为美国国会和广泛意义上的美国政府服务，所以要拥有全部议员和官员执行公务所需的图书资料，既保存一个完整的关于美国历史和发展的记录；又必须包容全人类的知识以满足国会和政府目前和潜在的需要。维护世界上最大的记录人类知识的宝库，利用其资源提供服务是国会馆的基本任务。（2）国会图书馆面向美国学术界，所以该馆拥有全部记录美国人民生活及所取得成就的图书及资料。同时学者使用的馆藏涉及跨学科的各种科学、交叉文化、多媒体、多语种。（3）为普通公众服务，能提高公众的创造力和智力，体现图书馆对国家富强和将来发展的重要性，增强了图书馆的社会教育作用，既促进了思想的自由交流，又通过展示美国社会形态和民族历史的可靠记录而突出了爱国主义教育，所以只要资料与美国人民有关就予以收藏。①

此种类型的国家图书馆还有日本国家图书馆。日本国立国会图书馆的前身是 1872 年成立的帝国图书馆和 1890 年成立的贵族院、众议院图书馆。第二次世界大战后，该馆以美国国会图书馆为样板，于 1948 年 2 月建立，同年 6 月 5 日向公众开放。它是日本最高权力机关国会的附属机关，也是日本的国家图书馆。②

两者的相似性来源于日本国家馆是二战后以美国国会图书馆为蓝本建设的，因而，日本国立国会图书馆与美国国会图书馆一样，作为日本的国家图书馆，既服务于日本最高权力机关——国会，也服务于日本的学术界和普通民众。③

2. 服务特色

（1）为立法与决策服务

作为国会图书馆，为国会服务是其必不可少的服务内容。为议会和议员立法服务以及为联邦政府决策服务的部门主要是国会研究服务部、联邦研究部和法律图书馆。国会研究服务

---

① The Library of Congress. About. [2009-01-17]. http：//www. loc. gov/about

② National Diet Library. User Guide. [2009-01-17]. http：//www. ndl. go. jp/en/service/lending _ service. html#layout

③ 郎燕珂．中日国家图书馆参考咨询工作之比较．图书馆工作与研究，2000（2）：24—28

部（Congress Research Service）是美国国会图书馆最具权重的一个部门，直接服务于国会议员、国会的各个委员会和国会工作人员，主要职责是在国会的整个立法过程中，提供全面可信的分析、研究和服务。联邦研究部（Federal Research Division）是国会图书馆服务部下属的业务机构。专门服务于联邦政府、哥伦比亚特区以及被联邦政府批准的“合同人”。国会研究服务部与联邦研究部最大的不同在于双方职责上的区别。联邦研究部可以使用国会图书馆的所有文献资源为联邦政府提供服务，但没有为议会和议员立法过程中的信息需求提供服务的职责，国会研究服务部不可以对政府部门提供服务。法律图书馆服务对象是国会（国会议员）、高等法院、政府机构，同时也对公众提供服务。①

日本国家图书馆除履行国家总书库和全国书目情报中心的任务外，其工作重点是为国会服务。日本国会图书馆由中央馆、国会分馆、支部上野图书馆、支部东洋文库以及行政、司法各部门的35个支部图书馆构成。该制度创建于1948年，它的目的是通过这种组织形式，把各政府部门的所有资料提供给国会审议利用，同时还可以在各政府部门之间互相利用其他部门的资料。国会馆的支部图书馆制度，是跨立法、行政及司法各部门的图书馆网络制度，这种制度不仅为国会图书馆参考咨询工作创造了良好的条件，也是图书馆信息资源共享的成功典范。中央馆的调查立法考察局的主要任务是利用国会馆的全部资料，进行法律草案的分析和评价，并对涉及国家政治的重大课题进行调查活动，向国会两院提出建议并提供立法草案的依据材料。另一个机构是国会分馆，处于为国会服务的前线，里面设有专门为国会议员准备的各种阅览室和研究室的资料包括众参两院会议录，议案及精心挑选的图书、期刊、报纸等，保证为国会服务。②

（2）全面完善为残疾人服务

1897年期间，美国国会图书馆就设立了盲人部。1931年图会主持一项为盲人及残疾人提供图书馆服务的计划，由国会图书馆选定适宜之图书制成盲文版，由全国19个图书馆出借给盲人，进行流通。1973年国会图书馆不再直接向盲人、残疾人提供服务，主要负责向全国3个多州中心的保存库寄发盲文读物，再由这些多州中心通过各州区域中心寄发给州及地方的图书馆向盲人出借。除盲文图书外，寄发的主要是有声读物，现在是盒式录音带和特制的录音机，全部免费。目前，美国国会图书馆负责向全国3个多州中心的保存库寄发盲文读物，目前，美国国会图书馆开展的Web-Braille服务，对上千册盲文图书、上百册盲文乐谱及国会图书馆的所有盲文杂志提供电子版本。③

（3）文化服务丰富多彩

美国国会图书馆致力于激发国民阅读兴趣，提高国民文化素质。为此，设立了图书中心，

① 唐绍明．美国国会图书馆的国会服务工作．图书馆，2000（1）：42—43

② National Diet Library. User Guide.［2009-01-17］. http：//www. ndl. go. jp/en/service/lending_ service. html#layout

③ The Library of Congress. annual report of the librarian of congress2006. ［2009-01-17］. http：//www. loc. gov/about/reports/

并开展了一系列丰富多彩的文化活动，例如开展图书推荐会、报告会、研讨会、展览等。文化活动侧重几个方面：

一是针对未来儿童的培养，为此国会馆内设儿童文学中心，主要是服务于与儿童读物相关的出版者、作者等的创作和研究。儿童文学中心从早期的印刷品到最新的光盘儿童读物都有。其服务对象并不是儿童，而是从事儿童读物的作者、插图绘制者、出版商、图书馆员、心理学学者等。

二是针对国民文学素养的培养和提高，为此国会馆设诗歌与文学中心，开展诗歌、文学相关的讲座、讨论会等。诗歌讲座由美国著名诗人主持，举办各种诗歌朗诵会、报告会、讨论会，并由主持人接待来访的诗歌爱好者。

三是注重美国民俗和文化遗产的保护。设美国民间生活中心，其目的在于保存发扬美国的民间文化传统。活动有开展各项研究与文献工作、档案保存、举办展览、演出、出版图书等。

文化活动每年有一个中心，如："终身读者年"、"Letters about Literature"的阅读与写作的推广、赞助了"River of Words"环境诗歌与艺术比赛、主办国家图书节等。

除上述内容之外，国会图书馆的文化活动十分丰富，差不多天天都有。举办音乐会、报告会和各种演出、展览，展出以图片、文物为主，配有文字或屏幕显示的说明。同时展出的大小型展览不下 10 个。新收珍本的展出和利用馆藏组织的各种专题展出为最多。①

（4）数字化服务

美国国会图书馆非常重视其自身的数字化建设，并将国家数字图书馆项目列为国会馆规划的重要组成部分，即利用计算机、通信技术将馆藏电子化、数字化，以向用户提供多媒体的信息服务。国家数字图书馆项目是 1989/1990 年的国会馆规划的一部分，即在该馆通过联机检索向用户提供文献全文（包括图像、语言、音响）信息的服务。主要利用光盘存储和光电通信技术使国会馆各种载体的馆藏能够以电子形式传遍全国，直接为广大读者使用，以支持对美国的历史文化研究。

数字化项目比较突出的有：一是 1989 年启动的"美国记忆"（1990—1995）项目是 101 个联合研究图书馆和 51 个州图书馆代理成员研究的成果。该研究显示出联机服务的真实需求，除了确定项目为特殊研究的多媒体数字收藏，还包括最终用户评价，上千次采访，信函调研等。2000 年年底已有 560 万条可在国会馆网上使用，包括 110 万条来自合作单位。在"美国记忆"网站增加了 20 种多媒体历史收藏，总计达 90 种，其中有 12 种为其他机构参与美国技术计划。二是进行合作性数字化参考服务（CDRS）。为了能随时随地通过图书馆和研究机构国际数字化网络向研究人员提供咨询，2000 年继续实施合作性数字化参考服务导引计划。导引应用新技术，联机利用电子优势及全球图书馆的物质资源与馆藏，提供参考服务。

① The Library of Congress. Annual report of the librarian of congress 2006. [2009-01-17]. http://www.loc.gov/about/reports

现已扩充为60余个图书馆及国际机构，包括澳大利亚和加拿大的国家图书馆。当全面运行时，成员馆将协助其用户链接到CDRS系统，提交问题并从该系统全世界各机构的专家处获得最佳答案。三是地理信息系统。为两院提供地理信息。同时该部也参与全国数字图书馆计划，数字化地图资料供全国电子存取。四是THOMAS立法信息系统。是由国会图书馆将联邦立法信息THOMAS系统放到互联网上供广大公众免费使用。该系统的检索功能通过超级链接InQuery实现，系统由设在美国麻省艾摩斯特市的马萨诸塞大学智能信息检索中心进行维护。最初建成的数据库仅包含议案文本内容，随后又加入了议会记录文本、议案摘要及状况、热点议案（不再提供）、议会记录索引和宪法等内容。①

9.2.2 英国和法国的国家图书馆

1. 英国国家图书馆

（1）发展历史

1972年英国议会审议通过的《英国图书馆法》规定：不列颠博物院图书馆各部、国立中央图书馆、国立科学技术外借图书馆、科技情报局和英国国家书目有限公司合并成立英国图书馆。此后，印度事务部图书馆、全国有声资料馆也先后并入。成立以后，与国立苏格兰图书馆和国立威尔士图书馆共同成为英国的图立图书馆。而英国图书馆则履行全国性职能，它是英国唯一全面接受缴送本的图书馆，它代表全国图书馆界参与国内外各项活动。

《英国图书馆法》规定该馆的基本职能为保护、发展、揭示和改善馆藏及其设施，为学术界、研究部门、工商业和其他信息使用领域提供参考咨询、文献、书目及其他服务。其具体职能包括：1）出版物呈缴机构，国家文献典藏中心；2）政府出版物国际计划中心，保证全国各类咨询、研究以及信息服务所需要外文资料之获得；3）集中式文献提供服务；4）全国寄存图书馆，典藏其他图书馆淘汰的资料；5）以磁带、光盘、卡片及书本形式建立、传播和利用书目记录，定期全面地报道国内外出版物，提供多功能联机检索并促进文献著录标准化；6）开展与国内外图书馆、档案馆和信息机构的合作，帮助读者在更广阔的领域里获得所需要的资料；7）确定图书馆、信息以及其他有关活动中优先研究和发展的项目；8）扶持为国家馆藏作出贡献的其他图书馆。②

英国图书馆是一座创造性、资源性、高效率的图书馆，它立足于英国，服务于全世界。它拥有独一无二的精美馆藏，并已有250年的历史，堪称世界上学术、研究和创新的主要源泉之一。除了是全球信息的储藏库之一外，还是全国图书馆网络之枢纽。图书馆鼓励更多的公众了解国家有记载的遗产；图书馆的计划、产品和服务对国家经济、科研、教育和创新均有重大贡献，并丰富了文化生活。从80年代初起，英国图书馆开始制定和执行它的战略计

---

① The Library of Congress. Annual report of the librarian of congress2006. [2009-01-17]. http：//www. loc. gov/about/reports

② 英国图书馆．百度百科．[2010-03-01]．http：//baike. baidu. com/view/203871. htm

划。英国图书馆的主要目标是从2000—2007年，确保并改进馆藏的使用，同时还必须维护并管理馆藏，使其继续保持良好的国际性声誉，维持资料的广泛性、质量的可靠性和历史的深入性。该馆也需要采取最新的数字化技术就馆藏的使用开辟新途径，还要调整心态适应迅速变化的机构和商业框架，使自己与世界上所有的图书馆进入良好的合作。除了证明自己是传统文献的保管者也要证明自己是全球性信息数字化未来的开创者和合作者。①

（2）服务特色

一是以服务为宗旨。《英国图书馆法》规定：英国图书馆为全国的参考、书目、及与其他的信息服务中心对全国的机关或个人提供服务。作为世界学术资源的重要代表，英国图书馆每年接待大量的国内外学术来访者和读者。它最大限度地向用户开放阅览室，提供及时、迅捷和方便的服务。它采用新技术和新举措扩大对普通公众的服务；继续开发数字存储和电子传递，为海内外读者提供迅速、廉价的远程文献服务，用户无须到馆，通过因特网即可满足需求。英国图书馆的优质服务基于其业已有250年历史的丰富馆藏，该馆1.5亿件资料代表了各个时代各种语言和人类思想各方面的文明。

由于服务是其宗旨，所以英国图书馆具有国际性的阅览室和咨询服务，涵盖面十分广泛：由不列颠文献提供中心、英国图书馆复制中心、专利快递提供世界领先的文献服务；提供关键主题领域专门信息服务，为图书馆、档案及情报界提供的基本服务有：咨询服务、国家书目服务、国家图书保护、促进全国信息资源之利用，对图书馆业务工作提供技术与经费上的支持；扩展性的服务还有展览、培训、英国图书馆书店、美国研究中心和英国图书馆之友等。以服务为宗旨在馆藏建设上体现为英国图书馆以高标准对馆藏进行编目，并使这些格式适用于读者需求。为提高服务质量、范围和水平，英国图书馆不断应用新技术，推出Articles Direct Service，用户可以通过Web支付获得期刊论文、会议文集的副本。用户使用信用卡支付；新馆集成系统可供读者查询800万条书目数据并可将读者购书的要求转与书店处理；内部网络可以用E-mail传递数据库检索结果；ESTAR系统可以进行远距离文献传递并供阅览室使用；提供本馆CD-ROM或32字节版国家书目。检索英国图书馆联机目录的名称并索取文献，还与外界网络和数据库连接。

二是馆藏数字化和协作化。该馆还注重与国际间协调馆藏发展计划，特别是与欧洲国家间以及其他国际书目记录数据库间建立合作关系。提出了利用其他馆馆藏来弥补本馆缺藏的新方法，主要措施为：重点收藏具有学术价值的连续出版物、各国的英文出版物、欧洲各文种具有历史和文化价值的图书、各国主要大报、各国专利文献、国际或各国有研究价值的会议论文、各国印刷型乐谱、各国地图资料等。今后十年里，馆藏中将会出现越来越多的电子出版物，英国将成为一个世界性数字文本存储和传送中心，扩大对电子出版物的采集，推行电子网络计划。② ESTC是一个包含英国国家图书馆和世界超过2000个图书馆的联合目录。

---

① 李超平，孙静．国家图书馆：定位与制度选择．中国图书馆学报，2005（3）：20—26

② The British Library Board. What's on. ［2009-01-17］. http://www.bl.uk/index2.shtml

ISTC是一个英国国家馆与世界其他机构合作的关于15世纪欧洲出版物的国际性数据库。对于以往只能在阅览室阅读的资料进行数字化以便网上阅读。此外，该馆注意与其他馆合作以弥补自身的馆藏不足。在其馆藏建设策略中提出图书馆应不断增加与其他机构的合作使资料更便于为研究者利用。如定义各机构的馆藏发展策略，与各研究机构如与自然历史博物馆、伦敦经济学院建立合作关系等。

2. 法国国家图书馆

（1）发展历史

法国国家图书馆是屈指可数的世界大型图书馆之一，它是由皇家图书馆发展起来的。为收藏历代王室藏书而建立的国王图书馆。1789年收归国有，成为国家财产。1792年更名为国家图书馆，向国民开放，那个时期接受了大量被充公的图书，其中有当时被查封教会、流亡贵族和其他流亡国外者的图书、法国修道院和贵族图书馆的藏书等。短短几年内馆藏猛增到60多万册。1981年密特朗总统提出要建一座“世界第一图书馆”，1995年3月建成。新的法国国家图书馆在希拉克总统的主持下于1996年12月20日正式开馆，并被命名为密特朗图书馆。

国家图书馆的主要职能是依照法律接受法国出版物的呈缴本，完整无缺地收藏出版物呈缴制度所规定的所有文献，进行编目、永久保存并提供流通。馆藏覆盖一切知识领域和各种媒体文献，使其处于完好状态，向所有公众开放，提供使用。同时还承担着编制国家书目、图书馆网络中心和保护法兰西文化遗产等诸项任务。

（2）服务特色

一是较为健全的出版物缴送制度。法国的出版物缴送制度按照1943年的法律执行，在1988年重新进行了修正，1992年制定了新的法定缴送制度，新的法律规定应呈缴的对象为：印刷品（图书、期刊、小册子、版画、招贴画、广告、地图、地球仪、地图集、乐谱、舞谱）、照片、音像、视听、多媒体资料以及以存储媒体固定形式（网上的除外）进行销售、出租、分发的（在特定团体内使用的除外）通用软件、数据库、专家系统及其他人工智能制品。向国家图书馆的缴送规定为：印刷品、画册、照片资料，出版社缴送4件，印刷所缴送2件。程序系统、数据库、专家系统以及其他人工智能制品缴送2件，录音制品缴送2件，影像制品、多媒体资料缴送2件。由此可见，法国的出版物缴送制度不仅以历史悠久而负有盛名，而且在发展中力求与时代相同步。它是世界上建立了较为健全的出版物缴送制度的国家。

二是适合研究又方便读者的图书馆文献划分的模式。图书馆服务是按照内容主题加以划分，而不是按照文献载体以及文献的时代来划分。其中按内容和主题分为黎塞留馆、戏剧艺术部、地图图表部（含版画）、手稿部、钱币证章和古董部、音乐部、大剧院博物馆—图书馆、书目研究部、史哲部、政法经部、科学技术部、文学艺术部、视听部、善本部。

三是读者区划分细化。将图书馆读者服务区域分为学习区和研究区，读者证也相应作了划分。这种读者细分的服务方式对于兼具大众服务功能和专业研究服务功能的图书馆来讲是值得借鉴的。

四是针对服务读者的、丰富的研究活动。法国国家图书馆围绕读者服务开展了许多研究活动。1994 年 1 月 3 日，法国国家图书馆又宣布将积极参与同世界各国协作的科学研究活动，组织开展各项与馆藏相关的科学研究以及开展图书馆经济学的研究。近年来，法国国家图书馆在原有的书目、展览目录、馆藏指南研究的基础上更多地开展了读者服务方面的物理学、化学方面的应用研究，如摄影技术、油墨工艺、装帧技术等；或者开展了数字化资源和视听资源的相关工艺研究，如图像支持技术、信号保留技术等。1996 年以来，法国国家图书馆先后与法国国内外一些大学、专业性科研机构、大型研究性图书馆签订了合作研究协议，研究范围包括手稿、音乐、钱币、证章、印刷和视听资料收藏等。2001—2003 年度中，法国国家图书馆正在研究的项目有数字资源的处理与保存、网上资料托存、网络版图书等。①

9.2.3 欧洲图书馆

1. 发展历史

在欧洲一体化的宏观政治背景下，欧洲各国的文化信息资源共享和合作的进程一直在紧锣密鼓地进行。早在 1997 年，欧洲国家图书馆馆长会议（CENL）就开始了一项欧洲国家图书馆互联网资源共享项目“Gabriel”。在此基础上，2001 年 2 月，在欧盟执委会的倡导和支持下，CENL 正式启动了“欧洲图书馆（The European Library，TEL）”项目，并于 2005 年 3 月 17 日在欧洲图书馆门户网站 www. theEuropeanLibrary. org 正式启动，向参加该项目的欧洲国家全面开放。该网上图书馆汇集了 53 个单位的 150 多个资源库，共计大约有 1100 万件数字馆藏，可以通过多种互操作协议（SRU，OAI，Z39. 50）和网络搜索引擎访问。库中收录了许多手稿、图片、地图、古乐谱等稀世馆藏。这是一个具有开创性的由欧洲各国国家图书馆通力合作的产物：它为欧洲各国读者建立了一个经过专业设计和维护的单一网络门户，读者能同时对本国和欧洲其他国家图书馆特定的馆藏资源进行检索和利用。让所有的欧洲人都能用本国的语言通过互联网访问和利用欧洲其他国家图书馆的文化遗产藏品和数字资源。总之，欧洲图书馆不仅为欧洲各国家图书馆组成联合资源库提供了机遇，也为各国图书馆自身带来了好处，同时欧洲的所有公民、商界以及学术界也从中获得了利益。②

欧洲图书馆的高层行政管理和法律框架沿用了 CENL 的模式。CENL 的建立是以荷兰法律为基础，旨在增强和促进欧洲各国国家图书馆作用，特别是它们维护本国文化遗产和保证知识获取的责任。在行政管理和馆员配置方面，由设在海牙的荷兰皇家图书馆负责，它的主要职能是负责主办欧洲图书馆和聘用馆员。CENL 对欧洲图书馆拥有全部所有权，以保证它的权威地位。欧洲图书馆采用管理委员会（Management Board）体制，下设欧洲图书馆办公室，办公室通过其下设的执行组（Executive Group）向管理委员会汇报工作。办公室下设若干工

---

① 王世伟，石宏如. 法国国家图书馆馆藏资源与读者服务述略. 新世纪图书馆，2003（4）：13—15

② 让诺尔·杰恩尼. 欧洲数字图书馆建设. 图书馆研究与工作，2007（1）：11—13

作组（Working Group），为办公室提供顾问支持。CENL 成员馆资格以及对 CENL 的认捐是作为欧洲图书馆基本成员的条件。因此 CENL 的所有成员馆都是欧洲图书馆的基本成员。成为正式成员馆的条件是要额外支付更多的认捐金额。①

2. 服务特色

欧洲图书馆的基本服务内容是：提供欧洲各国国家图书馆的信息，包括馆藏和服务信息，以促进各馆馆藏资源的存取，促进新型服务在共享基础设施平台上的发展。

基础服务的特点是：（1）统一展示各国国家图书馆的全部信息。（2）支持多种语言检索。（3）对各国国家图书馆的服务进行地理指导和系统指导。（4）提供各国国家图书馆共享的 WWW 搜索引擎服务。（5）统一的帮助桌面。（6）通过统一公告板提供各国国家图书馆的动态信息。（7）提供各国国家图书馆出版物的电子档案。②

9.2.4 澳大利亚国家图书馆

1. 发展历史

澳大利亚图书馆历史并不悠久，现在位于首都堪培拉的澳大利亚国家图书馆（NLA），其前身是 1901 年成立的联邦议会图书馆。当时该馆以美国国会图书馆为楷模，设置在澳大利亚联邦议会所在地墨尔本。1968 年 8 月坐落在堪培拉地区伯利格里芬湖畔的国家图书馆正式开馆。按照图书馆法，澳大利亚国家图书馆是一个独立实体。虽然是澳大利亚图书馆界的领袖，但是只起协调作用。其经费由联邦政府拨发，按照议会的法令，NLA 是全国最重要的文献收藏机构，为澳大利亚提供图书馆与信息服务，促进澳大利亚的研究和发展。作为澳大利亚图书馆网络中心，国家馆提供和支持大范围的资源共享及其他合作和开发性服务。

作为国家文化、历史遗产机构，国家馆必须妥善收集、组织、保存和维护各种形式的澳大利亚及非澳大利亚的资料。NLA 既要满足联邦议会、政府各部门研究工作所需的资料，又向全澳大利亚人提供以满足个人需要为主的服务。为了有效开放式地提供馆藏的使用，确保联机目录查询，该馆有选择地数字化澳大利亚原生资料并上网，利用因特网优势开展专家咨询与信息服务。图书馆活动范围广泛，从澳大利亚图书馆资源共享、书目数据联机检索到办巡回展览，皆为满足澳大利亚人之需求。

2. 服务特色

澳大利亚国家图书馆的服务主要有以下特点：

（1）依靠信息网络技术实施协作馆藏建设开发和服务，以降低成本。澳大利亚国家图书馆建立网络服务计划，计划建设覆盖澳大利亚的各馆的信息基础设施，以便更好地实施馆际互借、文献传递、联合编目和馆藏合作建设。

---

① Koninklijke Bibliotheek, The Netherlands（KB）. The European Library.［2009 - 01 - 17］. http://www.theEuropeanLibrary.org/portal/organization/policy/policy_en.html

② Koninklijke Bibliotheek, The Netherlands（KB）. The European Library.［2009 - 01 - 17］. http://www.theEuropeanLibrary.org/portal/organization/footer/termsofservice_en.html

（2）加强机构间合作，共同进行馆藏开发。澳大利亚国家馆积极加强与其他专业研究机构的合作，以帮助自身的馆藏利用和建设开发。这种合作关系涉及几个方面，一是数字信息的生产，如澳大利亚国家图书馆与其他机构合作制作馆藏光盘。对澳大利亚的文化遗产数字化。此外，澳大利亚国家馆还积极参与国际合作，采用规范的标准生产数字信息等。二是数字信息的存取，如澳大利亚国家馆与澳大利亚出版家协会和大学图书馆代表讨论了版权和电子资料保存问题。国家馆建立全国计划与合作组，对数字信息进行评估、鉴别，实现持久性保护和存取。此外，国家馆还制订了电子信息资源发展战略及相应的目标。三是数字信息的利用。该馆与其他图书馆和出版商及有关机构合作，以保证重要的文献遗产资源通过电子资源的分布式档案系统能被继续使用。①

9.2.5 外国国家图书馆的定位与服务

1. 关于定位

从国外国家图书馆的定位视角观察，可分为三种类型。

（1）兼有立法与国家职能双重定位的国家图书馆

以美国国会图书馆、日本国家图书馆、澳大利亚国家图书馆为代表。此类图书馆担负着为国会和公众服务的双重功能，以美国国会图书馆为先锋，其他类似国家图书馆可视为其滥觞。对于此类型图书馆而言，必须身兼两职。其定位为：一方面要为国会或议会提供信息服务和决策参考，即为立法与决策服务；另一方面则要面对普通大众和其国内的各图书馆，为他们提供信息服务和承担图书馆界协调组织的任务。

（2）以国家职能为定位的国家图书馆

以英、法为代表的欧洲各国家图书馆是以国家职能为定位。由于不以服务立法为重要任务，因而它们的立足点较为单一，即其基本职能在于保存本国的文化、科学、知识成就，并加以开发和利用，以满足学术、工商、普通民众不同的信息需要。此外也需要承担各自国内图书馆网络中心和枢纽的职责。

（3）以网络为媒介的国家联盟型图书馆

以欧洲图书馆为代表，该类图书馆应被视为国家图书馆联盟。因而该类型图书馆更强调集成性和一体化。该类型图书馆以其具有一体化、集成化、访问透明的特点，使得读者可以用母语访问欧洲各国的数字资源而无须关注语言问题和访问平台的兼容性问题，这充分反映了欧洲一体化进程所追求的目标。它提供欧洲民众和各类机构更丰富、便捷的资源库，推动了欧洲文化、经济、科学的发展。

2. 关于服务特色

归纳起来，国外国家图书馆的服务主要有以下特点：

（1）为立法与决策服务。此类图书馆因具有立法和国家的双重定位，这也反映在其服务

---

① National Library of Australia. About us. ［2009-01-17］. http：//www. nla. gov. au/library/about

特色中。从上述美日等国家图书馆的情况可见，其立法和决策服务具有范围广、针对性强的特点。

（2）以为大众服务为立馆与发展的宗旨。如英国国家图书馆的服务工作定位为国家的文献和其他类型信息的中心，为国家的各类机构和个人服务。其服务以高效、方便、及时、广泛为原则；法国国家图书馆的适合研究又方便读者的图书馆文献划分的模式等均体现这一特点。

（3）文化服务丰富多彩。以美国国会图书馆为代表，美国国会图书馆以推动国民文化素质为己任，开展一系列文化活动，其活动侧重针对未来儿童的培养，针对国民文学素养的培养和提高以及注重美国民俗和文化遗产的保护。

（4）以信息网络技术提高服务质量。这是上述国外国家图书馆均有的特点，例如，美国国会图书馆的数字化项目。侧重美国历史的数字化保存和利用，数字化参考咨询等。英国国家图书馆在馆藏建设中注重馆藏的数字化和与其他馆的协调发展。欧洲图书馆也不断应用新的信息技术建设数字化馆藏和一体化访问平台等。

（5）以人为本的服务理念。该特点突出反映在重视为残疾人服务方面。以美国国会图书馆为代表，其在提供盲人服务中，从文献传递方式、文献内容等方面不断更新，日益趋向全面完善。此外英国国家图书馆在馆藏编目中重视读者的需求。法国国家图书馆针对不同读者需要设立不同的读者区等也反映了以人为本的服务理念。

9.3 我国国家图书馆的历史与现状

9.3.1 我国历代国家藏书机构沿革

从距今四五千年以前的仰韶文化彩陶上的图像和象形符号，以及龙山文化和齐家文化的卜骨可以看出我国原始社会的人们如何使用图像、结绳或符号记录交流信息、积累传承经验。由于劳动生产的需要，社会分工开始出现并逐渐细化，一些专门从事文化活动的人，尤其是熟悉历史、擅长占卜的人开始成为氏族首领或帝王的决策智囊并注重各类文明遗产的收集和保存。另一方面，漫长的文字形成过程也促成了典籍的产生和发展。为了使这些固化的先人智慧能够被更多的人多次、长期地传承和利用，文献的储藏成为必然。限于当时的生产力水平和社会状况，有规模、永久性的储藏活动必须在国家层面才能得以开展，只有国家机构的建立才能使藏书制度化和规范化。

1. 社会意义

《吕氏春秋·先识览》最早记录了国家藏书的重要性：夏之将亡，太史令终古出其图法，执而泣之以谏桀，乃出奔如商；殷之将亡，内史向挚见纣愈乱迷惑也，于是载其图法，出亡之周。作为政府典藏的“图法”已与国家兴亡密切联系在一起，而且很早便已有“君举必书”的“史官”，[①] 不仅保管着历法推算、占卜之辞和图书典章，更因熟谙历代谏君诫臣的史

① 《世本·作篇》

实，故王室每遇大事，必询史官。由此可见，国家藏书与典籍的管理者因其作用的特殊而被赋予了极高的社会地位。隋秘书监牛弘的《请开献书之路表》指出“经邦立政，在于典谟矣。为国之本，莫此攸先”，阐述了国家藏书的重大意义。

2. 历史起源

随着社会生产力的发展，氏族社会的王权得以加强，社会财富和等级阶层伴随着城市的出现而加剧分化。公元前21世纪，在我国文明发展最充分的黄河中下游一带，众多部族组成的联合体出现了由部落首领的“禅让制”向世袭王位制的转变，以“家天下”的确立为标志的早期国家的建立推动着人类进入了一个崭新的文明时代。西方图书馆史把文字的创造和典籍的出现作为图书馆起源的先决条件，国家的形成，尤其是国家藏书机构的创建也从体制上确保了人类文明在历史纷争和社会变迁中得以持续传承、发扬光大。

商代的宗庙典藏是早期的一种王室档案储藏活动，我国古代图书馆就起始于此类王宫的“藏室”。[①] 从历书的反复使用、卜辞的频繁省视验证，到文献的参考和引用都表明殷商王室的文献典藏在当时便得以大量而有效的利用。秦汉以前的王室典藏虽未设置专门的机构，但已有以史官为主的官吏负责，而且在周代除王室外，诸侯国也有各自的史官。如果将商代甲骨文献的收藏视为古代政府藏书的萌芽，周代则是成型时期。[②] 国家藏书机构在创立的同时也担负起时代赋予的责任，通过自身职能的实现为社会进步提供精神文明的保障。

3. 典藏处所

我国有记载的第一个国家图书馆是西汉萧何建造的石渠阁，供外府藏书之用，保藏了入咸阳时所得的典籍，“其下礲石为渠以导水”的特点成为后世藏书机构的建筑传统。隋炀帝时期的藏室设施已达到相当的先进程度，据《文献通考·经籍考叙》记载，当时的观文殿“每三间开方户，垂锦幔，上有二飞仙，户外地中施机发，帝幸书室，有宫人执香炉前行，践机则飞仙下，收幔而上，户扉及厨扉皆自启，帝出则复闭如故”。距今1500年前便有如此自动化的装置，可见国家藏书机构的受重视程度和技术应用水平。清代的皇室藏书除七阁外，还有许多“阁、殿、房、室”之藏。藏书之多，内容之富，超过历史任何一代。宣统元年（公元1909年）清学部奏请在净业湖一带创建京师图书馆，选址原因是此地“近水远市”，“无意外之虞”，“水木清旷，迥隔嚣尘”。如此原则表现出当时国家藏书机构严重的重藏轻用的办馆思想。宣统二年（公元1910年）清学部上奏的《京师及各省图书馆通行章程折》中明确规定“图书馆之设，所以保存国粹，造就通才，以备硕学专家研究学艺，学生士人检阅考证之用”。这是第一次把中国的藏书机构称作“图书馆”。

4. 职官建制

最早的关于官府藏书专职管理官员的记载见于《后汉书》：汉明帝永平五年（公元62年），班固任校书郎，后又升迁为兰台令史。兰台是正式的官府藏书机构，兰台令史为官府

---

① 黄宗忠．图书馆学导论．武汉：《湖北高校图书馆》杂志社，1985：178

② 王西梅．中国图书馆发展史．长春：吉林教育出版社，1991：14

藏书机构的管理官员，校书郎是实职，从事书籍校正勘误等工作。东汉桓帝延熹二年（公元159年），我国第一个主持图书事业的中央机构——“秘书监”得以创建，“掌典图书，古今文字考合异同。设官一人，秩六百石”。[①] 所谓秘书，即管理禁中图书秘记，这个隶属于太常的设置既是机构名，又是最高长官名，成为我国明代以前历朝官府藏书机构的共同模式雏形，是作为当时朝廷的文化事务方面的官吏考虑的。汉惠帝永熙元年（公元290年）朝廷发出划分秘书与中书职能的命令，别置秘书监，管理中外三阁图书，秘书监随即成为朝廷的一个部门，不再属于宫廷内室的一个部分。作为文化机构的专属官吏，秘书监自设置之初就多为文化素养较高的士族担任，如曹魏时期号称“儒宗”的王象和王肃，西晋的荀勖和东晋的李充，南朝的谢灵运、任昉，以及后来唐朝的魏征、颜师古等。当然，秘书监不一定都是机构名称，如南朝以秘书省为机构名，秘书监为其长官名。隋朝的秘书省与内侍省、尚书省、门下省、内史省并列为五省，秘书监的官阶被提至从二品，为历代最高。

5. 近现代发展

由于清政府日益腐败，以及面临外国侵略和国内太平天国农民起义及各族人民的反抗斗争，文化事业废弛，各类型图书馆都逐渐衰落或遭到毁弃。在洋务运动的影响下，包括兴办新式图书馆在内的各种改革方案纷纷出台。光绪十八年（公元1892年）郑观应在《藏书》一文中历数法国、俄罗斯、德意志、澳大利亚等国“藏书院”和“书楼”的藏书盛况，进而感叹：“独是中国，幅员广大，人民众多，而藏书仅此数处，何以偏惠士林?”康有为在《公车上书》中提出的富国之法、养民之法和教民之法，建议“皇上大开便殿，广陈图书，轮二十员分班侍值，皇上翻阅图书，承受宜咨询，访以中外之故，古今之宜，经义之情，民间之苦，吏治之弊，地方之情，或霁威赐坐，或菜果分布食，令尽所知能，无有避讳”。显然，这种试图通过国家藏书来促进国家政治、经济、文化的全面发展的愿景实质上是一种君主立宪后的议会图书馆模式，尽管最终未能得以实现，但也为后来的民国和新中国国家图书馆创设了现代民主的思想先河，国家藏书机构的社会职能也在数千年的历史演变之后迈进了一个崭新的发展阶段。

9.3.2 主要社会职能分析

中华民族五千年文明源远流长，浩瀚的文化典籍推动着从藏书楼到现代图书馆的历史进程；国家藏书机构的形成与发展也见证了基于信息传播的社会进步与公民权利的普及。我国最早的“国家”形态的出现是在公元前21世纪的夏朝，古代文献对当时甚至更早的五帝时期便有了“黄帝之世，始立史官，仓颉、祖俑居其职矣”的记载，[②] 尽管这种“史官”事实上仅为氏族社会掌握文化和知识的“巫”、“卜”或“贞人”（据甲骨文中记载），但这样的社会分工为周朝“守藏史”的职官设置和东汉“秘书监”的机构创立打下了重要的基础。表

① 《东观汉记》

② 《世本·作篇》

9–1通过大量史料的收集和整理，列举了我国四五千年以来的国家藏书机构概况。

表 9–1　中国历代国家藏书机构概况

朝代	机构	职官	贮藏处所	主要职责
夏		史官		君举必书
商		史、御史、大（太）史、乍册、卿史、迟任	宗庙宫室的穴窖、龟室	凡取龟用秋时，攻龟用春时，各以其物入于龟室。掌官书以赞治，守典奉法
周		大（太）史、小史、内史、外史、御史、司盟、天府	宗庙、太史府（守藏室）、盟府、故府	掌宗庙之典籍、掌建邦之六典、邦国之志，书王命、书外令，三皇五帝之书、赞书
秦		柱下史（御史）	天府、盟府、策府、周府、公府、周室、明堂、石室、金匮	律令图书藏之，明习天下图书计籍。天府掌神庙之宝藏者，内史副写其书者
西汉		御史中丞、太常、太史令、博士	石渠阁、天禄阁、麒麟阁、仁寿阁、曲台、延阁、广内、兰台（秘书）、石室、金匮、东观	掌图籍秘书、宗庙礼仪、文史星历，掌通古今、典章制度、祭祀
东汉	秘书监	辟雍、兰台令史、光禄勋、东观郎	宣明殿、兰台、石室、鸿都、东观、仁寿阁	掌礼仪、文学、艺术书、机密档案，校勘、编纂中心
三国	秘书省、东观	秘书监、秘书令、东观令	内阁、兰台、崇文馆	收集、整理、供帝王群臣研习
两晋	秘书监	中书秘书丞、秘书郎、著作郎	兰台、秘阁、崇文院、石渠阁	以兰台为外台，秘阁为内阁，经、史、子、集各有专人负责
南朝	秘书省	秘书监、秘书丞、秘书郎	秘阁、学士馆、华林园、文德殿、寿安殿、德教殿、承香殿、东观	掌国史、注起居。藏经史杂书、佛典、陈列群书
北朝	秘书省	秘书监、秘书丞、秘书郎	秘阁、东观、仁寿殿、文林殿、麟趾殿、虎门殿	广访群书，大加缮写
隋	秘书省	秘书令、秘书监、少监、秘书郎等	嘉则殿、修文殿、观文殿、秘阁	掌典籍、修撰、补续残缺、目录编撰
唐	秘书省	秘书监、秘书少监、秘书丞等	秘阁、乾元殿、弘文馆、崇文馆、司经局、史馆、翰林院、集贤院、太学	掌邦国经籍图书之事。下设著作局修撰碑志、祝文、祭文，太史局掌天文、历书、计时
五代十国	秘书省、秘书监	秘书监，集贤殿学士	集贤院、弘文馆和史馆合而为一	雕版刻印、发行流通

续表

朝代	机构	职官	贮藏处所	主要职责
北宋	秘书省、崇文院、秘阁	集贤院、昭文殿大学士、秘阁领事、秘书监	史馆、昭文馆、集贤馆	蓄书，延四方之士，以图书之府待贤俊而备讨论
南宋	秘书省	集贤院、昭文殿大学士、秘阁领事、秘书监	龙图、天章、敷文、焕章等阁，资善堂	掌古今经籍图书、国史实录、天文历数之事
辽	史院、秘书监、昭文馆	监修国史、史馆学士、秘书监、昭文馆直学士	昭文馆、崇文馆、乾文阁、史馆	征集、校订、刊刻
西夏	翰林学士院	翰林学士	蕃学、汉学、翰林院	修实录
金	秘书监、宏文院、史馆	秘书监、秘书少监、秘书丞、秘书郎、校书郎	稽古殿	掌文籍、译校经史、收集、刊刻
元	秘书监、奎章阁	卿、太监、少监、监丞、典簿等	宏文院、集贤殿	掌历代图籍阴阳禁书，掌藏贮书籍（奎章阁艺林库）
明	秘书监、翰林院	翰林院典籍	文渊阁、大本堂、皇史宬、司礼监、国子监	职司“内府书籍”
清	文渊阁职	文渊阁领阁事	宫廷四阁和江南三阁、内阁、翰林院、国子监及各“阁、殿、房、室”	寓禁于修。“内府藏书”于宫庭之内，方便当地士人“就近观摩誊录”
民国	教育部、大学院	图书馆馆长（教育司长兼）	国立北平图书馆、国立中央图书馆	接收呈缴本，全面开放借阅，开展国际交流，出版图书、期刊

我国历代国家藏书机构的职能随着文献典籍的不断增加和社会需求的日益多元化而呈现出丰富的特点，如北宋秘书省、崇文院和秘阁的主要职责就包括了藏书、阅览、编纂官书、整理典籍、编修书目、馆阁读书、储备人才、出处、起草祝文、参与礼制政事的讨论等十项。在总结经验的基础上，程俱于《麟台故事》中将古代国家图书馆的职能归结为：养育人才、资政参考、修纂典籍。谭祥金则提出现代国家图书馆的五大职能：图书馆资源和互借中心、国家书目中心、图书馆现代化网络化枢纽、图书馆学研究基地和国际交流中心。① 在整个历史发展过程中，国家藏书机构的主要职能由简单到复杂，有的随社会的变迁而演化或消亡，有的则逐渐形成其他机构无法替代的核心要素。总的来看，可以从核心业务、基础服务、业务延伸和功能拓展等层面进行概括分析。

1. 核心业务层面——典籍传承

文献典籍的收集、保管和整理是国家藏书机构的基本职能，从其形成之初便延续至今。

① 谭祥金．国家图书馆在图书馆事业中的地位与作用．见：范并思．百年文萃——空谷余音．北京：中国城市出版社，2005：170—174

早期的典藏仅限于官府，尤其以王室为主。战国时，各国国君出于维护封建法令的统一，曾采取过不准民间藏书只准官府藏书的措施，著、藏、读的权利被王室与诸侯所把持，即“学术统于王官”。西汉政府机关有“太常、太史、博士之藏”，皇宫有“延阁、广内、秘室之府”，藏书总量达33 090卷。丰富的藏书奠定了国家图书馆的藏书制度，国家图书馆的建立也为后世各代所效法。

文明的传承需要对文献的稳固储藏，在战乱纷争不断的情形下，历朝统治者对前人典籍的收集极为重视。汉武帝广开献书之路，鼓励把流失的典籍上送朝廷，“命天下计书，先上太史，副上丞相”。从初唐到唐末，“搜检图籍”的活动有史记载的前后至少有14次之多，搜访遗留图籍已经成为当时皇帝例行的一种制度。于休烈曾向唐肃宗建议征集珍贵文献，各地如果送上一书，则送一个官职，如送上资料一篇，则奖励绢十匹。康熙四年（公元1665年），因修《明史》，征集明天启年间实录，尽管当时朝廷禁例甚严，且有各种文字狱之先例，但仍称“其官民之家，如有开载明季时事之书，虽有忌讳之语，亦不治罪”。当然，清朝收集图书的目的与历代不同，搜集四方遗书不是为了典藏文集，而是为了编纂一批图书，禁毁一批图书以加强思想统治，即所谓的“寓禁于修”。在《学部奏筹建京师图书馆折》强调的是“保存国粹”，对于外国书籍或西学书籍的收集则只字未提，呈现出与近现代多元文化交融相悖的弊端。袁同礼在总结“国立北平图书馆的使命”时提出“外国文书方面，举凡东西洋学术上重要之杂志，力求全份，古今名著极意搜罗。外国新书，亦应广事探求，庶几学术可与国家新运而俱进。其志在成为中国文化之宝库，作中外学术之重镇”。① 国立中央图书馆筹备处成立后，向国内外征集出版物；奉教育部令接办国学书局后，用书局的存书与欧美各国交换；1916年鲁迅以教育部名义，将立案的出版图书分送京师图书馆收藏，1917年内务部复文通行京内外，“新出图书呈缴规程”标志着我国呈缴制度的开始。由此可见文献典籍由王室专藏向兼容并蓄发展，由应急征集向规范呈缴转变，文明传承的职能随着时代的进步日益完善。

2. 基础服务层面——信息参考

利用文献典籍提供知识信息或决策参考是国家藏书机构的基本服务形式，体现着其最为重要的社会存在意义。

信息的利用主要依靠典籍的传播，早期的文献开放流通的记录见于汉灵帝熹平四年（公元175年），由蔡邕主持并书写经书刻石立于太学门外，“碑始立，其观视及誊写者，车乘日千余两，填塞街陌”。唐文宗太和元年（公元827年），朝廷又依照汉末立经的故事，把五经文字刻石立于国子监，即开成石经。《新唐书・儒学传》中记载，李世民即位前，“锐情经术”，常召十八学士“与议天下事”。即位以后，“殿左置弘文馆，悉引内学士番宿更休，听朝之闲，则与讨古今，道前王所以成败”。宋朝皇帝则每隔三五个月，便带领群臣，赐宴三

① 袁同礼. 国立北平图书馆的使命. 见：范并思. 百年文萃——空谷余音. 北京：中国城市出版社，2005：63—64

馆，纵观群书。图书官员积极整理、编辑书目和类书，使帝王阅读时可“省日兼功”。据《宋会要辑稿》记载，崇文院藏书对近臣、馆臣、特许读者、高级官员和殿试考生等均可借阅使用。借阅量之大，以至于宋真宗曾感叹，“近闻图书之府，甚不整齐，假借之余，散失尤多”，尽管如此，仍未停止外借。南宋秘书省在朝廷殿试时，馆阁提供书籍入殿供参考，又有朝廷中关于政令、礼制、典故、官制等各方面的研究，秘阁都参与讨论。至清朝，康熙在回忆他的读书生活时说：“端居乾清宫，取六经之书发而读之……朝斯夕斯，怡然忘倦。”[①]乾隆五十五年（公元 1790 年）曾下令“所有江浙两省文宗、文汇、文澜三阁，应贮全书，现在陆续分发藏庋。从前曾经降旨，准其赴阁检视钞录，俾资搜讨”。知识信息的传播随着服务职能的深化从宫廷内阁向朝廷官吏延伸，从帝王将相向学子民众普及。

3. 业务延伸层面——知识创造

利用原有典籍开展知识创新活动是很多朝代的国家藏书机构的一大职能，为中华文化的弘扬光大发挥着极为重要的作用。

早在三国时期，国家藏书机构的创立和运作就对当时的哲学、文学、雕刻、绘画、书法、乐舞、数学、医学等方面的成就作出了很大的贡献。南北朝各代也都不同程度地对政府藏书作了整理，这一时期形成的图书大量复制的风气使得更多的人能够利用历史文献并创造出优秀的文化典籍，如范晔的《后汉书》、祖冲之的《大明历》、郦道元的《水经注》、贾思勰的《齐民要术》等。宋朝大范围、大规模的国家藏书的流通也使得官员、学者得以利用典藏文献创造出辉煌的文化成就，如司马光《资治通鉴》的完成，就应首先归功于宋英宗准其请求在崇文院内设书局，广泛借阅各阁藏书。清朝编修《四库全书》时，从明代的《永乐大典》中辑出大量前代失传的稀有典籍，共整理出著作 300 多种。钱泰吉《曝书杂记》记载，江苏藏书家钱熙祚编选《守山阁丛书》，因当地找不到善本，便邀集数人到文澜阁抄书，六人共计校书 80 余种，抄书 432 卷。“钞文澜阁宋元人集，已得十之七八”。光绪十八年（公元 1892 年）郑观应在《藏书》中说：“乾隆时，特开四库，建文宗、文汇、文澜三阁，准海内稽古之士就近观览，淹通博洽，蔚为有用之才。”光绪二十二年（公元 1896 年）李端棻在《请推广学校折》中写道：“三阁，备庋秘籍，恣人借观。……自此以往，江浙文风甲于天下，作人之盛，成效可观也。”知识的创新在典籍收藏与利用的基础上广泛开展，使国家藏书机构社会职能在基础业务的层面上获得意义非凡的延伸。

4. 功能拓展层面——教育交流

典籍储藏是为了开发利用，而这一切的最终目的在追求智慧积累和文明进步的同时也强调人的素养提升和全面发展，国家藏书机构在培育人才方面历来受到重视，文化交流的功能也在近现代得以凸显。

国家藏书机构的教育职能从唐朝的弘文馆便可见一斑，该馆设置学士，掌详正图籍，教授生徒，设定学生 30 人，既是顾问集团又是贵族子弟学校。崇文馆作为皇太子的文馆也设置

---

① 《国朝宫史·宫殿二》

学士、直学士，其图书则供皇族及相关人员学习和研讨之需。明朝的翰林院是安插文人学士的“储才重地”，通过文渊阁进修结业后，可升任皇朝重要职务或外放地方官。当时的宫廷藏书处所，如大本堂，则是培养皇太子及诸王的重要课堂，授课老师皆选勋旧大臣兼领。1931年的国立北平图书馆新馆落成后，开放阅览服务步入正轨。据1933年统计，全年阅览人数达440 490人，平均每天1200人。此外，还经常举办各种展览。在国际交换方面，除图书来往外，还开始了馆员交换。[①] 馆长袁同礼认为该馆“盖所以谋万国知识之沟通，化除畛域之见，以跻世界于在同也。吾人深愿以此通中外图书之邮，为文化交通之介”[②]。由此，国家藏书机构的教育职能得以强化，文化交流功能也随着现代图书馆运行机制的推广而不断受到关注，发挥着意义深远的作用，并体现出其他文化机构难以替代的优势。

9.3.3 当代国家图书馆及其职能

中国国家图书馆的前身是建于1909年的京师图书馆，1916年按规定正式接受国内出版物呈缴本，标志着它开始履行国家图书馆的重要职能。经过“国家图书馆二期工程暨国家数字图书馆工程”的建设，目前的国家图书馆馆舍总面积已达到25万平方米，位列全球第三位。截至2008年6月底，国家图书馆的数字资源已超过200TB，其中自建部分达130TB。同时还免费开放大量无版权的数字资源，通过互联网、数字电视、移动终端、电子政务外网、卫星、光盘等多种方式，面向全国乃至全球提供服务。[③]

在历届国家领导人的大力关心和支持下，国家图书馆已成为名副其实的国家总书库，履行着搜集、加工、存储、研究、利用和传播知识信息的职责。作为全国书目中心、图书馆信息网络中心，国家图书馆研究和采用现代技术，在全国图书馆标准化、规范化、数字化、网络化建设中起骨干作用，并承担着为中央国家领导机关，重点科研、教育、生产单位和社会公众服务的任务。同时，国家图书馆还负责全国图书馆业务辅导，开展图书馆学研究，并代表国家执行有关对外文化协定，开展与国内外图书馆界的交流与合作。

原国家图书馆副馆长谭祥金总结的国家图书馆五大职能：图书馆资源和互借中心、国家书目中心、图书馆现代化网络化枢纽、图书馆学研究基地和国际交流中心，几乎成为专业教科书论述国家图书馆职能的标准模板。[④] 他认为国家图书馆在国家情报系统中主要有三个作用：（1）提供必要的中心图书馆服务；（2）领导国家情报系统中的图书馆成员；（3）积极参加国家情报系统和制定全面发展规划。作为国家书目中心应该做到：（1）编制现行国家书目；（2）编制回溯性目录；（3）发行统一编目卡片；（4）编印联合目录。作为图书馆现代

---

① 王酉梅．中国图书馆发展史．长春：吉林教育出版社，1991：307

② 袁同礼．国立北平图书馆的使命．见：范并思．百年文萃——空谷余音．北京：中国城市出版社，2005：63—64

③ 张振胜．走进国图新馆．出版人：图书馆与阅读，2008（8、9）：12—14

④ 谭祥金．国家图书馆在图书馆事业中的地位与作用．见：范并思．百年文萃——空谷余音．北京：中国城市出版社，2005：170—174

化、网络化的枢纽则不仅要争取全国标准的统一，还要考虑到与国际标准的一致。作为图书馆学研究的基地应该多举办活跃学术空气的科学讨论会，成立出版社和杂志社，并对全国图书馆承担业务辅导的任务。作为国际交流的中心，国家图书馆有责任在国际上代表本国图书馆及其读者的全部利益。

中国国家图书馆发展至今，其机构设置特点是管理部门分工较细，部门设置较多；业务部门基本按照业务流程兼顾文献资料类型与服务分块而设置。机构将随着业务的发展进行调整，整体思路是整合业务，突出新的数字资源服务，形成大综合的业务格局；后勤服务部门实行管理与服务职能的分离，实行服务社会化、管理企业化。

国家图书馆目前开展的服务形式主要包括：（1）传统卡片目录和计算机公共目录的查询检索；（2）全年365天的开架阅览；（3）图书外借和文献提供；（4）参考咨询；（5）影音视听；（6）文献复制；（7）展览讲座；（8）专业培训；（9）基于数字资源的信息网络；（10）面向少儿及残障人士开放。

近年来的服务特色包括：（1）强化为国家机关立法与决策服务，体现国家图书馆的服务重点；（2）打破重“藏”轻“用”观念，吸引更多读者利用中国国家图书馆的藏书与服务；（3）采取与教育科研单位合作的形式，做好为教育科研和企业服务工作；（4）开展面向图书馆界的服务，发挥图书馆界的龙头作用；（5）以讲座与展览为重点，发挥图书馆的知识与文化传播作用。

今天，我国国家图书馆与法国巴黎国家图书馆、英国不列颠图书馆、美国国会图书馆和俄罗斯国家图书馆并称为世界最大的五座图书馆，① 在国际图书馆界占有越来越重要的地位。在新的挑战与机遇面前，国家图书馆确立了新的战略目标。未来的主要工作包括：全面系统地采集各种载体的中文文献信息资源，建设中文文献信息资源保存基地；提供高质量的文献信息服务和知识服务，满足国家立法与决策机关、重点教育科研生产单位、社会公众利用文献信息资源的需求；加强数字图书馆建设，构建数字图书馆与传统图书馆融合的复合型国家图书馆；建设数字化学习和研究环境，成为国家公共文化服务体系的重要阵地、国家信息基础设施的重要组成部分，进一步发挥国家图书馆在我国经济和社会发展中的作用，使之成为资源更丰富、设施更先进、环境更优良、服务更到位、员工素质更高、国际影响更大的现代化国家图书馆②。

9.4 公共文化服务体系中的国家图书馆

9.4.1 公共文化服务体系与国家图书馆的服务职能特点

1966年，有关文化权利的主要法律文书《经济、社会和文化权利国际公约》经联合国大

① 孟广均. 世界国家图书馆发端探略. 国家图书馆学刊，2008（1）：16—20

② 王世伟. 世界著名城市图书馆述略. 上海：上海科学技术文献出版社，2006：39—54

会通过，1975 年 1 月 3 日开始生效；我国政府于 1997 年 10 月 27 日签署了该公约，2001 年 2 月 28 日获得第九届全国人大常委会正式批准，2001 年 7 月在我国开始生效。文化权利问题在我国引起广泛关注，保障和实现广大人民群众充分享受文化成果的权利被视为执政党建设的重要内容。

2005 年十六届五中全会在制定“十一五”规划的建议中最早提出“公共文化服务体系”的概念，同年年底，中共中央国务院《关于深化文化体制改革的若干意见》以图书馆作为公益性文化事业单位之首，提出“增加投入、转换机制、增强活力、改善服务”的构建公共文化服务体系的重要指导方针。2006 年 9 月，《“十一五”时期文化发展规划纲要》颁布，将加强“公共文化服务”作为下一步文化建设的重要组成部分，这是国家首次明确提出“公共文化服务”的概念。自此，我国的文化体制改革拉开序幕，公共文化服务体系开始备受关注，作为其中的重要组成部分，图书馆，包括国家图书馆在内的功能定位与事业发展更加引起学界的重视。

公共文化服务是政府公共服务的重要内容，是文化建设的重要方面。公共文化服务体系由服务主体、服务对象、基础设施、文化产品内容及其提供等方面构成①，是由政府主导、非营利的、社会参与形成的普及文化知识、传播先进文化、满足人民群众文化需求、保障人民群众文化权益的各种公益性文化机构和服务的总和。积极构建公共文化服务体系，保障公民的基本文化权益，满足大众的精神文化需求，体现了中国先进文化的前进方向，“以人为本”的科学发展观，以及构建社会主义和谐社会的需求。党的十六届五中全会在《中共中央关于制定国民经济和社会发展第十一个五年规划的建议》中明确提出：“积极发展文化事业和文化产业。加大政府对文化事业的投入，逐步形成覆盖全社会的比较完备的公共文化服务体系。”加快构建公共文化服务体系，正在成为各级文化部门和广大文化工作者的共识。

国家藏书机构就其实质而言既是一种社会公共产品，又是一种民主保障制度。国家图书馆的建立与发展在公共文化产品生产服务供给、公共文化服务设施网络覆盖、公共文化人才、资金和技术保障、公共文化服务组织支撑、公共文化知识传承及传授等公共文化服务体系的有机组成部分中扮演着越来越重要的角色。国家图书馆能够与其他公共文化服务机构一起，通过面向公众的社会服务，传播马克思主义的基本理论、基本观点和基本方法，树立正确的世界观、人生观、价值观，确立科学的发展观，承担着用马克思主义理论统领社会主义现代化建设各项事业的功能；弘扬民族文化与民族精神，承担着文明传承和确立文化自信心、自豪感，激发人民群众建设社会主义现代化的热情的功能；提供文化场所、阵地和产品，承担着满足人民群众日益增长的精神文化需求，实现人民群众文化利益的功能；通过文化活动与实践，激发人们的想象力、创造力，承担着培育人文精神与人文情怀的功能；通过文化产品的创作，承担着为文化产业的发展提供原创力的功能。②

---

① 陈威．公共文化服务体系研究．深圳：深圳报业集团出版社，2006：53

② 申维辰．构建公共文化服务体系发展社会主义先进文化．光明日报，2005-12-30

与公共文化服务体系中的其他部分相比，国家图书馆拥有独特的文化资源，承担着艰巨的社会责任，发挥着突出的历史作用。即使与公共、院校、科研等类型的藏书机构相比，国家馆也具备特殊的社会地位，概括起来，其服务职能显现出以下特征：

（1）文献储藏的齐备性

早在1952年，新中国的出版物呈缴本制度就已建立。1979年4月18日国家出版局修订颁布《关于征集图书、杂志、报纸样本办法》，1991年新闻出版总署颁布部门规章《重申〈关于征集图书、杂志、报纸样本办法〉的通知》，进一步强调对出版物的呈缴。2002年2月1日开始实施的《出版管理条例》再次规定："出版单位发行其出版物前，应当按照国家有关规定向国家图书馆、中国版本图书馆和国务院出版行政部门免费送交样本。"并在条例中有对不按规定缴送出版物样本的出版单位，进行行政处罚的有关规定：情节较轻的由出版行政部门责令改正，给予警告；情节严重的，责令限期停业整顿或者由原发证机关吊销许可证。同时公布实施的《音像制品管理条例》规定：音像出版单位应当自音像制品出版之日起30日内向国家图书馆、中国版本图书馆和国务院出版行政部门免费送交样本。同时对未依照条例规定送交样本的音像出版单位，规定了罚则。除此之外，新闻出版总署为更好地促进出版单位的出版物缴送，还采取了缴送与图书的书号与音像制品的版号分配挂钩的办法，把出版单位的缴送情况，作为核发书号、版号的标准。

加上即将出台的《图书馆法》，配套的法律法规为国家图书馆提供了本国文献完整储藏的制度保障；通畅的国内外文献捐赠、交换渠道以及相对充足的采访经费也为国家馆的馆藏丰富性确立了发展优势。截至2006年年底，馆藏总量已达25 704 360册（件），全文数据库中文53种，外文73种。另有收录始于1949年的含180万条中文图书书目数据的中国国家书目数据库，以及国家图书馆台港中文图书书目、民国时期中文图书书目、国际组织和外国政府出版物、博士论文书目、中文期刊书目、民国期刊书目、台港中文期刊书目、中文报纸书目、善本书目、新善本书目、金石拓片书目等30余种数据库。

（2）服务对象的高端性

尽管根据我国国情，国家图书馆在实际上也承担一部分公共图书馆的职能，但担当"一库三中心"的重任和为中央立法决策服务仍然是其服务职能的重点所在。虽然"平等服务"是图书馆服务的基本原则，但作为一种改善服务效果的方法原则，"区分服务"则体现出针对信息需求的特殊性和专门性的制度设计，在资源有限的情况下，有差别服务更能提高不同类型读者的满意度，更符合稀缺资源配置对效率的追求。无差别服务从提供服务的角度看是平等的；而有差别服务从提供服务端考虑是不平等的，但从接受服务端考察，以用户满意度为尺度衡量，更符合平等原则。实现有差别服务的意义在于，在一定程度上保证普通用户需求的前提下，增量资源向深度需求倾斜，努力提高深层利用的满意度。①

---

① 程真．论国家图书馆分层服务．国家图书馆学刊，2006（1）：2—6

依服务对象不同的信息需求特征和身份，将国家图书馆读者分为中央党政军领导机关立法决策型、重点科研单位的科研型、重要企事业单位的读者和普通公众等几个层次。应该根据服务对象的社会责任的不同而提供不同方式的图书馆服务，以确保国家图书馆使用效益的最大化，与普通公共图书馆不同的是，国家图书馆的公共性主要是由其法定功能、服务对象和服务方式多方面体现出来，而不是像普通公共图书馆那样，是通过平等使用权来体现的。美国国会图书馆前馆长麦克利什在谈到关于国会图书馆是人民自己的图书馆时指出："它并不是按照通常涵义所理解的大众图书馆，即人们所熟悉的所谓公共图书馆，而是一个具有特殊含义和重大意义的图书馆。"与普通公共图书馆不同，国家图书馆的服务对象并不是无限扩展的，而是有重点地规定其服务对象。它以中央国家机关和重点科研、教育、生产单位为主要服务对象，提供重点服务。

齐备的文献收藏也决定了国家图书馆在信息服务中的高端地位。重点服务对象因服务内容侧重点的不同可以分为立法机构与决策机构两类。立法机构主要包括全国人民代表大会、全国人民代表大会常务委员会和专门委员会、全国人大的文献信息保障部门以及各部委的政策法规研究部门；决策机构主要包括党和国家主要领导人、中央办公厅及其直属机构和部委、国务院及其直属机构和部委。① 为中央国家机关立法与决策服务是国家图书馆的首要服务职能。国家图书馆通过1998年的改革，正式将为中央国家机关立法决策服务列为着力加强的一项重要工作内容，并于1999年在原参考研究部的基础上正式成立了立法决策服务部。在此后的工作实践中，国家图书馆进一步争取无需通过信息中转，直接与服务对象发生业务联系的"直接服务"，避免在与中央国家机关的文献信息服务保障机构合作中出现的信息障碍和时滞。

（3）机构建制的总揽性

我国图书馆采取分系统、多元化的管理模式，分别隶属于文化部、教育部、科研所、军事单位等部门，形成了以公共图书馆、高校图书馆、科学与专业馆为三大支柱的图书馆体系。各类图书馆的规模、馆藏特征、经费开支、设备条件、人力资源、用户需求等千差万别，构成条块分割、参差不齐的构建格局。从历史的演变过程可以看出，国家图书馆的创立历来对其他藏书机构起着文献保障、资源整合、业务指导等作用，全国各类图书馆的建设与发展都直接或间接地受到国家馆的影响，当今国家图书馆下设的许多部门都在为整个图书馆事业承担着总揽性的职责，同时国家图书馆也在多个层面上与各级各类图书馆建立起业务联系，共同推动从中央到地方的信息化进程。

文献建设方面，成立于1997年10月的全国图书馆联合编目中心依托于国家图书馆及各成员馆，采用中心—分中心—成员馆的组织机构，实现联合编目中心的科学管理与持续发展。经过十年来的工作实践，联合编目中心书目数据的使用单位已超过1000家，成员馆的队伍在不断发展壮大，现已发展到600多家。该中心在全国范围内组织和管理

① 王磊，卢海燕. 国家图书馆立法与决策服务十年历程回顾与思考. 国家图书馆学刊，2008（1）：10—15

图书馆联机联合编目工作，运用现代图书馆的理念和技术手段将各级各类图书馆丰富的书目数据资源和人力资源整合起来，以国家图书馆为中心，实现书目数据资源共建共享，降低成员馆及用户的编目成本，提高编目工作质量，避免书目数据资源的重复建设，实现书目数据资源的共建共享。①

业务指导方面，成立于1985年的全国图书馆文献缩微复制中心旨在制定全国公共图书馆文献缩微规划，组织并协调全国公共图书馆开展对馆藏古旧文献和其他需要长期保存文献的抢救工作。在全国公共图书馆建立了22个缩微拍摄点，为几十个图书馆添置了上百台缩微阅读器，无偿提供数千种缩微品。采取多种形式培训专业技术人员近2000人次，培养了一批文献整理编辑人员和缩微技术骨干，使我国公共图书馆应用缩微技术的整体水平有了很大提高，缩短了与发达国家图书馆的差距。截至2006年年底，共抢救各类珍稀濒危文献典籍和报刊71 629种，其中古籍善本31 871种，报纸2739种，期刊15 230种，民国时期图书21 789种。②

资源整合方面，成立于2007年的文献提供协作网由国家图书馆初步建设并维护，协作单位包括各类公共图书馆、高校图书馆和情报服务机构。协作网旨在搭建信息沟通与交流的平台，建立馆际互借与文献传递业务交流的长效机制，加强技术交流与协作，促进人员联合培训，进一步推进资源的共知共建共享，形成优势互补，实现联合服务，积极发展馆际间的协作与联盟，达到文献信息资源共建共享的目的。③

行业发展方面，成立于1979年的中国图书馆学会是由全国图书馆工作者依法登记成立的全国性、学术性群众团体，是党和政府联系图书馆工作者的桥梁和纽带，是发展我国图书馆事业的重要社会力量，是中国科学技术协会所属的全国性的国家一级学会。目前下设的分支机构包括：专业、高校、党校、团校、工会、医院、中小学等类型的图书馆委员会，以及各省市的地方学会。同时设立编译出版委员会、学术研究委员会、图书馆交流与合作委员会、科普与阅读指导委员会等专门工作委员会。④

（4）文化传承的主流性

根据毛泽东关于文化的地位与作用的认识，“一定的文化是一定社会的政治和经济的反映，又给予伟大影响和作用于一定的社会政治和经济；而经济是基础，政治则是经济的集中表现。这是我们对于文化和政治、经济的关系及政治和经济的关系的基本观点”⑤，我国当代政府将以马克思主义为指导，吸取中华民族优秀传统文化和世界优秀文化遗产的、具有先进性并体现时代精神，为人民服务的、有中国特色的社会主义文化作为主流文化，体现根本价

---

① 全国联合编目中心．[2009-01-14]．http：//oclc. nlc. gov. cn

② 全国图书馆文献缩微复制中心．[2009-01-14]．http：//swzx. nlc. gov. cn/zxjj. htm

③ 文献提供协作网．[2009-01-14]．http：//www. dsscn. cn/gywm. htm

④ 中国图书馆学会简介．[2009-01-14]．http：//www. lsc. org. cn/CN/xhjj. html

⑤ 毛泽东．毛泽东选集：第2卷．北京：人民出版社，1991：663—664

值观，并以此作为社会强大凝聚力之源泉。① 它既是我国社会主义经济、政治在观念形态上的反映，又是对当代中国经济和政治的发展具有巨大促进作用的文化形态。

主流文化的概念，是法国阐释学家德里达最早提出来的，指一个民族、时代或地域顺应历史的发展和社会心理而形成的文化精神主流。主流文化表达社会主体意志（国家意志、利益和意识形态）的文化，是一个社会、一个时代的精神文化主流，是促进社会与人健康向上发展的精神动力。历代国家藏书机构对典籍的收集与利用都以当时统治阶级的根本利益为出发点，以当时的政治稳固、经济发展为行动目标，试图创立和推广的主流文化也体现着鲜明的时代特征和意识形态。

国家图书馆凭借数千年的文献积累，集优秀的传统文化和有中国特色的社会主义先进文化贮藏于一身。在知识信息的传播和利用方面着眼民族未来，从内容上保持先进性和普适性，从形式上增强多样性和扩张性，从推广手段上增强时代性、创新性，从表现特征上提高亲和力和整合力。相对于大众文化和精英文化，国家图书馆更能充分发挥其舆论宣传导向的主渠道作用，着力于全民族思想文化素质的提高，并将主流文化建设的根本任务和主旋律定位在人的素质的增长和人的全面发展上，通过自身的服务履行时代赋予的社会职责，进而构建中共十五大报告提出的“以马克思主义为指导，以培育有理想、有道德、有文化、有纪律的公民为目标，发展面向现代化、面向世界、面向未来的、民族的科学的大众的社会主义文化”。

9.4.2 基于实证的社会期望分析

通过本课题组对全国 24 个省（市）的读者进行的问卷调查，我们能够比较真实地了解社会公众对各类图书馆在自身职能及发展定位的认识与期望。将有效回复的 1088 份中经常利用国家图书馆的读者问卷筛选出来，分别就国家馆的自身角色、核心价值、服务方式、发展重心定位，及其与相关服务机构之间的相互关系定位等问题，从读者的角度进行剖析，探讨国家图书馆在公共文化服务体系中的地位、作用与未来发展的方向。

1. 角色定位

“图书馆读者调查表”的最后一部分是“读者对图书馆的定位认知和发展建议”，经常利用国家图书馆的读者对该馆在公共文化服务体系中扮演的角色有关不同的认识，在可以多项选择的情况下，各类角色认同的比例如表 9-1所示。

国家图书馆的角色认同感最强的是“信息文化传播中心”，这与其在核心业务层面的社会职能相一致，而且体现出公众对于国家馆在公共文化服务体系中重要作用的理解与认识。另有超过半数的读者从自身角度主张“文化信息阅读中心”也代表着国家馆的角色特征，提示出大众阅读在该馆服务方式中的主导地位。值得注意的是，“信息资料保管中心”尽管体现传统藏书机构的基本职能，但在当今读者的眼中，其角色定位的重要性已微不足道。

---

① 陆岩. 试论社会主义主流文化建设. 学习与探索，2007（2）：14—16

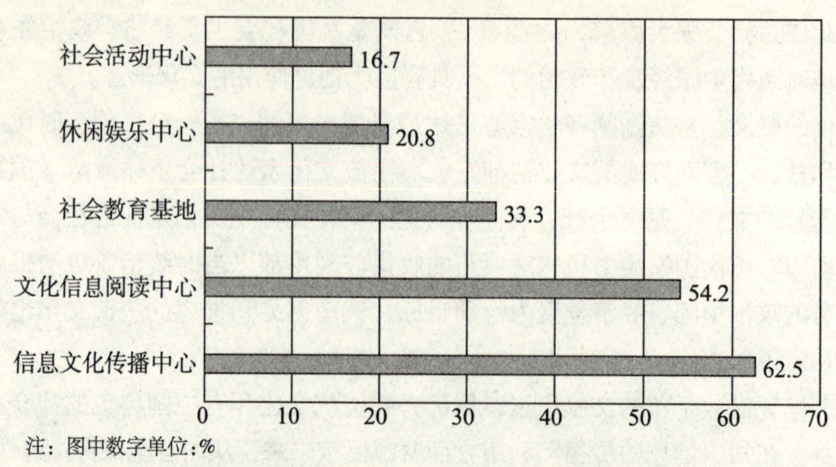

图 9-1　国家图书馆在公共文化服务体系中所扮演的角色

2. 核心价值定位

当被问及“国家图书馆的核心价值是什么”时，绝大多数读者都做了多项选择，涉及的答案较为分散，各项结果的比例如图 9-2所示。

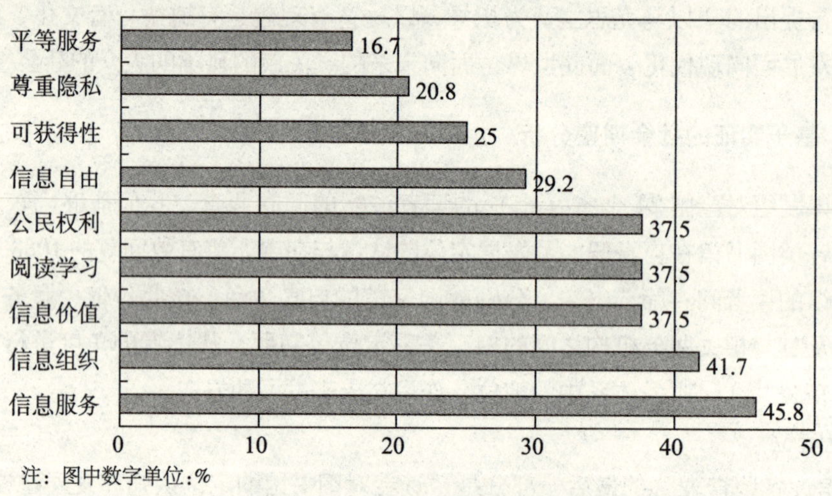

图 9-2　国家图书馆的核心价值

“信息”服务成为读者最为认同的核心价值，国家图书馆基于信息提供服务的职能发挥被认为是一种其他机构无法替代的竞争优势，尽管持这种观点的读者不足半数。被图书馆学界大力倡导的“实现公民文化权利”没有在太多的读者中取得共识，“信息自由获取”、“平等服务理念”等更是比例过低。同样是传统藏书机构基本职能的“信息保存”在国家馆的核心价值方面完全无人问津。

3. 服务方式定位

问卷就国家图书馆如何实现其核心价值做出专门的提问，读者围绕各种途径或手段进行了多项选择，各项结果的比例如图 9-3所示。

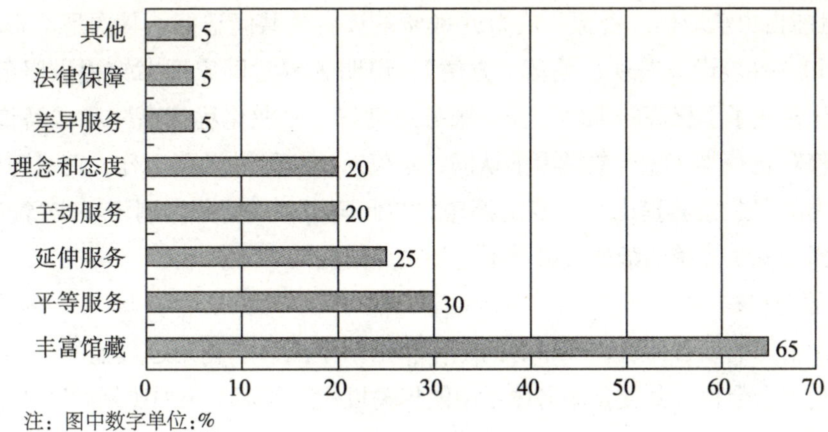

注：图中数字单位:%

图 9-3 国家图书馆应采取的主要服务方式

“不断丰富馆藏资源”被大多数读者认为是实现核心价值的方式，可以看出国家图书馆典籍储藏的齐备与否在其职能发挥中的重要性。其他的服务方式均未得到超过三分之一的读者的认同，尤其是学界一再强调的“免费服务”与“职业准入制度”无人选择，前者被忽视是因其已不再是国家馆的竞争优势还是因其已远远不能支持核心价值的实现，这个问题值得深入思考；后者尽管对事业发展存在着巨大的推动作用，但或许由于宣传的力度不够，社会公众和有关部门对其的了解还有待加强。

4. 发展重心定位

对国家图书馆各种服务项目，问卷请读者选择其中最为重要的三项，以便从服务对象的角度探究未来的发展重心，各项结果的比例如图 9-4所示。

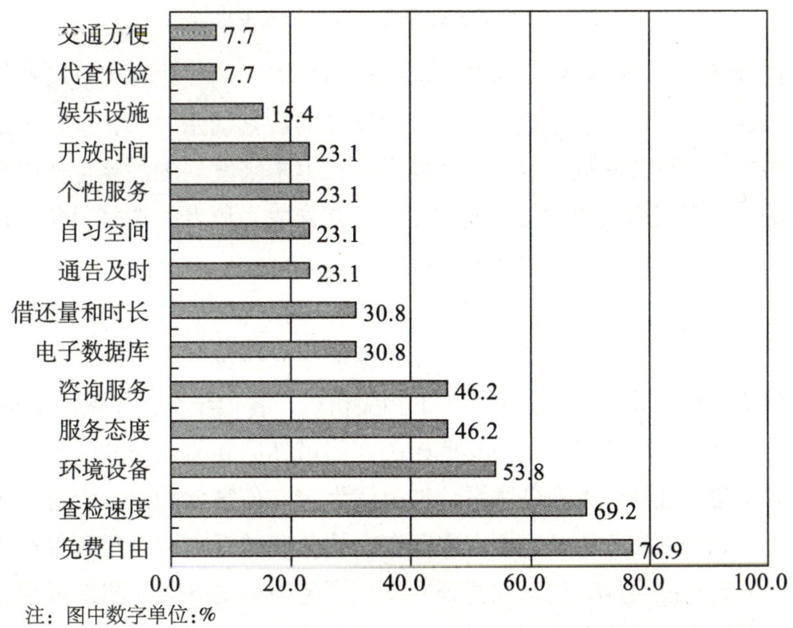

注：图中数字单位:%

图 9-4 国家图书馆未来发展的重心所在

"免费且能自由获取信息资源"成为近80%的读者的共同选择，其次是"资料查检和获取速度快"和"环境设备美观、整洁、方便"，说明读者对国家图书馆提供服务的公益性、便捷性和舒适性赋予了极高的期待值。"服务态度好，专业化程度高"和"咨询服务准确、及时、可信赖"也获得了近半数读者的认同，不仅对国家馆的业务工作，而且对馆员的包括服务态度在内的职业素养提出了很高的期望。与此同时，"馆藏印刷资料丰富、更新及时"一项无人选择，说明传统的纸质文献已不再是重点关注的对象。

5. 相关服务机构

对国家图书馆的读者而言，在平时的工作和生活中应该也利用过其他的一些文化机构或设施，问卷列出十余种公共文化服务体系中的相关机构，各项结果的比例如图9-5所示。

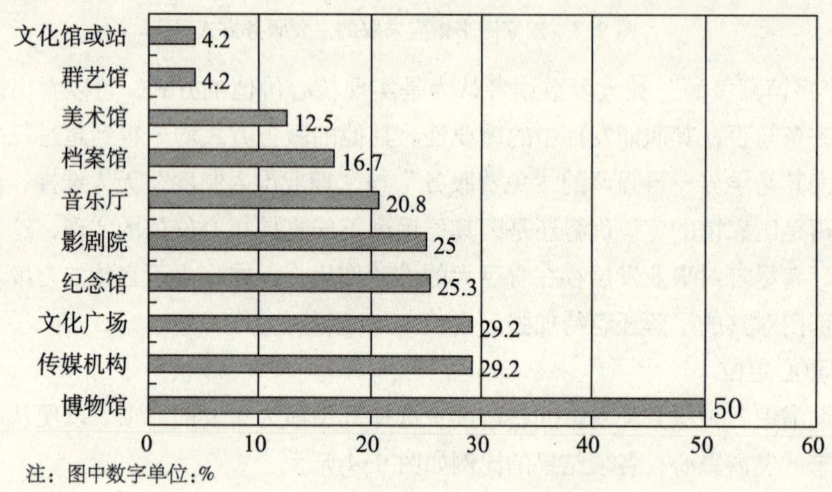

图9-5 公共文化服务体系中的相关机构

有半数的读者经常利用博物馆，这与此类机构同样丰富的文化典藏及公益性地运营有直接关系。大众传媒与文化广场也是近三分之一的读者的日常使用对象，这在一定的程度上体现出它们与图书馆的某种关联性，或许能够成为国家馆未来发展的战略合作中需要考虑的问题。值得注意的是政府机构内部的信息或文化部门并未成为读者的选择对象，这也是包括图书馆主管部门在内的各级政府需要思考的问题。

6. 相互关系定位

对国家图书馆的读者而言，在平时的工作和生活中应该也利用过其他的一些文化机构或设施，问卷列出十余种公共文化服务体系中的相关机构，各项结果的比例如下页图9-6所示。

有近六成的读者认为国家图书馆与其他相关部门虽然同属文化机构，但却独立提供各项服务，即两者并未建立实质性的业务联系，加上认为"它们彼此独立，没有什么关系"的选择人群，已有近七成的读者并不认可两者之间存在的关联关系。数据显示仅有不足一成的读者感觉到它们之间的一些合作，这对共建公共文化服务体系的各类有机组成部分而言，理论上需要探讨的问题还很多，实践领域也尚有很长的路要走。

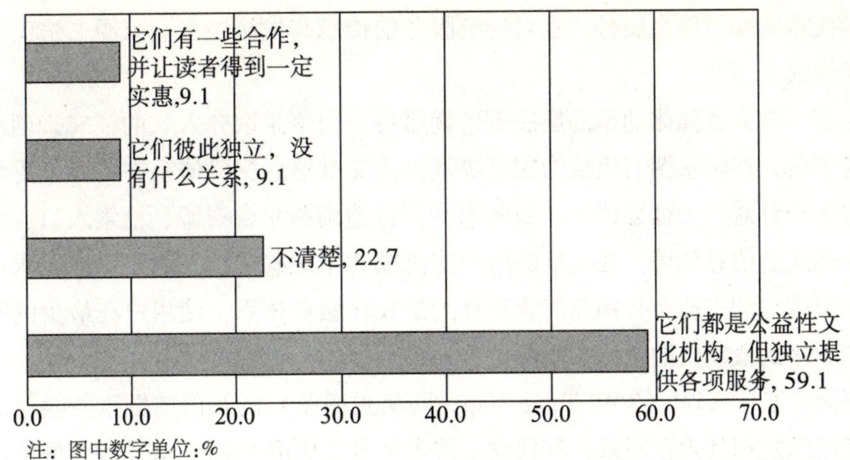

图 9-6 国家图书馆与相关机构的相互关系

在问卷最后部分设置了开放性的问题，希望读者对国家图书馆的未来发展提供一些有益的建议或意见，得到的回答涉及多个层面，包括：阅读环境更安静、服务态度再提高、馆藏资料更丰富、缩短检索过程、引导文化方向、标记更准确、举办公益讲座、增加免费服务、提高馆员素质、自助借还等。这些建议有的经过国家图书馆的努力已经或正在实现，有的正如以上数据分析所反映出来的问题，需要国家图书馆内部和外部环境的持续优化，需要从职业馆员到主管部门的共同关注，需要公共文化服务体系内外的组织机构的协调运作，也需要社会公众的素养提升和理念更新。

9.5 发展定位与优化服务

公共文化服务是我国文化建设的新领域，公共文化服务事业在积累、传承、创新和发展民族文化，落实公民文化权利和满足城乡居民日益增长的精神文化需求，在提高全民族的思想道德和科学文化素质，发展和繁荣社会主义先进文化，构建社会主义和谐社会，以及促进国际多样化的文化交流等方面都发挥着不可替代的重要作用。大力加强公共文化服务体系建设，满足广大人民群众的基本文化需求，是贯彻落实科学发展观、构建社会主义和谐社会的必然要求，是加强社会主义先进文化建设的重要内容，同时也是国家图书馆履行社会职能、探索创新服务模式的重要途径。

当代的国家藏书机构在对传统的典籍储藏、信息参考、社会教育等基本职能的延续、弘扬基础上，随着时代的变迁和国内外环境的深化，还将承担起全球化文化交流与公共文化服务体系建设的重任，其社会职能将在五千年的历史传承中担负新的使命，更为重大的社会价值与存在意义的彰显成为必然。

9.5.1 面向服务对象：深化知识信息服务

作为国家总书库，国家图书馆的基本职能是提供以用户为中心，以文献资源为基础的基于现代科学技术的知识信息服务。在对传统服务的传承与发扬中，国家图书馆尚需探索更为高效的创新模式。

用户层面，首先要强化的是高层决策咨询服务，力争采取介入式的模式，创建立法决策数字化服务平台，使国家图书馆成为国家决策机构文献信息保障体系中的一个重要的支持环节。其次应提升针对广大社会读者的服务水平，打造由跨平台资源、检索入口、智能过滤和个性化服务构成的信息环境，在全新的用户交流模式中准确定位并满足用户需求。通过对服务要素进行集成与动态整合并构建优势互补的集成化服务体系，使用户在最少的时间里通过最小的成本利用到最需要的资源和服务。

资源层面，基于 XTM（XML Topic Map，网络主题图）的知识挖掘服务能够通过对底层数据的语义组织发掘其内在联系，其独立于技术平台，利用 XML 描述主题之间的联系以及主体与具体资源之间的联系，既是一种方法也是一种知识表示语言；基于专家系统的动态调整的知识分层能够提升信息服务效率，进而向团体和个人用户提供专业、准确、全面的知识；数字图书馆技术能够确保个人信息系统 ASP 服务或平台设施的建立，提供馆藏与其他资源的有机链接。

技术层面，以大型数据库、可视化检索、智能代理、知识发现、网格等现代存储和传播手段为基础，利用导航库、推送、数据挖掘、智能代理（Agent）、多语言信息发现等技术创建数字化信息环境。通过集成图书馆系统（ILS）、电子资源管理系统（ERMS）等多功能平台，为资源的社会整体化共建共享创造条件。

服务层面，一方面打造高品质的信息服务品牌，以此代表产品和服务的质量水平和优势特色。通过良好品牌树立社会形象，在公众的评价与认知中使国家图书馆的职能发挥得到应有的共识。另一方面，构建高效率的信息营销体系，应借鉴物质商品的营销机制，建立市场调研、寻找目标市场、开发新型服务产品、构建分销网络、加强宣传促销、完善售后服务等业务流程。此外，还可以通过注重获取有深度的信息内容或确切答案的垂直服务，以及由集中、被动型转化而来的主动、分布型的网络信息服务，以最小的成本向用户提供整合服务内容与功能的一站式服务。①

在信息传播与应用的伦理、法规发生变化均发生着变化的今天，国家图书馆还将面临各种各样的问题，除了信息伦理、知识产权、个人隐私权等传统理念的转变，外购资源的充分利用与自身信息资源建设，服务内容与服务形式的丰富和统一，突出服务个性化与提升服务规模化之间矛盾的解决等问题都需要在知识信息服务的深化过程中得以解决。

9.5.2 面向全球环境：加强文化推广交流

在历史的进程中，人类不断跨越民族和国家的界限，超越制度和文化的障碍，在全球范围内实现充分的交流、对话、协调和沟通，并在此基础上形成一种全球性的思维与实践认同

① 周永红. 信息集成服务的含义、发展与主要类型. 情报理论与实践，2007（5）：601—603

的发展趋势。尽管当前的“全球化”常着眼于经济领域，文化的多元传播与发展已成为一种时代性的潮流，不同质地文化的相互对话与交流推动着文化的真正繁荣。

国家图书馆在国际文化交往中有责任代表本国读者的利益，有能力承担多元文化的推广与交流。一方面整合精英文化、大众文化，从非主流文化、多元化、亚元化中吸收养分和成果，不断提高主流文化的内涵和应对能力，提高公民的人文精神，确立正确的理想信念，形成有着强烈民族认同的主流文化，塑造有着共同认可的基本文化价值和尊重多元文化价值的有机统一体。[①] 另一方面，针对我国当前对外文化交流的“逆差”现象，[②] 正确认识外来文化对本土文化的影响，构建主流文化的平台，融合东西方文化的精髓，让有中国特色的社会主义先进的主流文化具有更新、更开放的特性。

在国家藏书机构积极参与的人类文化发展的历史告诉我们：任何一个民族文化的发展，一是靠自身的创生更新能力，靠自己由少到多、由浅入深、由低级到高级的不断积累与进步。二靠外来文化的不断补充、丰富、启发、刺激，在与外来文化的摩擦、撞击、竞争、交流、融合中发展壮大自己。这两者有着内在的联系，相辅相成，缺一不可。文化之间的交流过程在物质、制度、行为、精神等层面展开。物质文化因为处于文化系统的表层，因而最为活跃，最易交流；制度文化和行为文化处于文化系统的中层，是最权威的因素，因而稳定性大，不易交流；精神文化因为深藏于文化系统的核心，规定着文化发展的方向，因而最为保守，较难交流和改变。[③] 由于信息服务业对保护民族价值观念、文化等方面有着不可推卸的责任，国家图书馆在自身文化资源和机构建制的优势基础上，就应该利用各种渠道向世界发布来自中国的声音，并将异域文明充分地向本国民众予以推介。在充分有效的交流与融合中，为实现世界多元文化的“各美其美，美人之美，美美与共，天下大同”的目标，坚持“和而不同”的理念，发挥放眼世界的职能。[④]

9.5.3 面向相关机构：优化合作竞争机制

随着社会分工的日益细化，曾经与翰林院、国子监等相关部门有过密切联系的国家藏书机构在当代公共文化服务体系的创建提出之后，被置于更为复杂的社会系统当中。国家藏书机构就其实质而言既是一种社会公共产品，又是一种民主保障制度。国家图书馆的建立与发展在公共文化产品生产服务供给、服务设施网络覆盖、人才、资金和技术保障、服务组织支撑、知识传承及传授等社会体系的有机组成部分中扮演着越来越重要的角色。作为一个完整的社会系统，国家图书馆与公共文化服务体系中的其他行业组织有着包括竞争与合作在内的相互联系，不断地发生着物质和能量的输入、输出，系统内部的结构和功能也与竞合活动息

① 姚新良．对当代主流文化构建模式的思考．求索，2007（11）：127—129

② 崔婷．当代中西文化交流特点论析．理论学刊，2006（7）：112—113

③ 庞朴．稂莠集．上海：上海人民出版社，1988：6

④ 费孝通．创建一个“和而不同”的全球社会．思想战线，2001（6）：1—5，16

息相关。当前的图书馆界从理论到实践领域都在探索着与政府信息部门①、情报和档案界②、信息咨询公司③、大众传媒界④等组织机构的多元合作，也从生态竞争的视角寻求未来的发展定位，对整个公共文化服务系统的输入、输出、结构、功能等方面进行全方位的考察，以此寻求现实的竞争优势，构建合理的发展定位。⑤ 国家图书馆同样在尝试着与有线电视服务商和移动通讯提供商等相关行业部门的基于优势互补的创新合作，力图通过数字电视便能进入国家图书馆页面，享受到包括收看在线讲座、查询服务信息在内的即时服务，并能通过手机查看服务信息，阅读当天的报纸，阅读少量文字的文献资料，进而计划建立一个能够提供有效、准确、经过整合的数字资源，并且没有垃圾信息的搜索引擎。⑥

从生物进化和生态协同的角度看，合作是竞争的高级形式。国家图书馆虽然与相关机构因资源、用户等方面的竞争而导致分歧与对抗，但更重要的是在共同的文化使命的担负中促成合作，在"共赢"理念的指引下形成联盟，有理由也有可能创建深层次的合作，使利益相关者之间单纯的"竞争关系"走向了既竞争又合作的"竞合关系"。作为公共文化服务体系有机组成部分的各行业组织之间的竞争目的不是自然选择中的物种排除，而是和谐共建、相互依存的协同进化（Coevolution）。尽管包括文化、行政和经济体制创新在内的改革道路仍很漫长，但随着竞合机制的日益完善，可以预见国家图书馆社会职能的确立与发挥将在历史的传承中开辟出一片新的天地。

9.5.4 面向消费群体：构建文化服务门户

公共文化服务系统（体系）是指以政府部门为主的公共部门提供的、以满足公民的基本文化生活需求为目的、向公民提供公共文化产品与服务的制度和系统的总称。它是通过一种切实有效的制度设计和体系建设来确保公民文化权利的实现。⑦ 公共文化服务体系是一个文化生态系统。公共文化服务系统内部文化产品与服务的生产者、消费者和供应者这三大功能类群之间，及他们与生态环境之间存在着的相互依存、相互制约和相互补偿的关系，这些关系不断发展变化，使生态系统处于一种动态平衡之中。公共文化服务系统的文化主体（人或人的群体）中公共文化产品与服务的生产者包括文化人（作家、艺术家、编辑等）、出版事业部门、广电—影视—网络文化媒体部门、文化团体等；供应者包括主管政府行政部门、图书馆、档案馆、博物馆、美术馆、文化馆（站）、剧院、演艺中心等；消费者一般指享受文

---

① 谭思明，王淑玲，王春玲．面向政府决策的竞争情报服务平台的构建．现代情报，2007（11）：6—9

② 舒文颖，肖文建．图书、情报、档案管理一体化制约因素分析与对策．情报资料工作，2006（4）：28—31

③ 樊振佳．我国公共图书馆与信息咨询公司"共生"的设想．图书馆建设，2005（6）：17—19

④ 马艳波．公共图书馆与大众传媒合作开发的探讨．湖南大众传媒职业技术学院学报，2002（4）：20—22

⑤ 赵益民，詹越，柯平．基于生态竞争的公共图书馆定位研究．国家图书馆学刊，2008（4）：35—39

⑥ 冯建华．中国图书馆离世界一流有多远？——国家图书馆馆长詹福瑞专访．国际人才交流，2008（11）：55—57

⑦ 陈威．公共文化服务体系研究．深圳：深圳报业集团出版社，2006：11

化权利的公民。有的主体同时兼有两种功能。① 图书馆，特别是国家图书馆，主要是公共文化服务体系文化主体中公共文化产品与服务的供应者。根据生态学种间关系，生物种群之间存在着的相互依存、相互制约和相互补偿的关系，也称为种间相互作用。② 从种间关系来看，国家图书馆与其他公共文化产品与服务供应者之间是以原始合作为主的关系，与公共文化产品与服务生产者之间是以原始合作和互利共生为主的关系，与公共文化产品与服务的消费者之间是互利共生的关系。在生态系统中，群落内各生物种的相对地位和重要性，通常以优势度来衡量。优势度大的物种称为群落的优势种。一般说来，优势种在群落中占有较广泛的生境范围，利用较多的资源，具有较高的生产力。根据群落生态优势种概念，结合公共文化服务体系的社会性特征，公共文化服务体系社会群落中的优势种，可选择种群功能强弱，地位关键与否，资源占有量、作为优势度的判断标准。以此为标准，依据上述国家图书馆与其他种群的关系分析，国家图书馆有条件成为公共文化服务体系社会群落中的优势种之一。

从文化消费者的角度来看，国家图书馆应确立文化可持续消费观的理念，积极引导读者合理进行文化消费。人毕竟不同于其他物种，它可以产生过度消费的欲望（贪欲、享乐）、也可以有意识地自我控制、保持生态系统平衡。人们消费的低俗文化产品越多，实际享受到的精神价值就越少、文化内涵就愈加苍白。国家图书馆要努力提升消费者的文化消费层次、审美能力，进行健康的文化消费。而健康的文化消费过程，是吸取知识营养和理性素养的过程，是陶冶性情品格和德行操守的过程，是升华精神气质和人格力量的过程。③ 因此，国家图书馆有职责对读者的文化消费进行引导、调节、控制，使其确立一种健康的、可持续的消费意识是必要的。这也是国家图书馆在公共文化服务体系中所具有的优势之一。从前面所述种间关系分析，国家图书馆可充分利用其在文化存储、加工、传播中的优势，将自身定位为公共文化服务体系中文化消费者获取文化产品与服务的重要门户，国家图书馆作为一个文化的宝库、知识的殿堂，它为读者进入其中获取信息、知识、文化宽敞了大门，它应成为保障公民获取文化权利的基础性公共设施。换言之，国家图书馆作为公共文化服务实施主体是对消费者进行文化服务的接口和平台，通过它，消费者可检索所需的信息，并通过相关链接获取相关的文化产品与服务。

---

① 陈威．公共文化服务体系研究．深圳：深圳报业集团出版社，2006：12

② 邹冬生，高志强．生态学概论．长沙：湖南科学技术出版社，2007：122—153

③ 乔艺．对我国当代文化生态建设的思考．山东理工大学学报，2006（3）：14—17

10 公共图书馆的定位与服务

公共图书馆在我国图书馆事业建设与发展中占有举足轻重的地位，在公共文化事业中有不可替代的一席之地，受到社会的广泛关注。这一章基于公共文化服务背景，以文化生态理论、系统理论等为基础，主要讨论两个方面的问题：一是在现行的公共图书馆状态下，如何确立各级公共图书馆的定位并改善服务；二是从未来发展的视角，讨论我国公共图书馆的深化改革与结构优化。

10.1 公共文化服务体系中公共图书馆系统定位与建设

当前，公共图书馆以省、市（地区）、县三级图书馆为主体，以向社会大众提供平等、免费的文献信息服务为己任，在公共文献信息的传承与服务中成为主干力量。由各种规模和形式公共图书馆组成的公共图书馆系统是公共图书馆服务体系的主要成分，其组织形式、服务定位、总体建设情况将在本节被详细地分析论述。

10.1.1 对国内公共图书馆系统的研究

选取“中国学术期刊网”（CNKI）（1979—2010）作为检索工具，以“公共图书馆”为检索词进行题名检索（2010-06-17 检索），获得7361条检索结果，相关的检索结果有：“公共图书馆体系”（3条）、“公共图书馆系统”（37条）、“公共图书馆服务体系”（43条）、“公共图书馆建设”（129条）、“公共图书馆服务”（287条）、“公共图书馆体制”（3条）、“公共图书馆网络”（42条）、“总分馆体制”（65条）。这些文章主题大部分集中在图书馆服务、资源建设、建设现状、经验总结等方面，进一步限定检索条件发现，与本研究主题“图书馆系统”相关的文献数量并不多，主题集中于公共图书馆服务体系建设、总分馆制建设等方面。

1. 公共图书馆服务体系建设

公共图书馆服务体系建设实践在各地普遍展开，相关论文研究中，实践总结占很大比例，从西部、中部、东部等大范围到县域范围内的个别图书馆的经验形成了较多研究成果。同时普遍均等[①]、社会信息公平[②]、连锁经营[③]、治理理论[④]等理论或理念被引入，并成为研究的

① 于良芝，邱冠华，许晓霞. 走进普遍均等服务时代：近年来我国公共图书馆服务体系构建研究. 中国图书馆学报，2008（3）：31—40

② 吴彩凤. 基于社会信息公平的公共图书馆服务体系. 潍坊教育学院学报，2010（1）：94—95

③ 吕梅. 连锁经营理念在公共图书馆服务体系建设中的实践与探索. 图书馆学研究，2010（1）：11—14

④ 梁欣. 我国公共图书馆服务体系建设：治理模式研究. 中国图书馆学报，2009（11）：17—24

重要理论支撑。

2. 总分馆制

总分馆制作为公共图书馆系统体系构建的重要内容，近年来一直在实践中不断发展，相关研究成果较多。研究成果大致分为五大类：境外总分馆实践经验介绍、国内总分馆实践介绍、国家相关政策解读、实践经验理性分析、构建模式的归纳和剖析。

第一，境外总分馆实践经验介绍。对美国、加拿大、英国、日本等发达国家和港澳台等地的图书馆总分馆制进行介绍，认真总结和归纳成功经验。

第二，国内总分馆实践介绍。在“以人为本”的服务理念下，公共图书馆如何提高服务效率和效益，改革传统的服务模式，构建新型的服务体系，已成为业界关注的焦点问题。近年来，各地相继出现了各具特色的“公共图书馆服务体系建设模式”，如，广东“流动图书馆”模式、深圳“图书馆之城”模式、广东佛山“联合图书馆”模式、东莞“图书馆之城”模式、杭州“一证通”模式、上海“中心图书馆网络”模式、苏州图书馆—社区分馆模式、禅城区“联合图书馆”模式、嘉兴总分馆模式、长春“协作图书馆”模式等。2007 年，还出现了对公共图书馆服务体系建设的新探索——哈尔滨市图书馆社区分馆的建设。虽然，对于公共图书馆服务体系实践性研究颇多，这些研究大都缺少批评性的分析或批判性的思考，因此，读者对其局限性、适用范围及可持续发展很难做出一个正确的判断。

第三，国家相关政策解读。《国家“十一五”时期文化发展规划纲要》及党和政府一系列方针政策都强调了，公共图书馆服务体系作为公共文化服务体系的重要组成部分，是政府保障公民基本文化权益和满足人民群众基本文化需求的重要支撑，应在公共财政的保障下，根据普遍均等、惠及全民的原则，覆盖整个人口。国家的方针政策的出台和实施，都给公共图书馆事业发展创造了前所未有的良好社会环境和快速发展的历史机遇期。研究者对相关政策的梳理和解读，有助于图书馆人将认识统一到党和政府发展图书馆事业的战略构想上来，统一到现代图书馆服务理念上来。

第四，实践经验理性分析。这类研究不再局限于对以往经验的介绍，而是注重揭示实践经验的局限性和适用条件。上海图书馆的周德明，对上海市公共图书馆服务体系现状及特点进行了分析，指出其中诸多不足之处。① 东莞图书馆的肖焕忠，比较了我国几个总分馆建设模式后，提出了各自的局限性。② 虽然批判性的研究数量不多，但说明研究者开始研究服务体系建设中存在的一些复杂问题，这是服务体系研究的巨大进步。

第五，构建模式的归纳和剖析。中国图书馆学会 2007 年度专项资金课题之一“图书馆服务网络构建模式研究”③ 课题组先后对我国上百家图书馆进行了电话访谈，同时对北京、天津、上海、广东、深圳、江苏等地区进行了实地考察。对全国公共图书馆服务体系建设实践

① 周德明．关于上海市公共图书馆服务体系建设与完善的思考．图书馆杂志，2007（5）：32—34，37

② 肖焕忠．总分馆制发展模式比较研究．图书情报知识，2007（5）：41—43

③ 邱冠华，于良芝，许晓霞．覆盖全社会的公共图书馆服务体系：模式、技术支撑于方案．北京：北京图书馆出版社，2008：1—6

进行归纳，总结出了许多建设和发展模式，分析了各种模式的适用范围和已经取得的社会效果。早期研究成果，是图书馆将资源和服务向基层延伸的过程，其模式为三大类（区域性网络、总分馆、流通点）及其下的十种模式。后期成果，是将服务体系建设分为三个部分：基层图书馆建设、总分馆建设、区域性服务网络建设。最后指出，在当前的公共图书馆服务体系建设，在很多情况下都是用行业行为来替代政府行为，用行业创新取代体制改革。

综上，现有研究中对公共图书馆服务项目与经验研究较多，对总分馆制研究尚停留在实践探索与经验总结上，深层次的结构问题、公共图书馆系统体系建设问题尚未深入涉及。而对公共图书馆系统在公共文化服务体系中的地位与作用研究相对薄弱，缺乏系统的理论研究与科学的实证研究支持公共图书馆参与公共文化服务体系建设的相关问题探讨。

10.1.2　公共图书馆系统建设情况现状与问题

公共图书馆服务体系的目标是保障公民享有普遍均等的服务。2008 年 10 月中国图书馆学会年会将“图书馆服务：全民共享”作为会议的主题，首次提出将图书馆的使命和职责延伸到全民共享图书馆服务的层面，体现了图书馆事业与时俱进、科学发展的前进轨迹。同月，中国图书馆学会正式发布了《图书馆服务宣言》。这个中国图书馆界的第一个行业宣言，重申了建设公共图书馆服务体系的核心理念——普遍均等与全民共享。

近几年来，在全国各地，新一轮公共图书馆服务体系建设工作正在展开，许多地区在基层图书馆建设与图书馆服务方面已经开始了内容的拓展和模式的创新，在普遍均等与全民共享的理念之下，覆盖全社会的公共图书馆服务体系建设实践不断深入。

其一，总分馆体系建设，原有模式不断取得新的成果。总分馆制以统一采购、统一编目、统一配送为主要特征。国内外的经验证明，它是公共图书馆服务体系的较好形式。正如南开大学于良芝研究证实①，目前，苏州图书馆、广东省佛山市禅城区图书馆、浙江省嘉兴市图书馆所实行的服务模式已接近真正意义上的总分馆制。2008 年苏州的总分馆建设取得了较好的成绩。在两年多的时间里，增加了 10 所社区分馆，形成了管理统一、资源统一、服务统一的紧密型总分馆，读者免证阅览和上网，外借图书可以通借通还。佛山市禅城区联合图书馆起步于 2002 年，到目前已初具规模，形成了 1 个主馆、4 个分馆的联合图书馆体系。按照《佛山市禅城区建设文化名城实施意见》的要求，禅城区将在 2010 年建成主馆 1 个，分馆 8 个的联合图书馆体系，每 10 万人口拥有一座公共图书馆，全区常住人口人均拥有公共图书馆藏书 1.6 册。2007 年以来，浙江省嘉兴市构建城乡一体化的公共图书馆服务体系，实现各级图书馆“人、财、物”统一管理，统一采购、统一编目、统一配送、通借通还，其做法被誉为“嘉兴模式”。2008 年 7 月，嘉兴市所属的桐乡市出台了相关的实施意见，显示“嘉兴模式”已经由市本级向所辖县（市）辐射延伸。目前，嘉兴已经建成了以市图书馆为总馆、包

---

① 邱冠华，于良芝，许晓霞．覆盖全社会的公共图书馆服务体系：模式、技术支撑于方案．北京：北京图书馆出版社，2008：49—62

括5所乡镇分馆在内的总分馆体系，按市政府规划，到2009年年底将实现市本级范围内乡镇分馆的全覆盖。

其二，图书馆联盟不断涌现，区域性图书馆服务网络不断延伸。2008年4月，长春13家公共系统、高校系统和科研系统图书馆共同发起成立了吉林省图书馆联盟，探索合作开放、资源共享的新模式。图书馆联盟打破行业壁垒，推动省内8所高校图书馆与10个公共图书馆结成共建单位，并在县级图书馆实行总分馆的管理模式，在每个试点县市设立乡镇分馆，统一配书、统一管理、统一服务标准，让各类文献资源无障碍地流动起来。湖南省图书馆与湖南大学图书馆结成知识型联盟；江苏省初步实现公共图书馆数字信息资源共建共享；武汉城市圈将探索创新图书馆服务体系，实施数字图书馆联盟；深港澳三地电子文献年内实现网络互传；天津市公共图书馆实现资源共享，网上阅览"一码通"。同时，天津市图书情报系统强强联合，通过"联合参考咨询网"平台，为广大读者提供公益性网上参考咨询和文献传递服务，这标志着该市公共图书馆和科技情报系统在开展跨系统的网络文献信息服务合作和资源共享共用方面迈出了重要的一步。上海则建成全国最大公共图书馆单一集群系统（图书馆一卡通）。深圳"图书馆之城"的"一卡通"服务则实现了在全市7大图书馆之间"通借通还"目标。杭州图书馆实施"图书信息服务一证通"工程，9家公共图书馆整合各类资源，由杭图牵头，以契约的形式，形成了联盟式的总分馆制格局，建立了100个街道（社区）基层点，并分别在每个县（市）区建立了10家乡镇（村）级基层点，总共170个图书馆服务机构。

其三，以图书馆为依托的全国文化信息资源共享工程取得快速进展，"惠及亿万群众"。截至2008年年底，全国已自建、合建文化共享工程各级中心和基层服务点67.3万个，包括与农村党员干部现代远程教育工程合作共建村级基层服务点40万个。其中，配备文化共享工程专用设备的有19.7万个，工程惠民服务覆盖了全国61.2万个行政村的65%。同时，文化共享工程资源总量已达73.9TB，比2007增加8.91TB。[①]

其四，图书馆事业管理系统职能进一步明晰。各地出台"公共图书馆管理办法"对各级图书馆的职能与定位作出规定，各级图书馆在实际工作中开始注意不同级别图书馆的职能与服务方式的区分，开拓新的服务领域，培养本馆核心竞争力。

综上，当前公共图书馆系统的实践与理论研究主题相类似，总分馆、图书馆联盟等形式合作或服务拓展方式是当前实践的重要领域，相对而言，个体图书馆管理体制、各级图书馆的功能定位、功能划分型服务区分等实践较为薄弱，省级公共图书馆和省会城市公共图书馆之间的潜在竞争关系并未得到一定的重视，这些都是公共图书馆系统发展面临的重要障碍。

10.1.3　基于公共文化服务体系的公共图书馆系统定位

1. 当前公共图书馆系统各级图书馆的分工

吴慰慈的《图书馆学概论》一书中，对当前各级公共图书馆的分工有如下描述：根据文

① 全国文化信息资源共享工程网站.［2010-06-17］. http：//www.ndcnc.gov.cn/libpage/gzyd

化部1982年须发的《省（自治区、市）图书馆工作条例》，省级公共图书馆担负的主要任务是：①宣传马列主义、毛泽东思想，宣传党和政府的政策、法令，向人民群众进行共产主义和爱国主义教育；②为本地区的经济建设和科学研究提供书刊资料；③传播科学文化知识，提高广大群众的科学文化水平；④搜集、整理与保存文化典籍和地方文献；⑤开展图书馆学理论和技术方法的研究，对市（地）、县（区）图书馆进行业务辅导；⑧在省（市、自治区）政府有关部门的领导下，推动本地区各系统图书馆间的协作和协调。省辖市、地、州、盟图书馆，在公共图书馆系统中的地位和作用，介乎省级馆和县（区）图书馆之间，起着承上启下的作用，是省级图书馆联系县（区）馆的纽带。尽管它们的馆藏文献信息都是综合性的，但收藏范围和重点往往又体现了所在地区的政治、经济、文化、科学、教育的特点。它们一般都担负着为科学研究、技术革新和普及科学文化知识、为广大群众服务的任务。其中，远离省图书馆并有着较好的县（区）图书馆为基础的那些市、地、州、盟图书馆，则以科学研究服务为重点。市、地、州、盟图书馆，同样是其所在地区的文献信息、目录、馆际互借和业务辅导的中心，承担着协调本地区其他类则图书馆活动的任务。县、区图书馆，是我国公共图书馆的基础，数量较多，联系群众面广，在普及科学文化知识、丰富群众文化生活、满足群众阅读需求等方面，发挥着十分重要的作用。①

在强调服务的当下，上述的各级公共图书馆分工界限正逐步模糊，为公众服务已经成为各级图书馆的重要业务工作，无论城市还是农村各级公共图书馆提供的公众服务活动并未严格区分。在分馆建设中，省级图书馆、市级图书馆、县级图书馆纷纷建设自己的社区与农村分馆；在服务中，地方文献、政务信息、科技服务、企业跟踪服务等服务方式在不同级别图书馆都有开展，并未显示出一定类型的服务特色。

2. 对公共图书馆系统重新定位的必要性分析

多年发展形成的整个公共图书馆系统，以行政级别为基础，形成了一定的中国特色，为公共文化服务体系建设贡献了巨大的力量。但是，同一地区内不同级别图书馆用户资源的竞争问题，总分馆体制为主的区域性服务网络对图书馆体制改革的要求等实际问题，已成为影响图书馆社会成效的重要问题。对公共图书馆系统重新定位设计，有利于理顺各级公共图书馆管理范围与服务网络的确定，也有利于各级公共图书馆确立自己的核心竞争力。具体而言，对公共系统重现定位的必要性体现在如下几个方面：

第一，是改变我国当前省级图书馆与省会城市图书馆职能重叠的需要。省会城市相比其他地区而言，其公共图书馆资源更为丰富，当前省级图书馆与省会城市公共图书馆地理位置相邻的现象较为普遍。如表10-1所示，26个省份中，省会图书馆与市级图书馆相距5公里以下的有13个，占50%，而相距10公里以上为6个，仅占23.08%。而据随机对吉林省和云南省两地省会城市公共图书馆提供服务进行调查比较发现，云南省图书馆地处市中心翠湖公园区域，附近与云南省科技馆、陆军讲武堂为邻，与云南大学相距不足2公里，周围文化设

① 吴慰慈．图书馆学概论（修订本）．北京：北京图书馆出版社，2002：110—112

施齐全，馆藏丰富，盲人阅览室、儿童阅览室等专门阅览室已形成一定的规模，地方文献与古籍文献资源丰富，开展图书期刊借阅、电子资源阅览、自习室服务、讲座、展览与报告厅租借等多种服务。省馆作为中国图书馆学会云南省分会的秘书处单位，同时也承担省内公共图书馆的协调、业务培训、规则草拟等职能。昆明市图书馆馆舍环境美观，纸质文献阅览、电子阅览室、政务信息公开阅览室，基本服务项目齐全。从对普通公众提供的服务看，两者除服务环境存在差别外，其他服务多为同质性可替代服务，造成较大程度的资源重复建设与浪费。吉林省的情况也大致相同，吉林省图书馆与长春市图书馆相距较近，长春市图书馆因其馆舍面积更大、服务环境更好吸引了更多读者的目光，根据项目组对长春市图书馆读者的随机调查，被访的10个读者中，同时拥有省馆与市馆阅览证的有4个，选择长春市图书馆的原因是其相对舒适的阅读环境，而在资源与服务项目上，多数用户（7个）表示两个馆并没有太大区别。省馆与市馆的定位模糊是造成这一现象的重要原因，所以根据需要重新划分各级图书馆定位与职能，重新设计公共图书馆系统是十分必要的。

第二，公共图书馆与其他公共文化服务机构竞合局势的需要。表10-1显示，绝大部分的公共图书馆均与其他文化机构为邻，形成文化机构服务群。同为公共文化部门存在着一定的竞争合作关系，公共图书馆与其他机构争夺用户的同时，也为与其他文化机构开展合作服务奠定了基础。如石家庄市图书馆地处市中心，与商业区、市民文化广场以及其他文化机构相邻，其用户有很多也是其他文化机构的受众，文化机构群的群体效益明显。在这种形势下，公共图书馆系统如何凸显自己的价值，如何定位自己服务变得十分重要。

第三，总分馆体制发展的必然要求。我国现行的公共图书馆体制总的来说是分级财政的产物，这种制度在我国确立了公共图书馆的多元建设主体与多级管理单元。从建设主体看，我国公共图书馆的建设主体包括省政府、地市级政府、县级政府、街道/乡镇政府以及各类基层组织，每一级政府和基层组织只承担一个图书馆的建设责任。从管理单元来看，每一级政府都独立设置公共图书馆管理机构，负责本级公共书馆的人事、政策、发展规划等。这从实施上排除了图书馆之间形成统一管理、统一服务的总分馆体系的可能。同时这种管理模式，对于各级图书馆的定位趋于一致，由于共享途径的限制重复采购与重复服务的现象经常出现，增加图书馆的运营成本。①

表10-1　省级图书馆与省会城市公共图书馆一览

序号	省份	省级公共图书馆与市级公共图书馆距离	省馆附近的主要文化机构（1公里之内）	市馆附近的主要文化机构（1公里之内）
1	河北	2公里	省博物馆、省科技馆	市博物馆
2	云南	5公里	省科技馆	
3	吉林	2公里	文化广场、博物馆	

① 邱冠华，于良芝，许晓霞. 覆盖全社会的公共图书馆服务体系：模式、技术支撑与方案. 北京：北京图书馆出版社，2008：197—207

续表

序号	省份	省级公共图书馆与市级公共图书馆距离	省馆附近的主要文化机构（1公里之内）	市馆附近的主要文化机构（1公里之内）
4	黑龙江	10.3公里		市档案馆
5	辽宁	3.5公里	东陵区图书馆	沈阳科学宫、穹幕影院、科普公园
6	内蒙古	3.2公里	内蒙古大学图书馆、内蒙古地质矿产陈列馆、满都海公园、内蒙古博物馆、呼和浩特图书城、内蒙古美术馆	呼和浩特民族美术馆、呼和浩特市展览馆、青城公园、呼和浩特市电视台、呼和浩特市群众艺术馆
7	陕西	11.7公里	陕西省美术馆、西安博物院、陕西工业展览馆	
8	山西	5.7公里	山西晋剧院、山西省演艺中心、山西医科大学图书馆、迎泽公园	山西博物院、太原教育电视台
9	江苏	11.6公里	奥体中心	玄武区少儿图书馆、东南大学图书馆
10	浙江	4.8公里	黄龙洞、黄龙体育中心、浙江世贸国际展览中心、浙江老年大学	
11	安徽	4.1公里	安徽省地质博物馆、安徽大剧院	合肥市少儿图书馆
12	江西	6.1公里	江西师范大学图书馆、江西体育场	江西省博物馆、江西省科技馆
13	山东	10.1公里	山东大学图书馆	中山公园
14	河南	5.8公里	郑州市科技馆、河南工业大学图书馆	郑州教育电视台
15	湖北	10.9公里	辛亥革命博物馆、黄鹤楼、湖北剧院、首义文化公园、武昌区图书馆首义分馆	武汉杂技厅
16	湖南	2.2公里	湖南大剧院、中南大学湘雅二医院图书馆、元丰书斋、	长沙广电
17	广东	1.2公里	广东省博物馆	农民运动讲习所、广东省博物馆
18	广西	2.9公里	广西医学科技情报研究所	广西体育馆、邓颖超纪念馆
19	海南	7.1公里	海南文化公园、体育中心网球场	解放电影院、中山天后宫、冼太夫人纪念馆
20	四川	5.2公里	西南财经大学	人民公园
21	贵州	4.9公里	贵州省博物馆、北京路影剧院	贵州省展览馆、朝阳影剧院

续表

序号	省份	省级公共图书馆与市级公共图书馆距离	省馆附近的主要文化机构（1公里之内）	市馆附近的主要文化机构（1公里之内）
22	西藏	没有拉萨市图书馆	西藏博物馆	
23	甘肃	1.8公里		兰州水车博览园、兰州体育公园
24	宁夏	16.3公里	西夏公园、新光影楼	银川书画院、古方中医药博物馆、宁夏建设科技书店
25	青海	0.61公里		音像邮政店
26	新疆	5.5公里	书香文化广场、会展中心	

3. 公共文化服务体系中的公共图书馆系统定位

根据上述分析，在公共文化服务体系中，公共图书馆系统的定位应该以其核心竞争力与社会价值为基础，突出图书馆的服务特性以及其在公共文化服务体系中的特殊地位，根据前文的图书馆定位调研结果与参考国外同类图书馆（美国州立图书馆、美国部分社区图书馆等）的职能，考虑我国公共文化服务体系建设的独特性，本研究提出，应该从如下方面定位公共图书馆系统的职能。

（1）公共文化资源的直接提供者

虽然各国对公共图书馆的基本目标表述不同，但是基本上可以归纳成：满足本地区公众的教育需求、情报需求、研究需求、文化需要与娱乐需求等。这些目标的实现根基是各类文化资源的收集、整理和保存。公共图书馆系统在公共文化服务体系建设中是文化资源的直接提供者，是公众享受政府公共文化产品的主要途径。

（2）公共文化服务体系中的文化服务网点

公共图书馆与其他文化机构相比，具有布局上的明显优势，长期发展下来馆舍、文献、技术设备等资源成为公共图书馆服务体系布局中可依托的重要资源。

（3）公共文化服务机构竞合关系的核心组织者

公共文化部门的合作是有效利用社会资源，杜绝社会公用投资浪费的有效途径；也是各类文化机构发展的新契机。在文化机构合作中，公共图书馆可以承担必要的发起者与协调者的作用。各类公共文化服务机构均隶属于文化部门管辖，同一行政部门的机构为图书馆争取合作提供了管理基础与协调资源。

4. 基于公共文化服务的公共图书馆系统分层功能定位

在整个公共文化服务体系中，公共图书馆系统需要合理定位以明确自己的发展空间，在公共图书馆系统内部同样需要理顺各级图书馆的职能与构建模式，以公共文化服务为基础，确立自身各级图书馆的发展重心。

前几章中，本研究已经详细阐述了当前公共图书馆类型重新划分的必要性，提出了基于创新的新划分模式以及相应的各级图书馆的职能。理想状态的图书馆系统应为一种金字塔形结构，不同图书馆专注于某项基本业务，如表10-2所示。

表 10-2　各级公共图书馆的功能

序号	图书馆类别	建设主体	职能
1	省图书馆	省政府	承担政府图书馆职能，为各级政府服务；同时作为全省地方文献的收集整理中心，担负本省文献资源保存的职能；本省图书馆对外交流重要渠道；承担相应的大众服务等。
2	市图书馆	市政府	以大众服务为主要内容，地区图书馆集群网络建设与总分馆建设的中心馆地位。
3	区县图书馆	区县政府	基层图书馆，根据区域特点提供文献、信息资源、讲座等服务，同时协调管理区域内社区馆、农村图书馆（室）。
4	街道/社区图书馆	街道、社区机构等	大众服务为主。

10.2　省级与市级公共图书馆的定位与服务

10.2.1　省级公共图书馆的定位与服务

省级公共图书馆是我国公共图书馆事业体系中重要一环，当前，其既肩负着政府图书馆的职能，也承担大众服务活动，同时作为本省中心馆，协调与指导地区内公共图书馆的各项工作。本书以天津市城市居民为调查对象，进行省级公共图书馆文化服务功能调查，以此为基础，提出当前省级公共图书馆的功能定位理念以及服务创新模式。

1. 基于实证的省级公共图书馆功能与定位

在庞大的公共图书馆机构体系中，省级图书馆的数量凤毛麟角，但是其功能与作用却是整个图书馆事业的中坚力量。省级公共图书馆的定位问题，关系到整个地方区域图书馆事业的发展。

（1）省级公共图书馆功能排序——以天津为例

项目组成员尹静曾对天津市城市居民进行公共图书馆功能实现的专题问卷调查，有效回收问卷 168 份，其中 98 份对省级公共图书馆的功能与定位情况进行了评价。提出乘法模型对市民所选取的前五项功能的重要性定量化；并且附以分布密度函数模型的直观图①对前五项重要功能加以验证，进一步明确分析各项重要功能的全体认可度和优先关注度。两种方法彼此互补与结合，强化结论的科学性与准确性（研究结果见表 10-3）。

表 10-3　省级公共图书馆功能重要性排序

重要性等级	功能	乘法模型得分	选择人数	比重（%）
1	自主学习中心	2.83	79	80.61
2	传播文化	2.42	63	64.29
3	普及科普知识	2.34	66	67.35

① 柯平等. 公共图书馆的文化功能：在社会公共文化服务体系中的作用. 上海：上海交通大学出版社，2010：85

续表

重要性等级	功能	乘法模型得分	选择人数	比重（%）
4	培养阅读习惯与能力	2.27	74	75.51
5	提供准确、及时和有用的与工作、学习、生活等问题相关的信息	1.92	54	55.10
6	开展阅读推广活动	1.69	67	68.37
7	引导阅读方向	1.58	60	61.22
8	确保获得关于所在城市的各种需求信息	1.55	47	48.00
9	正规教育支持中心	1.49	54	55.10
10	文化活动中心	1.41	46	46.94
11	保存文化遗产	1.24	29	29.59
12	信息咨询中心	1.05	46	46.94
13	启蒙教育，激发创造性思维	0.97	37	37.76
14	帮助获得或提高信息技能	0.92	38	38.78
15	支持学者针对特定问题开展专深研究和知识创新	0.88	40	40.82
16	帮助获得或提高计算机利用能力	0.77	38	38.78
17	扫盲	0.73	28	28.57
18	提供人与人交流、放松心情、缓解疲惫、陶冶情操的舒适空间	0.70	23	23.47
19	社区信息中心	0.60	32	32.65
20	弱势群体权益保障中心	0.56	17	17.35
21	承担社会性课题研究工作	0.46	27	27.55
22	审美功能	0.43	14	14.29
23	远程教育学习中心	0.33	24	24.49
24	社区活动中心	0.29	14	14.29
25	城市旅游风景线	0.20	9	9.18
26	社会应急中心	0	5	5.10

注：样本总数98

表10-3中选择人数与频率是乘法模型计算前的原始数据，从这一部分可以看出：第一，省级公共图书馆具备所有的公共文化服务功能，可以这样说，省级公共图书馆在人们的日常生活中发挥了公共文化服务的所有社会作用。第二，超过一半的市民选择的省级公共图书馆的功能从高到低依次有：自主学习中心（80.61%），培养阅读习惯和能力（75.51%），开展阅读推广活动（68.37%），普及科普知识（67.35%），传播文化（64.29%），引导阅读方向（61.22%），正规教育支持中心（55.10%），提供准确、及时和有用的与工作、学习、生活等问题相关的信息（55.10%）。这几项功能是大多数市民都认可的省级公共图书馆的功能，归纳总结为社会教育功能、倡导社会阅读功能、文化中心以及信息服务功能，其中社会教育、文化中心、信息服务为公共图书馆的传统历史职能。围绕这些功能省级公共图书馆所拥有的资源与开展的服务得到了社会公众的认可，渗透到他们的日常生活中，对他们的生活、学习、工作等起到了很大的作用。同时，在这次调查问卷中，我们也发现社会公众对省级公共图书

馆的一些功能与学者研究的认可度存在差异，较为明显的有：保存文化遗产，弱势群体权益保障以及文化休闲娱乐功能，只有 29.59% 的人选择省级公共图书馆传统的历史职能——保存文化遗产；当前学术领域的研究热点，省级公共图书馆维护社会公平，为弱势群体提供服务，保障其文化权益的功能，促进和谐社会的发展，并未得到社会公众的普遍认同，只有 17.35% 的人选择这项功能，连 1/5 的人数都不到；目前图书馆界所强调的省级公共图书馆的文化休闲功能也没有引起城市居民的注意，影响力较弱，选择人数比例为 23.47%。

与原始描述性数据相比，乘法模型计算数据保证了数据的科学性与合理性，但相应的，排序也发生了一定的变化。从表 10-3可以看出，社会公众认为，省级公共图书馆的公共文化服务功能中，自主学习中心、传播先进文化、普及科学文化知识、培养阅读习惯与能力、提供准确、及时和有用的与工作、学习、生活等问题相关的信息是最重要的五项功能。开展阅读推广活动、引导阅读方向、确保获得关于所在城市的各种需求信息、正规教育支持中心、文化活动中心紧随其后。省级公共图书馆作为自主学习中心的功能重要性综合排位第一，但是它的优先关注度并没有传播文化中心功能高。普及科普知识功能位于第三。其次是培养阅读习惯与能力和提供与日常生活、学习、工作相关信息两功能重要性不相上下，但是后者具有明显的优先关注度。

归纳可知，社会教育、文化中心、倡导社会阅读以及信息服务是省级公共图书馆最重要的公共文化服务功能，是社会公众高度认可的公共文化服务功能。其中省级公共图书馆作为文化中心，是最受社会公众优先关注的功能。

（2）省级公共图书馆功能定位

项目总体问卷调研中，对省级公共图书馆的功能定位从信息文化传播中心、文化信息阅读中心、信息资料保管中心、社会教育基地、休闲娱乐中心、社会活动中心等 6 个高度概括的定位方向进行问卷调研，综合省级图书馆定位认知分布（见表 10-4）。

表 10-4 读者对省级图书馆定位认知

样本情况	信息文化传播中心	文化信息阅读中心	信息资料保管中心	社会教育基地	休闲娱乐中心	社会活动中心	其他
省级	53.38	68.25	44.44	38.10	19.05	20.63	1.59
排序	2	1	3	4	6	5	7

文化信息阅读中心、信息文化传播中心的定位得到了读者的认同，图书馆的借阅服务在读者视野下仍是图书馆的核心业务。

单纯以比例判别省级图书馆功能定位，可以反映出省级图书馆定位的具体情况，但易忽视不同定位下功能实现种类不均衡性，因此，下文研究将两项调查数据合并，配以权重系数，确定当前省级公共图书馆的定位排序（见表 10-5）。

表 10-5 省级公共图书馆定位排序

一级指标	二级指标	二级指标的乘法模型得分	加权平均分	排序
信息文化传播中心	自主学习中心	2.83	2.02	1
	传播文化	2.42		
	普及科普知识	2.34		
	确保获得关于所在城市的各种需求信息	1.55		
	提供准确、及时和有用的与工作、学习、生活等问题相关的信息	1.92		
	信息咨询中心	1.05		
文化阅读中心	开展阅读推广活动	1.69	1.85	2
	引导阅读方向	1.58		
	培养阅读习惯与能力	2.27		
信息资料保管中心	支持学者针对特定问题开展专深研究和知识创新	0.88	0.86	3
	保存文化遗产	1.24		
	承担社会性课题研究工作	0.46		
社会教育基地	帮助获得或提高信息技能	0.92	0.86	3
	启蒙教育，激发创造性思维	0.97		
	扫盲	0.73		
	帮助获得或提高计算机利用能力	0.77		
	远程教育学习中心	0.33		
休闲娱乐中心	文化活动中心	1.41	0.69	5
	提供人与人交流、放松心情、缓解疲惫、陶冶情操的舒适空间	0.70		
	城市旅游风景线	0.20		
	审美功能	0.43		
社会活动中心	社区信息中心	0.60	0.36	6
	弱势群体权益保障中心	0.56		
	社区活动中心	0.29		
	社会应急中心	0		

表 10-5与表 10-4相比，信息文化传播中心定位发生了巨大变化，通过读者访谈发现，出现这一问题，一方面是读者对于“信息文化传播中心”这一名词缺乏必要的理解，不明白图书馆哪些业务能够体现出其信息文化传播中心定位；另一方面，图书馆越来越重视创新业务的开展，突出自己文化中心的资源优势，在部分读者中取得了良好的印象。

2. 省级公共图书馆在公共文化服务体系中的功能定位创新

在公共文化服务体系建设过程中，公共图书馆界一直在不断反思自我，反思自己的功能和定位，协调公共图书馆与社会的关系。尤其是省级公共图书馆，它是政府主办的公益性文化服务机构，是公共文化服务体系建设的重要骨干，是独立运用现代化传播方式，广泛覆盖全社会城乡基层，为广大人民群众传播科学文化知识信息的中枢平台。然而，针对省级公共图书馆的功能定位的专门研究文献较少，有人认为：省级公共图书馆作为某一地区公共图书馆的中心机构，首先应成为省域范围内信息资源中心和信息服务中心，主要承担参考咨询、情报等较高层次的信息服务。① 也有人认为，省级公共图书馆功能实现的顺序为信息咨询研究中心、教育支持中心、文化遗产中心、阅读中心、社区信息中心和社区中心。② 总的来说，目前缺乏关于省级公共图书馆既符合现实又面向未来的准确定位研究，将省级公共图书馆放在公共文化服务体系的环境中确定其功能定位具有十分重要的意义。

关于现行省级公共图书馆功能定位创新，省级公共图书馆应该围绕公共文化服务体系的根本目标，自觉地将“提供公共文化产品和文化服务，不断满足广大人民群众日益增长的精神文化需求，保障公众的文化权利，提高公众的文化素质和文化生活质量，促进人的全面发展”作为自己的职责，有层次有重点有针对性地确定自己的功能，在公共文化服务体系中彰显自己的全部价值。本研究结合上文省级图书馆定位的调研结果，认为，省级图书馆的功能定位创新应紧紧围绕现有的发展定位，创新定位内容的外延范围，创新实现方式与手段。具体而言，省级公共图书馆功能体系定位，包含：

（1）信息文化传播功能

传统的信息传播研究中，将图书馆等文化机构作为正式信息传播的重要通道。图书馆拥有大量的文献资源与电子资源，储存了本地区的重要地方资料与公共知识资料，是公众获取文化资源的重要场所，文化传播是图书馆天然的使命所在，是其实现社会价值的根本所在。图书馆的普遍均等服务原则的重要基础就是图书馆的信息文化传播功能。在公共文化服务体系中，省级公共图书馆应该关注个人信息需求，加强面向大众的信息服务，以人为本，无偿提供与日常生活、工作、学习等与公众密切相关的信息，如当地生活基本信息（就业、消费、法律、医疗等)，当地政府机构、企业、科教文卫等机构及其人员信息、地方志等。通过信息服务进而改善公众的信息获取能力、参与社会的程度与质量，将省级公共图书馆的影响力扩展成为信息提供者。有能力的馆可以为当地政府机构进行参考决策，为企业发展或项目开发提供相关信息。

（2）文化阅读功能

阅读是传承文明、更新知识、提高民族素质的基本途径。图书馆储存文化资源的目的就是提供阅读利用服务。随着时代的发展，图书馆的功用逐步全面化、个性化，但是对于阅读功能的要求却一直没有改变，读者视角与图书馆视角对此都有一致的意见。省级公共图书馆是培养公众阅读习惯和能力的主力军，有着天然的优势。一定规模的资源、整洁安静优美的环境、长期积累的服务经验、地区文化资源整合的便利等为图书馆文化阅读活动的开展奠定良好的基础。

---

① 程小澜等．省图书馆在公共图书馆服务体系中的定位与发展．国家图书馆学刊，2007（3）：6—11

② 李晓新．我国公共图书馆可持续发展中的功能设计．图书馆理论与实践，2005（1）：83—87

针对不同读者群的不同阅读推广活动可提高图书馆社会价值。向儿童宣传和提供适龄图书，组织学生阅读活动，组织阅读俱乐部开展社会阅读节等活动；提供儿童阅读方法技能指导，提供教师或家长引导儿童阅读相关资料。面向老年、农民工等特殊群体开展服务。针对普通读者组织书评、作者见面会等活动，宣传推荐书目等，引导阅读方向。省级公共图书馆是使阅读成为一个社会共同爱好和普遍习惯的推动者，是阅读文化环境的建设者。

（3）信息资料保管功能

图书馆是地区的记忆，为本地区储存着各类文献资料与应用信息，也为公众提供了检索过去与现在的知识宝库。省级图书馆作为地区的中心馆，有义务与能力成为地区文献的储存中心与利用中心。省级公共图书馆的信息资料保管任务首先应注意地方古籍的保存，古籍保护是传承社会文化遗产，储存历史与还原历史重要的途径；其次，注意地方文献资源的收藏与保管，地方文献资源是各省级图书馆的特色资源，全面系统地收藏，并提供给政府决策利用是省级公共图书馆必须承担的文化责任。

（4）社会教育功能

首先，省级公共图书馆鼓励自主学习，培养公众的终身学习习惯，实现个人的发展。保障提供充足的学习空间与学习资料，组织培训活动，支持终身教育；有能力的馆可以充当远程教育参加者的学习中心。其次，支持正规教育，辅助公众完成正规教育计划。与社区内的学校建立伙伴关系；为学校课程配备相应的阅读计划及辅导教材，各式学习活动规划和学习指南，补充正规教育资源；为学校图书馆或资料室配备资料；制订学生假期阅读计划，组织阅读活动；提供作业辅导等。第三，支持儿童启蒙教育，提供家庭教学配备的相应资料与培训。此外省级公共图书馆在普及科普知识、提高审美能力上提供相应的服务。

（5）娱乐休闲功能

通常省级公共图书馆的休闲娱乐功能纳入文化休闲范畴，通过自由舒适的环境、文化娱乐消遣（如休闲娱乐相关阅读资料、音乐、电影欣赏等）、人文关怀和平等的理念，满足公众的文化需求，放松心情、缓解疲劳，陶冶情操，形成正确的价值观，积极向上的人生观。

（6）社会活动功能

建设覆盖全社会的公共文化服务体系的提出，对于省级图书馆来说更加明确了其社会文化中枢的地位，也为要求其不断改进社会活动功能。省级公共图书馆社会活动功能与娱乐休闲功能常常结合在一起，通过主办、承办以及协办各种社会活动，增加图书馆受众的范围，提供社会活动共享共建，满足公众的文化需求与获取公共权利的需求。

3. 现行省级公共图书馆的服务创新

（1）强化主要功能，做好服务工作

省级公共图书馆应大力开展讲座及其相关活动，加强社会教育功能、促进社会阅读功能以及文化、休闲中心功能。

1）树立“读者至上”观念，保障基本服务

省级公共图书馆最基本的服务就是文献的借阅，这是图书馆发挥各种社会作用，尤其是社会教育、倡导社会阅读以及文化中心功能的基础，也是图书馆发展始终不可忽视的服务。首先，省级公共图书馆保障自己的馆藏量，全面、充分地了解不同读者的需要、相关科研进展以及社会热点等，及时购进高质量、高水平、针对性强、适用范围广的图书，优化馆藏文献结构，形成图书馆核心竞争力和强大的文献保障能力。其次，省级公共图书馆作为地方文化中心，应根据馆藏基础及本地区对系统文献资源的需求进行统筹安排，通过多种途径，有计划、有重点地收集文献资料，形成具有本馆特色的馆藏体系。

馆员是提高服务质量最活跃、最积极的因素。发挥人本管理的激励功能，保持馆员的工作热情，增强馆员活力，培养学习型、知识型、创新型馆员。强调人性化服务，把社会公众放在第一位，竭力争取每一位用户，平等对待所有用户；强调主动服务意识，变被动服务为有针对性的主动服务。

2）开展、创新各种服务活动，加强省级公共图书馆的功能实现

目前，有能力的省级公共图书馆实施品牌战略，精心打造服务精品，以一定的规模和馆藏，或某一信息产品，或某一特色服务在社会上形成优势，树立良好的形象，使公共图书馆服务富有活力和竞争力，充分发挥公共文化服务功能。尤其是讲座已经成为省级公共图书馆实现社会教育、文化休闲、倡导社会阅读等功能的主要途径和品牌服务。

各省级公共图书馆结合各自的地方特点推出极具特色的讲座活动，作为一种直观、互动和受众面较宽的活动方式，以及在短时间内获取最大数量的知识、经验和信息的活动，经过不断实践逐渐形成了自己的品牌，受到广大读者和听众的欢迎。比如浙江图书馆的“文澜讲坛”、首都图书馆的“北京历史文化系列讲座”、上海图书馆的“上图讲座”、山西省的“星期日讲座”等。

本书分析总结省级公共图书馆成功的经验，为其他省级公共图书馆开展讲座活动提供一些建议：

首先，社会化的联合协作。省级公共图书馆开展讲座活动的成功与否主要取决于选题、讲师、听众与宣传。省级公共图书馆是社会触角极为广泛的社会文化机构，有着得天独厚的与社会各界联合协作的条件与优势，不必仅仅局限于自身。因而，省级公共图书馆可与政府部门、科研院所、高校、企事业单位、社会团体等进行各种形式的联合协作，同时解决讲师、听众、宣传甚至资金的问题。比如上海图书馆与市人大合作举办“市民与法”、与市作协合作举办“名人解读名著”、与东方电视台合作举办“东方大讲坛”等。在这里，要注意省级公共图书馆必须设置专门部门与人员开展讲座活动，各个省级公共图书馆因地制宜，可以进行规模较大的策划、组织与宣传，也可以采用“拿来主义”，利用已有的讲座资源进行读者服务，或者将已有讲座资源与本地人力资源有机结合等。在讲座经费上，省级公共图书馆可通过多种途径获得，如图书馆自身的支持经费、政府部门的专项补助经费、社会企业的赞助经费、会员制讲座的会员费收入经费等。第二，多样化的讲座产品。讲座不仅仅是局限于时空的一次具体活动，它是省级公共图书馆公共文化服务的平台，通过讲座服务内容的延伸、服务技术的创新，丰富自己的形式与内容，满足市民的需求。①以省级公共图书馆网站为平

台，设置讲座专栏，通过现代多媒体信息技术，将以往各期讲座的具体内容以文本、音频、视频的形式纳入多媒体数据库，使公众可以通过网站收看或下载各期讲座的内容，为广大公众搭建一所普及与推广讲座相关内容的空中课堂。②编辑出版与讲座配套的图书或专刊，用文字形式再现讲座内容，弥补讲座的时空限制，又可使读者多次细细地品味讲演者的思想与内涵。③制作与讲座配套的电子产品，如光盘等，按照读者需求制作内容，或一个主题多个讲座，或一个演讲者多个讲座等，使得某一图书馆的讲座成为众多图书馆和广大读者共享的知识资源。④开展与讲座有关的展览、读者活动等。有些讲座可以推出一系列的图片展览；还可以配合讲座举办读者活动，如召开读者座谈会，听众代表与演讲人、讲座主办方直接交流意见等。第三，注重讲座前期宣传和后期跟踪报道。讲座要产生社会效益，关键在于宣传，激发听众的欲望。事先本馆的讲座工作计划和讲座内容通过电视台、广播电台、网络、海报和报刊等各类媒体广泛宣传，使广大市民对讲座安排和内容心中有数。在社会媒体宣传的同时，在自己的网站开辟讲座专栏，及时报道和宣传讲座情况；也可以将讲座内容刊登在报纸上，使更多的人能够接触到讲座，获取知识，推动受众群体不断扩大。

（2）加强信息服务

信息服务逐渐成为省级公共图书馆的主要服务内容。省级公共图书馆应成立专门的信息咨询中心，利用现代信息技术，加强专业人员的知识素质和能力，提高服务水平。

省级公共图书馆的信息服务包括为政府、企事业单位等提供的信息服务和为社会大众提供的信息服务。但是，在实践中，我国省级公共图书馆提供信息服务的现实用户多为党政领导、企事业单位等，忽视了大众信息服务。在公共文化服务体系建设时期，省级公共图书馆需要重新考虑自身的信息服务重点，加强面向大众的信息服务。

1）为政府、企事业单位等提供的信息服务

省级公共图书馆除为普通读者服务外，还重点为党政机关或其他行业、社会团体提供决策相关的文献，以及为公共决策提供咨询服务。据杨之音和赵闯的调查，24 个被调查的省级公共图书馆都提供了公共决策服务，其中通过图书馆网页直接体现出公共决策服务的有辽宁省图书馆等 9 个图书馆，通过网上参考咨询获得数据的图书馆有云南省图书馆等 8 个图书馆，通过电话咨询获得数据的有广西区图书馆等 7 个图书馆。①

目前，我国省级公共图书馆开展信息服务较普遍，但是服务对象的范围狭窄，主要面向政府部门，面向其他公共事业部门、行业的较少；服务方式单一，仅仅停留在剪报、内参等简单的信息整理阶段，提供专题咨询、课题综述、文献汇编等高层次信息服务较少；服务产品上，部分图书馆没有相应服务产品。

省级公共图书馆应面向更广泛的服务对象，采取更高层次的服务方式，重点开发高质量的、权威性的二、三次文献产品，提高分析、预测能力；重视科研队伍的建设，提高服务人员的素质，提供更多的培训机会，吸纳专业人才，建立多学科背景、多层次文化结构、多年

① 杨之音，赵闯. 省级公共图书馆公共决策服务现状调查分析. 图书馆学研究，2007（7）：66—69

龄结合的人才队伍；充分应用现代信息技术，结合自身信息组织、检索上的优势，及时准确全面收集、加工、整理信息。

2）大众信息服务

在公共文化服务体系建设中，省级公共图书馆应加强面向大众的信息服务。在这里，各省级公共图书馆可以参照于良芝提出的大众信息服务方法开展信息服务，即可以通过帮助其他机构陈列信息、整合信息、自主开发信息并配合多种信息提供方式来加强大众信息服务，各个地区根据自己的能力，由易到难逐步开展服务，渐渐完善。①

信息陈列是指为其他公共服务机构或公益性组织提供“一站式”信息陈列空间，对这些信息进行一定程度的管理，并帮助社会公众有效利用信息；陈列地方政府文献、法令、法规等。这种形式的信息服务要求图书馆定期联络政府部门和公益性机构以获取信息、提供合适的空间以陈列信息、设置专职或兼职人员对信息进行维护整理、对潜在用户进行宣传。由于要求不高且不需资源购置费用，信息陈列是一种相对容易开展的信息服务。

信息整合是指通过直接的或虚拟的服务，引导社会公众利用其他信息服务机构和资源，这样用户只要进入图书馆或其导航系统，就可以了解其他信息服务机构的服务。比如天津图书馆网站上设置教育资源汇集，这样通过链接，可以查到很多有关教育的网站，如中国教育信息网、中国教育在线等。资源整合服务要求图书馆根据用户的信息需求，对现有信息服务和资源进行系统的调研和评估；与本地区各类信息服务机构保持经常联系；向全社会和其他信息服务机构宣传图书馆的服务与价值。为了有效整合虚拟资源，图书馆还应具备一定的技术设备（计算机、互联网甚至服务器）和精通技术的专业人员。与信息陈列相比，信息整合对图书馆管理者的组织协调能力以及专业人员的信息评价能力，提出了更高的要求。

信息开发是指对特定领域的原始信息进行系统的收集、整理、描述，形成功能完备的信息检索系统，供社会公众查询利用。比如政府工作人员信息、就业信息、消费信息等。与信息陈列和整合相比，这一服务队图书馆专业人员的信息收集及整理能力，具有更高的挑战性。

信息提供通过设立开放、友好、便于利用的信息服务中心、电话咨询、网站咨询等形式，帮助社会公众利用图书馆的各类信息产品，鼓励社会公众把图书馆看做是服务于任何信息需求的一站式界面。

发达地区的省级公共图书馆，应集中力量为政府机构、企事业单位提供参考决策服务，为学者课题研究提供支持以及承担社会课题研究，使之成为彰显自己价值的高层次信息服务。因此，有能力的发达地区的省级公共图书馆在满足大众信息服务的基础上，凭借自己丰富的信息资源、现代的信息技术水平以及高素质的专业人员，提供相对较多的高级信息服务，如代检课题服务，二、三次文献服务、决策咨询服务、课题综述、文献汇编等。

欠发达地区的省级公共图书馆应着重加强面向大众的信息服务，加强信息素养培养，不需要投入高额的经费，也不需要很多的人力资源，从简单的信息服务方式开始，逐步丰富信

① 于良芝．关于加强公共图书馆的大众信息服务功能的建议案．图书与情报，2007（6）：55—56

息服务的内容，满足社会公众的基本信息需求。

(3) 拓展基层延伸服务

省级公共图书馆应积极拓展基层延伸服务，建立分馆或发展基层图书馆，减轻省级公共图书馆的直接责任，扩展服务范围，提升服务水平，统一资源共享，满足社会公众多样化需求。省级公共图书馆或者开展延伸服务，通过建立馆外流通点和流动图书车等形式把图书馆的服务延伸出去。不仅可以使不同规模的公共图书馆在公共图书馆服务体系中承担不同的角色，集中资源、人力、财力更好地发挥自身所承担的功能，执行力更强；而且，各个层次的公共图书馆构成完整的体系，其累积服务范围可以覆盖到该地区的每一个角落，在全省公共图书馆服务体系中形成服务梯度，社会公众可以根据需要及实际情况到不同规模图书馆享受不同层次的服务，拉近了与社会公众的距离，服务更加贴近生活、贴近群众。

虽然就全国而言，总数还是很小，但已有不少地区开展延伸服务。一些省级公共图书馆已经形成自己的模式开展延伸服务，无论是广东、北京的“流动图书馆工程”，上海、天津的“总分馆制 + 一码通网络共享”模式，有政府主导，有自加压力，都形成了许多做法和经验，为其他探索或尝试开展延伸服务的省级公共图书馆提供参考和借鉴。

1）流动图书车。这种模式是借助流动图书车，根据图书馆设置标准制订规划和用户需求，在远离图书馆或交通不便的人口聚集区域定期开展送书上门服务的一种形式，使有限的图书资源无限的流动起来，达到效益最大化。

2）固定流通点。流通点模式是省级公共图书馆依托本馆之外的另外一个机构（如文化站、群众艺术馆、养老院、社区活动中心等），利用其场地和人员，为流通点附近的读者提供本馆图书，并定期更换点上的图书。

这两种模式具有简单、灵活、便捷、经济的特点，可以作为欠发达地区的省级公共图书馆开展延伸服务的主要形式，也可以作为发达地区的省级公共图书馆开展延伸服务的有效补充，尤其是借助计算机网络技术，可以使流动点与省馆在技术上连接起来，实现通借通换，并开展预约借书服务，成为真正流动的“图书点”。但是这两种模式一般只起到促进藏书流通的作用。

3）流动图书馆分馆。这种模式是以省级公共图书馆为核心作为总馆，其他市、县级公共图书馆或者新设置的分馆处于从属地位作为分馆，在行政上隶属于总馆，或者在业务上接受其管理，资源上共享、服务上延伸，形成区域性网状服务模式。可以细分为两种情况。

第一种是无政府指导的情况下，省级公共图书馆自行开展延伸服务。省级公共图书馆作为总馆与分馆之间通过协议建立、按一定模式运行的图书馆服务网络，分馆将双方认同的一定数额的年度购书经费委托给总馆使用，总馆按双方认同的书刊数量和资产管理方法为分馆配备藏书，分馆在总馆辅助下或者独立按双方认同的标准保证图书馆运行所需的设备、场地、人员和其他工作条件，并保证按时开放。

第二种是政府主导的情况下，省级公共图书馆开展延伸服务。地方政府以文件或其他形式将支持该地区基层馆建设的经费委托为省级公共图书馆使用，并责成总馆为下一级图书馆配备资源，实施业务管理和协调服务；在总馆与狭义图书馆之间形成具有业务隶属关系的图书馆服务网络。总馆可以在基层馆之间调配其配备的资源，使其在基层图书馆之间流动。这种模式较为高级，但需要一定经费的支持，适合于作为发达地区的省级公共图书馆开展延伸服务的主要形式。总馆可以为流动图书馆分馆提供多种服务（图书流通服务、电子文献资源远程服务等），可以联合各个分馆举办声势浩大的图书馆服务宣传活动。并且各个分馆可以独立发挥公共图书馆的社会作用，也可建立自己的分馆，形成本地的区域服务网络。

4）一卡通服务。一些省级公共图书馆（主要是指直辖市）可以根据自己的实际情况实行一卡通服务，即省级公共图书馆在一定的协调组织、计算机管理系统和物流系统支持下，与其下级公共图书馆共同参与网状行业管理结构，读者用一张借阅证可以到网内任何一个图书馆（节点）借阅或归还图书。这种模式适合于原来基础好，又有各自的资源和技术平台的各级图书馆，较之第三种模式实施更为困难。

（4）开展个性化、多元化服务

公共文化服务体系中，省级公共图书馆包容性、公益性更加显著，是保障弱势群体享受文化权利的主体机构。省级公共图书馆应关注弱势群体，开展个性化、多元化服务。

1）保障为弱势群体提供服务的基本条件

省级公共图书馆结合本馆和本地弱势群体实际情况，创造一个通畅、安全的环境，提供各种便利条件，设置充分体现对弱势群体关爱的无障碍设施，使其像普通人一样利用图书馆。专门设立无障碍通道，将残疾人借还书处和盲人阅览室设在一楼，在阅览室设置老、弱、残读者的阅览专座，配备放大镜、老花镜和视听设备等，配置专门的卫生间等。新馆建设设计时，要充分考虑弱势群体，特别是残疾读者的活动需要。同时加强图书馆员思想道德和职业道德教育，让馆员深刻认识为弱势群体服务的意义，了解为弱势群体服务的特殊性，无歧视心理，尊重弱势群体，以更多的爱心、耐心和细心为弱势群体提供服务，但不滥施同情心，努力营造充满人文关怀、温馨、自由平等的文化环境。以辽宁省图书馆为例，2003 年初增设了弱势群体服务部，以弱势群体为服务对象，结合实际工作，提出“对老年人要耐心，对残疾人要爱心，对孩子要细心”为服务准则，以人文关怀为服务理念。

2）创新服务方式，延伸服务领域，提供便捷服务

对于那些不能亲自到馆的用户，省级公共图书馆可以开展送书上门服务、“送书下乡服务”或邮寄服务；同时可以利用现代信息技术，发展远程服务，提供网上文献传递服务；与残疾人学校、老年活动中心等弱势群体集中的地方建立图书流通站，定期投放回收一定数量的适宜阅读图书。省级公共图书馆应针对弱势群体的特定需求举办经济、法律、劳动保障、就业政策、科普和医疗保健等方面的专题讲座，与相关组织联合，开展各种相关培训，举办科普展览等；利用 4.23“世界读书日”、“图书馆服务宣传周”、各个读书节、读书周、阅读日等积极开展全民阅读活动，尽量满足老人、儿童、残障人、下岗工人、农民工等人群的读书与文化需求，增强他们的综合素质，丰富文化生活。开展免费咨询活动，邀请相关专家，解答弱势群体在政策、就业、法律等方面存在的疑问，如辽宁图书馆与辽宁省残联合作，成

立“辽宁省残疾人法律信息中心”，为残疾人免费开展法律咨询；邀请专家深入到工地，对如何讨薪、工伤待遇等实际问题，给予相应解答，并讲述农民外出做工安全、寻找工作及签订劳动合同、劳动安全、寻求法律援助等各个方面问题。

整体来说，我国省级公共图书馆在为弱势群体服务能力较弱。省级公共图书馆根据自己的实际情况，应选择性采取上述措施，加强对弱势群体服务的水平，沟通愿意提供服务的志愿者与需要服务的弱势群体，真正发挥“社会包容器”的作用，使更多的弱势群体融入社会。

（5）加强与其他文化机构协调合作

1）紧紧把握“共享工程”，发挥执行主体作用，实现各个公共文化服务机构资源共享

全国文化信息资源共享工程，建立中华文化数字资源的中心，整合图书馆、博物馆、美术馆、文化馆、艺术院团、研究机构等现有的文化信息资源，通过计算机、网络、通讯、多媒体等最新技术成果，开辟了一个不受地域、时空限制的崭新的文化传播渠道，建立一个基于网络的、分布的、贴近最终用户的组织模式，实现全国范围内的文化信息资源共建共享，满足广大人民群众日益增长的文化需求。

省级公共图书馆作为共享省级分中心，以图书馆丰富的知识含量和分布广泛的服务点为依托，整合、加工、传播当地图书馆、博物馆、美术馆及有关文化机构的文化资源，与国家中心的资源组合在一起形成中华文化信息资源库。一方面，强化“共享工程”数字化资源建设和服务。加强省级公共图书馆加工、整理信息资源的能力，以文化部可控资源为主，根据本地区地域、经济、文化特点，汇集全省各公共文化服务机构的优秀文化信息资源，以统一的建设标准，建设特色数据库群，突出文化特色。在进行资源建设时遵循技术能力和社会需求优先的原则，先建急需急用和容易的，先易后难，从小到大，有步骤、有序地进行，避免一哄而上。对各个独立的数据库的内容通过不同线索关联整合到统一的发布库中，对外提供专栏专题服务。

2）省级公共图书馆与其他公共文化服务机构协调合作，共同发挥公共文化服务功能

与其他公共文化服务机构相比，省级公共图书馆受众面较广，使用情况的稳定性较高，更贴近社会公众，可以作为博物馆、美术馆、纪念馆、科技馆、文化馆等开展活动的导向与宣传窗口。省级公共图书馆作为一个导航站，可以将社会公众引向他所需要的机构；利用网站、海报、宣传手册等介绍这些馆近期展览等活动，包括时间安排、主要内容等；也可作为其他图书馆门票的发放窗口；配合展览活动，推荐相关文献等多种服务方式，使社会公众更加方便获悉展览消息，更好地了解展览内容；迎合时代话题，同步购进与电影等相关的流行图书、视频资料等，举办各种相关活动。省级公共图书馆和其他公共文化服务机构可以合作举办各种活动。与档案馆合作，举行本地历史文化展览或讲座，合作建立政府信息公开查阅服务中心等；配合博物馆、美术馆、纪念馆的展览，利用省级公共图书馆的场地、资源，邀请相关专家开展系列讲座、读者活动等，深化展览内容；与科技馆共同举办科普活动、知识竞赛等，将实物与文字结合起来；与文化馆、群众艺术馆合作共同为社区服务，举办各种文

化活动。

尽管各公共文化服务机构可能会和省级公共文化服务在公共经费上有所竞争，但是秉承为公共文化服务这个共同的目标，找到各种文化机构的优势与不足，进行优势互补，合理进行分工合作和利益分配，建立稳定合作的工作机制，在这样的前提下，省级公共图书馆和其他公共文化服务机构有可能成为真正的合作伙伴，共同发挥公共文化服务的功能。

10.2.2 市级公共图书馆的定位与服务

市级图书馆与省级图书馆都是城市图书馆的一部分，作为城市文化建设的重要组成部分，城市图书馆在提升居民素质及城市文化力等方面日益起到举足轻重的作用。特别在信息社会，其强大的传播能力、教育功能日益凸显，因此，如何做好城市图书馆特别是城市公共图书馆的服务以及在此基础上的功能定位成为摆在我们面前的新课题。就职能和特点而言，省市两级图书馆尚存在一定的差异，课题组提出的新公共图书馆系统，也明确强调省级图书馆与市级图书馆职能冲突的问题，因此在本部分阐述中，将市级公共图书馆定位与服务问题，专门加以详细介绍。

1. 市级公共图书馆的定位实践分析

与省级公共图书馆地区中心馆的地位与突出管理职能不同，市级公共图书馆是面向大众服务的机构，更注重的是服务职能的履行。市级图书馆是城市文化的缩影，也受各个城市政治、经济等因素的影响，在其功能定位上常体现城市差异。深圳图书馆是城市公共图书馆的一个榜样。2007 年深圳图书馆新馆开放，该馆利用这一时机，全力打造一个“真正的公共图书馆”，提出“服务立馆、技术立馆”办馆方针，在服务立馆上，祭起了“天下之公器”的旗帜，提出了“开放、平等、免费”的口号；在技术立馆上，城市街区自助图书馆，深圳图书馆首创，世界首例，既是集各种高新技术于一身的最新高科技产品，更是深圳图书馆办馆理念和服务宗旨的集中体现；高新技术赋予了它完善的功能，而以人为本的精神则赋予了它富有人文情怀的灵魂。通过城市街区自助图书馆这一具体成果，可以较为清晰完整地体现出深图在人文精神和现代科技、服务立馆和技术立馆上的思路和办馆方针。[①]

这里，以绍兴、青岛两个城市图书馆为例，综合分析市级图书馆现有功能定位情况。

（1）绍兴图书馆的功能定位描述

绍兴图书馆历经古越藏书楼、绍兴县立图书馆、绍兴县鲁迅图书馆、绍兴市鲁迅图书馆和绍兴图书馆五个发展阶段，至今已有一百余年的历史。在发展过程中，绍兴图书馆紧扣地区发展需要，为绍兴“长江三角洲南翼以酿酒、轻纺、电子为特色的区域中心城市，以历史文化和山水风光为特色的著名旅游城市”的城市定位提供文献信息支持与人文形象支持。为充分体现图书馆创建人徐树兰先生“存古开新”的办馆宗旨与现代公共图书馆“平等共享”的服务理念，体现图书馆融合古今的特点，绍兴图书馆在发展摸索中逐步确定了其功能定位：

---

① 吴晞. 服务立馆 · 技术立馆——谈深圳图书馆的办馆方针. 深图通讯，2008（4）：24—32

成为绍兴市重要的情报信息集散枢纽和精神文明建设基地，是全市图书借阅、参考咨询、文献检索、文献开发和图书馆业务的辅导中心。

——城市情报信息集散枢纽。广泛收集印刷型文献与电子文献，以市区延安路新馆为总馆，以胜利西路古越藏书楼和北海分部为分馆，另在山区、军营、社区、学校、政府机关等设立了40多个馆外图书流通站，提供文献服务，促进城市情报信息的获取与交流。

——城市精神文明建设基地。长期以来，绍兴图书馆作为国家一级图书馆，较好地发挥了地区藏书中心、信息中心的作用，坚持“读者第一，服务至上”的宗旨，服务范围不断扩大，服务内容日益深化，服务载体不断延伸。图书馆倡导全民阅读、文化惠民，促进社会文明与进步。

——图书文献收藏与开发利用中心。图书馆现有藏书90万册，其中古籍16万余册，善本698种，新版《四库全书》、《四库全书存目丛书》和旧刻《四部丛刊》、《四部备要》等大型丛书近百种，民国绍兴地方报缩微资料11种，当代报刊1000多种，拥有7个全文数据库，包括中国期刊、重要报纸、重要会议、中国人民大学复印资料数据库、维普中文科技期刊、中宏、人民日报图文等数据库。此外，本馆自建有特色数据库，包括古越文化、越州览胜、绍兴名士3大类18个栏目，为网上推介绍兴的文化资源作了积极的探索并取得了很好的效果。

——地区图书馆的中枢。绍兴图书馆承担全国文化信息共享工程绍兴市级分中心建设，目前市级、各县（市、区）级中心均建成运行，全市城镇、乡（街道）基层中心覆盖率达到100%，村（社区）基层点覆盖率达到84%，充分利用网络、通讯以及数字技术手段，开辟不受地域与时空限制的文化传播渠道。

（2）青岛市图书馆的功能定位描述

青岛市图书馆将自身定位为：青岛市重要的知识性信息枢纽和精神文明建设基地，也是为各级党政机关、企事业团体的科学决策提供服务的公益性、学术性服务机构。

——城市重要的知识性信息枢纽。青岛市图书馆现藏书176万册。其中古籍15万余册；中文普通图书117万册；报纸期刊25万册；民国出版物3万余册；地方文献2万册；外文文献14万册，其中日、德占时期文献资料3万余册。同时新馆已建立起一个集图书馆业务管理、办公自动化、文献信息加工与服务于一体的大型计算机综合系统，其范围涵盖了图书馆日常的文献采访、编目、典藏、流通、连续出版物管理、加工工作，并采用通用的文献和信息处理标准，对馆藏文献进行分类、标引、数字化、存贮，形成馆藏书目数据库与全文数据库，以利于读者进行馆内检索和网上查询利用。该系统为青岛市图书馆文献信息服务提供了技术与设备方面的充分保障，同时，也为广大读者获取海内外信息提供了有效平台。

——城市精神文明建设基地。确立了“以人为本，服务至上”的管理理念，书刊借阅以开架为主，采取开放式的服务方式，全年365天开馆，向全社会提供全方位的优质服务。为适应学习型城市建设的需要，营造良好读书氛围，吸引更多的读者走进图书馆、利用图书馆，青岛市图书馆除通过外借、阅览、现场咨询、图书宣传等手段，为广大市民学习、进修等提供服务外，还定期举办“青岛文化大讲堂”、影视欣赏、文化展览、法律咨询、英语沙龙、双语经典美文诵读和流动服务进社区、进军营等活动，丰富活跃了市民文化生活。

——地区信息咨询与学术服务中心。图书馆设30个厅、室及活动区域，报告厅、展厅、音乐资料馆、电子阅览室、地方文献阅览室、史志阅览室、古籍阅览室、残疾人阅览室、少儿借阅室、自学阅览室、读者餐厅等功能齐全，阅览座位达1500余个，可实现知识传播、信息传递、学术交流、文化展示、休闲娱乐、教育培训等功能。同时，电子资源与传统资源的加工与推送，为领导决策、科学研究、文化教育等提供了全面充分的文献信息支持。

——青岛地方文献与古籍宝库。设地方文献部与阅览室，系统地收集、加工、整理、保存青岛地方史料、人物资料和地方出版物，以及与青岛发展密切相关的专题文献，构建具有地方特色的馆藏体系和馆藏特色文献，成为青岛的专题文献研究中心。同时，全国首创“古籍保护寄存模式”，促进古籍保护与利用。

——地区图书馆中枢。作为地区文化建设的中心，推进文化信息资源共享工程的发展，通过互联网、卫星传输、光盘、移动硬盘等方式，把共享工程的信息资源送到各基层点，结合基层服务与管理的需要提供服务，使青岛文化信息资源共享工程的信息资源最大限度地服务于普通百姓。

2. 公共文化服务体系中市级图书馆的定位

公共图书馆服务体系建设的目标是：结构合理、发展平衡、网络健全、运营高效、服务优质、覆盖全社会的公共图书馆服务体系，切实保障人民群众读书看报、进行公共文化鉴赏、参加大众文化活动等基本文化权益。这其实也是公共文化服务体系建设的目标之一。按照我国公共文化服务体系建设的目标，现阶段市级公共图书馆可作如下定位：

（1）公民终身教育机构。教育教化功能是公共图书馆从产生之日起就具备的，或者说为公民终身教育服务就是公共图书馆的基本宗旨。作为这样一种社会教育机构，市级公共图书馆不仅要为公民接受正规教育服务，更重要的是要为个人和社会群体进行终身教育提供基本条件。人们不论年龄、身份、学历如何，都需要不断增长新的知识或者更新自身知识结构，才能适应社会发展的需要。这种需要在城市居民中尤其迫切。在社区图书馆网络并不完善的情况下，地市公共图书馆必须尽可能满足大众的这种需求，提供学习场所和参考资料，举办各种专题讲座和知识技能培训，有条件的还应提供正式的教育服务。

（2）城市信息服务中心。随着公共图书馆理念的发展，“保障公民信息权利”已经成为市级公共图书馆的必然功能。因此，市级公共图书馆要将纷繁复杂的信息进行收集、组织和传播作为重要任务，为公众提供有关其学习、工作、生活、娱乐等各个方面的信息，让市民可以自由地从图书馆获取自己需要的各方面信息而不受环境、身份、地域、经济条件等外在因素的影响，从而最大限度地维护社会信息的公平。当其信息服务涵盖了诸如天气预报、列车时刻、就业信息等与人们生活息息相关的内容时，市级公共图书馆在市民心目中的地位自然会有质的飞跃。

（3）地区特色文献中心。由于地理位置、历史沿革、经济社会发展等方面的差异，每一地区都有自身的特色，对这种特色的记录和保存，应该是市级公共图书馆的当然职责。市级公共图书馆一方面要围绕当地特色，加强相关文献的收集和整理、开发，形成特色鲜明的文献资源库；另一方面要充分利用计算机和网络等现代技术和设备，向读者提供本地区特色文献资源查阅、咨询等服务。比如我国正在大张旗鼓地开展非物质文化遗产保护工作，而各地需要保护的肯定都是当地的特色文化。如果当地公共图书馆没有收集这些保护项目的文献资料，或者公众无法从图书馆查阅有关文献资料，那么地区特色文献中心的功能就没有有效发挥。

（4）公众文化休闲中心。公共图书馆向社会公众提供文化休闲服务的观点，不仅为我国图书馆界所接受，而且已经在很多城市图书馆付诸实施，这应当是图书馆功能的一次大扩展，属于延伸服务的范畴。市级公共图书馆在提供文献信息服务的同时，有必要为读者提供健康向上的文化休闲条件和相关服务。如举办保健知识讲座、专题展览、文化沙龙、生活知识竞赛甚至音乐、体育比赛，向读者提供活动场地和设备等，以此引导市民养成良好的休闲生活习惯，引领先进的社会风尚，活跃群众文化生活，为构建和谐社会作出特殊的贡献。

（5）阅读指导服务中心。市级公共图书馆既要成为公众学习的场所，又要努力成为能够提供阅读学习指导服务的机构。可以通过提供专业咨询，组织主题座谈、馆员和读者交流、阅读辅导以及举办其他读书活动，发挥图书馆的阅读指导功能。尤其要注重对青少年读者的阅读指导，使其养成良好的阅读习惯，从小培养阅读兴趣。如果能与中小学校加强联系，成为学生阅读辅导基地，会取得更好的效果。

为实现以上定位，必须加强市级公共图书馆建设：

一是加强图书馆的形象建设。城市图书馆是城市建筑的标志之一。城市图书馆设施反映了城市的经济文化发展水平，代表着城市的现代文明和建设成就，是城市整体形象的一部分，素有“城市文化名片”之说。其文献收藏功能、信息传递功能，以及建筑物的文化符号功能等，构成了一个城市不可或缺的文化要素。通常，城市的规模越大，图书馆事业的规模也越大。不仅有标志性的主体图书馆，还有一些专门图书馆、社区图书馆，以形成一个多功能的均衡分布的城市图书馆系统。在这方面中外都有典范，例如，上海图书馆、深圳图书馆、香港图书馆等无不向世人展示着国际大都市的风采与魅力。现代化的图书馆设施和建筑，使人能深切地感受到城市的亲和力、感染力，成为一道独特靓丽的城市风景线。

二是整合学习资源。城市图书馆要充分发挥其在建设学习型城市中的功能，实现各种资源的整合。主要应包括人力资源的整合、图书馆专业人才的整合以及图书馆和社会各类人才的整合。笔者认为其具体内容包含：图书馆内部人力资源的整合——对现有人员进行合理分工，如设立专职咨询馆员、网络服务人员、软件开发人员等；搞好读者培训，发挥各学科特长，搞好特色化服务；为各类不同需求的社会化学习团体提供专题服务。藏书资源整合——为学习型社会服务，仅靠公共图书馆的藏书是远远不够的，为了最大限度地发挥效能，加强图书馆间的联合，实现资源共享是非常必要的。其中不仅包括本地区公共图书馆之间的联合，与本地区院校图书馆之间的联合，也包括与外地公共图书馆之间的联合。在具体操作方式上则可以依托计算机网络，签订馆藏资源有偿共享协议。网络信息资源的整合——公共图书馆一般拥有较为丰富的电子信息资源和完善的网络系统，网络资源的数量多、更新速度快，有着传统的馆藏所不能及的地方，但其内容交叉重复，缺乏应有的整合标准，给读者的使用带来一定的不便。因此公共图书馆在充分利用这种网络优势的同时，还应进一步加强自身建设，建设具有地方特色的数据库，给尽量多的读者提供尽量全面的服务。

3. 关于市级少儿图书馆与市级公共图书馆少儿阅览室的关系

1980 年中央书记处通过的《图书馆工作汇报提纲》要求在中等以上的城市和大城市的区设立专门的少年儿童图书馆，各级公共图书馆要积极创造条件向少年儿童开放。然而，少儿图书馆建设与服务存在着以下问题亟待解决：

一是现在的少儿图书馆并不能全部承担为少儿服务的任务。根据本书第 3 章的数据统计分析，目前公共图书馆中仅占 3% 的少儿图书馆要为占总人口近 30% 的适龄儿童服务，无论文献资源还是馆舍分布都远远无法满足社会需求，在客观上使得最需要知识信息的人群成为一种文化服务难以充分顾及的“弱势群体”。

二是在同一个城市，形成独立的少儿图书馆与市级公共图书馆少儿阅览室重复建设的问题，在服务上也出现重合。独立的少儿图书馆集中所有资源为少儿阅读服务，在资源、服务活动、服务方式上与其他市级公共图书馆相比具有较大的优势。因此，会形成少儿图书馆读者较多而市级公共图书馆少儿服务部门读者较少的局面。但在有些城市，少儿阅览室的资源与服务具有少儿图书馆所没有的特色。

三是独立的少儿图书馆缺乏城市公共图书馆的网络条件，随着城市规模的扩大，会带来交通、距离等实际困难，从而影响少儿图书馆的利用。本书调查发现，18 岁以下选择儿童图书馆的较少，仅占 5.56%，而选择公共图书馆的占到了 50%（表 6-13）；初中及以下选择儿童图书馆的只有 14.29%，而选择公共图书馆的占到了 78.57%（表 6-15）。

四是体制不统一。目前，有的城市少儿图书馆与市级图书馆少儿阅览室分立，有的采取少儿图书馆与市级图书馆两馆合体的建制。合体的如石家庄市图书馆与石家庄少年儿童图书馆同一馆舍挂两块牌子。

当前市级公共图书馆的定位需要理顺两者之间的关系，加强少儿图书馆服务。

首先，根据地理位置、服务方式，有选择地进行两者之间的合并与分拆，集中优势力量与资源发展少儿服务。在公共图书馆系统内，应加强社区馆的建设，使其承担起辖区内为少年儿童的提供阅读服务的重任。这种作法的益处是显而易见的。一是精简教育和文化两个系统的功能重叠机构，既节约资源的投入，又便于行政主管部门加强督查，测评绩效；二是促进少儿文献资源更加贴近教学，优化人员、设备、馆藏等资源的配置；三是丰富公共图书馆的社会职能，有利于获取更加充足的经费支持。

其次，加大对少儿图书馆服务的投入，在公共图书馆系统中扩大少儿阅览室的数量和规模。借鉴日本的经验，日本在 1956 年（昭和三十一年）的 725 个公共图书馆中，有儿童室 216 个，儿童室的设置率近 30%。1966 年日本公共图书馆 736 个，有儿童室 259 个，设置率是35.2%。到2006年，公共图书馆3082个，有儿童室2214个，设置率是71.8%。在这50多年间，日本儿童室的设置率从30%上升到近72%，公共图书馆数增加3.25倍之多，有儿童室的图书馆增加了9.25倍。①

4. 市级公共图书馆的服务

(1) 树立以人为本的办馆新理念

读者到图书馆的目的不外有二，即一方面是为了汲取所需知识，另一方面也是为了享受终身学习的快乐。因此，营造一个良好的、充满文化和学习气息的人文环境，是吸引读者的重要举措。图书馆的建筑、硬件设施、服务手段、学习环境应充分体现出以人为本的宗旨。比如，提高馆舍环境质量，增强环境功能，在图书馆外营造一种安宁肃静、清新整洁、绿荫环抱、典雅庄重的气氛，图书馆内要注意色彩运用、家具配备、装饰布置和丰富多彩的宣传导读，同时在采光、通风、防噪声等方面也都要力求最好，有条件者还可以播放一些舒缓的音乐，让读者真正有“进馆如家”的体会。深圳南山图书馆就是山中有馆，馆中有山的布局，令读者有身临仙境的神往，重庆市图书馆内的休闲阅览区同样给人温馨的家的感觉。以人为本才能吸引读者，使图书馆真正广泛地发挥其强大的教育功能。

(2) 构建星形网状服务体系

图书馆公共文化服务体系的发展目标是覆盖全社会，其必然要求在进行空间布局与城乡布局的同时，对城乡社会人口居住点和人口流动点有所关注，对特殊人群的服务网点要进行综合思考布局。集群式与总分馆制成为当前解决这一问题的重要方式，在本研究对国家图书馆和省级图书馆的改革思路基础之上，对于城市图书馆，我们认为应该继续发展总分馆制，构建一种以城市中心馆为核心，以城区馆为节点，以社区馆为终端的星形网状服务体系。在业务指导、资源共建、服务互补等方面向城郊拥有类似结构特征的县图书馆和乡镇图书馆进行辐射，共同组建图书馆在公共文化服务体系中的实施主体。

图书馆建设与城市的建设和发展是相互促进的，图书馆应积极融入城市建设当中，要主动出击，充分发挥其功能作用。同时更要配合政府文化活动，走近市民、普及文化，满足市民终身学习的需要，为不同年龄、不同学习需求的人提供最方便的学习服务。总之，图书馆是创建学习型城市的助推器，担负着为全市人民文化生活提供智力资源和精神动力的职能。为满足城市人民不断增长的文化生活的需要，图书馆必须要与时代同步发展，致力于为市民读书学习、丰富文化生活、提升城市品位提供服务，用充满文化氛围的和谐环境来吸引市民认识图书馆、走进图书馆，通过充分发挥其资源收藏、文化教育、资源展示、信息交流等服务职能来促进城市的整体发展。

(3) 加强网上服务

市级公共图书馆介于省会城市图书馆和县图书馆之间，其网络服务功能的发挥不仅关系到为本市居民服务，还关系到与省会城市图书馆和县图书馆的资源与服务共享。根据汪晓方

---

① 俞月丽. 日本儿童图书馆的发展与服务. 图书馆论坛，2008 (5)：177—180

对中部6省（共有86个地级市）28个地级市图书馆的网上服务调查（见表10-6），发现地级市图书馆正在利用网络开展特色服务、导航服务和一些创新性服务，但在数据更新、馆藏检索等方面还存在着很多不足。因此，必须加强市级公共图书馆的网站建设，发挥公共文化的网上服务功能。

表10-6　中部6省地级市图书馆网上服务项目情况

服务项目		湖北	湖南	安徽	河南	江西	山西	总计	比例%	无法访问或无内容
馆情馆貌		8	7	4	3	3	2	27	96.43	0
读者指南		8	6	4	3	3	3	26	92.86	0
信息检索	馆藏检索	7	3	3	2	2	1	18	64.29	7
	电子资源检索	4	1	3	1	1	1	11	39.29	1
	站内检索	2	4	0	1	1	2	10	35.71	0
特色服务	地方文化服务	7	5	3	3	3	2	23	82.14	5
	新书通报/推荐	7	6	3	3	2	2	23	82.14	0
	读者推荐	3	1	1	1	0	0	6	21.43	1
	休闲服务	5	3	2	1	2	2	15	53.57	3
参考咨询	留言板/论坛	7	5	2	2	1	2	19	67.86	3
	E-mail	2	1	0	1	2	0	6	21.43	0
导航服务	站内导航	5	3	0	0	0	2	10	35.71	1
	相关资源导航	7	6	4	3	3	2	25	89.29	0
	便民信息导航	4	1	2	0	1	1	9	32.14	0
共享工程		5	3	4	2	2	2	18	64.29	2
读者活动		6	5	4	2	1	2	20	71.43	1

资料来源：汪晓方．中部六省地级市图书馆网上服务现状的调查研究．图书馆论坛，2008（5）：112—114

（4）加强服务延伸建设

目前我国城市均已建设学习型城市为目标，围绕这一目标，图书馆在做好“阵地”读者服务工作的同时应该不断拓宽服务领域，将服务延伸到机关、学校、社区及部队可以图片展、报摘展、读书知识讲座等丰富多彩形式开展群众性读书活动，为创建各类学习型组织提供智力支持，促进学习型组织建设。这也是图书馆在创建学习型城市中义不容辞的职责。

市级图书馆要服务于公众、企业、科研等，关键是要把服务功能辐射到全市区的所有街道和社区，建设市域范围内的资源、服务共享，这是在目前基层图书馆建设力量比较薄弱的条件下，市级图书馆需要承担的重要任务。[1] 图书馆的延伸服务是实现服务功能辐射的重要途径。通过举办讲座、展览、培训，开展网上服务等方式，可以拓展图书馆社会教育功能，增强辐射能力，扩大服务覆盖面，使图书馆的服务广度与深度都得到延伸，提高公共文化服务能力。

---

① 束漫．公共图书馆服务研究．北京：国家图书馆出版社，2009：191—192

10.2.3　省、市两级公共图书馆定位的差异性

前文介绍的公共图书馆系统定位时曾强调，在不考虑各级财政经费、人员、资源等问题的情况下，我国公共图书馆系统处于一个层次分明的理想服务体系下运作，各级公共图书馆的职能和任务是根据级别而有所差别的。华南师范大学束漫的《公共图书馆服务研究》将各级公共图书馆的职能与服务进行了总结，如表 10-7。

表 10-7　各级公共图书馆的职能与任务

服务内容	省图书馆	市图书馆	区图书馆	街道、社区图书馆
基本阅读服务	一般	比较重要	重要	最重要
专业研究服务	最重要	重要	比较重要	一般
社区信息服务	一般	一般	比较重要	最重要
信息咨询服务	高层次、大范围	中层次、中等范围	中层次、一般范围	一般层次 社区居民生活范围
文化保存服务	最重要	一般		
文化消遣服务	高层次	中高层次	中层层析	大众普及层次
文化交流服务	高层次	中高层次	中等层次	大众普及层次
社会教育服务	重要	重要	比较重要	比较重要

资料来源：束漫. 公共图书馆服务研究. 北京：国家图书馆出版社，2009：193

用金字塔来代表不同级别的公共图书馆，省级图书馆与市级图书馆分属于金字塔的两个较高层次。在功能定位上，省馆以“高”为中心，强调本省的文献信息资源保存、地方文献整理加工、更高层次的信息咨询服务与文化交流，同时通过行业协会及行政关系，调控全省公共图书馆体系建设，与主管部门沟通制定相应的政策。市馆应以“服务”为中心，承担中间的桥梁作用，负责本地区域内的公共图书馆的各项工作，承担主要的区级图书馆、社区图书馆的管理，协调资源分布，面向大众开展基本阅读服务及其他延伸服务。

10.3　县级公共图书馆的定位与服务

在公共文化服务体系建设过程中，县级公共图书馆是各级政府主办的公益性文化服务机构，是政府文化职能的基本实现部门，是农村居民共享社会精神文明成果，享受公共文化权利的直接窗口。其准确合理的定位是整个图书馆事业发展的重要一环。

10.3.1　公共文化服务体系与县级公共图书馆

1. 公共文化服务体系与县级公共图书馆的联系

公共文化服务体系是政府举办的、非营利性的、传播先进文化和保障大众基本文化需求的各种文化机构、产品和服务的总和。2005 年 10 月，十六届五中全会《关于“十一五”规

划的建议》醒目地出现了“加大政府对文化事业的投入，逐步形成覆盖全社会的比较完备的公共文化服务体系”的内容。此后从中央到地方，有关建设公共文化服务体系的政策不断出台，通过各项文化工程的建设，为大众享受公共文化成果构建服务平台。对已出台的各项政策进行内容分析发现，“覆盖全社会”、“省、市、县、乡镇”等表示范围的名词不断出现，县级文化机构因其呈上起下的重要纽带作用，成为各项文化政策的执行者与受益者。一方面，县级图书馆作为直接面向基层服务的文化部门，是公共文化服务体系中重要的服务部门，也是文化惠民政策的执行者，如重庆市巴南区出台的《公共文化服务体系常规管理办法》，对区图书馆、镇街文化服务中心、文化信息资源共享工程、村、社区文化活动室（农家书屋）、文化中心户（大院，图书外借点）等公共文化服务设施的服务常规管理，确保服务的开展。另一方面，政策的实施为图书馆发展带来了大量的资源与发展的新契机。如江西省鹰潭市人民政府办公室关于印发《加强公共文化服务体系建设意见》指出“多渠道筹措资金，进一步完善市、县（市、区）文化馆（站）、博物馆、图书馆、美术馆、艺术馆、纪念馆等公共文化设施建设，优化社区和乡村公共文化资源配置，形成覆盖城乡、结构合理、功能健全、实用高效的公共文化设施网络”①。为解决困扰县级图书馆发展的经费问题、馆舍问题、服务网点问题以及人员问题提供了保障。

2. 公共文化服务体系中县级公共图书馆的作用

就县级图书馆个体来说，虽然其规模较小、服务能力有限、读者层次较为单一，但同时若将其置于整个公共图书馆系统来讲，县级公共图书馆由于其服务对象是县级城市居民并延伸及其周边农村地区，资金来源有政府投资、基金会投资、企业投资及居民捐助等方式，具有服务对象多、影响范围广、分布局域广、经费来源广等特点，成为我国整个公共图书馆系统中不可缺少的组成部分，随着各种扶植政策的出台，县级公共图书馆在公共文化服务体系中的地位与作用，可以从县级图书馆覆盖基层等优势体现出来。②

（1）覆盖基层。县级公共图书馆作为公共图书馆服务体系的一部分，虽然处于县级城市，但其数量最多，据《中国文化文物统计年鉴 2009》统计，截止到 2008 年年底，全国县级以上公共图书馆共有 2819 个，比 2007 年增加 21 个。其中，县级图书馆 2444 个，独立建制的少年儿童图书馆 88 个，均有小幅增长。县级公共图书馆在数量上居于主导，基于地域的分布特点，使其与广大的县级城市居民及周边的农民公众直接发生联系，满足人们学习、生活、娱乐的基本需要，是最易达到全民的公共图书馆的一种服务模式。

（2）服务公益性。公共图书馆是普及群众文化的重要阵地，是提高公民素质的一种“平台”，属于公共物品。面向全民开放、免费为全民所利用的特点决定了公共图书馆是满足公民文化权利、支持终身学习的有效方式。作为公共图书馆一部分的县级图书馆也不例外。

---

① 鹰潭市人民政府办公室关于印发加强公共文化服务体系建设意见的通知（鹰府办发〔2008〕67 号）.［2010-06-07］. http：//law. baidu. com/pages/chinalawinfo/1713/54/1653063d68fc64dc2251061 dbde83c0e_ 0. html

② 王艳. 公共文化服务体系中的县级公共图书馆发展研究. 图书与情报，2010（1）：124—126

（3）服务弱势群体。县级公共图书馆的服务对象主要是生活在县级城市的民众以及所在地域的农村用户，包括广大偏远贫困地区的农村群众，经济相对落后，信息交流渠道少，存在广大的经济或信息获取上的弱势群体，县级图书馆对帮助当地民众获取知识摆脱贫穷具有重要作用。

10.3.2 县级公共图书馆发展现状

我国县级公共图书馆数量庞大，然而由于地理条件、经济发展程度、大众文化习惯等复杂因素的影响，县级图书馆的发展取得了很大成绩，但是也存在众多影响可持续发展的障碍。

1. 县级图书馆发展现状

县级图书馆的发展一直是中国图书馆事业发展不可回避的心结，与城市图书馆相比，在资金投入等方面的先天不足，造成其发展的艰难。近年来，随着公共文化服务体系建设的逐步开展，县级图书馆迎来了发展良机。正如中国图书馆学会秘书长汤更生在2007年中国百县馆长论坛上所言“两年前，在河南林州召开第一届‘百县馆长论坛’时，大家会上谈的是‘书吃人、人吃书’的现象，想得最多的是如何艰苦奋斗。而仅仅过去两年，在第二届论坛上，我们谈的却是如何发展。这一转变是惊人的，这得益于中央政府和各级地方政府对公共图书馆事业的重视”。我国幅员辽阔，不同地域范围的县级图书馆发展水平差异很大。

（1）东部发达地区县级图书馆发展

东部地区相对于西部而言，原有发展基础较好，观念开放，近年来各项文化发展政策更使其真正受益。

馆舍建设方面，在图书馆定级评估的促进下，馆舍总面积与单体图书馆面积增长迅速，一批环境舒适、布局合理的县级图书馆新馆建成，部分老馆也进行了相应的改造。如浙江金华地区的永康市图书馆建成建筑面积为8453平方米，总投资为1590万元的新馆，图书馆发展环境大幅度提升。浙江绍兴县图书馆新馆总建筑面积10 000多平方米，主体为三层全框架结构，设计藏书量为50万册，设置座席900座，内设纺织服装、越文化、地方文献等专题阅览室3个，多媒体电子阅览室、专题借阅室各1个，社会科学借阅库、自然科学借阅库各1个，还单独开辟有少儿阅览室以及300座席的报告厅和文化展廊等。

资源建设方面，在收藏纸质文献的同时，电子资源的使用逐步普及。文献资源共享工程在各地开展，县级图书馆作为基层之中心获得了大量的资源支持，同时当地政府与图书馆学会加大了对县级图书馆资源建设的支持与扶植。2009年，浙江台州8家已建成的县级图书馆中5家引进了各类数字资源。各馆先后采用了参考咨询QQ群、电子邮件推送等形式为读者提供数字资源服务。随着资源数量的不断增多，读者队伍的不断增大，原有的服务模式已不能适应相关的服务需要。台州市图书馆开发了参考咨询平台，9月开发成功，下发各县级图书馆，供各县市区图书馆免费使用。

服务方面，图书馆突出公益性特色，主动服务地方。浙江永嘉县图书馆针对当地的情况，率先发起的“留守儿童俱乐部”活动，便得到了当地共青团和关工委等部门的支持，同时也吸引了一些资金注入。广东佛山市禅城区联合图书馆通过建立读者专家库，利用他们掌握的专家，为当地企业排忧解难，促进了当地经济的发展，这就是图书馆社会价值的最好体现。

管理方面，东部地区县级图书馆的管理方式更为灵活，注重合作。集群式管理、联合采购系统、流动图书馆模式等的运用，为县级图书馆馆级互联互通提供了基础，解决了县级图书馆资源发展的瓶颈，促进县级图书馆科学发展。

（2）中部地区县级图书馆发展

相比东部而言，中部地区县级图书馆的发展受到资金、体制的障碍更多，改革开放之初的10年间，县级公共图书馆的数量快速增长，但整体事业发展缓慢，进入21世纪，随着经济的发展，县级公共图书馆建设也出现了新的增长期，以河南省三门峡地区为例，三门峡地区下辖7县（市、区），1980年，卢氏县图书馆建立，1984年10月陕县图书馆建立；1985年4月灵宝县图书馆建立，1986年2月渑池线图书馆建立，1988年10月义马市图书馆建立，至1988年三门峡共有县级图书馆5所。但这5所公共图书馆发展缓慢，甚至出现了发差现象。世纪之交，县级图书馆迎来了新的发展期，1998年建筑面积2800平方米的陕县图书馆开馆，2001年建筑面积2700平方米的渑池县图书馆开馆，2007年建筑面积2600平方米的卢氏县图书馆、建筑面积2500平方米的义马市图书馆和建筑面积4200平方米的灵宝市图书馆建成。①

（3）西部地区县图书馆发展

北京大学李国新在2005年10月召开的中国图书馆学会首届“百县馆长论坛”的主旨报告“我国公共图书馆事业进一步发展的突破口——县级图书馆的振兴”指出，我国公共图书馆特别是中西部地区的县级图书馆生存和发展面临的突出问题：一是馆舍老化，二是设施设备落后，三是经费严重短缺，四是图书馆“空壳化”严重，五是工作人员构成庞杂，专业水平偏低。② 5年过去，西部县级图书馆的发展取得了一系列可喜的成绩，到2010年召开的中国图书馆学会第三届“百县馆长论坛”（江苏江阴）中，西部县级图书馆馆长谈论困难的同时更多探讨的是针对县级图书馆管理体制、运行机制、服务效益和人才队伍等问题。西部县级图书馆的发展虽然与东部地区相比仍存在较大差距，但发展成绩也同样令人瞩目。

首先，硬件设施取得了较大发展，但仍需进一步加强。文化资源共享工程的实施，为县级图书馆的数字化发展提供了设备与资源，如云南省截至2009年年底，已建成1个省级分中心、91个设在县级公共图书馆县级支中心，通过配套投资建起众多的电子阅览室与业务自动化系统。电子资源建设发展的同时，纸质资源的拥有量也在逐年增加。

另一方面，西部县级图书馆的发展困境并没有得到根本的解决，以贵州省遵义市为例。遵义市所辖14个县（区、市）中，有县级公共图书馆12个（红花岗区和汇川区无公共图书馆）。县级公共图书馆的总面积1.9602万平方米，平均62万人拥有1所图书馆。藏书总量

① 王流芳. 三门峡图书馆事业志. 长春：时代文艺出版社，2007：62

② 刘忠平. 中国图书馆学会首届“百县馆长论坛”综述. 图书馆，2006（1）：53—54

72.61 万册，人均拥有藏书 0.0975 册；2008 年购书总经费 25.8 万元，人均拥有购书经费 0.033 元；计算机总数 375 台；年开展读者活动次数 231 次；借阅总人次 41.2069 万人次，借阅图书 28.3406 万册次。[①] 表 10-8 可以看出，遵义市各县图书馆的馆舍基本能得到保障，各馆均配备了计算机等服务设备，举办了一定数量的读者活动。但是，读者活动开展的次数、图书借阅量等数据仍较低，图书馆服务的社会效益并不明显。

表 10-8　遵义市各县图书馆基本情况统计（2008 年数据）

地区	图书馆面积	职工人数	图书馆专业人员	藏书量（万册）	2006，2007，2008 年购书经费（万元）	计算机（台）	开展活动次数（次）	借阅人次、（万人次）	借阅图书量（万册次）
遵义县	2100（未建先拆）	19	3	23	5，5，10	54	59	16	12.4
桐梓县	3636（部分被文化馆占用）	8	1	4.684	2，2，2	40	20	1.2	1.5
绥阳县	1100	6	无	6	3，3，3	30	8	0.2	0.2
正安县	2650	4	无	2	无购书经费	36	40	0.2179	0.3426
道真仡佬族苗族自治县	600	5	无	1.8	无购书经费	35	无	0.8	0.06
务川仡佬族苗族自治县	新馆被挪作他用	3	无	2	无购书经费	无	无	无	无
凤冈县	2000	6	无	6.2	2，4，5	25	36	6.053	4
湄潭县	1020（马上拆迁）	7	2	5.33	3，3，3	36	8	6.23	4.25
余庆县	2100	6	无	2	无购书经费	31	1	0.388	0.388
习水县	1300（2009 年才建）	5	无	3	无购书经费	38	3	1.818	1.2
赤水市	1540	9	1	10	0.8，0.8，0.8	20	2	2	1.4
仁怀市	1556	6	无	6.6	2，2，2	30	46	6.3	2.6

资料来源：陈庆苏，熊树华．对县级公共图书馆建设的思考——遵义市县级公共图书馆调查分析．科技情报开发与经济，2010（9）：70—72

2. 县级图书馆发展机遇与障碍

（1）发展机遇

知识经济时代的到来，国民经济持续、快速、健康的发展，为县级图书馆事业的发展提供了更有力的财力支持和物质保障。同时，国家提供公共文化产品意识的增强，各种技术手

① 陈庆苏，熊树华．对县级公共图书馆建设的思考——遵义市县级公共图书馆调查分析．科技情报开发与经济，2010（9）：70—72

段的发展，为县级图书馆事业发展营造了软环境和技术环境。

首先，国家层面的重视与地方政府的支持，有利于县级图书馆工作的开展。公共图书馆事业是公益性的服务行业，在经过20世纪80年代末到90年代的“以文养文”活动后，正逐步向免费均等的图书馆传统价值回归。这一现实决定了其对政府主管部门的财务依赖与政策依赖加深，政策环境成为决定县级图书馆发展的重要基础。公共文化服务体系建设的提出，服务型政府的转型改革，为公共图书馆发展提供了有利的政策支持，部分公共图书馆已开始将工作中心由筹集经费转向经费的合理使用，多样化的读者服务上。同时各地纷纷出台的公共图书馆事业管理办法也为县级图书馆发展提供了保障，如《山东省公共图书馆管理办法》规定“第四条 县级以上人民政府应当将公共图书馆建设纳入当地国民经济和社会发展计划。公共图书馆的建设、保护、使用等经费，应当列入同级财政预算，并随着年度财政收入的增长逐年增加”。①《河南省公共图书馆管理办法》规定“公共图书馆的馆舍、设备、文献资源受法律保护，任何单位和个人不得损坏和侵占。公共图书馆的经费由各级财政从文化事业费中列支，并应根据公共图书馆事业的发展和地方财力适当增加。公共图书馆的文献购置费应当单列，不得挪用”②。这些公共图书馆管理地方法规，对图书馆事业的发展做了详细的规定，明确各级政府责任与图书馆发展各项业务活动，为县级图书馆争取各项扶植政策，开展各种用户服务提供了制度依据与保障。

其次，乡镇文化站的大力发展，为县级图书馆事业延伸服务提供平台。我国是一个农业大国，农村文化建设已经被越来越多的人所瞩目，新农村建设的目标的提出，吸引文化部门加大了对乡镇文化站的投入。县级图书馆是我国图书馆事业的末梢神经，也是直接面向农村文化建设的重要机构。现有的各种政策均将县级图书馆划入农村文化建设工程之中，将其作为发展农村文化站、农村图书室的重要中心。2010年《文化部关于进一步加强农村文化建设的意见》指出，到2010年，全国农村要实现县县有图书馆、文化馆或综合性文化设施，乡乡有文化站，有条件的村积极建立文化室或图书室，满足人们就近、经常和有选择地参加文化活动的需要；图书馆、文化馆的建设面积和综合服务能力基本达到各省、自治区、直辖市文化主管部门制定的标准；农民群众能定期观赏专业艺术团体演出和参加各种业余文化活动。农村文化建设需要县级图书馆以多种形式开展延伸服务，最大限度地利用本馆资源为当地服务，在服务中提升社会成效，提高工作绩效。

第三，日益发展的经济环境，为县级公共图书馆事业提供了物质基础。财政拨款是公共部门经费的主要来源，近年来我国经济持续发展，从中央到地方积聚了一定数量的公共服务资本，为公共文化服务体系的建设提供保障。县级图书馆作为其中的一员，在新馆建设、馆藏资源配置等方面得到较大的资助。

第四，县级图书馆的交流与合作，成为图书馆发展的新契机。近年来，图书馆之间的交

---

① 山东省人民政府．山东省公共图书馆管理办法

② 河南省人民政府．河南省公共图书馆管理办法

流与合作逐步加强，为县级图书馆发展带来新的管理理念与展示平台。如2003年甘肃省天水市麦积区公共图书馆利用与上海市图书馆结对子的有利条件，促成了"'麦积情韵'赴沪书画展"，展出获得了极大成功。以此基础，麦积区图书馆赢得了当地政府的支持，为管理增拨了购书经费与公用经费，在当地树立了服务口碑。①

（2）发展障碍

县级公共图书馆的发展障碍众多，根据对《县级图书馆生存发展启示录》论文集中论文的内容分析发现，除受外部影响因素的影响外，各县级图书馆主要反映的发展障碍包括：人才问题、图书馆员培训、管理体制等软环境障碍，办公条件、服务条件等硬环境建设障碍，服务形式单一、服务内容单调等服务环境障碍。这些发展障碍具有很大的共性，不论地区、规模都在一定程度上存在着上述问题，致使县级公共图书馆在日常业务发展中不断受限，无法正确定位县级图书馆的功能，社会认同率较低，没有很好地彰显自身存在价值。

10.3.3 县级公共图书馆的定位

图书馆的定位问题是县级图书馆确立核心竞争力，体现其在公共图书馆事业中位置的基本途径之一。结合县级公共图书馆现状，以及已有的调研结果，本研究认为，县级公共图书馆的功能可定位为如下几个方面。

1. 县域内的公益文化机构

县级图书馆是公益性文化机构，虽然现阶段在所有县级图书馆全面推行免费服务与均等服务尚有较大困难，但是图书馆的公益性是必须坚持的。党的十七大明确提出，要坚持把公益性文化事业作为保障人民基本文化权益的主要途径，更加自觉、更加主动地推动文化大发展大繁荣，让人民共享文化发展成果。为贯彻落实十七大精神，充分体现公共图书馆的公益性质，进一步加强和改善服务。最近，在中央财政的支持下，国家图书馆制定了《关于加强和改进公益性服务的实施方案》，在大幅减免服务项目的同时，推出了今后加强和改善服务工作的具体措施。措施一经推出即引起文化部门的重视，文化部专门转发该方案，要求各地结合实际，积极争取财政支持，进一步加强和改善公共图书馆服务，扩大服务范围，提高服务水平，更好地保障人民群众的文化权益。

20世纪80年代，县级公共图书馆经济困境致使"以文养文"运动兴起，有偿服务成为很多县级公共图书馆不得已的选择，无形中提高了图书馆利用的门槛，阻挡了部分公众利用图书馆资源。同时，随着市场经济的不断发展，图书馆的经营业务扩大，公益性服务更加萎靡。多年的习惯使得很多公众不相信图书馆是可以免费利用的。《南方周末》上一篇题为《公共图书馆公共了吗?》的报道中讲到2006年7月深圳图书馆新馆开张，馆长吴晞向市民承诺"免费"，而许多人却不信到图书馆可以不花钱，他们不敢理直气壮地来使用图书，而是

---

① 田德海．西部县级公共图书馆延伸服务新探．图书情报知识，2009（4）：73—77

小心翼翼、谨谨慎慎地走进图书馆来询问。[①] 在深圳尚且如此，在县级地区，这种现象更为普遍。回顾图书馆的发展史，近代意义的公共图书馆产生就是向所有公众开放的。公共图书馆的经费与其向居民提供免费服务是互为条件的，政府通过社会再分配为公共图书馆提供了稳定的经费来源，使公共图书馆向读者提供免费服务成为可能，而图书馆要得到政府拨给的经费，前提则是必须为读者提供无偿服务。[②] 因此，将县级公共图书馆定位为县域内的公益文化机构，既符合图书馆自身的使命，也符合公共服务型政府建设的要求。

2. 文化信息资源共享工程的分中心

2002 年 4 月开始，文化部把在全国实施文化信息资源共享作为一项重点文化创新工程来抓，随着资金、技术、设备的投入，文化信息资源共享工程在全国设立 33 个省级分中心，主导当地的文化信息资源共享工作。文化信息资源共享工程采用现代通信技术和网络技术，彻底消除不同地区在获取文化信息资源上的不平等，使文化信息能够经济、快速地传送到各地，使老少边穷地区的群众也能享受到优秀文化精品，实现文化信息资源在全国范围的共建共享。

县级图书馆作为文化信息资源共享县级分中心，联通省级分中心与农村文化站、乡镇文化站等基层服务点，在资源与服务延伸上获取更大空间。继续将县级公共图书馆定位为文化信息资源共享工程分中心，对县级图书馆、信息共享工程与农村用户具有“三赢”的效果。县级公共图书馆有了新的工作重点，为其带来了新的资源与服务内容，有利于其日常业务的开展；共享工程的基层服务点的规范建设，需要县级公共图书馆的配合帮助，基层服务站需要县级图书馆的示范、带动与辅导，也需要县级图书馆其他资源的支持。

3. 本地区非物质文化遗产保护与地方文献资源的收集整理中心

根据联合国教科文组织 2003 年 10 月 17 日在巴黎通过的《保护非物质文化遗产公约总则》中的界定，“非物质文化遗产”涉及（1）口头传颂和表述；（2）表演艺术；（3）社会风俗、礼仪、节庆；（4）有关自然界和宇宙的知识和实践；（5）传统的手工艺技能。非物质文化遗产的“保护”是指采取措施，确保非物质文化遗产的生命力，包括这种遗产各个方面的确认、立档、研究、保存、保护、宣传、弘扬、承传和振兴。从以上“保护”工作的具体内涵来看，尤其是在立档、保存、保护、宣传、弘扬、教育等方面，公共图书馆都可以参与其中并发挥重要作用。我国的很多非物质文化遗产都是散布在农村等较为原始的地方，县级图书馆在地域上拥有较大优势，可以承担本地区非物质文化遗产的保护相关工作。已经有部分县级图书馆认识到这一重要的工作，福建省古田县图书馆参与地方的非物质文化遗产保护工作经验即值得推广，其组织馆员从馆藏地方志等文献中对有关非物质文化遗产的资料信息进行发掘、整理，推荐人员参加地方组织的对本地区非物质文化遗产的田野调查工作，与其他有关机构进行合作研究或者协助有关部门对本地区的非物质文化遗产进行确认、立档、记录、整理等。在古田县申报“陈靖姑信仰民俗非遗”中，县图书馆提供了《福建通志》、《古

① 万静，漆菲，黄冰如．公共图书馆公共了吗？南方周末，2006-08-24

② 陈涓．县级图书馆开展“以文补文”活动反思．图书馆，2008（1）：112—113，125

田县志》乾隆版和民国版，提供古田旧城版图，临水宫请香接火活动的照片资料，还开展馆际互借，向福建省图书馆影印了明万历版《古田县志》和清乾隆辛未版《古田县志》的有关内容，为“申遗”工作提供了大量的第一手资料。① 县级图书馆定位为地方非物质文化遗产保护中心，能够加强图书馆的文化职能，在增加自身资源的同时有利于地方资源的开发利用。

县级图书馆还应是本地区地方文献收集中心。在已经出台的各省图书馆管理办法中，对于图书馆业务的重要要求就是收藏本地区的地方文献资源，以此作为馆藏特色资源。反映当地历史沿革、社会变迁、自然资源、经济发展、文化源流、民俗风情等方面情况的地方文献收集与利用，对当地以及整个文化事业的发展都有重要作用。各县级公共图书馆在地方文献收集上应具备相当经验，如广西桂林市兴安县馆通过征集、复制、购买等方式收集本县政治、经济、文化、艺术、农业、历史等方面的文献资料，结合每年在兴安县城举办的“兴安米粉节”来收集相关文献，每届米粉节的所有资料（文字、照片、声像资料）都制作成文件汇编形式保存。② 地方文献的采选，尤其是民族地方文献，有助于地方文化的保存、继承、加速传播的作用。同时也是县级图书馆作为文化资源共享工程支中心，对整个文化资源建设的贡献之一。

4. 本地区农村文化服务的提供者与协调培训者

当前，我国农村文化建设大多把县级图书馆涵盖在其中，农村图书馆建设体系也多以县级图书馆为中心。相对于国家级、省级以及城市级公共图书馆，县级图书馆的定位较为明晰，作为基层文化服务部门，必须定位为农村文化中心和农村图书馆体系的核心，通过县图书馆，带动各乡镇图书室、村图书室，有条件的地区可实现总分馆制。县级图书馆承担着辖区内广大农村的文化服务与管理职能。农村文化服务提供者的功能定位，符合其长期以来积累的文献资源特点。县级图书馆可以通过开办分馆、送书下乡、举办流动图书室、帮扶乡镇文化站等方式，巩固图书馆在农村文化生活中的地位，拓展自身的服务空间。

县级图书馆不仅承担着本地区农村文化服务提供者的职能，更应该定位为协调培训者。当前的农村文化建设项目较多，常常隶属于不同部门管辖，新闻出版总署的“农家书屋”可以算是农村文化建设中重要的一环，但其不隶属于文化部门管辖，在基层的管理层面面临一定的困难，农村文化站与县级图书馆虽然同属于文化部门管理，但县级图书馆对其并没有管理权，其业务也缺乏相对专业的指导，农村文化建设的复杂关系，不利于其健康可持续的发展。县级图书馆应该将自己定位为本地区农村文化服务的协调培训，通过合作以培训与联合管理的方式，协助农村文化机构的正规有序管理与运作。在这方面，福建省仙游县图书馆的经验值得推荐，仙游县文体局于 2005 年在全县 299 个自然村设立乡村文化协管员，负责管理

① 王丽端．浅谈县级公共图书馆在非物质文化遗产保护中的作用．中共福建省委党校学报，2009（7）：94—96

② 潘小艳．桂林市县级公共图书馆现状的调查．科技情报开发与经济，2010（3）：102—104

全村的文化事业建设，县财政按时支付其工资。县图书馆定期举办面向全县中小学图书馆、乡镇文化站（图书馆）、村文化协管员的图书馆基础业务培训班，并定期下乡进行业务辅导，大大提高了基层农村文化管理人员的业务水平。①

5. 本地区社会教育与休闲娱乐中心

项目组的调研结果显示，社会教育与休闲娱乐功能是公共图书馆的主要功能之一。读者到馆的目的也主要集中在这两个方面。县级公共图书馆同样也承担着这两项功能。首先，县级公共图书馆是本地区的集体教育、社会教育的重要场所，是大众阅读宣传的重要阵地。县级公共图书馆的社会教育功能已经得到了各馆的共识，为了吸引读者，各馆纷纷开展读者有奖知识竞猜、读书比赛等活动，已取得一定的成果。未来的发展中，县级图书馆需要进一步完善其社会教育职能，履行文化普及与传播的任务。其次，大众娱乐休闲功能同样需要受到县级图书馆的重视。调研结果表明，将图书馆视为感受文化氛围、作为娱乐休闲的一种方式的读者为数不少。公共图书馆与其他类型图书馆相比，其大众文化休闲娱乐功能更为显著，就馆藏而言，休闲类读物比学术读物更受读者青睐。县级图书馆面临的读者群素质已悄然发生变化，随着教育的普及、读者的文化素养不断加强，科普、农技类读物需求增长的同时，休闲娱乐类需求也在增长。而且，相对城市而言，县级市内文化娱乐机构较少，“书吧”、“音乐试听”等形式的活动有一定的发展前景。

10.3.4 县级公共图书馆的服务

图书馆服务简而言之就是通过各种途径将信息（特别是文献信息）传播给大众，其主要内容包括阅览服务、文献外借服务、试听资料服务、文献复制服务、参考咨询、检索服务、馆藏报道、文献展览、文献讲座、阅读辅导、读者教育、儿童服务等。② 县级图书馆的服务也涵盖在其中，本研究将县级图书馆服务分类为基础服务与延伸服务，重点阐述延伸服务。

1. 县级图书馆的基础服务

借阅服务是图书馆提供阅览室及相关设备和环境，供读者在馆内利用各种文献以及通过办理必要的手续后将馆藏携带出馆的服务方式。无论外界环境如何变化，借阅服务都是县级图书馆一直坚持的基本服务内容。近年来随着阅览环境的改善和图书馆管理思路的变化，开架式或半开架式阅览在县级图书馆开始普及，读者在文献选择上得到了很大的自由。县级图书馆应不断创造条件，通过馆际互借、预约借书、流动借书等方式，坚持和发展借阅服务。

参考咨询与馆藏报道同样是图书馆的基础业务活动。县级图书馆制作二、三次文献为读者提供服务，能够减少用户检索的时间，有助于读者培训活动的开展。各县级馆当前的活动中，已经注意到馆藏报道与参考咨询活动，并取得了很好的社会效益。如江苏省泗阳县图书

---

① 苏金妹．农民信息贫困与县级图书馆的应对策略．图书馆理论与实践，2009（1）：110—112

② 中国大百科全书本卷编辑委员会．中国大百科全书．图书馆学、情报学、档案学．北京：中国大百科全书出版社，1993

馆编印的《信息导航》，每月一期，向各党政机关、乡镇及相关企、事业单位免费赠阅，及时送去时政、时尚、生活、书讯等方面信息。同时，还面向工厂、企业提供定题、专题服务，根据需要为他们提供经过加工整合的二、三次文献，受到用户的普遍欢迎。福建龙海市图书馆根据地区发展需要，编印农村实用技术《信息选编》，每月2期，至今已编542期，主要有“水产养殖”、“蔬菜栽培”、“食用菌栽培”、“果树栽培”等6个专题；编制《专题汇编》有“荔枝栽培技术”、“鳖的养殖”、“鱼用药物大全”等；编制《专题篇名目录索引》等。该馆编印的信息受到了用户的欢迎与市领导的赞扬。① 参考咨询与馆藏报道既是图书馆基础服务，也是主动服务的重要方式，是扩大县级图书馆价值的重要途径。

2. 县级图书馆的延伸服务与个性化服务

图书馆除了在馆内开展各种服务外，将服务阵地转移到馆外，可以扩大服务范围。本部分将延伸服务与个性化服务放在一起阐述，旨在从创新与主动的角度探讨县级图书馆的服务问题。

县级图书馆的延伸服务主要包括县城范围内的主动服务和农村信息服务两部分。县城内的延伸服务，县级图书馆可借鉴城市公共图书馆的做法，主动与政府、学校、社区进行联系，送服务上门。以江西泗阳县图书馆为例，其组织了“共享工程”进校园活动。他们用移动硬盘从省中心拷贝回大量数字资源，再经过工作人员精心编排，挑选一些适合学生观看的爱国主义影片、科普资料片、科普讲座等视频资料，送至学校，通过校电视台或投影设备进行播放，丰富了学生的第二课堂。高考前夕，到城区两所重点中学播放《高考志愿填写指南》的视频讲座，通过专家深入浅出的讲解，为家长和学生家长提供帮助，深受欢迎。② 这种主动延伸服务，针对服务对象的需求和特点取得了很好的效果。

县级图书馆的农村信息服务是延伸服务的主要内容。分馆、流动图书馆、文化下乡等活动，扩大了图书馆公共文化服务的范围和影响，使远离县城的农村用户也有机会享受到高水准的服务，在一定程度上是对平等服务原则的践行。

在延伸服务的同时，县级图书馆应注意个性化服务，针对不同用户群体制定不同服务政策，有意识地加强弱势群体服务能力与服务水平。

县级图书馆的服务应该紧抓基础服务，踏实认真地完成图书馆各项馆内工作，同时根据自身能力有重点地开展延伸服务，形成全面、科学的服务体系，让更多的公众享受到高水准的服务。

10.4 乡镇村级图书馆（室）的定位与服务

乡镇、村级图书馆是以图书馆行政等级为基础划分的，通常情况下，可将其统称为农村

① 洪英俊. 浅述县级公共图书馆的特色服务. 大众文艺：学术版，2009（12）：201—202

② 张前咏. 和谐社会构建中县级公共图书馆工作实践与思考. 新世纪图书馆，2009（2）：83—85

图书馆事业。当前，农村图书馆事业发展十分缓慢，众多农民群众对图书馆一无所知，甚至与“新华书店”混为一谈。可以说，落后的农村图书馆现状在一定程度上制约了农村人口文化素质的提高，制约了农村经济的进一步发展。本节将从农村图书馆的构成与实践分析、定位与服务三个方面展开阐述。

10.4.1 乡镇村级图书馆（室）的构成

农村，又称为农村社会区域共同体，是指在特定的自然区域内，由各种主要从事农业生产活动的密集人口组成的社会。它是具有相同的地缘文化、共同利益的居民的结合，在这个社区中重视人与人之间的交往与互动。在我国，主要表现为村庄和集镇两种形式。乡镇图书馆与村级图书馆都属于农村图书馆的范畴。

严格意义上的农村图书馆是指建立在农村社区之内的，根据社区居民需要，通过对文献信息及其来源进行选择、搜集、加工，提供给社区居民使用的社区信息交流中心，它是普及文化知识和提高全民素质的最直接也最有效的途径之一。农村图书馆的特点鲜明：首先，规模小。农村图书馆的占地面积一般都不大。在当前，农村图书馆的建馆面积较小并且设备简陋，一般只有一个阅览室，所有的服务都集中在内部进行，且常与农村文化站结合在一起；农村图书馆的藏书规模也比较小。由于资金投入较少和农村社区实际需求相对狭窄等多方面的原因，农村图书馆的藏书量普遍较少，正在建设的文化资源共享工程提出在农村建设万册藏书室，为农村图书馆制定了建馆藏书量的规定。其次，针对性强。农村图书馆是为整个农村社区居民服务的，因此在资源选择和馆舍布置等方面体现要体现农村社区的特点，有针对性地开展工作。在书刊种类上一般以农民“读得懂、用得上”为配置标准，期刊一般以通俗娱乐类、农业信息类为主，图书主要围绕农村政策法律、农村公共管理与社会建设、农村实用科技与技能培训、农村卫生与医疗保健、文学精品与人物传记、农民看世界等方面。第三，非专业化。农村图书馆的管理人员一般都是乡镇的文化干部或者是其他的非专业人员，在管理、服务等方面非专业化表现明显。根据我国图书馆的实际，县级图书馆承担了大部分农村图书馆的职能，成为面向农村社区基层的重要文化服务窗口，因此，目前对农村图书馆进行研究时，常常将县级图书馆也划进来进行统一研究。本课题在研究农村图书馆定位问题时也采取这一研究对象的划分，将县级公共图书馆和其他农村公共图书馆作为研究主体，进行定位研究。农村公共图书馆的类型，大致有以下几种：

（1）隶属于国家公共图书馆系统的独立建制的县级图书馆、乡镇图书馆以及各级公共图书馆的农村分馆等。农村图书馆是社区图书馆的一种，但是其地域性更强，服务对象更有针对性。县级图书馆和乡镇公共图书馆是我国公共图书馆行政体系的重要组成部分、基层服务单位。大部分现有研究将县级公共图书馆划入农村图书馆类型中，本研究已将县级图书馆作为独立部分进行阐述，因此本部分讨论的农村公共图书馆不包含位于县城的县级图书馆。这类图书馆依赖国家财政支持，接受行政体制的严格管理，依靠国家财政的全额支持开展日常工作。各级公共图书馆的农村分馆是近年来在“总分馆”建设热潮下新出现的农村图书馆形式，部分省、市级图书馆以及有能力的县级公共图书馆，直接与农村基层管理组织合作，建设固定阅览室或者以流动图书车的形式直接面向农村服务。“分馆是总馆把一部分业务分离出去而形成的附属场馆，必须拥有一个基本的馆藏、常规的人员配置和固定的开馆时间。”①

（2）农村文化站图书室。这是农村图书馆常见的表现形式之一，它与农村文化站结合在一起，公用硬件设施和管理人员，这类农村图书馆一般由县市级政府以项目形式同意设置，由村委会或其他地方机构自主运行。其由政府援建，地方部门管理和维护，也带有公益性的色彩。

（3）农家书屋。为深入贯彻落实中共中央、国务院《关于推进社会主义新农村建设的若干意见》和《关于进一步加强农村文化建设的意见》，切实解决广大农民群众“买书难、借书难、看书难”的问题，2007 年 3 月，新闻出版总署会同中央文明办、国家发展改革委、科技部、民政部、财政部、农业部、国家人口计生委联合发出了《关于印发〈农家书屋工程实施意见〉的通知》，开始在全国范围内实施“农家书屋”工程。农家书屋是为满足农民文化需要，在行政村建立的、农民自己管理的、能提供农民实用的书报刊和音像电子产品阅读视听条件的公益性文化服务设施。每一个农家书屋原则上可供借阅的实用图书不少于 1000 册、报刊不少于 30 种、电子音像制品不少于 100 种（张），具备条件的地区，可增加一定比例的网络图书、网络报纸、网络期刊等出版物。② 从根本上说，农家书屋不属于公共图书馆系统，其范围比农村公共图书馆的范围更广，旨在建设农村书籍的发行、传播、利用的平台，但它又承担了部分图书馆的职能，提供图书、音像及电子资源的借阅服务。

（4）“文化资源共享工程”建设的农村服务点。截至目前，“文化资源共享工程已经建立基层网点 8187 个，其中县级分中心 1284 个，乡镇基层中心 1893 个，村基层服务点 1939 个”③。这些服务点涵盖部分图书馆的职能，在农村地区建设服务点，为农村文化服务。部分服务点依托原有的农村图书馆或文化站等实体。

（5）由村委会或社会力量自主设置和运行的图书馆（室）。

10.4.2 乡镇村级图书馆（室）的定位

目前，农村图书馆的定位问题研究较少。在对 CNKI 检索时，检索到的 721 篇文献的主题主要集中在发展农村图书馆对农村发展的意义、农村图书馆发展现状和存在的问题、农村图书馆发展的对策、农村图书馆的实践经验、农村图书馆建设模式和发展构想等方面，其中论述最多的是农村图书馆在农村建设中的作用和意义。

---

① 邱冠华，于良芝，许晓霞．覆盖全社会的公共图书馆服务体系：模式、技术支撑与方案．北京：北京图书馆出版社，2008：6

② 中国农家书屋网．中国农家书屋网首页．[2009-02-28]．http：//www.zgnjsw.gov.cn/Index.html

③ 中国文化资源共享工程网站．全国文化信息资源共享工程基层点．[2009-02-28]．http：//www.ndcnc.gov.cn/libpage/jcd/全国文化信息资源共享工程基层点．htm

1. 以县图书馆为中心建立农村公共图书馆体系

在公共文化服务体系建设过程中，县级公共图书馆是各级政府主办的公益性文化服务机构，是政府文化职能的基本实现部门，是农村居民共享社会精神文明成果，享受公共文化权利的直接窗口。相对于国家级、省级以及城市级公共图书馆，县级图书馆的定位较为明晰，作为基层文化服务部门，必须定位为农村文化中心和农村图书馆体系的核心，通过县图书馆，带动各乡镇图书室、村图书室，有条件的地区可实现总分馆制。

2. 加强农村图书馆信息资源与基础设施保障

农村图书馆以公共文化为基本定位，必须解决两个问题：一是必须改变过去将农村图书馆仅限于考虑农民读书与查找信息的部门，没有将农村图书馆放在重要地位。必须将农村图书馆作为公共文化的重要设施加以建设，将农村图书馆纳入农村公共文化服务体系，并将其作为中心地位，综合考虑建设问题，如乡镇以下，文化站与图书室不宜分立，要一体建设。二是县政府应当加大投入，解决信息资源与基础设施问题，保障农村图书馆体系的可持续发展。

根据对农村图书馆的调研，农村图书馆的突出问题，一是经费严重不足；二是人员紧张；三是图书馆仅有的一点资源经常被一些部门征用，图书馆得不到重视；四是基础差，整体条件落后，跟不上公共文化发展的需要。

因此，一方面，必须抓住农村公共文化服务发展的时机，解决当前图书馆的突出困难。另一方面，特别要关注不发达地区农村图书馆的问题，缩小东西部图书馆的差别，鼓励东部地区农村图书馆支援西部图书馆事业，让西部农村图书馆尽快发展起来。

3. 确立农村图书馆在农村公共文化服务体系中的主导地位

构建农村基层公共文化服务体系，是一件涉及我国经济社会能否科学和谐、持续、稳定、又好又快发展的大事。全社会积极关注、支持、参与农村基层公共文化服务体系建设是值得肯定和不可或缺的。但由于建设之初没有科学的计划和措施、缺乏统一的标准和步骤，建设的力度强弱、规模大小、投入多少、周期长短不尽相同，使市县（市）区等基层组织应接不暇，无所适从，使建设农村公共文化服务体系建设的积极性受到影响。科学构建农村文化服务建设，明确建设主导机构。当前，文化馆图书室、共享工程服务点、公共图书馆分馆、农村书屋以及私人图书馆等在农村社区遍地开花，为农村文化建设带来福音的同时，也导致重复建设与管理混乱。因此，确定农村公共文化服务体系建设的主导机构，以点带面进行建设对农村文化建设尤为重要。

要发挥农村图书馆在农村公共文化服务体系中的作用，必须统筹协调农村图书馆与文化馆、农村书屋与图书馆的关系。

（1）关于图书馆与文化馆的问题

目前，各地农村公共文化服务体系建设基本上是按照两条主线发展的，一是“县文化馆—乡镇文化站”文化线，一是“县图书馆—农村图书室（农村书屋等）”图书线。在我国东南沿海省份和中部若干发达省份，由政府主导的城乡一体化公共文化服务体系一般为四级：

省级图书馆与文化馆（以下简称“两馆”）、市县“两馆”、乡镇街道“两馆”（或综合文化中心）、城市社区、农村村级图书室、文化活动室（站、点）。张欣毅在宁夏“十一五”社科重点项目《宁夏公共信息资源共建共享模式研究》的调研报告中关于“文化线”的数据：宁夏全区现有总人口596万，其中农村人口344.13万人，占总人口的57.74%。自治区辖5市19县（市、区），有乡镇187个（乡93个、镇94个），行政村2374个，市县（区）文化馆20个；乡镇文化站（中心）仅覆盖了80%，而且主要分布在川区各县或距县城较近的山区乡镇；村级文化室900多个，仅覆盖全区行政村的3.79%；农村宣传文化中心户（文化、文体大院）500余户，即使忽略其与行政村文化室并行存在的因素，其覆盖面也仅为2.1%。关于“图书线”的数据：全区市县级图书馆20个，65%的市县图书馆面积和功能不达标。据2005年年底统计，全区达到国家文化部颁布西部三级馆标准（最低标准）及其以上的文化馆仅有10个，占总数的43%；图书馆仅15个，占总数的71%。根据该区实际，张欣毅建议：在“十一五”期间乃至更长的一段时间内，面向农村的公共文化服务体系的建设可区分为两种类型，一是政府主导的“两馆一站”，以自治区级、市县级、乡镇级三级构建为主；二是行政村或自然村级的综合文化活动室，以民办公助为主，以政府举办为辅。①

农村公共文化体系建设应当充分发挥政府和民办（民办和民办公助）两种力量，而政府具有不可推卸的首要责任。政府主导的公共文化事业必须加大投入保障可持续发展。

目前政府主导的农村公共文化建设存在的两条线这种局面导致建设的盲目性，一方面投入不足，基础条件差；另一方面，又存在重复建设的现象，不少县乡政府只考虑增加新的“文化工程”而不考虑可持续发展问题，即只管建不管用，只管一次投入不管以后运行。而且，资源分散不能整合，使政府难以发挥公共文化的整体效率。我们认为，必须从农民需要出发，从农村实际出发，在文化部系统整合农村公共文化资源，首先要整合农村文化馆与图书馆两条主线的资源。具体建议是：打破县乡村的图书馆和文化馆两条线，保持县图书馆和县文化馆的中心职能；乡镇以下实行两馆合一体制，在乡镇，整合镇图书馆、镇中学图书馆和文化站，成为“镇文化图书中心”；在行政村，整合村级图书室、文化活动室以及农村书屋，成为“村文化图书站（室）”。

（2）关于农村书屋问题

中共中央办公厅、国务院办公厅印发《国家“十一五”时期文化发展规划纲要》提出，要在“十一五”期间开始建设社会主义新农村的“农家书屋”工程，把“农家书屋”作为一个全面建设新农村的重大工程，计划在五年时间内，在我国农村建设20万个有一定规模、有一定影响力的“农家书屋”。2006年9月14日，在国务院新闻办举行的新闻发布会上，文化部、国家广播电影电视总局、国家新闻出版总署三部委官员就贯彻落实文化发展纲要作了详细介绍。文化部部长孙家正表示，从“六五”开始，我国几乎用了4个五年计划的时间才解决了县县有文化馆和图书馆的问题。为进一步加强文化基础设施建设，形成较为完备的公共

① 张欣毅．宁夏新农村公共文化服务管理体制调研报告．图书馆理论与实践，2007（6）：102—106

文化服务网络。到2010年之前，文化部门要做到乡乡都有一个综合的文化站，行政村有一个文化室。争取达到一乡有一个站，一个村有一个文化室。而国家新闻出版总署署长柳斌杰规划强调，“农家书屋”以解决农村文化资源贫乏、文化生活不够丰富的问题；每个“农家书屋”配备至少1000册以上的图书、30种报刊，以及相应的音像制品。主要方向是提高农民文化素质，普及科学知识，推动农村文化建设。工程建设统一规划，稳步实施。一个标准的“农村书屋”一般应在2万元左右。建设的方法是，政府资助、社会捐助、农民参与、自我服务的公益性模式。项目建设中明确提出要把各部门、各地区在农村文化建设中的类似项目结合起来，相互补充，同步推进，实现资源整合，同时，广泛动员社会力量参与，鼓励国内外各界采用多种形式、多种渠道进行捐助，农家书屋建立之后，将按照农民自主管理、自我服务的模式进行管理和运行，具备条件的书屋，政府将鼓励支持其开展出版物经营活动，通过经营收入进一步支持“农家书屋”的良性发展。工程计划“十一五”期间在全国建立20万家农家书屋，到2015年基本覆盖全国的行政村。①

本研究认为，文化部和国家新闻出版总署都在为农村公共文化服务体系建设作出自己的贡献，是值得肯定的。问题是如何落实，以及如何可持续发展。我们在调查中发现，许多地区的农村书屋建成后存在后可持续发展问题。具体建议是：文化部和新闻出版总署可分别继续推动落实其“文化信息共享工程”和“农村书室工程”，在达到一定规模时，必须系统整合农村公共文化资源，乡镇以下，将两部委建立的农村文化站和农村书屋合并，真正实现农村公共文化资源共建共享。

4. 乡镇村级图书馆（室）的功能定位

有学者指出，在我国公共图书馆的发展历史中，设立于农村地区的公共图书馆作为当地教育文化、信息交流、社区活动的中心，在促进大众教育，丰富民众生活，改善信息服务条件，提高当地民众参与社会活动的能力，促进农村地区文化建设和民主建设方面发挥着重要作用。② 乡镇村级图书馆的作为农村公共文化服务的提供者，公共图书馆在农村地区职能的延续机构，其功能定位与公共图书馆的功能定位无二，同时由于其独特的区域特点，又形成一些自成体系的独有功能。

国家哲学社会科学基金资助项目“面向学习型社会主义新农村的县级图书馆功能设计研究”课题组对农村公众进行图书馆需求调研的结果显示，被访者认为比较重要的服务主要集中在教育与实用信息服务领域，公众认为相对次要的服务主要集中在文化和面向机构的信息服务领域，具体内容详见表10-9。与其相适应，乡镇村级图书馆（室）的功能定位设计也注意侧重于学生课外教育、农业及农村信息服务两大方面。

① 中国农家书屋网．关于农家书屋工程．［2010-06-14］．http：//www.zgnjsw.gov.cn/cms/html/306/2521/200710/693643.html

② 李晓新，陆秀萍，付德金．新农村建设中公共图书馆的功能设计——针对资源短缺型县级图书馆的研究．图书与情报，2009（6）：24—33

表10-9　公众对图书馆服务的重要性排序

序号	服务内容	平均值
1	为各年龄段学生提供参考资料	3.11
2	为各年龄段学生提供学习空间	3.07
3	支持学校开展素质教育	3.03
4	向学龄前儿童提供适龄图书	3.02
5	为老年人、残疾人等弱势群体提供有针对性的服务	2.97
6	对各年龄段学生开展爱国主义教育	2.96
7	指导家长和老师正确引导儿童阅读	2.95
8	为城镇居民及农村剩余劳动力提供就业信息	2.93
9	为农民提供农业科技信息	2.92
10	提供电脑、网络基本知识培训	2.89
11	提供计算机及互联网设施	2.88
12	利用图书馆的网站揭示公众感兴趣的网上资源	2.87
13	为行动不便的人送书上门	2.86
14	为需要继续教育的人提供培训机构的信息	2.85
15	参与或组织扫盲活动	2.84
16	举办信息查询、信息评价及信息利用等技能培训	2.83
17	为人们解决日常生活问题提供信息	2.80
18	参考工具书阅览	2.79
19	为城镇及农村居民提供政务信息	2.79
20	为学龄前儿童和低年级小学生举办故事会	2.79
21	向其他图书馆代借本馆没有收藏的图书	2.78
22	组织各年龄段的阅读与写作俱乐部	2.76
23	提供本地文化遗产介绍	2.71
24	组织假期阅读活动	2.70
25	为学校图书馆输送文献	2.69
26	举办各类文化艺术展览	2.69
27	为本地的少数民族和外国人提供相应语种的资料	2.68
28	组织亲子阅读活动	2.67
29	提供与时事及热门话题相关的资料	2.66
30	宣传推荐图书	2.65
31	收集和提供地方志、家谱或其他地方特色文献	2.64
32	为本地企业提供商业信息	2.60
33	为本县科研部门或个人提供研究信息	2.54
34	组织讲座或培训活动	2.53
35	为本地社团、兴趣小组的会议、活动提供场所	2.52
36	为政府部门的决策提供信息	2.51
37	举办与读者兴趣爱好（如集邮）相关的专题活动	2.51
38	收集和提供本地企事业机构的信息	2.48
39	声像资料（如电影光盘）外借	2.30

资料来源：李晓新，陆秀萍，付德金．新农村建设中公共图书馆的功能设计——针对资源短缺型县级图书馆的研究．图书与情报，2009（6）：24—33

（1）学生课外教育中心

学生课外教育中心的功能定位具体可包括：提供课外学习空间；提供学习辅导资料；为学龄前儿童和低年级小学生举办故事会；配合学校和其他教育部门的爱国主义教育活动等，为正规教育活动提供支持。公众需求调研发现，支持和辅助正规教育是大部分农村公众对图书馆职能的首要期待。在教育资源相对缺乏的农村地区，学生获取知识的途径较少，乡镇村级图书馆（室）是较为便利的知识获取机构，可以满足学生较为灵活的学习需求。

（2）农业及农村信息服务中心

农业及农村信息服务中心的功能定位具体可包括：为城镇居民及农村剩余劳动力提供就业信息；为农民提供农业科技信息；为城镇及农村居民提供政务信息；举办各种农业培训与交流活动等。农村图书馆提供农村信息服务由其服务的地区与服务对象决定。信息时代，农业发展与科技知识的普及关系越来越密切，农民对新颖、实用、普及型的农业信息资源需求很大，乡镇村级图书馆（室）承担这一使命，是其存在的根基之一。

10.4.3 乡镇村级图书馆（室）的服务

1. 从基本服务抓起

读者服务是农村图书馆的基本服务，它包括图书流通、图书宣传、阅读指导和参考咨询。农村图书馆是对农民进行政治思想和文化知识教育的课堂，因此读者服务要有普及性。农村社区中，农业生产是大部分居民的主要生活来源，农业生产具有季节性，因此读者利用图书馆也有季节性。农村图书馆服务要为农村居民建立图书馆意识，大力宣传图书馆功能，通过服务吸引读者。首先是流通服务，包括图书的外借和阅览。农村图书馆在流通阅览的基本要求是保证开放时间。农村图书流动车要保证每次按时到达指定位置。由于藏书较少，复本较少，一般农村图书馆提倡馆内阅览的方式进行服务，同时接受图书预约、馆际互借等要求。对于外借图书，要登记并限定册数及归还期限。对于一些因各种原因不能来馆或者/和不便来馆的读者，农村图书馆（室）要摸清状况，可以实行送书上门的服务。其次为阅读指导服务，要指导读者选书，对读书内容进行指导，辅导工具书的使用，纠正读者的不良阅读习惯。很多读者对于阅读并没有明确目标，盲目阅读而不能满足自己的实际需求。阅读指导就是要根据读者的实际需要通过培训或者以个别辅导的方式进行阅读指导。这项服务在农村社区是十分重要的，阅读指导和图书推荐能够帮助读者找到适合需要的图书，节省用户时间，培养用户的阅读兴趣。第三，有条件的农村图书馆可以开展简单的参考咨询服务。农村是农民重要的信息来源，是农民获得农业科技信息的主要途径之一，但对于理论性过强的书籍他们在利用上存在困难，因此需要进行参考咨询服务。农村图书馆的参考咨询可以分为三个层次：第一层是咨询一般读书问题；第二层是咨询一般技术到何处查找；第三层是咨询高难问题。农村居民的参考咨询一般集中在第一层和第二层，因此要加大对于工作人员的培训，对于书籍的熟悉程度是工作人员业务培训的一个重点。农村图书馆的参考咨询工作要以本社区的农业生产为主要方向，同时可以采取联合的方式与农业技术人员合作完成参考咨询。

2. 尝试特色服务

除了基本服务以外，农村图书馆（室）应积极拓展特色服务，为整个社区服务，提高社会效益，同时也可以创造一定的经济效益。第一，朗读服务。农村社区很多居民的文化水平不高，在边疆及少数民族一些社区文盲现象还十分普遍，面对这种情况，工作人员可以开展朗读服务。通过阅读报纸、杂志使他们了解外部世界，受到文化的熏陶。第二，托幼与课后辅导服务。大部分农村图书馆有自己馆舍，有自己的馆藏资源，它可以为本社区的孩子提供丰富多样的服务。农村社区中的父母由于要面对辛苦的农业劳动，对于孩子的辅导工作可能既没时间又没有能力顾及。农村图书馆可以面向社区提供课后辅导服务，依托馆藏的教辅、文艺等少儿读物开展工作。农村图书馆的工作人员要求具有一定的文化水平，对于小学生可以进行作业与学习的辅导，同时还能培养他们从小的读书习惯。对于学生来说，与城市孩子相比他们不可能自己拥有众多的故事书、科普书和教辅书，农村图书馆为他们提供了一个阅读的机会，同时也能够在这里得到学习帮助。托幼服务的开展也是为了方便读者，但是这项服务要求比较高。图书馆也可以组织社区孩子的各种读书活动、竞赛活动，活跃孩子们的文化生活。第三，农业科技信息的收集和发布。农村的生产生活与农业科技是分不开的，农作物从产前—产中—产后都需要信息。农村图书馆（室）可以成为一个信息发布的平台，通过收集图书和报刊信息，发布各种与本社区有关的农业种植信息、农产品销售信息等。第四，举办各种培训活动。农村图书馆（室）还可以联系农技部门和文化部门，开展各种培训和讲座。农村社区需要知识，但是很多培训活动在农村社区却找不到培训场地和培训设施，农村图书馆（室）可以主动联系各种部门，来馆进行培训，尤其是进行农技培训和讲座，将最新的农业信息传递到社区。

公共文化服务体系下的农村图书馆是农村社区的文化中心，也是居民交流中心，具有文化传播和休闲娱乐功能，是农村社会和谐的重要维护者。公共文化服务体系建设对于农村图书馆是机遇也是挑战，农村图书馆应该在建设馆舍、馆藏等实体资源的同时，加强服务定位，在发挥基本服务职能的同时进行服务创新，实现农村图书馆的可持续发展，使之成为公共文化服务体系中优质服务窗口。

10.4.4　农家书屋的定位与服务

温家宝总理在十届全国人大五次会议上所做的《政府工作报告》指出，要突出抓好农家书屋工程。上文中已经对农家书屋这项惠民工程作了较为详细的介绍，对农家书屋与农村图书馆的关系进行分析。农家书屋与农村图书馆发展密切相关又隶属不同的管理部分，本研究将从图书馆管理与整个农村文化事业整合发展的角度探讨农家书屋的定位与服务。

1. 农家书屋的定位与服务

（1）农家书屋是农村图书馆

“农家书屋是什么，算不算是农村图书馆的一种，与农村图书馆相比其有哪些区别”等问题一直是农村文化建设需要迫切解决的问题。农家书屋利用新闻出版总署的资源优势，直接面向农村地区服务，扶植农村文化建设与科技建设，承担了农村图书馆的社会职能，可以肯定其农村图书馆的性质。

（2）农家书屋是农民的乡村课堂

农民的文化生活在被忽视了许久之后，当前已经引起各部门的重视。建设农家书屋就是为了实现文化权利的普遍均等，为农村地区开辟文化服务的空间。农家书屋不仅为广大农民群众学科学、学技术提供了有效平台，被农民群众形象地誉为“农民致富的学堂，农村文化的殿堂，农村学生的第二课堂”；还弥补了长期以来农村文化的贫乏，给广阔农村和广大农民带来了现代科学和现代文明，培育了健康文明的农村新风尚。

（3）农家书屋的服务要贴近农民

农家书屋的服务与其他级别的图书馆服务相比，服务人群固定，因此特点更加明显。首先，农家书屋的服务要“实在”。实在有用的文化资源、实在充足的阅读空间、实在的服务时间保证，让农民能够实实在在的利用农家书屋的资源。其次，农家书屋的服务要“实心”。农村文化服务开展面临的困难很多，中心村与自然村的延伸、与县级图书馆的联合与整合等问题都需要首先从态度上树立服务意识，用诚心与恒心，真实地开展各种服务活动。第三，农家书屋的服务要“实用”。农家书屋的建设要结合当地实际，以地区经济特点和文化特点为中心，提供实用性服务。绝大部分的农民用户并不在乎图书馆提供多少多样化服务，只需要找到自己需要的资料。因此，农家书屋的服务，实用性更能体现其社会价值。

2. 农家书屋发展的建议

（1）做好宣传，实现农村书屋由“错位”到“正位”的转变

通过多渠道的宣传，使图书馆能真正成为农村文化建设的一部分，进入农民读者的日常生活当中，以此逐步引导农民改变观念，以学致富，使“农村书屋”成为在农村具有广泛社会影响力的地方。[①]

（2）完善管理制度，实现农村书屋管理制度的转变

首先要健全机制，不断完善农村书屋各项管理制度以及考核办法等；其次要选择有文化、有素质、有责任心、农民信得过的人担任管理员；再次要落实保障，进一步落实管理员待遇等问题。

（3）提高图书质量，实现农村书屋由“虚”到“实”的转变

要有针对性地选择科学性、实用性和娱乐性较强的图书，尤其突出“农”字特色，通过图书把惠农方针政策、科学技术及时送到农村，送到农民手中，让农民逐步由试读书变想读书，再变爱读书，最终让农村书屋成为农民的“充电器”、“参谋部”和“致富路”。[②]

10.5 区域公共图书馆服务研究

改革开放30年来，我国公共图书馆事业有了长足的发展，但是由于历史欠账太多，公共

① 刘丽．新农村建设中乡镇图书馆的现状分析及对策．图书馆，2007（3）

② 锅艳玲．中国农村图书馆（室）现状分析．河北科技图苑，2007（1）

财政对公共图书馆事业的投入依然有限，即便是近年来国家投入巨资实施了文化信息资源共建共享工程这样的文化创新工程，公共图书馆特别是中西部地区的公共图书馆仍不能满足社会公众的文化信息需求。在推动社会主义文化大发展大繁荣的伟大历史进程中，如何促进公共图书馆的发展，提升公共图书馆服务水平，充分发挥文献信息资源优势，是值得深入探讨的一个问题。

10.5.1　区域环境对公共图书馆服务的影响

1. 法治环境对公共图书馆服务的影响

图书馆为社会提供文献信息服务，信息资源、人力资源、设施资源缺一不可，而这些图书馆资源的获取，是靠政府公共财政支持。考察世界范围内公共图书馆发展史，健全的法制环境对公共图书馆发展功不可没。因为这个为图书馆事业的发展提供“法治环境”的图书馆法律保障体系，包括图书馆专门法、图书馆相关法、图书馆行业自律规范以及与图书馆相关的国际条约、协定等相互联系、相互配套、相辅相成的法律法规。①

从1846年美国颁布世界第一部图书馆法，到1850年英国下议院通过世界上第一部公共图书馆法案，直至20世纪全世界大约有87个国家和地区先后颁布过225部图书馆法或与图书馆相关的法律（不包括呈缴本法）。② 这些图书馆法或与图书馆相关的法律，通过调整国家与图书馆、图书馆与各级政府组织、图书馆与读者之间的关系，为社会大众从图书馆获取知识、信息、享受文化服务提供法律保障，为图书馆有效开展各项工作提供法律保障，最终达到指导和促进图书馆事业发展的目的。

改革开放30年来，我国公共图书馆事业有了长足发展，但由于历史的原因，公共图书馆事业发展与社会的进步、经济的发展还不相适应，无论是数量上述是质量上，还远不能完全满足人民群众日益增长的文化需求。作为一种政府行为，各级政府对其重视的程度却不相同。从某种程度上说，政府重视，图书馆的建设搞得较好；政府不重视，图书馆就难以生存。在一些地方，公共图书馆的建设与发展，存在着较大的随意性和人为因素，处于一种相对无序的状态。由于缺乏法律、法规的支持，文化主管部门对出现的问题无法有效予以处理。制定公共图书馆法规，健全图书馆法制环境，将公共图书馆事业纳入法制化发展的轨道，通过对图书馆规划建设、管理体制、资金保证、文献征集、管理者资格限定等方面做出法律规定，以保障图书馆事业持续、稳定的发展。这既是图书馆事业自身发展的需要，也是社会进步的必然要求。

近年来，许多地方性图书馆管理规章或条例相继推出，对各地图书馆事业的发展起到了一定的促进和保障作用。《河南省公共图书馆管理办法》（以下简称《办法》）是发布较早的一部地方公共图书馆规章，自2002年9月实施以来，全省各地加大宣传《办法》力度，促使

① 李国新．论图书馆的法治环境．中国图书馆学报，2000（3）

② 江向东．应重视和加强对图书馆立法的基础性问题研究．图书与情报，2006（1）

了各级政府更加重视图书馆事业，加大投入力度、改善图书馆办馆条件，提升了公共图书馆在政府各项事业中的地位，调动了广大图书馆工作者的积极性和创造性，促进了区域公共图书馆事业的全面发展。根据调查，周口、伊川等没有图书馆建制的市县，依法建立了图书馆，信阳、许昌、武陟等市县新建了馆舍。《办法》发布的2002年，濮阳县图书馆一次性争取到购书经费30万元，邓州市政府先后向邓州市图书馆追加经费10万元，唐河县图书馆的财政补贴达到27.3万元，在经济欠发达的河南来说，争取到这些经费，《办法》起到关键作用。

《办法》同样保证了广大民众的最基本的文化权益。调查显示，自《办法》发布以来，各馆紧紧围绕“读者至上，服务第一”的宗旨，严格遵循《办法》关于“公共图书馆可以根据不同的服务对象，确定文献资料的借阅范围和办法”、“公共图书馆应当采用图书展览、辅导讲座和组织群众性读书活动等多种形式，向读者推荐优秀读物，指导读者阅读”的要求，加强管理，提升服务。读者服务工作水平及质量不断提高，呈现开放型、特色化。一是推行承诺服务，实行读者监督。图书馆向社会承诺，全年365天开馆，制定了读者服务公约、规范言行举止，设置了监督栏，便于读者监督。设立馆长意见箱，便于改进工作。二是积极创造条件，扩大开架借阅书刊的范围。有些馆敞开了书库的大门，最大限度满足读者需求。平均开架书刊率达66%，占文献总藏量的50%以上，大大提高了图书利用率。三是简化办证手续，落实各种方便读者的措施（免证阅览、代借代还、送书上门等）。四是传播文化科学知识，开展丰富多彩的读者服务活动。开展报告会、专题讲座、送书下乡（基层）、送书上门、科技资料展览、服务宣传周等各种形式的读者活动，明显地提高了图书馆的知名度，确立了良好的社会形象。五是注重发挥文献信息传递职能，积极开展文献深层次的开发与利用，为党政领导决策、科研和地方经济建设提供文献信息服务。六是注重保护弱势群体的权益。河南省图书馆、洛阳市图书馆设立了残疾人阅览室，配备了轮椅、拐杖、视听设备、音像资料、电脑及书刊资料等。七是促进了基础业务工作的发展。自《办法》颁布实施以来，各馆对业务建设都非常重视，采取各种措施，加强对基础业务质量的监督控制，努力提升读者服务质量，使各项业务工作更加规范化和标准化。安阳市图书馆依据《办法》关于呈缴地方文献的规定，促使市委市政府下发了《关于做好安阳市地方文献资料征集工作的通知》，明确“安阳市图书馆为本市地方文献的收藏整理单位，全市报社、杂志社等出版单位和有关单位，应当自出版物出版之日起30日内，将出版物样本两部送市图书馆收藏”，为丰富安阳市图书馆馆藏提供了保证。

《北京市图书馆条例》（以下简称《条例》）是国内第一部适用区域内各类型图书馆的地方图书馆法规。实施以来，以此《条例》为法律依据，成功地制止了当地某区政府变卖区图书馆，使区图书馆重新对社会开放，而且极大地促进了基础设施、基础业务建设等方面的发展。特别是在全市公共图书馆计算机网络和文献信息资源共享体系建设取得重大进展，依据《条例》第三十八条、第三十二条、第三十三条之规定，“图书馆应当积极采用以计算机和网络为基础的自动化管理技术，有步骤地实现馆藏文献信息资源的数字化”，“全市图书馆的文献信息资源建设应当以首都图书馆为依托，逐步构建现代化的图书文献信息资源收集、加工整序和服务体系”，“各级人民政府投资兴建的公共图书馆、学校图书馆、科学研究机构图书馆应当参加以首都图书馆为信息网络中心的图书馆网络建设”。北京市建立了首都图书馆与所有区县图书馆的计算机服务网络，实现联合检索、资源共享，实现了首都图书馆与8个城近郊区馆，及其下面的100个街道乡镇图书馆的“一卡通”服务，并将服务范围逐步扩展到市人民政府投资兴建的其他图书馆。①

目前，我国已出现了多件地方性图书馆专门立法，如《深圳经济特区公共图书馆管理条例（试行)》（1997年7月15日深圳市第二届人民代表大会常务委员会第十六次会议通过，1997年10月1日起施行)、《内蒙古自治区公共图书馆管理条例》（2000年8月6日内蒙古自治区第九届人民代表大会常务委员会第十七次会议通过，自公布之日起施行)、《湖北省公共图书馆条例》（2001年7月27日湖北省第九届人民代表大会常务委员会第26次会议通过，2001年10月1日起施行）和《北京市图书馆条例》（2002年7月18日北京市第十一届人民代表大会常务委员会第三十五次会议通过，2002年11月1日起施行)。地方政府规章有：《上海市公共图书馆管理办法》（1996年11月28日上海市人民政府发布，根据2002年11月18日上海市人民政府令第128号修正并重新发布；自1997年1月1日起施行，1987年9月26日上海市人民政府批准的《上海市区县图书馆管理办法》同时废止)、《河南省公共图书馆管理办法》（2002年7月23日河南省人民政府发布，2002年9月1日起施行)、《广西壮族自治区公共图书馆管理办法》（2000年4月起实施)、《浙江公共图书馆管理办法》（2003年8月6日浙江省人民政府发布，2003年10月1日起施行)、《乌鲁木齐市公共图书馆管理办法》（2008年5月1日起施行)、《山东省公共图书馆管理办法》（山东省人民政府办公厅2009年4月24日印发，2009年6月1日起施行）等。

地方图书馆法规对公共图书馆服务的影响是显著的，以深圳、内蒙古、湖北和北京为例，立法后无论是对本地区公共图书馆的基础设施建设、图书馆经费问题，还是馆藏建设、读者服务等方面都产生了一系列促进作用，见表10-10。

表10-10 图书馆立法前后读者服务指标比较

省市	年份	总流通人次（千人次）	总流通人次占总人口的比例（%）	书刊外借册次（千册次）	为读者举办各种活动（次）	发放借书证个数（千个）
深圳	1996	170.9	17	474	86	17
	2006	10 514	87	2389	18 252	410
	增长（%）	6052	412	404	21 100	2312
内蒙古	1999	2658	11	2263	11	95
	2006	3236	13.5	2589	570	155
	增长（%）	3236	13.5	2598	570	155

① 冯守仁. 用法律保障和促进图书馆事业的发展——《北京市图书馆条例》实施的效果. 图书馆建设，2006（5）

续表

省市	年份	总流通人次（千人次）	总流通人次占总人口的比例（%）	书刊外借册次（千册次）	为读者举办各种活动（次）	发放借书证个数（千个）
湖北	2000	7138	12	7685	1222	412
	2006	11 974	21	10 779	2389	749
	增长（%）	68	75	40	95	82
北京	2001	5452	39	5387	1519	237
	2006	7465	47	7340	5654	621
	增长（%）	37	21	36	272	162

资料来源：朱荀，魏成刚．我国地方性图书馆法立法内容与效果研究．图书馆建设，2008（7）：18—23

联合国教科文组织提出，“只有立法才能授权当局提供图书馆服务，并能够按国家标准保证足够的经济资助及有效的管理。只有立法才能明确公共图书馆的功能并创造条件完成这些功能，保证其发展”，“为了提供永久性和不断发展的国家图书馆事业，全面管理和协调只有靠立法才能获得”。虽然一部图书馆法不可能解决公共图书馆发展中存在的一切难题，但加紧图书馆立法，并且实实在在的执行，无论是对提高公共图书馆宏观管理水平，促进公共图书馆事业发展，还是保障公众充分利用公共图书馆文献信息，将此作为终身教育基地，都将发挥重要作用。这也是将图书馆纳入科学化、法制化发展轨道所必需的。

2. 经济环境对公共图书馆服务的影响

公共图书馆的教育、信息服务、文化传播等职能具有公共产品的性质，它的公共、公益、公开、共享、自由、平等特点，使它在和谐社会的构建中，起到缓解社会矛盾、缩小社会差距；维护信息公平、保障公民权利；活跃文化生活、提高教育水平；弥补数字鸿沟、推动社会和谐发展的作用。因此，政府兴办和发展公共图书馆事业，是政府为了保障公民信息权利的一种制度安排，是履行保障公民知识权利的责任的具体表现，是政府实现面向广大群众的文化关怀、文化享有、文化提高、文化创造的重要方式。所以，发展公共图书馆是政府公共服务的重要内容，是政府的职能责任。《公共图书馆宣言》也明确指出，“建立公共图书馆是国家和地方政府的责任。必须专门立法维持公共图书馆，并由国家和地方政府财政拨款”，“纵观世界各国，不管其经济政治制度如何，都不以盈利为宗旨去发展公益事业。西方国家已经实行了几百年的市场经济体制，但在公益事业上仍坚持保护、尊重和扶持的态度，其图书馆大多由政府全额拨款或由社会全额资助”①。公共财政主要来源于税收，因此，区域公共图书馆的发展得益于地方财政，与地方经济好坏密不可分。

地方政府财政状况的好坏直接影响了公共图书馆可获得的资金支持额度。我国东西部经济差异很大，东南沿海经济发达地区财政收入普遍好于中西部地区，公共图书馆的现状也好于中西部。从表10-11的对比中，可见东南沿海经济发达地区与中西部经济欠发达地区政府对公共图书馆投入差距之大。

① 肖东发，李云，杨琳．人民需要什么样的图书馆．中华读书报，2003-07-09（9）

表 10-11 2006 年部分东南沿海地区与中西部地区公共图书馆财政拨款对比表

地区	公共图书馆数量（个）	年度财政拨款（千元）			从业人员（人）
			图书购置费		
				省馆图书购置费	
上海	28	323 577	106 864	82 533	2425
江苏	104	310 287	43 695	18 530	2429
浙江	92	216 563	43 749	10 351	2433
广东	129	318 197	80 564	23 213	3425
山东	145	140 841	19 224	4902	2707
河南	136	65 822	8269	2364	2784
江西	105	41 023	8065	3735	1409
云南	149	73 476	8432	2514	1693
陕西	111	52 953	5042	2441	1777

资料来源：中国图书馆学会，国家图书馆．中国图书馆年鉴 2007．北京：国家图书馆出版社，2009

在文化部第三次公共图书馆评估结果中，全国共有 1440 个图书馆达到三级以上图书馆标准。由于省情不同、参评图书馆数量不同等各种原因，各省之间评估结果并无直接的可比性，但从评估结果看，山东、浙江、江苏、广东等经济发达地区公共图书馆事业的总体发展明显强于中西部地区。这 4 个省一级图书馆数量占全国总量的 42%。而河南只有 9 个，山西 4 个，陕西 3 个，安徽 5 个，这从一个侧面反映中西部地区与经济发达地区公共图书馆的差距，也印证了政府投入是公共图书馆可持续发展的主要动力这一结论。

从河南省市县图书馆的评估情况看，经费紧张是制约各馆发展的主要瓶颈，这种现象在县级图书馆表现尤甚，其结果是直接导致馆藏文献量少、陈旧，馆舍条件简陋，许多图书馆用举步维艰来形容并不为过。在 2004 年全国第三次公共图书馆评估中，河南有 11 个地市级图书馆参评，购书经费为 338.43 万元，仅是评估标准规定的年新增藏量购置费的 70.5%；11 个地市共有 2466 万人口，年人均购书经费仅为 0.13 元；全省参评馆中有近 50% 的县级图书馆没有单列的购书经费，因无购书费，部分图书馆图书年新增藏量为 0，占参评县级图书馆的 8%；即便是经费在全省公共图书馆最多的省图书馆，购书经费也一直在 200 万左右徘徊；全省人均公共藏书只有 0.1 册；全省仍有 3 个省辖市没有图书馆；按文化部评估标准规定的县级图书馆馆舍建筑面积 1000 平方米的最低标准，全省有近一半的县图书馆达不到这个最低标准，另有近 10 个县图书馆有馆无舍。① 全省图书购置费在 1 万元以下的县级图书馆有 77 个，占县级图书馆总量的三分之二，其中全年无图书购置费的有 41 个。没有新书，图书馆就势必沦为门可罗雀、无人问津的旧书馆，社会公益事业的基本职能便无从发挥。一些地方政府只注重公共图书馆事业基础建设的一次性投入，而忽视后续资金的投入。当初为实现“县县有图书馆”目标而建立了图书馆，但建成后，却不愿再投入，有的图书馆新馆舍建成后没

① 王爱功．当前图书馆理论与实践若干热点问题述评（下）．图书馆工作与研究，2008（9）：27—30

有专款购进设备，有的馆新馆落成后无力全部支付工程费，致使许多图书馆读者服务无法正常开展。因此，加大政府投入，为图书馆创造一个宽松、良好的经济环境，是公共图书馆改革与发展的关键所在。①

3. 网络等竞争环境对公共图书馆服务的影响

随着市场经济和信息技术的发展，与公共图书馆有相近服务功能的网吧、书店如雨后春笋迅速出现，虽然它们都带有经营性质，但它们都能满足公众某一方面的需要，例如信息查询、信息获取、图书阅览等，只是在服务方式上存在差异。

据2008年1月公布的《第21次中国互联网络统计报告》称，截至2007年12月，我国有2.1亿网民，人均每月上网费用74.9元，有67.3%的网民选择在家上网，即已有1.4亿网民在家上网，有超过1/3（33.9%）的网民，即7119万人选择在网吧上网。尤其是2007年，网吧上网人数比去年同期增长了60.9%。虽然网络音乐和即时通信成为网民使用率排名前两位的网络应用，大量学历较低的网民被互联网的娱乐休闲功能吸引而涌入互联网。但2008年7月公布的“全国国民阅读调查”显示，互联网阅读率为44.9%，比2005年的27.8%提高了17.1%。而图书阅读率为48.8%，比2005年的42.2%只提高了6.6%。这说明互联网对民众阅读习惯的影响与改变。

据《2005年全国网吧行业市场规模调查报告》统计，截至2005年12月，我国网吧总数为112 264家，2007年文化部、工商总局、公安部、信息产业部等14部委联合印发《关于进一步加强网吧及网络游戏管理工作的通知》，要求严格控制网吧总量，目前，全国网吧总量约在12万家，与之相比，我国目前公共图书馆只有2700个左右，只是网吧总数的22.5%，计算机数量与之相比则更少。

在新的信息环境下，互联网改变着人们的生活，上网已成为一种生活方式和时尚，成为公众获取信息的重要途径。而Google与百度的“图书馆计划”也正在逐渐淡化图书馆在信息社会进程中的功能。Google、百度等搜索引擎，不向用户收取任何费用，却提供给用户最强大的搜索功能，再加上愈来愈多的免费资源，数量众多、分布密集的网吧，方便的家庭、办公室上网，这对于一个熟悉网络使用的人来说，都具有相当的吸引力。而公共图书馆特别是数量众多的市县级公共图书馆自动化程度并不高，专业人才又相对匮乏，对信息的查阅的方便程度远远低于网络，这就与公共图书馆构成了较强的竞争关系，在某种程度上，公共图书馆与网络上的信息产品与信息服务的竞争中处于明显劣势。

再说书店。中央电视台“新闻30分”曾播放了两则图书馆与书店的新闻，一则是《暑期书店人气旺，变成图书馆和托儿所》，讲的是北京书店中人多盛况；另一则是《公共图书馆门前冷落，离公共尚有距离》，说的是海淀区图书馆中读者冷清的情形。虽然图书馆与书店在性质上截然不同，但在提供阅读服务上它与书店，甚至和书刊出租机构都有很大的相同之处。图书发行体制改革之后，各种性质的书店迅速成长呈遍地开花之势，书店数量增多，

① 王爱功. 政府支持与公共图书馆自我发展能力. 河南图书馆学刊，2005（6）

市场竞争必然加剧。各书店八仙过海，各显神通。不仅营造良好的环境，还提供优质服务。在门面建造、橱窗设计、店堂布局，都给读者创造一个优雅、洁净、充满文化氛围的购书环境。在内部设施方面，从大处看，有微机管理、空调设备等；从小处着眼设立读者休息处，设立读者意见簿、缺书登记、新书预订栏、读者监督台等。还开展有电话购书、网络购书等，服务非常周到。许多书店推出形式众多、风格各异的读者互动活动，如读者报告会、读者座谈会、学术讲座、科技讲座、作者签名售书活动、书评、读者征文大赛等。一些书店不仅注重服务精神，还开展各种公益活动，如向学校的特困生赠书，向贫困地区小学送书，开展送书下乡等活动。有的还在离市中心较远的社区开设售书窗口，为路程远没有时间逛书店的读者营造一片文化绿洲。这种服务精神不但留住读者的人，更留住读者的心。使读者不仅可以购书、读书，还能耳濡目染地接受知识的洗礼，文化的熏陶。这也是每到假日书店人气比图书馆更旺的一个重要原因。

就公共图书馆的文献信息资源来说，它具有历史积累性，就服务来说，它具有公益性、稳定性、系统化和公信力，因此公共图书馆及其服务是不可缺少的社会公共服务的一个重要的项目，而不可为其他信息服务机构和组织所代替。但是公共图书馆也必须面对网络等现实的竞争环境，利用并发挥图书馆的优势，创新自己的服务，提高服务效益，从原来的被动服务向主动服务转化，从封闭式的服务向开放式的服务转化，从一般服务向深化服务转化。在资源建设上，除了注重收藏传统的纸质文献外，电子图书、全文数据库、视听文献等数字资源也成为主要的收藏对象；在服务对象上，除了普通民众，更关注弱势群体；在服务时间上，尽量延长开放时间，365 天开馆，法定节假日不休息，满足读者的需求；在服务内容上，从单纯的原始文献服务，逐渐地深化到以知识为单元来提供服务；在服务项目上，以文献为基础为核心，逐渐地拓展，提供更多的知识服务项目，举办公益性讲座、展览、培训班，举办各种各样的群众活动等。这样才能使政府对公共图书馆的投入发挥出效益，才能对社会的发展产生潜移默化的影响。

10.5.2 公共图书馆服务的区域需求调查与分析

公共图书馆作为区域性的文献信息收藏、服务机构，利用丰富的馆藏普及知识，丰富人民群众文化生活，为区域内各类用户提供知识服务，因此，满足用户需求是图书馆的永恒话题。而满足用户需求的前提则是了解用户对图书馆资源和所提供的服务的需求，制定适合用户需求的服务策略。用户对图书馆资源和所提供的服务的需求的核心，则是用户的文献信息需求以及与之有关的服务，如良好的服务环境等。从我国现实情况看，公共图书馆读者最为复杂，调查、研究、分析公共图书馆读者对图书馆服务的需求，对做好公共图书馆服务有着至关重要的作用。

1. 河南省部分市、县图书馆用户需求调查

为切实了解用户对公共图书馆服务的需求，课题组对河南省图书馆及郑州市、开封市、禹州市、新郑市、汝阳县、卫辉市等部分市、县图书馆的读者进行了调查。调查以发放调查表为主，河南省图书馆发放调查表 300 份，其余各馆各发放调查表 200 份，共计 1500 份，回

收918份，回收率61.20%，另外也对部分读者进行了随机询问。调查项目主要集中在用户阅读需求和服务需求上。

（1）读者基本情况分析

回收的调查表中，读者年龄分布，在20岁以下的有258人占28.10%，21—40岁的311人占33.87%，41—60岁的176人占19.17%，60岁以上的173人占18.84%；读者文化程度分布，具有大专以下学历的151人占16.44%，大专和本科学历的共644人占70.15%，硕士以上学历的123人占13.39%；读者身份分布，大学生为319人占34.74%，中小学生93人占10.13%，机关干部0人占0.00%，教师69人占7.51%，专业技术人员133人占14.48%，军人14人占1.19%，公司职员157人占17.10%，农民3人占0.32%，工人49人占5.33%，其他81人（其中医生28人）占8.82%。

（2）读者查阅文献的目的（多选）

借阅图书占到51%，浏览报刊图书占到49%，查询资料占到47%，自学占到31%，专题研究占19%，上网占10%，其他占5%。

（3）读者经常利用的文献类型（多选）

选择图书的占91%，选择现刊的有占83%；选择报纸的占75%，选择过刊的占51%；选择二次文献的占29%；选择其他文献的占24%。

（4）读者查阅文献最先想到的地方

选择去公共图书馆的人数为431，占46%；选择单位资料室的为139人，占15%；选择书店的为113人，占12%，选择利用互联网的为235人，占25%。

（5）读者最希望得到的文献服务内容（多选）

读者希望得到的文献服务主要有阅览、借阅、电子阅览室、信息咨询、文献复制；其他还希望提供相应的跟踪服务，提供外文文献的提取、翻译等服务。

（6）读者对电子文献的选择

选择喜欢利用纸型文献的人数为614人，占66%；选择喜欢利电子文献的为304人，占34%；选择两种文献类型都喜欢的为683人，占74%。

（7）读者对公共图书馆建议

读者对公共图书馆的建议或意见主要集中在增加新书数量、改善一下阅览环境、增加服务方式、提高服务质量等方面。另外也有不少读者要求增加图书馆数量、加强馆藏文献建设与服务内容宣传、加大与读者及时沟通的力度。

2. 各类读者文献服务需求分析

从对部分市县图书馆读者服务需求看，政府部门读者除了满足自身对阅览休闲娱乐外，在文献信息需求上，主要集中在针对性和时效性强、信息含量高的综合信息；科研人员信息需求特点主要体现在理论性较强的一次情报信息，如学术专著和专业期刊等；中小学生的阅读需求主要集中在教辅、科普读物及与学习有关的其他读物上；而社区居民对图书馆的服务需求则与各自的阅读喜好有关。

虽然不同类型读者的文献需求不同，但他们对公共图书馆的服务都表现出了许多相同之处，主要表现在：对信息的需求量增多，获得信息的渠道和媒介也呈现多样化，不仅有传统的图书、报纸，也有互联网及数据库、电子文献。几乎所有读者都迫切希望公共图书馆加强文献资源建设，增加新书数量。由于在家庭上网的人数越来越多，读者在对传统服务方式（书刊外借、阅览）仍有较大的需求的同时，也希望公共图书馆开通电子图书借阅。还有相当一部分新读者缺乏利用图书馆的知识，经常性的读者培训必不可少。因此，采取有效措施，创新服务方式，拓展服务领域，更新服务内容，增加服务项目，提高服务质量，就成了当前公共图书馆的当务之急。

10.5.3　地区公共图书馆服务的创新

服务是图书馆发展的核心和宗旨。在公共图书馆生存环境发生重要变化的今天，希望与困难同在，机遇与挑战并存。面对新环境、新变化，公共图书馆必须致力于服务工作的创新，强化服务措施，为读者提供人性化服务，唯此才能在社会公共服务体系中找准自己的位置，发挥自己的作用。

1. 政府行为对公共图书馆服务创新的推动

政府行为不仅在公共图书馆发展过程中起着极大的推动作用，而且也影响着公共图书馆的服务创新。最明显的一个例子就是2002年开始实施的文化信息资源共享工程。这项文化创新工程实施以来，截至2005年，中央和各级地方财政累计投入资金2.95亿元，建成了国家中心，32个省级分中心，1560多个市、县级分中心，2600多个乡镇（街道基层中心）和村（社区）基层服务点，与农村中小学现代远程教育工程、农村党员干部现代远程教育、有线数字电视等合作建设了一批服务点。整合加工了34TB数字资源，建设了一批具有地方特色的专题资源库，与数字图书馆建设紧密结合，在资源建设、用户服务等方面应用数字图书馆成熟技术和我国拥有自主知识产权的技术，依托国家现有的骨干通讯网络，搭建了由光缆连接和卫星接发两种网络通道，开通了文化共享工程网站。通过互联网、卫星、镜像、移动存储、光盘复制等多种形式提供服务①。

由于文化共享工程是以各级公共图书馆为依托，所以它的实施，丰富了公共图书馆服务的方式和手段，改善了服务质量，提高了公共文化服务水平，对于满足城乡群众的精神文化需求，特别是在缓解农民看书难、看戏难、看电影难，丰富农民群众的精神文化生活，满足广大农民求富裕、求健康、求文明的需要，抵御腐朽没落文化，培育文明乡风等方面发挥了重要作用。以河南省为例，共享工程实施以来，已建共享基层服务点4.86万个，覆盖了全省96%的行政村，已有30多个县图书馆通过共享工程建设，实现了业务管理自动化，建立了电子阅览室，存储了一批共享工程数字资源。未来3年内，全省110个县（市）图书馆都将在中央和地方财政的支持下，建立共享工程基层中心，实现图书馆业务管理自动化。而目前全

---

① http：//www.ccnt.gov.cn/gsjpd/shwh/sttsggz/t20061011_ 30821.htm

省县级图书馆实现业务管理自动化的，不到总数的1/10，如果没有共享工程的实施，全省县（市）级图书馆实现业务管理自动化将是一个极其漫长的过程，更会在信息化社会进程中、在公共文化服务体系构建中处于尴尬无助的地位。

当然这同样带来一个实现业务自动化管理后服务创新的问题。硬件上去了，资源怎么办，现代化服务怎么办。没有资源，再好的硬件设施也无法发挥作用，现代化的图书馆服务方式仍旧不会实现。而单靠每个县馆自己建设自己数字资源，人、财、物资源的浪费不说，文献资源不可避免又要回到“小而全”的老路上。所以，各级公共图书馆借助共享工程与全省公共图书馆服务体系这个平台，来实现文献资源的整合与共享，实现信息服务的拓展与互补，满足读者不断变化、发展的信息需求。这就是一个服务创新的过程。目前广东、浙江、河北、湖南等部分地区已在公共图书馆系统内实现数字资源共享、文献传递等方面进行了有益的探讨，河南省也正在考虑将市县图书馆纳入省馆数字资源使用范围，采取“运转经费共担，数字资源共享”的形式，通过远程访问系统，共建共享省、市、县图书馆数字资源，并为文献传递、联合编目打下基础。而随着全国性的数字图书馆平台的建立，省馆将成为一个承上启下的中转站，也面临着如何向下开展服务的问题。建立这个数字资源共享平台，不仅真正扩大了省级公共图书馆的服务覆盖面，也为完善公共文化服务体系的一个重要措施。

此外，还有中央政府为解决基层群众看书难问题而实施的送书下乡工程，也为县以下图书馆（室）资源建设与服务创新起到了极大的推动作用。送书下乡工程由中央财政拨款统一购置图书，配送到全国592个国家级扶贫开发重点县和乡镇。2003至2005年，文化部、财政部向300个国家级扶贫开发工作重点县图书馆和3000个乡镇图书馆（室），赠送农村适用图书390万册。财政部每年为送书下乡工程安排专项经费2000万元，3年共安排6000万元。第二期从2006年到2008年，每年投入2000万元，继续向全国592个国贫县中的其余292个开展赠送图书的工作。2003至2006年已累计安排资金8000万元，为国家级扶贫开发重点县和乡镇配送图书总数612万册，为农村群众提供了丰富的精神食粮①。

在中央政府送书下乡工程的基础上，为扩大受益面，河南省自2002年还实施了一比一的“配书工程”，即每年由省财政拿出50万元，县（市）级图书馆申请地方财政拿出5万元，为10个县（市）级图书馆配购10万的图书。从4年来实施送配书工程效果看，这种政府行为极大地推动了公共图书馆的发展。一是有效改善了贫困地区图书馆的条件。各地基层图书馆陆续接收到获赠的新书，丰富了图书馆的馆藏，吸引了读者。基层图书馆利用新书开展各种读书活动，又重新激发了活力。二是带动地方及社会各界建设基层图书馆的积极性。为紧密配合文化部、财政部组织实施的送书下乡工程，进一步加强地方基层文化建设，帮助各级图书馆解决藏书贫乏、购书经费短缺问题，22个省（市、区）的财政厅、文化厅及时制定各地的实施意见和暂行办法，在接受国家赠书的同时，拿出专项资金用于基层图书馆建设，并发动社会各界捐书，带动了基层图书馆建设，效果明显。

---

① http：//www. ccnt. gov. cn/gsjpd/shwh/sttsggz/t20080305_ 52107. htm

还有全国文明城市评选标准中对城区公共图书馆的要求，以及一些地方政府为推动文化建设采取的措施，如广东的"南粤锦绣工程"文化工程、"流动图书馆"项目，深圳市的"图书馆之城"建设项目，苏州的"文化苏州"工程，也都对公共图书馆的硬件建设和服务提升起到了积极的作用。

2. 地区公共图书馆服务体系的构建与完善

网络环境、信息社会和知识经济的深入发展给图书馆生存环境及读者文献信息需求带来了许多的新变化，公共图书馆在读者服务、工作内容、业务管理、服务效能等诸多方面都面临着新的情况和机遇，尤其在服务体系和服务网络的构建上。因为只有贴近百姓、数量众多、体系完备的公共图书馆，才能有效扩展公共图书馆的服务范围，使社会公众轻松、方便地走进图书馆，享受图书馆为他们提供的文化、教育、休闲服务。公共图书馆服务体系是指一个地区的公共图书馆以保障普遍均等服务、实现信息公平为目标，独立或通过合作方式提供的图书馆服务的总和，或者说，公共图书馆服务体系包括所有单个图书馆以及它们建立的任何形式的合作平台。一个地区的公共图书馆服务体系包括这个地区的所有公共图书馆及其合作关系。① 或者说是以一个或若干个图书馆为核心（总馆），以全省基层图书馆为网点（分馆），通过计算机管理平台的联结，把区域内各级公共图书馆紧密地联合起来，组成职责明确、管理规范、便捷高效的图书馆联合体，构建成一个覆盖全区域的公共图书馆服务体系。通过这个多层次的、相互有内在联系的公共图书馆服务体系、服务网络，发挥图书馆整体化的优势，实现图书馆由单馆到多馆、信息资源由孤岛到共享、读者服务由一馆独立到多馆联动，实现图书馆整体协同发展，从而提高公共图书馆服务辐射能力，最大限度地发挥政府投入的社会效益，促进区域公共图书馆事业的繁荣。

在实体上，这个服务体系以区域范围内的公共图书馆为服务网点，在现在人、财、物隶属关系不变（或改变）的前提下，建立一个由省、市、县（市、区）、乡镇、社区（村）图书馆组成的，甚至有其他类型图书馆以不同形式参与的区域性图书馆服务网群。在组织形式上，它以虚拟网络相互联系，通过图书馆业务管理系统与城域网、广域网的联合，建立一个以丰富的传统文献资源和现代化数字资源为保障、信息资源高度共享、读者服务高度协作、对外全面开放、对内高度集成的区域电子化、网络化、数字化的虚拟信息空间，通过统一的门户对读者提供服务。

（1）图书馆服务体系或网群的组成部分

性能优良计算机网络中心。利用现有或新建的计算机通信基础设施，在主馆（中心馆）建立文献资源共建共享体系网络所必需的信息技术平台，通过网络将全省公共图书馆计算机连接起来，共享图书馆计算机管理软件与硬件设备。这是实现区域内公共图书馆文献资源共建共享体系的技术支撑。

---

① 于良芝，邱冠华，许晓霞. 走进普遍均等服务时代：近年来我国公共图书馆服务体系构建研究. 中国图书馆学报，2008（3）：31—40

丰富多样性的文献信息资源体系。通过建立服务体系内集约型的数字资源库群，达到共享目的。改变纸质文献采购整体无序的状况，建立联合采购的信息系统和运营机制，避免不必要的重复采购或漏购，围绕区域文献资源的整体布局，通过联合、协调采购，联合编目，对区域内公共图书馆系统文献资源进行宏观调控，建设区域性的文献资源中心和地区性的文献资源中心，配置一批具有地方特色的重点文献和全文数据库，形成内容丰富的文献资源体系，在综合性基础上形成各馆自己的特色馆藏体系，避免文献资源的重复建设。

高度完备化的联合参考咨询服务系统。通过建立目录查询系统以及以数字馆藏资源为基础联合参考咨询服务系统，为社会提供免费的网上参考咨询和文献远程传递服务。成员馆可将其他图书馆的馆藏作为本馆藏书的延伸，通过网络实现实时的馆际互借、网上参考咨询等服务项目，进行深层次的文献信息服务工作。

方便快捷的文献借阅系统。通过建立健全的市、县级公共图书馆服务网络，完善各种原始文献的物流传输方式，从方便读者，满足读者文献需求的角度出发，使读者在就近的图书馆就可以检索到所有公共图书馆的藏书，并可就近归还任何一个图书馆借出的图书。实现各级图书馆之间图书文献借阅“一证通用”和“通借通还”，实现资源共享。

（2）构建区域公共图书馆服务体系需要重点解决的问题

加大政府干预力度。公共文化服务体系是公益的事业，公共文化服务体系的构建，政府是主体，应承担主要职责，应该重视和认真履行政府职能。综观图书馆的发展历程，国家的高度重视、政府的积极干预以及对各类型图书馆间的协作协调与资源共享给予必要的经费保障，对于现代图书馆事业的发展是至关重要的。所以，构建区域公共图书馆服务体系必须加大政府干预力度。在目前的体制下，可在文化行政主管部门的领导下，以省图书馆或市图书馆为中心馆，联合当地各级图书馆组建区域公共图书馆服务体系管理中心，统筹领导协调全省公共图书馆服务工作。管理中心的职能是制定服务体系统一的规章制度、业务标准、服务公约，组织搭建网络服务平台，制定协调区域公共图书馆的服务工作、专业人员培训计划、文献资源建设方案，并组织实施区域公共图书馆间资源共享与协作协调。

加强制度建设。早在2002年，文化部在《关于贯彻国务院办公厅转发〈文化部国家计委财政部关于进一步加强基层文化建设的指导意见〉的通知》中就指出：“有条件的地方要积极推行中心图书馆与分馆制，发挥中心图书馆的资源优势，对区县、乡镇、社区、学校图书馆等实行文献统一采购，集中分编，通借通还，资源共享，增强中心图书馆的辐射能力和基层图书馆的服务能力。”2006年，《国家“十一五”时期文化发展规划纲要》更是明确地指出了公共图书馆要坚持普遍均等的原则，形成实用、便捷、高效的服务网络，以便“基本满足居民就近便捷享受文化服务的需求”，“县（市）图书馆逐步实行分馆制，丰富藏书量，形成统一采购、统一编目的图书配送体系，充分发挥县图书馆对乡镇、村图书室的辐射作用，促进县、乡图书文献共享”，“在中西部及其他老少边穷等地广人稀的地区配备流动文化服务车，建设流动服务网络”。正是在这些政策指导下，近年来上海、北京、江浙、广东等地区先后出现了形式各异的或由政府主导或由图书馆职业推动的图书馆服务体系或服务网络。在即将公布实施的《河南省公共图书馆工作条例》中，明确规定了全省公共图书馆应当推行总馆分馆制，建立全省公共图书馆服务网络，发挥中心图书馆的资源优势，对市、区县、乡镇、社区等图书馆实行文献统一采购、集中分编、通借通还、资源共享，增强中心图书馆的辐射能力和基层图书馆的服务能力。这种制度的保障，对建立河南省公共图书馆服务体系和服务网络必将起到积极的实际作用。因此，也建议正在制定的《中国公共图书馆法》对建立公共图书馆服务体系或服务网络有所表述。

建立公共图书馆服务体系经费保障制度。公共图书馆是由国家兴办的向社会公众开放的公益性文化事业机构，具有传播知识、进行社会教育、参与科学技术研究和保存文化遗产的职能，它既是搜集、整理、存储、开发、传递与利用文献信息资源，为经济建设和科学研究服务的机构，又是广泛进行教育，普及科学文化知识，为广大群众提供精神食粮的场所。其各项经费来源主要是中央和各级地方政府的投入。建立公共图书馆服务体系的经费，也应该由各级政府投入。首先应颁布各级政府投入经费管理办法，明确规定各级政府投入经费比例，使每年的投入经费列入政府年度预算中，为公共图书馆服务体系的实施，提供经费保障。其次要逐年加大经费的投入，使投入随着地方经济的增长而不断增加，确保公共图书馆服务体系长期有效地健康发展。

提高工作人员管理水平。现代化手段在图书馆的广泛应用，对图书馆工作人员提出了更高的要求，图书馆必须加强对现有馆员的教育和培训，全面提高图书馆员的素质、能力，为全省公共图书馆服务体系的建设配备合格的人力资源，从而不断提高图书馆的服务水平。这是一个老生常谈的问题，这里不再赘述。

3. 地区公共图书馆服务创新案例

（1）郑州市图书馆：构建“全民图书馆”图书馆服务网络

郑州市图书馆是国家一级公共图书馆，承担着为全市300多万城乡居民提供文献资源服务，传播先进文化、传递科学知识、开展社会教育和丰富广大群众文化生活需求的重要职能。为了让更多的人走进图书馆、利用图书馆，享受到在图书馆读书学习的乐趣，郑州市图书馆解放思想、转变观念，努力在服务上下工夫，在创新上做文章，努力构建一个布局合理、结构完善的全市公共图书馆服务体系。①

其一，以人为本，做好阵地服务。为了做好阵地服务，郑州市图书馆先后创下了多个全省公共图书馆的第一：开创了全省地市级公共图书馆业务工作中使用计算机管理的先河，创办了全省地市级公共图书馆第一个音乐戏剧光盘视听欣赏室，全省公共图书馆第一家集电脑培训、上网和电子文献、网络资源查询利用的电子阅览室，率先开通了全省首家可提供远程文献检索、业务咨询服务的图书馆网站，开设了全省方便读者24小时还书的首家夜间还书处、全省首个引导未成年人正确上网的“绿色网络通道”，让网络成为青少年了解世界的窗

---

① 李红岩. 公共图书馆服务网络模式的实现探究——以郑州市图书馆服务模式为例. 图书馆建设，2008（3）：15—17

口、学习知识的第二课堂，在全省公共图书馆中率先全面实现了“一卡通”借阅管理，最先实现书刊的开架借阅，最早向社会承诺全年365天开放，每周开放时间达82小时，成为全省开放时间最长的公共图书馆。

为充分发挥图书馆文化教育宣传主阵地作用，郑州市图书馆每年还举办60—70次读者喜闻乐见、丰富多彩的各种展览、学术讲座、知识竞赛、图书宣传、有奖征文等活动，宣传自身、吸引读者，努力扩大图书馆的社会影响，普及图书馆知识，增强广大市民的图书馆意识。通过不断加强自身服务阵地建设，郑州市图书馆近几年来每年接待读者数量均保持在10%的增长速度，继2004年全馆接待读者突破50万人次，2006年又突破了60万人次，各项业务指标始终保持在全省地市级图书馆的之首。正在建设中的数字化郑州市图书馆，在不久的将来又将成为第一个让郑州居民足不出户就可以享受图书馆服务的新阵地。

其二，走出馆门，创建分馆，扩大服务范围。随着社会的发展，人民生活节奏的加快，上网阅读率不断增长，图书馆读者群持续萎缩以呈明显趋势，这已成为世界范围内图书馆共同面临的问题。郑州市图书馆面对这种挑战，在以开展阵地服务创新为重点的基础上，以走进机关、工矿、农村、社区和学校的“五进”方式，以创办“全民图书馆”为突破口，带动了全馆服务工作，实现了跨越式发展。

走进机关厂矿，创办“阅读站”服务模式。为方便市民借阅，郑州市馆推出了“纳入以郑州市图书馆为中心馆统一管理的阅读站模式”，选择有一定的硬件设施、管理条件的机关单位、部队学校、工矿企业和乡镇社区等建立阅读站，实行文献资源的集中调配、动态管理、定期更新，保证阅读站从服务能力和服务效果上能够达到一个小型图书馆的水平，把图书馆真正办到群众的家门口。目前已先后建立了平等街社区、侯寨乡政府、郑州市盲聋哑学校和防空兵指挥学院等阅读站近20个，成为了图书馆向机关、工矿、学校、社区和农村延伸的最成功的办馆模式。

走进社区，创办“社区分馆”服务模式。在成功推出阅读站服务模式的同时，郑州市图书馆又尝试在规模较大、人口较多、条件较好的社区、乡村建立分馆。2004年12月郑州市图书馆省送变电社区分馆正式开馆，这是郑州市图书馆与社区联建的第一家社区分馆，也是全省首家由市级图书馆与社区联合建设、共同管理、通借通还的拥有馆舍面积300平方米、各类书刊达3万余册，集借、阅一体化规范管理的现代化社区图书馆。省送变电社区图书馆开馆后的第一年便接待读者15 080人次，2006年达到25 782人次，取得了十分显著的社会效益。

走进农村，创办“农村图书馆”服务模式。针对新农村建设，郑州市图书馆结合新农村建设的新形势，在省送变电社区分馆成功运行的基础上，选择具有代表性的新农村建设试点城郊村——南阳寨村开始建设第二家分馆，这也是全省首家现代化的农村图书馆，2006年12月郑州市图书馆南阳寨分馆正式挂牌，标志着郑州市图书馆的服务领域进一步由城市向农村拓展。

送书下乡，构建“乡村图书室”服务模式。郑州市图书馆虽然也面临着经费短缺、文献资源不足等诸多困难，但为了支持新农村建设，多年来一直坚持开展送书下乡活动，每年为全市10多个乡镇农村送去农民群众最急需的政策法律、产业结构优化、科教兴农等农业科技、文化艺术等各类图书报刊近万册，也先后援助了近10个乡村图书室。但面对广大的农村对文化的渴求，郑州市图书馆认识到，仅凭自身的能力是远远不能满足更多的农民对科技文化知识的需求。2006年12月郑州市图书馆又推出了“新农村捐书献爱心”公益募捐活动，动员社会力量共同参与和支持新农村文化建设，希望市民能捐出家里闲置的图书，通过郑州市图书馆把书送到边远的农村，丰富农民群众文化生活，帮助农民群众早日摆脱贫困。

目前郑州市图书馆已初步建成了一个中心馆、两个分馆和数十个阅读站为一体的服务网络，随着市辖各区图书馆的陆续建成开放，这些区图书馆也将纳入到郑州市图书馆的服务网络之中，或许几年后郑州市新图书馆开放之时，就是郑州市图书馆服务体系建成之日。

（2）邓州市文化茶馆成为图书馆延伸服务的大舞台

邓州市地处豫西南，与鄂、陕交界，总面积2294平方公里，辖28个乡镇、办事处，578个行政村，人口153万，是国家南水北调渠首市，物产丰富，资源雄厚，是传统的农业大市。同时邓州历史悠久，文化底蕴丰厚，当地农民自古就有农闲到茶馆品茶听曲的古朴民风。2005年以来，邓州市委、市政府把信息资源共享工程当做文化建设的重要载体，结合当地农村茶馆多、人气旺的特点，由市委宣传部牵头，政府补贴，文化局主办，对传统茶馆的文化内涵进行挖掘，并制定建设标准，统一规章制度，把文化与茶馆有效对接，创建文化茶馆600个，成为邓州市农村文化和乡风文明建设的一个有效载体。

文化茶馆具有贴近农民、方便群众、自主经营、管理规范、服务项目较多、文化氛围浓厚的特点，农民更喜欢到这样惬意的小天地品茶休闲、交流情感、传递信息。因此在文化茶馆内设立共享工程基层服务点，进一步拉近了与农民群众的距离，更能发挥文化信息资源的优势，是基层服务点建设的理想场所。它独有的文化氛围，增强了共享工程基层服务点的使用效能。

首先，文化茶馆具备一定的基础设施。邓州市政府为每个文化茶馆配备了一套价值500元的VCD播放机、茶碗、棋牌等设备，市图书馆也选择部分条件较好的茶馆，设立了“馆外流通借阅室”，并结合各乡镇农业产业特点组织专业知识讲座活动，民间艺人也把文化茶馆当做自娱自乐的场所，因此不少文化茶馆都能够提供视频播放、图书阅览、文艺演唱、科技培训、棋牌娱乐等服务项目，文化氛围比较浓厚。

其次，文化茶馆拥有庞大的服务群体。广大农民已习惯在文化茶馆内休闲、娱乐和学习，农民群众对设在这里的文化信息资源共享工程基层服务点倍感亲切，消除了对高科技技术的神秘感和进入正规文化场所的拘谨感，在家门口享受到了丰富多彩的精神食粮和实用的科技知识，扩大了文化资源的受众群体。

第三，文化茶馆具备专人管理、全时服务的优势，可以有效节约经费。在未整合前，农村党员干部现代远程教育相关设备一般都放置于村党支部，需要专人管理和维护。现在由于文化茶馆本身就有自己的管理人员，只需经过培训就可以掌握相关设备的使用技术，不用再另行安排专人，节约了人员费用支出；另外茶馆具有自己的运行方式，以满足客人的需求为最高准则，只要有人观看就会全力满足，播放时间长、点播频率高，充分发挥了政府配送设备的作用，使党的惠民政策落到了实处，真正实现了资源共享。

第四，文化茶馆不仅成为共享工程的基层服务点，同时，也成为市图书馆的馆外流通借阅室。借助文化茶馆这一平台，邓州市图书馆提供必要的图书，茶馆经营者提供场地和进行日常管理，开设馆外流通借阅室，并以此为中介，开展各类讲座及专题咨询工作，发挥图书馆的社会教育作用。这样，既可以让农民群众得到科技致富方面的信息和书刊阅览方面的享受，提升文化茶馆的品位、丰富文化茶馆的内涵，又提高了图书馆的辐射范围和书刊流通率，更可以有效缓解农民读书难的问题，从而促进农村社会的全面发展，是“共建共享、合作双赢”的有效途径。①

总之，面对新的生存环境，新的社会需求，区域公共图书馆的发展与服务都面临着新的挑战和机遇。作为公共文化服务体系中的重要组织部分，它的发展与繁荣与政府大力支持密不可分。在政府增加对公共图书馆投入、推进图书馆立法进程、加快基层图书馆事业发展的同时，公共图书馆本身也必须要认清自己所处的位置，完善自身功能定位，明确服务目标、任务和责任，建立健全评估机制，才能适应读者信息需求的变化，提高办馆绩效和服务效益，创新服务模式，提供多种人性化、个性化信息服务，满足社会不同阶层群众的文化信息需求。

附：子项目《区域公共图书馆发展与服务研究》读者调查表

读者朋友，您好！

为提高图书馆的服务质量和水平，我们正在做《区域公共发展与服务》研究项目，特邀请您参与“读者调查”活动，望能得到您的支持。请在您认为合适的答案后划“√”。谢谢您的合作！

您的基本情况：

年　　龄：20岁以下 □　　20岁—40岁 □　　41岁—60岁 □　　60岁以上 □

文化程度：大专以下 □　　大专 □　　本科 □　　硕士以上 □

身　　份：大学生 □　　中小学生 □　　机关干部 □　　教师 □

专业技术人员 □　　军人 □　　公司职员 □　　农民 □

工人 □　　其他 □

1. 您到图书馆的目的（多选）

借阅图书 □　　浏览报刊图书 □　　查询资料 □　　自学 □　　专题研究 □

上网 □　　其他 □

2. 您经常利用的文献类型（多选）

图书 □　　现期期刊 □　　过期期刊 □　　报纸 □　　文摘等二次文献 □

① 申少春．河南省公共图书馆服务体系研究．河南省文化厅调研项目

其他文献 □

3. 您查阅文献最先想到的地方

公共图书馆 □　单位资料室 □　书店 □　利用互联网 □

4. 读者最希望得到的文献服务内容（多选）

阅览 □　借阅 □　电子阅览室 □　信息咨询 □　文献复制 □　跟踪服务 □

外文文献的提取 □　翻译 □

5. 您更喜欢利用的文献类型（多选）

喜欢利用纸型文献 □　喜欢利用电子文献 □　两种文献类型都喜欢 □

6. 您对公共图书馆建议（多选）

增加新书数量 □　改善阅览环境 □　增加服务方式 □

提高服务质量 □　增加图书馆数量 □　加强馆藏文献建设 □

服务内容宣传 □　加大与读者沟通的力度 □

10.6 公共图书馆网站评价

图书馆网站评价主要针对图书馆网站建设现状，科学规范地制定评价标准，据此建立指标体系作为评价依据，全面系统收集图书馆网站的各种相关信息，对照图书馆网站所要实现的预期目标，做出科学、客观的价值评判的过程。通过评判可以确定图书馆网站现在的状况以及图书馆网络服务的基本情况，对图书馆网站建设、图书馆信息化都有重要意义。公共图书馆网站是网络时代公共图书馆的重要服务窗口，其实用性与满意度的评价有利于图书馆改善服务，提升社会形象。本节将以省级公共图书馆网站为例，阐述本研究设计的网站评价体系以及公布评价结果。

10.6.1 公共图书馆网站评价标准的构建

1. 图书馆网站评价原则

为保证最终确立的评价指标体系科学全面、层次分明、客观适用，需制定相应的原则从宏观上对指标体系的建立予以指导，一般应遵循以下的原则①②③④：

（1）简洁、完备性原则。指标体系应能全面反映图书馆网站建设质量的情况，反映被考察对象的主要特征及被利用的程度，但指标数目应尽可能少，简洁而有代表性，且各指标之间不应有强相关性。

（2）科学性原则。评价指标应能明确反映网站建设的客观情况，主题目的明确，避免含

---

① 王知津，李明珍. 网站评价指标体系的构建方法与过程. 图书与情报，2006（3）：45—52

② 庞庆华，图书馆网站的一种综合评价方法. 现代图书情报技术，2006（6）：52—54，72

③ 赵闯，我国省级公共图书馆网站建设调查与评价. 长春：东北师范大学，2007

④ 张会田，图书馆网站评价指标体系研究. 图书情报知识，2005（4）：96—99

义模糊的指标。指标的选择与层次划分要符合逻辑思维，不能犯子项相容、划分标准不一、越界划分等错误，保证指标体系的建立符合科学规律。同时所建立的指标体系要注意理论与实际相结合、主观评价与客观评价相结合。

（3）内容第一原则。网站评价中，人们常注重形式方面的特点，而将内容评价置于次要地位，殊不知形式是为内容服务的，网站建立的目的及其价值是使网络用户获得信息资源。因此，指标选取要向内容方面倾斜，注重网站服务内容和服务实现手段的综合平衡，体现内容质量第一的原则。

（4）主客观相结合原则。为了使网站评价的结果准确，需要尽量全面考察网站，做到大部分考察因素通过客观存在的数值加以反映，降低实际执行的难度。在评价中需尽量将定性分析和定量分析结合，将反映网站基本质量特征的指标定量化、规范化，为定量评价打下基础，使定性和定量指标优势互补。

（5）实用性原则。实用性是指所建立的评价指标体系能够具有较高的实用价值，能够切实可行的对网站的建设情况进行评价。各个指标要易于理解、易于实测，并注重定性与定量的结合。实用性是指标体系的生命力之所在，其内容和操作要简单、易于理解，定性与定量指标结合，具有可重复性。对于一些概括性的指标要针对评价主体的相关内容进行具体解析，通过指标体系的组配变化以及可替代评价指标的确立，满足不同类型图书馆网站评价的不同需求。

（6）适用性原则。适用性是指建立的评价体系能够适用于评价主体，能全面科学地反映评价主体的具体特点。适用于不同类型图书馆的网站以及不同样式的图书馆网站评价。

（7）拓展原则。网站作为一个系统，具有动态变化特征，会随着技术发展而不断进步，而评价指标本身相对固定，因此，必须根据实际变化发展情况，建立一定数量的动态指标改善评价指标的滞后性。同时根据图书馆网站不同阶段的要求进行修改、增加和删除等维护工作，保证评价指标的科学性与适用性。

（8）可比较性。比较是评价的方法，设计指标体系时要从技术上解决与比较相关的方法。通过同类部门网站的比较，为提高图书馆网站服务水平和服务质量提供建设导向。

2. 图书馆网站评价体系

基于不同的原则与目的，针对图书馆网站评价标准问题，国内外学者已经进行了探索性研究，提出了一些借鉴意义较强的观点与标准。在国外，Raward 提出了一个图书馆网站评估的原型，在其原型中，图书馆网站的评估指标体系包括四个部分：信息发现（Finding the Information）、信息理解（Understanding the Information）、用户支持（Supporting User Tasks）和信息表达（Presenting the Information）。Jim kapoun 提出评价 Web 网站的 5 项标准，即网上资料的准确性、客观性、权威性、时效性以及覆盖面。国内研究中，陆志强和贾志宏提出应从网站内容、网站设计及网站实用性 3 个方面对图书馆网站进行评价；雨禅根据拉瓦德模型主张导航性、陈述性、功能性、访问性为评价的 4 个一级指标。

本研究基于上述的 8 条创建网站评价指标体系原则，批判地吸收已有的研究成果。本研究组综合现有的各种网络资源评价和图书馆网站标准，认为图书馆网站评价的一般标准，主要包括以下4方面：

（1）内容指标：该指标考查网站提供的各类网络信息的情况，如信息内容的准确性、权威性、客观性、新颖性、针对性、特色性、丰富性等。内容指标是评价体系的主要组成部分，其下设的二级指标要尽量详细而简洁，全面而重点突出。

（2）外在形式指标：该指标为网站形式指标，如界面友好性、网页的整体结构与链接状况、页面层次、版面的编排、多媒体的设计等，多为简单判断有无的指标项目，客观性较强，指标确定时较为复杂，但操作简单、结果明确。

（3）实用指标：主要是从用户的角度出发进行评价，可以从网站网址标志，网络的连通性、开放性、交互性和友好性，资源导航、网站开放时间，用户访问量，链接的可访问度、网站的检索功能、使用的便利性等方面建立二级指标。

（4）其他指标：是网站评价体系相对灵活的部分，对不同类型图书馆建立可替换的评价项，同时补充如信息技术、安全防护等其他评价指标的不足

经过多次的项目组讨论、专家意见征集与预测试，项目组制定了三级的网站评估指标体系，对网站进行评价。一级指标3个，二级指标16个，三级指标83个。第一级指标包括：界面设计、网页功能、网站质量三个部分。评估公共图书馆网站的界面友好程度、服务功能的全面性和网站的服务质量。每个一级指标包括二级指标和三级指标，将评价标准具体化。每个三级指标都有对应的评分标准，增加了评价指标体系的可操作性，见表10-12。

表10-12　我国省级公共图书馆网站评价体系指标

一级指标	二级指标	三级指标	三级指标权重
界面设计（0.2）	网站标志（0.14）	有无网站标志（0.29）	0.00812
		网站标志的位置（0.18）	0.00504
		动画形式或者静态的图片文字（0.25）	0.007
		有无宣传语（0.28）	0.00784
	网站整体用色（0.18）	主体色，背景色协调（0.33）	0.01188
		所用颜色种类（0.14）	0.00504
		整体色彩风格鲜明程度（0.29）	0.01044
		各层级页面色彩风格是否统一（0.24）	0.00864
	版式（0.25）	网站首页版式的特征（0.27）	0.0135
		各层级页面设计特征（0.21）	0.0105
		有无悬浮窗口（0.19）	0.0095
		图片应用程度（0.22）	0.011
		页面长度（0.11）	0.0055
	文字（0.16）	文字大小是否适合阅读（0.27）	0.00864
		字体是否应用是否合适（0.15）	0.0048
		字体的种类（0.12）	0.00384
		文字颜色是否与主体色协调（0.23）	0.00736
		彩色文字的运用（0.23）	0.00736

续表

一级指标	二级指标	三级指标	三级指标权重
界面设计（0.2）	导航栏（0.27）	导航栏的位置（0.19）	0.01026
		检索栏设计（0.16）	0.00864
		链接的有效性（0.15）	0.0081
		返回首页的链接是否各级页面都有设置（0.17）	0.00918
		站内层次（0.11）	0.00594
		用户登录栏（0.22）	0.01188
网页功能（0.33）	馆藏查询借阅功能（0.22）	馆藏图书资源检索（0.20）	0.01452
		电子、视听资源检索（0.15）	0.01089
		读者借书状况查询（0.17）	0.012342
		馆藏预约（0.16）	0.011616
		馆藏续借（0.17）	0.012342
		馆际互借（0.15）	0.01089
	公告宣传功能（0.21）	本馆概况介绍（0.10）	0.00693
		本馆业绩和新闻报道（0.17）	0.011781
		本馆各项服务使用说明（0.12）	0.008316
		学会活动宣传报道（0.18）	0.012474
		新书公告（0.16）	0.011088
		开展讲座、活动等通知（0.23）	0.015939
		可利用的场所的通知（0.10）	0.00693
	读者互动功能（0.18）	读者意见板（0.33）	0.019602
		读者论坛（0.28）	0.016632
		在线参考咨询（0.39）	0.023166
	特色服务（0.27）	知识讲座视频展示（0.17）	0.015147
		热点话题资料推荐（0.19）	0.016929
		本馆特色资源介绍（0.14）	0.012474
		教育支持功能（0.17）	0.015147
		政府信息摘要（0.22）	0.019602
		借阅排行榜（0.11）	0.009801
	其他功能（0.11）	非汉语版本（0.23）	0.008349
		本馆联系方式（0.28）	0.010164
		与其他单位的链接（0.28）	0.010164
		用户访问量统计（0.21）	0.007623
网站质量（0.47）	信息资源整合程度（0.19）	信息资源包含范围（0.17）	0.015181
		数据库数量（0.14）	0.012502
		数据库包含范围（0.18）	0.016074
		自建数据库数量（0.22）	0.019646
		全省信息资源整合程度（0.17）	0.015181
		网上资源导航（0.12）	0.010716

续表

一级指标	二级指标	三级指标	三级指标权重
网站质量（0.47）	可靠程度（0.13）	宣传报道的真实（0.34）	0.020774
		网站资料来源（0.24）	0.014664
		推荐书目可靠（0.21）	0.012831
		读者培训资料真实可靠（0.21）	0.012831
	检索实现程度（0.14）	检索入口提供（0.22）	0.014476
		检索方式（0.23）	0.015134
		检索速度（0.27）	0.017766
		检索结果（0.28）	0.018424
	新颖程度（0.17）	新闻报道速度（0.17）	0.013583
		新闻更新速度（0.13）	0.010387
		本馆概况介绍新颖程度（0.06）	0.004794
		学会活动宣传报道新颖程度（0.09）	0.007191
		新书公告新颖程度（0.08）	0.006392
		FAQ 更新程度（0.13）	0.010387
		旧有无效信息以及链接的删除速度（0.13）	0.010387
		用户问题回复速度（0.21）	0.016779
	特色化建设实现程度（0.16）	特色馆藏与该馆建设方针匹配（0.15）	0.01128
		特色馆藏与该地区情况匹配（0.17）	0.012784
		特色馆藏涵盖范围（0.28）	0.021056
		文化服务类信息资源整合（0.21）	0.015792
		本馆学术信息整合（0.11）	0.008272
		本馆教育培训信息整合（0.08）	0.006016
	网站易操作程度（0.21）	一站式服务（0.23）	0.022701
		符合用户的阅读浏览习惯（0.24）	0.023688
		网站栏目设置（0.13）	0.012831
		网站帮助提示（0.21）	0.020727
		可下载资源的下载简便程度（0.19）	0.018753

3. 公共图书馆网站评价方法与评价过程

公共图书馆网站评价方法很多，综合考虑各种评价方法的优劣，本研究采用认为目前广泛使用的基于内容分析的形式评价法对多所图书馆进行集中的评价与横向比较，选取29个省级公共图书馆网站进行评价。测评分为初测和复测两部分，

10.6.2 省级公共图书馆网站评价结果与分析

初测总分为第一次对全部网站进行评价得出的分数。由于对北京、浙江、上海、江苏和新疆的分数感觉有些疑问，于是小组成员对这五个省级图书馆的网站进行了复测，复测总分为小组成员的平均分。最后，我们认定复测分数为最后的总分，没有进行复测的就采用初测总分为最后认定总分。排序是依据认定总分进行排名的（见表10-13）。

表 10-13 省级公共图书馆网站评价结果

排序	省市	一级指标得分			初测总分	复测总分	认定总分
		界面设计	网页功能	网站质量			
1	北京	1.62886	2.176218	3.665295	7.470373	7.444985	7.444985
2	广东	1.73393	2.224398	3.256936	7.215264		7.215264
3	浙江	1.53522	2.341482	3.287321	7.164023	6.95303	6.95303
4	上海	1.71392	1.768206	3.541732	7.023858	6.947443	6.947443
5	江苏	1.74979	1.874532	3.285747	6.910069	6.567767	6.567767
6	重庆	1.82431	1.824966	2.724308	6.373584		6.373584
7	安徽	1.6797	1.385934	3.284149	6.349783		6.349783
8	湖北	1.44889	1.77441	3.031923	6.255223		6.255223
9	福建	1.57511	1.280532	3.217221	6.072863		6.072863
10	新疆	1.55966	1.781802	2.74339	6.084852	6.069328	6.069328
11	陕西	1.47674	1.813086	2.774551	6.064377		6.064377
12	山东	1.51634	1.31637	3.052533	5.885243		5.885243
13	湖南	1.54759	1.577994	2.741722	5.867306		5.867306
14	甘肃	1.18763	1.492986	3.183827	5.864443		5.864443
15	黑龙江	1.55277	1.288188	3.003465	5.844423		5.844423
16	天津	1.55579	1.506516	2.759911	5.822217		5.822217
17	辽宁	1.447	1.571724	2.677285	5.696009		5.696009
18	吉林	1.55897	1.533774	2.552429	5.645173		5.645173
19	云南	1.56295	1.137576	2.876212	5.576738		5.576738
20	贵州	1.31019	1.72953	2.264977	5.304697		5.304697
21	山西	1.26177	1.252944	2.734836	5.24955		5.24955
22	江西	1.05926	1.385274	2.803456	5.24799		5.24799
23	海南	1.3682	1.466322	2.1009	4.935422		4.935422
24	广西	1.14839	1.534632	1.999803	4.682825		4.682825
25	河南	1.5115	1.142724	1.998558	4.652782		4.652782
26	四川	1.35626	1.267134	1.970029	4.593423		4.593423
27	河北	1.51615	1.024716	1.954918	4.495784		4.495784
28	内蒙古	1.51309	0.731346	1.539415	3.783851		3.783851
29	宁夏	1.3666	0.897468	1.199158	3.463226		3.463226

1. 总体分析

通过表 10-13，可以看到虽然经过复测分数有所下降，但是北京和广州的省级图书馆领先于其他的省级图书馆。在经过复测的几个图书馆中，新疆维吾尔自治区图书馆名次下降一名，其他排序均无变动。

在排名前五位的省级图书馆网站中，除首都北京外，其余四个均属于东南沿海经济相对发达地区。表 10-14 是我国 2007 年各省份 GDP 排名与图书馆网站排名对照，由此可探讨经济因素对图书馆网站发展的影响。可以看到，在本次测评中前五位的省级图书馆网站所在省份，在 GDP 排名中前十位中都可以发现。其中，广东省 GDP 排名第一，在本次测评中仅次于北京，一定程度上印证了经济因素对图书馆网站建设的影响。浙江、江苏、上海都是我国经济发展势头强劲的地区。北京作为首都，具有其先天的经济、政治、文化等方面的优势，因此经济决定因素在前五名的图书馆网站排名中还是很明显的。

本次测评缺失的两个省级图书馆网站分别是青海省图书馆网站和西藏自治区图书馆网站。对照 GDP 排名，可以看到两个省位列最后。GDP 排名倒数第三的宁夏回族自治区，其图书馆网站水平是本次排名的最后一名。经济因素在这些地区图书馆网站的建设中又一次得到突显。

可以说，在本次测评中，排名前几位和后几位的图书馆网站充分体现了经济因素的重要性。强大的经济实力是一个地区公共文化事业发展的保障，缺少经济支持的公共文化事业发展缺乏后劲和可持续性。而在相对更为广泛的排名中间段，经济因素的影响淡化，各省级公共图书馆网站的建设难以体现该地区的经济发展状况。值得注意的是，在这个排名段（6—28）的某些省级图书馆网站，与本省经济实力排名具有相当大的差异。

首先是经济实力排名靠前而图书馆网站排名靠后的情况。这样的省份有山东（GDP 第二，网站第十二），河南（GDP 第五，网站第二十五），河北（GDP 第六，网站第二十七），四川（GDP 第九，网站第二十六），内蒙古（GDP 第十八，网站第二十八），还有一些省级图书馆排名低于其 GDP 排名的省份，但是名次相差在 10 以内，差距并不是很显著，而这两个排名之间必然是有差异的，所以暂且可以不予分析。

这些地区中，山东、河南、河北、四川诸省，GDP 排名均在前十位，山东 GDP 第二，网站排名第十二基本还在合理的范围内，而河北、河南、四川的差距则值得思索。河北省两个排名之间相差 21 位，是本次测试中差距最大的省份（见表 10-14）。根据本次测评掌握的资料，暂时难以确定这个差距的原因，但是，经济水平应该不构成阻碍其省图书馆网站的建设的最主要因素。内蒙古地区今年来经济增长率始终保持较高水平，2002—2006 年 CDP 增长平均速度大约 20%，2007 年约为 18.2%，使经济发展相当快的一个地区。然而，在其经济高速发展的同时，公共文化事业的建设并没有与之相协调，公共图书馆网站建设水平相当之低。作为体现一个地区公共文化建设水平窗口的公共图书馆网站，应该得到相关部门的重视。当然，内蒙古自治区正处于集中发展经济的阶段，其总体实力难以和一些经济大省相比，对于其发展不能有过高的要求，只是，希望在发展经济的同时，该地区能够做到经济发展和文化建设同步，物质文明建设与精神文明建设都达到一个新的高度。

第二种情况是本次省级图书馆网站测评排名位置靠前而经济实力排名靠后。安徽、陕西、云南、吉林、重庆、新疆、甘肃等地区都属于此种情况。其中，新疆（GDP 第二十五，网站第十）、甘肃（GDP 第二十七，网站第十四）两省的差异尤其明显。这两个省份均属于我国的西部地区，经济发展水平较低，发展速度在 11% 左右，其 GDP 排名也处于二十位之后，总体而言，其经济上并无优势可言。但是，在本次省级公共图书馆网站测评中，排名超过了许多经济水平要较之高很多的地区，这说明经济并不是决定图书馆网站发展的唯一因素。即使经济发展暂时落后，但是公共文化建设仍有很大的可努力空间，其他经济发展相对弱势的省份应积极借鉴这两省的经验。

表 10-14 GDP 排名与省级公共图书馆网站排名对照

经济排名				图书馆网站排名			
1	广东	17	广西	1	北京	17	辽宁
2	山东	18	内蒙古	2	广东	18	吉林
3	江苏	19	天津	3	浙江	19	云南
4	浙江	20	陕西	4	上海	20	贵州
5	河南	21	江西	5	江苏	21	山西
6	河北	22	云南	6	重庆	22	江西
7	上海	23	吉林	7	安徽	23	海南
8	辽宁	24	重庆	8	湖北	24	广西
9	四川	25	新疆	9	福建	25	河南
10	北京	26	贵州	10	新疆	26	四川
11	湖北	27	甘肃	11	陕西	27	河北
12	湖南	28	海南	12	山东	28	内蒙古
13	福建	29	宁夏	13	湖南	29	宁夏
14	安徽	30	青海	14	甘肃		
15	黑龙江	31	西藏	15	黑龙江		
16	山西			16	天津		

GDP 排名来源：《世界 2007 年鉴》

2. 具体分析

总体分析之后，我们分别对一级指标和部分二级指标加以分析，借以明确各个省级图书馆网站的优势与不足，从而形成具有针对性的建议。

（1）界面设计指标排序分析

在这一排序表中，可以看到，得分前十位的图书馆网站与总分排名基本一致。总分前十位的图书馆网站除浙江、湖北之外，也都排到了前十名。这说明总体质量较高的网站都会重视其版面的美观和友好性。但是，浙江省图书馆网站和湖北省图书馆网站的界面设计分数却相对较低，尤其是湖北省，总分排名第八，而界面设计部分排名二十。界面设计部分主要考察界面的美观程度、用户查找信息的简便程度、用户使用时界面的友好程度，同时还有图书馆网站的宣传作用。在界面设计的二级指标有五个，分别是网站标志、网站整体用色、版式、文字、导航栏设计。浙江省图书馆网站得分比较低的有："网站标志" 第 25 位，"文字" 部分第 6 位，"导航栏设计" 第 17 位。网站标志缺失不明显，直接影响到该馆的形象，所以本次测评给予了相对较高的权重，希望能使图书馆网站加强这方面的建设。湖北省图书馆网站总分第 8，界面设计排名第 20 位，落差相当之大。该网站在这一部分得分较低的指标有："网站标志" 第 26 位，"版式设计" 排序第 15 位，"网站整体用色" 第 18 位，"文字" 部分第 13 位。湖北省图书馆网站的界面设计确实存在着一定的问题需要改进。

云南、吉林、天津、河北、内蒙古等地区的省级图书馆网站界面设计排名高于总分排名，说明这些网站在设计时更多地考虑到了用户的感受，值得肯定。

（2）页面功能排序分析

在这一部分，评价指标为省级图书馆网页应该实现的各项功能，每项功能的评价分为有和无两种评价结果，主要考察各省级图书馆网页是否具备各项功能。所考察的功能有五部分：馆藏查询借阅功能，公告宣传功能，读者互动功能，特色服务，其他功能（联系方式、其他链接）。

在功能考察这一项中，单项排名和总分排名的差距并没有出现太大落差（见表10-15）。总分前十位的网站仍基本保持在前十名内，只有安徽和福建排名靠后。另外，山东、云南的排名落差也相对较大。安徽省图书馆网站得分较低的功能是馆藏查询借阅功能，排名第18。福建省图书馆网站得分较低的功能是：馆藏查询借阅功能，排名第21；其他功能，排名第29；特色服务，得分为0。

表10-15　一级指标排序对照

界面设计排序				页面功能排序				服务质量排序			
排名	总分排序	省市	分数	排名	总分排序	省市	分数	排名	总分排序	省市	分数
1	6	重庆	1.82431	1	3	浙江	2.341482	1	1	北京	3.665295
2	5	江苏	1.74979	2	2	广东	2.224398	2	4	上海	3.541732
3	2	广东	1.73393	3	1	北京	2.176218	3	3	浙江	3.287321
4	4	上海	1.71392	4	5	江苏	1.874532	4	5	江苏	3.285747
5	7	安徽	1.6797	5	6	重庆	1.824966	5	7	安徽	3.284149
6	1	北京	1.62886	6	11	陕西	1.813086	6	2	广东	3.256936
7	9	福建	1.57511	7	10	新疆	1.781802	7	9	福建	3.217221
8	19	云南	1.56295	8	8	湖北	1.77441	8	14	甘肃	3.183827
9	10	新疆	1.55966	9	4	上海	1.768206	9	12	山东	3.052533
10	18	吉林	1.55897	10	20	贵州	1.72953	10	8	湖北	3.031923
11	16	天津	1.55579	11	13	湖南	1.577994	11	15	黑龙江	3.003465
12	15	黑龙江	1.55277	12	17	辽宁	1.571724	12	19	云南	2.876212
13	13	湖南	1.54759	13	24	广西	1.534632	13	22	江西	2.803456
14	3	浙江	1.53522	14	18	吉林	1.533774	14	11	陕西	2.774551
15	12	山东	1.51634	15	16	天津	1.506516	15	16	天津	2.759911
16	27	河北	1.51615	16	14	甘肃	1.492986	16	10	新疆	2.74339
17	28	内蒙古	1.51309	17	23	海南	1.466322	17	13	湖南	2.741722
18	25	河南	1.5115	18	7	安徽	1.385934	18	21	山西	2.734836
19	11	陕西	1.47674	19	22	江西	1.385274	19	6	重庆	2.724308
20	8	湖北	1.44889	20	12	山东	1.31637	20	17	辽宁	2.677285
21	17	辽宁	1.447	21	15	黑龙江	1.288188	21	18	吉林	2.552429
22	23	海南	1.3682	22	9	福建	1.280532	22	20	贵州	2.264977
23	29	宁夏	1.3666	23	26	四川	1.267134	23	23	海南	2.1009
24	26	四川	1.35626	24	21	山西	1.252944	24	24	广西	1.999803

续表

界面设计排序				页面功能排序				服务质量排序			
排名	总分排序	省市	分数	排名	总分排序	省市	分数	排名	总分排序	省市	分数
25	20	贵州	1.31019	25	25	河南	1.142724	25	25	河南	1.998558
26	21	山西	1.26177	26	19	云南	1.137576	26	26	四川	1.970029
27	14	甘肃	1.18763	27	27	河北	1.024716	27	27	河北	1.954918
28	24	广西	1.14839	28	29	宁夏	0.897468	28	28	内蒙古	1.539415
29	22	江西	1.05926	29	28	内蒙古	0.731346	29	29	宁夏	1.199158

当然，也有总分较低的图书馆网站在本项排名中取得不错的成绩，例如贵州、广西、海南等省级图书馆网站。

除图书馆网站应具备的基本的查询借阅功能之外，本次评估特别考察了特色服务功能，包括知识讲座视频展示、热点话题资料推荐、本馆特色资源介绍、教育支持功能、政府信息摘要、借阅排行榜这几部分。本次测评对特色服务的界定处于中等水平，并没有提出更多新型的服务，例如吉林省图书馆网站开通的“移动图书馆”服务，通过手机办理业务，在我们的体系中并没反映。尽管如此，还是有部分图书馆网站在这一部分得分为0。这些图书馆网站分别是：天津市图书馆网站、河北省图书馆网站、内蒙古自治区图书馆网站、福建省图书馆网站、广西壮族自治区图书馆网站、海南省图书馆网站、陕西省图书馆网站、宁夏回族自治区图书馆网站。

功能的齐全与否直接影响到用户对该图书馆网站的使用和评价。功能的齐全是对一个网站最基本的要求。如果离开功能这个可用性的测量指标，其他的评价都将是不全面的。而功能的设置既要基于本馆的实际工作，又要体现网站的特殊性，做到实际功能和网站功能的完美结合。

（3）服务质量排序分析

服务质量是本次省级公共图书馆网站测评的一个最重要部分。本次测评网站服务质量指标包括：信息资源整合程度、可靠程度、检索实现程度、新颖程度、特色化建设实现程度、网站易操作程度这几部分。

鉴于服务质量的重要性，我们的指标体系给出了服务质量以最高的权重。也就是说，服务质量部分得分的高低，与最终的网站排名有直接的联系。事实证明也是如此。在参与参评的29个省级图书馆网站中，总分前十名的网站除重庆图书馆网站之外，其余网站的单项得分排名都在前十位以内。总分第一的首都图书馆网站在这一项的得分也是第一。而在排名的最后部分，从第23位开始，图书馆网站的单项排名与总分排名保持了高度的一致性。位于中间部分的各网站名次各有变动，但总体变动幅度并不是很大。该项排名高于总分排名的网站有甘肃省图书馆网站，山东省图书馆网站，云南省图书馆网站，江西省图书馆网站等。

值得注意的是重庆图书馆网站，该网站总分位列第6，而在本项排序中仅排至第19位。该网站本指标各项名次为：信息资源整合程度第17、可靠程度第27、检索实现程度第3、新颖程度第9、特色化建设实现程度第21、网站易操作程度第17。可以看出影响其成绩的指标为信息资源整合、可靠程度、特色化建设实现程度和网站易操作程度。该网站界面设计排名第1，网页功能排名第5，但服务质量却排位如此落后，与其他部分的得分很不相称。注重美观、追求功能齐全本无可厚非，不过忽略了最重要的服务质量就有舍本逐末之嫌，是不可取的。

（4）部分二级指标排序分析

网站标志指一个图书馆网站借以使自己和其他网站区分开的具有代表性的图案、符号等，有突出网站特点、宣传网站形象的作用。该指标主要考察网站有无自己的网站标志以及标志形式为何，另外还考察网站宣传语的有无。一个图书馆的宣传语体现了这个图书馆的内在精神以及所追求的目标，具有重要意义。表10-16是本次测评形成的省级图书馆网站标志排序。重庆、天津、河南等省市在这一方面做得比较好，不仅有自己的网站标志，还有自己独特的宣传语。然而大多数的图书馆网站却并没有这个意识，没有网站标志，也没有宣传语，甚至连将实体图书馆的宣传语复制到网站上都没有，这不得不让人怀疑其职业精神。

表10-16　网站标志排序

序号	省市	分数	序号	省市	分数
1	重庆	0.252	12	甘肃	0.1596
2	天津	0.238	17	吉林	0.147
2	河南	0.238	17	新疆	0.147
2	广东	0.238	19	山西	0.1064
2	云南	0.238	19	江西	0.1064
6	北京	0.1876	19	宁夏	0.1064
7	上海	0.1736	22	河北	0.0686
7	安徽	0.1736	23	贵州	0.056
7	山东	0.1736	24	辽宁	0.0546
7	湖南	0.1736	25	浙江	0.028
7	陕西	0.1736	25	湖北	0.028
12	内蒙古	0.1596	25	广西	0.028
12	黑龙江	0.1596	25	海南	0.028
12	江苏	0.1596	25	四川	0.028
12	福建	0.1596			

在图书馆网站的设计之中，读者互动功能应该是极为重要的一个环节。本次测评所定义的读者互动活动包括读者意见板、读者论坛、在线参考咨询这几部分，只是最基础的互动功能，并没有涉及RSS技术的应用，因此一些在此方面做得不错的图书馆网站可能没有分数上的优势。表10-17是本次测评形成的各省级图书馆网站读者互动功能的排序。在表10-15中，可以看到绝大多数的网站都设有读者互动的板块，只是程度有所不同。十几个省份的省级图书馆只具有简单的读者互动功能，还不全面，得分相当之低。河北省和内蒙古自治区的省级图书馆网站竟然没有这一功能。不能不说这是一个很严重的问题。图书馆网站提供给读者一个更便捷更具主动性、参与度的空间，但是却没有一个版块是属于读者，这是极端不合理的。现实中的种种障碍如果仍然在网络中存在的话，那么图书馆网站的未来将是难以看到希望的。

表 10-17 读者互动功能排序

序号	省市	分数	序号	省市	分数
1	陕西	0.524502	11	浙江	0.162162
2	重庆	0.358182	11	江西	0.162162
3	新疆	0.351648	11	山东	0.162162
4	北京	0.328482	11	河南	0.162162
5	湖南	0.31185	11	湖北	0.162162
5	广东	0.31185	11	广西	0.162162
7	吉林	0.23166	11	海南	0.162162
7	福建	0.23166	11	四川	0.162162
9	云南	0.185328	11	贵州	0.162162
10	山西	0.16632	11	甘肃	0.162162
11	天津	0.162162	26	安徽	0.11583
11	辽宁	0.162162	26	宁夏	0.11583
11	黑龙江	0.162162	28	河北	0
11	上海	0.162162	28	内蒙古	0
11	江苏	0.162162			

本次测评所指的新颖程度主要着眼于网站的更新速度。网站更新速度的快慢从一个侧面反映了图书馆网站建设受重视的程度和发展的程度。一个缺乏更新的图书馆网站必然是缺乏关注的，也是必然会受到忽视的。该指标所包含的三级指标有：新闻报道速度、新闻更新速度、本馆概况介绍新颖程度、学会活动宣传报道新颖程度、新书公告新颖程度、FAQ 更新程度、旧有无效信息以及链接的删除速度、用户问题回复速度。

各省级图书馆网站的新颖程度却是存在着较大的差异（见表 10-18）。做得好的图书馆网站在读者回复速度上基本可以做到实时回复，一般一到两天内均会给予回复。网站的新闻和图片等也在不断地更新中。在这方面做得最差的当属内蒙古图书馆，网站上的所有信息都显示为 2006 年，至今再无更新，是更新最慢的省级图书馆网站。这基本可以等同为没有图书馆网站。更新及维护是图书馆网站必须在日常管理中加以重视的问题。

表 10-18 新颖程度排序

序号	省市	分数	序号	省市	分数
1	山东	0.588863	10	黑龙江	0.463021
2	甘肃	0.562896	11	广东	0.456629
3	上海	0.54372	12	福建	0.429463
3	湖北	0.54372	13	安徽	0.419076
5	北京	0.530536	14	江西	0.414681
6	江苏	0.526541	15	陕西	0.404694
7	浙江	0.509762	16	贵州	0.401897
8	天津	0.480599	17	四川	0.376729
9	重庆	0.473807	18	海南	0.374332

续表

序号	省市	分数	序号	省市	分数
19	广西	0. 372734	25	云南	0. 284444
20	新疆	0. 371535	26	河南	0. 164195
21	辽宁	0. 357553	27	宁夏	0. 153408
22	山西	0. 322796	28	河北	0. 119451
23	吉林	0. 315206	29	内蒙古	0. 106267
24	湖南	0. 29603			

10. 6. 3 对省级公共图书馆网站建设的建议

通过本次测评，我们发现在省级图书馆网站中存在许多的问题需要改进，现就指标体系中的三个一级指标中的问题提出一些改进意见，以促进省级图书馆网站乃至各种图书馆网站的发展。

1. 界面设计部分

在界面设计方面，大多数图书馆网站做得还是不错的，但是仍存在很多问题。在导航栏设计方面，存在着导航栏设计过窄，其中文字字号偏小难以辨认的问题。建议在今后的建设中，合理设计导航栏的宽度，以使读者能够方便快捷地从中获取相关信息。另外，建议各图书馆网站在设计界面的时候，注意其公共属性，考虑到受众的范围，将网站界面设计的简洁大方，栏目清晰，过滤冗余信息，集中表现关键信息。

在网站风格方面，最好能够突出自己的特色。本次调查发现各省级图书馆网站的整体色彩多使用蓝色系，深蓝浅蓝不一而足，蓝色成为各网站最常见的主色调。虽然美观方面没有太大问题，但是风格趋于雷同，让人很难有深刻的印象，网站的宣传效果不明显。一些具有鲜明地域特色的地区完全可以结合当地情况设计出更好的体现当地形象、图书馆形象的网站。新疆图书馆的民族风格明显，令人过目难忘；海南地区的海浪形象很好地体现了本地特色；重庆图书馆网站的设计则古典大气。不过，追求风格也要考虑到美观。贵州图书馆整体采用近似土黄色的背景，色彩偏于晦暗，不建议继续使用。

网站标志和宣传语的重要性在前文已有论述，各图书馆网站在这方面的表现也给予了揭示，重视网站标志和宣传语的作用将是各图书馆网站今后需要注意的。

2. 网页功能方面

各省级图书馆网站在基本的馆藏查询借阅功能部分做得都很好，可以说做到了基本功能实现度良好。只是在各图书馆网站的检索、登录栏设计的更为鲜明便于读者利用则会取得更好的效果。

公告宣传功能方面，诸如本馆介绍、本馆业绩和新闻报道、本馆各项服务使用说明、新书公告和开展讲座、活动等通知总体而言实现度相对较高，但是需要加强改进的是对学会活动的报道和对本馆内可利用场所的通知。很多网站仅对本省图书馆学会做简单的介绍，时效性也很低，没有相关消息、活动的报道。有部分网站予以报道，但是更新频率低，时间间隔长。在今后的建设中，各省图书馆网站应和省图书馆学会加强联系，充分利用网站这一平台，宣传图书馆学会。

馆内可供利用的场所通知鲜见于各图书馆网站中。在读者咨询部分却可以看有读者留言询问馆内自习室的使用和安排等事项。可见，图书馆并没有来利用好网站作为发布消息的一个平台，陷入了被动的服务状态。建议在今后的建设中，将可利用场所的相关信息及时发布于网站，使虚拟的网站更好地为现实中的读者服务。

读者互动功能和特色服务功能在前文已经提到，针对这两部分，测评小组认为各省级图书馆应加强和读者的沟通与互动，充分利用各种先进技术支持，同时不断更新服务理念，积极开展各项特色服务。在其他功能部分，各图书馆的联系方式应详尽注明，与相关链接要尽可能地分类清晰链接有效。省级图书馆网站应该有更开放的态势，因此非汉语版本的设置是十分有必要的。上海图书馆设有英语版、日语版和中文繁体版，体现了上海国际都市的定位。一些少数民族聚居区还应增加注意民族语言版本，如新疆维吾尔自治区图书馆网站设有维语版、哈语版和汉语版三个版本。

3. 服务质量部分

信息资源整合方面，各省级图书馆网站应加强全省信息资源的整合力度，使得信息资源的共建共享通过网站得以实现。虽然有全国范围的文化共享工程，但是各省自我建设也是相当有必要的。

检索实现程度部分，要求各图书馆网站提供更多的检索入口和便捷易懂的检索方式，公共图书馆面向大众，读者水平差异较大，因此检索部分的设置应尽量体现人性化。同时，网站页面的图片等也应适量，以提高反应速度，减少用户等待时间。

网站的新颖度问题在分析中已经提到，这是图书馆网站必须重视的一个部分。仅仅建成一个网站是不够的，还要将它做好，持久稳定地做下去才是成功的。体现在时间上就是要保持更新。

特色化建设实现程度与前文的特色化服务紧密相连，不存在特色化服务也就谈不上建设的程度问题。因此，第一步应是开展特色化服务。最基本的特色化馆藏应该在网站中得以体现，地方文献的整合也需要更多地予以表现。另外，本馆学术信息和教育培训信息在实际工作中或许有所积累，但是网站上基本不存在这两个内容。发布本馆的学术信息，有助于促进员工学术研究的积极性，同时也向读者展示了本馆的学术水平。而读者教育培训信息的整合，能够为读者学习提供一个更便捷的途径，突破时间地点的限制，从而扩大读者群。这两部分需要在以后的图书馆网站建设中得到加强。

网站的易操作性是十分重要的一个指标，关于这方面用户的要求也相对较多。应在各图书馆网站建设中，加强栏目设计的合理性，使其更符合用户的阅读习惯。明确标注帮助信息，使读者遇到一般问题都可自行解决。一站式服务是最有必要的改进之处，这方面可以借鉴各大型网站。资源的下载界面也应清晰明了便捷，为用户节约点滴时间都可以看作网站的成功。

11 高校图书馆的定位与服务

高校图书馆是我国图书馆系统的三大主体之一，长期以来面向高校师生，服务于高校教学科研。在建设公共文化服务体系的过程中，高校图书馆顺应社会，要求积极转变。本章主要讨论公共文化服务体系中高校图书馆的功能变化，探讨高校图书馆的分类定位及服务。

11.1 公共文化服务体系中高校图书馆的功能

党和国家提出社会主义文化大发展大繁荣的发展战略，将文化建设提到了一个崭新的高度。图书馆是公共文化服务体系的重要组成部分，图书馆系统是整个公共文化服务系统的子系统之一，包括高校图书馆在内的各类图书馆要发挥自身的作用，积极配合，共同构建图书馆网络，为公共文化服务体系建设服务。公共文化服务建设同时也成为打破我国长期存在的各类图书馆间条块分割痼疾的契机，高校图书馆必须与其他各类图书馆群策群力，加强合作，共同谋求在社会发展中的地位。公共文化服务体系中高校图书馆面临社会环境与自身实践的双重变化，高校图书馆原有的功能将不可避免地发生变化。

11.1.1 公共文化服务体系中的高校图书馆

本项目对高校图书馆从业人员及读者分别实施了调查，以了解高校图书馆自身及读者对高校图书馆的定位、服务的相关认识（具体内容详见第5章和第6章）。通过读者对高校图书馆认识的数据分析，发现读者认为高校图书馆应该主要是信息文化阅读中心，应及时补充更新馆藏，开展免费平等的信息服务以满足读者的信息需求。读者不太看重高校图书馆是否开展休闲娱乐、社会活动功能，但有部分读者也指出高校图书馆应是科普教育基地，能为读者直接或间接提供所需资料，面向实际应用，网络资源的补充，学习提高认知能力的基地。读者进入高校图书馆的主要原因是因其丰富的信息资源，既包括纸质资源，也包括电子资源和网络资源，这启示我们未来高校图书馆在开展公共文化服务时应以其丰富的资源为本，立足于其全面的学术信息，开展区别于其他文化机构的信息服务，吸引更多公众。通过高校图书馆从业人员对高校图书馆认识的数据分析，发现现阶段高校图书馆自身对开展公共文化服务还缺乏深入的了解，普遍认为自己的服务对象是以本校师生为主，服务内容和方式仍以传统方式为主，这些都说明高校图书馆还没有很好地适应公共文化服务。本项目还对高校图书馆开展公共文化服务的前景和障碍实施了调查，多数受访者认为公共服务体系建设对高校图书馆是很好的机遇，有利于高校图书馆发展，高校图书馆开展公共文化服务前景看好。但调查也表明高校图书馆较少与其他公共服务组织开展合作，许多高校图书馆提出，由于管理系统与管理体制等诸多因素，与其他公共文化服务部门联系及合作项目较少，合作活动也很难展开，还有一些高校图书馆确实由于专业性较强而难以与其他文化单位有效地合作。现有合作一般限制在书店、出版商等机构，而且在这些合作中，高校图书馆也会注意选择具有一定规模和资质、正规、服务优质的合作，达到双方满意。受访者普遍乐观地认为，随着图书馆服务公益性力度的加大，服务范围的逐步扩大，高校图书馆与其他文化服务部门的联系会越来越频繁和紧密。高校图书馆认为自己今后应主要与政府部门、教育部门及学校开展合作，共同推进公共服务。调查也表明高校图书馆开展公共文化服务的最大障碍是缺乏足够的经费支持以及对公共文化服务内涵和性质了解不够。因此在高校图书馆加强开展公共文化服务的宣传和指导是十分必要的，争取更多的经费支持更是势在必行。通过多方努力，高校图书馆将在公共文化服务体系的建设中发挥重要作用，与此同时高校图书馆的功能将在其原有模式上发生改变。

11.1.2 公共文化服务体系中高校图书馆的功能变化

（1）支撑教学

教书育人是高等学校的首要任务，是社会衡量高校办学质量的重要指标。高等学校通过教学培养高层次人才，对提高社会文化素养具有重要作用。因此，支撑教学是高校图书馆的主要功能之一。一般而言，高校图书馆可以为教学提供教学的场所，提供教学资源，如教材、参考资料等。在现代信息技术的支持下，高校图书馆提供的教学帮助更为丰富、全面和及时。除了数字化的文献资源，教学相关的音、视频材料都可通过图书馆提供给学生，从而支撑教学全过程。

在以学历教育为主的高校，为更广泛的社会层面提供的教育较为有限，而高校图书馆可以利用自身的资源和服务优势为社会公众提供一些教育机会。高校图书馆可以利用已有软硬件和网络平台构建网络教学系统，将教学范围延伸到校外，使更多的公众有机会享用到高校的高水平教学资源，从而推动公共文化服务建设。高校图书馆往往也是开展信息素质教育的基地，除了为校内师生提供信息意识和技能的培训外，可开拓途径为社会各界提供相应的培训服务。首先，可以发挥高校图书馆人才素质高的优势，为其他图书馆培养所需的图书馆专业人才。尤其是随着公共文化服务体系建设的推进，整个图书馆系统建设势必如火如荼，公共图书馆、基层图书馆、社区图书馆、乡镇图书馆、农村书屋等各类图书馆或新建或扩建，急需人才，各省市可以集合本地高校图书馆的力量，组建培训班子，甚至在高校图书馆建立培训基地，为这些图书馆培养人才。其次，高校图书馆可以对所在城市各个单位的图书馆员、信息管理人员、资料员等进行培训。第三，可以通过广泛宣传、讲座、讲演、展览等形式对市民进行信息素质的培养。

（2）支撑科学研究

除了教学，高等学校的另一主要任务就是开展科学研究，高校图书馆应支持所在高校各个学科的科学研究。科学研究的起点有赖于及时准确的信息，高校图书馆通过收集科技动态信息、国家战略规划、学科前沿、市场需求信息等为科学研究提供论证依据，图书馆还拥有支持科研全过程的丰富的信息资源和多种形式的信息服务。

为促进公共文化服务，高校图书馆可设置灵活的体制，拓宽科研服务的范围，将高校图书馆所提供的较高层次的高智力的科研支持服务拓展至更多社会公众，实现高校信息资源更大的社会价值，提升高校图书馆公共文化服务功能。《普通高等学校图书馆规程（修订）》规定，高校图书馆可以面向社会提供文献信息和技术咨询服务。高校图书馆应广泛宣传，为社会上从事科学研究的企事业单位、个人等提供科研支持服务，包括项目查新、定题、项目申报、跟踪、结项论证等。通过一定的协议和技术手段，高校图书馆的参考咨询平台也可向社会上从事科技研发的人们开放，为其提供专业的专家咨询意见。

（3）支撑学习

学生是高校的主体，支撑学生学习是高校图书馆的职责所在。高校图书馆通过图书馆实体为学生提供学习场所和学习氛围，通过图书馆丰富的文献信息为学生提供学习资源。学生也是未来社会的主体，高校图书馆为学生提供的学习服务将对其未来人生产生潜移默化的作用。培养学生利用图书馆的学习习惯、学习方式将促进人的终身学习，提高社会成员的文化素质。与此同时也将极大提高未来社会图书馆的价值，提高图书馆在公共文化服务体系中的地位。

高校图书馆普遍拥有丰富的信息资源，尤其是数字图书馆还具备突破时空障碍的优势，能为公民的终身学习、终身教育提供良好的学习条件，从而提高公民素质，推动公共文化服务体系建设。高校图书馆拥有开展教育的优良传统和良好条件，积极开拓渠道就能为公民提供继续教育和在职教育，满足各种职业从业人员的能力提升需求。特别是当公共图书馆不能满足公众学术型学习、研究型学习要求时，高校图书馆可以成为他们的学习殿堂。尤其是在一些公共图书馆尚不发达的地区，高校图书馆完全可以胜任科普职能，支持地方公众的学习需求。

（4）支撑文化传播

校园文化是社会文化的组成部分之一，高校图书馆支撑文化传播首先要在营造校园文化方面发挥自身功能，通过校园文化建设对公共文化服务体系进行完善。

高校图书馆汇集了科学有序化组织的高智力、高水平信息资源，除了向学校师生传递信息外，还应向更广泛的社会成员传播文化。高校可以通过其所在地的社区向社区居民进行宣传，动员他们使用图书馆的资源，向他们传播文化。《普通高等学校图书馆规程（修订）》① 中指出有条件的高等学校图书馆应尽可能向社会读者和社区读者开放。尽管高校图书馆的体制决定了高校图书馆的服务主体并非直接面向社会公众，但高校图书馆完全可以与当地的公共图书馆联合发挥文化传播功能，通过公共图书馆的服务窗口和平台，将高校的资源输送到

① 普通高等学校图书馆规程（修订）．［2010-06-15］．http：//www. moe. edu. cn/edoas/website18/37/info237. htm

更多公众手中。我国已有部分省市[①][②]对高校图书馆参与社会文化建设的途径进行了实地考察和深入研究。研究表明，高校发挥自身的优势，通过扶持公共图书馆达到为社会文化服务的目的是切实可行的途径。在现行图书馆管理体制不改变的情况下，通过支持基层公共图书馆的发展实现为地方经济、文化发展服务的职能，可以说是现阶段高校图书馆参与社会公共文化服务的最有效渠道和途径。最基本的形式可以是向公共图书馆捐赠图书、软件、设备，为公共图书馆提供智力和人力支持，在公共图书馆举办讲座等形式向社会公众传播文化。待与其他各类型图书馆之间的联合与交叉逐渐增多后，共建图书馆将成为发展的趋势。如城市与高校共建图书馆，将其定位为兼有高等院校图书馆和社会公共图书馆两重性，做到学术性和文化性并举，教育职能、信息服务职能与文化休闲职能并列，成为为高校师生和城市居民提供教学、科研、信息资源、社会教育和文化休闲服务的社会公益性机构。共建图书馆最大的优势是从根本上扩大服务功能，积极主动地扩大为地方经济发展、社会进步和文化建设提供综合服务的职能，主动与各区、县图书馆开展馆际协作、馆际互借服务，构建市校所在区域的文献信息保障网络，最终实现“一馆多用”的目标。[③]

总的来说，在公共文化服务体系建设过程中，高校图书馆的功能将逐步发生改变，但这些功能的实现还受限于现有管理体制。因此，在具体实施途径上，可以由各级图书馆学会牵头，搭建高校与政府、企事业单位、个人等社会主体之间的桥梁，形成高校图书馆服务社会的平台。学会更要发挥其凝聚与协调作用，发动各高校联合起来共同为社会服务。[④] 还可与其他类型图书馆共建图书馆，打造图书馆联盟，共同参与公共文化服务体系建设。

11.2 高校图书馆的分类定位

在建设公共文化服务体系过程中，高校图书馆的功能随之发生诸多变化，有必要多角度综合立体地重新界定高校图书馆的定位。并按照我国现行高校图书馆的类别对其进行多层面精细的分类定位。

11.2.1 高校图书馆的基本定位

高校图书馆作为高校的一个重要组成部分，在高校中发挥着重要的作用。1987 年原国家教委颁布的《图书馆规程》作为高校图书馆建设的一个重要保障，曾对我国高校图书馆事业

---

① 吴爱云，孙秀萍．创新共建共享模式构建公共文化服务体系——吉林省公共图书馆与高校图书馆共建共享的实践与探索．辽宁教育行政学院学报，2008（12）：139—140

② 王彬．馆校携手共谋发展——谈山东省图书馆与驻济高校图书馆的合作．黑龙江科技信息，2010（6）：117

③ 耿有三．城市与高等院校共建图书馆的可行性定位．图书馆理论与实践，2007（4）：96—98

④ 马慧艳，张毕臣．倡导高校图书馆参与社会服务——组织省内高校图书馆馆长基层调研的后思考．图书馆建设，2009（2）：98—100

的发展起到了极大的推动作用，并把我国高校图书馆定位为学校的文献情报中心，是学校教学和科研的重要组成部分。教育部2002年颁布的《普通高等学校图书馆规程（修订）》规定，将高校图书馆定位为学校的文献信息中心，是为教学和科研服务的学术机构，高校图书馆的工作是学校教学和科学研究的重要组成部分。这就进一步明确了高校图书馆在高校中的地位。而多年来，高校图书馆依据该规程，为学校的教学科研发挥了其应有的职能，也为学校的教学和科研提供了文献信息保障。但随着计算机技术、网络技术的发展，图书馆收藏信息的载体形式、管理模式、服务手段都发生了大的变化，对传统图书馆的服务模式提出了严峻的挑战，同时也为高校图书馆的发展带来了新的机遇，如何对高校图书馆重新定位就显得尤为重要。重新界定高校图书馆的角色、功能等是技术、政治等综合因素的共同要求，既符合世界性运动的潮流，也迎合我国全面构建公共服务体系的时代要求。

传统体制下，高校图书馆的定位来自于其所在高校，高校对图书馆的定位则是从学校行政管理角度考虑的[①]，要求高校图书馆主要承担本校辅助教学科研服务，因此高校图书馆很少跨出校界，直接服务社会。但随着社会日益发展，网络等新技术不断提升社会的综合化及复杂化，高校图书馆作为社会网络体系的一个节点成员，理应为其他高校和社会提供信息服务。[②] 作为学术信息的主要保存机构及服务提供机构，高校图书馆被一致认为应该承担推进学术信息共享及应用的社会职责，也应成为开放存取运动的领导者、实施者、宣传者、促进者和资源开发利用者，充当开放存取活动的主体。

公共文化服务体系下，高校图书馆作为高校教学和科研的主要辅助力量，需要利用自身信息资源为高校的教学科研提供信息知识服务，为高校学生的日常教育以及社会成员的信息素养培养提供服务，建立文献资源保障体系，满足社会高层次的信息需求。因此，高校图书馆的定位应该倾向于学习性与研究性相结合，知识性与服务性相统一，整合现有服务资源和方式，充分发挥信息资源有效配置的优势。应多角度定位高校图书馆，使之成为社会的文献信息中心、学生培训中心、科学信息交流与加工中心等。

（1）文献信息中心

文献信息中心的定位是从图书馆的基本功能出发的，目前已经得到了高校图书馆的普遍认可，《普通高等学校图书馆规程（修订）》的规定，更使之成为高校图书馆的首要定位。文献信息中心定位是指高校图书馆根据自身馆藏特点和学科发展需要搜集、加工、存储和利用相关的纸质文献和电子文献，并提供书刊借阅、电子文献利用、信息参考咨询等服务。

高校图书馆文献信息中心定位的基础就是书刊借阅，其以合理的藏书结构、合理的借阅原则、人性化的开放时间等为高校师生服务。

合理的藏书结构，指高校图书馆的藏书要体现高校定位和专业设置，突出本校特色、突

① 苏娟. 高校图书馆在高校中的定位. 图书馆学刊，2007（3）：24—25

② 李惠珍. 网络环境中高校图书馆的定位与对策. 华南师范大学学报（社会科学版），1997（6）：118—124

出重点学科的资源建设，处理好普通馆藏与特色馆藏、传统馆藏与数字馆藏、长期维护和短期购置之间的关系。经过多年的建设，高校图书馆已形成较丰富的馆藏文献资源，确立了一套适合自己的图书采访体制和选书原则，但是需要注意的是普通馆藏和特色馆藏的比例问题，高校图书馆是为整个高校服务的文献机构，突出学科优势的前提是尽量满足所有学科发展的资源需求，对于非重点学科的购书应该以该领域的核心图书和期刊为主，对于重点学科的资源建设可以精品性与广泛性共存。《普通高等学校本科教学工作水平评估指标体系》将“生均图书”定为100册，说明这是一个综合性大学的图书馆向读者提供服务所必需的最低限度的藏书数量，如果图书馆的服务工作希望能够得到较高的满意度，就必须拥有不得少于这个标准的图书总量；同时也说明，传统印刷型文献资源仍是目前高校图书馆资源建设的主体内容，不能因为对于数字文献的重视而忽视传统印刷型书刊的保障。合理布局传统馆藏与数字馆藏可以较好地解决馆藏重复问题，随着计算机和通信技术的普及，电子资源受到高校图书馆资源建设的青睐，为此每年付出高昂的维护费用，同时也造成了传统馆藏与数字馆藏的重复，因此需要制定数字化馆藏发展计划，确定经费比例、发展总量、数字馆藏结构（包括文种、学科、学术水平、类型结构、级别结构等）。① 高校图书馆书刊借阅合理的借阅原则和人性化的开放时间也是其文献信息中心定位的体现。高校图书馆与公共图书馆、研究型图书馆不同的是其对特定的教学参考书的需求量大，且有一定的周期性，因此如何设立合理的借阅规则，提高书刊流通效率是高校图书馆书刊借阅服务建设的重要内容，可以设置书刊登记制度，建立教学参考书阅览室或者缩短特定图书的借阅期限来扩大图书的使用范围。

网络时代，电子文献利用越来越成为高校图书馆服务的重点。校园网和数据库的建设，使得信息查询能利用计算机和网络进行，而数字化信息更新及时、范围宽广、查询方便、可24小时开放等优势使其可以弥补传统资源共享、服务时限等方面的不足。图书馆拥有一定数量且能满足用户信息需求的中外文数据库，要求综合性和专业性数据库兼备，以满足教学和科研的最低需要为宗旨，同时可通过合作、试用、馆际互借以及文献传递等方式来获得更多数据库的文献支持。具体在数字资源建设过程中，要逐步增加高校图书馆的数据库数量，尤其对于外文数据库要力所能及地加以补充，以便为师生的教学科研活动提供一个国际层面上的交流平台，同时也要注意力所能及，外文数据库的高昂维护费用与实际产生的科研效果要成正比，对于外文数据库的购买应重“质”而不是重“量”。而网上数据的收集和自有馆藏资源的数字化建设，则主要依赖图书馆科学合理的规划和图书馆工作人员定期长期的信息加工，以做到持续、规范、高质量的信息搜集与整理。②

（2）学生培训中心

传统上，高校图书馆参与学生培训和教育活动主要是以提供教学参考资料的方式，但是随着学生信息素质教育培养需求的增多、高校教学活动的扩大以及高校图书馆服务理念、服

① 袁润．论高校图书馆数字馆藏建设的若干问题．图书情报工作，2008（9）：106—109

② 张苏文，程玉春．关于高校图书馆馆藏建设的案例分析．图书馆，2008（3）：63—79

务内容等的拓展，高校图书馆参与教学活动、培训学生的范围更加广泛，对于高校图书馆的定位应该从学生信息技能培养、信息人文素质提高、服务拓展培训等角度突出其学生培训中心的地位。

学生信息技能的提高是高校图书馆培训的基本目标。各高校图书馆均通过入馆培训、服务培训、专题讲座、文献检索课程的开设等方式，提高学生的信息技能。入馆教育不是简单的图书馆介绍，它是学生利用图书馆的基础，应该全面深入地介绍图书馆的功能、图书馆的利用方式、信息的获取方式与咨询服务模式。开设信息检索课程是图书馆培训的重要内容，“参与课程设计，将信息素质教育融入专业课程或单独开设”①，是高校图书馆直接的教学支持服务，是信息技能培训的主要手段。文献检索课是当前高校图书馆开设的主要信息素养课程，自1984年教育部印发《关于在高等学校开设（文献检索与利用）课的意见》至今已经有二十多年。二十余年的探索和实践，使得信息检索课程已经建立一套成熟的教育平台，在培养学生具有一定的信息意识、获取与利用文献技能等方面发挥了积极作用。专题讲座，是定期的图书馆知识及信息检索知识的传播，很多图书馆开辟了“图书馆论坛”，每周固定开设讲座，宣传各类图书馆与信息利用知识。专题讲座与入馆培训和信息检索课程相比，灵活性、针对性更强，知识更新更快，能够满足读者的个性化信息技能需求。图书馆进行学生及学校科研人员的信息技能培训，也可以采取合作的方式，通过主动联络院系，进行针对特定领域的信息技能培训。

在网络环境迅速变化的环境下，信息多元化带来丰富的信息内容的同时，也对传统文化和道德观念提出极大的挑战，仅仅依靠信息检索课程已经不能满足学生信息素质提高的要求，当前的教育过分强调信息理论知识、娴熟的计算机和网络技术能力，忽视人文观念的形成。高校作为学生教育基地，对培养学生的信息人文观念起着重大的教育作用，而高校图书馆则是该教育中重要的组成部分。信息的人文教育，包括传统价值观在网络虚拟空间的巩固、获取意识信息保密意识、信息守法意识以及使用信息技术的态度与兴趣等。信息人文教育是指学生对信息需求的自我觉悟，对信息内容的道德判断与吸收程度的教育与培训。人文素养是运用信息技能的基础，高校图书馆发挥其培训中心定位时，对于信息人文素养的教育和培训应该逐步增多②。

高校图书馆一般都拥有宽敞的服务空间，除以各种形式传授信息技能外，也可以利用场地优势和资源优势，参与其他通用技能的培养，如举办学校各类学术讲座、通过特藏建设开办各类展览等。

图书馆培训中心的定位，应以学生为中心，通过各类培训、讲座、提供实践岗位等多种方式，从多角度提高学生的信息能力、动手能力、管理能力等。

---

① 于良芝. 图书馆学导论. 北京：科学出版社，2003：107

② 陈琳等. 信息素质教育课程体系的全面构建——浙江省高校图书馆信息教育分析. 图书馆工作与研究，2008（3）：49—53

(3) 科研信息咨询交流中心

科研信息咨询交流中心是高校图书馆的较高定位，这个定位以学校的科研工作为基础，面向学校所有的科研人员与教师。为此，高校图书馆要尽可能收集各类科研资料与信息，同时创设一定的条件开辟重点学科教师研究室与其他学科科研查询研究场所，通过一定的设备支持，满足用户在馆研究的需要。同时可以与各学院、各领域的专家或负责人员进行定期沟通，主动提供相应的检索服务、专题信息报告。

高校图书馆是信息交流的场所，定位为科研信息咨询交流中心，加大学术信息交流空间，以学术探讨和合作的方式，组织并为学术交流提供必备的条件。

信息咨询与科技查新服务是高校图书馆的高级信息服务方式，也是其科研辅助的主要贡献点，科研信息咨询与一般的读者信息咨询差别较大，不仅要求咨询人员具有良好的信息技能，同时要求具有较高的专业素养和专业基础，学科馆员制度就是在此基础上发展而来。科技查新，是文献检索和情报调研相结合的情报研究工作，它以文献为基础，以文献检索和情报调研为手段，以检出结果为依据，通过综合分析，对查新项目的新颖性进行情报学审查，撰写有依据、有分析、有对比、有结论的查新报告。科技查新不是各个高校图书馆都能完成的，必须具有相应的查新资质，因此高校图书馆进行该定位的时候要因馆而异，或采取合作的方式来进行。

由于科学研究的独立性以及对于资料要求的专一性和深度性较高，因此实现科技信息交流中心的定位对于各高校图书馆来说都在实践摸索中，可能面临着很多困难。图书馆可以通过一些大胆的尝试来拓展服务，为科研和交流提供支持。

(4) 准社区服务中心

高校是社会有机体的一部分，高校图书馆也是社会文化服务的主要提供者，因此高校图书馆参与社会文化服务的探讨一直受到关注。高校图书馆的社区服务应该是在满足本校用户需求的基础上，为社区提供的一定程度的服务，因此这里称之为准社区服务中心。这一定位将高校图书馆的发展与公共图书馆联系在一起，扩大图书馆的利用率，也满足社区居民的一些学术阅读需求。

高校图书馆面临社会的发展，如何把握自己，明确发展方向，找准自己的位置，是一个需要深入研究的课题。不同高校图书馆的服务有所不同，文献收藏的特点也取决于所属院校的专业建设和发展，以及科研的方向和重点。但现代社会，图书馆较为准确的定位应该是社会终身学习的中心，民众素质的培养与提高，这直接关系到个人、国家的可持续发展。为此，高校图书馆作为公共文化服务体系的一个组成部分，理应承担为社会服务的职责。高校图书馆作为高校的一个教学辅助单位，它的主要使命是满足广大师生教学、科研和学习的信息需求。但作为公共文化的相关机构，更需要担负社会文化培养及民众教育职能，并且注重对社区、弱势群体的扶助服务。通过更灵活的方式服务于社会，将人们渴求信息、知识的目光吸引到高校图书馆，并提供学习的便利。国际图联在其发表的一份关于学校图书馆的宣言中强调，学校图书馆是地区性和全国性公共图书馆以及信息网络机构的重要合作者，美国图书馆协会在2005年4月起草的一份关于高校图书馆为本科生服务的指导原则中提出：对于其他用户（指除了高校师生以外的市民或社会团体），图书馆应该像对待本校师生一样为他们提供服务，满足他们的信息需求。只有这样，高校图书馆才能通过这些用户与整个社会融合。为此，高校图书馆应走出校门，发挥优势，真正起到公共图书馆的辅助作用。

高校图书馆的准社区服务中心的定位，对于很多高校图书馆来讲可能是一个难题，广泛的社区需求、更多的服务要求对于本馆有限的人员、设备、资源会造成较大的负担。高校图书馆可以通过开辟一定范围内的阅览、复印等基础服务，方便更多人利用图书馆。同时也可以发挥自身文献信息管理和信息咨询的专业优势，为企业提供咨询和查询服务。

以上从总体上论述了公共文化服务体系建设背景下高校图书馆的定位。但是，在具体探讨每个高校图书馆定位和发展时，是不能脱离其所在高校的。由于历史、地域、文化、经济等各方面的原因，各个高校的发展并不均衡，在规模、实力、学科等方面存在区别。世界高等教育的普遍发展规律告诉我们，办好高等教育需要对高校进行科学的分类，才能使各类高校合理分工，办出各自的特色。高校类型划分，是高校定位及确定发展方向的前提。高校图书馆是高校的重要机构之一，不同类别的高校有不同的发展目标，高校的战略方针将直接决定高校图书馆的发展，高校类型划分也成为高校图书馆定位的前提。

11.2.2 各类高校图书馆的定位

“中国大学评价”课题组认为，大学的类型由类和型两部分组成。类反映大学的学科特点，按教育部对学科门类的划分和大学各学科门类的比例，将现有大学分为综合类、文理类、理科类、文科类、理学类、工学类、农学类、医学类、法学类、文学类、管理类、体育类、艺术类这13类。型表现大学的科研规模，按科研规模的大小，现有大学分为研究型、研究教学型、教学研究型、教学型这4型。① 根据当前国家战略需求以及政府重点投资的选择性倾斜，重点大学与普通大学的分类概念已经逐渐淡化，取而代之的是由“985工程”高校、“211工程”高校、一般高校和高职高专院校的分层体系，而且这一分类体系已为社会普遍认同和接受。因而高校图书馆也相应地分为“985工程”高校图书馆、“211工程”高校图书馆、一般高校图书馆、高职高专院校图书馆。② 以下将根据四类高校的不同发展战略，结合其“类”与“型”，相应地对其图书馆进行定位。

高等学校图书馆是高等学校的一个组成部分，高等学校图书馆的任务是由高等学校的性质决定的，因此，它必须服务于高等学校的基本任务。高等学校图书馆的建设与发展应与高校的建设与发展相适应。

（1）“985工程”高校图书馆的定位

“985工程”是我国高等教育的重要举措，目标在于集中资源，突出重点，体现特色，发

① 武书连．再探大学分类．中国高等教育评估，2002（4）：51—56

② 陈武元，洪真裁．关于中国高校分类与定位问题的思考．现代大学教育，2007（2）56—59

挥优势，重点建设若干所世界一流大学和一批高水平大学。目前30多所高校进入重点建设范围。①

国家政策鼓励和扶持“985工程”高校建设图书馆、电子资源库，使其在整体上接近或达到国际先进水平。“985工程”高校都是高水平研究型大学，教师要从事学术研究，培养的学生也以学术型见长。所以“985工程”高校图书馆主要为高水平研究提供相应的服务，图书馆的主要定位是“科研信息咨询交流中心”，支撑科学研究。相应地，该类高校图书馆服务定位应侧重于参考咨询服务、个性化主动服务，人才定位应侧重于学科馆员队伍建设，在资源定位上应重点建设高、精、尖的学术型信息资源库，构建支持国家创新的学术资源网。

(2)“211工程”高校图书馆的定位

1993年中共中央、国务院印发的《中国教育改革和发展纲要》中提出实施“211工程”，“211工程”是面向21世纪，重点建设100所左右的高等学校和一批重点学科的高等教育重点建设项目。目前已进入第三期建设阶段。②

“211工程”建设内容主要包括学校整体条件、重点学科和高等教育公共服务体系建设三大部分。高等教育战略部署要求“211工程”高校在人才培养、科学研究上取得较大成绩，适应地区和行业发展，总体处于国内先进水平，起到骨干和示范作用。“211工程”的实施能为我国经济和社会发展战略培养高层次人才。因而，“211工程”高校图书馆在发展水平上应定位于高水准、精品化。“211工程”高校要支持部分重点学科的发展，力争使其中部分学科接近或达到世界先进水平，建成我国高等教育布局和结构比较合理的重点学科体系。“211工程”高校也是高水平科研成果产出、科技成果转化和高新技术产业发展的重要基地。因此，“211工程”高校图书馆要着重对其所在高校的重点学科提供相应的教学科研服务，要加大对科研成果转化和应用的支持。“211工程”高校要支持高等教育公共服务体系，我国高等教育公共服务体系主要包括中国教育和科研计算机网、图书文献保障系统、现代化仪器设备共享系统等建设内容。③ 图书文献保障系统以中国教育和科研计算机网为依托，设立全国综合文献中心和一批学科文献中心，与国内外文献系统广泛联网，建立文献信息子网，并以此为基础建设“211工程”高校数字图书馆网。因此，“211工程”高校图书馆将在我国高等教育信息资源建设方面发挥领军作用，其拥有的信息资源将成为我国高等教育信息资源的主体。总体上，“211工程”高校图书馆将为建设我国高等教育公共服务体系发挥重要作用，进而为我国公共文化服务体系建设添砖加瓦。

可见，“211工程”高校的首要定位是“文献信息中心”和“科研信息咨询交流中心”。在资源定位上全面、丰富、优质，且要集中力量建立建设学科资源库，在服务定位上应侧重

---

① “211工程”和“985工程”.[2010-06-15]. http://www.moe.edu.cn/edoas/website18/level3.jsp?tablename=1267342373750173&infoid=1267343395704187

② “211工程”简介.[2010-06-15]. http://www.moe.edu.cn/edoas/website18/07/info5607.htm

③ 韦钰.“211”工程是科教兴国战略的基础工程.[2010-06-15]. http://www.moe.edu.cn/edoas/website18/68/info3568.htm

于高水平的学科化服务。

（3）一般高校图书馆的定位

“985 工程”、“211 工程”高校保障了我国精英教育的发展。本世纪之初，我国高等教育进入了大众化阶段，一般高校将在其中发挥重要作用。它们由非重点的普通高等学校，尤其是地方普通高等学校，以及某些条件较好的“专升本”院校构成。它们有如下共同点：①除师范类外，主要是按行业而不是按学科设置专业；②能承担一定的应用性科研任务，但总体上是以教学为主而不是以科研为主或教学与研究并重；③以本科为主，有的也可培养应用型的专业研究生，如 MBA、临床医生、工程硕士、教育专业硕士等，个别专业已获得博士授予权；④大多数为地方高等学校。① 与“985 工程”的科研型大学、“211 工程”的学科型大学相比，一般高校往往按专业发展，被称为专业型大学。②

一般高校与地方联系更为紧密，地方城市兴办高校的目的是希望高校能培养地方建设所需的人才，能提供地方建设所需的技术。一般高校的发展受到地方发展的影响，发展所需的资源大部分来自于地方，为地方建设服务，是一般高校义不容辞的职责。因此，一般高校应更主动地发展与地方的良好关系，可为地方培养较高素质的专业人才，为地方发展出谋划策。

因而，一般高校图书馆的首要定位是“教学中心”、“学生培训中心”，以满足专业教学为主，提供专业教育所需的信息资源。另外，应主动地搜集、整理、保存当地政治、经济、文化、社会发展的相关信息资源，提供地方使用。由于与本地政府、企事业单位的紧密联系，一般高校更容易向社会开放，为社会开展服务。在服务定位上应侧重于信息素质培养、社会教育，在资源定位上保持普遍、易用，同时要建立地方文献库、专题库等。

（4）高职高专院校图书馆的定位

高职高专院校是实用性职业技术型大学，培养适应生产、建设、管理、服务第一线需要的高等技术应用性专门人才，而不是学术性人才，学生应重点掌握从事本专业领域实际工作的基础知识和基本技能。《教育部关于加强高职高专教育人才培养工作的意见》指出，在高职高专院校中，培养人才是根本任务，教学工作是中心工作。③ 因此，高职高专院校属于教学型高校，致力于学生技术技能的培训。

高职高专院校图书馆应成为支撑现场教学与学生自主学习的“学习中心和培训中心”，通过图书馆的服务增强学生的职业实践能力和行业规范意识。在资源定位上不以数字化学术资源为主，而以更实用的样本、样品、专利、图纸、指南、说明等实用信息为主要信息类型，注重收集行业相关的标准、规范类文献，可重点建立样品库、案例库等。另外，高职高专院校的学生将直接面向生产和社会实践第一线，对他们要重点加强就业能力的培养，在服务定

① 潘懋元，吴玫．高等学校分类与定位问题．复旦教育论坛，2003（3）：5—9

② 潘懋元，陈厚丰．高等教育分类的方法论问题．高等教育研究，2006（3）：9

③ 教育部关于加强高职高专教育人才培养工作的意见．[2010-06-15]．http：//www. moe. edu. cn/edoas/website18/level3. jsp?tablename=1188&infoid=853

位上，支持以实践为主的学习方式，支持实训实习。注重培养学生的信息素质，尤其是市场行情、竞争情报等方面信息的收集、分析、预测、评价等方面的能力。还可以与各系科合作共同建立职业资格考试培训基地，收集整理职业资格考试资料和文献，开展职业资格考试培训服务，确保学生通过职业资格考试，增强他们的就业竞争力。高职高专院校图书馆还要重视收集与整理经济发展、市场变化、行业资讯、企业需求、就业形势等方面的信息资源，辅助学生更好地了解行业、职业，帮助他们更好地就业。

我国的高职高专院校在功能特征上类似于国外的科技大学、社区大学、空中大学或开放大学，均以专业技术与实务为特征。它们的办学主体和经费来源大都是地方政府，高职高专院校图书馆还应定位于“准社区服务中心”，为当地社区服务，关注社区的经济和文化发展，根据社区需求制订教学计划，满足社区居民接受更多教育的权力。

11.3 高校图书馆的服务

不同高校图书馆的服务、文献收藏的特点有所不同，但图书馆所处的学习型社会环境以及为教学科研服务的宗旨是相同的。如何在数字化研究和学习之间发挥图书馆的信息服务优势和信息素养教育优势，确立普遍认同的服务，是关系高校发展的重要因素。

公共文化服务体系中高校图书馆的功能发生了若干变化，高校图书馆的定位描述也由单一的教学科研服务机构向更精细化方向发展。高校图书馆的服务呈现下述发展趋势。

11.3.1 向社会开放式服务

为教学和科研服务是高校图书馆工作的根本任务，一切围绕学校的教学工作，为学校的师生提供文献资料是高校图书馆的主要工作。高校图书馆长期以来也一直将自己定位在为学校的教学和科研服务的理念上，图书馆的服务相对也是封闭和单一的，图书馆的文献资源没有得到充分的发挥，一定程度上造成资源浪费。从统计数据看，我国目前高校图书馆有1500余所，总藏书大约有6.4亿册，比公共图书馆藏书总量多三分之一，具有得天独厚的资源保障能力。而且高校图书馆有先进的管理系统，采用现代信息技术和设备开展服务，拥有高容量的信息存储服务器等硬件设备，拥有大批专业人才，面向社会服务更有优势。Internet的发展不仅改变了人们的工作和生活方式，也必将改变作为文献信息集散地的高校图书馆，改变其传统的管理理念和服务理念，改变办馆模式和服务模式，馆与馆之间、馆与社会之间的联系将更加紧密，个体高校图书馆将告别过去封闭、独立的状态成为全球图书馆网络中的一个节点。因此，作为一个社会的组成部分，高校图书馆也属于社会服务机构，也要承担为大众服务的职责。转变观念，拓展服务，变封闭式服务于开放式服务是目前高校图书馆所应做的。在美国，大学图书馆几乎都向校外人员开放，并已形成较先进的管理办法。如俄亥俄州大学图书馆没有围墙，任何人都可以进入图书馆查阅资料，该馆还在门外设立了还书箱，读者24小时均可还书。加利福尼亚大学伯克利分校图书馆分层次对校外人员开放的方法起到了很好的社会服务作用。此外，日本、德国、芬兰、意大利等国家图书馆也全方位向市民开放。在国内有很多高校图书馆在为社会服务方面也进行了有益的尝试，取得了一些成效。如：北京大学图书馆成立了“读者文献服务部”；上海交通大学图书馆为社会开展了技术服务、情报服务和借阅服务；四川南充师范学院图书馆为协助自然保护区抢救大熊猫进行定题服务受到专家、学者的好评。因此，面向市场经济、面向社会，服务社会是高校图书馆的必走之路。

11.3.2 发挥优势资源特色服务

高校都有丰富的馆藏文献资源，在多年的发展和建设中，形成了各具特色的馆藏文献，很多学校依托自己的资源特色，开发和自建了许多具有不同学科特色的数据库，在学校的教学和科研中发挥了重要的作用，也为当地的经济建设提供了很好的信息服务。为此，作为高校图书馆，要面向社会服务，加大力度，利用优势资源，并结合本地区经济的发展、社会的需求，有针对性地开发和建设特色数据库。作为高校图书馆在文献资源建设中一般都是根据学校的性质、办学特色以及学科设置来确定自己的藏书特色，有些馆也注意收藏具有学校所在地域特色的文献资源，这就为图书馆建设特色数据库奠定了文献基础。高校图书馆本身作为一个资源库，其数字资源是否丰富、数字资源是否具有深度和广度也是为读者服务的重要指标，为此，高校图书馆有得天独厚的优势。目前，在一些“211 工程”高校和办馆条件相对较好的高校图书馆在特色数据库的建设方面做了很多工作，取得了很大的社会效益。如：中国药科大学图书馆，以馆藏药学、生物学、化学专业文献为基础，同时收藏药学类特种文献、药学企事业内部资料和国内外相关专业馆际文献，开发建设《抗菌药物不良反应数据库》，不仅为学校的教学科研提供了有效的文献保障，也为广大医务工作者提供了相关的科研方法、方向等方面的信息，同时数据库的相关内容对普通老百姓使用抗菌药物也具有积极的指导意义。河南农业大学图书馆的《小麦文献信息数据库》既突出了本校的学科特色，又满足了河南作为小麦大省的信息需求。这些数据库的建设，既是学校科学研究、地方文化、馆藏特色的集中展示，也为地方经济建设注入了活力。

11.3.3 开展学科馆员高层次服务

高校图书馆如何改革创新，谋求发展，更好地为教学科研以及社会服务，学科馆员制度的建立是一个具有很大发展潜力的服务措施。学科馆员（Subject Librarian）也称学科联络员，在 20 世纪 70 年代中后期，在美国、加拿大的研究型大学图书馆尝试性推出，受到读者欢迎。1981 年美国卡内基—梅隆大学图书馆率先推出以大学科为服务对象的跟踪服务（Track Service），目前，国外大学图书馆普遍设有学科馆员。学科馆员制度是图书馆主动开展服务的主要形式，在我国由清华大学图书馆 1998 年率先实行学科馆员制度后，先后北京大学、武汉大学、西安交大等图书馆开始实行。如今，学科馆员这一服务模式在国内图书馆迅速发展，但仍然处在一个摸索和探寻的阶段，没有一个成熟的模式，各馆都在根据自身的条件来推行各具特色的模式，国内一些一流大学图书馆在实行学科馆员制度方面作出一些积极的尝试，也为学校的教学科研发挥了积极的作用。图书馆学科馆员都具有各学科背景和专业知识，了解各学科的发展现状和发展态势，在专业层面上来说为各系部、各专业与图书馆之间搭建了一个很好的平台。而且学科馆员了解馆藏结构，掌握本馆纸本文献和电子文献的分布情况，具有专业检索与文献整序能力。学科馆员根据馆员的学科背景和实际的知识能力，指定馆员与对口院系建立密切联系，开展全方位的信息服务，使图书馆的文献资源建设和服务更具有针对性。建立学科馆员制度是加强学科建设、提高人才培养质量的需要，而为学校学科建设和教学科研提供文献信息保障的高校图书馆信息服务水平的优劣，直接影响着学校的办学水平。随着图书馆事业的发展，高校图书馆的重新定位，高校图书馆服务的范围和方式的不断拓宽，学科馆员制度就更加显现出其优势。学科馆员可以利用馆内文献资源和自己的学科优势，积极参与学校和社会的科研工作，专门为某学科的研究者提供方便准确的信息服务，整理、收集相关学科的馆藏资源和公共网络资源，为科研工作和地方经济发展提供决策参考服务。

11.3.4 联合社区共享空间服务

高校图书馆有充分的资源优势与社区图书馆联合办馆，发挥资源优势，建立共享空间。在国外，尤其是西方发达国家非常重视社区图书馆的建设，如美国的洛杉矶，拥有中央图书馆及 67 个分馆，每 2 万人拥有一座图书馆。德国汉堡拥有 52 个社区图书馆。日本每 5.3 万人拥有一座图书馆。而在我国社区图书馆还处在发展阶段，在布局、数量上要落后很多，北京、广州、深圳、天津、武汉等大城市已建立了规模不等的社区图书馆，但大多数地区公共图书馆系统十分薄弱，更谈不上社区图书馆建设。从《中国图书馆年鉴（1996）》提供的公共图书馆数据及《中国统计年鉴（1998）》提供的我国人口总量及分布数据可以发现，我国信息资源的分布极不平衡，信息资源高度集中于大城市和沿海地区，广大的中西部地区及农村缺乏足够的信息资源积累，而且信息资源大多集中在文化、科技、高等教育等系统，面向中小学、城市普通居民和商人的信息资源相对不足。所以，高校图书馆若能充分地利用自己的优势与社区图书馆联合，建立共享空间，面向社区开展信息服务将会极大的弥补国家对公共图书馆投入的不足，满足社会大众对文献资源的需求，促进文献信息的传播，提高国民素质，解决社区居民的信息需求，从而产生更大的社会效益。目前，在我国一些大城市及沿海发达城市，高校图书馆不再固守传统的单一服务模式，而是以如何能尽可能为社会多方面文化需要服务作为切入点，拓展自身发展空间，努力将自己融入社区服务中，取得了显著成效。高校图书馆融入社区，培养了大众对图书馆的热爱和认同，进而产生依赖，引起社会对图书馆的重视，从而使高校的教育功能和服务功能得到进一步的拓展和延伸。

11.3.5 强化个性化需求与环境相适应的新型服务

高校图书馆要适应社会发展变化的需要，开展个性化服务。所谓个性化服务是充分考虑用户的个人特点和独特的信息需求，为用户提供个性化的信息环境，进行知识的定制和推送服务。在现代社会，个人的自我意识有了提高，读者对图书馆的要求也不再千篇一律，人们希望得到最符合自己需要的信息，并以自己喜欢的方式接受。读者第一的思想在现代图书馆中最明显的体现就是读者的个性化需求，尤其是在网络化发展的今天，开展个性化服务更是高校图书馆创新服务的一种有效形式。个性化信息服务是传统图书馆定题服务、重点读者服务等在网络环境下的拓展和深化，其根本就是尊重用户，研究用户的行为和习惯，为用户选择符合个性需求的资源，它符合图书馆读者第一，用户之上的服务理念。如：在网络形式下个性服务中的页面定制服务，就是让读者根据自己的爱好选择页面的显示方式，是为读者个人搜集和组织数字化资源的一种工具。运用个性化定制服务技术，可以让读者创造和维护自己的定制服务。还可开展信息推送服务，按照个人用户指定的时间间隔和主题，定期将资源库中最新信息自动发送至用户端。信息推送服务实现了用户一次输入请求，就可以定期不断接收到最新的信息，充分体现了服务的主动性，也使高校图书馆充分发挥了人力资源和文献资源的优势，为社会经济的发展以及科研工作者节省时间、早出成果发挥积极的作用。

高校图书馆是人类知识比较集中的储存地，是知识的海洋、智慧的源泉、是人们学习的好去处，随着社会的发展，高校图书馆应转换角色，适应发展的需要，充分发挥自己的优势，努力探索既服务于本校的教学科研，又适应地方经济建设和社会发展需要的服务模式。

为更好地发挥高校图书馆在信息服务方面的作用，本项目以部分“211 工程”高校图书馆为样本对高校图书馆网站进行了研究，在评测的基础上，提出了高校图书馆网站建设与完善意见。

11.4 高校图书馆网站评价

高校图书馆作为高校的一个重要组成部分，它的主要使命是满足广大师生教学、科研和学习的信息需求。在数字化网络化的今天，通过网络来获取信息已经是成为一种普遍的行为模式，作为新技术、新观念的诞生和运用基地的高校更是如此。高校图书馆是高校最大的信息资源中心，对于高校图书馆而言，能否通过网络为用户提供便捷的服务和丰富的资源是图书馆自身发展的必然要求，对于高校的师生而言，能否通过网络便捷地利用图书馆的资源是他们评价图书馆的一个重要衡量指标。

目前，用户可以通过网络使用图书馆的许多服务，包括网上书目的查询、网上续借和预约、网上课题的跟踪、网上参考咨询等，高校图书馆网站已成为图书馆向用户提供服务的一个很重要的窗口和平台。而网站页面设计是否美观、功能设计是否合理，服务提供是否便捷、网络资源是否丰富等方面都将直接影响用户对图书馆的使用，进而影响到高校图书馆作为机构资源库为广大师生的教学、科研、学习提供信息这一使命的实现。所以，对高校图书馆的网站进行评估是十分有意义的，通过这一评估，可以了解高校图书馆自身在网站建设方面取得的成就和存在的问题，进而改进网站建设，更好地为用户服务。

11.4.1 高校图书馆网站评价指标体系构建

（1）高校图书馆网站评价的相关研究

通过文献分析，我们发现对高校图书馆网站评价的研究目前主要集中在以下几个方面：

1）高校图书馆网站的评价指标体系

张琴等在现有的网站评价指标基础上，结合网络社会和知识社会的特点，提出了包括网站内容、网站版式与设计以及网站信息系统等的一级指标，并在二级指标中突出了交互性、娱乐性和安全性在图书馆网站评价中的重要性；① 陆志强提出应从网站内容、网站设计及网站实用性三个方面对图书馆网站进行评价。② 多数研究者制定的高校图书馆网站评价体系中技术类指标占据很大的比例，比如王尊新的高校图书馆网站评价指标体系，其中技术性评价是指标体系中的四大一级指标之一。③ 其他的一些研究也比较关注高校图书馆网站特有的技术性特点，比如学科导航、程序设计等。

2）高校图书馆网站的评价方法

郑艳玲④、魏红梅⑤主要介绍了运用区间层次分析法对图书馆网站进行评价。郑艳玲等应用区间层次分析法对所建立的评价指标体系计算具体权重，得出了权重区间即动态权重，这种方法是在层次分析法的基础上发展起来的，得出的权重区间可根据图书馆的具体情况确定具体的权重，更具动态性和灵活性⑥。岳中亮、贾玉英引进群决策模型减少了测评结果的不公平性⑦。他们对于选定的高校图书馆网站评价指标体系，根据用户问卷调查的结果，用不确定语言几何平均算子给出各个指标的不确定语言变量评价结果⑧。李东旻、李鹏云⑨提出多模式的综合网站评价方法，从网站设计、网站技术和网站价值三个方面人手，构建了一套多模式的综合网站评价体系。张健根据图书馆网站评价的标准，认为其评价内容应为文献、易用性、网页设计评价等方面，并指出对图书馆网站评价方法应以读者问卷评价法、专家综合评价法、指标体系评价法和形式评价法等主观评价法为主。⑩

3）用具体的方法、具体的指标对具体的高校图书馆网站进行评价

姚湘中运用链接分析法，选择网页数、总链接数、内链接数、外链接数、网络影响因子

---

① 张琴，刘斌，项冰. 图书馆网站评价指标体系研究. 科技情报开发与经济，2006（18）：12—13

② 陆志强，贾志宏. 如何评价图书馆网站. 图书馆理论与实践，2002（4）：31—32

③ 王尊新. 高校图书馆网站评价指标体系研究. 现代图书情报技术，2005（3）：60—62

④ 郑艳玲，石宝军，高建山. 基于IAHP的高校图书馆网站评价方法研究. 情报学报，2008（2）：127—132

⑤ 魏红梅. 层次分析法在高校图书馆网站评价中的应用. 现代图书情报技术，2005（10）：74—76，83

⑥ 郑艳玲，石宝军，高建山. 基于IAHP的高校图书馆网站评价方法研究. 情报学报，2008（2）：127—132

⑦ 岳中亮，贾玉英. 基于区间数的高校图书馆网站的综合测评. 情报杂志，2007（12）：142—144

⑧ 岳中亮，贾玉英. 不确定语言环境下高校图书馆网站的测评方法. 情报科学，2007（8）：1190—1193

⑨ 李东旻，李鹏云. 大学图书馆网站的多模式综合评价研究. 现代图书情报技术，2005（4）：63—67

⑩ 张健. 图书馆网站评价的内容和方法. 成都大学学报（社会科学版），2004（4）：63—64

和外部网络影响因子这几项指标①对我国“211 工程”重点大学的图书馆网站进行了评价，最后应用关联度排序得出了图书馆网站建设的综合排名。邓昶、胡德华②等人引入信息构建理论，建立了一套适用于高校图书馆网站评价的指标体系，对我国12个有代表性高校图书馆网站进行了具体的评分，并得到了一些有指导意义的网站排名，同时提出了一些有效的优化网站的建议。

已有的相关研究成果为本研究提供了一定的参考。例如：为本研究提供了各种评价方法，为本研究评价指标体系的确定提供了一定的线索和依据。通过分析，我们也发现目前的研究存在以下问题：一是大多数为理论的探讨，缺乏实证研究，对具体图书馆网站进行实际评估的少；二是研究的范围小，从收集到的文献来看，有两篇文献是用具体的方法对具体的图书馆网站进行了评估，但是其评估一方面是规模小，另一方面所用评价指标不够全面，其评估都是一种实验性的评估，这说明目前的实际评估其实并没有切实地解决实际问题。

（2）高校图书馆网站评价的实证研究设计

本研究将运用具体的方法，设计具体的指标体系，对具体的高校图书馆网站进行评价，希望通过研究能够达到以下几个目标：一是了解被评估的高校图书馆网站的整体优劣水平；二是得出各个网站的特色及不足；三是为高校图书馆网站建设提出建议；四是为高校图书馆网站评价提供一个可借鉴的评价框架。

1）评价对象的选择

我国现有高校图书馆1000多个，由于精力和时间有限，我们不能对所有高校图书馆进行评估。同时，确保评估有效的必要条件是评估对象必须有可比性和差异性，这样评估出来的结果既有公平性，又有差异性，才能达到评估的目的。所谓可比性，就是评估对象在某些方面是类同的，因此，我们不能用统一标准去衡量国家重点支持高校的图书馆网站与普通高校图书馆网站的异同。所谓的差异性，即评估对象之间在某些方面存在一定的差异。基于这两个条件，本研究将评估对象锁定在首批进入“211 工程”的高校。这些高校，无论是软件的师资力量，还是硬件的资源设备，都是我国高校中的佼佼者，也是公认的名牌学校，同时，图书馆的经费和资源也都比较充裕和丰富，它们之间具有可比性；另外，这些高校的图书馆在很多方面又存在差异，比如：馆长的理念、地域文化、学校的重视程度等。基于以上考虑，本研究选择了国家首批进入“211 工程”的15所高校的图书馆（清华大学图书馆、北京大学图书馆、复旦大学图书馆、天津大学图书馆、南京大学图书馆、南开大学图书馆、西安交通大学图书馆、西北工业大学图书馆、哈尔滨工业大学图书馆、上海交通大学图书馆、北京航空航天大学图书馆、浙江大学图书馆、中国科技大学图书馆、中国农业大学图书馆、北京理

① 姚湘中．我国211工程重点大学图书馆网站的链接分析．图书馆学刊，2007（4）：138—140

② 邓昶，胡德华，王金花．基于信息构建理论的高校图书馆网站评价研究．情报科学，2007（2）：240—245

工大学图书馆）作为评价对象。

2）评价方法及步骤

①资料收集：收集相关研究资料了解网站评价、高校图书馆网站评价的研究成果。对现有研究总结、分析，找出其特点和不足，为本研究提供参考借鉴。

②评价指标体系的确定：借鉴目前已经有的图书馆网站评价的指标体系，结合本研究的评价目标，参考高校图书馆网站建设特色，通过分析和总结，形成本研究的评价指标体系。

③各级指标权重的确定：针对指标体系具体权重的赋予，我们采用专家调查法和用层次分析法结合来确定各项指标的权重。

④预测：通过2008年我国大学图书馆排名，得知本研究将考察的15个网站所在高校的排名顺序（见表11-1），由此选出排名最前与最后的两个网站作为预测对象，通过对这两个网站的评测，目的是为了检验与修改本指标体系，增强其有效性和可操作性。

表11-1　所评15所“211工程”高校图书馆所在高校2008年排名

学校名称	排名	学校名称	排名
清华大学	1	哈尔滨工业大学	14
北京大学	2	南开大学	16
浙江大学	3	天津大学	17
上海交通大学	4	北京航空航天大学	23
南京大学	5	西北工业大学	25
复旦大学	6	北京理工大学	31
中国科技大学	7	中国农业大学	32
西安交通大学	10		

资料来源：2008中国大学排行榜.[2008-06-01]. http://learning. sohu. com/20080107/n254507326. shtml

⑤正式测评：正式应用已经完善的指标体系表对15所高校图书馆网站进行实测。

⑥数据统计和分析：对测出的数据进行统计，得出网站排名，然后对整体的评价结果作出分析，再对部分指标项进行分析比较，得出各个馆的优势劣势。

⑦研究结论：对整个研究过程和结果进行回顾总结。

（3）“211工程”高校图书馆网站评价指标体系构建

1）评价指标体系的构建原则

由于本项目的主要对象是“211工程”高校图书馆网站，因此评价需要有较强的科学性和严谨性。针对当前高校图书馆网站评价研究中指标选择的主观性、随意性强，系统性、实用性差的问题，我们认为，在评价前有必要按照一定的指标体系构建原则，来使评价指标和体系的建立纳入科学理性和规范系统的轨道。

①科学性原则

每个指标要有明确的含义和目标导向，避免模糊含义的指标，同时要保证所选指标和应用评价相一致。指标选择与层次划分要符合逻辑思维，不能犯子项相容、划分标准不一、越界划分等错误。指标应紧密结合网站发展的客观状况，表达其核心内容。另外在评价体系设计时，还要注意客观评价与主观评价相结合。

②系统性原则

评价过程中使用的评价指标体系需要全面地反映被评价对象的综合情况，在评价指标体系设计时，我们从中抓住能反映网站质量的主要因素，既能反映直接效果，又能反映间接效果，以保证综合评价的全面性和可信度。

③实用性原则

实用性是指标体系的生命力所在，要求指标体系的内容和操作简单，易于理解，并且易于实施。实用性的又一重要表现是可比性。比较是评价的目的，设计指标体系时要从技术上解决与比较相关的方法。可比性也决定着网站评价结果的可信度。

④定性分析与定量分析相结合

为了使“211 工程”高校图书馆网站评价的结果更为准确，就要尽量全面地对网站进行考察，但是由于有些考察因素往往需要评价者给出自己的主观判断，有些是通过客观存在的数值进行反映。因此，在评价中要尽量遵循定性分析和定量分析相结合的原则，尽量将反映网站基本质量特征的指标定量化、规范化，为采用定量评价方法打下基础，使评价结果能综合定性和定量的优势和特点。

2）评价指标体系的设计

在参考和借鉴已有的国内外相关研究后，我们将有关文献中所涉及的评价指标罗列出来，并通过对国内各个“211 工程”高校图书馆网站的浏览研究来构建综合评价指标体系。经过分析研究，发现网站信息内容、网页设计、信息构建和网站服务是被提及率最高的四个影响网站评价的评价因素，很多研究将这四个方面作为网站建设的最基本内容来研究。通过小组讨论，这四个方面具有较高的公认度。在本研究中，选择将这四个方面作为“211 工程”高校图书馆网站评价的一级指标；将这四个方面分解成二级指标，再在二级指标基础上设计出更为详细的三级指标，建立一个三级指标体系。

在“211 工程”高校图书馆网站综合评价指标体系中，只有三级指标是可以直接测量的，三级指标是否能够充分体现上级指标的内涵，将对评价体系能否完全反映网站质量真实程度产生关键影响。在参考了国内外相关的研究，并与网站访问者、小组成员进行多次交流后，我们对“211 工程”高校图书馆网站评价指标有了较为全面的了解，在众多的指标中，结合访谈中被提及率较高的影响因素，选取与“211 工程”高校图书馆网站发展密切相关的指标，设计出了初步的“211 工程”高校图书馆网站评价的三级指标。

为了保证评价指标的科学性、客观性和合理性，我们通过多种方式征询了大量专家的意见和建议。例如：有专家指出，网站的交互性、稳定性等指标，也是影响高校图书馆网站质量的一个重要因素；有些专家则指出，网站是否具有镜像站点对于网站质量而言，意义不是很重要。这些建议对于我们评价指标进一步完善具有十分重要的指导意义。

我们初步评测了三个网站，在评测过程中对不能够体现图书馆网站差异性的指标进行了修改和删除，如：网站语种数量、网站兼容性等。通过反复的修正与改进，形成最终的评价指标。

3）确定指标的权重

确定全面而系统的指标体系是准确评价高校图书馆网站的基本前提条件，本研究报告利用层次分析法 AHP（Analytical Hierarchy Process）建立指标层次模型，一级指标 4 个，二级指标 23 个，三级指标 102 个。

整个指标体系分为三级，各指标在评价中的重要程度不同。三级指标权重的确立均采取专家调查法以及层级分析法相结合进行计算得出。

①一、二级指标权重的确立

第一级、第二级指标，按 AHP 法的标度理论，专家组以 SAATY1—9 标度法对元素进行两两比较，确定各因素间的比率标度。据 SAATY1—9 标度对应表，得出各层次中指标的重要程度比，建立各判断矩阵，然后根据判断矩阵得到其最大特征值所对应的特征向量，进行归一化处理后得到各指标的权重。并通过计算一致性指标和平均随机一致性比例，以确认权重计算结果具有良好的一致性。

②三级指标权重的确定

三级指标权重的确定主要是通过专家调查法，选择专家为三级指标打分，标准是：分数值 1—10，重要度依次递增，每位专家依据自己的经验判断各指标的重要程度选择合适的分数。然后算出各指标的平均分，每个三级指标的权重就是该指标得到的平均分除以相同二级指标下所有指标平均分之和。具体各指标及其权重见表 11-2。

表 11-2 “211 工程”高校图书馆网站综合评价指标层次模型

一级指标及权重	二级指标	权重	三级指标	权重
设计 0.10 A1	页面设计 A11	0.11	布局风格	0.14
			本馆标识	0.12
			页面色彩	0.08
			链接	0.14
			公告栏位置	0.13
			网页布局	0.15
			语言	0.13
			弹出式窗口	0.11
	网站可操作性 A12	0.40	返回主页	0.54
			站内页面打开方式	0.46
	英文网页建设 A13	0.06	英文版本	0.47
			英文网页质量	0.53
	网站技术 A14	0.11	网络安全性	0.38
			访问权限	0.24
			被其他网站链接的数量	0.28
	网站利用情况 A15	0.32	访问量	0.33
			网络影响因子	0.39

续表

一级指标及权重	二级指标	权重	三级指标	权重
内容 0.25 A2	基本信息完备性 A21	0.26	本馆概况	0.12
			使命陈述	0.09
			开放时间	0.13
			馆藏介绍	0.12
			部门介绍	0.09
			发展规划	0.09
			规章制度	0.11
			图书馆馆刊	0.08
			读者协会	0.06
			联系信息	0.11
	资源丰富性 A22	0.46	数据库质量	0.15
			自建数据库数量	0.13
			教学参考数据库	0.13
			学位论文数据库	0.12
			本校教师文库	0.10
			视听资源	0.11
			资源链接	0.13
			学科的广度	0.13
	信息严肃性 A23	0.11	语法准确	0.21
			文明健康	0.26
			用户隐私	0.26
			知识产权	0.27
	信息时效性 A24	0.17	最新信息报道力	0.50
			更新、维护情况	0.50
构建 0.18 A3	组织系统 A31	0.06	组织方案	0.50
			内容层次结构	0.50
	学科导航 A32	0.26	学科导航栏目	0.25
			广度	0.25
			深度	0.22
			更新度	0.28
	网站导航 A33	0.16	全局导航	0.15
			局部导航	0.13
			语境导航	0.12
			当前位置的导航	0.11
			网站地图	0.10
			辅助导航	0.11
			导航条	0.12
			导航链接有效性	0.16

续表

一级指标及权重	二级指标	权重	三级指标	权重
构建 0.18 A3	馆藏书目检索 A34	0.36	索引方式	0.22
			检索方式	0.22
			检索结果	0.19
			检索建议	0.18
			古籍书目检索	0.19
	非馆藏信息检索 A35	0.17	站内信息检索	0.37
			站内信息检索方式	0.33
			站外检索	0.30
服务 0.47 A4	基本信息服务 A41	0.08	读者个人信息查询	0.16
			文献传递	0.18
			馆际互借	0.18
			网上预约	0.17
			网上续借	0.17
			到期催还服务	0.14
	传统个性化服务 A42	0.10	定题服务	0.25
			图书馆信息电子邮件订阅服务	0.19
			读者荐书栏目	0.19
			在线调查	0.16
			交互式服务	0.21
服务 0.47 A4	WEB2.0 服务 A43	0.17	博客	0.17
			RSS	0.23
			标签	0.20
			“我的图书馆”栏目	0.18
			信息推送服务	0.22
	咨询服务 A44	0.30	咨询方式多样性	0.22
			电子邮件咨询	0.19
			实时咨询	0.19
			科技查新	0.21
			教学参考书系统	0.19
	下载服务 A45	0.03	常用软件下载	0.23
			讲座内容下载	0.25
			网上课程下载	0.28
			随书光盘下载	0.24
	学科馆员 A46	0.23	学科馆员联系方式	0.27
			学科馆员工作介绍	0.21
			学科馆员服务覆盖的学科	0.29
			学科馆员数量	0.23
	远程服务 A47	0.02	校外电子资源访问	0.24
			校外用户栏目	0.18
			远程使用 OPAC	0.27
			数据库资源获取程度	0.31

续表

一级指标及权重	二级指标	权重	三级指标	权重
服务 0.47 A4	办公自动化系统 A48	0.02	业务工作自动化系统	0.29
			内部交流平台	0.32
	用户指南与帮助 A49	0.05	使用指南	0.39
			用户分类指南	0.46
			投稿指南	0.22
			学术指导网页	0.32

11.4.2 高校图书馆网站评价的结果与分析

（1）网站评价的实施

1）定量指标的测定

对于指标体系中的定量指标，如被其他网站链接的数量指标、访问量指标、网络影响因子（WIF）指标，需要借助一定的测度工具进行数据收集。而后将测度结果也换算为 5，4，3，2，1（优秀→比较优秀→一般→较差→很差）的与定性指标相一致的评价等级，最后将定性、定量指标一起纳入总的指标体系进行综合计算和评定。

指标体系中，网站被其他网站链接的数量、访问量以及网络影响因子都属于客观、可测度的指标因素，主要借助 Google 的“link：”功能测定“外部链接数”（即被其他网站链接的数量）及“内部链接数”（即网站的网页数）。用 Alexa 测定网站“访问量”。对于“网络影响因子（WIF）”，使用该网站“外部链接数”和“内部链接数”的比值来进行测度，即 $\mathrm{WIF}=\frac{\text{该网站外部链接数}}{\text{该网站内部链接数}}$。

2）定量指标的转换

由于定性指标是采用了 5，4，3，2，1 的评分标准，因此为了使整个评价指标体系的标准保持一致，我们还需对已经测度好的定量指标进行转化，将其转化为 5，4，3，2，1 的评价量纲。具体方法是：将每个定量指标原始数据按照最大值与最小值的大小顺序划分为等幅的 5 个区间，用每个网站定量数据原始数据落入的区间号作为该定量指标的转化后的得分。

（2）评价结果

本课题组在两周内对 15 个高校的图书馆网站进行了测评，结果详见表 11-3。以下将重点对各图书馆一级指标得分情况、部分二级指标得分情况加以分析。

表 11-3　第一批 15 所“211 工程”高校图书馆网站评价总分与一级指标得分

序号	高校图书馆名称	总分	一级指标得分			
			设计	内容	信息构建	服务
1	清华大学图书馆	6.608695	0.865192	1.5281	1.293084	2.922319
2	上海交通大学图书馆	6.312364	0.822253	1.47215	1.293084	2.851725

续表

序号	高校图书馆名称	总分	一级指标得分			
			设计	内容	信息构建	服务
3	北京大学图书馆	5.708602	0.757434	1.41545	1.225692	2.721488
4	北京航空航天大学图书馆	5.061999	0.712076	1.41165	1.189404	2.12158
5	西安交通大学图书馆	4.844174	0.707816	1.39665	1.12878	1.979922
6	南开大学图书馆	4.833778	0.675126	1.33665	1.038924	1.939784
7	浙江大学图书馆	4.604892	0.655958	1.32255	1.038708	1.692987
8	天津大学图书馆	4.51225	0.649236	1.263	1.001412	1.650499
9	西北工业大学图书馆	4.395845	0.626378	1.1964	0.978264	1.643872
10	复旦大学图书馆	4.488923	0.606495	1.18175	0.94734	1.594945
11	中国科学技术大学图书馆	4.389116	0.565022	1.1378	0.918504	1.50682
12	中国农业大学图书馆	4.356366	0.481685	1.1089	0.84582	1.450514
13	北京理工大学图书馆	4.297796	0.431989	1.07835	0.707508	1.395054
14	南京大学图书馆	3.570461	0.42878	1.0457	0.68418	1.057265
15	哈尔滨工业大学图书馆	3.450249	0.393704	0.89915	0.682776	0.972712

关于15所高校图书馆网站总分排名结果分析如下：

1）清华大学图书馆总体排名第一，反映出其以用户为中心服务理念为指导建设网站，紧跟时代发展步伐，积极主动地为用户服务，是国内其他网站学习的楷模。不过其网站建设还有很大的改进空间，虽然排名第一，但是总分仅为6.608695，在本指标体系满分10分的成绩中，此数值只是刚刚及格，由此可见，清华大学图书馆的网站还有待进一步的完善，如下载服务，其网站上目前并未提供一些常用软件下载以及讲座等课件下载的服务。

2）排在第二位的是上海交通大学图书馆，其网站建设较为突出的有两个方面：一是WEB2.0技术广泛应用，二是其导航系统建设比较全面。此网站得分为6.312364，与清华大学图书馆网站得分仅差0.296331，这两个学校的图书馆网站为在本次测评中及格（超过6分）的网站。

3）得分处在5—6分之间的网站有北京大学图书馆以及北京航空航天大学图书馆。在这个分数段仅有的两个网站之间差距还是比较大的。由上表中两个网站的得分可以看出，北京大学图书馆网站得分接近6分，而北京航空航天大学图书馆网站得分才刚过5分、不到5.1分，其虽与前者处于一个分数段内，但是还有很多需改进之处。北京大学图书馆在设计等方面较为突出，但是其在远程服务等方面还有待进一步完善。

4）在4—5分段的网站依次有西安交通大学、南开大学、浙江大学、天津大学、复旦大学、中国科技大学、中国农业大学、北京理工大学图书馆，有三个图书馆网站的得分处于3—4分间，依次为西北工业大学、南京大学以及哈尔滨大学图书馆网站。

总体来看，各网站的分数均处于中低水平，53%的网站分值处于4—5分间。清华大学图书馆网站总分虽排名第一，不过在本指标体系中得分只是刚刚及格，其网站还有极大的提升空间。排名靠后的南京大学图书馆、哈尔滨工业大学图书馆网站得分与第一名的清华大学图书馆网站得分差距很大，更有必要努力寻求不足之处，改进薄弱环节。

（3）一级指标测评结果分析

本评价指标体系分设有设计、内容、信息构建以及服务四个一级指标，下面将逐项分析15 所高校图书馆网站在此四个方面的建设情况。

1）设计

本指标主要考察各样本网站的页面设计、英文网页建设、网站可操作性、网站技术、网站利用情况，见表 11-4。排在第一位的清华大学图书馆、随后是上海交通大学图书馆，与总体排名表中位置与数值相似，处于前列的仍是这两个图书馆的网站，同时二者分值较为接近，表明二者在网站建设方面旗鼓相当。值得一提的是哈尔滨工业大学图书馆网站虽然总体得分较低，但是在网站设计方面还是较为突出，排名为第 4。最后一名是北京理工大学图书馆网站，其得分仅为 0. 393704，可见网页设计是其最为薄弱之处。

表 11-4　第一批“211 工程”高校图书馆在页面设计方面得分

序号	高校图书馆名称	一级指标得分（设计）
1	清华大学图书馆	0. 865192
2	上海交通大学图书馆	0. 822253
3	浙江大学图书馆	0. 757434
4	哈尔滨工业大学图书馆	0. 712076
5	中国科技大学图书馆	0. 707816
6	北京航空航天大学图书馆	0. 675126
7	南开大学图书馆	0. 655958
8	西安交通大学图书馆	0. 649236
9	天津大学图书馆	0. 626378
10	中国农业大学图书馆	0. 606495
11	北京大学图书馆	0. 565022
12	南京大学图书馆	0. 481685
13	复旦大学图书馆	0. 431989
14	西北工业大学图书馆	0. 42878
15	北京理工大学图书馆	0. 393704

2）内容

“内容”指标主要考察网站建设中的基本信息是否完备，信息资源的丰富性、严肃性以及时效性，见表 11-5。第一名仍为清华大学图书馆。排在第二位的是总分排名为第 11 的中国农业大学图书馆，虽然总体得分不高，但是其比较注重内容建设。上海交通大学虽然在设计以及总体得分较高，但是在内容建设方面排名第 7，还有待提高。排在最后一名的为哈尔滨工业大学，表明其在网站内容建设方面还需较大完善。

表 11-5　第一批“211 工程”高校图书馆在内容方面得分排名

序号	高校图书馆名称	一级指标得分（内容）
1	清华大学图书馆	1.5281
2	中国农业大学图书馆	1.47215
3	北京航空航天大学图书馆	1.41545
4	复旦大学图书馆	1.41165
5	天津大学图书馆	1.39665
6	西安交通大学图书馆	1.33665
7	上海交通大学图书馆	1.32255
8	浙江大学图书馆	1.263
9	北京大学图书馆	1.1964
10	西北工业大学图书馆	1.18175
11	南京大学图书馆	1.1378
12	南开大学图书馆	1.1089
13	北京理工大学图书馆	1.07835
14	中国科学技术大学图书馆	1.0457
15	哈尔滨工业大学图书馆	0.89915

3）信息构建

这一指标主要考察网站设计者是否以“用户为中心”理论为建设基础，在组织、导航、检索等方面充分考虑用户的方式、习惯，增加网站的可操作性，见表 11-6。在信息构建方面较为突出的是清华大学和上海交通大学的图书馆网站，二者得分并列第一。西北工业大学和中国农业大学图书馆在此方面则亟待改进。

表 11-6　第一批“211 工程”高校图书馆在信息构建方面得分排名

序号	高校图书馆名称	一级指标得分（信息构建）
1	清华大学图书馆	1.293084
1	上海交通大学图书馆	1.293084
3	北京大学图书馆	1.225692
4	浙江大学图书馆	1.189404
5	中国科学技术大学图书馆	1.12878
6	北京航空航天大学图书馆	1.038924
7	天津大学图书馆	1.038708
8	复旦大学图书馆	1.001412
9	南京大学图书馆	0.978264
10	南开大学图书馆	0.94734
11	西安交通大学图书馆	0.918504
12	北京理工大学图书馆	0.84582
13	哈尔滨工业大学图书馆	0.707508
14	西北工业大学图书馆	0.68418
15	中国农业大学图书馆	0.682776

4）服务

“服务”指标主要考察图书馆网站在提供基本信息服务以及传统个性化服务基础上，对Web2.0服务的开发及应用情况，参考咨询和学科馆员服务的开展情况，下载服务、远程服务、用户帮助与指南，业务工作的办公自动化系统建立等方面，见表11-7。位于前三名的是清华大学、上海交通大学、北京大学图书馆网站。

表11-7 第一批“211工程”高校图书馆在服务方面得分排名

序号	高校图书馆名称	一级指标得分（服务）
1	清华大学图书馆	2.922319
2	上海交通大学图书馆	2.851725
3	北京大学图书馆	2.721488
4	南开大学图书馆	2.12158
5	北京理工大学图书馆	1.979922
6	西安交通大学图书馆	1.939784
7	西北工业大学图书馆	1.692987
8	北京航空航天大学图书馆	1.650499
9	复旦大学图书馆	1.643872
10	中国农业大学图书馆	1.594945
11	中国科学技术大学图书馆	1.50682
12	天津大学图书馆	1.450514
13	浙江大学图书馆	1.395054
14	哈尔滨工业大学图书馆	1.057265
15	南京大学图书馆	0.972712

（4）部分二级指标测评结果分析

1）首页设计

首页是用户进入网站的第一个窗口，有宣传、报道、引导的作用。所以，首页的设计是否美观、是否能让用户一目了然地了解图书馆的概况，是否能及时向用户传递最新的消息等，都直接影响到用户对图书馆的使用。指标体系中，“首页设计”包括布局风格、本馆标识、页面色彩、链接、公告栏位置、网页布局、语言、弹出式窗口这几个三级指标。通过测评（见表11-8）发现，清华大学和北京大学图书馆网站的首页设计给人一目了然的感觉，无论是颜色的搭配，还是页面的布局，都是从用户的角度出发来设计。而西安交通大学图书馆的首页色彩不仅繁杂，且搭配不符合人们的视觉习惯。同时，网站标识语的缺失是多数图书馆网站的共同不足。标识语是图书馆对外宣传的一个重要标志，图书馆应通过个性化的标识语向用户展示自己的宗旨和使命。

表 11-8 第一批“211 工程”高校图书馆在首页设计方面得分排名

序号	高校图书馆名称	二级指标得分（首页设计）
1	清华大学图书馆	0. 100672
2	北京大学图书馆	0. 099462
2	天津大学图书馆	0. 099462
4	中国农业大学图书馆	0. 096195
5	北京理工大学图书馆	0. 094864
6	哈尔滨工业大学图书馆	0. 091476
7	北京航空航天大学图书馆	0. 90024
8	中国科学技术大学图书馆	0. 089056
9	上海交通大学图书馆	0. 088693
10	西安交通大学图书馆	0. 086636
11	南京大学图书馆	0. 086515
12	复旦大学图书馆	0. 085789
13	浙江大学图书馆	0. 081554
14	西北工业大学图书馆	0. 07986
15	南开大学图书馆	0. 074778

2）学科导航

学科导航是高校图书馆针对不同学科用户提供的专门的资源导航服务。清华大学、北京大学、中国科技大学图书馆的学科导航在栏目广度、深度以及更新方面做得比较完善；上海交通大学、天津大学、哈尔滨工业大学图书馆仅为重点学科提供导航，而北京理工大学和西北工业大学图书馆则尚未提供此项服务，见表 11-9。

表 11-9 第一批“211 工程”高校图书馆在学科导航方面得分排名

序号	高校图书馆名称	二级指标得分（学科导航）
1	清华大学图书馆	0. 468
1	北京大学图书馆	0. 468
1	中国科技大学图书馆	0. 468
4	上海交通大学图书馆	0. 4095
5	天津大学图书馆	0. 388908
6	浙江大学图书馆	0. 36504
7	南开大学图书馆	0. 32994
8	西安交通大学图书馆	0. 320112
9	哈尔滨工业大学图书馆	0. 2925
10	北京航空航天大学图书馆	0. 278928
11	中国农业大学图书馆	0. 24804
12	复旦大学图书馆	0. 13104
12	南京大学图书馆	0. 13104
14	北京理工大学图书馆	0
14	西北工业大学图书馆	0

3）Web2.0技术应用

在Web2.0技术背景下，图书馆也开展Lib2.0服务理论研究与实践应用，所以有必要设置此项来考察第一批的“211工程”高校图书馆是否与时俱进地应用先进信息技术、针对用户个性化需求来为用户提供服务。目前常用的Web2.0技术有博客、RSS、标签等，本指标也从这三方面来考察。此外图书馆应用Web2.0技术开展的Lib2.0服务中，突出的服务是“MY LIBRARY”（我的图书馆）服务，此项服务也在考察范围之中。统计过程中发现，目前被调查的15个网站没有一所图书馆应用博客来为读者服务，RSS和“MY LIBRARY”在各图书馆应用比较广泛，而标签技术仅有上海交通大学图书馆、北京大学图书馆、北京航空航天大学图书馆、西安交通大学图书馆这四所图书馆有所应用，见表11-10。

表11-10　第一批“211工程”高校图书馆在Web2.0服务方面得分排名

序号	高校图书馆名称	二级指标得分（Web2.0服务）
1	清华大学图书馆	0.50337
1	北京航空航天大学图书馆	0.50337
3	上海交通大学图书馆	0.34357
3	北京大学图书馆	0.34357
5	西安交通大学图书馆	0.33558
5	哈尔滨工业大学图书馆	0.33558
7	复旦大学图书馆	0.25568
8	南开大学图书馆	0.18377
9	西北工业大学图书馆	0.17578
10	中国科学技术大学图书馆	0.07191
10	中国农业大学图书馆	0.07191
10	北京理工大学图书馆	0.07191
10	浙江大学图书馆	0.07191
14	南京大学图书馆	0
14	天津大学图书馆	0

4）咨询服务

咨询服务是图书馆网站的主要服务之一。在本次实测过程中，电子邮件咨询有效性是通过实际发送邮件咨询问题来实际测评，结果只有西安交大、西北工业大学以及哈尔滨工业大学图书馆在两个工作日内回复邮件。在对北京大学图书馆网站上的联系邮箱进行邮件发送时，收到的均是系统退信，不知是其邮件只对校内用户还是其他原因（测评结果也有可能存在网络传输问题）。关于实时咨询，因为其只对校内用户IP开放，所以我小组作为外网用户评测不能实测其有效性，只能看其网站是否开设实时咨询系统。15个网站中，有8所图书馆未开设此项服务（北航、南开、浙大、天大、中国农大、北京理工、西北工大、哈工大图书馆），见表11-11。咨询服务方面尤其是针对邮件咨询回复的及时性还需各网站积极改进。

表 11-11　第一批“211 工程”高校图书馆在咨询服务方面得分排名

序号	高校图书馆名称	二级指标得分（咨询服务）
1	北京大学图书馆	0. 85305
2	上海交通大学图书馆	0. 82203
3	复旦大学图书馆	0. 74589
4	清华大学图书馆	0. 68808
5	天津大学图书馆	0. 65706
6	南开大学图书馆	0. 62604
7	西安交通大学图书馆	0. 5499
8	浙江大学图书馆	0. 52311
9	北京航空航天大学图书馆	0. 44274
10	中国农业大学图书馆	0. 42018
11	中国科学技术大学图书馆	0. 40608
12	西北工业大学图书馆	0. 38916
13	南京大学图书馆	0. 37506
14	北京理工大学图书馆	0. 30315
15	哈尔滨工业大学图书馆	0. 21009

（5）网站测评结论 I：高校图书馆网站的优点

1）发挥了其宣传、展示的功能

所评的 15 所“211 工程”高校图书馆的网站都重视了网站的宣传、展示功能，虽然这些网站上大多没有宣传语，没有使命陈述，没有发展规划，但馆徽、馆名、联系方式这些都在一定程度上显示了其宣传、展示的功能。另外，各个网站的设计风格迥异，各有特色，古朴的、鲜活的、明朗的，都在一定程度上展示了图书馆自身的风格特色。

2）服务网络化，方便了用户使用

书目查询、图书续借、论文下载、参考咨询等服务在所评的 15 所“211 工程”高校图书馆的网站上都可以实现，除了这些常见的网上服务外，有的馆通过“给用户发送电子邮件”的方式来提醒用户哪些图书快要到期，有的馆采用 RSS 技术为用户提供定制信息的服务，有的馆提供毕业论文网上提交系统，这些服务的网络化既在一定程度上说明了图书馆的现代化水平，又从深层次说明了图书馆服务理念的转变。

3）网站设计和建设以用户为中心

所评的 15 所“211 工程”高校图书馆网站的功能设计、信息构建都充分体现了以用户为中心的理念，局部导航、全局导航、语境导航这些多数网站都有，有些网站还提供了网站地图、网站内容目录表，还有网站提供了站内内容检索、检索建议等。信息的组织大都按照一定的顺序（字序、时序、地序）来排列，内容的层次结构大多能够依照用户的使用习惯来设计。能够从用户的角度出发来设计网站，是图书馆网站建设过程中必需和必要的一个指导思想。

4）网站上资源的数量和形式丰富

高校图书馆本身就是充当一个信息资源库的角色，其数字资源的丰富性是图书馆自身资源建设的一个重要建设点。从本次评估来看，多数图书馆网站上的数字资源丰富，数量上的丰富体现在数据库的个数，形式上的丰富性体现在数字资源的格式上，有音频格式，也有视频格式。另外，在测评过程中，我们发现多数馆的网站上有自建数据库，例如：学位论文数据库、本校教师论文库等。这说明，这些高校一方面通过购买来丰富数字资源，另一方面通过自身的开发来丰富本馆的数字资源。

（6）网站测评结论Ⅱ：高校图书馆网站的缺点

1）发展水平不均衡

从15所"211工程"高校图书馆网站的总分排名来看，第1名得分约6.6，最后一名得分约3.5分，相差三分之多，这15所高校图书馆网站的总体平均分是4.735157，这说明总体水平不高，低于平均分的有9个，高于平均分的有6个，这说明各个图书馆网站存在着发展不平衡的状况。另外，将本次评估的排名与这些图书馆所依附的高校在全国高校排名的名次相比，两者有一定的关联，但不是一对一的一致，例如：哈尔滨工业大学图书馆的网站在排名中位居最后，但是在高校的排名榜中，哈尔滨工业大学却位居14，遥遥领先于中国农业大学、西北工业大学等高校；北京航空航天大学图书馆的网站在排名中排第四，而在高校的排名中，位居23，落后于南开大学、浙江大学等高校。可见，虽然图书馆整体建设（包括网站建设）从很大程度上依附与它所附属的高校的发展，但是并不能简单地从高校的发展情况来对图书馆的整体建设下定论，当然，也不能对图书馆网站的建设下定论。

2）网站建设缺少与读者的互动版块

提供与读者互动的空间是图书馆网站建设中很重要的一部分，因为加强与用户互动是图书馆工作中的一个重要环节，例如传统图书馆会在大厅里放一本留言簿，对用户而言，在这样的公众场合专门去到留言本上写点想法、建议或抱怨是一件难为情的事情，似乎网络的匿名性和自主性使用户更愿意通过网络来表达自己的想法。所以图书馆网站可以为用户提供这样的空间，具体形式有：留言板、书评、论坛、博客等。在我们所评的这些图书馆网站中，部分馆的网站设有论坛、书评这样的栏目，但是多数馆在这方面还是有所欠缺。

11.4.3　高校图书馆网站发展建议

（1）各高校图书馆加强网站建设方面的交流与学习

通过本次评估，15所高校图书馆的优劣差异已经一目了然。各个馆在日常的网站建设和维护过程中，应当多留意其他图书馆的网站建设情况，及时发现自己的不足，有选择地学习他人的亮点。另外，图书馆的领导者之间应该多交流有关网站建设的经验，哪些服务可以通过哪种信息技术来在网络上实现，哪些信息资源可以通过哪种方式来方便用户的获取等。

（2）对现代信息技术的应用应当依据自己的需求来选择，不能赶时髦、追时尚

信息技术的发展和图书馆的发展息息相关，例如：计算机的出现促进了图书馆编目自动化的发展，Web2.0的出现引起了Lib2.0的出现。但是图书馆在网站建设过程中，不能追求时髦，因为一个新技术的应用需要花费一定的财力、物力和人力成本，如果盲目应用，必然

会导致资源的浪费。事实上，从自身条件和用户需求出发，有选择地应用这些信息技术，是比较理智的选择。在评估的网站中，有些馆采用了 RSS 技术，有些馆已经有了“MY LIBRARY”这样的个性化服务。

（3）为用户提供与图书馆互动的空间，使图书馆的网站成为图书馆与用户互动的桥梁

用户参与是图书馆网站开展在线服务的重要组成部分，目前来看，所评网站在这一部分还并不够。对于互动栏目的建设要遵循“以用户为中心”的原则，注意按照用户需求和使用习惯来设计，具体形式有：留言板、书评、论坛、博客等。用户通过留言板可以向图书馆提建议或表达自己的不满，通过书评用户之间可以交流自己的读书心得，通过论坛用户之间可以就感兴趣的话题进行切磋探讨，对用户提出的问题和建议给予及时的反馈，加强图书馆与用户之间的交流与沟通。

（4）关注用户的需求，使网站建设更人性化

图书馆要想用户切实通过网站来利用图书馆，单是提供丰富的网上资源和尽可能地使服务网络化是不够的，其网站设计必须选用最适合表现本站信息内容的信息组织和表达方式，同时要提供简单、便捷、高效的检索工具，帮助和引导用户深入访问网站、快速地找到自己需要的信息。本次评估中，信息建构这一指标的低分普遍较低，虽然有些网站已经做得很好，但是还需要进一步的完善和改进。

（5）加强高校图书馆网站之间的互联与共享，促进高校图书馆网站建设的集群化

在网络环境下，高校图书馆网上资源的整合，是保障高校图书馆资源共享的一个有效途径。从本次评估的情况看，部分网站与其他图书馆网站建立了链接，而用户并不能通过这样的链接来利用其他图书馆的资源，如果今后高校图书馆之间的资源共享程度深化了，那么用户就可以通过统一的检索界面在广阔的信息海洋里查找自己需要的信息。当然，就目前情况来看，要做到这一点是十分困难的，除了技术方面的原因，更重要的是管理和理念上的原因。即便这样，高校图书馆网站之间加强合作和共享仍是值得期待的。

12 其他类型图书馆的定位与服务

公共图书馆、高校图书馆以及其他类型图书馆构成了占主要地位的三大类型图书馆。其他类型图书馆主要包括：专业图书馆、中小学图书馆和企业图书馆等。他们具有不尽相同的定位，也有着各自的服务要求。由于不同类型图书馆之间的合作越来越频繁，促使了图书馆联盟的产生。

12.1 专业图书馆的定位与服务

专业图书馆是我国图书馆事业的主要体系之一，广泛地分布在各行业之中，包括科研院所、政府机关及其所属的行政管理部门、厂矿企业、群众团体及其他非营利性组织所属的图书馆、资料室、情报资料室、文献中心等，其主体部分是自成系统的科学图书馆。中国科学院国家科学图书馆、中国农业科学院农业图书馆、中国医学科学院医学图书馆、中国科学技术信息研究所、中国化工信息研究中心等均是国家级专业科学文献机构。

12.1.1 专业图书馆的发展现状

改革开放以来，特别是党的十六大创新型国家发展战略的提出，为专业图书馆飞速发展提供了政策支持；而网络化、数字化、信息化的新环境驱使专业图书馆也加强了资源共建共享。以国家科技图书馆文献中心（NSTL）为代表的新型科技文献服务机构建立，联合各种资源提供服务。NSTL以根据国家科技发展需要，按照“统一采购、规范加工、联合上网、资源共享”的原则，采集、收藏和开发理、工、农、医各学科领域的科技文献资源，面向全国开展科技文献信息服务为目标，通过方便快捷的网络服务，组织和管理科技信息资源。NSTL的成员单位包括：中国科学院文献情报中心、中国科学技术信息研究所、机械工业信息研究院、冶金工业信息标准研究院、中国化工信息中心、中国农业科学院农业信息研究所、中国医学科学院医学信息研究所、中国标准化研究院标准馆、中国计量科学研究院文献馆等。截至2006年，各成员单位共有印本外文期刊15 000种，外文会议录等文献5000种。分别占国内引进印本品种的三分之二。网络服务系统提供服务的文献数据总量超过4000万条，网上文献信息检索总量超过1.2亿次。①

中国科学院国家科学图书馆是科技类专业图书馆的代表。2006年3月，中国科学院整合所属的文献情报中心、资源环境科学信息中心、成都文献情报中心和武汉文献情报中心等四

---

① 中国图书馆学会，国家图书馆．中国图书馆事业发展报告2007．北京：北京图书馆出版社，2008：117

个机构，成立中国科学院国家科学图书馆，总馆设在北京，下设兰州、成都、武汉三个二级法人分馆，并依托若干研究所（校）建立特色分馆，馆舍建筑面积8万平方米，依托网络提供高速、便捷的科技信息服务。截至2007年，共有可共享外文电子期刊7741种，外文图书14 700卷、册，外文学位论文14万篇；中文电子图书30万册、期刊7916种，学位论文约37万篇①。

中国社会科学院图书馆是社科类专业图书馆的代表。中国社会科学院图书馆又名文献信息中心，其前身是成立于1957年的中国科学院哲学社会科学学部的情报研究室，后经中国社会科学院情报研究所、文献情报中心、文献信息中心等几次易名，于1994年起正式组建中国社会科学院图书馆。2002年，图书馆新馆大楼落成，使用面积达18 000平方米；计算机技术和网络技术的采用，数字资源采购工作的开展，逐步具备了一定的文献资源保障能力。2009年，院里对全院图书馆系统的管理体制进行改革，试行"总馆—分馆—所馆（资料室）"三级保障模式，在原有的院所两级图书馆的基础上，设立若干专业特色分馆如法学分馆等，并进行重点建设，整体提升社科院图书馆系统的科研保障能力和服务水平。截至2010年8月，社科院图书馆共有中文纸本图书150万册，72万种，报刊2000余种；外文纸本图书242万册，72万种，期刊900余种。此外，在保持纸本资源采购规模不变的基础上，数字资源采购规模逐步加大，现有中外文数据库100余种：包括中文电子图书140多万册，期刊9000多种；外文电子图书17万多册，期刊8000多种；以上所有资源可供全院科研人员共享。基本形成了较为完整的人文社科文献信息保障体系。

王群等研究者认为，专业图书馆所担负的任务主要有以下几点：一是要紧密结合本系统、本单位的科研方向与任务，搜集、整理、保管和提供国内外科技文献，为科学研究和生产技术服务。二是积极开展信息的调研和分析，主动了解各研究课题进展及国内外发展水平和趋势，不断向本系统和本单位科研人员和领导部门提供分析报告和有科学价值的信息资料。三是要加强文献信息工作的组织工作和业务辅导，做好本系统文献信息资料调剂、工作经验交流和干部培训等工作，宣传图书馆的新资源，促进资源利用。四是开展文献信息理论、方法和现代化手段的研究。②

12.1.2 专业图书馆的定位

专业图书馆的定位十分注重自身服务特色的建设。如中国科学院文献情报中心的主要任务定位是为我国科学研究、科技发展和经济建设服务，为国家的知识创新体系提供科技信息保障。而广东省科技图书馆的定位是建成现代化高水平的科技图书馆，成为广东省科技文献资源保障基地和科学普及教育基地。③ 张晓林等认为图书馆不仅是一个专业信息资源中心，还应发展为服务于相关专业领域和广泛用户的交流研究中心和合作平台。在强化图书馆作为

① 国家科学图书馆．国家科学图书馆2007年工作总结．http：//wenku．baidu．com/view/e8a8c36727d3240c8847efe5.html

② 王群，吕东．信息时代专业图书馆的服务创新．高校图书馆工作，2010（1）：79—87

③ 魏东元．科技图书馆的定位和发展策略．图书馆论坛，2003（6）：188—189，227

专业信息资源中心地位的同时，逐步发展为科学研究的交流平台及合作中心。① 我们从现有文献资料出发，总结专业图书馆的定位主要包括：

1. 推进专业文献信息保障与服务体系建设

首先要扩大数字资源保障范围，提高集成文献保障能力。要根据文献的流通率、利用率、引文率、情报密度及信息量等指标，采用科学的方法，动态确定专业核心期刊，科学选订资源。也要进一步加大数字化资源联合建设力度，继续提升文献资源保障能力，如2008年，国家科技图书文献中心（NSTL）各成员馆以及社科院图书馆创新资源引进方式，对内优化配置，对外广建渠道，加强数字化服务平台建设，为高质量信息服务提供了资源保障，它们的经验包括：继续增加馆藏数字资源，进一步优化资源结构；积极拓展文献采集渠道，逐步提高文献采集质量。另外，还需加大资金投入，采购具有国际有影响力的外文数据库、外文期刊等资源，为专业馆更“专”打下基础，方便研究者进行工作。

其次是搭建数字化信息服务平台，创新信息服务方式。数字化信息服务平台采用ADL和UML相结合的体系描述方法，嵌入了构件化的Web2.0典型应用系统（如Blog、RSS、WiKi、IM、P2P等），注重用户体验，使其既是知识的接受者，也是知识的创造者，从而真正实现“以用户为中心”的互动服务模式。在统一的信息描述结构下，该平台还实现了构件之间的信息共享与功能集成，形成一个完善并具“开放意义”的Web社群，不仅能提供基于图书馆本身的数字化服务，而且通过社群主体即用户的自由组合，发生种种社会性的信息行为，能够实现图书馆与社会化网络的成功对接。②

2. 改进科技文献服务系统，提高文献服务能力

应完善基于内部网的科研文献服务系统，最大化地整合图书馆资源信息，完善读者与图书馆信息交流的平台，实现网络环境下读者方便快捷地利用图书馆，获取充足的科研参考信息。在此基础上，打破图书馆原有自成体系的管理和服务模式，通过与相关职能部门读者信息数据共享，使业务管理更加方便，信息服务更加主动，实现读者在内部网环境下和非内部网条件下信息的自由访问。通过系统整合图书馆资源，使读者访问资源更加便捷，完善网络环境下实现信息服务的统一平台。

在巩固文献信息服务功能，逐步提升文献服务能力方面，国家科学图书馆走出了坚实的一步，以2008年国家科学图书馆总分馆为例，其坚持全年365天开放，共接待到馆读者和参观者近33万人次；提供原文传递11万余篇，增长25%，满足率达到95%。组织策划了NSTL走入中国光谷等活动，面向一线科技人员，宣传推广NSTL服务。积极拓展网络虚拟平台“E图淘宝”平台的功能与服务，将IC服务嵌入研究生用户学习与生活环境。积极参加国家古籍保护工作，开始启动中国科学院古籍联合书目数据库建设。另外，国家标准馆努力为国家各类重点工程、科学研究提供标准查新、动态跟踪分析等各类研究咨询服务。

---

① 张晓林等．国际图书馆发展态势（下）．图书情报工作动态，2003（1）：2—5

② 文炯．基于Web 2.0的数字化信息服务平台．高校图书馆工作，2008（3）：34—36

3. 构建知识研究体系，加强知识服务能力

作为知识存储和知识传播的专门组织机构，专业图书馆不仅要对与知识有关的各种资源和无形资产进行管理，还需要不断地捕捉新的知识，让因特网上的信息成为读者的重要信息来源，成为新经济发展中不可缺少的重要知识资源，通过知识组织和网络共享实现知识创新。

柯平认为图书馆学研究由信息资源管理发展到知识资源管理，进而提出图书馆知识资源管理的概念，认为图书馆在知识资源管理方面更具优势，或者说，知识资源管理更值得图书馆学进行深入探索。① 冯月梅、何伟强探讨了知识资源管理在数字图书馆的实施，提出实现图书馆知识资源共享的若干服务目标。② 罗娟华认为图书馆应该充分重视对知识资源的管理，要充分利用显性知识，设法挖掘、获取、转化和储存所有对读者和图书馆有用的隐性知识，使图书馆员由简单的管理图书向管理知识转化，使其能够顺应时代潮流，成为真正的知识导航员。③

专业图书馆实施知识资源管理，能有效发展虚拟馆藏和数字化信息的社会作用，文献的知识资源化和读者获取知识资源的智能化等工作必将是未来专业图书馆的工作重点。

4. 加强学习型组织的构建

党的十六大在全面建设小康社会的奋斗目标中指出："要形成全民学习、终身学习的学习型社会，促进人的全面发展。"专业图书馆作为"知识信息中心"，在构建学习型社会活动中扮演着重要角色。学习型组织是图书馆适应环境变化，寻求自身发展，提高读者与馆员满意度的一种组织发展趋势。

学习型组织是一种全新的组织构建趋势。学者们对其总结出 3 个特点：终身学习、不断创新的学习理念，开放、顺畅、共享的文化氛围，馆员参与、民主公平的管理机制。学习型图书馆的构建首先要建立图书馆发展的共同愿景，树立先进的学习理念，其次是营造学习氛围，然后是建立完善学习机制，学习型专业图书馆建立过程中对组织结构与内部管理机制的改革与创新至关重要。

专业图书馆要为适应生存而学习，采纳适应自身发展的管理模式和管理方法，积极吸收国内外的先进经验。特别重要的是要进行创造性学习，使图书馆得到全面、可持续的发展。盛小平和肖碧云认为建立学习型图书馆有助于迎接知识经济的挑战、实现知识管理、促进长远发展，进而有助于建设"学习型社会"。④ 柯平主张将学习型组织理论应用于图书馆，把图书馆作为学习型组织来研究，将学习型组织三个重要理念应用与图书馆，提高其学习能力，发挥团队精神。⑤

---

① 柯平．知识资源论——关于知识资源管理与图书馆学的研究对象．图书馆论坛，2004（16）：58—63，113

② 冯月梅，何伟强．知识资源管理与数字图书馆信息服务．图书馆理论与实践，2004（5）：10—11

③ 罗娟华．图书馆知识管理初探．高校图书馆工作，2001（5）：4—5，14

④ 盛小平，肖碧云．建立 21 世纪的学习型图书馆．图书馆建设，2003（1）：8—10

⑤ 柯平．知识管理在图书馆中的应用研究．图书馆学研究，2003（9）：8—12

12.1.3 专业图书馆的服务

1. 提供个性化服务

目前专业图书馆服务模式大多是传统文献服务与现代网络服务结合并存的方式，信息服务模式需要创新。创新的主线在于从面向资源的信息服务向面向用户的信息服务的转变，信息服务模式的创新，本着以用户为中心、面向用户的信息服务的原则，以用户需求为依据，就会不断有新的发展，找到新的切合点。

有研究指出个性化服务包含三个方面：①服务时空的个性化；②服务方式的个性化；③服务内容的个性化。[①] 随着时代的发展和文明的进步，衡量一个图书馆服务优劣的标准，不再是为读者提供了哪些服务，而是通过图书馆的服务，读者得到了什么。[②] 互联网突破了传统的时间和空间限制，在时间上，互联网可以提供全天候的24小时服务，用户可以根据自己的时间安排接受服务。[③] 服务方式的个性化和服务内容的个性化则对图书馆服务提出了较高的要求。

专业图书馆实行个性化服务的方式包括：①构建用户期待的个性化服务模型，为每个用户建立一个用户描述文件，获取用户的个性化信息。②设立交互式的信息服务窗口，在线回答用户咨询。③利用智能服务和呼叫中心进行个性化推送和推测服务等。[④]

2. 实施业务流程重组，推进管理体制变革

在目前各个专业图书馆组织结构之内，其业务部门都独立分散存在，这分割了信息传递的整体流程，部门之间调控能力差和协作水平低，使得信息加工、传递能力受到极大的限制。专业图书馆要建立一体化的服务模式，势必要打破原部门之间的分离，促进部门间的沟通联合，探索新型组织结构，这也是图书馆发展建设中的固有问题。

在业务流程方面，金字塔形的组织模式使得图书馆无法迅速反映和满足用户的需求，无法提供网络化、数字化所要求的智能化信息产品和服务。管理运行缺乏与用户的即时沟通，难以根据用户的需求动态调整资源配置和运行结构，影响服务质量。围绕用户需求进行业务流程重组将是专业图书馆面临的重大挑战。

新型的图书馆业务管理模式应以信息流为主，彻底改变过去按文献类型组织管理（布局）的模式，构建按“学科”组织管理文献资源的资源保障体系；改变过去非集成化的、专业性不强的“块”（借阅服务“块”和参考咨询“块”）服务模式，构建集成化、专业性的服务模式，最终达到充分满足用户需求的管理宗旨。

3. 亟须加强服务团队建设，重视学科馆员素质培养

首先是要加强对专业图书馆工作者的思想教育，使他们端正思想，认清信息社会给图书

---

① 邢志宏. 刍议图书馆个性化服务. 内蒙古图书馆工作，2004（4）：44—46

② 周青. 试论图书馆个性化服务与未来展望. 图书馆，2004（1）：73—75

③ 陈丽群. 个性化服务：高校图书馆服务的新理念. 情报杂志，2003（7）：101—102

④ 刘明. 个性化服务——图书馆服务的新阶段. 图书馆学刊，2006（1）：16—17

馆工作带来的机遇，树立良好的职业道德，勤奋学习，勇于创新，不断进取，自尊、自强、自我完善，从而进一步增强做好图书馆文献信息服务工作的责任感和使命感。

其次要系统培训与岗位培训相结合。应有计划地安排工作人员系统的学习相关专业课程，丰富其专业知识和理论水平。对于非图书情报专业毕业的馆员，应根据工作任务的需要鼓励他们到开设有信息管理专业的院校攻读第二学位，使他们系统的学习和掌握信息管理理论及先进技术。在系统培训的基础上，应积极倡导在职学习，实行岗位培训。岗位培训的特点是节省经费、见效快，又在用中学，学以致用，针对性、实用性强。

另外要完善激励约束机制。要打造学习型专业图书馆，必须以“激励”为动力，完善的激励约束机制方可激发馆员终身学习的需求。其主要包括在用人机制上，要在公正、公平、公开的原则下推行公开选拔、竞争上岗和聘任制度，增强馆员的职业竞争意识和风险意识。在奖励机制方面，实行按劳分配。对于努力工作、勤奋学习的馆员应及时给予物质和精神奖励以激励其他馆员。

12.2 中小学图书馆的定位与服务

12.2.1 中小学图书馆的发展现状和存在问题

2003 年 5 月，国家教育部正式颁布最新修订的《中小学图书馆（室）规程》中明确指出：“中小学图书馆（室）的现代化是中小学教育现代化的重要体现，各地要将中小学图书馆（室）的信息化建设作为教育信息化建设的一项重要内容。要加强数字图书馆和图书资源中心的建设。”随着信息技术的发展和校园网的建设，许多中小学图书馆建立了电子阅览室。目前，全国共建立中小学电子阅览室 136 736 个（其中中学电子阅览室 80 837 个，小学电子阅览室 52 899 个）。在此基础上，一些学校开展了数字图书馆的建设，充实和完善了校园网、电子阅览室内的网上数字图书资源。根据中央教科所提供的数据，截至 2007 年 9 月，全国建立数字图书馆的学校达到 4000 多所，并有上百所学校参与了教育部规划课题有关数字图书馆建设方面的研究。但是，我国学校图书馆的发展还是比较缓慢（见表 12-1），存在如下几个问题。

表 12-1 全国中小学图书馆状况统计

项目	总数	小学	中学
全国普通中小学校（所）	444 177	366 200	77 977
建有图书馆的学校（所）	234 825	177 015	57 810
图书馆面积（万平方米）	3365. 14	1612. 67	1752. 47
中小学累计藏书金额（万元）	9 057 455. 26	3 928 764. 31	5 128 690. 95
馆藏书量（万册）	264 225. 60	127 419. 31	136 806. 29
电子图书（千片）	18 746. 22	4773. 82	13 962. 41

资料来源：中国教育技术装备网．［2009-03-21］. http：//hyxh. ceiea. com/hyzx/hydt/11506. htm

其一，中小学图书馆的发展很不平衡，城乡差别、区域差别明显突出，中小学图书馆建设的任务还很艰巨。以全国中小学校总数（中学77 977所，小学36.62万所）计算，全国建有图书馆（室）的学校不足1/2。

其二，藏书数量不足，图书馆投入不足的矛盾突出。由于对图书馆投入不足，多数图书馆没有专项经费购置新图书，致使藏书数量不足。一些条件好的学校靠自筹资金购置图书。多数学校没有专门的图书经费，因此学校图书馆图书陈旧，许多中小学的图书馆留下的是“普九”痕迹，自“普九”验收以来，没有进过一本新书。特别是在应试教育环境下，图书馆建设往往被放在次要的位置。有限的图书馆投入还往往被挪用。这使得相当数量的中小学图书馆藏书不足，藏书量达标也具有一定的水分。

其三，图书陈旧、藏书结构不够合理。由于经费不足，许多图书馆的图书没有更新，图书剔旧工作更无从谈起。有些学校为了通过“验收”，凑足图书册数，大量购进便宜图书，复本图书量过大。还有一些图书是单位捐赠的，没有经过专职人员的筛选，有不少书不适合学生阅读。藏书结构的不合理。多年来由于受应试教育的影响，中小学图书馆收藏了大量的试题、题解、题库、教参等，而随着新课标的颁布，课程、教材的变化，很多图书已失去了原有的参考价值。在师生用书比例上，为实现“达标”，考虑学生用书的因素偏多，教师用书较少。另外，有的学校单纯追求生均保障率，藏书量有虚报现象。

其四，图书馆工作人员数量不足，专业素质有待于提高。大多数图书馆工作人员是从教师转岗来的兼职人员，多数没有接受过图书情报专业教育，业务素质普遍较差。由于不在教育第一线工作，许多图书馆工作人员专业技术职务和待遇问题不容易得到切实解决，严重影响了这支队伍的壮大和稳定。

其五，图书馆现代化水平不高，对教学的支持和服务功能未能得到充分体现。传统图书馆的服务模式深受时间和空间的限制，教师和学生利用起来还有很多不便。加上由于经费问题，学校馆藏图书的数量、质量也比较有限、人员配备不足、专业素质不够高等因素，学校图书馆对教学的支持能力不容乐观。不少学校的图书馆名存实亡，对教学变得可有可无。

12.2.2 中小学图书馆的定位

实施素质教育，培养具有综合素质、全面发展的高素质人才，已成为当代中国教育改革的主旋律。实施素质教育，就是全面贯彻党的教育方针，以提高国民素质为根本宗旨，以培养学生的创新精神和实践能力为重点。原国务院副总理李岚清在一次访谈中详细阐述了素质教育的内涵：第一，素质教育是面向全体学生的教育。《教育法》规定公民“依法享有平等的受教育的机会”。第二，素质教育是促进学生全面发展的教育。它提出了教育所要培养的人的合理素质结构，包括生理的、心理的、思想的、文化的素质。第三，素质教育是促进学生个性健康发展的教育。人的个性是千差万别的，社会也需要各种各样的人才。实施素质教育的重要目的之一，也是为了使有不同天赋和爱好的孩子，在受教育的过程中，除了统一的基础课程外，通过各种教育方式给予他们能发挥天赋和爱好的空间和时间。[①] 实践表明，素质教育能更好地激发学生的学习兴趣和主动性，有利于学生更好地掌握科学文化知识。实施素质教育也更有利于各个领域拔尖人才的成长。素质教育不仅不会降低学习质量，而且更有助于学生的全面成长。

素质教育在整个学生教育中占有重要地位，而学校图书馆作为传承人类文化和传播知识信息的服务中心、教学和科研的服务基地、学生的第二课堂，在学生素质教育中扮演着重要的角色。我国著名的教育家蔡元培先生说，教育不专在课堂，课堂之外还有许多场所，第一是图书馆。一些发达国家则把课堂与图书馆视为“同一辆车上的两个轮子”[②]。可见课堂教育与图书馆教育同等重要，图书馆不仅是信息传播地，更是人类文化的集散地，是实施素质教育的第二课堂。可以说，图书馆在实施素质教育方面所发挥的综合优势和作用是任何课堂教学以及课外活动都无法替代的，它在学生素质教育中起到了重要的作用。

1. 中小学图书馆是学生思想道德教育的重要阵地

十七大报告指出：“动员社会各方面共同做好青少年思想道德教育工作，为青少年健康成长创造良好社会环境。”长期以来，学校对学生的思想道德教育工作过多地依靠开设政治理论课进行，而忽视了图书馆的作用。作为第二课堂的图书馆，对学生的思想道德教育具有不可推卸的责任。学校图书馆作为文献信息资源的中心，内容十分丰富，藏书中所记载的社会文化、价值取向、道德观念等精神渗透到学生心中，让学生从古今各民族的伟大智慧结晶中汲取营养，引导他们建立正确的世界观、人生观和价值观，从而从根本上提高他们的思想道德素养。由此可见，学校图书馆是学生思想道德教育的重要阵地。

2. 中小学图书馆是学生创新素质教育的殿堂

创新素质是学生能力培养的核心，是现代教育的灵魂，是素质教育的具体化和深入化。学校图书馆作为知识传播的中心，更是学校科研和知识创新的场所，学校里每一项科研创新从起步到研究结束，都离不开图书馆，首先，学校图书馆丰富的馆藏为学生积累知识，培养创新能力提供了坚实的基础，吸取更广泛的信息，丰富的信息资源有利于学生获取系统而新颖的知识。基础教育时期的素质教育，将影响学生的一生，它不仅仅是对有限知识信息的记忆，更应关注的是促进发现、探索、研究创新性的学习方法的学习和使用。研究创新性学习方法是使学生在教师的指导下，从自己的学习和社会实践中选择研究的问题，采取类似于科学研究的方式，主动地获取并应用知识，通过激发学生发现问题、提出问题、研究问题、解决问题的能力，让学生达到掌握学习方法，知道应该如何学习的目的。学生用研究创新性学习方法学习，需要有丰富的文献资料提供给学生参考查询，图书馆是学生在课外寻找参考资料的主要场所，在研究性创新学习中需要充分运用图书馆自是不言而喻的。其次，学校图书

① 李岚清．素质教育的内涵是什么？［2009-03-21］．http：//www.dujing.org/ClCms/Article/ShowInfo.asp?InfoID＝535）

② 展玉娟．简论学校图书馆与学生素质教育．安徽文学，2008（4）：284

馆的学习是一种开放式、自主性的学习，这样一种开放式、自主性的学习方式，可以使学生挖掘与发展自身的潜能，内化成激发学生创新思维的力量。在图书馆，学生可以自由选择感兴趣的知识以充分发挥个性，饱览各学科不同学派的学术观点以培养其独立性和批判性，这种不依赖于他人意志而独立思考的人格素质，才是创新人才的基本素质。

3. 中小学图书馆是孕育阅读风气的沃地

学校图书馆是影响学生成长、培养学生兴趣的田园，以兴趣阅读满足儿童对世界的好奇，也是素质教育的核心之处。在今天生活安逸、物质生活充裕、娱乐节目极为丰富的社会环境下，要令学生阅读也就是要与其他众多吸引力强的消遣项目竞争。在这种社会环境下，学校图书馆更是任重道远。《新课程标准》要求："培养学生广泛的阅读兴趣，扩大阅读面，增加阅读量，提倡少做题，多读书，好读书，读好书。鼓励学生自主选择阅读材料。"可见，要全面实施素质教育，就必须全面培养学生广泛的阅读兴趣，必须全面加强中小学图书馆建设。配合学校的课程，补充和辅导课堂教学，扩大学生的知识面，启迪思维，开发智力。课外阅读，书本是船，兴趣是帆，兴趣是最好的老师。阅读方法是完成阅读任务的途径和手段，学生有了阅读的兴趣，教师不仅要把好的阅读材料推荐给学生，还要教给学生正确的阅读方法，培养他们良好的阅读习惯，鼓励他们采用适合自己的方法主动地进行阅读，使学生真正做到自主阅读，并能在阅读过程中发现问题，解决问题，接受熏陶，建构自己的精神世界。实施课外阅读的意义是通过教师的引导，让阅读成为学生的一种习惯，成为其学习生活的一部分，直至让阅读融入学生的血液之中。

4. 中小学图书馆是学生心理素质教育的重要机构

心理素质教育是素质教育的重要内容，心理素质水平影响着其他素质的形成和发展，影响着素质教育的发展水平。调查资料显示，大约有三分之一的学生心理素质健康状况令人担忧。作为心理素质教育重要机构的学校图书馆，可以通过提供有益的文献资源，拓宽他们的视野，使他们从中学习和领悟人生真谛，培养他们坚强的意志力和不怕失败的心理承受能力，调整心理状态，从而形成良好的适应时代发展需要的健康人格。

5. 中小学图书馆是实现教育公平的重要手段

党的十七大报告指出，"教育是民族振兴的基石，教育公平是社会公平的重要基础"。这就表明，促进教育公平，在我们党领导人民全面建设小康社会、构建社会主义和谐社会的进程中，是一项具有全局性、战略性的任务，也是我国教育改革和发展坚定不移追求的目标。改革开放以来，我国的教育事业取得了巨大成就，义务教育基本上已全面普及，高中阶段入学机会迅速扩大，职业教育稳步发展，高等教育进入大众化阶段，入学机会成倍增加。助学体系基本形成，更多的贫困学生得到资助完成学业。教育收费和办学秩序进一步规范，学生的合法权益得到了维护。总的来看，我国教育公平的成效是显著的。但是，我们可以发现，农村及偏远地区的孩子们较城市及发达地区的孩子们在知识面、实践能力、综合素质等方面都相对较弱，因为他们所接受的教育仅限于课堂知识，没有条件去购买甚至是借阅与学习有关、与个人全面发展有关的书籍。而在城市及发达地区的孩子们则有更多的条件来拓展自己，可以参加各种兴趣班、各种素质培训，到图书馆大量阅读课外书籍、参加一系列活动。《国家教育事业发展“十一五”规划纲要》中指出：“让公共教育资源向贫困地区、民族地区倾斜，推动农村同城镇、中西部同东部的教育协调发展，逐步实现基本公共教育服务均等化。”因此，要实现教育公平，让所有孩子都能享受图书馆的服务、自由汲取知识是一个重要手段。

12.2.3 中小学图书馆的服务

1. 中小学图书馆应为教改服务

澳门资深教育工作者刘羡冰在总结芬兰公共教育成功秘诀时指出：“芬兰学生每天有至少两小时纯粹为阅读的兴趣而阅读。”并且提出三点简单值得深思的问题：“（1）是否保证学生每天有两小时自由阅读？（2）有多少学生养成阅读习惯、独立阅读的能力？（3）我们的学生有多少能体味阅读的乐趣？”① 可见教育界对于培养学生阅读习惯有着极高的期盼。在一定意义上说，阅读就意味着教育，亦意味着知识，更意味着一定的竞争力。学校图书馆被视为中小学教育信息资源重要的组成部分，对学生成长的影响已经引起广泛关注。联合国教科文组织颁布的《中小学图书馆宣言》指出：各中小学图书馆应紧紧配合学校大纲，提供学生求获知识的途径，给学生以基本训练，使之具有使用文献资源能力，引导学生养成终生利用图书馆的习惯，从图书馆获得知识和再教育，促进教育事业的改革和发展。对学校图书馆而言，一方面教育事业的急速步伐无疑增加了对图书馆的需要，图书馆是支持教与学的重要阵地；另一方面，正如学者批评的现时教育制度正在扼杀学生的课外时间，摧毁学生的思想空间和阅读机会。“十一五”期间，我国将深化教育教学改革，倡导启发式教学，使学生创新思维、独立思考能力和动手能力得到提高。因此，学校图书馆应该以开拓读者和启迪思维为切入点，培养学生的研究和思考能力。

2. 采取多种方式引导学生

著名文学家萧伯纳说：“我们要的是孩子追求知识，而不是知识追求孩子。”在图书馆工作中，如何启发学生的求知欲，激发他们的阅读兴趣，培养自学能力，是引导学生有效课外阅读的关键。首先，创设良好的育人环境，营造浓厚的读书氛围，启发学生的求知欲。环境对孩子潜移默化的作用是巨大的，所以，图书馆的室内环境与设施的审美，既要与知识殿堂相称，又要与学生的年龄特点、心理特征相吻合，创造一个宁静优雅、寓教于乐的育人环境，使学生徜徉于知识的海洋中，受到美的熏陶，在不知不觉中体会到读书的乐趣，从而激发求知欲。其次，开辟“读书活动”乐园，充分调动阅读兴趣，实现其语言和知识的积累。针对学生好奇心的特点，以图书馆为阵地，开辟“读书活动”乐园，开展丰富多彩的系列主题活动。如寓言、成语、童话比赛、演讲会、阅读心得交流会、读书笔记展览、征文竞赛、辩论会等读书活动，通过活动，辅之以趣，激发热情，达到提高学生文化品味、审美情趣和锻炼才能，形成健康个性的目的。最后，当好学生的知识导航员，引导学生通过对信息的分析处

---

① 刘羡冰. 阅读创奇迹. 澳门日报，2005-05-05

理来逐步培养学生的自学能力。

3. 鼓励学生参与图书馆活动

学校图书馆是全体师生资源共建共享的场所。学生也是参与者和协作者，学生、教师和管理人员作为一个学习共同体，他们的思维与智慧就被整个群体所共享。因此，图书馆应积极地让学生参与图书馆的管理和建设，更多地发挥学生的主体作用，使全体学生在共同参与中分享成功，分享快乐，分享所感兴趣的信息。首先，招聘信息管理员。图书馆每学期都可以公开向全校学生招聘图书信息管理人员，并对入选学生进行岗位培训，增强学生的信息参与意识，促进图书馆信息与学生的近距离接触，为信息走向学生提供条件。其次，共建共享信息资源。图书馆是信息的收集和聚集地，因此，可让学生参与信息的收集和分类，参与信息的索引和加工，参与信息活动的设计和开展。再次，交流活动成果。图书馆要有意识地把学生和图书馆的图书、报刊、网络紧密联系起来，通过开展各种形式的活动，让学生从中得到进步，并且有意识地通过交流共同分享各自的收获和心得。

12.2.4 针对中小学图书馆的对策与建议

1. 改善中小学图书馆员素质状况

如前所述，多数学校图书馆的馆员是通过教师转岗或招聘临时工、安置教师家属等方式而来，没有经过专业的培训，这对发挥学校图书馆的功能产生很严重的阻碍，学生享受不到专业的全面的图书馆服务也使得教育公平难以真正实现。因此，首先应对现有图书馆工作人员进行业务培训、鼓励其进修学习等。其次，跟其他许多图书馆一样，学校图书馆也面临着招不进专业人才、留不住优秀人才的问题，尤其是起点就为本科学历的毕业生就更不愿选择规模相对较小、发展较为缓慢的学校图书馆。因此，国家应尽快出台相关政策，就像支持西部大开发那样，鼓励专业毕业生到学校图书馆工作。再次，高校应尝试开设两年制的图书馆学专业学历教育，以业务技能为讲授重点，为学校图书馆培养专门人才，既可以有效地解决高学历人才不愿进学校图书馆的问题，又可以使图书馆学专业学生具备更实用的业务知识，缩短岗位实习时间，尽快地服务于学校读者。

2. 制定《学校图书馆法》

法律的必要性已是当今世界文明社会不可或缺的、保障社会有序运行的必然要素，而图书馆立法则是图书馆需要的法制环境。事实上，图书馆事业先进的国家和地区大都非常重视“图书馆立法”。日本早在1953年就已颁布《学校图书馆法》，它是一部规范中小学图书馆的专门法律，对中小学图书的性质、任务、功能、义务、设置、专业职务资格和国家所承担的责任等都做了具体的规定。①《学校图书馆法》把中小学图书馆规范上升为国家法律，有力地推动了日本中小学图书馆的建设与发展，使现代图书馆观念和国民充分利用图书馆的意识得

① 钟伟.《中小学图书馆（室）规程（修订）》与日本《学校图书馆法》. 中小学图书情报世界，2004（6）：6—8

以通过中小学图书馆加以传播和开启。如今日本社会对图书馆有广泛的认知程度，日本国民有较高的利用图书馆意识，这与《学校图书馆法》的保障作用是分不开的。

学校图书馆作为我国图书馆事业体系中发展得较为缓慢、受到社会关注较少的一环，更需要通过立法来推动其发展，引起社会的关注，取得更高的利用率。我国至今还没有专门的《学校图书馆法》，相关规范文件只有教育部2003年3月颁布的《中小学图书馆（室）规程（修订）》。但是，“规程”不具有强制约束力，只是政府职能部门制定的具有指导性的行政规定，是一个只有责任和义务而权利无法保证的建议性文件，它的执行与否在很大程度上依靠领导的认识和学校的条件。2006年9月公布的《国家“十一五”时期文化发展规划纲要》已经明确把“抓紧研究制定图书馆法”作为“十一五”时期加强文化立法的重点工作。2009年图书馆法立法工作已被列入全国人民代表大会“十一五”重点立法项目，文化部也同时启动了《公共图书馆法》立法相关工作。但是，图书馆法应该是一个体系，而不应仅仅指《公共图书馆法》，各类型图书馆的专门法也应包括在内。因此，我们应该以此为契机，呼吁有关部门及专家对学校图书馆引起足够的重视，从而积极推动一部有关中小学图书馆建设的专门法出台。

12.3 其他类型图书馆的定位与服务

12.3.1 其他类型图书馆的范围

在图书馆漫长发展历史中，因为创办者、藏书宗旨、服务对象等不同，相继出现了各式各样的图书馆，其具体任务、储藏结构、管理和利用方式不同，资源的搜集、整理、保管和利用的内容和形式也有差异，形成各自独特的类型特征。上文已经提到，根据图书馆的用户对象、服务范围等标准，本课题研究将图书馆划分成五类。其他类型图书馆的类目设定，是对于前四类划分的补充，也是为了适应未来不可预知环境中图书馆类型的变化而设置的包容性较强的类目。

其他类型图书馆是图书馆事业的重要组成部分，是对目前公认的图书馆类型所不能涵盖的图书馆研究基础，以往关于图书馆类型划分中大多涉及其他类型图书馆概念的外延，如吴慰慈、董焱的《图书馆学概论》中将工会图书馆、技术图书馆、少年儿童图书馆、中小学图书馆、军事图书馆等归入其他图书馆类；① 中国图书馆分类法第四版中，其他图书馆与国家图书馆、厂矿企业图书馆、政府机关图书馆、部队图书馆、工会图书馆、科学研究机构图书馆、专门图书馆、高等学校、中等专业学校图书馆、中小学图书馆、儿童图书馆、残疾人图书馆、私人图书馆、版本图书馆并列，作为“各类型图书馆”的下位类，其他图书馆指除所列各类图书馆外的剩余图书馆类型。可以看出关于其他类型图书馆的范围与图书馆类型划分标准有关，在本研究中其他类型图书馆是指具有基本图书馆服务功能的，为一定用户提供信

① 吴慰慈，董焱．图书馆学概论．北京：北京图书馆出版社，2002：124

息服务的而不能被国家图书馆、公共图书馆、高校图书馆、科学/专业图书馆、学校图书馆所涵盖的其他所有图书馆类型，比较有代表性的是工会图书馆、企业图书馆、部队图书馆、私人图书馆、宗教图书馆等。

工会图书馆是工会组织举办的企业群众文化事业，是员工自我管理的员工文化政治教育的重要场所。企业图书馆，是由企业自己建设为企业技术决策制定、技术管理、企业文化创意等服务的企业的科技文献中心、企业文化培育中心，企业职工休闲娱乐的重要文化场所，企业图书馆既包括企业的技术图书馆也包括非技术类图书馆。部队图书馆，是为军队及军事人员服务的图书馆。私人图书馆，是有个人创办的，一定规模并能够为一定人群提供文化服务的机构。宗教图书馆是指有各类宗教团体建立的，已收藏相关宗教材料为重点，为各类宗教人士以及普通公民提供服务的图书馆。

关于其他类型图书馆的范围需要强调以下几点：第一，少年儿童图书馆因为其机构性质和创办宗旨与公共图书馆一致，不再作为独立类型的图书馆进行讨论；第二，将大型厂矿企业的技术图书馆、为企业员工文化服务的企业文化图书馆统统称为企业图书馆；第三，随着经济结构的改革，跨国公司与中小企业的增多，工会图书馆出现了与企业图书馆合并的趋势。

12.3.2 其他类型图书馆的发展与服务

建国初期，随着计划经济体制建立，为满足工人的提高文化素质的需要，各厂矿单位纷纷建立工会图书馆。十一届三中全会后的5年工会图书馆进入建设的高峰期，新增19万所，截至2000年我国共有工会图书馆近25万所，藏书5亿册。[①] 20世纪80年代到90年代初是工会图书馆的服务的黄金期，在总工会的指导下，纷纷与公共图书馆合作，参加图书分类、检索工具等培训，图书馆业务开展得有声有色，对当时企业的发展、传播知识和信息、丰富干部职工及家属的业余文化生活起到了良好作用。开办工会图书馆大多为国有大中型企业，90年代中后期开始，市场经济的冲击使得很多企业面临转制、停产放假、兼并解体等问题，同时信息技术的普及以及资源购置费用的持续上涨，使得工会图书馆发展举步维艰，数量和规模都出现了大规模缩减，反映在人员配备不齐、购书经费不足、资源配置不够合理、服务范围缩小、服务手段落后等多方面。

狭义的企业图书馆，与工会图书馆不同，企业图书馆由企业自主建立，不受各级工会的领导和管理，直接面向企业的技术创新和管理决策，通过搜集和管理企业发展相关的技术、管理等专业文献信息资源和档案资料，为企业的科技和管理人员服务，馆藏资源技术性和专业性强，一般由技术部门领导，且多与企业的技术档案工作和科技信息工作联合。但在国内当前关于企业图书馆的研究中，一般将企业图书馆定位为由企业开办的为企业经营和职工服务的图书馆，即广义企业图书馆，工会图书馆、狭义企业图书馆（即企业技术图书馆）、企业信息中心等均属此类。本研究的企业图书馆也是从广义上进行概述。资料显示，1988年全

① 张志宏. 对松原市21家工会图书馆的调查分析. 图书馆学研究，2004（10）：16—19

国企业图书馆（室）的数量为24.6万家，1998年降为9.4万家，2006年则已经降为6万余家。[①] 这只是对国企中企业图书馆数量的统计，而民营企业中图书馆（或类似信息情报机构）的现状如何尚无专门的调查研究。除一些大型民企建有信息情报中心及针对打工者等特定人群的图书（资料）室之外（这些都还不能称为真正意义上的图书馆），多数民营企业对企业图书馆从认识到建设仍是一片空白。尽管企业图书馆的发展遇到了低谷，但相对于公共图书馆，企业图书馆在数量上仍占有优势。近年来，知识经济的兴起以及社会对于农民工等弱势群体的文化素质的重视，使企业看到了图书馆在塑造企业文化，发展创新型企业以及企业知识管理中的作用。与公共图书馆、高校图书馆合作的企业图书馆，以知识库管理系统为基础的知识型企业图书馆等新发展形式应运而生，企业图书馆开始被定位为企业的知识资源中心、信息管理支持中心、企业文化传播场所、员工培训与自我学习中心。

部队图书馆是一个多层次的系统，上至最高指挥机关和各军兵种图书馆，下至连队图书馆（室）。包括军事机关图书馆、军事科学研究图书馆、军事院校图书馆、部队医院图书馆（室）、连队图书室等。其在创立之初就被定位成为全军各级指挥员、政治工作人员、军事科学技术人员、后勤人员及随军家属服务，为加强军队现代化建设，提高军队素质和战斗力服务；为活跃军队文化生活服务。相对于其他图书馆，部队图书馆由于其军事化的规划和管理，独特的办馆宗旨，以军队和地方文化部门的双重支持，使其具有相对稳定资金保障，一直发展平稳，形成了布局较合理，层次分明的完整的图书馆系统。部队图书馆在服务上除满足基本阅读需求外，注重军事信息服务的开展，取得了较好的效果。但同时一些基层连队图书馆发展也存在馆藏单一，图书陈旧，电子读物、网站建设军队特色不浓等问题。[②]

12.3.3 其他类型图书馆与公共文化服务体系的关系

其他类型图书馆因其建设主体和服务对象的局限性，在公共文化服务中的作用并不明显，但其较好的馆舍布局、资源资本和专门的用户群体，对于公共文化服务，尤其是特定群体的文化服务具有重要作用，是公共文化服务体系的有益补充。

首先，广义的企业图书馆将提高企业员工素质，丰富家属的业余文化生活作为其服务目标之一，有限度的承担了公共文化服务的职能。企业图书馆的中心任务是为企业发展服务，是企业技术升级、管理决策等的文献资源支持；同时企业图书馆在创建学习型社会和知识组织过程中也承担知识积累与文化传播教育的任务，是企业员工的学习中心，成为社会文化建设的重要组成部分，转移和缓解了公共图书馆的文化服务压力。部分企业图书馆直接面向农民工等特殊工作群体服务，与公共图书馆倡导的特色服务与弱势群体服务的目标相一致，现在已有联合办馆等形式的合作基础，是公共文化服务体系的基层服务点。部分企业图书馆已

---

① 卢毅然．企业图书馆：卷土重来未可知．[2009-03-22]．http：//www.ccdy.cn/pubnews/480358/20070628/521844.htm

② 人民网．部队藏书数年不换　官兵阅读最多是《读者》．[2009-03-22]．http：//book.people.com.cn/GB/69360/8952071.html

经向附近社区居民提供服务，实际承担了公共文化服务的职能。

其次，部队图书馆由于其封闭的管理方式，弱化了其作为文化服务机构为公共文化服务的作用。但是近年来通过与公共图书馆的业务合作和资源共享，大量公共文化资源成为军营文化服务的保障，也使部分军队图书馆的有限的公共服务成为可能。部队图书馆是公共文化服务体系的受益者，是资源的利用者，公共图书馆通过建立分馆、图书流动等方式补充部队原有文化设施的缺口，同时部队图书馆也有能力在一定范围内与公共图书馆合作，满足家属的文化需求，进而补充公共文化服务设施在空间布局、资源调配、文化服务等方面的不足，在部队中营造阅读氛围，提高官兵素质。部队科研院所和高校图书馆通过与普通高校以及科学图书馆、专业图书馆的资源合作与咨询服务，扩大图书馆合作范围和用户受益群体，共同打造图书馆服务体系。

第三，私人图书馆在我国的开办并不多，一般建设在社区中间或依托特定机构，规模较小，创办人多为拥有较多的私人藏书的学者或文化工作者。由于私人图书馆依赖个人的资金投入，没有稳定的外部资金支持，因而资源更新速度较慢，馆藏单一，且多借助图书馆的场地开展托管、教育辅导等其他项目来带动图书馆的图书借阅功能。私人图书馆与其他图书馆不同，其创办目的不是专门为公众服务，而是通过有偿或无偿的方式面向附近居民或有特定阅读需求的公众服务，虽资源不及公共图书馆，但符合便利性原则，是公共文化服务体系的有益补充。当前关于私人图书馆的大众性定位或专业性定位尚有争议，可持续发展也面临阻碍，但其完善社区的功能，拓展文化交流空间的作用是值得肯定的。私人图书馆在传统阅览服务的基础上，服务形式更加灵活，服务内容更加注重经济效益，是公共文化服务体系服务方式创新的先行者。

12.3.4　其他类型图书馆参与公共文化服务的可能性

1. 其他类型图书馆具有大量资源和服务基础

目前，我国企业图书馆服务对象主要是本企业的职工，在满足为本企业经济建设服务的同时，尚有很大的富余资源处于闲置状态，工作任务也不饱满。如中国第一汽车集团公司图书馆藏书30余万册，但利用率仅在40%左右。据统计，在我国大中型企业中，每个图书馆平均负担上万名左右的读者，这与社会公共图书馆所面对的几十万甚至上百万读者人数相比甚远。[①] 企业图书馆、私人图书馆等布局较广，拥有一定数量的资源，且具有开展服务的基础设备，为以多种形式参与公共文化服务提供了物质保障。同时大量企业图书馆、私人图书馆正在以各种形式执行自己的文化职能，发挥自己的作用，具有很好的服务基础。

2. 其他类型图书馆具有开展文化服务的经验和愿望

在计划经济时代，如铁路、化工等国有大中型企业形成了“企业办社会”的建设模式，企业图书馆承担了职工及家属以及附近社区的文化服务工作，一定程度上体现了公共服务的

---

① 李素喜．企业图书馆应全方位向社会开放．企业改革与管理，2005（12）：48—49

精神，履行了公共图书馆的职责，因此积累了为公众服务以及与公共图书馆合作的经验。私人图书馆的服务对象就是公众，希望通过文化知识来促进公民素质的提高，同时给自己带来一定经济效益和社会效益，私人图书馆有强烈的参与公共文化服务的愿望。而部队图书馆等类型，对于公共文化服务也可以贡献自己的力量。

3. 各类型图书馆参与公共文化服务可以达到“双赢”的目的

企业图书馆与私人图书馆参与公共文化服务可以采取与公共图书馆或社区组织合作，一方面附近社区居民能够就近便利地享受文化服务，阅读自己想要的文献资源，同时有选择性的获得如学生课后辅导等各种附加功能；另一方面，企业图书馆、私人图书馆通过合作可以获得更多的资料来源，实现资源共享，享受较高水平的技术咨询服务，实现图书馆的可持续发展。

12.3.5 其他类型图书馆参与公共文化服务的尝试与服务创新

1. 企业图书馆为农民工文化服务

近年来，企业图书馆再为企业提供知识管理支持的同时，一直与社会文化活动保持着密切的联系，参与全民阅读活动，参与“创建学习型组织，争做知识型职工”活动，同时开始关注农民工的文化服务。2006年全国总工会联合教育部、劳动和社会保障部、文化部和国家广电总局，共同在全国开展“向农民工送文化行动”，并拨出50多万元资金，向全国31所农民工业余学校赠送1万套/5万册图书。并向全国工会图书馆发出号召，要求他们积极行动起来，广泛参与到这项工作之中，关注农民工群体，积极为他们提供优质的文化服务，不断满足他们的精神文化生活，切实维护他们的精神文化权益，并向各工会图书馆推荐了被新闻出版总署、中宣部、农业部评选为“三农”优秀图书版的《农民工有困难找工会丛书》。农民工等特殊群体的文化需求近来也同样受到公共图书馆的重视，成为公共文化服务体系的重要服务内容，有能力的企业图书馆参与农民工文化建设，为针对性更强，覆盖面更广，方便农民工的文化需要，服务效果更好，同时能够缓解公共图书馆建立农民工分馆以及流动服务车建设的资金压力，避免盲目性建设。

企业图书馆参与农民工文化服务，要在传统借阅方式上进行创新，有目的的增加服务内容，通过讲座、培训以及免费实践等形式普及计算机知识与应用，普及生产技术知识与法律知识，加强心理辅导教育，实现阅览基础上的全方位服务。

2. 企业图书馆与公共图书馆合作

2004年10月21日，企业图书馆振兴行动示范馆——济钢图书馆开馆。企业图书馆“振兴行动”，是中国图书馆学会及其分支机构工会图书馆委员会在文化部、国家图书馆、中国科协学会部、全总宣教部和民进山东省委等单位的领导下，共同策划的图书馆资源共建共享项目。其核心内容是：以开放、平等、合作和共赢的理念，利用现代网络技术，整合全社会文献信息资源，建立信息、知识、文化三个平台，为企业服务，为经济建设服务，为提高职工素质服务。参与企业图书馆振兴行动，济钢图书馆建立起千兆到楼、百兆到桌面的网络环境，拥有综合借书室、综合阅览室（工具书阅览室、电子阅览室、报刊阅览室）等公共服务窗口，实现了图书服务的网络化管理。同时济钢图书馆拥有10 000多种来自公共、高校的社会图书馆资源在馆内流通，拥有260G“全国文化信息资源共享工程”的电子资源在网上流通，同时共享公共、高校和科研系统图书馆数十个国内外大型数据库。企业图书馆与公共图书馆合作，企业在资源共享、管理方式、信息服务质量上都得到了一定的提高。同时企业图书馆与公共图书馆合作，进行资源共享或开展联合办馆的模式，将企业图书馆作为企业职工文化服务中心以及开放给附近社区，是扩大企业图书馆利用率，增加公共图书馆服务覆盖的有益尝试。企业与公共图书馆资源共享，大量的企业资源也可以为公众所利用，共同积累社会文化成果；企业图书馆与公共图书馆合作，在服务方式上应图书馆专业性与现代化，技术性与普及化，创建学习型社会的今天，直接向公众提供文献资源是企业图书馆最直接对社会服务的手段，是企业图书馆向社会开放的基础。各图书馆可根据具体情况做好对外服务工作，可以先向周边社区居民开放。如对青少年可开展读书活动、百科知识竞赛等，还可以举办各类培训班；对老年人可举办琴、棋、书、画讲座等，还可以为老年人开展计算机操作培训，帮助他们掌握现代化的信息工具。有条件的还可向更高层次的服务发展，如代查、代检索、代翻译、代办手续、代复制、联机检索、光盘检索、联机目录查询、网上专题信息服务等。

3. 私人图书馆的服务创新

私人图书馆的存在历史久远，但是现在由于受到公共图书馆、部分书店的半图书馆式服务的挤压，数量较少，但是其多分布在社区内的特点使其仍具有较大的存在价值与服务发展空间，私人图书馆以营利为目的，参与公共文化服务提供有偿服务，更应该明确自身的定位，创新服务方式，发展个性化文化服务。

私人图书馆可以根据创办人的创办宗旨与效益期望，设定自己服务的目标、对象和内容，注意差异化服务，提供阅读辅导、课后托管、文化咨询等个性化服务，以个性化服务带动阅览服务。也可走专业化道路，填补公共图书馆不能办到的专业化及特色化空白，如专门的时装图书馆、养殖图书馆等。私人图书馆规模不需要很大，要在精、细方面做足工夫，吸引读者。私人图书馆是公共文化服务体系的竞争者与合作者，私人图书馆参与公共文化服务需要提供优于公共图书馆的文化产品。

图书馆存在的目的就是为储存人类文明成果，为人类提供文化服务。因此图书馆不论类型，规模与归属，都是文化服务机构，为整个国家综合国力的增强、为社会文化环境塑造、公民文化素质提高服务。

12.4　公共文化服务体系中的图书馆联盟发展

12.4.1　图书馆联盟

图书馆联盟（Library Consortia）是一种图书馆合作的形式，属于一种非政府组织（Non-government Organization，NGO），是为了实现资源共享、利益互惠的目的，以若干图书馆为主体，联合相关的信息资源系统，根据共同认定的协议和合同，按照统一的技术标准和工作程序，通过一定的信息传递结构，执行一项或多项合作功能，旨在降低成本、共享资源的联合体。[①] 新信息环境下的图书馆联盟是图书馆自动化网络的发展，强调的是网络环境下的资源共享，突破传统图书馆网的范畴，把图书馆视为信息通道系统中的重要一环，将图书馆与其他信息处理部门连接起来，共同完成信息处理与服务工作。

图书馆联盟可能有具体的组织实体，也可能没有实际的组织机构。由于其合作的主要工作都是在网络环境下进行的，故有人称之为数字图书馆、虚拟图书馆或虚拟信息服务体系等，还有人称之为资源共享联盟。图书馆之间在馆际互借、资源共享方面有着良好的传统。近年来，由于电子信息资源种类与数量的急剧增加以及图书馆自身发展和读者信息需求不断变化，图书馆之间的交流、协作和合作变得更加迫切，加强图书馆联盟建设已成为国内外图书馆界探讨的重要课题。面向公共文化服务体系建设，图书馆界为适应环境变化，实现资源共享，必须采取新的措施，建立图书馆联盟成为必然的选择。

图书馆联盟可以从多种角度进行分类。从组织模式角度可分为[②]：（1）系统或行业主管部门组织的全国性图书馆联盟，如 CALIS；（2）由地方政府推动形成的地区性联盟，如上海市文献资源共建共享协作网；（3）由地理位置相邻的图书馆组成的区域性联盟，如广州石牌地区六校协作组、北京市北三环——学院路地区高校图书馆联合体。从联盟的合作模式角度可分为：（1）共建共享式，如江苏省高等教育文献保障系统、河南省高等教育文献保障系统等；（2）会员制，如上海教育网络图书馆；（3）联合办馆式，如浙江省滨江高教园区网络图书馆。从联盟的功能模式角度划分：（1）单一功能的联盟；（2）复合功能的联盟。按地理范围可分为：（1）地区性图书馆联盟；（2）全国性图书馆联盟；（3）国际性图书馆联盟。

我国目前已经建立了多个图书馆联盟。如上海教育网络图书馆、北京高校网络图书馆、广东网络图书馆、天津高等教育文献信息中心、河北省高等学校数字图书馆、浙江省滨江高教园区网络图书馆等，均为其联盟所覆盖范围发挥着重要的作用。

12.4.2 从图书馆合作到图书馆联盟

《公共图书馆宣言》主张，公共图书馆的使命之一是“促进不同文化之间的对话，赞赏文化多样性”；“必须确保与有关合作伙伴——例如用户群体和其他专业人员进行地方、区域、全国甚至国际性合作”。2001 年 OCLC 制定了一份战略规划，即《扩展 OCLC 的合作：3 年规划》，强调了“图书馆合作的延伸”[③]。图书馆联盟是实现网络资源共享的重要途径，是图书馆界的新型合作模式。它从图书馆自动化网络发展而来，但在协作成员、运作方式、实现功能上均有拓展。相对于图书馆自动化网络，胡立耘将图书馆联盟的特点归为以下方面：①融合多媒体资源和网络资源的多样化资源形式。②资源的无缝链接和关联使用。③自动化

① 姜新政．试论新信息环境下图书馆联盟的内涵与作用．图书情报工作，2008（S1）：25—27

② 李家清．我国图书馆联盟进展及发展策略．情报资料工作，2007（2）：76—79

③ 付立宏．论图书馆政策的环境定位．图书情报知识，2004（5）：26—30

服务协作。④通过联盟增强购买力，通过共享节约经费。⑤以联盟的名义共同筹集资金，拓展服务。⑥统一规划信息资源建设，共同建立数据库，合作发展馆藏。重点在数字化资源的建设与保存。[①]。

无论是否具有组织实体，图书馆联盟最为重视的是自身的功能定位。美国图书馆联盟成立时间较早。联盟的主要功能多是编制联合目录、采购协调、馆际互借等。Ruth Partrick 在 1972 年撰写的研究报告中，把当时美国的大学图书馆联盟的任务总结为借阅特许、馆际互借、联合目录或资源目录共享、复印优惠、参考咨询服务协作、传递服务等六项，这六个传统服务项目仍然是今天美国图书馆联盟的基础服务。20 世纪 80 年代后期以来，图书馆联盟增加了许多以前没有的内容和任务，F. J. Friend 认为，图书馆联盟是当今图书馆发展的重要阶段，它的功能不只是馆际互借和文献传递的合作，它更关注的是期刊的采购，尤其是电子资源的合作采购，以保证更低的价格和更有利的许可条款。[②] 华盛顿研究图书馆联盟（WRLC）、美国国家数字化图书馆联盟（DLF）等组织注重网络信息的共同需要，向数字图书馆方向发展。现实的联盟仍是地方性、区域性的，但发展到一定阶段时，超联盟组织的新尝试开始出现，如 1997 年在美国丹佛成立了“图书馆联盟国际联合体”（ICOLC）的成立，其基本功能有藏书建设协调、电子资源集团采购、电子资源存储与运行、馆际互借和文献传递、联合目录、人员培训和藏书保护。[③] 据统计，参加 ICOLC 的各国图书馆联盟已达到 202 个。[④] 国外学者还关注“结合图书馆（Dual-Use Libraries）”的研究，即两个不同类型图书馆的结合，KenHaycock 指出，结合图书馆较之以往的图书馆具有相当大的优势，但必须保证结合者的价值观的一致，同时在任务、规划、目标和侧重点上做出规划。[⑤] Alan Bundy 与 Larry Amey 则对结合图书馆的操作进展进行了详细的分析，指出其成功的关键在于设法提高利用率。[⑥] Anthi Katsirikou 提出了在图书馆联盟中进行知识管理的必要性，并进一步提出了图书馆联盟中知识管理的功能模型。[⑦]

在我国，图书馆联盟的功能为：文献资源建设协调；联合目录和联合编目；馆际互借与文献传递；电子资源建设及资源合作贮存；参考咨询服务协作；计算机资源共享；人员专门培训与业务辅导。这种功能定位既能明确各类型图书馆的资源建设与长远发展目标，也能解决图书馆资源有限性与服务无限性存在的实际矛盾并满足现实的资源需求，真正对图书馆业务起到指导作用。

---

① 胡立耘．图书馆联盟简论．图书馆，2003（5）：5—7

② Friend，F. J. Library consortia in the electronic age. Alexandria，2002，14（1）：17—24

③ A. K. Martey. The Future Library Consortium in Ghana. Library Hi Tech News，Mar，2004（2）：15—19

④ Participating Consortia of the ICOLC. ［2008－08－20］. http：//www. library. yale. edu/consortia/icolcmembers. html

⑤ KenHaycock. Dual-Use Libraries：Guidelines for Success. Library Trend，2006（4）

⑥ Alan Bundy，Larry Amey. Libraries Like No Others：Evaluating the Performance and Progress of Joint Use Libraries. Library Trend，2006（4）

⑦ Anthi Katsirikou. Consortia and Knowledge Management：The Functional Context and an Organizational Model. Library Management，2003，24（6—7）：337—347

12.4.3 我国图书馆联盟的发展

我国于1998年正式启动建设国家级图书馆联盟和地区级图书馆联盟。2003年7月23日，“国家科技基础条件平台建设”部际联席会和专家顾问组成立大会的召开，标志着我国科技建设将会有一个统一的基础建设平台。从1998年至今，图书情报界已发表了300多篇相关论文，其中大部分是关于我国不同地区、不同单位的图书馆联盟的应用。这些不同的实证分析具备的价值都仅局限于较小范围，一些经验和模式都不能广泛推广开来。另外还有一些重复研究，造成了时间和资源的浪费。其中，有些研究比较具有借鉴意义。

沈嵘结合浙江省高校数字图书馆联盟的建设现状，指出高校图书馆技术联盟的构建较好地解决高校数字图书馆联盟的信息资源的互通共用问题，并论证技术联盟已成为高校数字图书馆联盟建设的新思路与发展方向。[①] 他强调，图书馆技术联盟的最主要特征是技术合作，加强各图书馆之间的技术合作、信息沟通、互补优势，才能顺应数字图书馆发展的需要。技术联盟要以“开放、合作、共享”的理念，顺应图书馆业务发展的需要，遵循图书馆软件研发的市场规律，构建以开放为特征的创新体系，引领图书馆数字化建设战略视点的不断提升。

北京大学刘雅琼等提出图书馆联盟绩效评估框架，其中包括图书馆联盟的绩效评估内容：组织文化、服务水平、联盟效益、用户满意度等四点，并根据这几方面来决定联盟组织文化的评估指标，最后归纳出图书馆联盟的绩效评估方法。[②]

胡立耘认为，成立图书馆联盟至少有两个功能：首先是能够提高图书馆的工作效率和质量。通过一定的机构协调或协约支持，可实现项目的系统规划和协调管理，有利于集中力量进行图书馆业务的研究，及标准、规范的建立与完善，同时有利于图书馆有效地使用经费，节约大量的人力和物力；其次是提高社会化程度，达到真正意义上的资源共享。图书馆联盟的协作与其他信息生产、信息传递、信息服务的部门的合作，如与出版、发行、书店、商业性信息服务机构、数据库生产商、信息服务系统集成商等构成策略联盟。这样不仅是信息资源的共享，还有人才资源的共享、智能成果的共享、设备资源的共享、平台的共享和效益的互惠互利。[③]

图书馆联盟具备有效的技术保障体制，建设具有文献资源管理和协调机制、馆际资源存取和传递功能的文献资源共享系统。图书馆加强协调与合作，大力发展形式多样的联盟，打造多个资源共享、人才共享、知识共享、技术共享的交流平台，充分实现图书馆间信息资源的共知、共建、共享，提高联盟信息资源的开发利用，提升联盟馆间利益互惠，促进我国图书馆联盟不断发展，最终促进全社会信息资源的有效利用。

---

① 沈嵘．技术联盟：高校图书馆数字化建设的新方向．图书情报工作，2010（3）：71—73

② 刘雅琼，张松颂．图书馆联盟的绩效评估指标体系研究．情报资料工作，2009（5）：69—72

③ 胡立耘．图书馆联盟简论．图书馆，2003（5）：5—7

13 中国图书馆事业发展建议

根据我国图书馆事业的发展现状，参考国外先进经验，总结学界的研究成果，从政策支持、体制创新和制度保障三大视角提出涉及法制建设、机构改革、人事管理、经费补给等方面的十项建议，其中包含若干细则。希望政府部门能够高度重视图书馆事业在公共文化体系中的地位与作用，将各项合理化建议纳入行业法规文件的制定议程，并在行政管理活动中关注来自实践界和学术界的呼声，及时调整、完善相关政策法令，将政府职能与社会进步密切联系起来，政出有道、法行有据，最终达到事业建设应然与实然的真正统一。

13.1 政策支持

13.1.1 完善行业法规

图书馆法以保障公民的阅读权利为宗旨，具备监督政府切实承担起保障公民阅读自由和信息自由的职能，主要调节政府与公民通过图书馆进行阅读、享受公民文化权利和信息公平的关系。

国际社会中，许多国家对图书馆立法都比较重视，拥有很长的立法历史。从1850年英国颁布世界上第一部图书馆法至今，已有60多个国家先后颁布了250多部图书馆法律法规，[①]公共图书馆法数量最多，其次是单一的国家图书馆法或国会图书馆法和学校图书馆法。从各国家和地区的立法实践与国际组织的建设来看，作为现代法制社会和文明程度的重要标志，图书馆事业受到强有力的立法保护，已成为当今国际社会的主要潮流。

我国图书馆相关的立法进程概要：2001年初文化部提出启动《中华人民共和国图书馆法》的立法进程，图书馆立法正式成为文化部上报全国人大的立法项目。同年4月，根据过去制定《图书馆工作条例》的经验，形成法律草案。2002年上半年，经政策法规司对第二稿审阅、修改后形成第三稿。2003年，文化部将中国《图书馆法》草稿下发到图书馆界，广泛征求意见。2004年，中宣部印发的《关于制定我国文化立法十年规划（2004—2013）的建议》中，将图书馆法列入前5年的立法规划。同年6月，国务院法制办在北京主持召开"《图书馆法》研讨会"。2005年9月，在全国人大代表议案的促进下，文化部牵头组建了图书馆法立法的领导小组和工作小组。同年11月，一度停滞的立法进程重新启动。2006年秋《国家"十一五"文化发展纲要》提出"加快文化立法步伐"，《图书馆法》名列需要"加紧研究制定"的六部文化法律法规的第二位。2008年3月，十一届人大一次会议期间，国家图书馆馆长詹福瑞再提议案，建议尽快制定《图书馆法》。同年7月15日，全国人大教科文卫

① 潘向沈，梁晓春. 关于图书馆立法的新思考. 政法学刊，2003（2）：91—93

委员会到国家图书馆做中国图书馆法立法进程专题调研。同年11月18日，文化部召开会议，启动“公共图书馆法”立法工作，由文化部起草《公共图书馆法》条文，并委托国家图书馆牵头负责相关支撑性研究和《国家图书馆条例》的起草。2009年1月13至14日召开的中国图书馆学会2009新年峰会制定了一个关于《公共图书馆法》支撑性研究的工作方案。

建议细则：

（1）密切关注来自业内外的相关反馈，及时完善法律条文，如对事业发展经费的划拨标准、“出版物样本”的称谓及呈缴执行等问题的不同意见。

（2）要解决好原则性与灵活性相结合的问题，以便为下一步制定实施细则和一些专业规则留下具备足够兼容性的接口。

（3）赋予图书馆界更多的参与相关立法活动的权利和机会。如2005年到2006年，中国图书馆学会围绕《网络信息传播权保护条例》的制定参与著作权保护问题的论证，受到立法部门关注。2005年建设部、文化部委托中国图书馆学会起草《公共图书馆建设标准》和《公共图书馆建设用地标准》，此类行动将对图书馆事业的法制建设起到良性的推动作用。

（4）如果一般法的制定和颁布时机不够成熟，可以考虑先行制定《公共图书馆法》《学校图书馆法》等系统内部的、便于规范和执行的特别法，以便尽快为图书馆有效开展各项工作提供法律保障，最终达到指导和促进我国图书馆事业发展的目的。

13.1.2 制定发展规划

《图书馆法（草案）》提出：国务院的文化行政部门要制定图书馆事业发展的整体规划、建设标准和技术规范。各级人民政府要根据人口分布情况和社会经济、文化、教育、科技事业发展需要来确定图书馆的数量、规模、布局和结构，逐步形成比较完善的图书馆服务体系。

《国民经济和社会发展第十一个五年规划纲要》从具体、微观、指标性的产业发展计划向宏观的国家空间规划转化，其中特别强调加强公共事业和公共服务建设，要求按照公共财政的改革方向，切实保障教育、科技、社保、卫生、文化等应当由政府承担职责领域的财政投入。据此指导思想，《人口发展“十一五”和2020年规划》《国家教育事业发展“十一五”规划纲要》《国家自主创新基础能力建设“十一五”规划》《国家中长期科学和技术发展规划纲要（2006—2020年）》《国家“十一五”时期文化发展规划纲要》等重要文件得以颁布。

建议细则：

政府有关部门制定颁布《中国图书馆事业发展》白皮书，以此形成一份面向未来的具有战略指导意义的纲领性文件。具体而言，该白皮书应该具备以下特点：

（1）面向未来的事业发展，关注各类型图书馆的战略规划。

（2）明确文件时效，划定实施、升级、测评等管理阶段。

（3）作为行业发展指导文本，仅涉及宏观层面的蓝图规划，个体图书馆应以此为行动纲领和实践准则，根据具体情况制定自身的年度计划或发展战略。

（4）作为行业实践规范文本，对图书馆法的立法进程起到积极的推动作用。

（5）作为政府部门权威文本，为公众提供行业监督、评价的依据和标准，从而促进图书馆社会职能的高效发挥。

计划总体框架如下：

《中国图书馆事业发展》白皮书（适用时段）

1. 绪言

概述本文件的编写缘起、颁布目的、适用范围、使用指南等事项。

2. 事业性质与发展目标

分述我国各类型图书馆的性质特征和运行机理，制定预期的发展目标，为时效内的实践活动提供纲领性的宏观导向。

3. 事业现状与存在问题

分述我国各类型图书馆的发展现状，以数据为主进行定量与定性相结合的深入分析，挖掘现实问题、揭示发展阻碍。

4. 职能定位与发展策略

明确各类型图书馆的职能与定位，有针对性地提出各项改进措施和发展策略。

注释

本文件引用的参考文献和相关说明。

术语释义

本文件中涉及的专业术语解释。

图表目录

本文件中所有图例和表格的目次。

附件

对本文件关系重大的调查统计资料、法律法规文本等。

13.1.3 制定行业规范

行业标准无论是国家的还是地区的，都具有行业发展的规范与推动作用。2001 年，英国文体部就颁布了名为《广泛、高效和现代化的公共图书馆：标准与评价》（Comprehensive, Efficient and Modern Public Libraries: Standards and Assessment）的服务标准，为当时全国 3187 个公共图书馆提供了一套全球测量和评价的行业指标，包括为用户提供方便适宜的检索、足够的开放时间、电子资源获取、信息选择的机会、针对流通和储存的满意服务、鼓励利用图书馆等 19 项明确的原则规定，甚至确定了每 1000 名用户所需经费和馆员的统计性数值。该服务标准经过连续多次的修订，于 2008 年 4 月的最新版本（Public Library Service Standards）中提出了更加量化和细化的指标，包括每个图书馆在不同地区的服务家庭户数，不同时段之内的借阅请求满意率，以及不同年龄段的用户对图书馆的评价方法，等等。①

我国在近年来也纷纷提出类似的行业标准，如《上海市公共图书馆行业服务标准》《江

① Department for Culture, Media and Sport. Public Library Service Standards 2008. [2009-03-26]. http://www.culture.gov.uk/images/publications/PulbicLibraryServicesApril08.pdf

西省公共图书馆服务标准》等。分别就服务设施与环境、服务对象和开放时间、服务内容和方式、服务保障与监督、服务管理与文献资源等方面做出了明文规定，为提高服务水平，规范服务行为，自觉接受社会公众监督，促进和保障公共图书馆事业发展提供了规范化的基础。中国图书馆学会将“‘公共图书馆服务标准’研究”确定为2009年学术年会的一个分主题，目的在于为编制符合时代要求、发展趋势和事业现状的公共图书馆服务标准提供思想、理论、事实（数据）和方法支持。

建议细则：

（1）政府有关部门在国内外现有经验的基础上，以《公共图书馆服务宣言》为指导，结合实证调研和与相关法规的匹配，尽快制定我国的《公共图书馆服务标准》。

（2）为高校、科学、学校、工会等类型图书馆制定相应的《服务标准》。

（3）针对经济、文化和教育的不同发达程度，划分发达与欠发达地区的最低标准。

（4）结合2009年初安徽省图书馆通过ISO 9001质量体系认证的成功经验①，将图书馆的服务质量提升到国际标准化组织的测评、论证高度，促进创新管理模式的应用推广，提高科学管理和优质服务水平，建立更加规范的服务范式和绩效考评体系。

13.2 体制创新

13.2.1 管理体制改革

按照宏观指导、统一规划、合理布局、分工协作、共建共享的原则来开展图书馆文献信息资源建设，逐步建成全国文献信息资源保障体系。根据“十一五”文化发展纲要的精神，积极构建公共文化服务体系是国家国民经济和社会发展“十一五”规划的重点。继1978年中国科学院文献情报中心的图书情报“一体化”运作之后，1995年上海图书馆与上海科技情报所合并，2002年天津泰达图书馆与档案馆合并，越来越多的新型管理模式不断涌现。近年来，业界内部的“流动图书馆”、“图书馆之城”、总分馆制、集群图书馆服务网络等举措已摸索出许多延伸服务的新模式，“共享工程”在全国范围内的网络覆盖也极大地促进了系统内外的横向交流与协作。但旧有体制的制约依然存在，资源的配置和开发仍然不够合理和高效。

建议细则：

（1）建立一个基于同一服务标准的全国图书馆网络，倡导横向协作，促进体制改革。

（2）推广、深化管理体制改革，从实体机构整合到虚拟平台创建的多个层面，力求图书馆、档案馆、文化馆、博物馆等公共文化服务部门的资源配置最优化。

（3）鼓励创建多种形式的跨行业联盟，促进社会公益性文化事业与相关产业的协同合

---

① 安徽省图书馆. 安徽省图书馆通过ISO9001质量体系认证. ［2009-03-26］. http：//www. ahlib. com/ahlib/main/model/newinfo/newinfo. do?infoId =19943

作，以满足社会需求、促进文化发展为目标，打破旧有的管理体制的限制。

（4）充分发挥非政府组织（NGO）的作用。在行业协会中下设类 NGO 组织，与社会 NGO 充分接触，建立紧密的合作关系，通过提供专业知识或技术支持等形式共同建立图书馆服务网络。

13.2.2 发展农村图书馆

农村图书馆事业的发展是直接影响我国农村人口的终身教育、知识创新、致富脱贫的大事；也影响到农村的产业结构调整及农民对农业信息、科技信息以及文化信息的获取。

据文化部统计，2003 年全国 254 个县级图书馆的馆舍面积为 0，占县级图书馆总数的 11.3%。2004 年国家财政对农村文化经费投入 30.11 亿元，仅占全国文化总投入的 26.5%。全国共有 720 个县级图书馆无购书经费，占公共图书馆总数的 26.4%。人均藏书量仅为 0.12 册，低于全国图书馆人均藏书量 0.3 册，更远远低于国际图联规定的人均 1.5—2 册的标准。[①]截至 2006 年年底，全国有 700 个县级图书馆的购书经费为 0，虽然建有馆舍，但馆内无 20 世纪 70 年代以后的新书。[②] 而有些图书馆因地理位置较偏，交通不便，因而门可罗雀。

党的十七届三中全会上审议通过的《中共中央关于推进农村改革发展若干重大问题的决定》强调今后的重点任务是“城乡基本公共服务均等化明显推进，农村文化进一步繁荣，农民基本文化权益得到更好落实，农村人人享有接受良好教育的机会”。因为只有做到保障农民政治、经济、文化、社会权益，才能提高农民综合素质，促进农民全面发展。具体而言，与公共文化服务有关的就是要繁荣发展农村文化，包括“推进广播电视村村通、文化信息资源共享、乡镇综合文化站和村文化室建设、农村电影放映、农家书屋等重点文化惠民工程，建立稳定的农村文化投入保障机制，尽快形成完备的农村公共文化服务体系”。要引导城市文化机构到农村拓展服务。重视丰富农民工文化生活，帮助他们提高素质。这是对文化部门的新要求。

建议细则：

（1）建成一种以市公共图书馆系统与农村公共图书馆系统的联动模式，即“市馆—县（区）馆—乡镇图书室—农村中小学室”的模式，依托于农村的义务教育，把图书馆与终身教育、义务教育、技能培训结合在一起，既解决农村图书馆的馆舍问题，也为农村的义务教育提供服务。

（2）在有条件的地区将区县级公共图书馆纳入市公共图书馆系统，在政策上对新型的总分馆制予以支持，确保市总馆对下属区县分馆在专业人员配备、经费设施配套等方面的充分权限。

（3）建立城市文化反哺农村的机制。一是文化公共产品要向农村倾斜，建设先进的农村

① 陈坚良．新农村建设中公共文化服务的若干思考．科学社会主义，2007（1）：98—100

② 李润文，李健．全国 1/4 县级图书馆没钱购书．中国青年报，2005-08-21

文化，造就高素质的新型农民。二是加快实现城乡文化一体化进程，在新农村文化建设中，把城市与农村作为一个有机整体统筹兼顾，协调发展。三是建立对农村的文化援助机制。

（4）在文化部系统，打破县乡村的图书馆和文化馆两条线，保持县图书馆和县文化馆的中心职能。建议乡镇以下实行两馆合一体制，在乡镇，整合镇图书馆、镇中学图书馆和文化站，成为“镇文化图书中心”；在行政村，整合村级图书室、文化活动室，成为“村文化图书站（室）”。

（5）文化部和新闻出版总署可分别继续推动落实其“文化信息共享工程”和“农村书屋工程”，在达到一定规模时，必须系统整合农村公共文化资源，乡镇以下，将两部委建立的农村文化站和农村书屋合并，真正实现农村公共文化资源共建共享。

13.2.3 少儿图书馆改制

根据国务院1981年62号文件精神，少儿馆定位为本地区少年儿童文献信息的收集、整序、传递中心，业务辅导研究和协作协调中心，大型读书活动的组织指导中心。此职能定位已明确少儿馆与中小学图书馆（室）属于同一业务范畴，在现实中也与公共图书馆的少儿阅览室存在职能重叠的现象。

鉴于国内外的优秀经验和实际情况，建议将少儿馆的现有馆藏文献分拨给学校图书馆和公共图书馆，社会职能则由学校图书馆和公共图书馆共同承担，分别在校内、校外构建起面向少年儿童的知识信息保障体系。在公共图书馆系统内，应加强社区馆的建设，使其承担起辖区内为少年儿童的提供阅读服务的重任。对学校图书馆而言，教育主管部门可以根据少儿馆的性质和特殊功能，将其作为学校教育的有机延伸和走向社会的过渡，让其承担一些具体的教育活动内容。例如，中小学生的社会实践课、信息素质教育课、课外阅读辅导课、特长培训课等，使其成为对中小学生的德、智、体、美教育起着强化和补充作用及充分发展个性与特长的“第二学校”。

改制的益处：

（1）精简教育和文化两个系统的功能重叠机构，既节约资源的投入，又便于行政主管部门加强督查，测评绩效；

（2）促进少儿文献资源更加贴近教学，优化人员、设备、馆藏等资源的配置；

（3）丰富公共图书馆的社会职能，有利于获取更加充足的经费支持；

（4）利用学校图书馆和社区较为丰富的网点布局，便于少儿读者在其主要活动区域便能就近阅读，减少出行负担，进而激发其阅读兴趣，有效扩大文化宣传的效果。

建议细则：

（1）撤销少儿馆的建制，将其现有的馆藏文献划归学校图书馆和公共图书馆分别管辖，使后两者全面整合资源，优势互补。

（2）改制后的学校图书馆与高校图书馆联合组建完整的教育科研信息资源体系。

（3）现有的公共图书馆中设立少儿分馆或少儿部，以此作为特色服务，并与改制后的少儿馆一起构建各有侧重的资源保障系统。

（4）大力发展社区馆的少儿服务功能，保障适龄读者就近接受文化信息服务。

13.2.4 从名称上突出公共图书馆的公共性质

纵观《世界图书馆指南》（World Guide to Libraries）① 收录的全球各国各类图书馆的基本情况，很多国家都采取将公共图书馆的全称中冠以“公共”（Public）字样的做法。本研究对美国3381个公共图书馆进行分类统计（编号从37 556至40 936），大体上将馆名的前缀分为明确标注有“公共”（Public）、“免费”（Free）、“地方”（Regional）、“记忆”（Memorial）、“教区”（Parish），以州、市、县、区等各级行政区划（Administerial）名称或山谷、河流、草原等地理特征命名（Others），以及没有前缀（Non-prefix）等几种主要类型，各自所占的比例如图13-1所示。

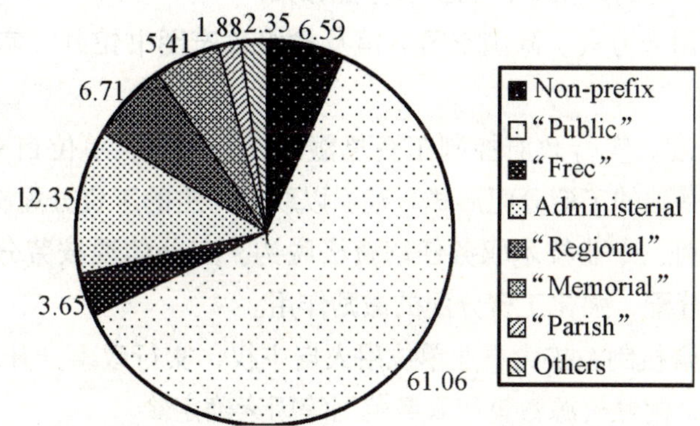

图13-1 美国各类型图书馆名称前缀比例图

注：图中数字单位:%

从图13-1中可以看出，美国公共图书馆的名称中有近65%的比例含有“公共”和“免费”的字样。鉴于此，在我国创新和完善公共文化服务体系的大背景下，建议将现有的各级公共图书馆全部明确地冠以“公共”二字，如“××省公共图书馆”、“××市公共图书馆”、“××县公共图书馆”。名称的变动产生的影响和效果应该是显而易见的，优势在于：

（1）作为图书馆行业在公共文化服务体系中的活动主体，突出其公共性的鲜明特征。

（2）向社会传达公共图书馆真正为公民服务的目标和宗旨，刺激大众的文化需求，唤起更加广泛的使用意识。

（3）使公共图书馆与其他系统的图书馆明确地区分开来，有利于服务职能的准确定位和社会监督。

（4）使公共图书馆与其他拥有不同经费来源的图书馆区分开来，有利于不同经济类型的公共文化服务机构的业务开展和用户识别。

---

① Bartz, Bettina, Helmut Opitz, Elisabeth Richter. World guide to libraries. Monchen: K. G. Saur, 1991

13.3 制度保障

13.3.1 深化人事制度改革

借鉴、推广深圳市的成功经验，全面改革现行以党政机关干部管理方式占主导的事业单位人事管理体制，建立有利于减轻国家财政负担、有别于国家公务员制度和企业员工制的精简高效的职员制。

建议细则：

（1）改革人员管理方式。将人员由身份分类管理转变为职位分类管理，建立以事为中心的职位管理制度，并逐步取消行政级别。在理顺和完善职能的基础上，按照科学合理、精简效能的原则，开展事业单位的职位分类工作。在编制总额内，设置职员和雇员职位，制订职位规范，并结合实际情况制定本单位的工资分配方案。

（2）改革选人、用人方式。除国家图书馆及省级政府图书馆外，实行图书馆全员聘用、聘任制（或雇员制）。

（3）改革分配制度。实行政府控制工资总额，行业有别、单位自主分配的工资管理模式，取消以等级制为基础的工资分配形式。建立以职位为主的工资分配制度，与职位、效益、贡献挂钩，与行政级别、专业技术职务任职资格脱钩。充分体现按劳分配的原则，使管理、技术等生产要素参与分配，强化工资分配的激励作用。

（4）完善管理监督机制，扩大事业单位用人自主权，实行政事分开。图书馆的人员编制数量应根据馆舍规模、馆藏资源数量和服务范围等因素确定。

（5）改进完善社会保障体系。根据本地区社会经济发展水平和社会承受能力，逐步建立和完善与职员制度相适应的社会保障制度。

（6）对于高校图书馆，应改变长期以来所形成的人才使用“自给自足”的模式，用“分布式”的人力资源利用模式来代替传统的人才封闭利用模式。如基本的、必要的人员占用“编制”，再按照自身发展和建设的需要，用协议、合约、聘用、兼职等方式，跨地区、部门、行业地组建和构筑图书馆人才库，并根据建设和发展目标的变化，随时灵活地调整人才组成结构，既充分发挥人才的作用，又避免增加人员所带来的各种负担。

13.3.2 拓展、稳固事业经费

《图书馆法（草案）》提出：国家要促进图书馆事业的不断发展，强调中央政府和各级地方政府要将图书馆建设纳入国民经济和社会发展规划；图书馆建设要纳入城市建设和集镇规划；图书馆经费要纳入财政预算并与整体财政增长状况相适应。

保障措施：经费方面规定各级人民政府应当保障国家财政拨款的图书馆正常运转所需的经费。

我国2006年的人均购书经费仅为0.5028元，人均图书拥有量为0.3367册，① 这与《公共图书馆服务发展指南》“通常正规的馆藏应以平均每人1.5—2.5册为标准”的指标相差至少4倍，参考国际图联20世纪70年代颁布的“公共图书馆标准”，每5万人②应有一所公共图书馆，人均拥有藏书量最少3册的要求有着更大的差距。另一方面，公共图书馆的财政拨款存在较大的地域差异，仅北京、上海和广东三省市就占全国总额的近四分之一，而西藏的拨款则仅有上海的近百分之一。

建议细则：

（1）引入金融界的融资方案，对图书、设备等需要巨额投入的硬件实行融资租赁，减轻初期经费的压力，利用政府信誉，参与经济链构建，促进社会文化产业的良性发展。

（2）建立长效的捐赠机制，从减免税收、投资政策倾斜等方面鼓励社会文化基金的创设。

（3）完善经费来源渠道，从事业运行和机构管理体制方面考虑民间资本的注入。

（4）中央政府应建立图书馆资助与发展基金，也可由文化部争取财政部支持并从文化事业发展费中启用部分资金，作为图书馆事业创新实践、教育科研的额外补贴。

（5）根据国外的先进经验，常规的事业发展经费可依照生产总值或财政收入的一定比例，由地方税收中拨给。同时，国家对事业欠发达地区也应予以政策上的倾斜，确保图书馆事业的整体均衡发展。

（6）通过市场细分来确定图书馆事业经费的各类赞助与支持者，通过营销手段有针对性地宣传图书馆知识自由、平等获取、社区价值等理念，以此促进民众对图书馆事业的认同和财政经费投入的舆论支持。

13.3.3 建立职业准入和任职资格制度

我国目前没有严格的职业准入和任职资格制度，图书馆系列的职称评聘标准相对其他系列标准显得较为模糊，同时，缺乏严格的任职资格制度和一整套符合图书馆行业规律的人才业务能力及水平的评价标准和体系。

从国外的经验来看，1925年美国颁布《图书馆学院最低标准》，1951年美国图书馆学会颁布的新标准规定：图书馆学教育限于研究生水平，图书馆的专业工作必须由专业馆员才能担任，专业馆员必须持有美国图书馆协会认可的图书馆学院硕士证书。

1885年英国图书馆协会就首次举行了图书馆员资格考试，通过者方可成为注册图书馆员。20世纪50年代开始，英国图书馆员资格考试分为两级，考试难度都较大，同时规定必须在通过第一级考试后才能参加第二级考试，通过第二级考试并有三年图书馆工作经验后才有资格成为英国图书馆协会会员。

司书（即图书管理员）资格考试是日本图书馆员从业的第一道门槛。2001年，日本重新

① 中国图书馆学会，国家图书馆．中国图书馆事业发展报告2007．北京：北京图书馆出版社，2008：16

② 另有一种说法是每2万人。

修订“图书馆法”，加大了司书资格考试的难度，对图书馆工作人员的素质提出更高的要求。日本的司书资格考试实际上由公务员考试和专业测试两部分组成，考试实行淘汰制，只有通过综合考试才有资格进入专业考试，考试极为严格，最后的录取率仅为3%—4%。[①]

建议细则：

（1）实行专业馆员与非专业馆员双轨制，区分专业馆员与非专业馆员的资格和标准。对我国图书馆工作人员进行类似“职业馆员”、“普通员工”、“辅助人员”等类别的划分，以此确定各类人员的职业准入标准和工作职能范围。

（2）规范各类工作人员的业绩评价指标，构建包括心理特质、文明素养等方面在内的测评体系，为不同类型的图书馆制定切实可行的人力资源评估系统，为定岗定编提供科学依据。

（3）由政府设立常规性的专业水平测试，便于图书馆从业人员定期获得科学的个体评价，为进修培训、轮岗晋升提供决策参考。

13.3.4 健全呈缴本制度

据调查，2001年，国家图书馆的图书收缴率为73.1%，期刊缴送完整的为45.1%，不完整的为33.7%，不缴送的为21.2%。省级以上大报缴送完整的为7.63%，不完整的为8.38%，不缴送的高达83.99%。省级公共图书馆接受缴送的状况更加不理想，缴送率超过20%的出版物为数不多，相当数量的省级图书馆的收缴率基本为0。[②]

呈缴本制度执行困难的原因主要有立法力度不够和执行力度不够等方面，而许多有待商榷的细节也应该引起足够的重视。例如多头缴送，按《重申〈关于征集图书、杂志、报纸样本办法〉的通知》规定，出版单位每出版一种书至少缴送5本。越是基层的出版机构，需要履行的呈缴义务越多。出版物缴送制度的根本目的是为了完整地收集和保存民族的科学文化成果，而不是一种免费获得出版物的特权。另外，重复缴送也是一大问题，出版物的不同装帧、开本、字号的所有版本都被要求呈缴，重印书也不例外，这无疑大大增加了呈缴义务人的负担。日本、美国的有关做法是对记录某一特定著作及信息运用同一原版或木板，及同一时期发行的两个以上的版本（如精装本、平装本），以适用性为原则，规定呈缴其最优版本，而免除其他版本的呈缴。

建议细则：

（1）参考国外出版物缴送制度的立法惯例，将样本缴送和版权登记一并作为版权保护的条件，并写入版权法或出版法。这样对于没有缴送样本的出版物，便不给予版权保护，同时也比“图书馆法”的行业约束力要强。

（2）不同装帧、开本、字号的版本样本仅向版本图书馆呈缴，其余收缴机构只接收质量最优的版本。

---

① 秦长江. 图书馆职业准入和任职资格制度浅论. 图书与情报，2003（4）：79—81

② 纪晓平，周庆梅. 我国呈缴本制度的立法思考. 大学图书馆学报，2006（3）：18—23

（3）适当减少接收呈缴本的机构数量，发挥资源共享的优势，协调配置，减轻呈缴者的负担，如新闻出版署的图书司可以调用同属新闻出版署的版本图书馆的馆藏，从而免除自身的收缴。

（4）建立合理有效的呈缴本经济补偿机制。如国家图书馆已经对凡单册定价超过100元、成套定价超过1000元的图书，只接受一册（套）的免费缴送，其余部分由该馆出资购买，这样就很大程度上减轻了呈缴义务人的负担，并调动了呈缴积极性。

（5）没有进入流通环节的出版物被免费呈缴，理论上就不应视为商品。国家应制定相关政策，把此类样本作为非贸易出版物进行税收的减免。

13.3.5　发挥政府信息公开职能

政府出版物寄存制度是图书馆提供全面政府信息服务的基础。美国、加拿大、澳大利亚、俄罗斯等国通过该项制度为公民提供了政府信息快捷的获取渠道。以美国为例，美国的联邦寄存图书馆的建立基于以下原则：①除了某些例外，所有的联邦政府信息都应该提供给联邦寄存图书馆；②每一个州和国会辖区都应该建立联邦寄存图书馆，以确保政府信息能够被广泛获取。

澳大利亚政府出版机构除了要履行以上法定的出版物保存规定，还要遵守澳大利亚政府信息管理办公室图书馆免费分发项目的要求。该项目规定澳大利亚政府部门要向澳大利亚国家图书馆、7所州立图书馆和符合1988高等教育学校拨款法案（Higher Education Funding Act 1988）的30所公立大学图书馆提供政府公开出版物的副本。①

新西兰1971年开始推行由GPO（The Government Printing Office）负责开展的“贮藏图书馆计划”。1989年国家图书馆代替GPO承担该计划。②

一些政府机关还主动与公共图书馆建立了联系和互动。他们开始与图书馆讨论提供的信息内容，或者非常迫切地希望与图书馆协作，了解网站内容的反馈。

建议细则：

（1）限于国情，不一定新建用于政府信息公开的“寄存图书馆”，但应该在现有的公共图书馆中设立相关网点和窗口，对所需的运行经费和人员设置予以政策上的支持和保证。

（2）以正式文本的形式充分明确各级政府向公共图书馆及时交送政府信息的义务，以保证该项工作的正常开展。

（3）统计、交通、气象等政府部门都应与图书馆建立正式信息渠道，进行沟通和信息互动，为社会公众开辟便捷畅通的政府信息获取渠道。

---

① 周吉，李丹. 澳大利亚公共图书馆在政府信息公开制度中的作用. 中国图书馆学报，2008（4）：83—86

② 袁玉英，蔺梦华. 论图书馆在政府信息公开化中的作用. 图书馆理论与实践，2006（1）：25—26

14 结论与展望

14.1 主要研究结论

本研究通过对图书馆发展研究现状、定位研究现状和服务研究现状的文献调研，从社会公共服务环境分析与研究的新视角，引入生态学理论、信息政治经济学理论和社会网络分析理论深入分析图书馆发展的系统环境、复杂的社会关系以及相关用户的信息行为特征，在理论和实践的双重基础上探讨新时期图书馆发展的新路径。同时，利用针对专家、基层图书馆馆长和用户的大量访谈，在不同阶段和地区召开的6次研讨会，涉及近30个省份，共2000余份的问卷调查，就全国图书馆定位及服务情况、用户利用图书馆情况、图书馆与其他相关部门的合作情况进行了广泛的实证考查与分析，得出关于各级各类图书馆服务、定位与发展的若干观点和认识，可从整体事业、类型划分和政府决策等不同视角进行主要研究结论的归纳。

14.1.1 整体事业视角

（1）服务环境方面，通过基于各领域的专家、领导的问卷调查，做出公共文化服务功能的重要性分析和排序。从整体来看，公共文化服务在作为文化中心、倡导社会阅读、辅助科学研究上的功能相当重要；在为社会公众提供信息服务、促进社会和谐发展、作为社区中心、社会教育四方面的功能较为重要；而在信息素养教育以及休闲娱乐方面则表现为一般重要。

（2）功能定位方面，调查显示，信息中心、书刊阅读中心、文化资源中心是当前图书馆主要的定位，但图书馆的教育职能正在被弱化，社会教育中心和社区活动中心的定位比例较小，与网络、电视、广播等媒体相比，图书馆的社会教育职能有边缘化的趋势。此外，收藏和保障中心、休闲娱乐、学术研究中心、文化交流中心等都被提及，分散的观点使得同一类型的图书馆并未形成关于定位的行业共识。

（3）发展方向方面，提出突显公益性职能定位的战略目标，拓展多渠道运行经费的事业保障，完善组织机制的内部构建，塑造良好形象的外部公关，推进社区馆建设的基础服务，强调服务创新的职能拓展，以及基于量化考核的绩效评估。

（4）机构改革方面，提出图书馆类型的优化组合方案：调整国家图书馆职能，联合省级图书馆建设政府图书馆系统；促进学校图书馆成为图书馆发展的新领域；公共图书馆职责明确，取消少儿馆的建制，以城市馆和县级馆为中心，辐射广泛的社区馆与农村馆。

（5）服务创新方面，提出未来进程中服务思想先行的理念化趋势，延伸服务的广普化趋势，知识服务的智慧化趋势，专业服务的分科化趋势，个性导向的人文化趋势，品牌服务特色化趋势，以及开放获取的自由化趋势。

（6）职能转变方面，提出未来的图书馆应该以服务于公共文化为背景，在文化传承中发挥中坚作用，成为文化传播服务导航者与平台，提升公民文化素质，提供文化娱乐服务的公共文化空间，提供公共文化服务公平性的有力保障。

14.1.2 类型划分视角

（1）国家图书馆系统，从典籍传承的核心业务，信息参考的基础服务，知识创造的业务延伸和教育交流的功能拓展等层面分析其社会职能，总结出历史沿革中的服务职能特点：文献储藏的齐备性、服务对象的高端性、机构建制的总揽性和文化传承的主流性。认为未来的发展定位与优化服务包括：面向服务对象的深化知识信息服务、面向全球环境的加强文化推广交流、面向相关机构的优化合作竞争机制、面向文化消费者的产品与服务的门户建设。

（2）省级公共图书馆系统，基于现状的发展，可将其主要功能重新定位为四大部分：一是中心功能，即社会教育功能、倡导社会阅读功能、信息服务功能和促进社会和谐功能，这一功能在公共文化服务体系发挥着主体的作用，是其他公共文化服务机构不可替代的。二是重要功能，即文化中心和休闲娱乐功能，它使省级公共图书馆与其他公共文化服务机构协调合作，发挥着互补的作用。三是潜在功能，即社区中心功能，省级公共图书馆需要发挥龙头作用，带领公共图书馆服务体系为社区公众提供公共文化服务。四是发展功能，即科学研究辅助功能及信息素养培养，这是省级公共图书馆有待提高自己服务水平进一步拓展的功能。

（3）城市公共图书馆系统，基于为民众的终身学习服务、为城市综合竞争力的提高服务和为各层次的交流和需求服务的设计思路，提出公民终身教育机构、城市信息服务中心、地区特色文献中心、公众文化休闲中心、阅读指导服务中心和地区中心图书馆的功能定位。具体措施包括：加强形象的建设、延伸服务范围、拓展社会教育职能、树立以人为本的办馆理念、整合学习资源、撤销少儿馆的建制、构建星形网状服务体系，等等。

（4）其他类型图书馆系统，高校图书馆应该转变观念，变封闭式服务于开放式服务；利用资源优势，建设特色数据库；健全学科馆员制度，提供更高层次的服务；联合办馆，发挥资源优势，建立共享空间；适应社会发展的需要，开展个性化服务。科学图书馆应该加大人才培养力度，服务于国家科研部门和企业的需求，与其他类型图书馆进行合作和优势互补，促进与科技情报所一体化建设。学校图书馆应该为教改服务，采取多种方式引导学生阅读，鼓励学生参与图书馆活动。

14.1.3 政府决策视角

为了促使政府有关部门能够高度重视图书馆事业在公共文化体系中的地位与作用，本研究根据我国图书馆事业的发展现状，参考国外先进经验，总结学界的研究成果，从政策支持、体制创新和制度保障三大视角提出涉及法制建设、机构改革、人事管理、经费补给等方面的十二项建议，其中包含若干细则。

（1）政策支持方面，包括：完善行业法规、制定发展规划、制定行业规范。

（2）体制创新方面，包括：管理体制改革、发展农村图书馆、少儿图书馆改制、从名称上突出公共图书馆的公共性质。

（3）制度保障方面，包括：深化人事制度改革、拓展、稳固事业经费、建立职业准入和任职资格制度、健全呈缴本制度、发挥政府信息公开职能。

14.2 创新成果

1. 实证分析与相关学科的引进

为了揭示较深层次的现实问题，本研究实施了全国范围内的大样本问卷调查和横跨多领域的专家访谈，用深入分析的数据反映事业发展的基本状况。同时，引入生态学、信息政治经济学和社会网络分析的理论，研究图书馆所处的行政环境、同行合作环境及相关行业的竞争环境，是对图书馆服务模式研究的一种范式性的突破。这样的思路有助于考察社会关系、制度结构等因素对图书馆现状的影响及未来功能的塑造，从而对图书馆发展中本质因素进行有效揭示。较为深入地分析信息需求的特点、层次，以及信息资源的流动状况、丰富与否等，对于把握各级各层次图书馆用户的信息行为以及构建图书馆服务模式，将提供最为有效的实际经验和具体决策参考。

2. 国家图书馆体系构建的设想

在对我国数千年国家藏书机构的历史沿革探究基础上，结合国外优秀经验，本研究提出强化国家图书馆的政府决策职能，分设各地区的存储分馆，将现有的省级公共图书馆改为省级政府图书馆，以服务政府为主要职能，馆员实行地方公务员制，以此共同构建国家图书馆体系。

3. 公共图书馆体系构建的设想

鉴于现状调研中发现的各种问题和弊端，在有关数据支持的基础上，本研究提出我国的公共图书馆体系分城市和农村两大部分，以城市图书馆为中心辐射社区馆，以县级图书馆为中心辐射乡镇和农村馆（室），共同构建一种有机联系的星形网状结构的服务体系。同时，也将现行省级公共图书馆中的大众文化服务的职能分流到中心城市图书馆，以加强平等、均衡的公共文化服务，避免经费重复投入、资源闲置浪费，以及读者的定位交叉混乱。

4. 面向决策的事业发展建议

本研究通过对图书馆角色定位、服务内容及方式的特征分析总结，为政府主管部门和其他相关部门的公共信息/文化服务决策提供参考，尤其是一系列面向决策层面的事业发展建议的提出，将有助于提升图书馆战略规划的科学性，以全局统筹的眼光促进行业健康、高效地演进，为深化管理机制改革、促进公共文化建设提供理论基础。

14.3 研究局限与未来研究展望

14.3.1 研究局限

本研究虽然展开了全国性的调查与多层面的专家访谈，构建的理论框架和建议设想既有实证数据的支撑，又有大量国内外学术成果的佐证和相关理论的支持，但由于研究者个人认识和精力的局限，以及各种客观条件的制约，整个研究过程并非完全令人满意，最终的报告也难免存在若干不足与欠缺。

就研究局限而言，主要表现在以下几个方面：

（1）实证调查的样本抽取以公共图书馆和高校图书馆为主，很少涉及其他类型，显得不够全面，就整体事业而言，研究成果的代表性还有待加强。

（2）案例研究不够深入，缺乏历时性的长期跟踪调查，时间维度上的第一手资料显得有所欠缺。

（3）借鉴引用的相关学科理论还有拓展和提升的空间，尤其是理论分析的结论在图书馆工作实践中的实施和检验还较为薄弱。

14.3.2 研究展望

就可能的研究发展而言，进一步的努力方向包括：

（1）加强研究成果的宣传与推广，为实践提供指导和帮助。在成果普及和应用的过程中还要注意一般规律与特殊情况的协调问题，注意我国广大疆域中的地方特色和发展失衡等问题。

（2）在图书馆基本服务功能定位与发展的认识基础上，应该拓展更多的相关研究领域，丰富完善理论发展体系，尤其是面向实践的战略规划、管理实施、绩效测评等诸多问题有待学界予以更密切的关注。

（3）公共文化服务体系的运行机理和系统优化模式有待深入探讨，图书馆与其他相关组织机构基于竞争、合作行为的关系问题值得更加细致地探究。外部环境的变化将赋予图书馆新的功能变革与服务创新，对所属大系统的研究将为图书馆事业的健康发展提供全局观的认识保障。

附录一：调查问卷

关于公共服务体系中图书馆服务与角色定位的调查问卷

尊敬的各位领导：

您好！首先衷心感谢您在百忙之中填写本问卷。本次问卷的目的在于，了解图书馆的服务状况以及在公共服务体系中所扮演的角色，以促进图书馆更好地发展。

问卷采用匿名的方式，所收集数据或意见均为学术研究所用，请您根据实际情况放心填写。

所谓公共服务体系，是包括公共教育、公共卫生、公共文化等社会事业，以及公共交通、公共通信等公共产品和公用设施，还包括社会就业、社会分配、社会保障等公共制度在内的一系列体系。

填写说明：选择您的答案，在选项前面的“□”里打钩（√）或涂上颜色。并请在画线的地方填上您的补充答案。

谢谢您的合作！

南开大学信息资源管理系
国家图书馆项目课题组
2007-11-24
E-mail：qiulanhong@ 126. com

1. 贵馆的主要服务对象是（单选）：

□ 本地户籍人员　□ 本地常驻人员　□ 在本地区的所有人员　□ 其他________

2. 贵馆资源借阅的条件是（可多选）：

□ 需要办理借书证或阅览证　□ 需要收取一定的借阅费用

□ 需要收取押金　□ 不需要任何手续　□ 不需要任何费用

3. 贵馆为用户/读者提供以下哪些服务项目（可多选）？

□ 联机书目查询　□ 书刊借阅服务　□ 馆际互借服务　□ 网络浏览服务

□ 多媒体服务　□ 信息导航服务　□ 新书通报服务　□ 信息咨询服务

□ 专题服务　□ 经典导读服务　□ 特色文化推荐　□ 展览服务

□ 讲座或报告服务　□ 阅读普及服务　□ 读者互动服务　□ 读者培训服务

□ 翻译服务　□ 社区延伸服务　□ 广告宣传服务　□ 其他________

4. 贵馆是通过哪些方式把本馆新的服务项目传递给用户/读者（可多选）？

□ 图书馆网站　□ 宣传栏/宣传牌　□ 电子邮件　□ 宣传手册　□ 电话

☐ 广播、电视、报纸 ☐ 举办推介活动 ☐ 手机短信群发 ☐ 其他方式________

5. 贵馆一般通过什么途径来吸引读者/用户（可多选）？

☐ 适当降低收费标准 ☐ 举办用户/读者培训 ☐ 举办讲座/报告 ☐ 调整开放时间

☐ 改善馆舍基础设施 ☐ 提高藏书数量/质量 ☐ 加强广告宣传 ☐ 举办个性化服务

☐ 提供主动服务 ☐ 通过其他商业手段吸引读者 ☐ 其他________

6. 贵馆是如何界定自己的服务角色的（可多选）？

☐ 信息服务中心 ☐ 社会教育中心 ☐ 社区活动中心

☐ 文化资源中心 ☐ 书刊阅读中心 ☐ 其他________

7. 在贵馆的发展建设中，最主要的制约因素有哪些（最多选 3 项）？

☐ 资金不足 ☐ 缺乏读者 ☐ 电子化设施落后 ☐ 管理体制较僵化

☐ 馆舍太旧或太小 ☐ 藏书太少或太旧 ☐ 人员不够 ☐ 人员结构不合理

☐ 缺乏科学的定位和规划 ☐ 服务项目难于满足读者/用户的需求

☐ 缺少与其他相关部门的沟通 ☐ 竞争对手太强 ☐ 其他________

8. 您觉得当前我国的“公共服务体系建设”对图书馆有何影响（单选）？

☐ 是一个很好的机遇，有利于图书馆的发展

☐ 还可以，关键看图书馆是否能抓住机遇

☐ 没有影响，图书馆的发展不会发生什么变化

☐ 不太好，图书馆与其他部门的竞争局面将更严峻

☐ 不清楚

9. 您认为图书馆最应该在公共服务体系中扮演什么样的角色（单选）？

☐ 是公共服务的主导力量

☐ 在政府指导下与其他公共服务部门一起协调且稳健地发展

☐ 与其他非公共服务部门展开竞争，维护公众的利益

☐ 其他方式（请注明）________________________

10. 请选择与贵馆有过合作关系的公共文化服务部门（可多选）。

☐ 政府 ☐ 教育部门 ☐ 民政部门 ☐ 民间组织 ☐ 学校

☐ 博物馆 ☐ 美术馆 ☐ 影剧院 ☐ 体育馆 ☐ 档案馆

☐ 纪念馆 ☐ 群艺馆 ☐ 大众传媒机构 ☐ 文化馆（站） ☐ 音乐厅

☐ 咨询中心 ☐ 信息中介所 ☐ 私营企业 ☐ 信息公司 ☐ 其他________

贵馆与上述合作的公共服务组织的关系如何（单选）？

☐ 经常协调合作 ☐ 由于某些因素限制，很少合作

☐ 竞争关系，不合作 ☐ 不清楚

贵馆与上述合作的公共服务组织平时的交流方式有哪些（可多选）？

☐ 电话联系 ☐ 信函来往 ☐ 共同举办/参加活动

☐ 学习研讨 ☐ 报告会/座谈会 ☐ 很少交流 ☐ 其他______

11. 对于贵馆与这些组织的合作情况，您是怎么看待的（单选）？

□ 效果非常好，今后要大力支持　□ 效果一般，看情况再定　□ 效果不太好

□ 产生不良效果　□ 其他________

12. 请填写贵馆的直属部门及同部门的其他公共文化设施。

贵馆的上一级主管部门是：________________________

同属上一级主管部门的其他机构有：________________________

____

13. 您认为在改进图书馆的服务中，哪些因素要优先考虑（限选3—5个）？

□ 经费保障　□ 人员配备　□ 改进管理　□ 完善馆舍

□ 更新馆藏　□ 了解用户/读者需求　□ 改进技术设施　□ 多开讲座或报告

□ 明确图书馆的公益性性质　□ 开展更多的延伸服务

□ 了解国家的相关政策　□ 图书馆的平等服务理念

□ 与同类的服务部门合作（如档案馆、文化馆）　□ 做好图书馆的长期规划

□ 了解其他信息服务机构的经验和不足　□ 其他________

14. 您认为，当前公共服务体系建设中不协调的因素有哪些（可多选）？

□ 对公共服务内涵和性质了解得不够　□ 各级/各类部门分工不明确

□ 各级/各类公共服务部门协调沟通少　□ 各地区公共服务部门发展差距大

□ 缺乏足够的经费保障　□ 缺乏有效的监督考评机制

□ 市场经济下利益因素的诱导　□ 其他________

15. 您是否同意下述看法？

	非常赞同	赞同	中立	不赞同	很不赞同
A. 图书馆将走向无馆舍化	□	□	□	□	□
B. 图书馆应该重点对本地居民服务	□	□	□	□	□
C. 图书馆应该体现公益性和大众性	□	□	□	□	□
D. “用户永远是正确的”	□	□	□	□	□
E. 图书馆要提供休闲娱乐场所	□	□	□	□	□
F. 图书馆要开展一些延伸服务	□	□	□	□	□
G. 地级馆应并入其他文化部门	□	□	□	□	□
H. 公共图书馆应该向全国开放	□	□	□	□	□
I. 图书馆的重要性将越来越低	□	□	□	□	□
J. 图书馆应该提供24小时服务	□	□	□	□	□
K. 图书馆要提供更多的人性化服务	□	□	□	□	□
L. 图书馆要善于收集采纳用户意见	□	□	□	□	□

16. 请就贵馆与其他文化服务部门的联系情况谈谈您的看法。

____

____

17. 您对公共服务体系中的图书馆服务与角色定位还有什么意见或建议？

**********************　问卷填写完毕，再次感谢您的合作！　**********************

问卷编号	
联系方式	
备注	

图书馆读者调查表

尊敬的读者：

您好！为了更好地满足您的需求，提高图书馆服务质量，促进文化事业发展，本课题组开展了本次读者调查活动，所有数据仅用于学术研究，请您放心填写。谢谢合作。

请在您所选择的答案选项前的“□”内打√（若非特别注明，每个问题只选一项）。

谢谢您的合作。

南开大学国家图书馆项目课题组

2008年3月15日

一、读者的一些基本情况调查

1. 性别：□ 男　□ 女

2. 年龄：□ 18岁以下　□ 19—25岁　□ 26—45岁　□ 46—60岁　□ 61岁以上

3. 身份：□ 公务员　□ 企事业单位管理人员　□ 专业技术人员　□ 商业服务人员　□ 军人　□ 教师　□ 学生　□ 自由职业、待业　□ 离退休人员　□ 其他________

4. 学历：□ 初中及以下　□ 高中　□ 专科　□ 本科　□ 硕士　□ 博士

二、读者利用图书馆的情况调查

5. 您最经常利用的图书馆属于哪一类型？

□ 公共图书馆　□ 高校图书馆　□ 科研单位图书馆　□ 企业图书馆

□ 儿童图书馆　□ 社区图书馆　□ 其他（请填写）____________

6. 您去图书馆的频率如何？

□ 经常　□ 偶尔　□ 极少　□ 从来不去

7. 如果您去图书馆，吸引您去的原因有哪些？（可多选）

□ 环境好，有文化气氛　□ 可以阅览书、刊、报纸　□ 可以上机或上网

□ 可以查找资料　□ 听学术报告或讲座　□ 参加检索知识方面的培训

□ 交通便利　□ 各种费用合理　□ 其他（请填写）____________

8. 如果您不经常去图书馆，原因有哪些？（可多选）

□ 没时间　□ 环境、设施不好　□ 没有所需要的资料　□ 交通不便

□ 去图书馆太远或不方便　□ 网络资源基本能满足需求，不需要到馆

□ 没想过　□ 其他（请填写）____________

9. 您平时最经常利用图书馆的哪些资源呢？（可多选）

□ 书刊报纸　□ 自习室　□ 电子阅览室　□ 电子数据库

□ 网络免费资源　□ 科技查新服务　□ 参考咨询服务　□ 延伸服务

□ 个性化的增值服务　□ 其他（请填写）____________

10. 您在使用图书馆过程中，曾遇到过哪些困难或麻烦？（可多选）

☐ 馆藏资源不能满足需求　☐ 图书馆开馆时间不够长　☐ 办证等手续麻烦
☐ 各项费用太高　☐ 网络设备无法满足需求　☐ 馆内的各项标识不明确
☐ 排架比较乱或上架不及时　☐ 各项限制条件太多（如寄存包、开馆时间等）
☐ 咨询时较难得到满意的回答　☐ 图书馆内缺少便利的自习或阅览条件
☐ 不熟悉检索技巧　☐ 其他（请填写）__________

11. 您利用图书馆的主要目的是什么？（可多选）

☐ 工作需要　☐ 学术研究　☐ 应对考试　☐ 增长学识　☐ 个人兴趣
☐ 休闲娱乐　☐ 他人要求　☐ 提高素质　☐ 享受文化氛围　☐ 迫于竞争压力
☐ 其他（请填写）__________

三、读者对图书馆服务的评价情况

12. 请对您最经常利用的图书馆各项工作进行评价。请在合适的选项下打√

项　　目	很满意	满意	一般	不太满意	很不满意
环境的舒适、安静、美观					
开放时间					
馆藏资源丰富程度					
馆藏更新、上架及时情况					
馆藏功能布局					
电子资源获取的便利情况					
馆藏各项标识的明确程度					
书刊的借阅管理					
服务项目的满足程度					
读者互动活动					
信息咨询、参考服务					
宣传、培训工作					
馆员服务态度、敬业水平					
自由平等的服务原则					

四、读者对图书馆的定位认知和发展建议

13. 您最经常利用的图书馆是属于哪一级别的？

☐ 国家级　☐ 省级　☐ 地市级　☐ 县级　☐ 街道、社区　☐ 其他________

14. 您觉得该级别的图书馆应该在公共文化服务体系中扮演什么样的角色？（可多选）

☐ 信息资料保管中心　☐ 信息文化传播中心　☐ 社会教育基地　☐ 社会活动中心
☐ 信息文化阅读中心　☐ 休闲娱乐中心　☐ 其他（请填写）__________

15. 在平时的工作和生活中，您还利用过其他的哪些文化机构设施？（可多选）

☐ 政府信息或文化部门　☐ 博物馆　☐ 美术馆　☐ 影剧院
☐ 档案馆　☐ 纪念馆　☐ 群艺馆　☐ 大众传媒机构
☐ 音乐厅　☐ 文化馆（站）　☐ 文化广场　☐ 其他________

16. 您所利用的图书馆与上述这些其他的文化机构之间的关系如何？

☐ 它们彼此独立，没有什么关系 ☐ 它们都是公益性文化机构，但独立提供各项服务

☐ 它们有一些合作，并让读者得到一定实惠 ☐ 它们有一些合作，但读者感受不到效果

☐ 不清楚

17. 您认为图书馆的核心价值是什么？（可多选）

☐ 信息保存 ☐ 信息服务 ☐ 信息组织与管理 ☐ 平等服务理念 ☐ 尊重读者隐私

☐ 最大限度地实现信息价值 ☐ 信息自由获取 ☐ 促进阅读和学习

☐ 实现公民文化权利 ☐ 保障信息可获得性 ☐ 其他（请填写）________

18. 为实现图书馆的核心价值，图书馆可以采用哪些途径或手段？（可多选）

☐ 免费服务 ☐ 平等服务 ☐ 差异化服务 ☐ 法律保障 ☐ 不断丰富馆藏资源

☐ 主动服务 ☐ 延伸服务 ☐ 职业准入制度 ☐ 职业理念的定位和敬业态度的端正

☐ 其他（请填写）________

19. 请在以下的选项中，选择您认为最重要的三个选项。

☐ 馆藏印刷资料丰富、更新及时 ☐ 电子数据库资料丰富，满足需求

☐ 环境设备美观、整洁、方便 ☐ 服务态度好，专业化程度高

☐ 咨询服务准确、及时、可信赖 ☐ 新书和新活动通告及时

☐ 资料查检和获取速度快 ☐ 文献代查代检服务

☐ 休闲娱乐设施舒适、便利 ☐ 免费且能自由获取信息资源

☐ 自习室阅读室的空间充足 ☐ 个性化服务和延伸服务

☐ 交通方便 ☐ 开放时间延长 ☐ 借还数量增多，期限延长

20. 在加强公共文化服务建设中，您对图书馆的未来发展有何建议或意见。

____

____

____

____

********************** 问卷填写完毕，再次感谢您的合作！ **********************

问卷编号	
联系方式	
备注	

图书馆外部合作环境调查

尊敬的领导：

您好！为了更好地了解图书馆发展的外部环境，即图书馆与相关文化服务部门长期以来的合作或竞争状况，从而更好地定位图书馆未来发展模式，营造和谐均等的全民文化服务，本课题组特进行本次调研活动，问卷所有信息仅用于学术研究，请放心填写。

请在您所选择的答案选项前的“□ ”内打√（若非特别注明，每个问题只选一项）。

感谢您在百忙之中对我们课题组的支持。

南开大学国家图书馆项目课题组

2008 年 3 月 15 日

一、贵单位的一些基本情况

1. 单位性质：□ 政府机构　□ 科研院所　□ 文教卫体事业　□ 商业、服务企业

□ 学校　□ 驻地部队　□ 社区服务　□ 民间组织　□ 其他（请填写）____

2. 贵单位所处的行政区域是属于哪一级别的？

□ 国家　□ 省级　□ 地市级　□ 县级

□ 乡镇（街道办、社区）　□ 其他（请填写）____________

3. 贵单位的信息服务范围是？

□ 本机构人员　□ 有本地户籍即可　□ 本地常驻人员　□ 本地所有人员　□ 其他________

4. 贵单位接待用户的信息服务条件是？(可多选)

□ 需要办理阅览证　□ 需要办理借书证　□ 需要一定的押金　□ 证件和押金都不需要

□ 需要登记　□ 有偿服务　□ 无偿服务　□ 其他（请填写）________

5. 贵单位的信息文化业务的主要目的是？

□ 满足本机构人员的工作或科研需要　□ 满足本机构人员的文化需求

□ 满足社会公众的文化需求，无偿服务　□ 满足具体用户的需求，有偿服务

□ 满足特殊群体或是弱势群体的文化需求　□ 其他（请填写）____________

二、贵单位与图书馆的合作或竞争情况

6. 贵单位是否有自己的图书馆或类似的信息中心？

□ 是　□ 否

7. 贵单位是否还利用过外部的图书馆机构？

□ 是，经常　□ 是，但很少　□ 否　□ 不清楚

8. 贵单位与图书馆是否有过业务活动或服务活动方面的合作？

□ 是　请继续第 9 题

□ 否　请回答原因并跳至第 13 题

如果没有合作过，您觉得原因有哪些？（可多选）

□ 没有必要　　□ 有必要，但不知道怎么操作

□ 尝试过合作，但遇到困难　　□ 怕麻烦，没有尝试

□ 是竞争对手，不可能合作　　□ 其他（请填写）________

9. 贵单位如果与图书馆有过合作，您如何看待这样的合作关系？

□ 很好，有助于彼此取长补短　　□ 还可以，达到了一定的合作效果

□ 不太好，合作流于形式　　□ 很不好，合作很不愉快

10. 贵单位与图书馆采取过哪些合作途径？（可多选）

□ 资源共建共享　□ 人员培训　□ 业务指导　□ 读者服务

□ 项目合作　□ 其他形式（请填写）__________

11. 贵单位的已有合作对象有哪些？（可多选）

□ 政府部门　□ 科研院所　□ 文教卫体事业　□ 商业、服务企业

□ 学校　□ 驻地部队　□ 社区服务　□ 其他________

12. 贵单位与这些合作对象的具体关系有？

□ 同级关系　□ 上下级关系　□ 同属一个地区　□ 属于不同区域

13. 贵单位与图书馆是否存在着竞争关系？

□ 是　□ 否　□ 不清楚

14. 您觉得贵单位与图书馆的最大竞争点是什么？

□ 读者/用户数量　□ 服务质量　□ 服务项目　□ 收费情况

□ 环境　□ 软硬件设施　□ 其他（请填写）______

三、面对公共文化服务建设的时代背景，贵单位下一步的文化发展策略

15. 当前，国家正在提倡建设公共文化服务体系。您觉得这对于贵单位来讲意味着什么？

□ 是个很好的机遇，可以给本单位的工作带来新思路□ 机会很好，但对本单位影响不大

□ 可能加剧本单位的外部竞争，产生消极影响　□ 不清楚

16. 在建设公共文化服务体系中，贵单位关于服务方面的未来打算有哪些？（可多选）

□ 扩大本机构的信息服务范围　□ 加强服务理念、水平、态度等的管理

□ 加强与其他文化机构的合作　□ 增加服务项目

□ 提高服务水平　□ 降低收费标准

□ 免费服务　□ 其他（请填写）______

17. 贵单位对于其他部门有何期待？（可多选）

□ 希望政府加大财政投入　□ 希望政府信息更加公开

□ 希望与其他部门开展信息共建共享活动　□ 希望得到相关部门的业务支持和指导

□ 无所谓　□ 其他（请填写）________

18. 贵单位对于用户有何期待？（可多选）

□ 礼貌待人、尊重他人　□ 具备一定信息素养　□ 有信息需求意识

☐ 具备一定信息检索知识　☐ 遵守本单位的相关规定　☐ 及时反馈用户意见

☐ 其他（请填写）________

19. 在公共文化服务体系建设中，您认为以下单位所扮演的角色的重要性程度如何。

	很重要	重要	一般	不重要	很不重要
政府					
文化部					
图书馆					
档案馆					
博物馆					
文化馆					
群艺馆					
社区馆					

20. 请说说您眼中的图书馆（比如图书馆的角色、作用、服务质量等）。

____

____

____

____

********************** 问卷填写完毕，再次感谢您的合作！ ***********************

您的单位名称		联系方式	

附录二：项目重要参考文献

一、公共服务与公共文化服务

1. 鲍曼，詹姆斯．S．等．职业优势：公共服务中的技能三角．张秀琴译．北京：中国人民大学出版社，2005
2. 北京市社会科学院．北京文化发展报告．北京：社会科学文献出版社，2007
3. 陈鸣，谭梅．当代西方国家公共文化服务制度改革中的若干问题．中国公共文化服务发展报告（2007）．北京：社会科学文献出版社，2007
4. 陈威．公共文化服务体系研究．深圳：深圳报业集团出版社，2006
5. 陈雪樵．数字图书馆与文化共享工程．北京：中国环境科学出版社，2008
6. 陈振明．公共部门战略管理．北京：中国人民大学出版社，2004
7. 陈振明．理解公共事务．北京：北京大学出版社，2007
8. 登哈特，珍妮特．V．，罗伯特．B．登哈特．新公共服务：服务，而不是掌舵．丁煌译．北京：中国人民大学出版社，2004
9. 谷红瑞．建设公共文化服务体系 保障人民基本文化权益．党建，2008（3）：30—31
10. 国家“十一五”文化发展规划纲要．［2008-10-20］．http：//news. xinhuanet. com/ politics/2006—09/13/content_ 5087533. htm
11. 韩军．论公共文化服务体系的构建．党政干部论坛，2008（1）：16—17
12. 郝新凤．关于公共文化服务体系建设的思考．学习论坛，2006（8）：59—61
13. 何继良．关于构建公共文化服务体系、保障人民基本文化权益的若干问题思考．毛泽东邓小平理论研究，2007（12）：5—11
14. 贾旭东．公共文化服务指数：思路、原理与指标体系．见：李景源，陈威．中国公共文化服务发展报告（2007）．北京：社会科学文献出版社，2007：379—390
15. 蒋三庚．现代服务业研究．北京：中国经济出版社，2007
16. 康绍邦，赵黎青，杨青．中国社会公共服务体制研究．北京：中共中央党校出版社，2008
17. 李朝鲜．理论与量化：现代服务产业发展研究．北京：中国经济出版社，2006
18. 李景源，陈威．中国公共文化服务发展报告（2007）．北京：社会科学文献出版社，2007
19. 李军鹏．公共服务学：政府公共服务的理论与实践．北京：国家行政学院出版社，2007
20. 李少惠．公共文化服务体系建设的主体构成及其功能分析．社科纵横，2007（2）：37—39
21. 罗争玉．文化事业的改革与发展．北京：人民出版社，2006
22. 毛少莹．公共文化服务绩效评估指标体系的建构．见：李景源，陈威．中国公共文化服务发展报告（2007）．北京：社会科学文献出版社，2007
23. 齐勇峰，王家新．构建公共文化服务体系的探索 2006：中国文化产业发展报告．北京：社会科学文献出版社，2006
24. 乔伊斯，保罗．公共服务战略管理．张文礼，王达梅译．北京：清华大学出版社，2008

25. 任旺兵．中国服务业发展：现状、问题、思路．北京：中国计划出版社，2007
26. 王浩．社会主义新农村建设中农村公共文化服务体系研究．长沙：湖南师范大学，2008
27. 王力丁，王鸿春，马仲良．国外公共服务研究．北京：同心出版社，2009
28. 王雅莉．公共部门管理．大连：东北财经大学出版社，2006
29. 王语哲．公共服务．北京：中国人事出版社，2006
30. 韦尔奇，苏珊．公共管理中的量化方法：技术与应用．约翰·科默，郝大海等译．北京：中国人民大学出版社，2003
31. 吴建南．公共管理研究方法导论．北京：科学出版社，2006
32. 杨团．社区公共服务论析．北京：华夏出版社，2002
33. 叶辛，蒯大申．上海文化发展报告：构建公共文化服务体系．北京：社会科学文献出版社，2007
34. 袁政．公共管理定量分析：方法与技术．重庆：重庆大学出版社，2006
35. 赵立波．公共事业管理．济南：山东人民出版社，2005
36. 曾峻．公共管理新论：体系、价值与工具．北京：人民出版社，2006

二、图书馆发展趋势

1. 陈传夫，吴钢．图书馆业态的变化与发展趋势．中国图书馆学报，2007（3）：5—14
2. 程焕文．图书馆联盟——21 世纪图书馆发展的大趋势．图书情报工作，2004（7）：5
3. 成都市图书馆．21 世纪中国公共图书馆发展与建设研究：第 17 届全国 15 城市公共图书馆工作研讨会论文集．四川大学出版社，2005
4. 初景利，吴冬曼．图书馆发展趋势调研报告（一）：环境分析与主要战略．国家图书馆学刊，2010（1）：3—11
5. 初景利，吴冬曼．图书馆发展趋势调研报告（二）：总体发展趋势．国家图书馆学刊，2010（2）：21—31
6. 初景利，吴冬曼．图书馆发展趋势调研报告（三）：资源建设和用户服务．国家图书馆学刊，2010（3）：3—9
7. 崔钢．“公共—社区图书馆”发展模式初探．图书馆杂志，2002（12）：47—48
8. 董焱．21 世纪图书馆的主题形态——数字图书馆．图书馆杂志，2000（2）：10—13
9. 菲利普吉尔领导的工作小组代表公共图书馆专业委员会．公共图书馆服务发展指南．林祖藻译．上海：上海科学技术文献出版社，2002
10. 宫平，杨溢．开放存取环境下我国图书馆发展路径研究．图书馆建设，2007（1）：21—24
11. 郝玉峰，王德恒．中国公共图书馆可持续发展研究综述：问题与对策．图书馆工作与研究，2002（3）：2—8
12. 贺子岳．世纪之交中国图书馆事业发展研究综述．图书情报知识，2002（3）：27—32
13. 胡昌平，罗贤春．公共图书馆事业与国民经济协同的战略思考．图书馆建设，2005（5）：12—15
14. 黄宗忠，王晓燕．论复合图书馆与图书馆发展趋向．图书馆学、信息科学、资料工作，2003（1）：6—11，21
15. 金明生．影响中国图书馆事业未来发展的三个决定性因素．中国图书馆学报，2003（4）：44—46
16. 柯平，洪秋兰．图书馆发展研究的新视角．国家图书馆学刊，2007（4）：6—11
17. 柯平．21 世纪的图书馆员．图书馆建设，2004（1）：5—9

18. 柯平. 21世纪前半叶我国图书馆事业发展中的重大问题. 图书馆工作与研究，2006（3）：2—7
19. 李国新. 我国公共图书馆事业进一步发展的突破口——县级图书馆的振兴与乡镇图书馆的模式. 图书馆，2005（6）：1—5
20. 刘学平. 生态理念下的生态图书馆发展探赜. 图书情报工作，2010（1）：12—15，66
21. 卢子博. 关于中国图书馆事业未来发展走向的几个问题. 中国图书馆学报，2002（2）：14—18
22. 罗贤春. 公共图书馆事业与国民经济协同发展战略分析. 图书馆杂志，2005（12）：19—23
23. 盛小平. 管理创新与我国图书馆可持续发展. 图书情报工作，2004（9）：9—14
24. 苏蓉晖，公共文化服务体系中图书馆的发展. 文史博览，2007（9）：42—43
25. 孙杰. 论21世纪中国图书馆分层定位发展战略——基于知识经济、网络和虚拟环境的思考. 情报杂志，2001（12）：2—6
26. 王岗，徐黎. 浅论公共图书馆的发展模式. 图书馆理论与实践，2000（5）：34—35
27. 王世伟. 当代全球图书馆事业面临的难题与挑战. 中国图书馆学报，2008（1）：13—15，32
28. 温来成. 现代公共事业管理概论. 北京：清华大学出版社，2007
29. 吴建中. 战略思考——图书馆发展十大热门话题. 上海：上海科学技术文献出版社，2002
30. 吴建中. 21世纪图书馆新论. 上海：上海科学技术文献出版社，2003
31. 吴建中. 公共图书馆发展战略思考. 北京：北京图书馆出版社，2007
32. 吴建中. 中国图书馆发展中的十个热点问题. 中国图书馆学报，2002（2）：7—12
33. 许建业. 公共文化服务体系构建中的图书馆发展路向——兼论新公共文化服务理论对图书馆事业改革的启示. 国家图书馆学刊，2006（3）：44—48
34. 张彤. 国内外城市社区图书馆发展现状的比较与思考. 图书馆工作与研究，2006（5）：15—17
35. 朱建亮. 用科学发展观指导我国图书馆事业繁荣发展. 图书馆论坛，2006（6）：89—93

三、图书馆定位

1. 陈瑞. 发挥省图书馆的中心作用——关于省级图书馆改革的几点思考. 中国改革，2000（7）：56—57
2. 程小澜. 公共图书馆服务职能在传播先进文化中的新拓展. 中国图书馆学报，2004（3）：87—89
3. 程小澜等. 省图书馆在公共图书馆服务体系中的定位与发展. 国家图书馆学刊，2007（3）：6—11
4. 戴龙基，张红扬. 图书馆联盟——实现资源共享和互利互惠的组织形式. 大学图书馆学报，2000（3）：36—39
5. 董莲玉. 公共图书馆在构建和谐社会中的角色定位及工作重心. 科技情报开发与经济，2006（19）：34—35
6. 范艳芬. 传统图书馆与数字图书馆关系定位. 图书馆建设，2003（4）：5—6
7. 高文华. 做公共文化服务体系建设的柱石——省级公共图书馆“推动文化大发展”初探. 图书馆建设，2007（6）：8—9
8. 郭斌. 创新、合作、发展、创新、合作与发展中的中小型公共图书馆. 北京：解放军出版社，2006
9. 胡俊荣. 图书馆国际化的目标定位及实现措施. 图书馆理论与实践，2005（4）：14—16
10. 胡杨吉. 图书馆在信息社会中的逻辑定位. 图书馆杂志，2000（7）：5—7
11. 黄俊贵. 公共图书馆管理的前提是明确定位. 新世纪图书馆，2004（3）：3—5
12. 黄祖祥. 公共图书馆履行文化服务功能的探讨. 图书馆，2009（4）：73—74，85

13. 计思诚．知识经济时代的公共图书馆的定位．图书馆界，2000（4）：15—18
14. 纪晓萍，王洋．公共图书馆对城市文化发展的影响研究．图书馆学研究，2007（9）：5—7
15. 姜东云．应将图书馆定位为知识信息中心．理论探讨，2003（5）：125—126
16. 蒋永福．图书馆自由：定位及其责任主体．图书馆，2006（5）：8—11
17. 蒋永福．文化权利、公共文化服务体系与公共图书馆事业．国家图书馆学刊，2007（4）：16—20
18. 柯平，洪秋兰，孙情情．公共文化服务体系中的图书馆与社会合作实证研究．图书情报工作，2009（17）：8—12
19. 柯平，尹静．省级公共图书馆在公共文化服务体系中的功能定位．国家图书馆学刊，2008（4）：40—45
20. 柯平，詹越．基于群落生态原理的公共文化服务体系中公共图书馆定位研究．图书馆论坛，2008（6）：32—36
21. 李超平，孙静．国家图书馆：定位与制度选择．中国图书馆学报，2005（3）：20—26
22. 李国新．社会主义新农村建设中的图书馆．当代图书馆，2006（3）：5—20
23. 李小玲．谈乡镇图书馆的功能定位．图书馆，2007（1）：114—115
24. 李正祥，彭昊．是过渡，还是定位——关于复合图书馆发展之思考．情报资料工作，2003（1）：44—4
25. 凌美秀．网络环境中图书馆功能的演变及其定位．图书情报知识，2002（2）：28—30
26. 刘福贵．21 世纪图书馆与图书馆员的定位．图书馆论坛，1999（4）：19—21，36
27. 刘笑梅．公共文化服务体系建设中的公共图书馆制度安排——基于文化权利的视角．四川图书馆学报，2009（6）：6—8
28. 马涛．城市公共图书馆功能拓展的设想．中国城市经济，2007（3）：56—57
29. 孟广均．世界国家图书馆发端探略．国家图书馆学刊，2008（1）：16—20
30. 曲晓玮．现代公共图书馆馆员的角色定位．图书馆论坛，2000（6）：16—18
31. 石惠侠，谢林．网络环境下公共图书馆的职能定位、价值取向及发展原则．图书与情报，2000（1）：29—32
32. 石维彩．论图书馆价值定位．图书与情报，1998（4）：21—23
33. 孙丽文等，公共空间论图书馆社会职能的新定位．图书馆工作与研究，2007（2）：21—22
34. 孙淑娟．公共文化服务体系建设的一项创新探索——谈家庭虚拟图书馆的社会价值．图书馆工作与研究，2009（11）：29—31
35. 唐承秀，吴慰慈．构建多体制图书馆的设想与可行性研究．中国图书馆学报，2006（5）：25—28
36. 王瑞英．公共文化服务体系中公共图书馆的服务定位．图书与情报，2009（5）：122—126
37. 王世伟．当代城市图书馆的定位与图书馆建筑的软设计．图书馆论坛，2008（6）：237—239
38. 王秀亮，夏跃军．图书馆与现代公共文化服务体系建设．见：山东省图书馆学会第十三次科学讨论会论文集，2006
39. 王艳．公共文化服务体系中的县级公共图书馆发展研究．图书与情报，2010（1）：124—126
40. 王文凤．公共图书馆在构建公共文化服务体系过程中的实践探索．图书馆学刊，2009（6）：46—48
41. 韦劲．试论知识经济下公共图书馆信息功能转型及定位．图书馆工作，2002（1）：5—6
42. 吴谷．建造一座儿童的乐园：论新世纪少年儿童图书馆的定位．图书馆建设，2003（4）：104—105
43. 徐苇，盛芳芳．农村图书馆：中国图书馆事业发展中难解的一个结．图书馆论坛，2004（10）：24
44. 尹静．省级公共图书馆在公共文化服务体系中的功能定位研究．天津：南开大学，2008

45. 詹越．公共文化服务体系中公共图书馆地位及其作用探讨．图书馆论坛，2008（8）：20—23
46. 张春燕．公共图书馆在公共文化服务体系中的位置．经济与社会发展，2007（4）：162—164
47. 张惠梅．公共图书馆信息服务的定位分析．图书馆论坛，2008（1）：111—114，132
48. 张军营．试论村级图书馆的定位和发展．新世纪图书馆，2003（4）：74—76
49. 张乃清．都市区级公共图书馆信息服务定位和战略．图书馆建设，2006（3）：77—78，80
50. 张晓林．重新定位研究图书馆的形态、功能和职责．图书情报工作，2006（12）：5—10
51. 赵益民，詹越，柯平．基于生态竞争的公共图书馆定位研究．国家图书馆学刊，2008（4）：35—39

四、图书馆服务

1. 陈力．公共服务中的图书馆服务．中国图书馆学报，2006（1）：5—12
2. 程真．论国家图书馆分层服务．国家图书馆学刊，2006（1）：2—6
3. 范并思，胡小菁．图书馆 2.0：构建新的图书馆服务．大学图书馆学报，2006（1）：2—7
4. 顾敏．千禧年初复合图书馆的服务及发展策略．图书情报工作，2000（3）：5—8
5. 韩秀华．我国城市社区图书馆面向弱势群体服务的策略研究．天津：南开大学，2007
6. 黄宗忠．服务是图书馆的永恒主题——兼评国外图书馆服务的新理念、新方法．图书馆论坛，2005（12）：22—29
7. 柯平．当代图书馆服务的 10 个理念——新图书馆服务论之二．图书馆建设，2006（4）1—5
8. 柯平．当代图书馆服务的创新趋势．高校图书馆工作，2008（2）：1—7
9. 柯平．图书馆服务理论探讨．大学图书馆学报，2006（1）：38—44
10. 孔青青．城市公共图书馆延伸服务方法研究．天津：南开大学，2008
11. 李高峰，陈永平，王岚霞．国外图书馆多元文化服务：理念、实践与模式．图书馆建设，2009（11）：69—72
12. 李婷．延伸图书馆公益服务，构建社会公共文化服务体系．图书馆，2007（5）：66—68
13. 李玉梅．基于新阅读形式下公共图书馆服务的思考．图书馆工作与研究，2008（3）：70—73
14. 李昭醇．公共图书馆为弱势群体服务的思考．图书馆论坛，2002（5）：56—60
15. 梁欣．我国公共图书馆服务体系建设：治理模式研究．中国图书馆学报，2009（6）：17—24
16. 梁欣．我国公共图书馆服务体系建设模式研究．图书情报工作，2009（12）：69—72
17. 刘沫．试论图书馆公共文化服务途径及能力提升．图书馆工作与研究，2009（10）：18—20
18. 刘炜，葛秋妍．从 Web2.0 到图书馆 2.0：服务因用户而变．现代图书情报技术，2006（9）：8—12
19. 陆晓红．面向公共文化服务的城市公共图书馆体系构建．图书情报工作，2009（17）：18—22
20. 邱冠华，于良芝，许晓霞．覆盖全社会的公共图书馆服务体系：模式、技术支撑与方案．北京：北京图书馆出版社，2008
21. 束漫．公共图书馆服务研究．北京：国家图书馆出版社，2009
22. 谭丹丹．Web2.0 环境下公共图书馆网站服务功能创新研究．天津：南开大学，2008
23. 图书馆 2.0 工作室．图书馆 2.0：升级你的服务．北京：北京图书馆出版社，2008
24. 王惠君．构建公共图书馆服务体系 促进和谐社会发展．图书馆论坛，2006（1）：9—11
25. 王晶锋．公共图书馆服务体系可持续发展研究．图书馆，2009（6）：84—85，112
26. 王日花．图书馆服务补救管理体系的构建研究．天津：南开大学，2008

27. 王世伟．现代城市图书馆公共服务论丛．上海：上海社会科学院出版社，2007
28. 王世伟．城市图书馆公共文化服务体系论丛．上海：上海社会科学院出版社，2008
29. 王世伟．关于加强图书馆公共文化服务体系结构与布局的若干思考．图书馆，2008（2）：5—7，13
30. 王筱雯．以知识援助构建公共图书馆的弱势群体服务体系．图书与情报，2006（2）：29—32
31. 魏秀杰．试析图书馆服务战略联盟．图书馆理论与实践，2009（9）：16—17
32. 肖永英，潘妙辉．美国公共图书馆社区信息服务的发展及其启示，图书馆论坛，2003（12）：178—181
33. 肖永英，谭英，庞蓓．我国公共图书馆社区信息服务研究的回顾和展望．图书情报工作，2004（10）：55—59
34. 邢杰，李凌杰．我国公共图书馆服务体系研究现状与对策．图书馆，2010（3）：17—19
35. 杨鸿敏，汤鸿业．公共图书馆服务品牌探析．图书馆建设，2009（9）：60—62
36. 杨之光．乡镇图书馆服务模式探究．图书与情报，2007（5）：123—125
37. 杨之音，赵闯．省级公共图书馆公共决策服务现状调查分析．图书馆学研究，2007（7）：66—69
38. 姚杰．公共图书馆构建文化服务体系的现状与对策．图书馆学刊，2010（1）：36—38
39. 袁琳，郭韫丽．走进社区 延伸服务——我国公共图书馆社区信息服务调查研究．图书馆，2008（3）：24—25，47
40. 詹福瑞．谈国家图书馆的服务创新．国家图书馆学刊，2007（1）：2—5
41. 张静，李书灿．基于和谐文化建设的图书馆公共文化服务体系探析．图书馆论坛，2009（2）：5—8
42. 张玲．国外高校图书馆服务战略规划的分析与启示．图书馆建设，2009（10）：89—96
43. 朱国萍．公民文化权利与图书馆公共文化服务体系．情报杂志，2008（6）：120—122

后　记

2008 年年底，本项目的研究工作基本完成。当研究报告接近尾声时，收获的喜悦覆盖了两年来艰苦研究带来的疲倦。就在回老家过春节之前，心中颇有些矛盾。如按期结项，作业显得粗糙，必然导致许许多多的遗憾。一想到国家图书馆对于科学研究的重视，对于首次开列的两个重大项目寄予的厚望，无形中增加了压力和责任感。而这种压力和责任伴随着两年的研究过程，不仅我承担着，也带给了我的整个研究团队。

回想 2007 年，一个偶然的机会让我下定决心申报国家图书馆项目。2007 年 2 月 8 日，我尊敬的一位老教授从北京打来电话，告诉我她女儿参加国家图书馆重大项目全国招标发布会得到的消息，而且就认定我有这个实力竞标，鼓励我一定要申报。因为从未有过图书馆招标科研项目的先例，抱着试一试的想法，开始着手准备。后来得知，国家图书馆对这次招标非常重视，将其作为国家图书馆科研工作的新起点和新举措，于是我积极组织、认真论证，向国家图书馆郑重递交了申报书。没过多久，招标结果出来，还真不敢相信。很快，媒体纷纷报道南开大学柯平教授中标国家图书馆重大项目的新闻，大学校园里一连几天都在广播这一消息，那段时间，我沉浸在一种被"吹捧抬举"的荣幸和兴奋中，虽然过去承担过纵向的多项国家和省部级项目，但这次毕竟是难得的横向课题，而且是人们没有想到的"图书馆"和"招标"获得的项目。此后，在媒体宣传和国家图书馆下达任务的推动下，我就像对待国家重点项目那样，全心全力去组织，分阶段实施项目研究。项目进展顺利。

2008 年 2 月项目通过了中期检查。记得 2 月 27 日那天阳光明媚，我从天津赶到国家图书馆时，已是大汗淋漓。汇报会下午 2 点开始，国家图书馆学术委员会的委员几乎全体参加，足见国家图书馆对重大项目的重视。两个重大项目分别作了汇报，并听取了专家意见，最后国家图书馆陈力副馆长对两个重大项目提出了要求与期望。

两年来，项目研究的过程有乐也有苦。最苦的还要数调查问卷了。课题组用了整整一年的时间进行调查，回收问卷很不容易，因为做了三种问卷，最难的是针对图书馆相关文化机构的问卷。课题组想尽各种办法获得真实的数据与资料，以至于每收回一份有效问卷，就高兴一阵兴奋一回，从中也真正体会到了实证方法的不易。

任何工作、任何研究最怕虎头蛇尾。既然前面的苦都吃了，还怕再苦一回？因为要把项目做好的决心，我与国家图书馆另一重大项目的负责人索传军教授商议，共同请求推迟到 2009 年年初结项。有了这个时间，项目的最终报告和子项目报告都有了很多改进与提高。都说好文章是改出来的，大的报告、好的报告更需要不断的修改与精练。果然，春节过后，研究报告修改一新，等待汇报的产品也像模像样，如同心中的一块石头落了地，这才松了口气。

本研究最终报告的各部分撰写都有分工，并经常围绕重大问题讨论，在统稿时又交互阅改，使得每一章节倾注了众多成员的心血。根据记录，各章的撰写完成情况如下："前言"由柯平执笔。第1章"文献综述"由陆晓红负责文献统计；高爽、弓克、孙倩倩分别负责图书馆发展、定位与服务研究的文献整理与分析，在撰写阶段性成果的基础上，经过课题组成员的补充，汇总而成。第2章"社会公共服务环境分析与研究新视角"由柯平负责，其中第一、二、三节由尹静执笔，陈昊琳修改补充；第四、五节由柯平和洪秋兰负责撰稿。第3章"研究设计"由洪秋兰负责并撰稿，其中，问卷信效分析部分由曾伟忠执笔。第4章"关于图书馆机构的调查结果分析"、第5章"关于图书馆读者的调查结果分析"、第6章"关于图书馆外部机构的调查结果分析"三章由问卷调查特别工作组集体完成，分别由弓克、高爽和孙倩倩负责并撰稿，张伟、张幸和胡念参与统计分析工作。第7章"面向现实：图书馆现状与问题分析"由陈昊琳总负责并撰稿，其中第一节由赵益民执笔。第8章"面向未来：图书馆发展趋势"由陆晓红总负责并撰稿。第9章"公共文化服务体系中国家图书馆的定位与服务"由赵益民总负责并撰稿，其中第二节和9.5.4由詹越执笔，并经由武晓丽修改。第10章"公共文化服务体系中公共图书馆的定位与服务"第一节由赵益民执笔；第二节由尹静执笔，赵益民和陆晓红修改；第三节由武晓丽执笔，赵益民、陆晓红修改；第四节由韩秀华和洪秋兰执笔，柯平、陈昊琳修改补充；第五节由陈昊琳执笔，柯平修改补充。第11章"公共文化服务体系中其他类型图书馆的定位与服务"第一节由刘霞负责并撰稿，陈昊琳修改补充；第二、三、四节分别由曾伟忠、陆晓红、陈昊琳执笔。第12章"给图书馆主管部门的建议"是在前面各章研究的基础上集体完成的。首先由柯平、赵益民起草初稿，交郑州会议讨论修改，经过课题组反复研究，最终形成该建议。第13章"结论与展望"由柯平、赵益民完成。整个报告最后由柯平负责统稿。

本项目得以完成，最想说的话就是感谢。首先要感谢国家图书馆的领导（他们在图书馆学研究上大展宏图，给予我这一难得的"首次"中标机会，也是一种信任），特别是国家图书馆的馆长、业务处和原科研处的各位领导给予本项目自始至终的指导和大力支持。感谢国家图书馆学术委员会各位委员的不吝赐教与真诚帮助，感谢一直负责联系的姚迎老师等国家图书馆工作人员。

在项目研究过程中，得到了南开大学科研处、商学院领导和信息资源管理系老师们的大力支持，特别是王知津教授、于良芝教授等参与项目申报工作，并在研究中给予了许多宝贵意见。项目还得到了校外许多专家学者的大力支持。一些专家和馆长在百忙之中填写问卷、接待访谈，令人感动。项目还参考了国内外重要的相关研究成果，得到了许许多多同仁和朋友的关心支持。在此一并表示感谢。

一个重大项目没有一支强大的研究团队是不可能完成的。本项目参加人数较多，不算子项目的参加人员，共有31人：柯平（南开大学信息资源管理系教授、博士生导师、系主任）、陆行素（天津市图书馆学会理事长、研究馆员、原天津市图书馆馆长）、王爱功（河南省图书馆馆长、研究馆员、河南省图书馆学会理事长）、洪秋兰（南开大学图书馆学博士，现福建师范大学图书馆学系教师）、赵益民（云南师范大学图书馆副研究馆员、南开大学图书馆学博士）、陈昊琳（南开大学图书馆学博士）、陆晓红（广东东莞市松山湖园区图书馆馆长助理、南开大学图书馆学博士）、曾伟忠（南开大学图书馆学博士，现南昌大学信息管理系教师）、魏闻潇（河北工业大学图书馆馆员）、朱凡（天津市图书馆学会秘书长、研究馆员、原天津市图书馆副馆长）、李培（原南开大学图书馆馆长、现天津图书馆馆长、教授）、武晓丽（河北经贸大学公共管理学院教授）、刘霞（青海师范大学图书馆馆长、研究馆员）、申少春（河南省图书馆研究馆员）、詹越（南开大学图书馆学博士、现天津外国语大学管理学院教师）、潘芳莲（深圳大学图书馆馆员）、尹静（深圳市图书馆馆员）、孔青青（中国社会科学院图书馆馆员）、谭丹丹（上海财经大学图书馆馆员）、李益婷（深圳市图书馆馆员）、王日花（中国传媒大学图书馆馆员）、弓克（南开大学远程教育学院）、高爽（国家图书馆出版社编辑）、孙情情（天津美术学院图书馆馆员）、孟繁华（天津市图书馆馆员）、贾朝霞（南开大学图书馆馆员）、郭晓红（南开大学图书馆馆员）、李力文（南开大学图书馆副研究馆员）、张伟（天津城建学院图书馆馆员）、张幸（北京益生康健电子商务有限公司职工）、胡念（天津医科大学图书馆馆员）。

还需要特别说明的是，我的项目课题组团队包括子项目课题组团队精诚配合、吃苦肯干、能战能胜，为项目付出很多，没有他们的智慧与心血，不可能有如此丰富的成果。到了3月最后一次统稿阶段，我带领赵益民、陈昊琳、陆晓红三位博士生组成统稿小组，仔细修改校对，发现问题及时改正。我们在办公室加班，一干就是一整天，虽然辛苦，但越干越有成就感。整个报告前后统稿有60余稿。报告的整理排版由魏闻潇负责，她和她的丈夫张海涛为报告的整理做了大量工作，当我收到她凌晨4点53分44秒从网上寄来的整理排版稿时，都不知说什么好了。课题组团队有很多事迹，令人感动。课题组团队有一种精神，这就是科学研究的精神。我为有这样的团队感到骄傲和自豪。

2009年3月27日晚11点55分笔者这样写道："项目虽然完成，提交的作品肯定有许多不能令人满意之处，缺点和错误在所难免，恳请得到专家和领导的批评指正。一个报告的提交不能算是团队工作画上了句号，一个项目的完成不能算是科学研究的终结。衷心希望在今后的科研道路上，得到更多同仁的关心与帮助、合作与支持，共同为中国图书馆事业发展和图书馆学研究贡献所学。让我们的路越走越宽越平越舒，愿我们的事业越做越大越强越好！"

2009年5月15日本项目通过了专家鉴定，获得了鉴定委员会的高度评价。

2009年，就在本项目完成并通过鉴定之后，我的工作重心转向国家社会科学基金重点项目"公共文化服务体系中的图书馆战略模型与实证研究"的研究，这一项目可以说是在国家图书馆重大项目基础上的进一步深化和专题研究。因为上海交通大学出版社潘新编辑的约稿，我将项目成果中的关于公共图书馆的一个部分进行了加工整理，成《公共文化服务体系中的公共图书馆》一书，后按出版社建议，定名为《公共图书馆的文化功能——在社会公共文化服务体系中的作用》，该书作为国家社会科学基金项目的阶段性成果出版。

2010年5月24日，国家图书馆业务处姚迎给我和索传军发信云"遵领导嘱，请两位将项目最终成果于6月底发给我们，我们拟将书稿在国图出版社出版"。接信后，我立即组织开展书稿工作。按专著的要求，进行了整体架构，并进行了较大的修订。鉴于书中的部分成果已在上海交通大学出版社出版，为保持研究成果的完整性以及与该书的区别，从内容上做了较大的调整，原研究报告按调查对象将三种调查问卷的数据分析各成一章，本书则按问题提取各调查问卷的相关数据进行分析。在最终书稿的整理过程中，陈昊琳、李健、洪秋兰、赵益民、孙情情、张伟等做了大量工作，修订了部分章节，陈昊琳重点负责四、五、六三章的补充和校对，李健重点负责九、十章的补充和校对；贾东琴和李廷翰参与了书稿补充；孙情情、张伟、余慧进行了数据审核；洪秋兰和赵益民多次校阅全稿。暑期，我对部分章节进行了较大的调整，还组织课题组部分成员进行了集中统稿和校对，使这一成果能以新的面目呈现。

全书由柯平主持统稿；洪秋兰、赵益民、陈昊琳分工负责统稿；孙情情、陆晓红、弓克、高爽、张伟、李健、贾东琴、李廷翰、何颖芳参与统稿。在校2009级硕士研究生李亚琼、王凤、王铮、范凤霞、金洪燕、魏艳霞和2010级硕士研究生余慧、陈雅茜、成舒云参与了部分书稿整理与校对工作。

国家图书馆十分重视项目成果的出版，将我的项目书稿交给国家图书馆出版社。当我得知此书由金丽萍编辑责编时，甚为高兴，因为曾由她责编的我的著作《图书馆知识管理研究》2009年获得了教育部人文社科全国大奖，当我参加人民大会堂颁奖时，心中产生了对所有在幕后付出的人深深的感激。此书的出版蕴含着出版社金丽萍等编辑的心血与辛勤劳动，在此谨致谢意。

当本书即将面世时，让我想起金秋时节收获和美好场景，让我忆起参加鉴定会通过专家鉴定的那一美好时刻，因此，我要特别感谢给本研究特别指导、支持和肯定的专家学者们：中国社会科学院学部委员、研究员黄长著先生多次称赞我们所做的工作，给这一项目成果以很高的评价，能得到我所尊敬的图书情报界学术泰斗的好评，对我是莫大的鼓舞和鞭策；文化部社会文化图书馆司刘晓琴副司长在百忙之中为本项目鉴定写了书面意见，能得到政府官员的认可，让我颇感欣慰；国家图书馆陈力副馆长自始至终指导着本项目，对我们课题组既提出了很高的要求和期望，又给予了总体的建设性意见和有力的支持，国家图书馆原科研处孙一钢处长，业务处汪东波处长、国图研究院索传军院长、立法决策服务部卢海燕主任等一直关注着本项目的进展，给予了许多有益的指导和无私的帮助。如果没有国家图书馆的各位领导和专家们对科学研究的重视和指导，就没有我向国家图书馆交的这份被认为满意的“答卷”。此外，参加鉴定会的还有首都图书馆倪晓健馆长、中国图书馆学会汤更生秘书长等。专家们对这一项目的充分肯定，让我久久不能平静。

然而，让我清醒的是，本书作为一个重大项目成果虽得到专家的好评，但还有许多不尽如人意和错漏之处，只能以18世纪英国古典主义诗人亚历山大·蒲柏的诗句“凡人多舛误，唯神能见宥”来自我安慰并求得读者的谅解。

谨以此书献给我所热爱的图书馆事业，献给曾经从事、正在从事和将会从事这一人类崇高事业的图书馆人。

柯　平

2010年10月20日于南开大学二知园

国家图书馆出版社已出相关书目

书名	编著者	出版时间	定价
基层图书馆实务丛书			
基层图书馆公益讲座	王惠君主编	2011 - 04	35.00
基层图书馆信息资源建设与服务	屈义华主编	2011 - 04	35.00
基层图书馆自动化网络化建设	甘琳编著	2010 - 11	35.00
基层图书馆的农村服务工作	王效良著	2011 - 11	35.00
国家数字图书馆工程标准规范成果			
古籍用字(包括生僻字、避讳字)属性字典规范和应用指南	张力伟,翟喜奎主编	2010 - 10	35.00
国家图书馆管理元数据规范和应用指南	郑巧英,王绍平,汪东波主编	2010 - 10	58.00
国家图书馆数字资源唯一标识符规范和应用指南	孙坦,宋文,贺燕主编	2010 - 10	35.00
汉字属性字典规范和应用指南	张力伟,翟喜奎主编	2010 - 10	35.00
图书馆数字资源统计标准和应用指南	吕淑萍,罗云川主编	2010 - 08	58.00
中文文献全文版式还原与全文输入 XML 规范和应用指南	蒋贤春,翟喜奎主编	2010 - 10	58.00
中国图书馆年鉴 2007	中国图书馆学会,国家图书馆编	2009 - 02	280.00
中国图书馆年鉴 2008	中国图书馆学会,国家图书馆编	2009 - 08	280.00
中国图书馆年鉴 2009	中国图书馆学会,国家图书馆编	2009 - 12	290.00
中国图书馆年鉴 2010	中国图书馆学会,国家图书馆编	2011 - 01	320.00
社会公共服务体系中图书馆的发展趋势、定位与服务研究	柯平等著	2011 - 05	70.00
国家图书馆数字战略研究	《国家图书馆数字战略研究》课题组著	2011 - 03	60.00
图书馆战略规划流程研究	赵益民著	2011 - 05	49.00
资源组织	王松林主编	2011 - 04	70.00
公共图书馆的未成年人服务研究	潘兵,张丽,李燕博著	2011 - 04	35.00
图书资料专业技术资格考试辅导指南	曹宁主编	2011 - 03	35.00
普通高等教育“十一五”国家级规划教材			
图书馆学概论(修订二版)	吴慰慈,董焱编著	2008 - 07	35.00
信息检索教程	马文峰著	2009 - 03	36.00
文献分类法主题法导论(修订版)	马张华,侯汉清等编著	2009 - 12	38.00